中诚信国际信用评级有限责任公司

毛振华 闫 衍｜主 编

中国地方政府与融资平台债务分析报告

2021

DEBT ANALYSIS OF CHINA'S LOCAL GOVERNMENT
AND IT'S FINANCING VEHICLES

社会科学文献出版社
SOCIAL SCIENCES ACADEMIC PRESS (CHINA)

编　委　会

序言一[*]

从 20 世纪以来全球发生的历次经济危机的情况来看，危机的发生与金融和债务的关系日趋紧密，甚至可以说，在一定意义上，经济危机的本质是金融危机，而金融危机实质上是债务危机。2008 年，随着美国次贷危机蔓延为全球性的金融危机，我国开始进行以稳增长为核心的宏观调控，刺激政策下"债务—投资"驱动模式对中国经济增长发挥了主导作用，但同时也带来了资产泡沫、债务激增等问题；随着对风险问题的重视，我在 2016 年提出双底线思维^①，即以稳增长和防风险为双底线，两者皆为政策目标，但不同时期，政策的优先次序可以调整。实际上，2016 年下半年以来，我国宏观调控重心由稳增长转向防风险，中央高规格会议多次强调"守住不发生系统性风险的底线"，2017 年 12 月，中央经济工作会议将防风险列为"三大攻坚战"之首，提出"要使宏观杠杆率得到有效控制"；2018 年 4 月，中央财经委员会首次会议明确"结构性去杠杆"的思路，"地方政府和企业特别是国有企业要尽快把杠杆降下来"，尤其是随着中美关系发生重大变化，7 月以来的宏观政策发生微调，无一不充分体现了"防风险、守底线"的原则和双底线思维。

从债务角度来看，在居民、企业、政府三个主体中，政府债务尤其是地方政府债务的作用和性质具有特殊性。政府举债实质上是政府及其代理人运用政府信用进行扩张的过程。在正常的经济运行条件下，政府可以充分运用政府信用来筹集经济建设和发展资金，为公众及时提供便捷的公共产品和公

---

* 因研究对象、研究范围和篇章结构的延续性，本书三篇序言延用 2018 年出版的《中国地方政府与融资平台债务分析报告》序言，在此感谢序言作者的授权。

① 中国人民大学宏观经济分析与预测课题组、毛振华、刘元春、袁海霞、张英杰：《稳增长和防风险双底线下的宏观经济——2016 年宏观经济形势分析与 2017 年预测》，《经济理论与经济管理》2017 年第 1 期。

共服务。但是，对政府信用不当使用或过度使用，往往会带来一系列问题。2008年金融危机后，在"四万亿元"经济政策刺激、国家政策支持、地方政府资金存在缺口等多重因素的推动下，我国地方政府债务尤其是隐性债务依托融资平台快速扩张，虽然带动我国经济在全球率先企稳，但也导致一些地方政府债务水平快速攀升，债务风险隐患持续积聚。

我曾多次到美国即全球市政债的发源地调研市政债的发展情况，经过200多年的发展，美国市政债已经成为美国州和其他层级地方政府的主要融资渠道。美国市政债的发行主体主要是州政府、其他层级地方政府和各级公共机构。债券类型主要分为一般责任债券和收益债券，前者由政府的"完全信用"和"信用抵押"作为保障，由地方政府的税收收入作为主要偿债资金来源；后者由提供服务的市政设施或项目所产生的收益作为主要偿债资金来源。经过上百年的发展，美国已经建立起发债偿债机制明确、适应财税体制的相对完备的市政债管理体系。相对而言，中国地方政府债券市场的发展的起步相对较晚，虽然目前地方债管理和风险控制等方面在逐步规范，但仍存在一定问题，比如不规范的融资方式导致债务规模快速扩大实际上体现了地方政府资源配置能力提升，这会对民企等主体对资源的获取产生挤出效应等。这些都给地方政府债务管理和风险控制带来不确定性。

从我国的情况来看，以2014年《中华人民共和国预算法》修正案与《国务院关于加强地方政府性债务管理的意见》（国发〔2014〕43号）出台为标志，地方政府债务进入规范管理轨道。一方面"开前门"，赋予地方政府举债权，并将其纳入全口径预算管理范畴，进行规模控制，以2013年政府性债务审计结果为基础，对于企事业单位举借的行为，政府负有偿还债务的责任，如通过发行地方政府债券进行置换；另一方面"堵后门"，明确政府与企业的责任边界，政府债务不得通过向企业举借偿还，企业债务不得推给政府偿还。但是，在地方政府财权与事权不匹配及债务限额约束的背景下，地方政府实际的资金需求难以得到满足，融资平台及部分国企所承担的地方公益类项目融资功能难以真正剥离，中央关于划清地方政府与企业界限的政策要求在财政压力较大的地方难以落实，一些地方仍通过隐性背书方式利用政府引导基金、PPP等渠道举债，地方政府债务隐性扩张成为需要关注的重要问题。

厘清统计口径及范围，并对债务规模进行具体测算是客观认识地方政府债务问题、防范地方政府债务风险的基础。但是，目前，我国相关部门测算地方政府债务的口径并不统一：从横向上来看，财政部、国家发改委、审计署以及地方政府的统计口径并不完全统一；从纵向上来看，地方政府在不同时期披露的债务数据具有较大的随意性，没有统一的方式。口径的不统一导致在研究地方政府债务及区域性风险时难以进行有效对比。中诚信国际信用评级有限责任公司（以下简称"中诚信国际"）作为国内领先的信用评级机构，始终是资本市场上最为专业和可靠的信用意见提供者。在本书中，中诚信国际利用市场公开数据，基于进行信用评级尤其是地方政府和融资平台评级的实践，对地方政府信用风险进行了测算，同时考虑到国企以及地方政府资产的情况，最终得出"我国地方政府债务风险总体可控但隐性债务风险较为突出"的独立结论。同时，中诚信国际还分区域测算了国内 30 个省份（西藏暂未测算）的信用风险状况，以翔实的数据提示读者和投资者关注区域性信用风险。中诚信国际所做的这一系列工作，虽然还是研究地方政府债务的初步工作，但在当前不失为向监管机构、资本市场投资者、地方政府债务风险的研究者提供的重要参考。

从 2008 年以来我国地方政府债务风险的发展情况来看，融资平台是地方政府隐性债务的主要载体，化解地方政府债务风险与进行融资平台转型是"一体两面"。在防范地方政府债务风险的同时，融资平台的市场化转型是不可忽视的另一面。在本书中，中诚信国际对新形势下融资平台转型面临的环境、转型路径都进行了具体分析，并提出了防范地方政府债务风险与推动融资平台转型的对策建议。

中国地方政府债务发展情况以及债务风险是市场关注的重点，在 2012 年我曾提出"地方政府仍有发债空间"[1]，呼吁地方政府发债主体合法化，同时规范操作、严格管理，避免风险累积。近几年，地方政府债务不断增长，风险持续累积，本书正是我们跟踪地方政府债务风险的阶段性成果，也是中诚信国际信用评级分析师团队集体智慧的结晶，共收录了 35 份报告。其中，《新时期中国地方政府债务研究》《基于 KMV 模型的中国地方政府债务预警研究》《基于 AHP 模型的中国地方政府债务指数研究》《中国地方政府融资平台综合发展指数研究》4 份报告放眼全国，一方面对全国的总体债

---

[1] 毛振华：《地方政府仍有发债空间》，《财经》2012 年第 6 期。

务水平和区域性债务风险进行了详细测算；另一方面结合防范地方政府债务风险对地方融资平台的发展转型进行了深入研究。其余 31 份报告展示了中诚信国际对全国 31 个省份的信用风险的分析结果。由于数据可得性差、时间仓促、分析师水平有限等原因，本书难免存在疏漏之处，恳请专家、学者及读者批评指正。

毛振华

2018 年 10 月

序言二

习近平总书记在党的十九大报告中强调"健全金融监管体系，守住不发生系统性金融风险的底线"，凸显了新时代下"把防控风险放在更加突出位置"的忧患意识与底线思维。在此背景下，中诚信国际信用评级有限责任公司作为我国领先的评级机构，依托在信用评级市场多年的实践经验及对债务风险的深入研究，出版了《中国地方政府与融资平台债务分析报告（2021）》，聚焦我国地方债务风险，恰逢其时。

我作为中国财政金融改革 30 余年的参与者、亲历者以及见证者，深知我国财政金融改革任务的重大与艰巨。历经 30 余年的发展，我国财税体制逐步完善，地方债务管理体系日趋成熟，地方债务风险总体可控，但是仍面临隐性债务增长过快、地方政府债券市场化水平有待提高、地方违法违规举债行为屡有发生等诸多问题，而由此衍生积聚的地方债务风险，已成为系统性金融风险的重要组成部分。

防范化解地方债务风险涉及多个方面，难以一蹴而就，但对债务风险的"可知"，是"可防""可控"的基础所在。中诚信国际信用评级有限责任公司在《中国地方政府与融资平台债务分析报告（2021）》中，从我国地方债务演变形式出发，对全国 31 个省份的债务情况进行全面梳理，为市场各方了解当前我国地方债务风险水平、区域债务分布情况等提供了重要借鉴。在对地方政府债务测算的基础上，中诚信国际信用评级有限责任公司在本书中同时发布了自主研发的基于 AHP 模型的中国地方政府债务指数模型与基于 KMV 模型的中国地方政府债务预警模型，为地方政府债务风险管理实践提供了新的工具与思路。

在从理论层面测算当前我国地方债务水平的同时，本书结合中诚信国际信用评级有限责任公司在债券市场评级业务方面的实践，对我国当前隐性债务的主要载体——地方融资平台的债务风险进行了深入研究，对地方融资平台的债务风险演变特点、转型发展路径进行了详细剖析，并结合全国各省份的情况，对各省份融资平台财务状况、债务水平、偿债能力等进行了梳理。本书进行的全面扎实的数据统计分析，既是投资者进行债券投资的重要参考资料，也是当前监管层进一步完善地方政府隐性债务管理机制、加强对融资平台违法违规举债行为监管、推动融资平台转型、提升监管政策有效性的重要参考。

我在与中诚信国际信用评级有限责任公司写作团队交流中得知，本书初稿完成后，他们对书中所涉及的公开数据及相关资料反复核校，并持续跟进相关监管政策、市场情况的最新变化，反复修改，几易其稿，展现了严谨的研究作风。在此过程中，中国国债协会恰与中诚信国际信用评级有限责任公司针对我国地方政府债券评级方面存在的问题及对策合作开展课题研究，目前，合作课题已顺利完成，中诚信国际信用评级有限责任公司在债券评级、信用风险研究方面的专业实力和进行扎实分析后的沉淀与积累亦给我留下深刻印象。中诚信国际信用评级有限责任公司不仅有着优良的工作作风，而且为本书的出版做了精心的准备，相信读者定能从本书中受益并得到启发。

当前，国内外形势正在发生深刻而复杂的变化，我国经济运行内外部环境面临的不确定性加大，财政金融体系在严守防风险底线的同时，将持续面临新问题、新挑战、新任务，需要监管部门、自律组织、市场各类参与主体等不同机构群策群力，立足新时代我国基本国情，发挥自身专业优势，加强对热点问题的研究，凝聚智慧，既助力打好当前防范化解重大风险的攻坚战，亦为持续推进我国财政金融体系改革贡献力量。再次感谢中诚信国际信用评级有限责任公司写作团队精心打造的《中国地方政府与融资平台债务分析报告（2021）》，为我国地方政府债务管理、风险防范与化解提供了理论支持，进行政策研究与实证分析，期待未来有更多更好的研究成果！

孙晓霞

2018 年 10 月

孙晓霞，现任中国国债协会会长，曾任财政部金融司司长，兼任财政部 PPP 工作领导小组副组长。毕业于东北财经大学，曾在财政部商贸司外贸处、财政部金融司金融二处工作，是我国财政金融改革、PPP 推广的重要参与者。

序言三

　　近年来，规范地方政府举债行为、防范债务风险成为守住不发生系统性金融风险和区域性金融风险底线的关键，也自然是防范和化解重大风险的重要内容。为此，从中央到地方构建、出台了一系列制度和措施，重点在于使地方政府债务显性化、使融资渠道多元化和打击违法违规融资行为等，这有效地促进了地方政府举债模式的转换和融资方式的创新，也为防范地方政府债务风险奠定了较好的基础。不容否认的是，目前，地方政府债务风险管控的形势依然不容乐观，对隐性债务风险的防范成为焦点，但在"拆弹"过程中存在因操之过急而引发流动性风险的危险。尤其是自2017年以来，随着金融监管的加强和金融"去杠杆"的加速，以及对地方政府融资行为规范力度的加大，信用紧缩趋势明显，正处于转型中的地方政府融资平台的再融资行为出现政策性困境，流动性风险陡然增加，有可能成为触发系统性风险的"扳机"。

　　从可持续发展的角度看，防范地方政府债务风险，首先，要摸清地方政府债务风险现状，顺藤摸瓜厘清债务风险的发生机理。这是遏制隐性债务增长和控制债务风险的基础。其次，要充分认识到，地方政府债务和隐性债务是由多种因素导致的，对债务风险的防范不能仅局限于就债务论债务，就融资平台论融资平台，应该从提升地方政府投融资管理能力、强化财政和金融协调、深化经济体制机制改革和实现经济稳定发展等方面进行系统性筹划。我认为，一是要提高投资的有效性，这是管控地方政府债务风险的前提。有效的投资主要是投资方向合理、资金使用高效、产出效益明显的投资。提高投资的有效性就意味着政府的投资能够与经济发展、民生改善形成良性互动，这样偿还债务就有可靠的物质基础。2016年7月，《中共中央　国务院关于深化投融资体制改革的意见》就明确提出，要对政府投资体制、投资范围、投资安排、投资管理等方面进行完善和优化，要求提升投资决策的科学性和进行较为广泛的民主参与，循此而行，就能够显著提高投资的有效性。二是要不断创新融资机制，规范政府举债行为。地方政府融资方式可以是多样化的，不能仅局限于债务融资，放大债务风险。一般来说，要根据所投资的项目的性质有针对性地设计融资的方式。比如，一些市场空间预期稳定、周期较长、现金流覆盖率较大的项目就可以采取股权融资的方式（如PPP 模式）来吸引社会资本投资运营；一些受益群体明确、项目折旧期限和折旧方式明确且有一定现金流的项目可以采取融资租赁的方式进行融资；纯公益且缺乏社会资本进入热情的项目可以采取政府举债融资的方式进行投资，而且在发债期限方面要尽可能与项目生命周期相匹配。这样，就可以最大限度地减少政府进行债务融资的压力，为减控政府债务风险提供较大的空间。在此基础上，要不断规范政府举债行为，注重举债的合规性，杜绝"借道融资""明股实债"等行为，进行阳光举债，防范隐性债务风险蔓延。三是要充分注重财政与金融的协调。对地方政府债务风险的防范既要注重缓释流动性风险，也要加大债务清偿力度。化解地方政府债务风险不能以牺牲"保民生、保运转"的刚性需求为代价，也不能引发新的流动性风险，否则，欲速则不达。这就要求不断提高财政和金融协调的精准度和有效性。四是要适时加快体制改革，构建地方政府债务融资可持续发展的长效机制。从现实情况看，进一步深化相关体制改革是防范地方政府债务风险的治本之策。地方政府投资责任过大是风险防范形势日益严峻的主要原因，需要通过体制改革进行投资责任的"横向分担"和"纵向分担"。"横向分担"的路径是不断转变政府职能，通过简政放权，该市场承担的投资责任就让位于市场，该社会承担的投资责任就需要不断培育社会组织以让位于社会；"纵向分担"的路径是适度增加上级政府（包括中央政府）的投资事权，将一些外溢性强的、涉及范围广的项目投资责任适时进行上移。投资责任合理分担机制的构建核心是有效减轻地方政府的投资事权，在既定的财力分配格局下，相应地增强财政能力，减少外源融资需求，从而为防范债务风险构建起长效机制。

作为我国从事信用评级的机构，中诚信国际信用评级有限责任公司长期致力于进行我国地方政府债务的研究和债信评级，近年来不断推出有关地方政府债务及其风险防范的研究成果，在推动该领域的理论研究和现实评估方面做出了积极的贡献。我曾数次参与中诚信国际信用评级有限责任公司组织的相关研讨活动，受益匪浅。承蒙袁海霞女士的邀请，为中诚信国际信用评级有限责任公司的新作《中国地方政府与融资平台债务分析报告》作序，我倍感荣幸。通过认真拜读新作，我深感本书的分析扎实有力、意蕴丰富，足以引领研发方向。我借此机会，不揣浅陋，谈了谈自己的一些相关感受。

是为序。

赵全厚

2018 年 9 月

赵全厚，现任财政部科研所金融研究室主任，研究员，博士研究生导师。1982 年 9 月至 1986 年 7 月，在北方交通大学材料系材料学专业学习，获得工学学士学位；1988 年 9 月至 1991 年 7 月，在财政部科研所研究生部攻读硕士研究生学位，获得经济学硕士学位；1997 年 9 月至 2000 年 7 月，在财政部科研所研究生部攻读在职博士研究生学位，获得经济学博士学位；2002 年 9 月至 2003 年 9 月，在美国密歇根大学做访问学者。从 1991 年 8 月开始，在财政部科研所综合政策研究室从事财政科研工作。先后参与国家社科基金和其他国家级重大课题及省部级、所级课题 30 多项。主要研究领域：国债规模及其宏观管理、科技创新的财政税收政策、地方财政管理、资本市场调控等。

目　录

第一篇　地方政府债务与融资平台研究

第二篇　各区域地方政府与融资平台债务分析报告

第一篇
地方政府债务与融资平台研究

新时期中国地方政府债务研究

袁海霞　汪苑晖　翟国森　梁蕴兮　刘子博[*]

要　点

　　我国地方政府债务发端于20世纪70年代末，自1994年分税制改革后，由于央地财权与事权的不对等，地方政府依托融资平台逐渐积累了较大规模的债务；2014年以来，伴随《中华人民共和国预算法》修订并正式施行，我国地方政府债务管理机制逐步完善，以地方政府为主体的举债融资机制被明确，在"开前门、堵后门"的管理思路下，以地方政府债券为主的显性债务有序增长，隐性债务虽然突出但增速有所放缓。在新冠肺炎疫情冲击下，我国地方政府显性债务及隐性债务均大幅增长，根据全国财政决算报告及中诚信国际估算，2020年末，我国地方政府显性债务规模为25.66万亿元；隐性债务增速亦出现明显回升，估算规模为45.4万亿~52.6万亿元，为显性债务的1.8~2.0倍，其中，融资平台相关债务占比超过80%。

　　当前，我国地方政府债务风险整体可控，但结构性及区域性问题仍需持续关注。2020年，我国地方政府负债率为25.26%，当前地方政府"开前门"力度小幅减小，负债率上升速度或放缓，风险总体可控，但需关注专项债继续大幅扩容背后的潜在风险。隐性债务方面，根据中诚信国际估算，2020年，含隐性债务的地方政府负债率大幅上升，在当前信用收紧、政策加大隐性债务防控力度

---

* 袁海霞，中诚信国际研究院副院长；汪苑晖，中诚信国际研究院助理总监；翟国森，财政部政府债务研究和评估中心中央债务处处长；梁蕴兮，中诚信国际研究院研究员；刘子博，中诚信国际研究院助理研究员。

的背景下，风险或出现一定程度缓释但仍不容忽视。此外，疫情冲击背景下，各区域债务风险普遍增加，且分化趋势加剧。显性债务口径方面，2020 年，青海、贵州的负债率超过 60%，青海、天津的负债率同比增加超过 10 个百分点；若考虑隐性债务，则天津、贵州的负债率较高，其中，天津的负债率上升超过 15 个百分点。

若基于"红、橙、黄、绿"视角细看区域债务，则需持续关注疫情平稳阶段风险的加速分化态势。结合财政部"红、橙、黄、绿"分档标准，按照中诚信国际估算，2020 年只考虑显性债务时，在 26 个数据可得的省份①中，5 个省份被纳入黄色档，21 个省份被纳入绿色档，各地债务风险整体可控。细看后发现，区域间债务风险分化趋势较为明显，由于 2020 年不同省份受疫情冲击的程度不同，疫后各地经济财政实力的恢复进度不一，叠加区域化债资源差异较大，在政府降杠杆背景下，不同区域债务风险的分化或进一步加剧，需持续关注各地尤其是弱实力区域的风险演化情况。

新形势下，化解地方政府债务风险需把握好短期风险控制与中长期体制改革的关系。从中长期看，仍需从根本上推进财税体制改革，健全财权与事权合理匹配的财税体制，并通过深层次机制改革强化地方政府治理能力建设，构建并完善债务管理长效机制。例如，提高债务管理透明度、规范新增债务管理机制、健全考核问责机制、完善风险预警机制等。从短期看，地方政府"开前门、堵后门"的管理仍需坚定不移地推进，需在合理确定限额分配机制的基础上进一步提高地方债的使用效率并优化结构，同时还需持续推进隐性债务"控增化存"，并结合融资平台的市场化转型，逐步有效化解债务风险。

引　言

自 2014 年《中华人民共和国预算法》修正案及《国务院关于加强地

---

① 本书中用省份指代省、自治区、直辖市。

方政府性债务管理的意见》(国发〔2014〕43 号)发布以来,我国对地方政府债务管理工作的制度设计日趋完善,开始采用"开前门、堵后门"的地方政府投融资管理新思路。一方面"开前门",赋予地方政府举债权,并将其举借的债券纳入全口径预算管理及进行规模控制的范围,同时,对于企事业单位举借的政府负有偿还责任的债务,可通过发行地方政府债券进行置换;另一方面"堵后门",明确政府与企业的责任边界,政府不得通过企业举借债券,企业债务不得推给政府偿还。尤其自 2017 年起,中央层面不断加强对地方政府债务尤其是隐性债务的管控,出台《关于进一步规范地方政府举债融资行为的通知》(财预〔2017〕50 号)、《关于坚决制止地方以政府购买服务名义违法违规融资的通知》(财预〔2017〕87 号)等文件。随着地方政府债务管理改革不断推进,我国地方政府债务风险总体可控。2020 年伊始,我国遭遇新冠肺炎疫情冲击,在实施一系列抗疫情、稳增长措施后,地方政府显性债务快速增长,隐性债务增速止降回升,与此同时,区域债务风险分化趋势加剧,部分地区的风险进一步凸显,地方政府债务的结构性及区域性问题持续暴露。

进入 2021 年,我国迈入新的经济社会发展阶段,"十四五"时期是我国开启全面建设社会主义现代化国家新征程的第一个五年,保持经济社会持续健康发展至关重要。根据"十四五"规划,"防范经济和金融风险"这一目标要求注重防范化解重大风险挑战,守住不发生系统性风险的底线,而防范地方政府债务风险依然是新形势下牢牢守住不发生系统性风险底线的必然要求与重中之重。伴随疫情进入平稳阶段经济逐步企稳,政策对政府债务的管控力度也重回常态。3 月 15 日,国务院常务会议提出"政府部门杠杆率要有所降低",同时中央高层会议多次重申抓好地方政府债务化解工作,着重强调防控隐性债务,持续推进"控增化存"。3 月 7 日发布的《国务院关于进一步深化预算管理制度改革的意见》(国发〔2021〕5 号)重申"坚决遏制隐性债务增量,妥善处置和化解隐性债务存量",地方政府债务尤其是隐性债务扩张态势或重新得到有效遏制,需持续关注新形势下我国地方政府债务的演变趋势。本报告基于我国地方政府债务的演化历程及发展状况,详细阐述当前地方政府面临的债务问题,同时从"红、橙、黄、绿"视角对区域性债务状况及趋势进行深入剖析,最终提出新时期我国防范化解地方政府债务的路径建议。

一　当前我国地方政府债务发展状况

我国地方政府债务发端于 20 世纪 70 年代末，此后，各地各级政府陆续开始举债。1994 年进行分税制改革后，地方财权进一步被削弱，由于央地财权与事权的不对等，地方政府依托融资平台逐渐积累了较大规模的债务。2014 年以来，伴随《中华人民共和国预算法》修正案及《国务院关于加强地方政府性债务管理的意见》正式施行，以地方政府为主体的举债融资机制被明确，在"开前门、堵后门"的债务管理思路下，以地方政府债券为主要形式的显性债务有序增长，但隐性债务问题仍然突出。2020 年，为应对疫情冲击，地方政府显性债务及隐性债务均快速增长；伴随疫情进入平稳阶段经济逐步企稳，政策持续强调防风险，地方政府债务尤其是隐性债务扩张态势或重新得到有效遏制。

（一）稳增长压力增加，显性债务持续快速增长

地方政府显性债务是建立在某一法律或者合同基础之上的政府负债，以政府显性债务为主，包括各级地方政府债务（一般债务和专项债务）、外债等，具体包括财政部代发债券、地方财政部门发行的债券、政府统借统还资金以及预算法规定的支出（如签发行政事业单位人员工资及养老金形成的债务）[①]。本报告将地方政府显性债务作为分析对象，以财政部公布的政府性债务数据为准。随着多方面规范地方政府发债行为、防范风险的举措落地，地方政府发债方式和管理机制逐步规范和市场化；在近年来经济下行压力下，政府显性债务余额总体平稳增长，但在 2020 年疫情冲击下，稳增长需求持续增加，显性债务规模大幅攀升。为应对疫情对经济的严重冲击，2020 年，除增发 1 万亿元抗疫特别国债、新增 1 万亿元财政赤字外，地方政府债务新增限额大幅增至 4.73 万亿元，较 2019 年大幅增加 1.65 万亿元，其中，专项债务为 3.75 万亿元，一般债务为 0.98 万亿元，截至 2020 年底，我国地方政府债务余额为 25.66 万亿元，较 2019 年增长 20.4%（见图 1）。进入 2021 年，经济逐步企稳但结构性问题仍然存在，在稳增长需求不减的

[①]　毛振华、闫衍主编《中国地方政府与融资平台债务分析报告》，社会科学文献出版社，2018。

背景下，积极财政政策基调仍然延续，叠加存量项目资金接续需求，全年地方债务新增额度维持在 4.47 万亿元的高位，其中，专项债务新增额度仅小幅下降 0.1 万亿元至 3.65 万亿元，显性债务规模进一步快速攀升，截至2021 年末，存量规模已超 30 万亿元。

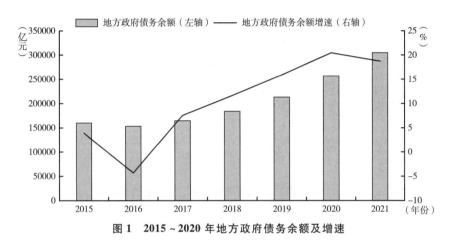

图 1 2015～2020 年地方政府债务余额及增速

资料来源：财政部，中诚信国际整理计算。

债券形式债务占比持续提高，其中，专项债占比持续攀升。伴随地方融资行为进一步规范，增加法定债务是有效防止隐性债务产生的必要手段，2014 年修订后的《中华人民共和国预算法》明确各地可在规定限额内发行地方政府债券举债，以地方政府为主体的举债融资机制被正式明确下来，地方政府只能通过发行地方债的方式举借债务。在此背景下，地方政府举债行为更加规范，从 2015 年起，地方债市场进入快速规范发展期，叠加 2015～2018 年地方债务置换的开展以及稳增长需求下加快发行新增债的要求，债券形式的地方债务逐年增加。截至 2021 年底，地方债存量规模超过 30 万亿元（见图 2），占 GDP 的比重超过 25%，在地方政府债务余额中的比重也持续上升至 99%，其已成为我国债券市场的第一大债券品种，是当前我国进行宏观调控、政府债务管理的重要工具。从地方债细分品种看，近年来，在稳增长背景下，专项债增长较快，2020 年，新增额度大幅增长 74%，为 3.75 万亿元，截至 2020 年末，余额达 12.8 万亿元，占地方债的比重达 50.3%，2021 年，新增额度维持在 3.65 万亿元的较高水平（见图 3）持续发挥疫情平稳阶段稳投资的重要作用；同时，其逐渐替代融资平台在基建和公共服务等领域的政府融资功能，引导债务显性化，缓释隐性债务风险。

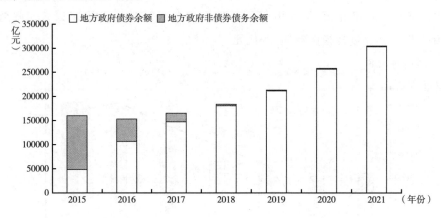

图 2　2015～2021 年地方政府债券、非债券债务余额

资料来源：财政部，中诚信国际整理计算。

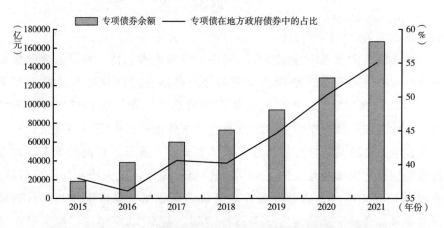

图 3　2015～2021 年专项债余额及专项债在地方政府债券中的占比

资料来源：财政部，中诚信国际整理计算。

（二）疫情冲击背景下，隐性债务增速止降回升，伴随疫情平稳阶段信用收紧或再次回落

在 1994 年《中华人民共和国预算法》颁布及进行分税制改革后，融资平台成为地方政府财政收支矛盾背景下的融资代理人，此后，融资平台经历

多轮债务扩张，逐步成为我国地方政府隐性债务的最主要载体。基于此，本报告将融资平台作为测算地方政府隐性债务的主要对象之一，并根据数据可得性分三个口径估算隐性债务规模①（见图4、表1）。根据中诚信国际估算，2020年，我国地方政府隐性债务规模为45.4万亿～52.6万亿元，是显性债务的1.8～2.0倍，融资平台相关债务占比超过八成。2017年7月，习近平主席在全国金融工作会议上提出"严控地方政府债务增量，终身问责，倒查责任"；2018年8月，《中共中央　国务院关于防范化解地方政府隐性债务风险的意见》（中发〔2018〕27号）、《中共中央办公厅　国务院办公厅关于印发〈地方政府隐性债务问责办法〉的通知》（中办发〔2018〕46号）发布后，地方政府在化解隐性债务方面的责任与安排逐步明确，隐性债务增速被较好地控制，2017～2019年增速逐年下降，前几年快速扩张的态势得到一定遏制。2020年，受疫情影响，一系列宽信用政策出台，融资平台债发行规模创历史新高，以融资平台为主要载体的隐性债务的增速止降回升。

进入2021年，在经济恢复的背景下，信用环境逐步收紧，政策对隐性债务的管控力度重回此前状态，隐性债务增速或重新回落。在"十四五"规划注重防范化解重大风险挑战、守住不发生系统性风险的底线的要求下，3月15日，国务院常务会议提出"政府部门杠杆率要有所降低"，在政府显性债务压降空间不足的情况下，降杠杆以压降隐性债务增速为主；与此同时，中央高层会议多次强调抓好地方债务尤其是隐性债务风险化解工作，3月7日发布的《国务院关于进一步深化预算管理制度改革的意见》（国发〔2021〕5号）提出，"把防范化解地方政府隐性债务风险作为重要的政治纪律和政治规矩，坚决遏制隐性债务增量，妥善处置和化解隐性债务存量"，对隐性债务的监管政策延续疫情前思路。对于作为隐性债务主要载体的融资平台，政策加大"控增化存"力度，一方面，从区域和主体两个维度加强对其融资的限制和管控，交易所根据地方政府债务率和地方政府收入进行融资平台发债"红、黄、绿"分档管

---

① 隐性债务估算方法详见毛振华、闫衍主编《中国地方政府与融资平台债务分析报告》，社会科学文献出版社，2018。

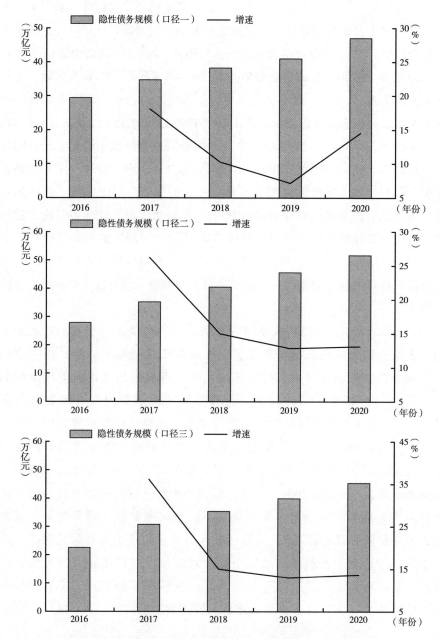

图 4 2016～2020 年三个口径下地方政府隐性债务规模及增速

资料来源：中诚信国际区域风险数据库。

表1 2020年三个口径下估算的我国地方政府隐性债务规模及构成情况

口径	隐性债务 （万亿元）	融资平台 相关债务占比（％）	显性债务 （万亿元）	隐性债务/ 显性债务（倍）
口径一	46.99	86.90	25.66	1.83
口径二	51.61	88.10	25.66	2.01
口径三	45.43	86.50	25.66	1.77

资料来源：中诚信国际区域风险数据库。

理[1]，上交所要求从严把握对弱资质发行人的审核标准，国资委同样发文[2]限制高负债、弱资质融资平台融资；另一方面，《国务院关于进一步深化预算管理制度改革的意见》（国发〔2021〕5号）重申"清理规范地方融资平台公司，剥离其政府融资职能，对失去清偿能力的要依法实施破产重整或清算"，或有利于实质性减少隐性债务存量。整体来看，在信用收紧、风险防控加强、融资平台融资受限背景下，后续隐性债务增速大概率面临显著回落的局面。

二 我国地方政府债务风险整体情况

自2014年《中华人民共和国预算法》修订以来，我国地方债务管理机制逐步成熟，在"开前门、堵后门"的举措下，我国地方政府债务风险总体可控，隐性债务风险亦有所缓释。但受新冠肺炎疫情冲击，一系列抗疫情、稳增长的逆周期调节政策推升地方债务风险，2020年地方政府负债率较2019年攀升近4个百分点至25.26%，考虑隐性债务后的负债率亦显著上升。进入2021年，伴随经济逐步企稳，政策对地方债务管控力度回归常态，但地方债务的结构性及区域性问题仍然突出，尤其需要关注专项债潜在风险、隐性债务风险以及疫情平稳阶段各地经济财力恢复不一、债务滚动压力分化背景下的区域性债务风险演化情况。

---

① 红色档暂停发放批文、黄色档只能借新还旧、绿色档不限制。见《城投债募集资金用途管控趋严，"信用分层"愈发明显》，腾讯网，https://new.qq.com/omn/20210414/20210414A0F53I00.html。

② 《关于印发〈关于加强地方国有企业债务风险管控工作的指导意见〉的通知》（国资发财评规〔2021〕18号），2021年2月28日。

（一）显性债务风险上升但整体可控，隐性债务风险仍需关注

在 2020 年地方政府"大开前门"、专项债大幅扩容的带动下，我国地方政府债务风险较快攀升，显性债务风险上升但总体可控。截至 2020 年末，我国地方政府债务余额为 25.66 万亿元，控制在全国人大批准的限额 28.81 万亿元范围之内，地方政府负债率（政府债务余额/GDP）为 25.26%，较 2019 年攀升 3.66 个百分点，若加上纳入预算管理的中央政府债务余额 20.89 万亿元，全国政府债务余额为 46.55 万亿元，政府负债率为 45.82%，较 2019 年上升 7.19 个百分点（见图 5），均低于国际通行的 60% 的警戒线。进入 2021 年，地方政府仍维持较大的"开前门"力度，显性债务口径下的地方政府负债率或继续上升，但上升速度或较 2020 年显著放缓，风险总体可控。隐性债务方面，近年来，在防风险背景下，隐性债务风险有所缓释，但在疫情冲击下，风险再度攀升，在疫情平稳阶段防风险、政府降杠杆背景下，风险或出现缓释，但仍需重点关注。在近几年国家对隐性债务风险的严格防控背景下，含隐性债务的地方政府负债率和债务率未出现明显上升，风险或得到一定控制。但受新冠肺炎疫情冲击，隐性债务风险再度抬升，根据中诚信国际对隐性债务的估算，2020 年，考虑隐性债务后的地方政府负债率上升至 70%~76%，较 2019 年大幅攀升（见图 6）。但考虑到 2020 年的风险上升仅是一系列应对疫情"黑天鹅"的宽信用政策所致的超常规情况，在之后政策重申加大隐性债务风险防控力度、推进"控增化存"的背景下，风险或较 2020 年出现一定程度缓释，由于存量规模较大，因此仍需重点关注。另外，在地方财力尚未完全恢复的背景下，仍需警惕地方政府违规融资行为并予以规范，防范风险再度积聚。

（二）专项债持续快速扩容，需关注发力背后的潜在风险

在当前专项债偿还来源单一且地方政府性基金预算收入增长乏力的背景下，专项债在发力稳增长的同时仍面临一些问题，需重点关注因专项债快速扩容积聚的地方政府债务风险。第一，关注专项债资金未按用途使用、闲置或挪用风险。审计署发布的审计报告显示，在 2020 年底重点调查的 55 个地区（17 个省本级、17 个市本级和 21 个县）的专项债余额 1.27 万亿元中，413.21 亿元未严格按用途使用，主要原因或在于地方政府重发行轻管理。

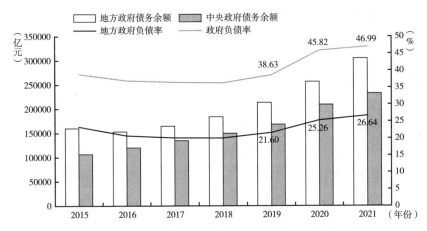

图5 2015~2021年中央和地方政府债务余额及负债率

资料来源：财政部，中诚信国际整理计算。

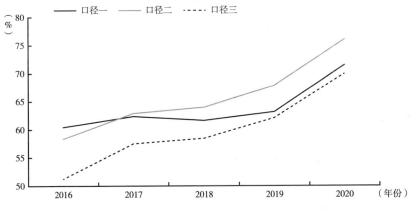

图6 2016~2020年考虑隐性债务的地方政府负债率走势

资料来源：财政部、Choice数据库，中诚信国际整理计算。

例如，项目储备不足、项目前期规划不合理、准备不到位、区域规划调整、配套建设能力不足等或导致专项债资金闲置，在部分财政压力大、资金需求水平高的地方还面临挪用风险，如被挪用于日常工作经费等非公益性资本支出。第二，关注专项债项目收益不及预期风险。目前，专项债项目收益能力整体偏低，审计署审计发现，2020年底，55个地区中有5个地区将204.67亿元专项债投向无收益或年收入不足本息支出的项目，偿债能力堪忧。同时，根据中诚信国际统计，目前，有超七成专项债项目本息覆盖倍数不到2

倍，且在收益测算上仍存在一定问题，面临偿付压力的项目需依赖土地出让收入或再融资滚动。土地偿还类项目在收入实现前无任何现金流入且出让存在不确定性，偿还本息面临风险，同时，这或将导致地方政府重回"土地财政"老路。第三，关注专项债集中到期及收益承压带来的地方财政压力。伴随专项债快速扩容，债务增速持续高于政府性基金预算收入增速，叠加债券到期高峰来临，专项债快速扩容累积的还本付息压力以及项目收益因环境变化产生的不确定性，或将加剧地方财政压力。此外，"新基建"的加快推进同样需要防止专项债用于市场化项目，增加地方财政还本付息压力。

（三）疫情冲击使各地债务风险均出现攀升，需关注区域性风险加速分化态势

疫情冲击使各地显性债务风险均上升，但整体仍可控。从 2020 年情况看，江苏、山东、广东、浙江等 9 个省份的显性债务规模超 1 万亿元，较 2019 年超 1 万亿元的省份增加 3 个，其中，江苏、山东、广东的显性债务均突破 1.5 万亿元，海南、青海、宁夏、西藏的显性债务不足 3000 亿元（见图 7）。从显性债务同比增速看，全国有 17 个省份的增速超过 20%，由于基数较小，2020 年，西藏增速最高，达 49.2%；江西、山西紧随其后，增速均超过 30%；辽宁在预算范围内举债时保持相对可以控制的态势，增

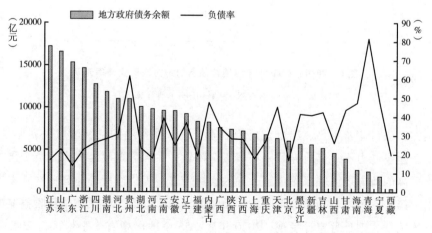

图 7　2020 年各省份地方政府债务余额及负债率（显性债务口径）

资料来源：全国各省份财政决算报告，中诚信国际整理计算。

速仅为 4.2%。仅从负债率看，2020 年，青海、贵州负债率均超过 60%，由于北京、江苏、广东经济发展水平相对较高，负债率相对较低。分别为 16.8%、16.8%、13.8%；从负债率变动情况看，各省份负债率均较 2019 年上升，青海、天津上升较快，同比增加均超过 10 个百分点，债务风险有所攀升，江苏、辽宁等 8 个省份的负债率同比增加不到 2 个百分点。

多地债务（含隐性债务）的增速超过 10%，分化趋势加剧且风险整体抬升。从 2020 年情况看，江苏、浙江、四川等 6 个省份的债务（含隐性债务）规模超 2 万亿元（见图 8），较 2019 年超 2 万亿元省份增加 4 个，内蒙古、黑龙江等省份的债务（含隐性债务）在 3000 亿元以下。从债务（含隐性债务）同比增速看，全国有 23 个省份的增速在 10% 以上，其中，辽宁、山东的增速超过 30%，天津、贵州、宁夏的增速小于 5%，黑龙江及海南的债务（含隐性债务）规模有所下降，降幅分别为 4.1%、13.4%。含隐性债务的负债率超过警戒线的省份共 18 个，天津、贵州居前列，上海、广东的含隐性债务的负债率均未突破 35%，隐性债务风险相对较低。与 2019 年相比，所有省份的含隐性债务的负债率均上升，且含隐性债务的负债率超过警戒线的省份增加 2 个，总体风险有所抬升，天津、江西、湖北等 10 个省份的含隐性债务的负债率上升超过 10 个百分点，贵州、宁夏等 5 个省份的含隐性债务的负债率上升低于 5 个百分点，其中，贵州仅上升 2.93 个百分点，为各省份中的最低涨幅。

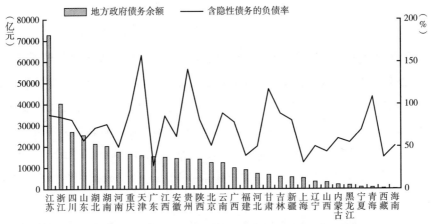

图 8　2020 年各省份地方政府债务余额及负债率（含隐性债务的口径）

资料来源：全国各省份财政决算报告、Choice 数据库，中诚信国际整理计算。

进入 2021 年，伴随经济逐步恢复，政策对地方债务风险尤其是隐性债务风险的管控力度逐步回到疫情前常态，各地债务风险或出现缓释；由于疫后各地经济财政实力恢复进度不一，部分地区依然承压，这在一定程度上制约了偿债能力恢复，持续影响区域性债务风险演化过程；与此同时，受到政府降杠杆背景下对隐性债务持续推进"控增化存"，以及地方债到期高峰来临等因素影响，部分地区债务的滚动压力或上升，区域分化趋势或将进一步加剧，需持续关注疫情平稳阶段区域性债务风险演化情况。

三 从"红、橙、黄、绿"视角细看区域性债务风险演化

自 2019 年开始，财政部推行地方政府债务风险等级评定制度，重点是以债务率为考核标准，将不同区域划分为"红、橙、黄、绿"四档[①]，并在随后的债务风险管控工作中加以区别对待。中诚信国际估算，在 2020 年 26 个数据可得的省份中，共有 5 个省份分档为黄色，21 个省份分档为绿色，地方政府债务风险整体可控但分化趋势加剧。各地经济财政实力恢复进度不一，同时不同区域化债资源的差异导致各地隐性债务化解进度及难度不同，不同地区间的债务风险或进一步分化，在政策持续强调防风险、广义政府部门降杠杆的背景下，需持续关注区域性债务风险走势，尤其是弱资质区域的风险演化情况。

（一）疫情冲击地方财政，区域间债务风险分化趋势加剧

受新冠肺炎疫情冲击，2020 年，地方一般公共预算收入水平整体下降，政府性基金预算收入大幅增长进而托底地方财力，区域间债务风险分化趋势加剧。回顾 2020 年，受疫情影响，第一季度经济下行压力较大，在政府进行更大规模的减税降费等因素影响下，地方税收收入明显下滑，拖累一般公共预算收入，31 个省份中有 30 个省份的一般公共预算收入负增长；第二季度至第四季度，随着疫情防控工作逐步取得进展，经济开始恢复，地方财政

---

① 按照"债务率＝地方政府债务/地方政府综合财力"这一公式，将债务率≥300%的区域分档为红色，将债务率为 [200％，300％) 的区域分档为橙色，将债务率为 [120％，200％) 的区域分档为黄色，将债务率 <120% 的区域分档为绿色。

收入状况逐渐好转，全年地方一般公共预算收入达到 10.01 万亿元，同比下降
0.9%。从各省份情况看，2020 年，湖北、天津等省份的一般公共预算收入的
下降幅度较为明显，其中，作为我国最早被疫情突袭的地区，湖北的经济发
展受到的冲击最为明显，一般公共预算收入下滑幅度达 25.9%（见图 9）。为
托底地方政府整体财力，地方政府积极筹措资金做好"六稳""六保"工
作，重视推进土地出让，以土地出让收入为主的政府性基金预算收入成为部
分区域增强政府综合财力的重要来源，其中，浙江、湖北、江苏、江西 4 个
省份的"政府性基金预算收入／（一般公共预算收入 + 政府性基金预算收
入）"相对较高，均超过 55%（见图 10）。结合中诚信国际估算的各省份显
性债务率分档结果来看，除湖北、江西、山西、黑龙江、云南相关数据暂缺
外，剩余 26 个省份中的天津、贵州、内蒙古、辽宁、青海 5 个省份被纳入
黄色档，其他省份被纳入绿色档。2020 年，天津的一般公共预算收入同比
降幅仅次于湖北，且财政对土地出让收入的依赖性不高，在政府财力大幅缩
减的背景下推升债务率至 171.9%，天津进入黄色档。值得注意的是，债务
率最高与最低省份的差距较 2019 年走阔超 20 个百分点，区域间债务风险分
化趋势加剧。

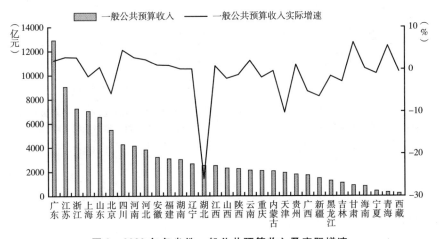

图 9 2020 年各省份一般公共预算收入及实际增速

资料来源：全国各省份财政决算报告，中诚信国际整理计算。

各地经济财力恢复进度不一，部分弱资质地区的一般公共预算收入仍未
恢复至疫前水平，且土地出让收入面临的不确定性较大，债务风险仍待缓

释，区域间风险分化趋势或进一步加剧。受 2020 年同期低基数影响，2021 年第一季度，各省份一般公共预算收入同比均实现 7% 以上的正增长，与 2019 年同期相比，浙江、福建、吉林的两年复合增速均超过 7.5%，而宁夏、山西、黑龙江的两年复合增速分别为－3.91%、－5.29% 和－5.71%。由于这些地区当前经济发展水平相对落后，产业基础相对薄弱，因此对人口的吸引力不及东部沿海等发达地区，从第七次全国人口普查数据来看，这些地区的人口净流入趋势相对不明显，因此，长期来看，这些地区的土地出让收入的不稳定性较高，地方财政依赖政府性基金预算收入的风险较高，财政实力承压，当地债务风险有待缓释。

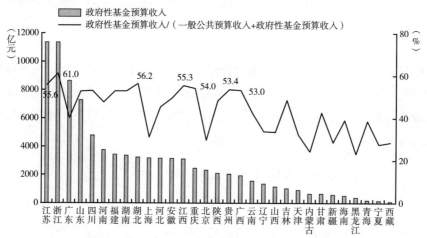

图 10　2020 年各省份政府性基金预算收入及对土地出让的依赖性

注：由于部分省份数据具有可得性，因此暂用"政府性基金预算收入/（一般公共预算收入＋政府性基金预算收入）"粗略分析政府性基金预算收入对土地出让的依赖性。

资料来源：全国各省份财政决算报告，中诚信国际整理计算。

（二）部分地区稳基建稳增长需求较大，显性债务口径下的风险攀升

疫情冲击背景下，各地稳增长压力较大，地方债大幅扩容推升地方政府债务风险。2020 年，广东、山东、江苏的地方债发行规模均突破 2500 亿元，青海、宁夏、西藏等地的发行规模较小，不足 400 亿元；各省份地方政府债务限额使用比例也出现一定攀升。2020 年，各省份地方政府债务限额

使用比例的均值为 89.28%，较 2019 年上升 0.64 个百分点；湖南、黑龙江、湖北、广西、山西、浙江 6 个省份的地方政府债务限额使用比例超过 95%（见图 11），其中一半为中部省份，或表明疫情冲击背景下中部地区的稳增长压力相对更大。结合中诚信国际进行的债务率分档结果来看，在数据可得的 26 个省份中共有 21 个省份的债务率上升，其中，17 个省份实现综合财力正增长，在一定程度上表明疫情冲击背景下受益于多项政策支持，政府整体财力逐步恢复，多数省份债务率上升或主要由债务规模的大幅扩大所致。以湖南为例，2020 年，一般公共预算收入实现小幅正增长，同时受益于政府性基金预算收入表现良好、上级政府补助水平提高，全年综合财力增速超过 10%，但显性债务较 2019 年增长 16.1%，至 1.18 亿元，地方政府债务限额使用比例达到 97.2% 的较高水平，在稳增长压力下募集的资金多投向交通基础设施、市政和产业园区基础设施、民生服务等领域，新增地方债的大幅扩容在一定程度上推升了债务率。

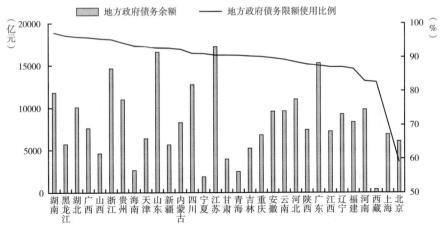

图 11 2020 年各省份地方政府债务余额及地方政府债务限额使用比例

资料来源：全国各省份财政决算报告，中诚信国际整理计算。

2021 年，地方政府新增债务额度仍维持高位，考虑到部分区域稳增长及存量项目资金接续需求仍较大，区域间债务风险或面临持续分化的态势。对于受疫情冲击经济下滑较为明显、地方经济财力仍有待恢复的地区，如湖北等省份，政府投资依然是拉动当地经济增长的重要手段，考虑到区域稳增长诉求水平相对较高，新增债务限额或适度倾斜，在经济财力尚未完全恢复的情况下或继续推升地方政府债务风险。对于紧密贴合"十四五"规划等重大战略的区域，根据《政府工作报告》中提到的"继续支持促进区域协调发展的重大工程"要求，其亦将获得更多的专项债资金支持。例如，基于京津冀协同发展、长江经济带发展、粤港澳大湾区建设等规划以及西部大开发、振兴东北老工业基地等战略，相关区域的举债需求较大，其中，财力较弱区域或面临债务风险攀升的可能性。此外，对于此前新增专项债发行规模较大、地方政府债务限额使用较为充分的地区而言，存量在建项目较多可能导致后续资金需求规模较大，但新增债务限额削减概率不大；对于以往地方政府债务限额使用比例较低的地区，新增债务限额或面临削减，显性债务风险大幅攀升现象或相对不明显。

（三）各地持续推进隐性债务化解工作，化债资源存在差异、化债进度不一等加剧区域间风险分化

自《中共中央 国务院关于防范化解地方政府隐性债务风险的意见》（中发〔2018〕27号）、《中共中央办公厅 国务院办公厅关于印发〈地方政府隐性债务问责办法〉的通知》（中办发〔2018〕46号）等文件发布，地方政府结合自身实际情况，参照财政部提出的六大化解隐性债务举措[①]，纷纷组织进行隐性债务认定、风险管理与化解安排等工作。整体来看，近年来，各地大多采用安排财政资金偿还以及通过借新还旧、展期等方式偿还债务，在地方财政持续承压背景下积极探索多元化展期偿债方式，包括地方债置换、金融机构贷款置换、融资平台债置换等。自2019年起，多个省份的建制县被纳入地方化解隐性债务试点且试点范围持续扩大。根据政府财政文件披露，截至2020年，已有14个试点省份持续推进隐性债务化解工作。

除财政资金偿还、借新还旧外，地方政府还可通过处置地方上市国企股权、协调当地银行授信、加快土地出让等多个渠道筹措资金，以用于临时加快对融资平台的回款，帮助其化债。但在实际运作过程中，由于各地

---

① 六大化解隐性债务举措分别为安排财政资金偿还，出让政府股权以及经营性国有资产权益偿还，利用项目结转资金、经营收入偿还，合规转化为企业经营性债务，通过借新还旧、展期等方式偿还，采取破产重整或清算方式化解。

财政实力、金融资源、国企禀赋等化债资源差异较大，因此隐性债务化解进度及成效出现明显的分化。地方上市国企方面，地方政府可以通过质押相关股份获取应急资金，也可以通过股权划转的方式增强部分下属国企的综合实力。例如，2020 年，贵州省通过无偿划转茅台集团股权至省国资公司、协调茅台集团发行债券收购省高速集团等方式，在一定程度上稳定了债券市场投资人的信心，推动了地方政府化债进程。地方信贷资源方面，银行信贷是当前国内大部分企业最重要的融资来源，尤其对于融资平台而言，由于信用债融资受市场波动的影响较大，因此保障信贷融资的稳定性对于企业现金流安全至关重要。此外，地方银行也是融资平台债务置换的重要参与方，在信贷资源较为丰富的地区，银行对融资平台的债务置换支持能力通常更强。从 2020 年各省份金融机构分布情况看，网点数量整体呈现"东多西少"的特点，与各地经济实力分化特点相匹配；从各省份贷款余额看，广东、江苏、浙江 3 个省份均突破 14 万亿元，宁夏、青海、西藏均不及 8000 亿元，这与经济水平有关。此外，土地资源也是地方政府获取收入的重要来源，由于各地政府性基金预算收入主要来自国有土地使用权出让收入，因此可供出让土地规模较大、区域经济发展水平较高、人口吸引力较强的地区的政府性基金预算收入基础相对扎实，对于化债亦有一定保障。

进入 2021 年，经济虽逐步企稳但各地恢复程度不一，部分财政收支矛盾仍较大的区域的化债能力和意愿依然较弱，虽然目前多地通过发行再融资债偿还存量政府债务，建制县试点化债范围或将继续扩大，但不同地区再融资债额度存在差异或将导致化债进度和实际化债规模有所分化，同时，各地化债资源差异较大也将进一步加剧区域间债务风险分化。

（四）在广义政府部门降杠杆背景下，需关注"红、橙"区域债务滚动压力及风险演化情况

2021 年 3 月 15 日，国务院常务会议提出"保持宏观杠杆率基本稳定，政府杠杆率要有所降低"。按照 2021 年预算安排，央地赤字规模为 3.57 万亿元，新增专项债安排 3.65 万亿元，如果全部落地的话，那么预计政府部门杠杆率将由 2020 年末的 45.8% 提升 2.5 个百分点，至 48.3%。考虑到 2021 年国内名义 GDP 规模大幅增加或国债、新增地方债实际使用额

度不足的可能性均不大，降低政府杠杆率或以压降地方隐性债务增速为主，部分区域尤其是考虑隐性债务后被纳入"红、橙"档的区域或面临较大的债务滚动压力。结合中诚信国际估算的"红、橙、黄、绿"分档结果，考虑隐性债务后，在 2020 年 26 个数据可得的省份中，仅 3 省为绿色，分档为红色、橙色的省份分别有 4 个、11 个，需持续关注相关区域的风险演化情况。

一方面，地方债到期高峰已经来临，叠加政府降杠杆、压降隐性债务增速，部分区域债务滚动压力或加剧。根据中诚信国际统计，2022～2026 年，地方债每年到期规模均不低于 2.5 万亿元，其中，2023 年到期规模高达 3.6 万亿元，部分到期规模大但财政收支矛盾仍在加剧的地方政府，或需要更大程度地依赖再融资债进行到期债券本金偿还。同时，由于政府降杠杆需压降隐性债务增速，部分隐性债务突出、财政实力较弱的区域同样需要借助再融资债进行存量债务的滚动偿还，后续再融资债的大幅发行或带来更大的付息压力，部分财政承压区域面临的债务压力或更趋明显。另一方面，由于融资平台是隐性债务的主要载体，隐性债务增速压降或加剧部分弱资质融资平台的流动性压力，但整体来看或有助于降低区域债务风险。结合前文所述，自 2021 年初以来，债券监管部门收紧了对弱实力地区、弱资质融资平台的发债审核，如中国银行间市场交易商协会参照财政部推行的地方政府债务风险的"红、橙、黄、绿"等级进行划分，对债务风险大的地方融资平台发债加以约束；上海证券交易所发布《上海市证券交易所公司债券发行上市审核规则适用指引第 3 号——审核重点关注事项》，要求"城市建设企业总资产规模小于 100 亿元或主体信用评级低于 AA（含）的，应结合自身所属层级、业务规模、盈利情况、资产负债结构、现金流量情况等评估自身经营和偿债能力，审慎确定公司债券申报方案，并采取调整本次公司债券申报规模、调整募集资金用途用于偿还存量公司债券等措施强化发行人偿债保障能力"。短期来看，由于债券融资的可得性边际下降，同时融资平台面临一定规模的债务到期及新建项目融资压力，流动性风险或有所增加。整体来看，压降隐性债务增速的政策导向有助于遏制融资平台尤其是弱区域、弱资质主体激进举债进而推高当地隐性债务规模，帮助降低区域债务风险，但对于隐性债务压力相对较大的"红、橙"区域，需持续关注化债过程中的风险演化情况，避免处置风险。

四 新时期地方政府债务风险化解之道

在 2020 年疫情冲击背景下，一系列稳增长措施推升我国地方政府债务风险，但总体仍然可控，需重点关注结构性及区域性风险。伴随目前经济企稳恢复，债务压力依然突出，叠加集中到期风险积聚，政策对于地方债务尤其是隐性债务风险的管控重回既定轨道。整体来看，地方债务化解需把控好短期风险控制与中长期体制改革的关系。中长期来看，仍需从根本上推进财税体制改革，并通过深层次机制改革强化地方政府治理能力建设；短期来看，地方政府"开前门、堵后门"的管理仍需坚定不移地推进，需进一步提高地方债的使用效率并优化结构，同时持续推进隐性债务"控增化存"，逐步有效化解债务风险。

（一）从根本上推进财税体制改革，完善债务管理长效机制

1. 持续推进财税制度改革，加快建立现代财税体制

当前，我国的财政体制基本由 1994 年分税制改革确立，由于分税制仅在中央与省级政府的财权划分上做出较明确的安排，并未推进地方税收体系、省级以下政府财政事权划分和支出责任匹配等改革，地方政府的财力与支出责任不相匹配。目前，地方政府财政收入占全国财政收入的比重约为 56%，但地方财政支出占比接近 90%。因此，为真正消除地方政府债务风险，需从根本上建立权责清晰的财政体系，规范央地财政关系。财政事权和支出责任方面，自《国务院关于推进中央与地方财政事权和支出责任划分改革的指导意见》（国发〔2016〕49 号）发布以来，已有 14 个主要领域的划分改革取得进展；2021 年 3 月，《国务院关于落实〈政府工作报告〉重点工作分工的意见》（国发〔2021〕6 号）提出需持续"落实中央与地方财政事权和支出责任划分改革方案"；2021 年 3 月 9 日，《第十三届全国人民代表大会财政经济委员会关于 2020 年中央和地方预算执行情况与 2021 年中央和地方预算草案的审查结果报告》指出，"加强已出台重点领域事权和支出责任划分改革方案的实施，推动省以下政府财政事权和支出责任划分改革"。财力构建方面，目前，我国财税体制还面临地方税种收入规模偏小、税制设计不合理等问题，在央地财政事权仍不匹配及土地

出让存在不确定性的背景下，需持续推进地方税收体系建设，提升地方政府财税实力。2019 年 9 月，《国务院关于印发实施更大规模减税降费后调整中央与地方收入划分改革推进方案的通知》（国发〔2019〕21 号）发布，通过调整、完善增值税留抵退税分担机制以及消费税征收模式，拓展地方收入来源；"十四五"规划强调"完善现代税收制度""健全地方税体系""优化税制结构，健全直接税体系"。构建权责明晰的央地财政事权和责任划分体系以及现代财税制度，才能真正缓解地方财政压力，从根本上化解债务风险。

2. 强化地方政府治理能力建设，构建并完善债务管理长效机制

第一，加强地方政府信息公开制度建设，提高债务管理透明度。从 2017 年末开始，财政部逐月公布地方政府债券发行和债务余额情况。2019 年，财政部对政府财务报告编制方法进行修订①，《财政部关于印发〈地方政府债券信息公开平台管理办法〉的通知》（财预〔2021〕5 号）要求"按照地方政府债务信息公开有关规定，组织本地区各级财政部门通过公开平台公开地方政府债务相关信息"。伴随一系列政策出台，我国政府债务信息透明度逐渐改善，但地方债务结构复杂，大量隐性债务仍不透明，这是我国地方政府面临的中长期风险，因此，应设立完整的债务信息披露制度，将政府隐性债务与显性债务"合并监管"，同样纳入地方政府债务统计范围，并按一定的时间及频次、可比的统计口径持续进行信息公开，合理引导和稳定各方预期。第二，规范新增债务管理，健全考核问责机制。一方面，在"防风险"背景下切实控制新增债务，加强项目审批和投资计划审核，重点审核资金来源以及是否符合财政承受能力；坚决遏制隐性债务增量，严禁地方政府违法违规担保和变相举债。另一方面，健全考核问责机制，严格落实政府举债终身问责制和债务问题倒查机制，进一步加强对违法违规举债以及不作为官员的追责。第三，完善债务风险预警机制，加大对高风险地区的约束和惩罚力度。自《国务院关于加强地方政府性债务管理的意见》出台以来，中央对地方债务风险预警的重视程度不断提高，并有针对性地出台多项措施，如加强对高风险地区的风险预警，必要时采取财政重整、约束投融资行

---

① 《财政部关于修订印发〈政府综合财务报告编制操作指南（试行）〉的通知》（财库〔2019〕58 号），2019 年 12 月 12 日。

为等。2020 年，财政部开始推行以债务率为标准的"红、橙、黄、绿"风险等级评定制度，分类管控各地债务风险。后续可结合具体指标系统性地构建完善的债务风险预警机制及量化模型，对于高风险地区，可进一步细化应急处置及惩罚措施，并在有效控制债务规模前完善举债约束机制，同时还应加强对相关人员的考核问责。

（二）有效举借显性债务，优化发行结构，防范风险

1. 完善地方债务限额确定机制，合理分配区域债务新增限额

当前，各地稳增长压力依然较大，地方政府仍需保持一定的"开前门"力度，但相较前几年注重总量扩容，在当前地方政府债务增速显著高于财力增长速度的背景下，后续应更加关注政府有限财力下限额的合理分配情况及使用效率。2021 年 4 月，《国务院关于进一步深化预算管理制度改革的意见》强调健全地方政府债务限额确定机制，并提出"一般债务限额与一般公共预算收入相匹配，专项债务限额与政府性基金预算收入及项目收益相匹配"。值得关注的是，近年来，地方政府专项债务限额增速持续显著高于政府性基金预算收入增速，结合《国务院关于进一步深化预算管理制度改革的意见》要求，后续专项债务限额的确定或需更加谨慎，由于经济仍未完全恢复、稳增长需求依然存在，未来几年内，专项债务限额大规模压降的可能性或不大，在提升政府性基金预算收入能力的同时或需更加重视专项债募投项目收益质量的提升情况。从区域债务限额分配情况看，需综合考量各地额度使用情况、债务水平等因素，避免额度未按需分配或闲置。一方面，对于往年地方政府债务限额使用比例不高或产生效益不足的省份，或可适当减少对下一年度新增限额的分配，《关于印发〈地方政府专项债券项目资金绩效管理办法〉的通知》（财预〔2021〕61 号）提出，"财政部在分配新增地方政府专项债务限额时，将财政部绩效评价结果及各地监管局抽查结果等作为分配调整因素"，后续应把专项债资金用好用足，产生效益的地区或能争取更多额度倾斜；另一方面，对于确有举债建设需求但债务水平不低的省份，或可在加强对该区域募投项目的筛选及审核的基础上，适当弱化当地债务水平在限额分配中的考量要求，但仍需确保当年的额度与债务风险化解进度相匹配。

2. 合理优化地方债发行结构，妥善化解集中到期压力

在稳增长压力仍存、各地债务偿付压力加剧的背景下，需合理优化地方债发行结构，在提供稳增长支持的同时缓释债务滚动风险。一方面，优化地方债品种结构。当前，地方经济财政仍未完全恢复，稳增长压力依然不减；与此同时，地方债到期高峰已经来临，2022～2026 年年均面临不低于 2.5 万亿元的到期压力，其中，2023 年高达 3.6 万亿元，叠加政府降杠杆、压降隐性债务增速的要求，各地偿债压力较为突出，对再融资地方债的发行需求也较大，因此，后续地方债发行需平衡好新增类与借新还旧类地方债的关系，妥善应对地方稳增长压力及债务滚动需求。另一方面，优化地方债期限结构。近年来，地方债发行持续趋于长期化，新增债与项目期限更为匹配，地方债到期偿还对借新还旧的依赖程度持续上升，且再融资周期长，在一定程度上或导致债券付息成本增加，且未来面临利率风险，或引发偿债不确定性及相应风险。因此，需根据项目期限与化债压力合理优化期限结构，在保证新增债与项目期限匹配的基础上，在期限设计上可尽量与地方债集中到期高峰错开；对于再融资债，在充分考虑各地可偿债财力及融资成本后，需谨慎设计发行期限，在避免集中到期偿付压力、控制付息成本的前提下缓释地方政府短期偿债压力。

3. 提升专项债资金使用效率，助力稳增长及地方债务风险化解

近年来，地方债尤其是专项债持续快速扩容，投向领域日益多元，其是稳增长的重要抓手，同时作为地方融资"正门"，也是规范、引导债务显性化的必要工具。但在大幅扩容的同时，仍存在债券资金未按用途使用、项目资金闲置或挪用等问题。为更好地发挥专项债的作用，需进一步提高债券资金使用效率，做好项目全生命周期管理。发行前，做好事前绩效评估工作，《关于印发〈地方政府专项债券项目资金绩效管理办法〉的通知》要求申请专项债券项目资金前开展事前绩效评估，包括项目属性、资金来源、收益预测、偿债计划等内容，并将其作为进入专项债项目库的必备条件，因此需加强项目筛选，加大对信息披露材料的审核力度，严选优选现金流明确且有保障的项目，严格落实《国务院关于进一步深化预算管理制度改革的意见》强调的"建立健全专项债券项目全生命周期收支平衡机制"要求；同时，确保前期工作准备充分，避免出现资金闲置、投向不合理等问题。2021 年以来，北京、广东等地陆续探索建立地方债分批分期发行机制，将债券发行时间、发行规模精准匹配项目建设进度和分阶段资金需求，减少资金闲置浪费，后续其他地区或可结合自身情况予以参考借鉴。发行后，保障资金及时到位与项目按时开工，及时形成实物工作量，部分财政承压区域也可合理争取金融机构的市场化融资支持，减轻财政压力；同时，还需提升和加大项目穿透式监测频率及力度，确保政府投资与工作进度匹配，实现对项目全周期、常态化风险的监控，对于确实存在偿还风险的项目，应进一步完善专项债用途调整机制，细化调整程序、范围及时限。此外，还需构建全生命周期跟踪问效机制，结合《关于印发〈地方政府专项债券项目资金绩效管理办法〉的通知》要求，对违反绩效管理规定以及有其他违法违规行为的人员加大问责力度。

（三）隐性债务控增化存，平滑债务期限结构，缓释滚动压力

1. 控制隐性债务增量，从区域、主体两个维度限制高风险融资平台举债融资

当前，我国地方隐性债务规模较大且付息成本高，在政府降杠杆、政策不断强调化解隐性债务风险的背景下，需严格控制隐性债务增量，压降隐性债务增速。结合隐性债务构成情况来看，融资平台是控制隐性债务增量的主要着力点。伴随疫后经济逐步恢复，政策对隐性债务的管控趋于常态化，自2021年初起，多部门先后发文从区域及主体两个维度限制融资平台发债融资。交易所根据地方政府债务率和地方政府收入进行融资平台发债"红、黄、绿"分档管理；此后，上交所要求从严把握对弱资质发行人的审核标准，国资委同样出台政策限制高负债、弱资质融资平台融资。后续在防风险背景下，需继续遵循隐性债务"控增化存"的管控思路，在保障融资平台借新还旧、不增加违约风险的前提下，结构性限制融资平台融资，尤其是对于弱区域、高风险融资平台，包括但不限于对债券、非标产品等的控制，在压降隐性债务整体增速及融资成本的同时，有效避免弱资质融资平台信用风险加剧，减少隐性债务风险堆积与蔓延。

2. 平滑债务期限结构，通过建制县试点化债等途径缓释债务滚动风险

在隐性债务本息规模均较高但地方财政仍然承压的当下，各地可继续通过债务置换、"以时间换空间"的方式实现短期债务风险的平滑与控制。2018年底，财政部提出六大化解隐性债务举措，其中，各地操作中使用较

多的是安排财政资金偿还、出让政府股权以及经营性国有资产权益偿还和通过借新还旧、展期等方式偿还。但在新冠肺炎疫情冲击背景下，地方财政收支矛盾凸显，部分区域目前仍然面临较大的财政压力，腾挪用来化债的空间有限，"以时间换空间"的债务置换方式可继续推进。例如，金融机构贷款置换、融资平台债置换、地方债置换等，其中，建制县试点地方债化解持续开展，目前，已有14个省份被纳入化债试点范围，纳入试点范围的建制县的债务负担普遍较重，这些区域优先利用债务置换将区县问题省市化、隐性问题显性化、隐性债务显性化，在不新增债务的硬约束下平滑债务期限结构，有效防范并化解尾部风险，后续或可结合各地隐性债务风险及化债压力进一步拓宽试点范围。此外，目前开展的地方债务置换力度仍较小且范围有一定的局限性。基于央地财政支出占比相差较大、中央政府存在较大加杠杆空间，或可探索新一轮更大规模、更加有序、以中央政府为偿还主体的债务置换，如参考国债转贷模式，根据各地债务压力等分区域、有重点地进行。

3. 推进存量债务化解，加大融资平台重组整合力度，持续推进市场化转型

面对存量规模庞大且存在一定偿还风险的隐性债务，需在坚决遏制增量的同时，妥善做好存量的处置与化解工作。作为隐性债务的主要载体，融资平台进行存量债务化解与市场化转型是有效防范隐性债务风险的关键，需统筹协调，实现循序渐进。第一，结合融资平台属性，加大重组整合力度。一方面，基于行政层级控制融资平台数量，省属融资平台可根据行业属性重组整合，市县融资平台可按照区域重要性清理、融资合并部分地位较低、实力较弱的融资平台；另一方面，从资产及负债两端加大资产重组整合力度，把市场化水平较高、流动性较好的国资注入弱资质融资平台，或鼓励优质国企直接参与融资平台债务处置，以债转股等形式承接融资平台高息债务。第二，完善公司治理机制，提升市场化竞争水平。优化企业资本结构，降低融资成本，加大融资平台公司制改革力度，推动融资平台由行政管理向企业管理转变，持续完善决策机制、用人机制、监督机制，健全公司法人治理结构，完善现代企业制度。第三，提升融资平台融资资质，探索多元化投融资模式。目前，我国仍有一半以上融资平台暂未发债，且融资平台中上市企业仅占1%，直接融资空间较大。未来，需因地制宜地加快拓宽直接融资渠道，鼓励满足条件的区域开展债权、股权等融资；自然资源丰富的地区可积极探索资产融资渠道；民间资本活跃的地区还可规范开展 PPP 融资，鼓励融资平台作为社会资本方与其他社会资本方合作。第四，根据融资平台业务性质及职能，结合国企改革方向推动进行基于市场化的职能调整及业务转型。把"商业一类、商业二类、公益类"功能分类作为参考，推动融资平台朝着城市综合运营服务商、国有资本运营商和产业引导企业三个方向转型。资源多且具备资本投资运营经验的融资平台可积极探索国有资本运营融资平台转型方向；业务较为单一的融资平台可重组整合为涵盖基础设施与公共服务建设、区域综合开发、资产管理与运营等多元化业务的城市综合运营服务商；此外，还可结合当地政策环境及资源，探索与培育产业引导类融资平台。但在转型过程中，融资平台需避免盲目涉足跨度过大、经营难度高的业务领域，以免造成新业务尚未贡献"有力"的现金流入，外部融资又因融资平台属性弱化而面临收紧的不利状况。

基于 KMV 模型的中国地方政府债务预警研究

袁海霞　汪苑晖　闫彦明*

要　点

自 2014 年《中华人民共和国预算法》修订并正式施行以来，我国地方政府债务管理逐步规范化，地方政府债务风险有所缓释。2020 年，在新冠肺炎疫情冲击下，伴随一系列稳增长政策实施，债务规模进一步上升，宏观杠杆率尤其是政府部门杠杆率有所上行，其中，地方政府成为本轮政府部门的加杠杆主体。在地方财政仍然承压的背景下，必须高度关注地方政府债务尤其是隐性债务所蕴含的风险，从各地区地方政府债务风险预警出发，构建合理准确的债务风险预警机制，监测各地区地方政府债务风险的变化趋势以便及时采取债务防范及处置措施，避免债务危机发生。

本报告基于目前国际金融业界主流的用于衡量信用风险的 KMV 模型构建地方政府债务风险预警模型。在国内已有研究和模型基本思想的基础上，本报告基于地方政府债务风险预警对 KMV 模型进行转化修正，并通过两种对各地区地方政府债务到期偿还比例的估算方法，推导出地方财政能力覆盖下的政府债务预期违约概率；选取 31 个省份、辽宁省 14 个地级市作为样本对预警模型进行实证分析，验证模型在研究地方政府债务风险预警方面的可行性及准确性，并期望得出针对到期债务还本付息各地财政的能力的大致情况。

---

* 袁海霞，中诚信国际研究院副院长；汪苑晖，中诚信国际研究院助理总监；闫彦明，中诚信国际研究院助理研究员。

主要结论如下：地方财力的波动对地方政府债务偿付有较大影响，尤其是 2020 年初疫情对地方财力冲击较大，加剧了区域信用分化；地方政府债务到期偿还比例与地方政府债务风险有明显的相关性，到期债务集中偿还压力的增加容易加剧地方政府债务风险；基于两种到期偿还比例的估算方法得到的全国各省份地方政府债务风险结果大致相同，显性债务口径下，风险程度高的青海、黑龙江等省份在考虑隐性债务后风险仍较高，上海、广东等省份风险始终较低，而天津、甘肃等省份在考虑隐性债务口径后债务风险大幅攀升；此外，负债率越高的地区越容易在较低的债务到期偿还比例下进入中高风险区间，通过模型得到的各地债务风险与实际情况大致相符。

引　言

自 2014 年《中华人民共和国预算法》修订并正式施行和《国务院关于加强地方政府性债务管理的意见》出台以来，在疏堵结合的政策导向下，我国地方政府债务管理逐步规范化，地方政府债务风险有所缓释。然而，近年来，在外部不确定性增加和新冠肺炎疫情冲击下，宏观经济方面加大促进稳增长力度，尤其是在 2020 年新冠肺炎疫情的超常规冲击下，政策对冲力度加大，一系列宽信用、宽财政、宽货币的稳增长措施在推动经济修复的同时推升了宏观杠杆率，政府部门债务增长趋势尤为明显，地方政府成为本轮政府部门的加杠杆主体，以地方政府债券为主的显性债务及以融资平台为主要载体的隐性债务均明显增加，政府部门杠杆水平也随之上行。2021 年 3 月 15 日召开的国务院常务会议明确提出"保持宏观杠杆率基本稳定，政府杠杆率要有所降低"，体现了当前国家打好防控风险攻坚战的决心，也显示了中央对政府部门债务风险的高度重视，结合 2021 年《政府工作报告》提出的"稳妥化解地方政府债务风险"，防范地方政府债务风险依然是当前牢牢守住不发生系统性风险底线的重中之重，尤其是隐性债务所蕴含的风险。2020 年，我国地方政府显性债务规模为 25.66 万亿元，根据中诚信国际估算，隐性债务规模为 45.4 万亿~51.6 万亿元，含隐性债务的地方政府负债率有所上升，大大高于发展中国家平均水平；部分地区债务水平较高，在疫情冲击、财政承压的背景下，区域债务风险加速分化。考虑到我国地方政府及国有企业拥有雄厚的资产规模，有能力应对债务风险，我国发生系统性及区域性债务危机的可能性较低，但当前地方政府隐性债务由于具有规模较大且披露不透明等特点，易引发市场关注及猜测，且在债务到期高峰来临、疫情平稳阶段地方财政偿债压力加大、区域风险分化加剧的背景下，尤其需警惕部分地区地方政府债务承载能力不足、处置不当等或引发的市场恐慌及由此导致的市场预期及信心失控。基于此，从各地区地方政府债务风险预警出发，构建合理准确的债务风险预警机制具有较大的必要性，以便监测各地区债务风险的变化趋势，及时采取债务防范及处置措施，避免债务风险向债务危机转化。

一 新时期地方政府债务风险预警的意义

"十四五"规划明确指出，要"增强机遇意识和风险意识"，"注重防范化解重大风险挑战"，"健全金融风险预防、预警、处置、问责制度体系"。同时，2020 年 11 月、2021 年 5 月召开的国务院金融稳定发展委员会会议分别强调，"健全风险预防、发现、预警、处置机制，加强风险隐患摸底排查""加强金融风险全方位扫描预警"。地方政府债务风险是系统性金融风险的重要组成部分，对其进行预警有利于全面反映风险状况、揭示债务风险演变趋势、完善地方政府债务管理机制，是新时期"健全风险预防、发现、预警、处置机制"和"加强金融风险全方位扫描预警"的必然要求，也是实现"十四五"时期"防范化解重大风险体制机制不断健全"目标、推进经济高质量发展的应有之义。

（1）全面反映不同区域、不同行政层级、不同类型地方政府债务状况，揭示区域性及结构性债务风险。受经济发展水平影响，不同区域财力水平、债务规模不尽相同，偿债能力存在差别。整体来看，东部沿海地区经济发达，经济财政实力雄厚，债务偿还压力较小；中西部地区经济发展水平较低，地方政府经济财政实力偏弱，偿债压力较大。同时，不同行政层级的政府由于自身可获得的资源和外部支持力度不同，偿债能力也大相径庭。此外，分债务类型看，相较于主要以债券形式存在的显性债务，通过融资平台形成的以贷款、信托为主要存在形式的隐性债务较难统计且披露不透明，更易引发市场关注及猜测，债务风险不容小觑。因此，对不同区域、不同层级、不同类型地方政府债务进行研究，剖析风险状况，有利于全面、系统地揭示区域性及结构性债务风险。

（2）动态前瞻性地监测地方债到期高峰来临、疫后政府财力削减背景下地方债务风险演变趋势。2020 年以来，受疫情冲击及大规模减税降费政策影响，地方政府财政收入增速下滑，支出压力却有增无减，尤其是债务付息支出同比大幅增长，占比进一步提高，地方政府收支压力明显增加。与此同时，2021～2023 年，地方债迎来到期高峰，年到期规模均超过 2.5 万亿元，较高的偿债付息规模将进一步加剧地方政府财政压力。在此背景下，对地方政府债务风险预警进行研究，有利于及时准确明晰政府偿债能力及风险水平，揭示地方政府债务风险演变趋势。

（3）协助地方政府完善债务应急机制，及时采取债务防范及处置措施。2021 年《政府工作报告》指出，"完善金融风险处置工作机制，压实各方责任，坚决守住不发生系统性风险的底线"，而地方债务风险是现阶段我国面临的重大金融风险之一。自 2016 年国务院办公厅印发《地方政府性债务风险应急处置预案》以来，各地政府密集出台一系列配套债务风险应急处置预案，"预警和预防机制"作为预案的重要组成部分，着墨颇多。此外，2021 年 2 月，国资委出台《关于加强地方国有企业债务风险管控工作的指导意见》，要求"加快建立健全地方国有企业债务风险监测预警机制"，对以融资平台为主要载体的隐性债务风险预警监测被着重强调。预警体系作为债务风险管理的重中之重，可以及时预警、监测各类风险信息，能够有效识别风险，指导地方政府及时做出反应，强化对债务的防范与对风险的处置，提升债务管理能力，防范债务风险导致的债务危机。

（4）为监管机构及投资者提供有力的参考，判断不同阶段各地区的债务风险。加强债务风险预警，精准识别地方政府债务风险，提升风险防控能力，既是监管部门进行宏观审慎监管的必然要求，也是投资者权衡收益与风险的现实需要。对债务风险进行及时预警，能够为监管机构和投资者提供有力的参考，帮助其准确判断不同阶段、不同地区的债务风险，有的放矢，精准监管，有效投资，维护财政金融体系的稳定，实现风险与收益平衡。

二 基于 KMV 模型的地方政府债务风险预警模型

当前，关于地方政府债务风险的预警研究大多以地方政府的财政和债务数据为基础，通过对相应数据的处理和统计方法监测地方政府债务风险变化趋势。目前，已有采用地方政府债务风险预警方法进行的相关研究主要集中在风险预警指标研究和风险预警模型研究两个方面。风险预警指标研究方面，国外学者倾向于用较简单的统计指标直接揭示风险，例如，哥伦比亚的"红绿灯"模式；国内学者大多倾向于筛选多个指标构建指标体系、设置指标风险区间及权重等进行综合判断及预警，如债务负担率、地方财政负债率、地方财政偿债率等，但是，各类统计指标较为简单，且存在指标设置主观随意性较大、缺乏统一和科学的理论标准等问题。风险预警模型研究方面，目前，主流的风险预警模型有 KLR 模型、DCSD 模型、PDR 模型和KMV 模型，而在各类预警模型中，KMV 模型在研究地方政府债务风险预警时有一定的理论应用意义，且与当前我国地方政府债务相关数据的实际情况较为符合。因此，本报告基于 KMV 模型构建地方政府债务风险预警模型，既避免了风险预警指标体系中指标权重的设计环节，降低了模型构建环节中可能存在的主观随意性，也具备理论可行性以及实际操作性，能相对准确地评估风险并起到一定的预警作用。

（一）KMV 模型推演步骤

KMV 模型主要用来衡量企业资产价值的违约概率，是国际金融业界主流的用于衡量信用风险的预警模型。债务违约风险有三个决定因素：一是资产价值，通常用资产未来收益的现金流折现加总而来；二是资产风险，通常用资产价值的波动程度（例如，标准差、β 系数等）来衡量；三是杠杆程度，即债务占总资产的比例，债务比例越高，越容易发生违约问题。对KMV 模型而言，违约点及违约概率的确定是研究的关键。

1. 估算资产价值 V 与波动率 σ

资产价值及波动率是影响违约决定的重要因素，但无法通过直接观察得到，可以利用 Black - Scholes 期权定价模型，反向导出公司资产的隐含波动率，而波动率会受到公司资产市场价值、权益市场价值波动率及负债账面价值影响，这与利用期权价格推算期权的隐含波动率相同。因此，可以将公司权益市场价值视为一个买权，依据 Black - Scholes 期权定价模型，在到期日 T 时，公司资产市场价值和权益市场价值之间的关系可以表示为：

$$E = VN(d_1) - D e^{-rt} N(d_2) \tag{1}$$

$$d_1 = \frac{\ln \frac{V}{D} + \left(r + \frac{1}{2} \sigma_A^2 \right) t}{\sigma_A \sqrt{t}} \tag{2}$$

$$d_2 = d_1 - \sigma_A \sqrt{t} \tag{3}$$

$$\sigma_E = \frac{N(d_1) V \sigma_A}{E} \tag{4}$$

其中，E 表示公司股权的市场价值，V 为公司资产市场价值，$N(d)$ 为标准累积正态分布函数（由 d_1、d_2 决定），D 为公司负债账面价值，σ_A 为资产价值波动率，σ_E 为公司股权价值波动率（可通过历史数据求得），r 为无风险利率，t 为债务偿还期限。由于公司股权的市场价值 E、公司股权价值波动率 σ_E、无风险利率 r、公司负债账面价值 D 以及债务偿还期限 t 都是已知的，因此，可以得出公司资产市场价值 V 及公司资产价值波动率 σ_A 两个未知变量。

2. 计算违约距离 DD

对于公司在某一期间的违约概率，除了依照上述求出的资产价值和波动率之外，还需要注意几个关键变量：①违约点的额度，即短期负债的账面价值；②资产价值在此期间的期望成长率；③负债期间的长短。违约的可能性可以被定义为公司资产价值小于违约点的概率。而对于公司资产价值与违约点的差，可以用资产价值波动率的标准差来衡量，也就是公司的违约距离 DD，数值越大表明资产价值距离违约点越远，公司的违约概率越小，公式如下：

$$DD = \frac{\ln\left(\frac{V_A}{D} \right) + gT - \frac{1}{2} \sigma^2 T}{\sigma \sqrt{T}} \tag{5}$$

其中，g 为资产价值的期望增长率，σ 为资产价值波动率。

3. 计算预期违约概率 EDP

在获得违约距离 DD 后，假设公司的市场价值符合以平均市场价值为中点的正态分布，这样就可以用违约距离 DD 计算 KMV 模型中的预期违约概率 EDP，即资产价值在时间 T 时小于违约点部分的累积概率。或者通过观察公司过去的资产价值，估计资产的概率分布，如利用计量模型，用过去的数据估计资产价值的可能分布，并直接计算出公司在某一期间资产价值小于负债（违约点）的累积概率。由于数据具有可得性以及可操作性，暂且采用第一种计算方法，公式如下：

$$EDP = N(-DD) \tag{6}$$

其中，$N(-DD)$ 为标准累积正态分布函数。

（二）KMV 模型的转化应用

KMV 模型在研究地方政府债务风险预警时有一定的理论意义和实际价值。一方面，KMV 模型分析、估计借款公司违约概率与进行地方政府债务风险研究的思想具有相通之处，和研究上市公司借款违约概率基于的期权思想一样，地方政府的举债融资行为实质上是一种将地方政府所拥有的财政收入权"转移"给债权人的行为，当到期债务本息得以偿还时，地方政府可以重新将财政收入权"赎回"。此外，地方政府债务到期时也和企业债券到期时的情况一致，存在按时还本付息和发生违约两种情况。因此，KMV 模型在研究地方政府债务风险预警时有一定的理论应用意义。另一方面，相对于其他信用风险测量模型需要大量的历史数据进行支撑，KMV 模型不需要把过多的历史违约概率数据作为研究基础，比较符合当前我国地方政府债务相关数据的实际情况。

在国内已有研究和上述模型基本思想的基础上，本报告对 KMV 模型的修正主要基于对三个关键变量的重新定义，即将 KMV 模型中公司可用来偿债的资产价值替换成地方政府可用来偿债的财政收入[①]；将 KMV 模型中公司资产价值波动率替换成地方政府财政收入波动率；将 KMV 模型中公司负

---

① 基于对地方政府实际偿债资料来源及数据可得性的考虑，本报告中的财政收入为一般公共预算收入与政府性基金收入之和。

债账面价值替换成地方政府每年到期应偿还债务。在进行这些替换的基础上推导出地方政府财政收入增长率和波动率、地方政府到期应偿债务和违约距离，具体计算过程如下。

1. 地方政府财政收入增长率 g 和波动率 σ

本报告主要基于国际金融业界主流的用于衡量信用风险的 KMV 模型构建针对地方政府债务风险的预警模型。若将地方政府视为公司，则地方政府财政收入可作为公司资产价值所产生的收益，地方政府债务规模可作为公司负债即违约点的额度，违约的可能性可以被定义为公司资产价值小于违约点的概率。根据 KMV 模型，对于地方政府财政收入增长率 g 和波动率 σ，可以得到如下公式：

$$g = \frac{1}{n-1}\sum_{i=1}^{n-1}\ln\frac{A_{t+1}}{A_t} + \frac{1}{2}\sigma^2 \tag{7}$$

$$\sigma = \sqrt{\frac{1}{n-2}\sum_{i=1}^{n-1}\left(\ln\frac{A_{t+1}}{A_t} - \frac{1}{n-2}\sum_{i=1}^{n-1}\ln\frac{A_{t+1}}{A_t}\right)^2} \tag{8}$$

其中，A 为地方政府财政收入，代替 KMV 模型中的公司资产市场价值 V，A_t 为 t 时刻地方政府财政收入，g 为地方政府财政收入增长率，σ 为地方政府财政收入波动率。

2. 地方政府到期应偿债务

除了债务本金外，由于涉及资金的时间价值，政府还需承担债务本金的利息，因此，地方政府到期应偿债务 Sum_t 为：

$$Sum_t = (1+r)D_t \times a + r \times D_t \times (1-a) \tag{9}$$

其中，r 为到期债务的平均利率，D_t 为总债务规模，a 为到期偿还比例（到期应偿还债务总额占总债务规模的比例），$D_t \times a$ 为到期应偿还债务总额，$D_t \times (1-a)$ 为未到期债务总额。

3. 违约距离 DD

结合地方政府债务风险实际情况，将 KMV 模型中的违约距离 DD 的公式转化为：

$$DD = \frac{\ln\dfrac{A_t}{Sum_t} + gT - \dfrac{1}{2}\sigma^2 T}{\sigma\sqrt{T}} \tag{10}$$

其中，A_t 为 t 时刻地方政府财政收入，Sum_t 为地方政府到期应偿债务，g 为地方政府财政收入增长率，σ 为地方政府财政收入波动率。

三 中国地方政府债务风险预警模型实证分析

在对 KMV 模型进行转化得到地方政府债务风险预警模型后，为验证修正后的 KMV 模型在研究地方债务风险方面的可行性及准确性，本报告通过两种对各地区地方政府债务到期偿还比例的估算方法，选取 31 个省份作为省级层面研究的样本、选取辽宁省 14 个地级市作为市级层面的样本，对基于 KMV 模型的地方政府债务风险预警模型进行实证分析。

（一）不同到期偿还比例的债务风险估算方法

由于每年地方政府债务到期偿还比例无法确切得知，因此本报告尝试在 5%～100% 范围内挑选不同到期偿还比例，以估算各偿还比例下 2021 年各省份及辽宁各地级市的地方债务风险情况。

1. 样本数据选择

财政收入增长率 g 及波动率 σ：由于财政收入在时间序列上具有阶段性变化，因此我们选取 2015～2020 年的财政收入数据进行计算。

财政收入 A_t：由于 2021 年各省份财政收入未公布，我们用求得的财政收入增长率估算各省份 2021 年的财政收入。

债务规模 D_t：我们采用中诚信国际测算的 2020 年各省份的债务规模[①]，其分为显性债务口径和隐性债务口径。显性债务方面，省级层面通过利用 2020 年各省份显性债务余额增量占全国新增债务限额的比例，结合 2021 年全国新增债务总额度推算出 2021 年各省份的债务规模，地级市层面由于辽宁省尚未公布 2021 年新增债务额度，暂以辽宁省 2020 年各地级市债务增速估算。隐性债务方面，在政府债务管理逐步规范的背景下，隐性债务增速逐年放缓，2020 年，虽在对冲疫情冲击的宽信用政策下隐性债务增速止降回升，但伴随经济逐步恢复，对隐性债务的管控回归常态化，隐性债务增速或有所下降，故采用 10% 作为全国隐性债务的可能增速，并以其粗略代替各

---

① 中诚信国际根据全国各省份财政预算执行报告测算得到。

地隐性债务增速,进而得到 2021 年各省份、辽宁省地级市隐性债务规模。

到期债务的平均利率 r:将显性债务和隐性债务分开考虑,显性债务方面,参考国内文献,选用 5 年期地方债发行利率进行估算;隐性债务方面,结合近年来各地对新增债务的管理要求(例如,江苏省发文要求省内重点地市地方国企新增债务融资成本占比控制在 6% 以内),本报告选取 6% 粗略作为隐性债务平均利率,但考虑到部分存量债务实际融资成本占比或远高于 6%,模型对隐性债务的预警效果或好于实际情况。

2. 测算方法

将样本数据代入公式(9)、公式(10)和公式(6),计算地方政府到期应偿债务 Sum_t、违约距离 DD 及预期违约概率 EDP:

$$Sum_t = (1 + r)D_t \times a + r \times D_t \times (1 - a) \tag{11}$$

$$DD = \frac{\ln\dfrac{A_t}{Sum_t} + gT - \dfrac{1}{2}\sigma^2 T}{\sigma\sqrt{T}} \tag{12}$$

$$EDP = N(-DD) \tag{13}$$

在不同到期偿还比例 a 下,显性债务口径以及考虑隐性债务口径下的 2021 年各省份及辽宁省各地级市预期违约概率 EDP 的分布情况如表 1 至表 4 所示(按负债率升序排列)。其中,按照违约风险概率的结果分布情况并结合经验判断,本报告将地方政府债务风险划分为 4 个区间,分别为安全区间 [0,0.1)、轻度债务风险区间 [0.1,0.3)、中度债务风险区间 [0.3,0.6)、重度债务风险区间 [0.6,1)。

3. 测算结果

从省级层面看,显性债务口径和考虑隐性债务口径下,青海、黑龙江、宁夏、天津等省份的债务风险均较高,上海、广东等较低。从辽宁省情况来看,显性债务口径下,铁岭市、抚顺市、营口市债务风险较高;含隐性债务口径下,铁岭市、锦州市债务风险较高;两种债务口径下沈阳市债务风险均较低。

从省级层面看,显性债务口径下(表 1),当到期偿还比例在 10% 以下时,全国基本处于安全区间,仅青海省出现轻度债务风险;当到期偿还比例达到 20% 时,青海、黑龙江相继出现中度债务风险;当到期偿还比例达到

30%时，黑龙江、宁夏、内蒙古出现重度债务风险，新疆、天津出现中度债务风险，青海仍处于中度债务风险区间。此后，随着到期偿还比例不断提高，全国多个省份进入重度债务风险区间；到期偿还比例超过90%后，26个省份进入重度债务风险区间，仅广东、江苏、北京、上海、浙江未进入重度债务风险区间。当考虑隐性债务时（表2），全国地方政府债务风险明显增加。当到期偿还比例达到5%时，天津市出现中度债务风险，青海省出现轻度债务风险，其他省份均处于安全区间；当到期偿还比例达到8%时，天津市率先出现重度债务风险。随着到期偿还比例不断提高，全国各省份相继进入重度债务风险区间；在到期偿还比例达到50%后，29个省份进入重度债务风险区间，仅广东、上海未出现重度债务风险；当到期偿还比例达到80%时，所有省份均出现重度债务风险。

表1　不同到期偿还比例下各省份地方政府债务风险（预期违约概率 EDP）（显性债务口径）

省份	5%	8%	10%	15%	20%	30%	40%	50%	60%	70%	80%	90%	100%
广东	0.00	0.00	0.00	0.00	0.00	0.00	0.00	0.00	0.00	0.00	0.00	0.00	0.00
江苏	0.00	0.00	0.00	0.00	0.00	0.00	0.00	0.00	0.00	0.00	0.00	0.00	0.02
北京	0.00	0.00	0.00	0.00	0.00	0.00	0.00	0.00	0.00	0.04	0.68	4.92	17.88
上海	0.00	0.00	0.00	0.00	0.00	0.00	0.00	0.00	0.00	0.00	0.00	0.00	0.00
河南	0.00	0.00	0.00	0.00	0.00	0.00	0.00	0.00	0.25	5.50	29.42	65.39	89.21
福建	0.00	0.00	0.00	0.00	0.00	0.00	0.00	0.00	0.02	2.77	31.86	79.07	97.49
西藏	0.00	0.00	0.00	0.00	0.00	0.00	0.00	0.10	3.31	22.31	57.00	84.33	96.04
浙江	0.00	0.00	0.00	0.00	0.00	0.00	0.00	0.00	0.00	0.00	0.00	0.00	0.04
山东	0.00	0.00	0.00	0.00	0.00	0.00	0.02	0.59	4.82	17.59	38.48	60.76	78.27
湖北	0.00	0.00	0.00	0.00	0.00	0.21	11.93	56.40	89.80	98.67	99.88	99.99	100.00
安徽	0.00	0.00	0.00	0.00	0.00	0.00	0.82	92.49	100.00	100.00	100.00	100.00	100.00
山西	0.00	0.00	0.00	0.00	0.00	0.00	0.23	7.46	40.07	78.44	95.62	99.44	
四川	0.00	0.00	0.00	0.00	0.00	0.00	0.02	2.12	22.94	64.89	91.60	98.85	
重庆	0.00	0.00	0.00	0.00	0.00	0.00	4.16	60.37	97.53	99.97	100.00	100.00	
江西	0.00	0.00	0.00	0.00	0.00	0.04	1.14	8.67	28.07	53.99	75.93	89.37	
湖南	0.00	0.00	0.00	0.00	0.00	0.05	9.04	60.52	94.92	99.77	100.00	100.00	
陕西	0.00	0.00	0.00	0.00	0.00	0.05	5.98	44.86	86.19	98.43	99.90	100.00	
河北	0.00	0.00	0.00	0.00	0.00	0.00	1.10	23.36	72.83	96.18	99.75	99.99	
广西	0.00	0.00	0.00	0.00	0.00	0.00	1.26	58.48	98.77	100.00	100.00	100.00	
辽宁	0.00	0.00	0.00	0.00	0.00	0.00	8.94	95.37	100.00	100.00	100.00	100.00	

续表

省份	5%	8%	10%	15%	20%	30%	40%	50%	60%	70%	80%	90%	100%
云南	0.00	0.00	0.00	0.00	0.00	1.63	61.00	98.58	99.99	100.00	100.00	100.00	100.00
新疆	0.00	0.00	0.00	0.00	0.00	34.17	99.72	100.00	100.00	100.00	100.00	100.00	100.00
黑龙江	0.00	0.00	0.00	0.00	49.93	100.00	100.00	100.00	100.00	100.00	100.00	100.00	100.00
吉林	0.00	0.00	0.00	0.00	0.00	0.89	91.64	100.00	100.00	100.00	100.00	100.00	100.00
甘肃	0.00	0.00	0.00	0.00	0.00	2.15	99.74	100.00	100.00	100.00	100.00	100.00	100.00
天津	0.00	0.00	0.00	0.13	3.44	48.29	89.73	98.94	99.92	100.00	100.00	100.00	100.00
宁夏	0.00	0.00	0.00	0.00	0.00	99.93	100.00	100.00	100.00	100.00	100.00	100.00	100.00
海南	0.00	0.00	0.00	0.00	0.00	0.00	0.01	65.88	99.99	100.00	100.00	100.00	100.00
内蒙古	0.00	0.00	0.00	0.00	0.05	62.77	99.86	100.00	100.00	100.00	100.00	100.00	100.00
贵州	0.00	0.00	0.00	0.00	0.00	0.82	74.96	99.91	100.00	100.00	100.00	100.00	100.00
青海	10.22	16.91	21.41	32.02	41.28	55.79	66.10	73.52	78.98	83.06	86.17	88.59	90.49

注：深灰色底纹为重度债务风险区间，中灰色底纹为中度债务风险区间，浅灰色底纹为轻度债务风险区间，其他为安全区间。

表 2 不同到期偿还比例下各省份地方政府债务风险（预期违约概率 *EDP*）（考虑隐性债务口径）

省份	5%	8%	10%	15%	20%	30%	40%	50%	60%	70%	80%	90%	100%
广东	0.00	0.00	0.00	0.00	0.00	0.00	0.00	0.00	1.79	35.19	86.92	99.30	99.99
上海	0.00	0.00	0.00	0.00	0.00	0.00	0.00	0.00	0.00	3.98	74.32	99.74	100.00
西藏	0.00	0.00	0.00	0.00	0.00	1.50	38.14	88.23	99.23	99.98	100.00	100.00	100.00
福建	0.00	0.00	0.00	0.00	0.00	0.68	65.35	99.63	100.00	100.00	100.00	100.00	100.00
山西	0.00	0.00	0.00	0.00	0.00	0.49	30.54	87.36	99.41	99.99	100.00	100.00	100.00
河南	0.00	0.00	0.00	0.00	0.00	0.54	59.35	98.97	100.00	100.00	100.00	100.00	100.00
辽宁	0.00	0.00	0.00	0.00	0.00	44.56	99.99	100.00	100.00	100.00	100.00	100.00	100.00
北京	0.00	0.00	0.00	0.00	0.02	13.66	76.12	98.43	99.96	100.00	100.00	100.00	100.00
海南	0.00	0.00	0.00	0.00	0.00	0.00	1.27	96.37	100.00	100.00	100.00	100.00	100.00
河北	0.00	0.00	0.00	0.00	0.00	9.89	84.89	99.80	100.00	100.00	100.00	100.00	100.00
黑龙江	0.00	0.00	0.00	93.63	100.00	100.00	100.00	100.00	100.00	100.00	100.00	100.00	100.00
内蒙古	0.00	0.00	0.00	0.04	16.67	99.51	100.00	100.00	100.00	100.00	100.00	100.00	100.00
安徽	0.00	0.00	0.00	0.00	85.88	100.00	100.00	100.00	100.00	100.00	100.00	100.00	100.00
山东	0.00	0.00	0.01	0.83	9.95	65.32	95.04	99.60	99.98	100.00	100.00	100.00	100.00
宁夏	0.00	0.00	0.00	44.27	100.00	100.00	100.00	100.00	100.00	100.00	100.00	100.00	100.00
湖北	0.01	2.58	15.13	79.27	98.78	100.00	100.00	100.00	100.00	100.00	100.00	100.00	100.00
湖南	0.00	0.00	0.00	4.62	65.71	99.98	100.00	100.00	100.00	100.00	100.00	100.00	100.00
广西	0.00	0.00	0.00	1.62	69.90	100.00	100.00	100.00	100.00	100.00	100.00	100.00	100.00

续表

省份	5%	8%	10%	15%	20%	30%	40%	50%	60%	70%	80%	90%	100%
陕西	0.00	0.00	0.02	12.50	75.79	99.98	100.00	100.00	100.00	100.00	100.00	100.00	100.00
新疆	0.00	0.00	0.89	88.42	100.00	100.00	100.00	100.00	100.00	100.00	100.00	100.00	100.00
云南	0.00	0.00	0.12	36.48	95.89	100.00	100.00	100.00	100.00	100.00	100.00	100.00	100.00
江苏	0.00	0.00	0.00	0.00	20.19	100.00	100.00	100.00	100.00	100.00	100.00	100.00	100.00
江西	0.00	0.00	0.02	2.00	19.28	82.19	98.81	99.96	100.00	100.00	100.00	100.00	100.00
浙江	0.00	0.00	0.00	0.00	0.00	2.48	38.94	85.66	98.56	99.92	100.00	100.00	100.00
四川	0.00	0.00	0.42	4.82	61.09	99.94	100.00	100.00	100.00	100.00	100.00	100.00	100.00
重庆	0.00	0.00	0.42	74.83	99.94	100.00	100.00	100.00	100.00	100.00	100.00	100.00	100.00
吉林	0.00	0.00	0.07	83.44	100.00	100.00	100.00	100.00	100.00	100.00	100.00	100.00	100.00
青海	18.46	27.26	32.73	44.64	54.18	67.82	76.67	82.61	86.73	89.68	91.83	93.45	94.67
甘肃	0.00	0.02	17.32	100.00	100.00	100.00	100.00	100.00	100.00	100.00	100.00	100.00	100.00
贵州	0.00	0.00	0.91	85.19	99.99	100.00	100.00	100.00	100.00	100.00	100.00	100.00	100.00
天津	42.72	86.58	96.51	99.94	100.00	100.00	100.00	100.00	100.00	100.00	100.00	100.00	100.00

注：深灰色底纹为重度债务风险区间，中灰色底纹为中度债务风险区间，浅灰色底纹为轻度债务风险区间，其他为安全区间。

从辽宁省各地级市来看，显性债务口径下（表3），当到期偿还比例处于10%以下时，辽宁全省均处于安全区间，未出现债务风险；随着到期偿还比例提高，营口市、锦州市、葫芦岛市、盘锦市出现轻度债务风险。值得注意的是，当到期偿还比例达到20%时，铁岭市、抚顺市率先出现重度债务风险，营口市由轻度债务风险转为中度债务风险；此后，辽宁多个地级市相继进入重度债务风险区间，当到期偿还比例达到70%时，除沈阳市外的其他地级市均出现重度债务风险。若考虑隐性债务（表4），则辽宁各地级市地方政府债务风险程度有所加重，当到期偿还比例达到10%时，锦州市率先出现轻度债务风险；当到期偿还比例达到15%时，铁岭市、营口市出现中度债务风险，锦州市、盘锦市出现轻度债务风险；当到期偿还比例达到20%时，铁岭市、营口市、抚顺市进入重度债务风险区间；当到期偿还比例达到30%时，除朝阳市、沈阳市、辽阳市、大连市、丹东市外，其余地级市均出现重度债务风险；当到期偿还比例达到70%时，全省仅沈阳市未出现重度债务风险；此后，全省各地级市均进入重度债务风险区间。

表 3　不同到期偿还比例下辽宁省各地级市地方政府债务风险（预期违约概率 EDP）
（显性债务口径）

辽宁省	5%	8%	10%	15%	20%	30%	40%	50%	60%	70%	80%	90%	100%
朝阳市	0.00	0.00	0.00	0.00	0.00	0.13	3.63	20.21	48.48	73.94	89.15	96.08	98.72
沈阳市	0.00	0.00	0.00	0.00	0.00	0.00	0.00	0.03	0.81	5.92	20.46	43.15	66.05
大连市	0.00	0.00	0.00	0.00	0.00	0.00	2.30	40.89	89.09	99.34	99.98	100.00	100.00
阜新市	0.00	0.00	0.00	0.00	0.11	23.61	84.29	99.12	99.98	100.00	100.00	100.00	100.00
辽阳市	0.00	0.00	0.00	0.00	0.00	1.48	48.74	95.23	99.89	100.00	100.00	100.00	100.00
本溪市	0.00	0.00	0.00	0.00	0.15	17.72	71.68	96.09	99.70	99.98	100.00	100.00	100.00
锦州市	0.33	1.46	2.91	9.09	18.15	38.99	57.32	70.97	80.43	86.80	91.05	93.88	95.78
丹东市	0.00	0.00	0.00	0.00	0.07	13.25	66.32	94.93	99.50	99.96	100.00	100.00	100.00
铁岭市	0.00	0.19	2.87	52.12	93.77	99.99	100.00	100.00	100.00	100.00	100.00	100.00	100.00
鞍山市	0.00	0.00	0.00	0.00	0.79	91.64	100.00	100.00	100.00	100.00	100.00	100.00	100.00
抚顺市	0.00	0.00	0.00	8.61	71.63	99.97	100.00	100.00	100.00	100.00	100.00	100.00	100.00
葫芦岛市	0.00	0.00	0.02	1.49	13.88	70.02	95.66	99.60	99.97	100.00	100.00	100.00	100.00
盘锦市	0.05	0.49	1.41	7.63	19.75	50.36	73.97	87.38	94.06	97.22	98.69	99.38	99.70
营口市	0.00	0.13	0.99	15.80	50.24	93.34	99.54	99.97	100.00	100.00	100.00	100.00	100.00

　　注：深灰色底纹为重度债务风险区间，中灰色底纹为中度债务风险区间，浅灰色底纹为轻度债务风险区间，其他为安全区间。

表 4　不同到期偿还比例下辽宁省各地级市地方政府债务风险（预期违约概率 EDP）
（考虑隐性债务口径）

辽宁省	5%	8%	10%	15%	20%	30%	40%	50%	60%	70%	80%	90%	100%
朝阳市	0.00	0.00	0.00	0.00	0.00	0.23	5.23	25.35	55.23	79.11	91.96	97.30	99.18
沈阳市	0.00	0.00	0.00	0.00	0.00	0.00	0.21	4.64	24.11	55.31	80.62	93.47	98.19
辽阳市	0.00	0.00	0.00	0.00	0.00	1.48	48.74	95.23	99.89	100.00	100.00	100.00	100.00
大连市	0.00	0.00	0.00	0.00	0.00	6.58	75.28	99.23	99.97	100.00	100.00	100.00	100.00
丹东市	0.00	0.00	0.00	0.00	0.11	16.54	71.25	96.21	99.73	99.99	100.00	100.00	100.00
阜新市	0.00	0.00	0.00	1.46	25.64	94.83	99.96	100.00	100.00	100.00	100.00	100.00	100.00
铁岭市	0.00	0.19	2.87	52.12	93.77	99.99	100.00	100.00	100.00	100.00	100.00	100.00	100.00
本溪市	0.00	0.00	0.00	0.21	6.47	68.50	97.51	99.91	100.00	100.00	100.00	100.00	100.00
抚顺市	0.00	0.00	0.00	8.61	71.63	99.97	100.00	100.00	100.00	100.00	100.00	100.00	100.00
鞍山市	0.00	0.00	0.00	0.02	13.95	99.63	100.00	100.00	100.00	100.00	100.00	100.00	100.00
锦州市	2.01	6.08	10.07	22.97	37.17	61.35	77.19	86.61	92.06	95.22	97.07	98.18	98.84
葫芦岛市	0.00	0.01	0.17	6.47	32.82	87.47	99.00	99.94	100.00	100.00	100.00	100.00	100.00
盘锦市	0.15	1.23	3.10	13.22	29.34	62.09	82.56	92.45	96.78	98.62	99.40	99.73	99.88
营口市	0.02	0.95	4.60	35.14	73.00	98.18	99.93	100.00	100.00	100.00	100.00	100.00	100.00

　　注：深灰色底纹为重度债务风险区间，中灰色底纹为中度债务风险区间，浅灰色底纹为轻度债务风险区间，其他为安全区间。

（二）按到期地方债估算到期偿还比例的债务风险估算方法

虽然用上述方法可以估算出不同到期偿还比例下的地方政府债务风险情况，但由于各地区经济发展水平及债务程度存在差异，各地区到期偿还比例不尽相同，因此不能在同一维度下进行简单比较。在此基础上，我们尝试对到期偿还比例的估算方法进行修正，用可获取的数据估算各省份的到期偿还比例，基于按到期地方债估算到期偿还比例的债务风险估算方法对2021～2027年各地区地方政府债务风险进行研究。同时，由于本方法只基于地方债到期情况进行测算，因此仅涉及地方政府显性债务，不包含隐性债务。

1. 样本数据选择

地方政府财政收入增长率 g 及波动率 σ：选取2015～2020年地方政府财政收入[①]数据进行计算。

地方政府财政收入 A_t：用地方政府财政收入增长率 g 估算2021～2027年各省份财政收入。

地方政府债务规模 D_t：结合我国经济运行的不同阶段及面临的不同问题，未来几年，我国地方政府"开前门"力度及债务增速或将适时调整。2021年，各省份显性债务增速或较2020年疫情冲击背景下的大幅攀升出现一定回落，基于数据可得性，暂通过2020年各省份新增显性债务占全国新增债务限额的比例，以及2021年全国新增债务总额度估算得到2021年各省份显性债务规模。2022年，经济进一步恢复，地方政府"开前门"力度或有所减弱，但正值"十四五"规划初期，在稳增长压力增加的背景下，地方投资活动仍需保持一定强度，因此，在该阶段，各地显性债务增速大概率不会大幅下降，回落幅度暂定为2021年与2020年增速差值的一半，或与2019年增速基本持平。2023～2025年为"十四五"规划的后半段时期，在构建我国经济发展新格局期间，仍需确保经济运行不发生失速风险，投资或仍是主要着力点，地方债务增速仍需保持一定水平，但或较前期注重疫情冲击后恢复背景下的增速小幅回落，因此假设该阶段显性债务增速回落幅度与2022年相当。2026～2027年，"十四五"规划结束，经济发展新格局或基

[①] 资料来源：全国各省份财政决算报告。

本形成，依赖地方债稳增长的力度或进一步减小，增速或较此前水平进一步回落，回落幅度参考 2022 年、2023 年（见图 1）。

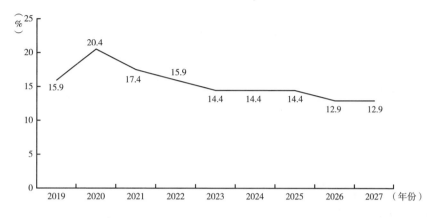

图 1　2019～2027 年全国地方政府显性债务增速变化估计

资料来源：Choice 数据库，中诚信国际测算。

到期偿还比例 a：采用各省份每年到期的地方债规模①占地方政府债务规模的比例。

到期债务的平均利率 r：选用 5 年期地方债发行利率进行估算。

2. 测算方法

将上述样本数据代入公式（9）、公式（10）和公式（6），计算地方政府到期应偿债务 Sum_t、违约距离 DD 及预期违约概率 EDP：

$$Sum_t = (1 + r)D_t \times a + r \times D_t \times (1 - a) \quad (14)$$

$$DD = \frac{\ln \dfrac{A_t}{Sum_t} + gT - \dfrac{1}{2}\sigma^2 T}{\sigma \sqrt{T}} \quad (15)$$

$$EDP = N(-DD) \quad (16)$$

在按到期地方债计算到期偿还比例 a 时，显性债务口径下的 2021～2027 年各省份预期违约概率 EDP 如表 5 所示（按每年各省份 EDP 均值降序排列）。其中，按照预期违约概率的结果分布情况并结合经验判断，本报告

---

① Wind 数据库，中诚信国际整理。

表5 不同到期偿还比例下各省份地方政府债务风险（预期违约概率 *EDP*）（显性债务口径）

省份	2021年	省份	2021年	省份	2022年	省份	2022年	省份	2023年	省份	2023年	省份	2024年
青海	10.98	山西	0.0000	青海	15.80	河南	0.0000	青海	14.71	山西	0.0000	天津	15.63
天津	0.0001	四川	0.0000	天津	0.0830	四川	0.0000	天津	11.90	河北	0.0000	青海	10.84
山东	0.0000	河南	0.0000	内蒙古	0.0000	湖南	0.0000	黑龙江	0.0450	四川	0.0000	湖北	0.0000
内蒙古	0.0000	浙江	0.0000	湖北	0.0000	河北	0.0000	内蒙古	0.0001	重庆	0.0000	山东	0.0000
湖北	0.0000	广西	0.0000	山东	0.0000	广西	0.0000	湖北	0.0000	河南	0.0000	内蒙古	0.0000
云南	0.0000	重庆	0.0000	江西	0.0000	重庆	0.0000	山东	0.0000	宁夏	0.0000	江西	0.0000
贵州	0.0000	宁夏	0.0000	云南	0.0000	浙江	0.0000	江西	0.0000	西藏	0.0000	黑龙江	0.0000
江西	0.0000	吉林	0.0000	黑龙江	0.0000	宁夏	0.0000	云南	0.0000	甘肃	0.0000	北京	0.0000
陕西	0.0000	福建	0.0000	北京	0.0000	福建	0.0000	新疆	0.0000	浙江	0.0000	云南	0.0000
北京	0.0000	甘肃	0.0000	贵州	0.0000	甘肃	0.0000	陕西	0.0000	安徽	0.0000	新疆	0.0000
辽宁	0.0000	海南	0.0000	西藏	0.0000	海南	0.0000	湖南	0.0000	福建	0.0000	重庆	0.0000
黑龙江	0.0000	广东	0.0000	陕西	0.0000	广东	0.0000	辽宁	0.0000	海南	0.0000	陕西	0.0000
西藏	0.0000	江苏	0.0000	新疆	0.0000	安徽	0.0000	广西	0.0000	广东	0.0000	山西	0.0000
新疆	0.0000	安徽	0.0000	山西	0.0000	江苏	0.0000	吉林	0.0000	江苏	0.0000	河南	0.0000
湖南	0.0000	上海	0.0000	吉林	0.0000	上海	0.0000	贵州	0.0000	上海	0.0000	吉林	0.0000
河北	0.0000			辽宁	0.0000			北京	0.0000				

续表

省份	2024年	省份	2025年	省份	2025年	省份	2026年	省份	2026年	省份	2027年	省份	2027年
宁夏	0.0000	青海	9.6898	西藏	0.0000	天津	13.91	河南	0.0000	天津	5.4543	河南	0.0000
湖南	0.0000	天津	9.2620	吉林	0.0000	青海	6.8020	河北	0.0000	青海	4.8076	广西	0.0000
河北	0.0000	内蒙古	0.0002	贵州	0.0000	湖北	0.0002	四川	0.0000	湖北	0.0000	吉林	0.0000
四川	0.0000	湖北	0.0002	四川	0.0000	内蒙古	0.0000	广西	0.0000	黑龙江	0.0000	湖南	0.0000
贵州	0.0000	黑龙江	0.0001	河北	0.0000	山东	0.0000	甘肃	0.0000	江西	0.0000	甘肃	0.0000
辽宁	0.0000	江西	0.0000	辽宁	0.0000	江西	0.0000	浙江	0.0000	山东	0.0000	贵州	0.0000
广西	0.0000	山东	0.0000	广西	0.0000	北京	0.0000	贵州	0.0000	内蒙古	0.0000	浙江	0.0000
浙江	0.0000	北京	0.0000	浙江	0.0000	黑龙江	0.0000	宁夏	0.0000	北京	0.0000	宁夏	0.0000
福建	0.0000	云南	0.0000	甘肃	0.0000	重庆	0.0000	辽宁	0.0000	新疆	0.0000	福建	0.0000
安徽	0.0000	陕西	0.0000	福建	0.0000	云南	0.0000	福建	0.0000	云南	0.0000	辽宁	0.0000
甘肃	0.0000	重庆	0.0000	安徽	0.0000	新疆	0.0000	安徽	0.0000	山西	0.0000	海南	0.0000
海南	0.0000	山西	0.0000	海南	0.0000	山西	0.0000	广东	0.0000	陕西	0.0000	安徽	0.0000
广东	0.0000	新疆	0.0000	广东	0.0000	陕西	0.0000	海南	0.0000	西藏	0.0000	广东	0.0000
江苏	0.0000	宁夏	0.0000	江苏	0.0000	西藏	0.0000	江苏	0.0000	重庆	0.0000	江苏	0.0000
上海	0.0000	河南	0.0000	上海	0.0000	吉林	0.0000	上海	0.0000	河北	0.0000	上海	0.0000
		湖南	0.0000			湖南	0.0000			四川	0.0000		

注：灰色底纹为轻度债务风险区间，其他为安全区间；由于辽宁省各地级市每年的地方债到期规模不易获得，因此未用这一估算方法进行辽宁省各地级市地方政府债务风险的计算。

将地方政府债务风险划分为 4 个区间，分别为安全区间 [0, 0.1)、轻度债务风险区间 [0.1, 0.3)、中度债务风险区间 [0.3, 0.6)、重度债务风险区间 [0.6, 1)。

3. 测算结果：全国各省份整体处于安全区间，仅少数省份如青海等的债务风险相对较高

数据结果显示，除青海、天津外，2021～2027 年，全国大部分省份的预期违约概率 EDP 接近 0，大多数省份处于安全区间，未出现重度债务风险。青海省在 2021～2024 年出现轻度债务风险，此后进入安全区间；天津市在 2023～2024 年及 2026 年出现轻度债务风险，其他年份均处于安全区间。从每年地方政府债务风险排名可以看出，青海、天津、湖北、内蒙古等省份每年的预期违约概率 EDP 排在前列，在一定程度上表明这些省份的地方政府债务风险相对其他省份高，而上海、广东、江苏、安徽等省份的地方政府债务风险每年保持在较低水平。值得注意的是，按此方法估算的山东省地方政府债务风险排名靠前，但这与实际情况不相符，原因在于此方法按照各省份每年到期地方债规模确定到期偿还比例来估算地方政府债务风险，山东省 2021～2027 年到期地方债规模相对较大，因此用本方法估算的 2021 年山东省地方政府债务风险排名第 3，此后伴随到期债务规模波动，排名有所波动，但始终排在前 7 名。

四 结论及建议

本报告在总结以往有关地方政府债务风险研究的基础上，以 KMV 模型为基础进行转化，构建了基于 KMV 模型的地方政府债务风险预警模型，通过两种到期偿还比例估算方法对 31 个省份及辽宁省 14 个地级市的地方政府债务风险进行实证分析，主要结论如下。

（1）地方财力的波动对地方政府债务风险有较大影响，尤其是 2020 年的疫情对地方财力冲击较大，加剧了区域信用分化。在修正后的 KMV 模型中，地方政府财政收入波动率 σ 作为重要变量，对地方政府债务风险水平具有正向影响。2020 年疫情冲击使地方政府收入减少，部分省份财力削弱但支出增加，财政收支矛盾进一步加剧。在此背景下，区域间的债务风险分化趋势加剧。具体来看，中西部地区财政减收规模较大，财政平衡能力较弱，收支矛盾加大，如青海、内蒙古、新疆、贵州、宁夏等省份的地方政府债务风险较高；东部地区大部分省份实现财政收入正增长，财政平衡能力普遍较强，偿债能力较强，如广东、上海、浙江等省份，地方政府债务风险明显低于其他地区。

（2）地方债务到期偿还比例与债务风险具有明显的相关性。从各地区地方政府债务预期违约概率的数据来看，到期偿还比例对其具有正向冲击，即随着到期偿还比例的提升，地方政府债务风险不断增加，在一定程度上表明到期债务集中偿还压力增加容易加剧地方政府债务风险。伴随 2021～2023 年地方债到期高峰来临，部分区域的债务滚动压力及债务风险增加。

（3）基于两种地方政府债务到期偿还比例估算方法，全国各省份地方政府债务风险排名大致相同，考虑隐性债务后的地方政府债务风险均呈现大幅增加的趋势。显性债务口径下，青海、黑龙江、宁夏、内蒙古、天津、新疆等省份的地方政府债务风险比其他省份高，上海、广东、江苏、浙江、北京等省份的地方政府债务风险相对较低。若考虑隐性债务，青海、天津、黑龙江、新疆等省份的地方政府债务风险仍较高，上海、广东等省份的地方政府债务风险仍较低，而北京、江苏、浙江等省份的地方政府债务风险大大增加。此外，通过修正后的 KMV 模型得到的各省份地方政府债务风险与实际负债率情况大致相符，即负债率越高的地区越容易在较低的到期偿还比例下进入中高债务风险区间。

结合 KMV 模型预警结果，本报告针对防范化解地方政府债务风险提出以下建议。

（1）增强财政统筹能力，提升债务承载水平。地方政府可用财力是偿债资金的重要来源，持续增强政府财力是增强偿债能力、降低债务风险的本质要求。广东、上海等省份综合财力雄厚，债务承载能力较强，而青海、宁夏、黑龙江、内蒙古等省份综合财力较弱，债务风险相对较高。同时，新冠肺炎疫情对地方财力造成的冲击也极大地影响了债务风险演变过程，如湖北省 2020 年一般公共预算收入大幅下滑，在用第二种到期偿还比例估算时，地方政府债务风险排名靠前，后续面临的偿债压力或较大。因此，应当加快建设现代经济体系，巩固财政收入基础，增强财政统筹能力，不断提升债务承载水平，降低政府债务风险。具体来看，应统筹好一般公共预算与其他预算，积极涵养培植税源，增加税收收入；加强土地出让管理，深入推进国企改革，盘活各类优质资产，提振财政收入增长后劲，多渠道拓宽偿债收益来源；统筹好财政收入与支出，在提高财政收入质量的同时落实过"紧日子"的思想，压减非必要一般性支出。

（2）合理新增显性债务，提升资金使用效率，优化债券发行结构。用好用足地方政府债券，尤其是专项债，使其在一定程度上替代融资平台在基建和公共服务领域的地方政府融资功能，引导隐性债务显性化，提升债务透明度，这有利于降低债务风险。应当在规定的债务限额内，合理新增显性债务，并加强债券"借、管、用、还"全生命周期管理，提升资金使用效率，实现债务良性循环。同时，结合预警结果来看，债务到期偿还比例对于地方政府债务风险具有正向冲击，用第二种到期偿还比例估算时，2021～2023年为地方债到期高峰，债务风险出现一定攀升，之后伴随地方债到期压力下降，债务风险有所回落，因此，应优化地方债发行结构，尤其要平滑发债期限结构，避免债务集中到期而增加财政偿付压力。

（3）妥善化解隐性债务，降低债务融资成本。隐性债务是地方政府债务的重要组成部分，积极稳妥地处置隐性债务是防范化解地方政府债务风险的重中之重。结合模型来看，原本显性债务口径下债务风险相对较低的省份在考虑隐性债务后风险攀升，如天津、甘肃等省份，或可通过限制部分融资平台融资、加强非标管控等方式严控新增隐性债务。此外，与地方债相比，隐性债务大多以贷款、信托等形式存在，融资成本普遍较高，因此降低债务融资成本尤为重要。首先，政策层面应进一步加强宏观政策的统筹协调，在债务还本付息压力较大时期，做好货币政策与财政政策的协调配合，货币政策不宜过快过度收紧，以避免债务利率过快上升进一步恶化债务问题。其次，结合风险预警模型结果，通过低息置换高息、长期置换短期、显性置换隐性等债务置换手段，逐步清退高成本债务融资，减轻付息压力。此外，还可以通过加强融资成本监测、压降中间费用、探索价格引导机制等方式，多措并举推动融资成本压降，防范化解隐性债务风险。

基于 AHP 模型的中国地方
政府债务指数研究

袁海霞　汪苑晖　鲁璐　翟国森　卞欢[*]

要　点

2017 年以来，监管层在"开前门、堵后门"框架下，不断强化对地方政府隐性债务的管控和化解，我国隐性债务快速扩张态势有所缓解。2020 年，在疫情冲击下，稳增长、宽信用政策再次推升政府部门债务，隐性债务风险及区域性风险问题不容忽视。2021年，随着经济企稳修复，中央对降低政府杠杆率和防范化解隐性债务风险提出明确要求。在此背景下，有必要构建中国地方政府债务风险指数，动态监测各地方政府显性及隐性债务风险情况，以便地方政府实时跟踪并有针对性地安排化债方案。

本报告基于层次分析法（AHP）构建了地方政府债务风险指数模型，对 2018～2020 年 31 个省份、云南省 16 个地市（州）地方政府的显性与含隐性债务风险指数进行实证分析，主要结论如下。第一，财政实力是地方政府债务风险指数的最主要影响因素。从 31 个省级地方政府历年风险指数排名情况看，无论是否考虑隐性债务，地区财政实力与风险指数均呈现明显负相关性，从财政实力较强的长三角、珠三角等地区到财政实力较弱的中西部地区，债务风险指数逐步上升。第二，考虑隐性债务后，各地债务风险指数均有明显上升。2020 年，31 个省级地方政府的债务风险指数平均

---

* 袁海霞，中诚信国际研究院副院长；汪苑晖，中诚信国际研究院助理总监；鲁璐，中诚信国际研究院研究员；翟国森，财政部政府债务研究和评估中心中央债务处处长；卞欢，中诚信国际银行评级部高级分析师。

值从 0.54 增至 0.61，云南省 16 个地市（州）的平均值从 0.61 增至 0.63，隐性债务对省级和地市（州）级层面的债务风险均有加剧效应。第三，部分化债积极性高、债务压力大的中西部省份，含隐性债务风险边际上明显缓释。从历年相对风险排名变化情况看，部分债务压力较大的中西部地区含隐性债务风险指数的下降名次较多，债务风险边际缓释，或与其近年来着力推进化债，同时努力提高财政实力有关。

基于上述结论，本报告提出降低地方政府债务风险的两条建议。一是"积极做大分母"，提升财政统筹能力，增加"三本预算"收入，切实增强财政实力。在经济发展中扩大税基、合理增厚税收收入，从而提高一般公共预算收入水平；同时加强国有土地使用权出让管理，深入推进国企改革、盘活各类优质资产，实现政府性基金预算收入和国有资本经营预算收入的合理增加。二是"控制分子扩张"，因地制宜调动可用资源，稳妥推进融资平台转型，着力化解隐性债务。充分调动区域内金融、国企等优质资源，发挥其化债价值；结合融资平台在地方经济发展中的作用与国企分类改革方针指引，推动其朝着城市综合运营服务商、国有资本运营商和产业引导者三个方向转型。

引　言

2014 年《中华人民共和国预算法》修正案和《国务院关于加强地方政府性债务管理的意见》出台后，我国地方债务管理机制逐步成熟，地方政府债务风险总体可控。然而，未纳入地方政府债务统计范围的隐性债务规模巨大，风险监控与治理难度大，成为财政金融体系乃至国民经济发展中的"灰犀牛"。2017 年以来，监管层在"开前门、堵后门"框架下，不断加强对隐性债务的监管与风险化解，设立了"终身问责、倒查责任"的违规举债问责机制，出台了《中共中央　国务院关于防范化解地方政府隐性债务风险的意见》《地方政府隐性债务问责办法》《关于防范化解融资平台公司到期存量地方政府隐性债务风险的意见》等重磅政策文件。各级地方政府积极响应中央号召，陆续推出并开始实施 5～10 年化债方案。自 2017 年起，我国地方政府隐性债务增速大幅回落，快速扩张态势有所缓解。

在 2020 年新冠肺炎疫情冲击下，提高赤字率、发行抗疫特别国债、增发地方政府专项债等积极财政政策对抗击疫情、"六稳""六保"起到了重要作用，但也在一定程度上推升政府部门债务。此外，在一系列宽信用措施下，融资平台债发行规模再创新高，以融资平台有息债务为主的地方政府隐性债务增速再度抬升，广义政府部门债务率大幅攀升。2021 年，国内疫情缓和后，中央再次加强对地方政府债务风险的管控。在"十四五"规划提出"注重防范化解重大风险挑战"的基础上，2021 年 3 月，国务院常务委员会明确要求"保持宏观杠杆率基本稳定，政府杠杆率要有所降低"；《国务院关于进一步深化预算管理制度改革的意见》（国发〔2021〕5 号）强调要"把防范化解地方政府隐性债务风险作为重要的政治纪律和政治规矩"。与此同时，疫后经济下行压力仍存，地方政府尤其是基层政府的财政持续承压，我国在"当前和今后一个时期，财政处于紧平衡状态，收支矛盾较为突出"。在此背景下，有必要构建中国地方政府债务风险指数并持续跟踪，助力化债工作有序推进，将降杠杆、防风险工作落到细处。

一 构建中国地方政府债务风险指数的意义

"十四五"规划强调要"健全金融风险预防、预警、处置、问责制度体系"，《国务院关于进一步深化预算管理制度改革的意见》明确提出要"完善以债务率为主的政府债务风险评估指标体系""加强风险评估预警结果应用，有效前移风险防控关口"。当前，我国地方政府债务风险总体可控，但隐性债务风险与区域性债务风险问题不容忽视。同时，随着经济形势变化与化债行动的推进，我国各地区地方政府债务化解进度与风险情况处于动态变化之中。构建中国地方政府债务风险指数，从政策层面看是落实"十四五"规划、《国务院关于进一步深化预算管理制度改革的意见》及其他文件要求的积极举措；从现实层面看可以综合评估地方政府偿能力，动态监测各地区政府债务风险情况，以便地方政府有针对性地安排具体化债方案，前移风险防控关口。具体来看，构建地方政府债务风险指数具有以下意义。

（1）全面、科学、准确、直观地反映地方政府债务风险水平。我国地方政府债务风险的形成原因较为复杂，衡量债务风险需要综合考虑当地宏观经济、政府财政实力、债务水平等因素，还需结合我国特有的政治体制与历史背景来进行考量。面对这一复杂问题，债务率、负债率等单一指标较为片面，难以客观反映债务风险，而构建地方政府债务风险指数能规避单一指标的缺陷，将定性分析与定量分析相结合，全面、科学、准确地评估地方政府债务风险水平。同时，以指数为呈现形式还具有清晰直观、便于运用的优点。

（2）聚焦地方政府债务的"区域性"和"结构性"两大风险点，刻画细化到市县层级的债务风险全景图。当前，我国地方政府债务风险总体可控，但隐性债务规模居高不下以及部分地区负债水平过高带来的结构性、区域性风险问题仍需关注。构建中国地方政府债务风险指数，科学设置指标，可以实现对省、市、县各层级地方政府债务风险的直观刻画，让区域性风险一目了然。此外，通过对比各地显性债务风险指数和含隐性债务风险指数，可以锁定隐性债务问题突出的地区，让结构性风险得以明确展露。综合来看，该指数实质上刻画出了一张细化到市县层级的地方政府债务风险全景图。

（3）构建地方政府债务风险的跟踪评价机制，为化债进程提供动态观测视角。2018 年以来，中央强化对于地方政府隐性债务的监管，各地方政府陆续推出并开始实施"5～10 年化债计划"，但诸多政策措施传导链条较长、披露不甚明确，同时各地经济财政状况也处于动态变化之中，因而化债进度和成果难以观测。构建地方政府债务风险指数并进行季度、年度更新，能够从数值和排名的变化中观察到各区域化债进程与动向，通过进一步分析风险指数和原始指标的边际变化，与经济现实进行映射后可以总结各地的经验教训，继而优化化债措施。同时，地方政府可据此跟踪当地债务风险变化情况，维持债务负担与经济、财政实力的动态匹配。

二 基于 AHP 模型的地方政府债务风险指数

当前，地方政府债务风险指数模型的构建思路是结合地方政府的宏观经济、财政实力和债务水平等情况，给地方政府债务一个定量的风险综合评价值。模型的核心是评价方法，经典的评价方法包括指标评价法、层次分析法（AHP）、模糊综合评价法（FCE）、数据包络分析法（DEA）、TOPSIS、主成分分析法（PCA）、人工神经网络（ANN）、灰色综合评价法（GCE）和组合方法等。综合考虑指标适用性、数据样本量、数据处理方式、权重设置方式等因素，本报告选择最具适用性和可行性的层次分析法（AHP）来构建地方政府债务风险模型。

（一）AHP 模型的基本原理及构建方法

AHP 模型是一种定性和定量相结合、系统化、层次化的分析方法。对于复杂的决策问题，AHP 把总目标分为多个子目标，按总目标到各层子目标的逻辑顺序将整个决策系统自上而下分解成一个树状结构，从而形成一个有序的递阶层次系统；通过指标间相对比较关系进行模糊定性量化，构造判断矩阵，求得每一层各个指标对上一层目标的权重向量；最后对所有子目标问题进行汇总，采用加权和的方法逐阶层归并获得总目标的最终权重向量，得到最底层每个指标对于最上层总目标的影响权重，并计算出总目标的最终评价结果。AHP 涉及以下四个主要步骤。

1. 建立层次结构模型

在分析实际问题时，AHP 将有关因素按照不同属性自上而下地分解成若干层次，同一层的诸因素从属于上一层的因素或对上层因素有影响，同时又支配下一层的因素或受到下层因素的影响。其中，最上层为目标层，中间层为准则层，最下层为指标层，具体可参见图 1。

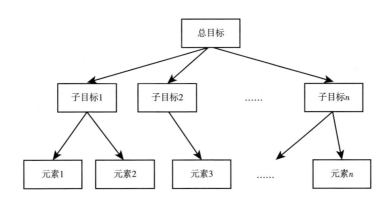

图 1　递阶层次结构图样例

2. 构造各层次的判断矩阵

建立层次结构模型后，需进一步确定每一层元素对上一层对应元素的影响程度，即对于每个目标元素应该分配的权重大小。这里通过判断矩阵计算具体权重。判断矩阵通过该层所有元素之间两两相对重要程度比较来获得，具体采用"1~9"标度方法。这个过程即为指标的相对重要性打分，打分专家可根据"1~9"的不同标度对指标的重要性做出排序，并得出相对重要性矩阵。具体对应关系参见表1。

表1　AHP模型"1~9"相对标度

标度	定义	含义
1	同样重要	两元素对于上层目标同样重要
3	稍重要	两元素对于上层目标，一个比另一个稍微重要
5	重要	两元素对于上层目标，一个比另一个明显重要
7	很重要	两元素对于上层目标，一个比另一个强烈重要
9	极端重要	两元素对于上层目标，一个比另一个极端重要
2、4、6、8	相邻标度中值	相邻两标度之间折中的标度
上面标度倒数	反比较	元素 i 对元素 j 的标度为 a_{ij} ，反之为 $1/a_{ij}$

根据表1相对标度将元素进行两两比较，可得到相对重要性矩阵 A。从矩阵结构看，矩阵 A 对角线的元素为每个元素与自身相比较，结果为同样重要，标度值为1，其余数值即为相对重要性的打分值：

$$A = \begin{bmatrix} 1 & a_{12} & \cdots & a_{1n} \\ a_{21} & 1 & \cdots & a_{2n} \\ \vdots & \cdots & \ddots & \vdots \\ a_{n1} & \cdots & \cdots & 1 \end{bmatrix}$$

3. 计算各层次权重向量

在完成判断矩阵后，我们需要根据得到的判断矩阵计算各因素对应的权重向量。本报告从实际情况出发，利用判断矩阵的"根法"这一近似解法，解决高阶矩阵难以运用本特征向量法直接计算的问题。"根法"的具体算法如下。

（1）对矩阵 A 每行元素连乘并开 n 次方，得到向量 $\boldsymbol{W}^* = (w_1^*, w_2^*, \cdots, w_n^*)^T$，其中，$w_i^* = \sqrt[n]{\prod_{j=1}^{n} a_{ij}}$。

（2）对 $\boldsymbol{W}^*$ 进行归一化处理，得到权重向量 $\boldsymbol{W} = (w_1, w_2, \cdots, w_n)^T$，其中，$w_i = \dfrac{w_i^*}{\prod\limits_{i=1}^{n} w_i^*}$。

（3）对 A 中每列元素求和，得到向量 $S = (s_1, s_2, \cdots, s_n)$ ，其中， $s_j = \sum_{i=1}^{n} a_{ij}$ 。

（4）计算 $\lambda_{\max}$ 的值， $\lambda_{\max} = \sum_{i=1}^{n} s_i w_i = SW = \frac{1}{n} \sum_{i=1}^{n} \frac{(AW)_i}{w_i}$ 。

4. 一致性检验与调整

通过 AHP 确定各指标间相对重要性，或由于主观性较高而产生一定的逻辑一致性矛盾，因此，我们在获得初步结果后需进行一致性检验，以验证结果的准确性。具体来看，进行一致性检验需要首先考虑 CI（Consistency Index）指标，其表达式如下：

$$CI = \frac{\lambda_{\max} - n}{n - 1}$$

CI 越大，矩阵 A 的不一致程度越严重， $CI = 0$ 时矩阵 A 完全一致。

对于多阶判断矩阵，AHP 方法需要引入平均随机一致性指标 RI（Random Index）[1]，表 2 给出 "1~14" 阶重复 1000 次的平均随机一致性指标。

表 2　平均随机一致性指标 *RI* 取值

阶数	1	2	3	4	5	6	7	8	9	10	11	12	13	14
RI	0	0	0.66	0.89	1.12	1.26	1.36	1.41	1.46	1.49	1.52	1.54	1.56	1.58

最后，CR（Consistency Ratio）是用来检验一致性的最终指标，是 CI 与 RI 的比值，表达式如下：

$$CR = \frac{CI}{RI}$$

当 $CR < 0.1$ 时，判断矩阵一致性可以接受；否则需要调整判断矩阵中的值直到通过检验为止；此外，当阶数小于 3 时，判断矩阵永远具有完全一致性。

（二）AHP 模型的优化

AHP 的基本思路和人对复杂决策问题的思维、判断过程大体相同。逻

---

① *RI* 是通过多次重复进行随机判断矩阵特征值的计算后取算术平均数而得到的。

辑较为清晰明了，虽需要大量计算和模型检验，但大多数人可以快速理解，是助力数据产品融入工作生活的简便高效方法之一。因此，运用 AHP 进行地方政府债务风险指数的构建具有一定优势，但仍需解决指标共线性问题和权重分配主观性问题。

1. 解决多重共线性问题

AHP 的重点在于对指标进行权重分配，但对于指标是否存在信息重叠问题并未予以关注。因此，我们采用皮尔逊相关系数测算指标间的相关系数矩阵，再根据一定的筛除原则对其中高线性相关的指标进行剔除。皮尔逊相关系数计算公式为：

$$r = \frac{\sum_{i=1}^{n}(x_i - \bar{x})(y_i - \bar{y})}{\sqrt{\sum_{i=1}^{n}(x_i - \bar{x})^2 \sum_{i=1}^{n}(y_i - \bar{y})^2}}$$

一般认为，相关系数的绝对值 $|r_{ij}|$ 的取值范围在 0.8 以上，表明有高度显著的线性关系，需进行剔除，但在实践中需考虑指标的经济学含义才能最终确定是否需要剔除。

在具体的优化过程中，首先，我们需计算所有底层元素 $(P_1, P_2, \cdots, P_m)^T$ 的相关系数矩阵 $r_{ij}(i, j = 1, 2, \cdots, m)$。在获得相关系数矩阵后，我们将对每一个相关系数取绝对值。此后，我们将根据 0.8 这一阈值以及指标的经济学含义考虑是否剔除与多个其他指标具有显著相关性的指标。相关系数矩阵 r_{ij} 如下：

$$\begin{bmatrix} 1 & r_{12} & \cdots & r_{1m} \\ r_{21} & 1 & \cdots & r_{2m} \\ \vdots & \vdots & \ddots & \vdots \\ r_{m1} & \cdots & \cdots & 1 \end{bmatrix}$$

2. 判断矩阵主观性问题

在 AHP 确定相对重要性的过程中，仅靠个人判断进行打分可能具有较大的主观性，本报告引入多专家投票机制来避免此问题。一方面，在面对实际问题时，更多该领域的专家参与打分会提升所得到的相对重要性打分矩阵的可信度、权威性。另一方面，单个专家对指标或存在一定的固化认知，让更多专家参与打分并综合打分结果得到最终的相对重要性矩阵，可避免权重结果有过多的主观性。因此，我们将综合多位专家的打分结果来获得最终的相对重要性矩阵。

经过以上两部分的优化后，AHP 模型被调整为以下流程（见图 2）。

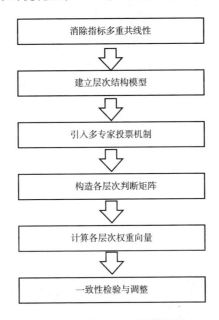

图 2　优化后 AHP 逻辑流程

（三）中国地方政府债务风险指数的构建

1. 指标采集与选取

我们首先从中诚信国际区域风险数据库中采集 GDP、GDP 增速、人均 GDP、税收收入占比、财政平衡率、综合财力、一般公共预算收入、政府债务余额、债务率和负债率等指标。其次，我们将视相关系数矩阵的取值情况，结合经济学意义对指标进行选取。

2. 消除多重共线性筛选指标

为了对指标进行多重共线性的测算和筛除，下面给出全国省级地方债务（仅显性）指标、全国省级地方债务（含隐性）指标、云南省地市（州）地方债务（仅显性）指标、云南省地市（州）地方债务（含隐性）指标四组相关系数矩阵的结果（见图 3、图 4、图 5、图 6）。

	GDP	GDP增速	人均GDP	税收收入占比	财政平衡率	综合财力	一般公共预算收入	政府债务余额（显性）	债务率（显性）	负债率（显性）
GDP	1.00	−0.03	0.48	0.42	0.64	0.93	0.93	0.82	−0.26	−0.56
GDP增速	−0.03	1.00	−0.17	−0.07	−0.02	0.07	−0.02	−0.20	−0.48	−0.21
人均GDP	0.48	−0.17	1.00	0.71	0.85	0.49	0.64	0.29	−0.29	−0.41
税收收入占比	0.42	−0.07	0.71	1.00	0.70	0.46	0.57	0.23	−0.26	−0.29
财政平衡率	0.64	−0.02	0.85	0.70	1.00	0.66	0.79	0.44	−0.35	−0.53
综合财力	0.93	0.07	0.49	0.46	0.66	1.00	0.89	0.80	−0.41	−0.52
一般公共预算收入	0.93	−0.02	0.64	0.57	0.79	0.89	1.00	0.69	−0.33	−0.56
政府债务余额（显性）	0.82	−0.20	0.29	0.23	0.44	0.80	0.69	1.00	0.05	−0.22
债务率（显性）	−0.26	−0.48	−0.29	−0.26	−0.35	−0.41	−0.33	0.05	1.00	0.54
负债率（显性）	−0.56	−0.21	−0.41	−0.29	−0.53	−0.52	−0.56	−0.22	0.54	1.00

图3　省级地方债务（仅显性）指标相关系数矩阵

注：表格内底色越深，表示两个指标的相关性越强，反之则表明相关性越弱。

	GDP	GDP增速	人均GDP	税收收入占比	财政平衡率	综合财力	一般公共预算收入	政府债务余额（含隐性）	债务率（含隐性）	负债率（含隐性）
GDP	1.00	−0.03	0.48	0.42	0.64	0.93	0.93	0.80	0.05	−0.26
GDP增速	−0.03	1.00	−0.17	−0.07	−0.02	0.07	−0.02	−0.09	−0.40	−0.14
人均GDP	0.48	−0.17	1.00	0.71	0.85	0.49	0.64	0.40	−0.02	−0.15
税收收入占比	0.42	−0.07	0.71	1.00	0.70	0.46	0.57	0.31	−0.15	−0.24
财政平衡率	0.64	−0.02	0.85	0.70	1.00	0.66	0.79	0.46	−0.07	−0.24
综合财力	0.93	0.07	0.49	0.46	0.66	1.00	0.89	0.79	−0.09	−0.19
一般公共预算收入	0.93	−0.02	0.64	0.57	0.79	0.89	1.00	0.65	−0.08	−0.31
政府债务余额（含隐性）	0.80	−0.09	0.40	0.31	0.46	0.79	0.65	1.00	0.38	0.20
债务率（含隐性）	0.05	−0.40	−0.02	−0.15	−0.07	−0.09	−0.08	0.38	1.00	0.64
负债率（含隐性）	−0.26	−0.14	−0.15	−0.24	−0.24	−0.19	−0.31	0.20	0.64	1.00

图4　省级地方债务（含隐性）指标相关系数矩阵

注：表格内底色越深，表示两个指标的相关性越强，反之则表明相关性越弱。

	GDP	GDP增速	人均GDP	税收收入占比	财政平衡率	综合财力	一般公共预算收入	政府债务余额（显性）	债务率（显性）	负债率（显性）
GDP	1.00	-0.34	0.69	0.41	0.87	0.93	0.97	0.94	0.44	0.18
GDP增速	-0.34	1.00	-0.24	0.06	-0.34	-0.24	-0.29	-0.34	-0.52	-0.09
人均GDP	0.69	-0.24	1.00	0.44	0.74	0.55	0.69	0.68	0.49	-0.07
税收收入占比	0.41	0.06	0.44	1.00	0.34	0.43	0.42	0.43	0.06	-0.00
财政平衡率	0.87	-0.34	0.74	0.34	1.00	0.78	0.89	0.87	0.61	-0.11
综合财力	0.93	-0.24	0.55	0.43	0.78	1.00	0.95	0.89	0.29	-0.04
一般公共预算收入	0.97	-0.29	0.69	0.42	0.89	0.95	1.00	0.89	0.43	-0.06
政府债务余额（显性）	0.94	-0.34	0.68	0.43	0.87	0.89	0.89	1.00	0.54	0.10
债务率（显性）	0.44	-0.52	0.49	0.06	0.61	0.29	0.43	0.54	1.00	0.40
负债率（显性）	-0.18	-0.09	-0.07	-0.00	-0.11	-0.04	-0.06	0.10	0.40	1.00

图 5　云南省地市（州）地方债务（仅显性）指标相关系数矩阵

注：表格内底色越深，表示两个指标的相关性越强，反之则表明相关性越弱。

	GDP	GDP增速	人均GDP	税收收入占比	财政平衡率	综合财力	一般公共预算收入	政府债务余额（含隐性）	债务率（含隐性）	负债率（含隐性）
GDP	1.00	-0.34	0.69	0.41	0.87	0.93	0.97	0.93	0.86	0.55
GDP增速	-0.34	1.00	-0.24	0.06	-0.34	-0.24	-0.29	-0.30	-0.48	-0.24
人均GDP	0.69	-0.24	1.00	0.44	0.74	0.55	0.69	0.68	0.70	0.41
税收收入占比	0.41	0.06	0.44	1.00	0.34	0.43	0.42	0.42	0.27	0.25
财政平衡率	0.87	-0.34	0.74	0.34	1.00	0.78	0.89	0.85	0.89	0.56
综合财力	0.93	-0.24	0.55	0.43	0.78	1.00	0.89	0.89	0.76	0.64
一般公共预算收入	0.97	-0.29	0.69	0.42	0.89	0.89	1.00	0.89	0.88	0.68
政府债务余额（含隐性）	0.93	-0.30	0.68	0.42	0.85	0.89	0.89	1.00	0.89	0.77
债务率（含隐性）	0.86	-0.48	0.70	0.27	0.89	0.76	0.88	0.89	1.00	0.76
负债率（含隐性）	0.55	-0.24	0.41	0.25	0.56	0.64	0.68	0.77	0.76	1.00

图 6　云南省地市（州）地方债务（含隐性）指标相关系数矩阵

注：表格内底色越深，表示两个指标的相关性越强，反之则表明相关性越弱。

图 3 至图 6 中的 GDP、综合财力、一般公共预算收入三个指标与债务余额的相关系数均在 0.8 附近，相关系数显著性较高。由于 GDP 的趋势可以从一般公共预算收入、综合财力等指标上体现，且地区经济类指标中已包含 GDP 增速、人均 GDP 等指标，因此可以考虑剔除 GDP 这一指标。虽然一般公共预算收入、债务余额、债务率等指标的相关系数绝对值也较高，但这些指标覆盖不同的维度，故需保留。具体来看，一般公共预算收入从地方政府收入的维度衡量地方政府债务风险，政府债务余额从地方政府债务压力绝对大小的维度衡量地方政府债务风险，债务率从地方政府偿债能力的维度衡量地方政府债务风险，均可从不同角度对最终指数进行解释。

3. 利用 AHP 建立指标层次结构

地方政府债务风险指数模型的层级结构包含三个层次，第一层（最终层）为风险指数，第二层（分类层）为宏观经济、财政实力、债务水平，第三层（基础层）为具体的指标。对指标进行分类，可以得到图 7 中的递阶层次结构，其中，宏观经济中包含 GDP 增速、人均 GDP 两个基础指标；财政实力包含一般公共预算收入、综合财力、财政平衡率、税收收入占比四个基础指标；债务水平包含政府债务余额、债务率、负债率三个基础指标，这三个指标在仅考虑显性债务、考虑显性债务及隐性债务时，会取不同数值。

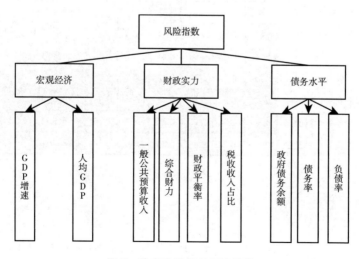

图 7　地方政府债务层次结构

4. 判断矩阵与权重计算汇总

根据由中诚信国际研究院团队多位专家打分后得到的相对重要性矩阵值，我们完成了对图 7 中所有判断矩阵的估算，再运用 Python 和 R 对上述判断矩阵进行近似解法（根法）求得权重向量并通过一致性检验。表 3 为通过一致性检验的各指标权重值。

表 3　权重向量与一致性检验结果

判断矩阵	权重向量（按照结构图中的指标顺序）	CI	CR
第一层与第二层	(0.105,0.637,0.258)	0.019	0.033
与宏观经济有关	(0.5,0.5)	0	0
与财政实力有关	(0.076,0.261,0.513,0.150)	0.066	0.073
与债务水平有关	(0.105,0.637,0.258)	0.019	0.033

根据表 3 结果汇总得到风险控制能力指数公式：

$$Z = 0.053 \times X_1 + 0.053 \times X_2 + 0.048 \times X_3 + 0.166 \times X_4 + 0.327 \times X_5 + 0.096 \times X_6 - 0.028 \times X_7 - 0.164 \times X_8 - 0.067 \times X_9$$

其中，Z 是风险控制能力指数，取值范围为 $[-0.258, 0.742]$，区间的左端点表示风险最大值的边界，含义是没有任何经济和财政收入能力但债务水平最高；区间的右端点表示风险最小值的边界，含义是经济和财政情况最好而且没有任何债务。

$X_1, X_2, \cdots, X_9$ 分别是 GDP 增长率等指标经过标准化并根据相应权重加权获得的值。为了表明风险指数越大、债务风险越大的实际含义，我们通过映射函数 $Z' = -Z + 0.742$，得到最终风险指数公式：

$$Z' = -0.053 \times X_1 - 0.053 \times X_2 - 0.048 \times X_3 - 0.166 \times X_4 - 0.327 \times X_5 - 0.096 \times X_6 + 0.028 \times X_7 + 0.164 \times X_8 + 0.067 \times X_9 + 0.742$$

三　中国地方政府债务风险指数实证分析

本报告根据前述模型测算了 2018～2020 年 31 个省份的仅考虑显性债务、含隐性债务风险指数，以及云南省 16 个地市（州）的仅考虑显性债务、含隐性债务风险指数，详细分析各地区债务风险指数及历年排名变化情况。进行实证研究发现，该指数具有明显的区域分化特征，经济及财政实力对债务风险影响较大，隐性债务会显著加剧各区域债务风险。具体结果如下。

（一）省级层面：区域分化特征明显，疫情冲击背景下，湖北省债务风险排名快速上升

仅考虑显性债务时，2018～2020年，31个省份的地方政府债务风险指数呈现"东部风险低、西部及东北部风险高"的区域分化特征，2020年，在疫情冲击背景下，湖北省债务风险排名陡升，具体数据见表4。整体来看，将31个省份按东、中、西、东北部划分，2018～2020年四大地区显性债务风险指数平均值均呈现"东部＜中部＜西部＜东北部"的区域分化特征，且四大地区风险指数三年来的变异系数分别为19.99%、20.77%、21.93%，分化趋势不断扩大。2020年，风险指数排在后3名的省份为广东、江苏、浙江，属经济发达、财政实力强的东部地区；风险指数排在前3名的省份是宁夏、黑龙江、甘肃，属西部、东北部区域经济财力较弱的省份。宁夏、黑龙江、甘肃三个省份的债务余额并不高，但它们的综合财力在31个省份中仅高于西藏，债务率分别高达319%、344%、257%，排在全国第2、1、4位，远超国际警戒线水平。从数值变动来看，2020年，各省份显性债务风险指数较2019年均有所上升，浙江省指数增幅最大，达57%，且2018～2020年波动幅度较大，2019年降幅为44%，但三年间排名一直稳定在第29～31名。湖北省指数排名上升最多，指数数值上升幅度居第2位。受2020年新冠肺炎疫情影响，湖北省显性债务风险指数大幅增加，较2019年、2018年分别增长39%、25%，排名从2019年的第23名上升至第12名。指数排名下降最多的是重庆市，由2019年的第14名下降到第21名，债务风险相对于其他地区下降，但风险指数数值依然在上升。

表4　全国省级地方政府债务风险指数（仅考虑显性债务）

省份	2020年指数	2020年排名	2019年指数	2019年排名	2018年指数	2018年排名
宁夏	0.7494	1	0.6713	2	0.6512	3
黑龙江	0.7479	2	0.6149	6	0.6840	1
甘肃	0.7361	3	0.6365	4	0.6279	6

省份	2020 年指数	2020 年排名	2019 年指数	2019 年排名	2018 年指数	2018 年排名
青海	0.7200	4	0.6988	1	0.6829	2
西藏	0.7065	5	0.6447	3	0.6448	4
吉林	0.7028	6	0.6296	5	0.6054	7
广西	0.6645	7	0.5809	10	0.6405	5
云南	0.6630	8	0.5521	12	0.5158	15
海南	0.6275	9	0.5938	7	0.5826	9
辽宁	0.6205	10	0.5340	13	0.5342	13
湖北	0.6198	11	0.4454	23	0.4946	20
新疆	0.6195	12	0.5928	8	0.5872	8
贵州	0.6032	13	0.5924	9	0.5824	10
内蒙古	0.5941	14	0.5652	11	0.5713	11
陕西	0.5905	15	0.5128	17	0.5122	16
山西	0.5896	16	0.5182	15	0.5218	14
江西	0.5782	17	0.5076	18	0.5477	12
天津	0.5565	18	0.5138	16	0.4962	19
河北	0.5552	19	0.4611	21	0.4665	22
河南	0.5360	20	0.4244	24	0.4326	24
重庆	0.5321	21	0.5188	14	0.5064	18
四川	0.5145	22	0.4201	25	0.4276	25
湖南	0.5004	23	0.4956	19	0.5097	17
福建	0.4858	24	0.4495	22	0.4498	23
安徽	0.4819	25	0.4677	20	0.4702	21
北京	0.3513	26	0.3107	27	0.2960	27
山东	0.3156	27	0.3120	26	0.3070	26
上海	0.2727	28	0.2610	28	0.2747	28
浙江	0.2229	29	0.1417	31	0.2530	29
江苏	0.1969	30	0.1784	29	0.1908	30
广东	0.1544	31	0.1434	30	0.1511	31

考虑隐性债务后，2018～2020 年，31 个省份地方政府债务风险指数均较仅考虑显性债务时上升，且区域分化特征及个别地区排名变化特征依然明显（见图 8、表 5）。以 2020 年为例，31 个省份仅考虑显性和含隐性债务风险指数平均值分别为 0.54、0.61，考虑隐性债务后的风险指数分布明显右移。通过分析表 5 可以看出，2018～2020 年，四大地区含隐性债务风险指

数平均值呈现"东部＜中部＜西部＜东北部"的区域分化特征，三年来的变异系数分别为 17.19%、17.68%、18.77%，分化趋势不断扩大且 2020 年有陡升趋势。细化到具体省份来看，31 个省份 2018～2020 年含隐性债务风险指数变异系数分别为 25.45%、26.75%、26.95%，分化扩大趋势依然明显。2020 年，风险指数排前 3 名的是甘肃、吉林、宁夏，排在后 3 名的是广东、上海、浙江，和仅考虑显性债务时一样，呈现"东部区域风险低、东北和西部区域风险高"的特征。从数值变动情况来看，2020 年，各省份含隐性债务风险指数均较 2019 年上升，浙江省、湖北省指数增幅排前 2 名，分别为 49%、44%。就指数排名而言，湖北省受疫情影响，排名上升较多，由 2019 年的第 21 名上升至第 8 名；贵州省、重庆市排名下降较多，分别由 2019 年的第 5 名、第 11 名下降至第 12 名、第 18 名，债务风险相对其他省份有所下降。从 2018～2020 年的时间跨度来看，云南省风险指数排名上升最多，从 2018 年的第 18 名上升到 2020 年的第 5 名。云南省债务余额连续三年居全国第 11 位，然而，人均 GDP 始终保持在较低水平，经济能力与债务余额不相匹配，导致近三年债务风险不断增加。

综合分析表 4 和表 5 可以看出，考虑隐性债务的地方政府风险指数相对于显性债务风险指数变化幅度较大的五个省份依次是江苏、浙江、天津、四川、山东，考虑隐性债务后，风险指数增幅分别高达 70%、43%、29%、24%、24%。其中，江苏、浙江、天津、四川的隐性债务规模在债务总规模中占比超过 2/3，山东的占比接近 2/3，高于其他大部分省份。

表 5　全国省级地方政府债务风险指数（包含隐性和显性债务）

省份	2020 年指数	2020 年排名	2019 年指数	2019 年排名	2018 年指数	2018 年排名
甘肃	0.8684	1	0.6982	2	0.6855	4
吉林	0.8046	2	0.6898	4	0.6553	7
宁夏	0.8038	3	0.6978	3	0.6771	5
黑龙江	0.7864	4	0.6322	9	0.7237	1
云南	0.7599	5	0.6062	12	0.5590	18
广西	0.7545	6	0.6321	10	0.7209	2
青海	0.7442	7	0.7208	1	0.7082	3
湖北	0.7441	8	0.5179	21	0.5795	16
西藏	0.7429	9	0.6555	6	0.6523	8

续表

省份	2020 年指数	2020 年排名	2019 年指数	2019 年排名	2018 年指数	2018 年排名
天津	0.7190	10	0.6545	7	0.6492	9
陕西	0.6964	11	0.5839	14	0.5822	15
贵州	0.6908	12	0.6827	5	0.6744	6
江西	0.6739	13	0.5733	16	0.6226	11
新疆	0.6655	14	0.6342	8	0.6302	10
辽宁	0.6485	15	0.5530	18	0.5550	19
四川	0.6388	16	0.4907	23	0.4898	23
海南	0.6311	17	0.5983	13	0.5877	14
重庆	0.6266	18	0.6096	11	0.5887	12
山西	0.6209	19	0.5448	19	0.5449	20
河南	0.6116	20	0.4720	25	0.4760	25
内蒙古	0.6084	21	0.5794	15	0.5880	13
河北	0.6013	22	0.4928	22	0.4973	22
湖南	0.5727	23	0.5639	17	0.5784	17
安徽	0.5426	24	0.5230	20	0.5252	21
福建	0.5321	25	0.4875	24	0.4866	24
北京	0.4104	26	0.3593	27	0.3379	27
山东	0.3913	27	0.3731	26	0.3602	26
江苏	0.3350	28	0.3036	28	0.3075	29
浙江	0.3196	29	0.2139	30	0.3320	28
上海	0.2933	30	0.2804	29	0.2923	30
广东	0.1840	31	0.1692	31	0.1757	31

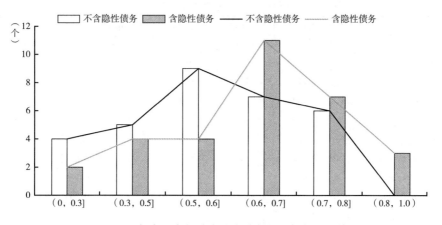

图 8 2020 年全国省级地方政府债务风险指数分布情况

（二）云南省各地市（州）层面：财政实力对债务风险影响重大，考虑隐性债务后，各地市（州）风险差异收窄

仅考虑显性债务时，2018～2020年，云南省内16个地市（州）地方政府债务风险指数及排名与财政实力密切相关，具体数据见表6。2020年，仅考虑显性债务风险指数排前3名的城市为临沧市、丽江市、德宏傣族景颇族自治州，三地的债务余额水平并不高，分别居省内第8、13、12名；但综合财力排在全省末位，分别为第12、14、13名。较弱的经济财政实力与负债规模不匹配，使债务率、负债率水平高企，债务率分别排第2、6、5名，负债率分别排第1、5、3名，最终推升债务风险。相反，债务风险指数排后3名的昆明市、玉溪市、曲靖市的经济水平和财政实力在省内排在前列，尽管债务余额较高，但风险水平依然相对较低。从指数变化情况看，云南省内仅有玉溪市和怒江傈僳族自治州的显性债务风险指数下降，分别下降7%、9%，至0.52、0.62，其中，怒江傈僳族自治州的风险指数排名下降幅度最大，由2019年的第2名降至第11名，或与2020年债务余额未大幅扩张有关。除此以外，云南其余各地市（州）显性债务风险指数均上升，昆明市以67%的变化幅度居首，但作为省会城市，经济与财政实力相对雄厚，风险指数排名在2018～2020年始终稳定在省内最低水平（第16名），这再次反映出财政实力对债务风险的重要影响。

表6 云南省各地市（州）地方政府债务风险指数（仅考虑显性债务）

地市(州)	2020年指数	2020年排名	2019年指数	2019年排名	2018年指数	2018年排名
临沧市	0.7540	1	0.6824	3	0.6764	2
丽江市	0.7167	2	0.6583	5	0.6703	3
德宏傣族景颇族自治州	0.7099	3	0.7026	1	0.7055	1
普洱市	0.6864	4	0.6363	7	0.6190	8
保山市	0.6631	5	0.6399	6	0.6542	6
西双版纳傣族自治州	0.6629	6	0.6130	9	0.6415	7
迪庆藏族自治州	0.6614	7	0.6587	4	0.6682	4
大理白族自治州	0.6509	8	0.5947	11	0.5655	12
文山壮族苗族自治州	0.6477	9	0.6316	8	0.6125	9
楚雄彝族自治州	0.6296	10	0.6058	10	0.5911	10

续表

地市（州）	2020 年指数	2020 年排名	2019 年指数	2019 年排名	2018 年指数	2018 年排名
怒江傈僳族自治州	0.6234	11	0.6843	2	0.6621	5
昭通市	0.5903	12	0.5809	12	0.5631	13
红河哈尼族彝族自治州	0.5536	13	0.5336	14	0.5325	14
曲靖市	0.5523	14	0.5203	15	0.5221	15
玉溪市	0.5214	15	0.5616	13	0.5689	11
昆明市	0.1978	16	0.1183	16	0.1255	16

　　考虑隐性债务后，2018～2020 年，云南省有 11 个地市（州）的地方政府债务风险指数较仅考虑显性债务时上升①，省内 16 个地市（州）地方政府债务风险指数差异性有所收敛，各区域指数排名依然深受财政实力影响（见图 9、表 7）。以 2020 年为例，各地市（州）仅考虑显性和含隐性债务风险指数平均值分别为 0.61、0.63，考虑隐性债务后的风险指数分布明显右移。分析表 7 可以看出，16 个地市（州）2018～2020 年仅考虑显性债务风险指数变异系数分别为 22.24%、22.39%、20.13%，含隐性债务风险指数变异系数分别为 17.14%、17.1%、14.84%，考虑隐性债务后风险差异明显收窄。2020 年，指数上升幅度较大的前 3 个地市（州）为昆明市、红河哈尼族彝族自治州、曲靖市。其中，昆明市含隐性债务的债务率和负债率均居全省第一，且隐性债务规模为显性债务的 1.4 倍，是省内唯一的隐性债务多于显性债务的城市，或与省会城市融资平台较多、债务相对更为集中有关。从指数变化情况看，与仅考虑显性债务相比，昆明市含隐性债务风险指数上升幅度最大，上涨 42%，至 0.35，但排名在 2018～2020 年未发生改变，始终稳居云南省内第 16 名，为省内最低。此外，临沧市 2020 年风险指数高达 0.77，排名较 2019 年上升 2 名，至第 1 名，或与临沧市含隐性债务余额大幅增加有关。值得注意的是，2018～2020 年，临沧市、德宏傣族景

---

① 2018～2020 年，昭通市、怒江傈僳族自治州、迪庆藏族自治州无存续融资平台债，保山市未公开披露融资平台有息债务数据，故上述 4 地 2018～2020 年的隐性债务规模计为 0，含隐性债务风险指数与仅考虑显性债务时相同。2020 年，楚雄彝族自治州无存续融资平台债，且未披露 2019 年存续融资平台债的有息债务数据，故 2019 年、2020 年隐性债务规模计为 0，含隐性债务风险指数与仅考虑显性债务时相同。

颇族自治州和丽江市的含隐性债务的风险指数排名始终保持在前4名内，需持续关注它们存在的较高债务风险。

表7　云南省各地市（州）地方政府债务风险指数（包含隐性和显性债务）

地市（州）	2020年指数	2020年排名	2019年指数	2019年排名	2018年指数	2018年排名
临沧市	0.7675	1	0.6824	3	0.6940	2
德宏傣族景颇族自治州	0.7254	2	0.7220	1	0.7226	1
丽江市	0.7218	3	0.6606	4	0.6732	3
普洱市	0.6888	4	0.6388	7	0.6218	9
西双版纳傣族自治州	0.6729	5	0.6218	9	0.6532	7
大理白族自治州	0.6659	6	0.6047	11	0.5827	11
保山市	0.6631	7	0.6399	6	0.6542	6
迪庆藏族自治州	0.6614	8	0.6587	5	0.6682	4
文山壮族苗族自治州	0.6517	9	0.6360	8	0.6237	8
楚雄彝族自治州	0.6296	10	0.6058	10	0.6178	10
怒江傈僳族自治州	0.6234	11	0.6843	2	0.6621	5
昭通市	0.5903	12	0.5809	12	0.5631	13
红河哈尼族彝族自治州	0.5808	13	0.5592	14	0.5563	14
曲靖市	0.5704	14	0.5373	15	0.5431	15
玉溪市	0.5246	15	0.5639	13	0.5707	12
昆明市	0.3545	16	0.2504	16	0.2550	16

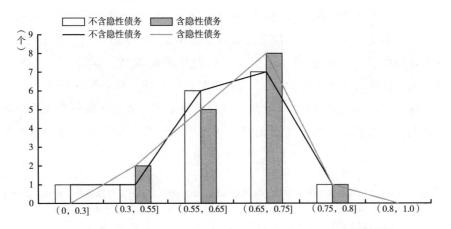

图9　2020年云南省各地市（州）地方政府债务风险指数分布情况

四　结论与建议

本报告基于 AHP 方法构建地方政府债务风险指数模型，在仅考虑显性债务和同时考虑显性、隐性债务的情况下，对 31 个省份及云南省 16 个地市（州）的地方政府债务风险进行实证分析，主要结论如下。

1. 财政实力是地方政府债务风险指数的最主要影响因素

从地方政府债务风险指数模型中各指标权重的大小来看，财政实力是债务风险的最主要影响因素。实证结果对此亦有佐证。第一，从 31 个省份 2018～2020 年的风险指数排名情况看，无论是否考虑隐性债务，财政实力与风险指数均呈现较明显的负相关性；财政实力强的地区如广东、江苏、浙江、上海等的风险指数普遍较低，排名靠后；而财政实力较弱的地区如宁夏、黑龙江、甘肃、青海等的风险指数普遍较高，排名靠前；整体来看，从东部沿海省份到中西部、东北部省份，债务风险指数逐步上升。第二，以 2020 年排名上升最多、指数增幅排第二位的湖北省为例，受新冠肺炎疫情影响，湖北省显性债务口径下的综合财力、财政平衡率、财政收入、人均 GDP 分别大幅下滑 44.10%、30.00%、25.88%、20.14%，其中，后三个指标降幅排各省份首位，经济与财政实力受到重挫，风险排名大幅上升。

2. 考虑隐性债务后，各地债务风险指数均明显上升

无论是省级地方政府债务还是云南省地市（州）级地方政府债务，隐性债务都在一定程度上加剧了债务风险。省级层面，显性与隐性债务情况分化较为显著的是江苏、浙江、天津、四川，隐性债务规模均超过显性债务的 2 倍，导致风险指数分别增长 70%、43%、29%、24%，且天津在所有地区中含隐性债务指数排名较仅显性债务上升最多，从第 18 名跃升至第 10 名。从绝对排名来看，甘肃、吉林、宁夏三省份位居前三，含隐性债务风险情况较为严重。从云南省各地市（州）看，根据可得数据，显性与隐性债务情况分化最显著的是昆明市，隐性债务规模为显性的 1.4 倍，是省内唯一一个隐性债务多于显性债务的城市，这导致含隐性债务风险指数比显性债务风险指数高出 79%，远高于其他地市（州）。然而，昆明市显性债务与含隐性债务的风险指数排名均连续三年稳居末位，或与其在省内经济、财政实力上绝对占优有关。从风险指数绝对排名来看，临沧市、德宏傣族景颇族自治州、丽江市由于经济财政实力一般，含隐性债务风险情况相对严重，排名居前三。

3. 对于部分化债积极性高、债务压力大的中西部省份，含隐性债务风险边际上明显缓释

从 2018～2020 年 31 个省份含隐性债务风险指数绝对量变化情况看，有 15 个省份 2019 年数据较 2018 年下降，由此可以看出化债成效初现。但受新冠肺炎疫情影响，2020 年，各省份风险指数较 2019 年全面回升，仅浙江、湖南两个省份 2020 年数据较 2018 年略有下降，表明隐性债务压力问题依然突出。值得注意的是，从历年排名变化情况看，部分化债积极性高的中西部省份的债务压力得到较好的控制。2020 年，有 13 个省份的含隐性债务风险指数排名较 2019 年下降，其中，8 个省份位于中西部地区；有 16 个省份的排名较 2018 年下降，其中，11 个省份位于中西部地区。在所有排名下降的省份中，两个年度均下降 5 名以上的包括贵州、重庆、内蒙古、湖南，风险相对压降或与以上地区近年来着力推进化债，同时努力提高财政实力有关。2018～2020 年，上述四个省份隐性债务余额增速压降明显，增速排名基本居全国后 1/2 位次；其中，内蒙古、贵州两省份增速更低，排名均居后 1/3 位次，且内蒙古 2020 年隐性债务与 2018 年相比出现负增长，是全国仅有的两个负增长省份之一。另外，2019 年，我国开始进行建制县隐性债务化解试点工作，贵州、云南、湖南、甘肃、内蒙古、辽宁被列入首批试点，2020 年，试点范围进一步扩大至 14 个省份，预计未来债务压力较大区域的隐性债务风险或延续边际缓释趋势。从财政实力来看，四个省份的 2020 年综合财力增速居全国前 1/2 位次，其中，贵州省、湖南省 2020 年政府性基金预算收入、国有资本经营预算收入增幅提升，综合财力提升明显。

基于以上结论，本报告提出缓释地方政府债务风险的两条建议。

（1）提升财政统筹能力，增加"三本预算"收入，切实增强财政实力。

实证结果显示，财政实力是地方政府债务风险的最主要影响因素，财政实力的增强能在提供偿债资金的同时降低举债冲动，有效提升债务承载能力，降低债务风险。

第一，要巩固并拓展税源，着力提高一般公共预算收入水平。财政部在

2018 年提出的六条化债举措①之首便是"安排财政资金偿还"，税收收入是财政资金的最重要来源，一般公共预算收入是综合财力的主要构成部分，这要求各地不断优化营商环境，提高征管水平，推动产业升级，培育高附加值产业和新兴业态，激发市场主体活力，做大经济"蛋糕"，从而在发展中扩大税基，合理增加税收收入，提高税收收入在一般公共预算收入中的占比。

第二，提升财政统筹能力，合理增加政府性基金与国有资本经营预算收入。仅仅依靠一般公共预算体系内的财政资金难以满足化债需要，还要加强国有土地使用权出让管理，深入推进国企改革，盘活各类优质资产，以提高政府性基金预算收入和国有资本经营预算收入水平，拓宽偿债资金来源。在政府性基金预算收入方面，各地要积极适应 2021 年以来"集中发布出让公告、集中组织出让活动"的供地新规，加强对土地出让规模、节奏的统筹规划；以国有土地使用权出让收入划转税务部门征收为契机，提高土地出让收入的征收效率，加强土地出让收支管理，实现审批、征收、使用、监管各环节的规范化。在国有资本经营预算收入方面，积极推进新一轮国资国企改革，提高经营效益；加强对政府性资源的统筹管理，合理确定国有资本收益上交比例；多渠道盘活闲置低效土地、废弃公共设施、特许经营权等国有资源资产，向管理要财力。

（2）因地制宜调动可用资源，稳妥推进融资平台转型，着力化解隐性债务。

实证结果显示，在考虑隐性债务后，各级地方政府的债务风险均大幅增加，因而化解隐性债务是各地降风险的关键举措。

第一，充分调动区域内金融、国企等优质资源，发挥化债价值。金融资源方面，商业银行可提供系统的融资支持方案，以低利率长期贷款置换隐性债务中的高利率短期债务，这尤其适用于东部地区债务规模大且商业银行资源丰富的省份，如江苏、浙江、广东等；此外，地方金控公司可通过成立应急资金池、担保增信、投资入股、旗下 AMC 收购融资平台债权等方式化解地方债务风险，目前，我国已成立 50 余家地方 AMC，其在 31 个省份均有

①　2018 年，《财政部地方全口径债务清查统计填报说明》第十五条"债务化解计划"部分提出了六条隐性债务化解措施：（1）安排财政资金偿还；（2）出让政府股权以及经营性国有资产权益偿还；（3）利用项目结转资金、经营收入偿还；（4）合规转化为企业经营性债务；（5）通过借新还旧、展期等方式偿还；（6）采取破产重整或清算方式化解。

分布，化债空间值得挖掘。国企资源方面，典型的如贵州省"茅台化债"模式，茅台集团两次向贵州省国资公司无偿划转累计 8% 的贵州茅台股权，国资公司已减持套现逾 600 亿元；茅台集团低息融资 150 亿元收购贵州高速集团部分股权，缓解高速集团债务压力；茅台集团财务公司获准开展固收类证券投资业务，或能缓解贵州融资平台债的销售压力并为之增信，以上三项操作对于稳定债券市场投资人信心、化解贵州省债务风险均有所裨益。贵州作为我国上市地方国企市值最高的省份，化债模式虽难以复制，但对于金融禀赋稍弱而辖区内有优质上市国企的中西部省份仍具有借鉴意义。

第二，结合融资平台在地方经济发展中的作用与国企分类改革方针指引，推动地方政府融资平台市场化转型。现阶段，剥离融资平台与地方政府的信用及债务、推动融资平台市场化转型，是化解隐性债务的关键环节。各地要根据自身资源禀赋、城市发展阶段等具体情况，结合国企分类改革进程，把"商业一类、商业二类、公益类"功能分类作为参考，推动融资平台朝着城市综合运营服务商、国有资本运营商和产业引导者三个方向转型，持续发挥其在地方经济社会发展的重要作用。在向城市综合运营服务商转型方面，可将从事市政道路建设、土地开发整理、棚户区拆迁改造等单一业务的融资平台重组整合为涵盖基础设施与公共服务建设、区域综合开发、资产管理与运营等多元化业务的新主体，实现从"城市建设者"向"产业运营者"的升级，创造稳定的运营收入和现金流，如 2014 年上海融资平台重组转型为"基础设施和公共服务整体解决方案提供商"。在向国有资本运营商转型方面，可将具备资本投资运营经验和产业运作基础的融资平台转型为专门的国有资本投资运营公司，通过股权运作、价值管理、有序进退等方式，促进国有资本合理流动和保值增值，同时引导和带动社会资本共同发展，如 2020 年青岛城投集团启动国有资本投资运营公司改革试点，通过投资融资、产业培育和资本运作，搭建城市重大任务承载平台和高端产业集成平台。在向产业引导者转型方面，地方政府可依托条件适宜的融资平台培育政策性信用担保公司或产业引导基金公司，作为专门的地方政策性金融机构，引导资金投入政府支持鼓励并具有市场前景的行业、企业，推动地区产业结构优化升级和企业创新发展。

中国地方政府融资平台综合发展指数研究

袁海霞　汪苑晖　刘子博[*]

要　点

近年来，为加强政府债务管理，防范化解地方政府隐性债务风险，《中共中央　国务院关于防范化解地方政府隐性债务风险的意见》《中共中央办公厅　国务院办公厅关于印发〈地方政府隐性债务问责办法〉的通知》等文件发布，严禁地方政府以企业债务形式增加隐性债务，要求清理规范地方融资平台，剥离政府融资职能，坚决防止风险累积形成系统性风险等。2021 年 3 月，国务院常务会议明确提出要保持宏观杠杆率基本稳定，政府杠杆率要有所降低。在此背景下，融资平台将更加重视发展质量。为推动相关研究，本报告设计了融资平台综合发展指数（EDOT INDEX），以 2020 年各地区经济财政数据及融资平台年报数据为蓝本，综合考虑各融资平台的区域经济财政实力（ECONOMIC）、公司债务承载能力（DEBT CAPACITY）、公司转型发展能力（TRANSFORM）以及公司经营现状（OPERATION）四大要素后，分别求得全国各省级、地市级行政区融资平台综合发展指数，最终进行排名对比、平衡图等分析。

从分析结果看，有如下结论。省级层面，2020 年，东部地区共有 7 个省份跻身融资平台综合发展指数省级排名前 10，江苏省、广东省、北京市排全国前 3 名；从细项排名看，不同省份的情况较上年变化明显，如安徽省经济财政实力排名有所上升，山西省债务

---

* 袁海霞，中诚信国际研究院副院长；汪苑晖，中诚信国际研究院助理总监；刘子博，中诚信国际研究院助理研究员。

承载能力排名有所下降等。地级市层面，从综合排名来看，东部地区发展较均衡，排名靠前的城市有深圳市、苏州市、杭州市等，对于其他地区，大多省会一家独大；从分项来看，经济财政实力是影响当地融资平台其他分项排名的关键。

从整体上看，融资平台综合发展指数能够较好地反映各级地方政府的债务风险情况，并给出造成不同样本间差异的较为合理的解释。针对融资平台综合发展指数所反映出的不同地区融资平台发展水平差异较大的状况，本报告最终针对推进融资平台高质量发展给出如下建议：充分发挥融资优势，合理调整债务结构；妥善安排市场化转型节奏，灵活拓展转型空间；持续重视债务管控，完善现代企业治理等。

引　言

地方政府融资平台（简称"融资平台"）是我国特有财税体制及经济发展模式结合下的产物。根据《国务院办公厅转发财政部中国人民银行银监会关于妥善解决地方政府融资平台在建项目后续融资问题意见的通知》，地方政府融资平台指由地方政府及其部门和机构等通过财政拨款或注入土地、股权等资产设立，承担政府投资项目融资功能，并拥有独立法人资格的经济实体。融资平台肇始于 20 世纪 90 年代初期，设立的主要目的是拉动国内经济发展，提高城镇化水平，从而使城市化效应帮助我国经济获得更大活力。但是，随着融资平台快速扩张，债务规模不断扩大，自 2014 年以来，为控制地方政府债务，降低系统性风险发生的可能性，国家先后出台多项政策法规，以疏堵结合为原则，逐步规范融资平台融资行为，并逐步推动融资平台市场化转型与可持续发展进程。

在加强地方债务风险管理、严防系统性风险累积的背景下，融资平台需要更加重视发展质量。近年来，为加强政府债务管理，防范化解地方政府隐性债务，《中共中央　国务院关于防范化解地方政府隐性债务风险的意见》《中共中央办公厅　国务院办公厅关于印发〈地方政府隐性债务问责办法〉的通知》等文件发布，严禁地方政府以企业债务形式增加隐性债务，再三要求清理规范地方融资平台，剥离其政府融资职能，坚决防止风险累积形成系统性风险等。2021 年 3 月，国务院常务会议明确提出要保持宏观杠杆率基本稳定，政府杠杆率要有所降低，在央地政府显性债务压降空间不足的背景下，此举针对的或是以融资平台为主要载体的地方政府隐性债务。在此背景下，融资平台过去依赖大肆举债实现规模扩张的发展路径必须做出相应调整，在不得新增地方政府隐性债务的要求下，融资平台未来将更加重视发展质量。

为推动相关研究，本报告设计了融资平台综合发展指数（EDOT INDEX），以 2020 年各地区宏观数据及融资平台年报数据为蓝本，综合考虑各融资平台的区域经济财政实力（ECONOMIC）、公司债务承载能力（DEBT CAPACITY）、公司转型发展能力（TRANSFORM）以及公司经营现状（OPERATION）四大要素后，分别求得全国各省级、地市级行政区融资平台综合发展指数，最终进行排名对比、平衡图等分析。融资平台综合发展指数得分越高、排名越靠前说明该区域的融资平台综合发展能力越强。此外，根据编制融资平台综合发展指数所需四大要素制作的融资平台综合发展能力平衡图（EDOT MAP）能够更加直观地展示不同区域融资平台发展的长处与不足。

一　编制融资平台综合发展指数（EDOT INDEX）的意义

近年来，随着国内信用债市场的风险演化，市场参与者先后见证了打破债券刚兑、打破国企刚兑等一轮又一轮风险暴露。具体到融资平台债这一细分领域，相比之前完全"自上而下"的择券思路，新阶段，随着地方政府隐性债务化解不断推进、政企分离不断贯彻，无论是投资人还是监管部门，都更加关注融资平台自身的信用资质，具体反映在公司经营现状、债务承载能力、转型发展能力等方面。为了更加全面地反映不同地区融资平台的发展现状及前景，中诚信国际特编制融资平台综合发展指数，以期为债券市场的各类参与者提供分析决策参考。

（一）对地方政府与融资平台而言，融资平台综合发展指数有助于帮助加强经营管理

整体来看，融资平台综合发展指数是对特定区域融资平台基本情况的高

度概括。通过与可比地区融资平台综合发展指数的横向对比，地方政府能够更为清晰地了解到当地融资平台在客观条件上存在的差距，进而有针对性地进行完善。通过与自身融资平台综合发展指数的纵向对比，地方政府能够更好地评价当地近年来在经济财政发展、融资平台管理等方面所做工作的效果，进而做出相应调整。

考虑到在融资平台综合发展指数的计算过程中，区域经济财政实力是四大要素中的重要一环，在具体指标上，该要素考虑经济实力、财政能力、债务水平三大因子，对地方政府的分析较为全面，因此，通过对该要素进行横向、纵向对比，地方政府能够更为全面地考量当地经济建设及债务管理工作，避免使谋发展与控债务的重任在实际工作中产生割裂，统筹安排好地方政府手中相对有限的各类资源。

落到融资平台的经营层面，融资平台综合发展指数在计算过程中考虑公司债务承载能力、转型发展能力以及经营现状三大要素，分析较为全面。在公司债务承载能力方面，本报告从资产、盈利等角度综合分析融资平台对债务负担的保障水平。通过对该要素得分进行横、纵向对比，地方政府及融资平台能够进行更为科学的债务规模管理。在公司转型发展能力方面，随着各地城镇化程度不断加深，考虑到传统基础设施建设等公益性业务未来增量空间可能较为有限，不少地区的融资平台面临转型发展的压力。通过参考公司转型发展能力得分，地方政府及融资平台能够更加清晰地认清当地融资平台转型空间及方向，在融资平台转型升级过程中做到有的放矢。在公司经营现状方面，作为对企业既有经营成果的展示，通过考量基础经营能力、财务效益水平和资产运营能力，地方政府尤其是当地融资平台能够对自身过往一段时间的经营成果具有更加全面而清晰的认识，进而在接下来的经营管理中扬长避短，不断改善企业经营业绩。

（二）对债券市场投资人而言，融资平台综合发展指数有助于辅助其进行投资决策

2021年以来，据媒体报道，交易所对公司债开始施行分档管理，意在限制部分弱资质地区新增公司债融资。此举或意味着监管部门对融资平台债的监管思路由之前参考现金流对企业债务的保障能力、限制相关企业融资转变为以区域债务压力为参考，限制债务高企的特定区域融资平台再融

资。随着监管政策的调整，投资人对融资平台债的投资逻辑也应适当进行转变。在新监管取向下，影响一家融资平台再融资环境的因素已经不再局限于特定企业的个体信用资质及当地财政实力，而是要全盘考虑地方财政及相关融资平台的整体债务负担。此时，考虑到融资平台综合发展指数既考虑了区域经济财政实力因素，又将当地融资平台视为一个整体加以分析，因此，计算结果能够反映区域融资平台的整体情况，而不局限于个别融资平台本身，对地方经济财政实力与融资平台整体表现进行综合分析，对债券投资的参考意义较大。通过对比不同地区间的融资平台发展指数得分，债券投资人能够更加便捷地挑选出性价比较高的区域，进而进行择优选择。

二　融资平台综合发展指数（EDOT INDEX）的编制方法

在融资平台综合发展指数的编制方法上，可供选择的路径有层次分析法、模糊综合评价模型、数据包络分析法、主成分分析法（PCA）、机器学习方法等。从实际需求看，首先，该指数体系需考虑融资平台所在区域的经济财政实力、融资平台自身的经营现状、转型发展状况和债务负担能力等，简单的指标体系或单个指标无法体现这一综合性指数。其次，融资平台综合发展指数的指标具有现实性经济意义，PCA 对原数据进行降维，降维后的主成分指标无实际经济意义，用于融资平台综合发展指数模型或不能体现融资平台实际发展程度。此外，目前，机器学习方法的市场热度较高，精确度建立在大量的历史数据和反复迭代训练的基础上，但融资平台综合发展指数使用的是有实际意义的指标，最终得出一次性结果，并不需要进行数据模拟，因此这一方法在融资平台综合发展指数模型的构造过程中也不适用。综合以上分析，我们最终选用 AHP 模型，同时引入专家投票制度以解决指标较多、层级较多导致标度工作量明显增加的问题，同时也推动评价过程更加客观。

（一）指标体系构建

本报告综合考虑并借鉴国际三大评级公司和中诚信国际相关行业及政府

评级方法所用指标，同时结合我国融资平台债监管要求与市场现状的代表性要素，力求准确、直观、全面地反映国内各区域融资平台的综合发展情况。此外，该指标体系同时包含宏观、微观数据以作为综合分数的组成成分，尽可能做到全面覆盖重要指标。

　　本报告把区域经济财政实力、公司债务承载能力、公司转型发展能力以及公司经营现状四大要素作为指标体系的一级指标，四大要素内各自包含三个二级指标要素（见表1）。

表1　融资平台综合发展指数（EDOT INDEX）指标体系

一级指标	二级指标
经济财政实力	地区经济实力
	地区财政能力
	政府债务水平
债务承载能力	公司偿债能力
	公司债务水平
	持续发展能力
转型发展能力	地区转型环境
	转型发展潜力
	公司所获资助
公司经营现状	基础经营能力
	财务效益水平
	资产运营能力

　　经济财政实力方面，所用指标具体可分为反映地区经济实力、地区财政能力、政府债务水平的三个二级指标，其中，反映地区经济实力的三级指标有GDP、GDP增速、人均GDP等；反映地区财政能力的三级指标有综合财力、财政平衡率、税收收入占比等；反映政府债务水平的三级指标有负债率、债务率等。

　　债务承载能力方面，所用指标具体可分为反映公司偿债能力、债务水平、持续发展能力的三类二级指标，其中，反映公司偿债能力的三级指标有货币资金对短期债务的保障能力、EBITDA对全部债务的保障能力等；反映公司债务水平的三级指标有资产负债率等；反映持续发展能力的三级指标有公司近三年总资产、营业总收入、净利润的年均增长率等。

转型发展能力方面，所用指标具体可分为反映地区转型环境、转型发展潜力、公司所获资助的三类二级指标，其中，反映地区转型环境的三级指标有新增专项债的占比、募投项目情况等；反映转型发展潜力的三级指标有融资平台的融资渠道丰富程度等；反映公司所获资助的三级指标有政府补助占企业营业总收入的比例等。

公司经营现状方面，所用指标具体可分为反映基础经营能力、财务效益水平、资产运营能力的三类二级指标，其所包含的三级指标综合考虑了三大评级公司以及中诚信国际对于融资平台的评价方法所含指标。

（二）数据处理

表 1 左侧的四类一级指标按照相对重要性进行降序排列。首先，融资平台的发展离不开区域环境的支持，经济财政较强的区域配套资源较为丰富，当地政府的综合协调能力一般更强，进而能够保障融资平台的长期健康发展，因此要先关注经济财政实力指标。其次，融资平台的一大突出特征是融资平台自身负债高企，对债务承载能力的考量重要性仅次于经济财政实力。此外，在政策引导下，融资平台普遍面临市场化转型的需求，转型发展能力较好的融资平台从长期来看发展潜力可能较大。最后，融资平台当前的经营状况也是需要考虑的重要因素。

参考《中国地方政府债务风险指数研究》[1] 中优化版 AHP 逻辑流程，本报告从 Wind 数据库、Choice 数据库、监管部门数据以及中诚信国际区域风险数据库获得原始数据后，经过多重共线性优化、建立层次结构、权重计算与一致性检验等步骤，最终得到指标对应比例结果（见表 2）。

表 2　权重向量与一致性检验结果

判断矩阵	权重向量	CI	CR
综合发展指数与四大因素	(0.36,0.26,0.21,0.17)	0.002	0.003
第一层与第二层 （经济财政实力）	(0.50,0.35,0.15)	0.014	0.021

---

[1]　袁海霞、王新策：《中国地方政府债务风险指数研究》，载毛振华、闫衍主编《中国地方政府与融资平台债务风险报告》，社会科学文献出版社，2018。

判断矩阵	权重向量	CI	CR
第一层与第二层 （债务承载能力）	(0.50,0.26,0.24)	0.000	0.000
第一层与第二层 （转型发展能力）	(0.50,0.39,0.11)	0.002	0.003
第一层与第二层 （公司经营现状）	(0.56,0.29,0.15)	0.050	0.070

在多指标评价体系中，由于各评价指标的性质不同，因此通常具有不同的量纲和数量级。当各指标间的水平相差很大时，如果直接用原始指标值进行分析，就会突出数值较高的指标在综合分析中的作用，相对削弱数值水平较低的指标的作用。因此，为了保证结果的可靠性，需要对原始指标数据进行标准化处理。

数据标准化即将数据按比例缩放，使之处于一个特定区间，去除数据的单位限制，将其转化为不涉及各自量纲的纯数值，以便不同单位或量级的指标进行比较。其中，典型的就是数据的归一化处理，即将数据统一映射到 [0，1] 上，常见的数据归一化的方法有 min－max 标准化、log 函数转换、Z－score 标准化等。本报告采用较为直接且操作简单的 min－max 方法。

本报告最终目标层要得到的是融资平台综合发展指数，那么进行 min－max 标准化就要考虑每个底层指标对于最后的总分的正向或逆向关系，例如负债率、债务率为逆向关系，而 GDP、综合财力等指标为正向关系，并根据相应关系进行标准化，变化公式如下：

$$正向关系:标准化后值 = (x - min)/(max - min)$$
$$逆向关系:标准化后值 = (max - x)/(max - min)$$

其中，max 为样本数据的最大值，min 为样本数据的最小值。

在获得经济财政实力、债务承载能力、转型发展能力、公司经营现状四个因素各自指数后，本报告通过将四个因素按比例合成融资平台综合发展指数，并进行省级行政区、地市级行政区之间发展情况的评估分析。

三　融资平台综合发展指数（EDOT INDEX）结果

中诚信国际依据上文提出的融资平台综合发展指数编制方法，针对相关数据可得的 31 个省级行政区、268 个地市级行政区，逐一计算融资平台综合发展指数得分，最终得到 2020 年融资平台综合发展指数排名。

（一）省级层面：东部地区融资平台综合发展水平明显占优

1. 从综合排名看，东部地区 7 个省份跻身 2020 年融资平台综合发展指数省级前 10 名

从 2020 年融资平台综合发展指数排名看，江苏省、广东省、北京市位居全国前 3，在排名前 10 的省份中有 7 个位于东部地区，在排名后 10 的省份中有 7 个位于西部地区。考虑到融资平台以承接地方政府赋予的公益性业务为主，企业经营与地方政府综合实力密切相关，而东部地区受益于沿海优势，自改革开放以来发展较快，因此，东部地区的融资平台发展相对更好也就不难理解（见图 1、图 2）。

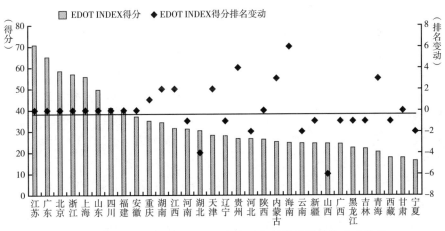

图 1　2020 年各省份融资平台综合发展指数得分及排名变动情况

资料来源：Choice 数据库，中诚信国际整理计算。

从融资平台综合发展指数排名变动情况看，多数省份较上年变化不大，但海南省进步较为明显，山西省退步较为明显。2020 年，在 31 个省份中，

有25个省份的融资平台的综合发展指数排名变动在2位（含）以内，变动相对较小。在剩余6个省份中，海南省进步较快，排名同比上升6位，主要由于海南省融资平台经营状况好转，公司经营状况及债务承载能力均进步较快；山西省退步较快，排名同比下降6位，主要由于山西省融资平台营业收入同比增速下降较快，拖累债务承载能力。

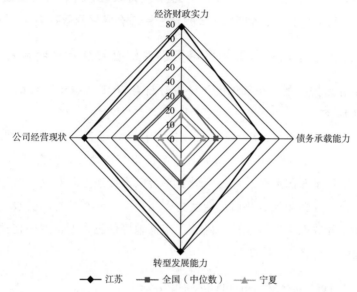

图2　2020年江苏、宁夏及全国融资平台综合发展能力平衡情况

资料来源：Choice 数据库，中诚信国际整理计算。

2. 从细项排名看，进步较快的省份以西部地区为主，退步较快的省份多分布在中部地区

经济财政实力方面，江苏省、广东省、上海市排全国前3，黑龙江省、甘肃省、青海省排名相对靠后。其中，江苏省、广东省及上海市沿海优势较为显著，对外开放水平相对较高，经济总量多年来名列前茅。黑龙江省经济结构以装备、石化、能源等传统工业为主，近年来，在宏观经济下行、供给侧改革推进的时代背景下，相关行业发展面临的压力较大；甘肃省、青海省位于西部，区位及资源开发优势不显著。

从经济财政实力排名变动上看，安徽省进步最为显著，单项排名较2019年上升4位，主要由于2020年安徽省产业结构中新兴动能加快成长，高新技术产业、装备制造业增加值同比增长16.4%、10.3%，全省第二产业增加值同比增长 5.2%，带动全省 GDP 同比增长 3.9%，居全国第 4 位。湖北省退步较为明显，单项排名较 2019 年下降 8 位，主要由于作为国内新冠肺炎疫情最早发生的省份，湖北省经济发展受疫情冲击最为显著，2020年是全国唯一一个 GDP 增速为负值的省份，其他经济财政指标也多有恶化（见图 3）。

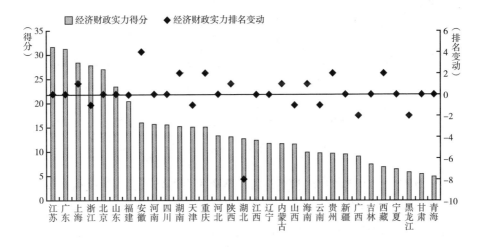

图 3　2020 年各省份经济财政实力得分及排名变动情况

资料来源：Choice 数据库，中诚信国际整理计算。

债务承载能力方面，江苏省、广东省、上海市排全国前 3，西藏自治区、陕西省、甘肃省排名相对靠后。其中，上海市、广东省地方财政实力较强，江苏省对融资平台债管控较为重视，上述地区对融资平台的回款较为充足及时，因而，企业的债务承载能力表现较好。西藏自治区、陕西省、甘肃省地方财政实力均相对贫瘠，进而制约地方政府对融资平台的回款，债务承载能力表现不佳（见图 4）。

从债务承载能力变动上看，青海省进步最为显著，单项排名较 2019 年上升 8 位，主要由于当地发债融资平台负债水平有所下降，加权计算的资产负债率由上年的 60.78% 降至 55.12%，有息债务/总资产由上年的 34.27% 降至 27.34%。山西省退步较为明显，单项排名较 2019 年下降 7 位，主要由于当地融资平台营业收入同比增速下降较多。

转型发展能力方面，广东省、江苏省、北京市排全国前三，宁夏回族自

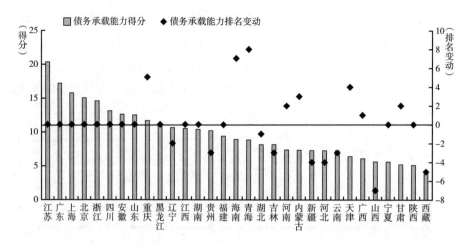

图 4　2020 年各省份债务承载能力得分及排名变动情况

资料来源：Choice 数据库，中诚信国际整理计算。

治区、海南省、贵州省排名相对靠后。融资平台的转型发展除了内在改革动力外，还受到客观条件的制约。融资平台在转型发展的过程中一方面可以结合既有业务，向建筑施工、房地产开发、园区运营等相关领域拓展；另一方面可以结合当地实际情况，由政府赋予某些资源或行业特许经营权。作为经济较发达地区，广东省、江苏省、北京市上述客观条件制约较小，当地融资平台拥有更多转型发展的选择与潜力；宁夏回族自治区、海南省、贵州省经济发展相对落后，可供当地政府支配的资源有限，当地融资平台转型发展的空间也就受到较大制约（见图 5）。

从转型发展能力变动情况看，西藏进步最为显著，单项排名较上年上升9 位，主要由于当地融资平台面临的地区转型环境有所优化，部分融资平台承担了新增专项债募投项目等。安徽省退步较为明显，单项排名较上年下降5 位，主要由于其他省份地方债中新增专项债占比大多有所上升，而安徽省该指标小幅下降。

公司经营现状方面，江苏省、北京市、浙江省排全国前 3，辽宁省、黑龙江省、宁夏回族自治区排名相对靠后。作为对融资平台过去一段时间经营成果的总结，这反映出江苏省、北京市、浙江省融资平台 2020 年经营相对较好，企业在资产、盈利、现金流等方面管理较为得当，辽宁省、黑龙江省、宁夏回族自治区相关融资平台待完善空间可能较大（见图 6）。

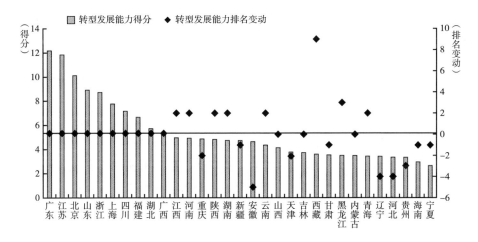

图 5　2020 年各省份转型发展能力得分及排名变动情况

资料来源：Choice 数据库，中诚信国际整理计算。

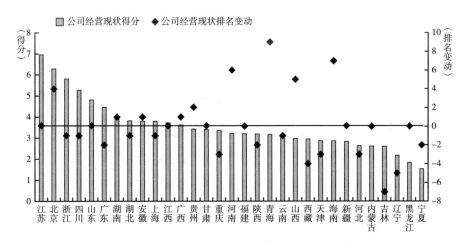

图 6　2020 年各省份公司经营现状得分及排名变动情况

资料来源：Choice 数据库，中诚信国际整理计算。

从公司经营现状变动情况看，青海进步最为显著，单项排名较上年进步 9 位，吉林省后退较为明显，单项排名较上年下降 7 位，两地单项排名变动均主要由当地融资平台主营业务利润率变动明显所致。

（二）地级市层面：东部地区城市与中西部省会（首府）城市融资平台综合发展水平靠前

1. 从综合排名看，东部地区省份发展较均衡，对于其他地区，大多省会（首府）发展优势较为突出

受益于沿海优势等，东部地区经济发展水平相对较高，地方政府财政收入相对更有保障，进而融资平台承担公益性业务获得政府回款，乃至在从拓展业务领域到发展市场化业务时相对更有优势，融资平台综合发展指数排名靠前（见图7）。中西部地区以及东北地区整体发展水平不及东部地区，出于与其他省份竞争、将人才资本等要素留在省份内等的考虑，这些省份通常会选择做大做强省会（首府）城市，先以"单核心"模式发展，因此省内资源向省会（首府）城市聚集。

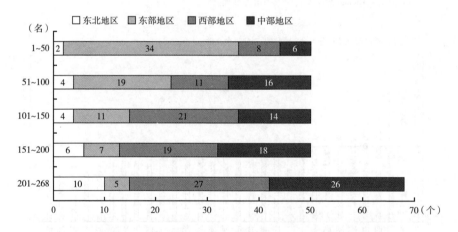

图7　2020年各地区地级市融资平台综合发展指数排名分布情况

资料来源：Choice 数据库，中诚信国际整理计算。

2. 从分项排名看，经济财政实力是影响当地融资平台细项排名的关键

经济财政实力方面，东部地区城市发展明显占优，西部地区城市发展水平有待提高（见图8）。从具体城市看，深圳市、苏州市、广州市等东部地区较发达城市的经济财政实力排名居前，单项排名前20的城市的GDP大多超过1万亿元，综合财力在1000亿元以上，财政平衡率不低于60%。排名靠后的城市在地理分布上以西部地区为主，单项排名后20位的城市的GDP

大多在 1000 亿元以下，综合财力不超过 200 亿元，财政平衡率平均值仅为 17%，地方财政实力较弱，对上级转移支付的依赖性较强。

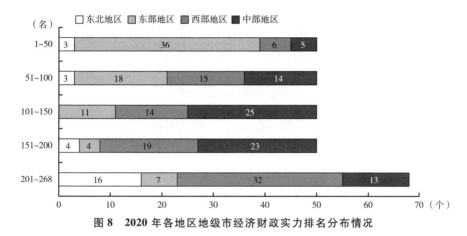

图 8　2020 年各地区地级市经济财政实力排名分布情况

资料来源：Choice 数据库，中诚信国际整理计算。

债务承载能力方面，东北地区城市排名大多靠前，中部地区城市排名大多靠后。在东北地区 26 个样本城市中，共有 17 个城市排名居债务承载能力单项排名前 100，主要由于近年来受区域融资环境恶化的影响，东北地区融资平台债的市场认可度不高，目前大多仍发行债券的融资平台的资质相对较好，因此纳入融资平台综合发展指数计算范围的偿债指标的表现相对较好。在中部地区 80 个样本城市中，共有 54 个城市排名居债务承载能力单项排名 150 以后，其中，河南省最多，有 14 个城市，主要由于河南省融资平台数量较多且较分散，部分融资平台偿债能力等财务指标的表现不佳（见图 9）。

转型发展能力方面，东部地区因发展水平较高，因此融资平台转型的空间相对更广，东北及西部地区经济发展水平较低，融资平台向外拓展业务领域的空间有限。在转型发展能力排前 50 名的城市中，东部地区城市的占比达 64%，主要由于东部地区经济发展水平相对更高，相对更容易吸引人口流入，进而衍生出更大的城市综合服务、国有资本运营市场，融资平台进行转型发展的空间相对更大。反观东北地区及西部地区，由于经济发展水平相对落后，因此除政府部门以外的市场参与者内生活力不足，对政府投资拉动经济增长的依赖性较强，融资平台向外拓展城市综合服务、探索开展市场化业务的空间相对有限（见图 10）。

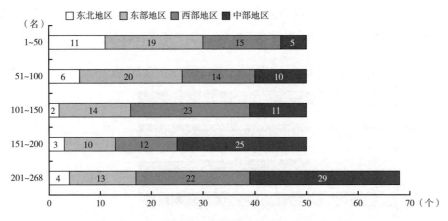

图 9　2020 年各地区地级市债务承载能力排名分布情况

资料来源：Choice 数据库，中诚信国际整理计算。

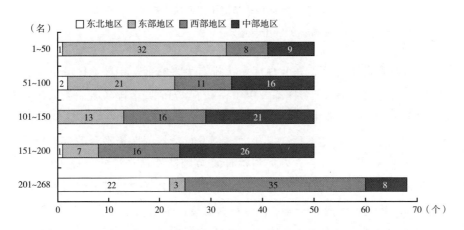

图 10　2020 年各地区地级市转型发展能力排名分布情况

资料来源：Choice 数据库，中诚信国际整理计算。

公司经营现状方面，东部地区融资平台经营情况整体较好，东北地区及西部地区融资平台经营情况有待提升。融资平台由于承担了大量政府主导的公益性业务，因此应收类账款中来自政府部门的占比相对较高，融资平台自身经营情况与地方经济财政实力密切相关。经济较为发达的地区地方财政收入压力通常相对较小，因此对下属融资平台的项目回款往往更加及时，同时在融资平台面临债务偿还压力时相对更有能力与意愿提供一定帮助。反观经济财政水平相对较差的地区，地方财政对融资平台的及时回款可能无法得到保障，进而影响债券市场投资人信心，融资平台的应收类账款回款情况偏弱、再融资环境较差，经营状况最终会表现得相对更差。此外，融资平台的主营业务类型也会影响企业经营情况，收费公路、公用事业等自身能够产生一定收益的公益类业务是企业除政府回款外获得现金流的重要补充（见图11）。

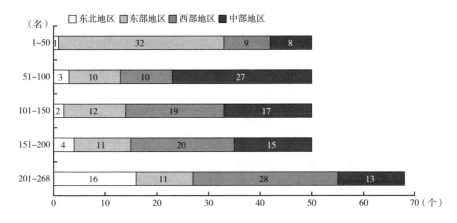

图11　2020年各地区地级市公司经营现状排名分布情况

资料来源：Choice数据库，中诚信国际整理计算。

四　新形势下融资平台高质量发展建议

通过对融资平台综合发展指数进行研究，不难发现区域经济财政实力是影响当地融资平台综合发展状况的重要因素。例如，东部地区经济较发达省份，经济实力较强促使地方财政收入更有保障，当地融资平台能够获得财政资金及时回款，债务承载能力较强。同时，经济发展水平越高，当地对人口的吸引力越强，消费等需求也更加旺盛，确实为当地融资平台的转型发展创造了良好的环境。融资平台的高质量发展，不宜完全依赖区域发展及政府支持，更为重要的是着力推进自身实力提升与全面发展。对于东部地区而言，融资平台的认可度较高推动当地形成较为沉重的隐性债务负担，融资平台虽然短期经营情况良好，但仍需不断提高自身发展质量，为压降地区隐性债务负担贡献力量；对于其他区域发展水平仍有待提升的地区而言，融资平台更需提高发展质量，发挥自身在融资、招商引资、带动产业发展等方面应尽的职能，帮助区域经济高质量发展。为帮助推动融资平台实现高质量发展，本报告提出如下三条建议。

（一）充分发挥融资优势，合理调整债务结构

首先，地方政府应当整合下属融资平台，将数量过多、定位不清、功能重叠的融资平台通过整合打造为若干家分工明确、不存在同质性竞争、规模较大的融资平台，进而充分发挥各家融资平台的融资优势，争取在外部融资中降低成本。其次，融资平台应当重视信贷、债券、非标等多融资渠道的建设。尤其对于经济欠发达地区而言，信贷、债券融资渠道虽然可能获得的资金规模较大，但信贷审批通常流程耗时较长、债券融资受市场波动影响较大，而非标融资虽然成本往往偏高，若放款及资金使用灵活，在面临紧急需求时则能够发挥重要作用，因此融资平台日常应当重视多融资渠道的建设，不可过度依赖单一融资渠道，也不可一味排斥非标融资。最后，地方政府应当与融资平台通力合作，统筹安排当地融资平台的债务置换与成本压降等工作，提高在外部融资中的话语权。

对于东部地区而言，如江苏、浙江等省份，虽然经济财政发展水平较高，融资平台的市场认可度较强，但正因如此，部分融资平台存在债务负担盲目扩张、推升地方政府隐性债务负担的问题，未来对于同一个地级市内多家融资平台业务类型、作业地域存在交叉的，可将其整合成一个融资平台，减少融资平台间可能发生的同业竞争，同时进一步压降融资成本，降低隐性债务带来的利息负担。对于其他地区发展水平仍有待提升的地区而言，如云南、贵州等地，要重视多融资渠道的建设，在债券市场对弱资质主体风险规避意愿较为浓郁的市场环境下，通过信贷、非标等渠道保障现金流稳定，对于债务面临集中到期压力的，通过债务置换、争取政策性资金等提前进行安排，避免非标违约对融资可得性造成冲击，以及非标违约可能向私募债等非标转标产品的风险传导。

（二）妥善安排市场化转型节奏，灵活拓展转型空间

首先，长期来看，融资平台进行市场化转型或是大势所趋。一方面，随着各地城镇化水平不断提高，新增公益性业务的空间可能将有所收窄，融资

平台或将面临存续业务不足以支撑企业发展的问题；另一方面，化解隐性债务不能仅依靠地方财政资金，融资平台也需要适当拓展业务空间，通过开展部分营利性业务帮助消化债务。在进行市场化转型的过程中，融资平台首先应当妥善安排市场化转型节奏，避免短期内大规模投资此前并不熟悉的业务领域，进而造成市场化业务投入巨大但短期内未见成效，外部融资又因企业融资平台属性的弱化而出现认可度波动的不利情形。其次，融资平台应当灵活拓展转型空间，在拓展市场化业务的初期，由于此前市场化经营的经验不够丰富，因此融资平台可以尝试通过地方政府赋予特定期限、特定区域内某一行业特许经营权的方式，培养市场化经营的业务经验，同时降低转型中可能面临的经营风险，实现平稳过渡。对于东部地区，如广东、上海等融资平台转型业务空间较为丰富的地区，融资平台可以向城市综合运营商的角色适当进行转换，如通过政府赋予当地砂石资源、丧葬业务、环保处理等特定领域的特许经营权，阶段性垄断经营某些行业；也可以探索切入某些与传统融资平台业务关联更为密切的行业，如进行建筑施工、地产、产业园区供应链管理等。对于中西部地区而言，协助区域实现经济财政更好更快发展是融资平台面临的首要任务，因此融资平台可以通过参股符合区域产业结构调整方向的企业等方式，向国有资本运营管理者的角色转换，结合区域实际开展国有资本投资，以实现国有资本保值增值的目标。

（三）完善现代企业治理，培养市场化经营能力

对融资平台而言，无论是传统公益性业务的经营还是探索市场化业务的转型，都需要不断完善现代企业治理。在融资平台综合发展指数的编制过程中，南京、杭州、成都等地融资平台的经营现状得分较为突出。以江苏南京为例，市国资系统组织市属集团制定 2020 年、2021 年子企业经理层任期制、契约化管理和职业经理人试点实施计划和工作方案，修订《市国资委印发监管企业负责人综合业绩考核及薪酬管理办法》，出台专项奖励实施细则，不断完善企业正向激励机制，激发企业运营活力。2020 年江苏省南京市及各地级市融资平台综合发展能力平衡情况见图 12，无论是对发展水平相对较高的东部地区还是对经济财政增长空间仍然较大的中西部地区而言，融资平台都首先要解决管理人员的身份问题，实现从公务员角色向国有企业职工的转变。随后通过机制性的安排提高激励效果，着力深化劳动、人事、

分配三项制度改革，探索职业经理人制度、推进用工市场化、建立适当的薪酬分配机制、深化混合所有制改革等措施都是融资平台健全经营管理制度，完善现代企业治理时值得重视的工作方向。

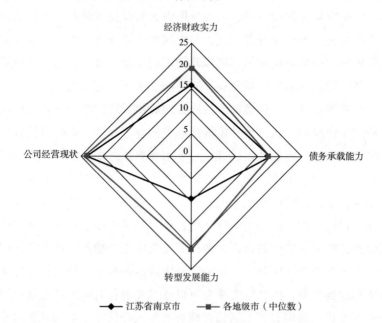

图 12　2020 年江苏省南京市及各地级市融资平台综合发展能力平衡情况

资料来源：Choice 数据库，中诚信国际整理计算。

第二篇
各区域地方政府与融资平台债务分析报告

北京地方政府与融资平台债务分析报告

毛菲菲　付一歌[*]

要　点

● 北京市经济发展与财政实力分析：北京市立足首都城市战略定位，总部经济特征持续强化，但近年来经济增速放缓。从经济发展驱动力看，消费的主导地位更为突出，虽然投资总体下滑，但产业投资更加聚焦高精尖及新兴产业。2019 年，北京市第三产业提级增效明显，"十四五"期间，北京将继续推动产业升级，提升产业发展水平。近年来，北京市税收来源稳定，一般公共预算收入是地方财力增长的主要动力。北京市经济财力可分为三个层级，整体上具有自中心城区向外围递减的特征。"十四五"期间，北京市将继续立足首都城市战略定位，深入实施人文北京、科技北京、绿色北京战略。

● 北京市地方政府债务情况：北京市债务余额逐年增加，对地方政府债务实行限额管理，显性债务风险整体可控。从地方政府债券看，北京市地方债存量及新发行规模在全国均处于中下游，且地方债到期时间分布相对均匀，集中偿付压力较小。从区域分布来看，北京市各区地方政府债务规模尚可，其中，朝阳区规模居首。

● 北京市融资平台债情况：截至 2020 年末，北京市存量融资平台债共计 129 只，债券余额共计 1711.38 亿元，存量规模相对较小。北京市存量融资平台债主要集中于市本级、西城区，它们是经济基础优质或大力发展的区域，债券期限以中长期为主，信用等级

---

* 毛菲菲，中诚信国际政府公共评级一部评级总监；付一歌，中诚信国际政府公共评级一部副总监。

集中在 AAA 级，2021～2023 年为到期和回售高峰，但到期额度较为均匀。从各区融资平台自身来看，平台资产权益规模保持增长，债务规模合理，市本级债务规模突出，短期偿债指标表现较好，但盈利能力有待提升。

● 总体来看，北京市经济基础良好、第三产业蓬勃发展、财税来源稳定、国资改革深化，上述优势对北京市长久稳定健康发展仍将持续发挥正向作用。但目前北京市经济增速放缓、财税增长乏力、各区发展不平衡，一段时间内，仍需持续关注北京市的经济运行、产业发展、财税增长及融资平台盈利能力。

一　近年来，北京市经济增速始终低迷，财税实现可持续性增长

（一）总部经济特征持续强化，固定资产投资更加聚焦高精尖及新兴产业，消费仍为拉动经济增长的主要驱动力

北京市立足首都城市战略定位，总部经济特征持续强化，但近年来经济增速放缓。作为全国的政治、经济和文化中心，北京市积聚了大量的物质和文化资源，总部经济特征持续强化。截至 2019 年末，北京市下辖 16 个区，全市常住人口为 2153.6 万人，同比下降 0.03%，城镇化率为 86.6%，城镇化水平仅次于上海。2017～2019 年，北京市分别实现地区生产总值（GDP）28014.94 亿元、33106.00 亿元和 35371.30 亿元（见图 1）；同期，GDP 增速分别为 7.00%、6.60% 和 6.10%，受我国经济发展进入新常态和北京市疏解非首都功能、调整经济结构等因素影响，近年来，北京市 GDP 增速有所放缓；同期，北京市人均 GDP 分别为 128994.11 万元、140211.00 万元和 16422000 万元，位居全国前列。"十四五"期间，北京市将继续立足首都城市战略定位，深入实施人文北京、科技北京、绿色北京战略。首都功能提升方面，中央政务活动服务保障能力明显增强，全国文化中心地位更加彰显，国际交往环境及配套服务能力全面提升，国际科技创新中心基本形成；京津冀协同发展提升方面，疏解非首都功能取得更大成效，城市副中心框架基本

形成，"轨道上的京津冀"畅通便捷，生态环境联防联控联治机制更加完善，区域创新链、产业链、供应链布局取得突破性进展，推动以首都为核心的世界级城市群主干构架基本形成。

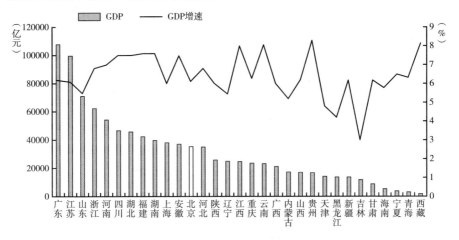

图 1 2019 年全国各省份 GDP 及增速

资料来源：全国各省份国民经济和社会发展统计公报，中诚信国际整理计算。

从经济发展驱动力看，消费的主导地位更为突出，虽然投资总体下滑，但产业投资更加聚焦高精尖及新兴产业。固定资产投资方面，2010 年以来，北京市固定资产投资增速持续处于低增长状态，2018 年出现负增长，投资对经济增长的拉动作用削弱（见图 2）。2019 年，北京市全年固定资产投资（不含农户）比上年下降 2.4%。分产业看，第一产业投资增长 20.6%；第二产业投资下降 9.0%；第三产业投资下降 2.3%，其中，租赁和商务服务业投资增长 1.6 倍，文化、体育和娱乐业投资增长 77.0%，科学研究和技术服务业投资增长 27.0%，产业投资更加突出集约、创新、绿色发展的特点，更加聚焦高精尖及新兴产业，对北京市经济高质量发展的支撑作用逐渐凸显。相较于投资，消费的主导地位更为突出，2019 年，北京市实现市场总消费额27318.9 亿元，比上年增长 7.5%。从内部结构看，服务性消费额为 15048.8亿元，比上年增长 10.2%，服务性消费对市场总消费增长的贡献率达到72.7%，生活用品及服务、医疗保健、教育文化和娱乐消费实现较快增长。

2019 年，北京市第三产业提级增效明显，"十四五"期间，北京将继续推动产业升级，提升产业发展水平。北京市以第三产业为主，其中，金融业方面，2019 年，金融业增加值占全市 GDP 的 18.5%，在全国 24 家中央金融企业中，有 23 家总部设在北京市，2019 年北京市存贷款余额均居全国前列，北京市金融业发达；信息传输、软件和信息技术服务业方面，中国移动、中国电信、中国联通等信息传输企业总部都设在北京，上地、中关村、国贸、望京等区域的信息企业聚集效应明显；批发零售业方面，北京市拥有王府井百货集团、京东商城等多家实体和网络商品销售运营商，2019 年，北京市批发零售业销售额居全国前列。

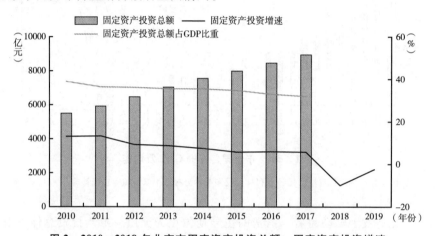

图 2　2010～2019 年北京市固定资产投资总额、固定资产投资增速及固定资产投资总额占 GDP 比重

注：北京市未公布 2018 年和 2019 年固定资产投资总额数据，故相关指标未列示。
资料来源：北京市国民经济和社会发展统计公报，中诚信国际整理计算。

（二）综合财力排名靠前，税收来源长足发展，财政自给能力强

1. 北京市近年来税收来源稳定，一般公共预算收入是地方财力增长的主要动力

2019 年，受减费降税政策影响，一般公共预算收入增速有所放缓，但收入质量较高，税收来源稳定。2017～2019 年，北京市一般公共预算收入分别为 5430.79 亿元、5785.92 亿元和 5817.10 亿元（见图 3），增速分别为 6.8%、6.5% 和 0.5%；税收收入占一般公共预算收入的比例均在 83% 以上；一般公共预算支出分别为 6540.50 亿元、7175.90 亿元和 7031.00 亿元。近年来，北京市财政平衡率维持在 80% 以上，财政自给能力良好。

2017～2019 年，北京市补助收入在 2000 亿元左右，在综合财力中的占比为20% 左右，对财政收入形成重要补充。北京市积极落实减税降费政策，优化营商环境，在构建高精尖经济结构过程中积极谋划中长期财源建设，促进财政收入可持续增长。综合考虑 2020 年北京市经济发展和物价变动预期情况、2019 年减税降费政策延续性减收影响，以及清理历史欠税、国有企业上缴利润等一次性增收措施形成的高基数因素，按照积极稳妥的原则，2020 年北京市一般公共预算收支与 2019 年持平。

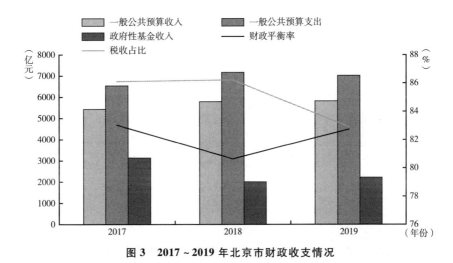

图 3　2017～2019 年北京市财政收支情况

资料来源：北京市财政决算报告，中诚信国际整理计算。

政府性基金收入近年来波动下降，对土地出让金的依赖程度下降。2017～2019 年，北京市政府性基金收入分别为 3132.80 亿元、2009.30 亿元和2216.30 亿元，其中，90% 左右为国有土地使用权出让收入。受益于很强的人口吸附能力，北京市为缓解供地紧张局面加大供地力度，2017 年，土地出让收入大幅增长，2018 年以来，在持续实施房地产调控政策影响下，北京市土地市场景气度整体上有所下滑。

国有资本经营收入虽对财政贡献有限，但实现稳步增长。近年来，随着国资国企改革、产业转型升级、国有经济布局优化，企业利润收入和股利股息收入增加，2017～2019 年分别为 61.60 亿元、65.40 亿元和 75.00 亿元。国有资本经营预算支出主要用于深化国资国企改革，妥善解决国企发展中的历史遗留问题，促进产业结构调整升级，支持国有企业提升自主创新能力，鼓励市管国企参与北京"四个中心"重点项目建设。

横向比较来看，在全国各省份中，北京市整体财政实力位于全国中前段，转移支付水平全国最低。2019年，北京市综合财力为9246.84亿元，在全国排第12位；其中，一般公共预算收入在全国排第6位，在直辖市中略低于上海（见图4）。

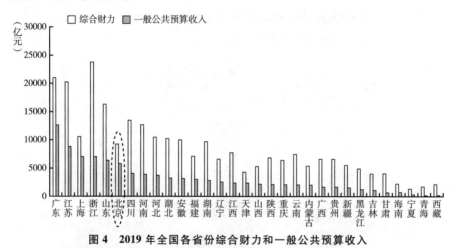

图4　2019年全国各省份综合财力和一般公共预算收入

资料来源：全国各省份财政决算报告，中诚信国际整理计算。

2. 各区经济发展分化明显，市对区的转移支付差异化政策改善了区级财政收支矛盾

北京经济财力可分为三个层级，整体上具有自中心城区向外围递减的特征。北京市下辖16个区、1个国家级经开区，各区之间经济发展水平、财政实力大致可分为三个层级。从各区经济情况看，海淀区、朝阳区和西城区处于第一梯队，2019年，GDP均高于5000亿元，其中，海淀区最高，为7925.96亿元；东城区、顺义区和丰台区处于第二梯队，2019年，GDP为1800亿~3000亿元；其余区处于第三梯队，2019年，GDP均小于1100亿元，其中，延庆区GDP最低，为195.29亿元。2019年北京市各区GDP占比见图5。从各区财政情况看，2019年，朝阳区一般公共预算收入最高，为536.41亿元，财政平衡率为100.77%，财政自给能力强。第三梯队中部分区财政平衡率较低，大兴区、通州区、密云区、门头沟区、平谷区、房山区、怀柔区和延庆区的财政平衡率均低于50%（见图6），对上级补助的依赖性较大。北京市近年来按照"统分结合"的原则，完善市对区的转移支付差异化政策，支持各区落实功能定位。"统"体现公平性，通过税收返还、体制结算、科教文卫等领域转移支付，实现基本公共服务均等化；"分"聚焦差异化，针对不同区域进行个性化转移支付，推动各区落实功能定位，改善区级收支矛盾。

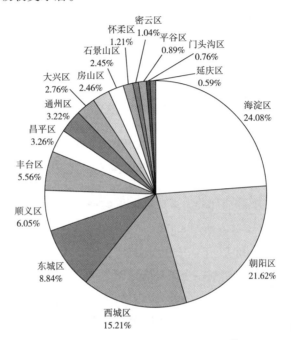

图 5　2019 年北京市各区 GDP 占比①

注：由于北京市和各区统计口径不同，故各区 GDP 加总值与全市 GDP 存在较小的差距。

资料来源：北京市各区国民经济和社会发展统计公报，中诚信国际整理计算。

二　综合考虑经济增速和债务水平，北京债务风险较小

（一）显性债务控制有力，隐性债务负担尚可，到期债务规模分布较为均匀

北京市债务余额逐年增加，对地方政府债务进行限额管理，显性债务风险整体可控。2017～2019 年，北京市地方政府债务余额分别为 3876.88 亿

---

①　本书其他省份的 GDP 与其下辖地区 GDP 加总值，存在同样的情况。

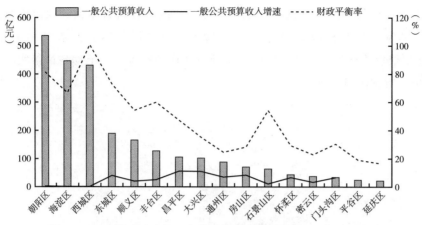

图 6　2019 年北京市各区一般公共预算收入及增速、财政平衡率

资料来源：北京市各区财政决算报告，中诚信国际整理计算。

元、4248.89 亿元和 4964.06 亿元，每年小幅增长；同期，北京市地方政府债务限额分别为 7736.4 亿元、8302.4 亿元和 9119.4 亿元，仍有较大举债空间。从债务水平看，2019 年末，北京市债务率和负债率分别为 53.68% 和 14.03%（见图 7），负债率在全国处于较低水平。根据中诚信国际测算，北京市地方政府隐性债务余额为 10805.19 亿元，在全国处于中游水平。考虑隐性债务后，2019 年末，北京市负债率（含隐性债务）为 44.58%，未超

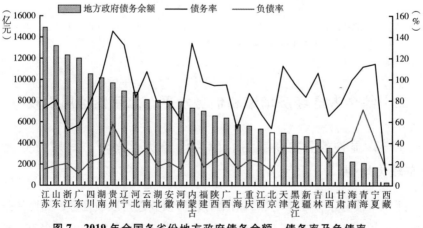

图 7　2019 年全国各省份地方政府债务余额、债务率及负债率

资料来源：全国各省份财政决算报告，中诚信国际整理计算。

过欧盟确定的 60% 的警戒线，在全国仍处于下游位置；北京市债务率（含隐性债务）为 178.42%（见图 8），虽然超过国际上的 100% 的警戒线，但由于北京市较其他省份具备更强的资源禀赋和战略意义，财政实力得到有力支撑，对于债务的承受能力很强，债务风险可控。

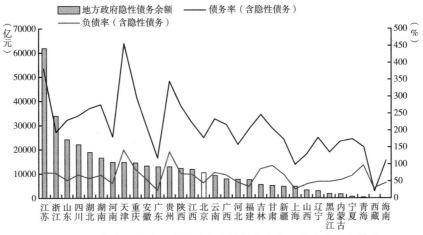

图 8　2019 年全国各省份地方政府隐性债务余额、债务率及负债率

资料来源：全国各省份财政决算报告，中诚信国际整理计算。

从地方政府债券看，北京市地方债存量及新发行规模在全国处于中下游水平，且地方债到期分布相对均匀（见图 9），集中偿付压力较小。从存量情况看，截至 2020 年底，北京市地方债存量规模为 6047.48 亿元，在全国处于较低水平。从发行情况看，2020 年，北京市共发行地方债 37 只，规模合计 1676.27 亿元，在全国处于中下游，加权平均发行利率为 3.12%，融资成本相对较低，发行利差为 24.56BP，从全国范围来看，发行利差很小。2020 年，北京市发行的债券以专项债为主，发行额为 1259.79 亿元，其中，项目收益债为 1132.00 亿元；债券类型为新增债和再融资债，占比分别为 79.94% 和 20.06%。从地方债分布情况来看，北京市专项债占比较大，主要投向土地储备、棚户区改造等方面。

（二）各区债务情况分化明显，高债务率区域多为经济基础较弱的区域

北京市各区地方政府债务规模尚可，其中，朝阳区地方政府债务余额较

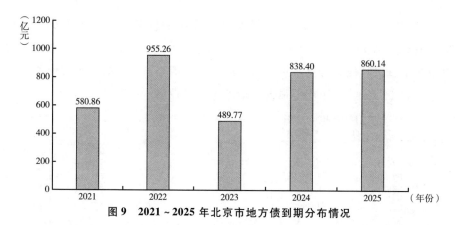

图9　2021～2025年北京市地方债到期分布情况

注：2020年末测算。

资料来源：Choice数据库，中诚信国际整理计算。

高，为627.71亿元；其次为通州区，由于承担城市副中心建设任务，债务负担加重。从债务率来看，综合财力相对较弱的区债务率高，房山区债务率高的问题尤为突出（见图10）。

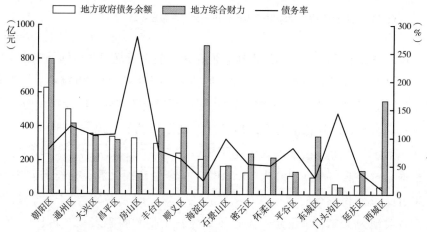

图10　2019年北京市各区地方政府债务余额、地方综合财力及债务率

资料来源：北京市财政决算报告，中诚信国际整理计算。

（三）北京市建立政府债务"借、用、管、还"相统一的闭环管理系统

为全面落实国家对防风险的要求，北京市财政局每年公布政府债务管理情

况，北京市人民政府办公厅印发了《北京市政府性债务风险应急处置预案》。

2020 年，北京市深入贯彻落实党中央、国务院决策部署和《中华人民共和国预算法》规定，紧紧围绕"强监管、控风险、促发展"这条主线，加强政府债务项目、预算、发行、使用、风险等方面的管理工作，在守住不发生区域性、系统性风险底线的同时，推进首都高质量发展。

在政府债务项目管理方面，北京市全面加强政府债务项目库建设，及早做好项目准备，构建包括项目需求申报、债券资金审核、债务限额分配、支出使用管理、债务还本付息等在内的政府债务全过程项目管理机制，建立政府债务"借、用、管、还"相统一的闭环管理系统。

在政府债务预算管理方面，北京市建立政府债务安排与预算编制管理相结合、预算资金与政府债务资金相统筹的衔接机制。在预算申报阶段，同步开展项目需求对接工作，对条件成熟、适合发债、亟须投入但年度预算无法安排的项目，通过发行政府债券解决，弥补建设资金缺口。同时，按照财政部文件规定，结合全年预算安排，偿还对应到期地方政府债券本金，缓解部分债券资金到期偿还压力。

在债券发行支出管理方面，北京市按照财政部统一部署，着力优化债券发行程序，合理安排债券发行节奏，加快债券发行进度。对已经过市人大批准的政府债券项目，通过调度库款提前拨付资金，加快支出进度，提高资金使用效率。加强债券资金支出使用的管理，对支出进度慢的部门或区进行约谈、通报。

在政府债务风险管理方面，北京市建立债务风险动态监测机制，完善风险评估和预警体系，加强对政府债务的日常监督检查，及时梳理、排查债务风险隐患。结合债务期限结构，制订未来十年政府债券还本付息计划，并将还本付息资金分年度纳入预算管理范围，有效避免偿债风险。制定稳妥化解债务风险的实施方案，按照"一区一策"原则，研究细化风险防控的具体措施，督促各区落实主体责任，巩固风险防控成果。

在债券资金使用管理方面，北京市用足用好政府债券资金，切实发挥政府债务对稳增长、促发展的积极作用。债券项目的顺利实施，为推进实施京津冀协同发展、城市副中心建设等重大战略，补齐城乡基础设施、棚户区改造、土地储备、环境整治和生态保护等领域短板提供了有力的支撑。北京市通过政府适度举借债务，形成了大量优质资产，促进了经济社会持续健康发展。

三 融资平台债存量规模居全国下游，平台资质良好，转型扩张取得一定成效

（一）融资平台债存量及发行规模居全国下游，融资成本较低

北京市融资平台债存量规模相对较小，发行成本在全国居下游。截至2020年底，北京市存量融资平台债共计129只，债券余额共计1711.38亿元，存量规模在全国范围内较小。从债券种类看，以一般公司债为主，数量占比为30.36%，其次为一般中期票据（占比为21.75%）等。从债券期限看，以5~10年期为主，占比47%。从信用等级看，以AAA级为主，占比为67%，其次为AA+级，占比为27%。从区域分布看，北京市存量融资平台债集中在市本级，占比为51.85%，其次为西城区。从收益率和交易利差看，加权平均到期收益率、交易利差分别为3.98%、118.05BP，在全国处于下游（见图11）。2020年1~12月，北京市共发行融资平台债50只，规模合计617.64亿元，从全国来看，发行规模适中。从债券种类看，发行的融资平台债种类的分布相对均匀，相较来看，公司债占比最高，为24%，其次为中期票据和定向工具；从债券期限看，以1~3年期为主，占比达41%，

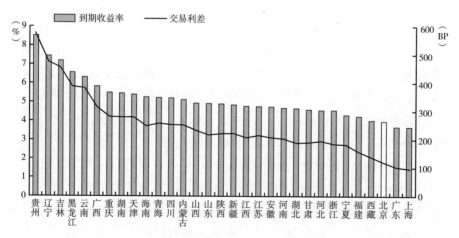

图11 2020年末全国各省份存量融资平台债到期收益率及交易利差

资料来源：Choice数据库，中诚信国际整理计算。

1 年及以下占比仍最小；从发行利率及利差看，加权平均发行利率及利差分别为 3.54% 、113.11BP，仅高于上海市和广东省。

（二）融资平台债集中于市本级和西城区，2021～2023 年到期分布情况较为均匀

2020 年，北京市存量融资平台债仍主要集中于市本级、西城区，它们是经济基础优质或大力发展的区域。其中，市本级存续债为 45 只，存量规模为 887.37 亿元，占比为 51.85%，西城区存续债为 31 只，存量规模为 363.86 亿元，占比为 21.26%，另外，石景山、延庆、怀柔三区存量融资平台债规模不超过 10 亿元（见图 12），北京市各区债券市场参与度较为一般。从到期收益率、交易利差看，怀柔区的融资平台债到期收益率和交易利差最高，分别为 5.33% 和 239.45BP，其次为延庆区，分别为 4.73% 和 202.43BP，这与各区目前经济实力、债务负担息息相关（见图 13）。

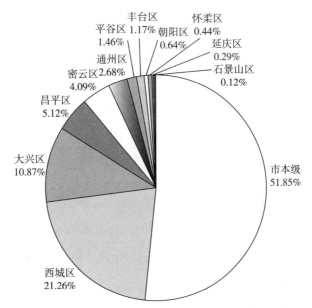

图 12 北京市本级及各区存量融资平台债分布情况①

注：北京市下辖 16 个区，截至 2020 年末海淀区、门头沟区、房山区、顺义区、东城区等 5 个区无存续融资平台债，故未在图中显示。本报告其他未全部显示北京 16 个区数据的图，同此说明。

资料来源：Choice 数据库，中诚信国际整理计算。

———————————————

① 本书其他省份中，无存续融资平台债的市或区，均不在相关图表中显示。

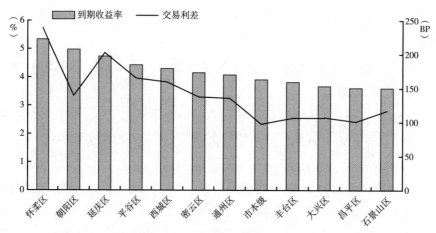

图 13　北京市本级及各区融资平台债交易利差及到期收益率

资料来源：Choice 数据库，中诚信国际整理计算。

　　从债务期限结构和到期分布来看，各区融资平台债基本以 3～5 年期等中长期债务为主，北京市本级融资平台债以 5～10 年期等长期债务为主，各区 2021～2023 年到期债务压力较为均匀，其中，市本级、西城区和大兴区 2021 年到期债务规模较大，分别为 110.50 亿元、118.86 亿元和 70.10 亿元（见图 14）。整体来看，北京市存续融资平台债以中长期为主，存量规模较小，到期分布较为均匀，偿债压力较小。

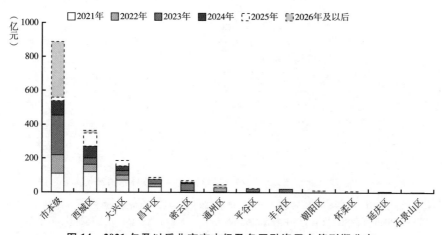

图 14　2021 年及以后北京市本级及各区融资平台债到期分布

注：2020 年末测算。

资料来源：Choice 数据库，中诚信国际整理计算。

（三）各区融资平台债务普遍尚可，利润水平一般，财务杠杆合理

近年来，北京市融资平台资产权益规模整体上涨，资本结构较为合理。截至 2020 年末，根据对有存续期融资平台债的发行主体的统计，北京市融资平台共计 22 家，相对于全国来说，数量较少，基本集中于市本级和大兴区，区级融资平台债券市场参与度较低，部分区没有融资平台发债。从资产规模来看，北京市融资平台的资产规模整体上涨，其中，2019 年，市本级融资平台总资产规模较大，为 1888.36 亿元，其次为丰台区、昌平区、西城区，平均总资产规模为 500 亿～700 亿元。从资本结构来看，北京市各区融资平台资本结构较为合理，平均资产负债率为 35%～65%，但丰台区资产负债率较高，为 78.19%（见图 15）。

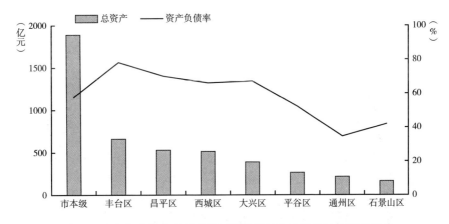

图 15　2019 年北京市本级及各区的融资平台总资产及资产负债率

注：部分融资平台未公布 2019 年财务数据，故其所在区未纳入统计口径。
资料来源：Choice 数据库，中诚信国际整理计算。

融资平台收入与利润同向波动，区级融资平台利润水平受业务特性所限保持低位。2019 年，北京市融资平台营业总收入和净利润均值分别为 42.53 亿元和 3.26 亿元（见图 16）；其中，市本级和昌平区营业总收入较高，分别为 74.16 亿元和 72.26 亿元，除此之外，其他区融资平台的营业总收入均低于均值，石景山区最低，为 2.86 亿元（见图 17）。从净利润看，市本级融资平台的净利润明显高于各区融资平台，2019 年，市本级融资平台的净

利润为 7.92 亿元，各区融资平台的净利润在 0.17 亿～1.50 亿元之间。整体来看，利润水平受业务性质所限，保持在低位。

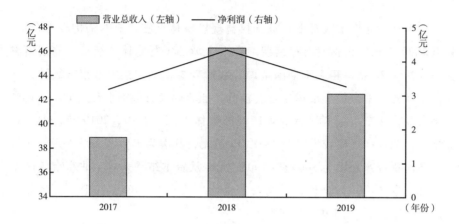

图 16 2017～2019 年北京市融资平台营业总收入及净利润

资料来源：Choice 数据库，中诚信国际整理计算。

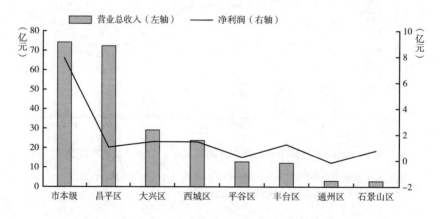

图 17 2019 年北京市本级及各区融资平台营业总收入及净利润

资料来源：Choice 数据库，中诚信国际整理计算。

北京市各区融资平台债务规模合理，市本级规模突出，短期偿债指标表现较好。债务规模及结构方面，截至 2019 年末，北京市融资平台债务规模均值为 355.13 亿元，其中，市本级规模最高，为 780.36 亿元，西城区和丰台区融资平台债务规模在 200 亿元以上（见图 18）；短期债务规模占比平均值为 22.13%，北京市融资平台债务结构较为合理。2017～2019 年北京市融资平台债务结构见图 19。偿债能力方面，截至 2019 年末，北京市融资平台经营活动净现金流对总债务的覆盖倍数很低，但货币资金对短期债务的覆盖情况尚可，货币资金/短期债务均值为 1.21，总体来看，短期偿债压力不大。2017～2019 年北京市融资平台偿债指标情况见图 20。

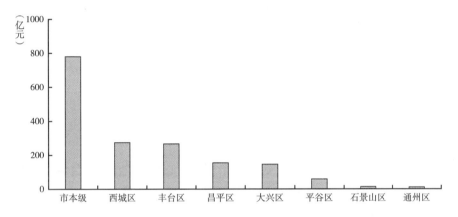

图 18 2019 年北京市本级及各区融资平台债务情况

资料来源：Choice 数据库，中诚信国际整理计算。

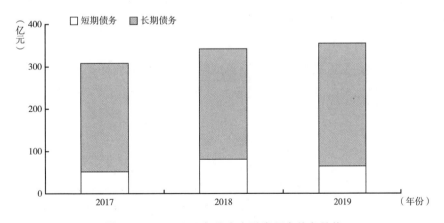

图 19 2017～2019 年北京市融资平台债务结构

资料来源：Choice 数据库，中诚信国际整理计算。

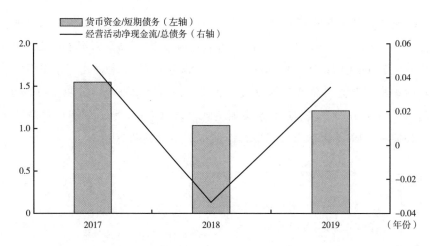

图 20　2017～2019 年北京市融资平台偿债指标情况

资料来源：Choice 数据库，中诚信国际整理计算。

（四）融资平台转型初见成效，未来北京市融资平台将在股权改制、制度建设、经营机制等方面深化改革和转型

北京市融资平台将在股权改制、制度建设、经营机制等方面深化改革和转型。北京市近年来在统筹区域资源资产，优化重组，通过 PPP、股权融资、项目出租等途径吸引社会资本建设和运营等方面取得一定成效，部分融资平台已基本完成市场化转型。下一步改革和转型的重点是"六个突出抓好"：一是突出抓好中国特色现代国有企业制度建设；二是突出抓好混合所有制改革；三是突出抓好市场化经营机制；四是突出抓好供给侧结构性改革；五是突出抓好改革授权经营体制；六是突出抓好国有资产监管。

结　语

北京市作为全国政治、经济和文化中心，积聚了大量的物质和文化资源，总部经济特征持续强化。虽然受我国经济发展进入新常态和北京市疏解非首都功能、调整经济结构等因素影响，近年来，北京市 GDP 增速有所放缓，但北京市财税来源优质且稳定，土地价格居高不下，为财政收入提供了良好的保障。北京市发展动力主要为消费，产业结构持续优化，服务业蓬勃

发展；同时，北京市立足首都功能，近年来积极疏解非首都功能，带动津冀协同发展。此外，北京市国资国企改革走在全国前列，制度相对完善，初见成效。上述优势对区域长久稳定健康发展仍将持续发挥正向作用。

但我们也发现，北京市在疏解非首都功能时，将相关企业、产业转移至天津和河北，导致经济增速放缓，固定资产投资减少。同时，北京各区发展不均衡，经济财力可分为三个层级，整体上呈现自中心城区向外围递减的特征，中心城区蓄积了绝大多数优质资源，偏远郊区在政策倾斜、资源禀赋方面均不及于中心城区。而且北京市融资平台发债不活跃，盈利能力普遍一般。一段时间内，仍需持续关注北京市的经济运行、产业升级、财税增长及融资平台盈利能力。

天津地方政府与融资平台债务分析报告

毛菲菲　黄　菲[*]

要　点

● 天津市经济发展与财政实力分析：近年来，受到做实数据、环保整治及工业转型等因素影响，天津市经济增速始终低迷，经济实力有所下行，但2019年固定资产投资增速快速回升，区域上市企业及金融资源储备良好，凭借雄厚的工业基础和独特的区位优势，未来经济发展仍具备较大潜力。天津市综合财力在全国处于中下游水平，近年来，天津财税增长相对乏力，对基金收入和国企混改非税收入依赖度高，上级补助水平在全国最低，财政平衡矛盾凸显。下辖区分工定位相对明确，但经济财政分化较为严重，财政预算整体下滑。"十四五"期间，天津市将致力于基本实现"一基地三区"功能，初步形成"津城""津滨"双城发展格局，积极承接北京非首都功能疏解，推动京津冀协同发展取得更大进展。

● 天津市地方政府债务情况：天津市显性债务增速过快，2019年同比增长21.6%，至4959.30亿元，债务率为112.52%，仅次于贵州、内蒙古、辽宁、宁夏等省份，下辖各区债务率超警戒线的较多；考虑隐性债务后，天津市债务率更是在全国居首；同时，2020年专项债扩容明显，2023年为偿债高峰。综合考虑经济增速和债务水平，天津债务风险相对突出，因而天津市政府高度重视政府性债务管理工作，积极采取有效政策措施完善相关制度，防范化

---

[*] 毛菲菲，中诚信国际政府公共评级一部评级总监；黄菲，中诚信国际政府公共评级一部助理总监。

解地方金融债务风险。

● 天津市融资平台债情况：天津市融资平台债存量及发行规模居全国前列，发行的债券以 5 年期中期票据为主，债项信用等级中 AAA 级占比较高，发行区域主要集中于市本级、滨海新区、武清区等经济实力相对较强的地区，且融资成本及 2021 年到期债务规模普遍偏高。从各区融资平台自身来看，虽然平台资产权益规模保持增长，但利润总额对政府补助依赖性较强，债务规模、财务杠杆及应收类款项占比整体偏高，盈利能力、偿债能力及周转能力均有待提升。

● 总体来看，天津市政策优势明显、工业基础雄厚、辖区分工明确、国企混改提速，上述优势对区域长久稳定健康发展将持续发挥正向作用。但目前天津市经济增速放缓、财税增长乏力、债务负担偏重、融资环境不佳，一段时间内，天津市的经济运行、产业发展、财税增长及融资平台债务风险仍将备受市场关注。

一 近年来，天津市经济增速始终低迷，财税增长相对乏力

（一）经济发展潜力较大，固定资产投资增速快速回升，但近年来由于做实数据、工业转型等原因，经济增速始终低迷

天津市战略任务突出，经济发展潜力较大，但近年来经济增速始终低迷。作为北方经济中心之一，天津市承担着推进京津冀协同发展、服务"一带一路"建设等重大国家任务，拥有独特的区位、产业、港口、交通及政策优势，经济发展具备较大潜力。经济运行方面，天津市在下修 2018 年 GDP 基础上公布的 2019 年 GDP 为 1.41 万亿元，体量排名降至全国中后段，排在直辖市末位（见图 1）。自 2017 年以来，在环保整治、数据挤水分及工业转型阵痛等因素影响下，天津市经济增速急剧下降，2019 年，虽然小幅回升至 4.8%，但仍低于全国平均水平，仅高于黑龙江和吉林。人口方面，天津作为全国人口聚集的城市，其热度有所下降，2019 年，天津市常住人

口增速为 0.14％，城镇化率为 83.48％，常住人口规模虽继续扩大，但人口净流入规模呈下降趋势。"十四五"期间，天津市致力于基本实现"一基地三区"功能，初步形成"津城""津滨"双城发展格局，积极承接北京非首都功能疏解，推动京津冀协同发展取得更大进展。

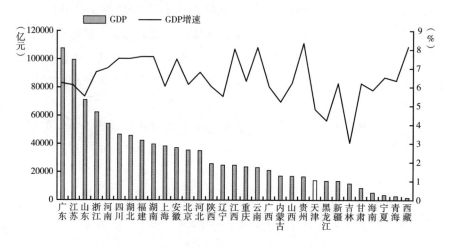

图 1　2019 年全国各省份 GDP 及增速

资料来源：全国各省份国民经济和社会发展统计公报，中诚信国际整理计算。

从经济发展驱动力看，2019 年，天津市固定资产投资增速快速回升，"十四五"期间将继续利用有效投资优化供给结构。随着投资结构调整与补短板成效初显，高新制造和工业技改投资力度加大，同时，天津市积极利用财政资金撬动基建投资稳步增长，带动 2019 年固定资产投资（不含农户）增速由上年的 -5.6％快速回升至 13.9％（见图2），增速位于全国前列。其中，工业、基础设施、高技术制造业及战略性新兴产业投资分别增长 17.9％、13.6％、36.5％ 和 15.7％。"十四五"期间，天津市将继续发挥有效投资对优化供给结构的关键性作用，着眼于促消费、惠民生、调结构、增后劲，加快补齐基础设施、公共卫生、健康养老、生态环保、物资储备、防灾减灾、民生保障等突出短板，着力增加新兴产业、技术改造、科研设施投资。

天津市工业转型阶段经济呈现负增长态势，上市公司和金融资源储备良好。天津市是典型的工业城市，工业基础雄厚，优势产业包括机械装备、电子信息、石油化工、汽车、新材料、生物医药和航空航天等。但近年来受去产能及工业转型阵痛影响，工业经济负增长态势显现。从上市公司情况来看，天津市有 54 家上市公司，其中，25 家位于滨海新区内，总市值达 3770 亿元，证券化率达 51%，多分布于计算机与医药及设备制造等制造业、房地产业、交通运输业、批发零售业及采矿业等。此外，天津市重视金融发展，金融机构存贷款余额规模持续扩大，行业流动性保持合理充裕，其"招牌名片"融资租赁行业领跑全国，资产总额占全国 1/4 以上，飞机、国际航运船舶、海工平台等跨境租赁业务总量在全国的占比均在 80% 以上。

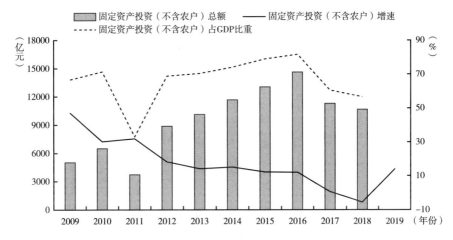

图 2 2009～2019 年天津市固定资产投资总额、增速及占 GDP 比重

资料来源：天津市国民经济和社会发展统计公报，中诚信国际整理计算。

（二）综合财力排名在全国处于中下游水平，税收增长相对乏力，上级补助水平全国最低，收支平衡矛盾凸显

1. 天津市近年来税收增长相对乏力，地方财力增长对基金收入和市级国有企业股权转让等形成的非税收入依赖度高

在经济增速放缓及降税减费背景下，天津市财政收入增速相对停滞，2019 年以来，混改对财政增收作用显著。2019 年，天津市一般公共预算收入为 2410.41 亿元，在全国排第 16 名。在全面推进国企混改带动政府资产变现背景下，一般公共预算收入增速一改连续两年下降趋势，大幅回升至 14.4%，增速居全国第一。但以混改等国资经营为主的非税收入的增长也使天津市 2019 年税收收入占比较上年下降 9.34 个百分点，至 67.80%。2017～2019 年，天津市补助收入在 540 亿元左右，在综合财力中占 13% 左

右，对财政收入形成重要补充。2019 年，天津市一般公共预算支出为
3555.71 亿元，同比增长 13.0%，其中，民生刚性支出和城乡社区支出合
计 2453.07 亿元，占比为 68.99%。近年来，天津市财政收支缺口有所扩
大，2019 年，财政平衡率下滑为 67.79%，资金平衡对政府补助、债务收
入和上年结余依赖度加深。（见图 3）

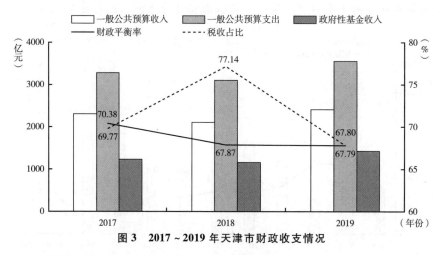

图3　2017～2019 年天津市财政收支情况

资料来源：天津市财政决算报告，中诚信国际整理计算。

政府性基金收入近年来虽有波动但总体维持较高水平，对土地出让金的
依赖程度很高。2017～2019 年，天津市政府性基金收入分别为 1229.50 亿
元、1160.45 亿元和 1430.80 亿元；其中，国有土地使用权出让收入占比分
别为 98.19%、84.95% 和 95.15%，转移性基金收入一般不超过 5 亿元，规
模相对有限。受土地交易情况影响，天津市政府性基金收入出现较大波动，
2019 年，天津市通过增加土地供应调控市场，区域土地出让量价止跌回升，
成交价款对地方财力形成有力保障。2019 年，天津市政府性基金支出为
2275.13 亿元，主要用于城乡社区。目前，天津市处于产业结构调整和转型
攻坚期，税源增长短期难见成效，预计未来一段时间天津市财政收入对政府
性基金收入的依赖还将持续。

国有资本经营收入体量较小，未来随着国企混改的进行有望增加。
2017～2019年，天津市国有资本经营收入分别为 17.32 亿元、19.52 亿元和
32.11 亿元，2019 年的增速为 64.5%。此前，受部分国企历史负担重、效

益低影响，天津市国有资本经营收入总体规模不大，2019 年以来，天津市支持国企混改，优化国企资本布局结构，国有资本经营收入提升初见成效。

横向比较来看，在全国各省份中，天津市整体财政实力位于全国中后段，转移支付水平全国最低。2019 年，天津市综合财力为 4407.43 亿元，在全国排第 25 位，仅高于吉林、甘肃、西藏、海南、青海和宁夏；其中，一般公共预算收入在全国排第 16 位（见图 4），一般公共预算支出在全国排第 27 位，仅高于西藏、青海、海南和宁夏。

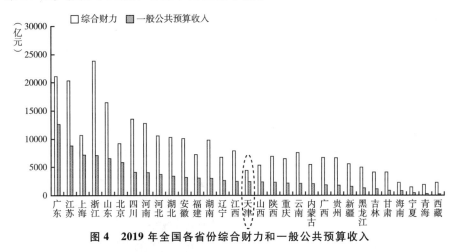

图 4　2019 年全国各省份综合财力和一般公共预算收入

资料来源：全国各省份财政决算报告，中诚信国际整理计算。

2. 区域经济发展分化明显，各区财政预算整体下滑，收支矛盾进一步凸显

市内各区差异明显，滨海新区经济实力在全市绝对领先，中心城区相对分化，远郊区实力较弱。天津市下辖 16 个区，形成四大板块，包括滨海新区和中心城区（和平区、河东区、河西区、南开区、河北区、红桥区）、环城四区（东丽区、西青区、津南区、北辰区）、偏远郊区（武清区、宝坻区、宁河区、静海区、蓟州区），下辖各区经济发展差异较大。滨海新区为国家级新区，当前已形成"东港口、西高新、南重化、北旅游、中服务"五大产业板块，依靠独特的地理位置和战略优势，经济实力在全市处于绝对领先地位，是天津市经济发展最重要的增长极。中心城区中，和平区、河西区、南开区的经济体量显著高于其他三区，主要发展现代服务业；环城四区中，西青区、东丽区、北辰区受益于积极承接周边发达地区产业转移工作，经济发展水平处于中上位置，津南区的发展明显滞后；偏远郊区中，武清区为京津发展轴重要节点，一枝独秀，2019 年 GDP 占全市 GDP 的比例为 6.28%（见图 5），静海区、宝坻区、宁河区和蓟州区等偏远地区发展起步较晚，经济相对落后。从 GDP 增速来看，宁河区表现突出，2019 年，GDP 增速为 15.9%，位居全市第一，津南区、红桥区和宝坻区的 GDP 增速亦在 6% 以上，其他各区的经济增速普遍较低，各区产业造血能力有下行趋势。从人口情况来看，天津市人口主要聚集于滨海新区、武清区、南开区等，除和平区、宁河区人数较少外，其他区的人口差距不大，中心城区的城镇化率相对较高。

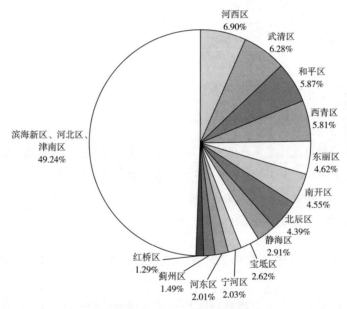

图 5　2019 年天津市各区 GDP 占比

资料来源：天津市各区国民经济和社会发展统计公报，中诚信国际整理计算。

下辖各区财政情况与经济实力基本匹配，2019 年，各区一般公共预算收入总体水平下滑，财政平衡压力增大。从各区财政情况看，滨海新区一般公共预算收入在全市绝对领先，2019 年为 502.70 亿元；武清区和西青区一般公共预算收入规模居第 2、第 3 位；受限于区域面积，中心城区一般公共预算收入体量较小，其中，河东区、河北区、红桥区一般公共预算收入均少于 31 亿元；偏远郊区中，除武清区外，宁河区和蓟州区一般公共预算收入在全市倒数。增速方面，除红桥区、东丽区一般公共预算收入保持增长外，其他各区一般公共预算收入自 2017 年以来均出现不同程度的下滑，各区财力增长承压。从财政平衡来看，随着一般公共预算收入下降及支出规模的扩张，天津市各辖区财政平衡率普遍下滑。其中，2019 年，蓟州区、宁河区、津南区和红桥区的财政平衡率均低于 40%（见图 6），对上级补助的依赖性较大；津南区财政平衡率较上年下滑 46.68 个百分点，下降幅度最大，这主要是由于当年动用了预算稳定调节基金 105.42 亿元的大部分用于城乡社区支出。

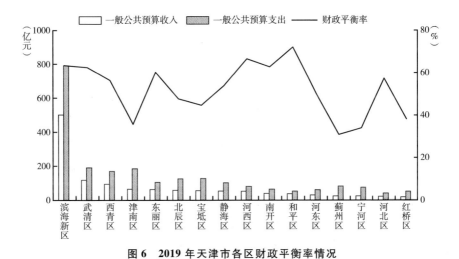

图 6　2019 年天津市各区财政平衡率情况

资料来源：天津市各区财政决算报告，中诚信国际整理计算。

二　综合考虑经济增速和债务水平，
天津债务风险相对突出

（一）显性债务快速增长，隐性债务负担很重，2023 年到期规模较大

天津市显性债务规模快速增长，隐性负债率和债务率在全国居首。从显性债务规模口径看，2019 年，天津市地方政府债务余额为 4959.30 亿元，债务余额居全国第 23 位，同比增长 21.6%，债务余额已逼近债务限额 5054.13 亿元。从显性债务负担来看，2019 年，天津市债务率为 112.52%，仅次于贵州、内蒙古、辽宁、宁夏等地区，并超过 100% 的国际警戒线；同

期，负债率为35%（见图7），较2018年快速增加约13个百分点。根据中诚信国际测算，2019年，天津市隐性债务规模为15045.98亿元，居全国第8位。考虑隐性债务后，天津市负债率为141.84%，债务率为453.90%，均居全国首位（见图8）。天津市显性债务增速较快，隐性债务负担很重，综合考虑其经济增速和财政收支水平，债务风险尤为突出，化解隐性债务迫在眉睫。

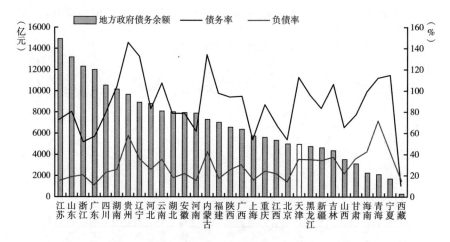

图7 2019年全国各省份地方政府债务余额、债务率及负债率

资料来源：全国各省份财政决算报告，中诚信国际整理计算。

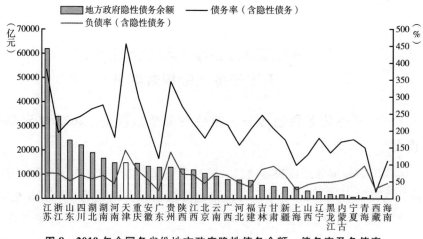

图8 2019年全国各省份地方政府隐性债务余额、债务率及负债率

资料来源：全国各省份财政决算报告，中诚信国际整理计算。

从地方政府债券看，天津市地方债存量规模在全国居中游偏下水平，2020年，专项债扩容明显，2023年为偿债高峰。从存量情况看，截至2020年底，天津市存量地方债规模为6355.84亿元，居全国第21位，仍低于2020年的债务限额6405亿元。由于疫情背景叠加积极财政，在更加积极的政策引领下，天津市2020年政府债券发行节奏明显加快，专项债扩容明显。截至2020年末，天津市存量地方政府专项债规模为4660.12亿元，占存量总额的比例为73.32%。其中，2020年，新发行专项债1400.6亿元，项目收益专项债总额为2729.98亿元，占专项债存量的58.58%，主要投资领域涵盖土地储备整理、棚户区改造、收费公路建设、生态保护、城乡发展、旧城区改建、基建、轨道交通、污水处理、医疗卫生和港口建设等。从到期情况看，2023年，天津市将进入地方债偿债高峰，年到期规模超1000亿元（见图9）。

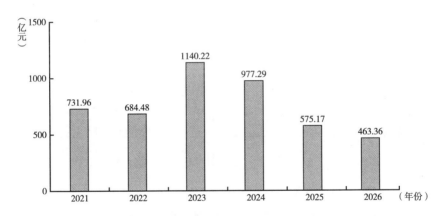

图9　2021～2026年天津市地方债到期分布情况

注：2020年末测算。

资料来源：Choice数据库，中诚信国际整理计算。

（二）各区债务情况分化明显，高债务率区域较多，债务结构分布较为合理

天津市各区中滨海新区债务规模在全市居首，红桥区债务率最高；债务率超警戒线区域较多，债务结构以中期为主。债务规模方面，天津市16个区中，滨海新区债务规模最高，为1429.91亿元；规模排第2、第3位的分

别为津南区和东丽区，债务规模分别为206.98亿元和170.52亿元；其余各区除红桥区外，债务规模均在90亿元以下。债务杠杆方面，负债率较高的为红桥区和宁河区，分别为58.23%和41.45%，其余各区的负债率均未超过35%；红桥区债务率最高，为257.46%，河东区、宁河区、滨海新区债务率均超过130%，蓟州区、北辰区和静海区债务率均超过100%，债务率超警戒线的区较多，各区债务风险值得关注（见图10）。各区债务期限结构方面，各区债务分布明显，以5年、7年等中期限为主（见图11），其中，市本级和滨海新区5年到期的债务余额规模较大，分别为883.66亿元和657.98亿元，各区2021年债务到期压力均不大。

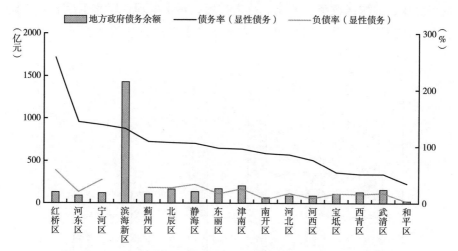

图10　2019年末天津市各区地方政府债务余额、债务率及负债率

注：滨海新区未公布2019年GDP数据，故负债率空缺。

资料来源：天津市各区财政决算报告，中诚信国际整理计算。

（三）天津市通过陆续出台政策组织保障、建立健全管理机制等方式防范化解债务风险

天津市高度重视政府性债务管理工作，积极采取有效的政策措施完善相关制度，有效防范化解地方金融债务风险。

一是加强制度组织保障。天津市政府办公厅印发《天津市人民政府办公厅关于深化政府性债务管理改革的实施意见》（津政办发〔2016〕4号），规范政府举债融资机制；印发《天津市人民政府办公厅关于印发天津市加

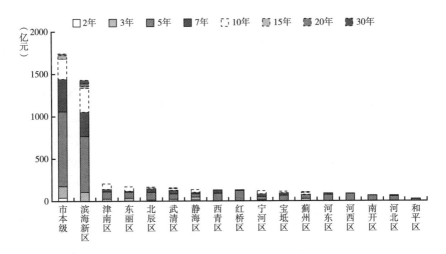

图11　2019年末天津市本级及各区政府债务期限分布情况

资料来源：Choice 数据库，中诚信国际整理计算。

强政府性债务风险防控工作方案的通知》（津政办发〔2017〕64 号）和《天津市人民政府办公厅关于印发天津市政府性债务风险应急处置预案的通知》（津政办函〔2017〕20 号），全面防控政府性债务风险并完善应急处置机制。天津市财政局印发《防控融资平台债务风险工作措施》（津财债务〔2016〕25 号）、《政府债券管理内部工作规程》（津财债务〔2016〕30号）、《天津市财政局关于印发天津市政府性债务风险分类处置指南的通知》（津财债务〔2017〕45 号），防控全市融资平台债务风险，加强对政府债券的全过程管理，明确天津市各级政府偿还责任，实现债权人、债务人分担风险。通过制度建设，天津市已基本形成覆盖"借、用、还"的全过程债务管控体系。同时，天津市政府性债务领导小组已正式发文成立，由市长任组长，分管财政、金融的副市长任副组长，统筹协调，整体推进，督促落实全市政府债务管理、融资平台债务风险防控工作。

二是发挥政府举债的积极作用。天津市加大创新力度，积极拓展规范举债的融资渠道，通过建立健全政府投资项目储备库，择优筛选符合条件的重点项目；密切跟踪政府债务政策走向，积极争取提升新增政府债务限额。其中，2019 年，财政部全年下达给天津市的新增债券额度共计 904 亿元，债券资金重点支持棚户区改造、生态保护、轨道交通、城乡发展等民计民生项目。

三是严格进行政府债务预算管理。天津市严格进行政府债务规模管控，根据区域发展定位、财力状况、债务风险等，合理设定各区政府债务限额，科学分配新增债券额度，各区政府举债规模严格控制在批准的限额以内。将政府债务收支分门别类地纳入全口径预算范围，及时向市人大及常委会报告限额变动情况、债券发行等工作，主动接受市人大监督并向社会公开。严格进行政府债券资金使用、管理，明确资金使用范围，配合审计、财政专员办开展债券沉淀资金清查工作，确保资金使用合规、有效。

四是防范化解政府债务风险。天津市不断健全债务监测机制，全面检查置换债券资金使用管理情况，持续推进规范政府举债融资行为清理整改工作。健全信息化支撑机制，定期分析评估风险状况，及时推送预警结果，督促各区各部门实行"一区一策"和"一企一策"，明确时间表、路线图和责任人。对置换债、新增债对应项目、资金支付方向、资金结余结转等情况开展全面排查。同时，将财政部对多个省份违法违规举债担保处理案例在全市通报，督促各区各部门建立规范政府举债融资行为清理整改台账，明确时间表、路线图、责任人，依法完善合同条款，确保举债依法合规。

三　融资平台债存量规模排全国前列，平台本身债务高企，转型扩张存在掣肘

（一）融资平台债存量及发行规模居全国上游，融资成本较高

天津市融资平台债存量及发行规模居全国前列，以中期票据为主。截至2020年末，天津市存量融资平台债共计374只，债券余额共计3974.62亿元，存量规模在全国处于上游；其中，2020年，天津市共发行融资平台债157只，规模合计1475.25亿元，居全国前列。从债券种类看，存量融资平台债以中期票据为主，数量占比达到35%，接下来依次为一般公司债（19%）、私募债（15%）、定向工具（10%）。从债券期限看，以5年期为主，占比达到31%，另外，1~3年期限债券占比为32%。从债项信用等级看，天津存量融资平台债信用等级以AAA级为主，在有存续等级的债项中，占比为60.82%。主体信用等级调整方面，2020年，天津市西青经济开发总公司和天津津南城市建设投资有限公司的主体信用等级由AA级上调至AA+级。从收益率和交易利差看，天津市存量融资平台债加权平均到期收益

率、交易利差分别为 5.39%、276.94BP，在全国范围内处于上游水平（见图 12）。

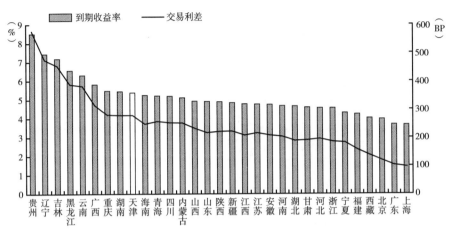

图 12　2020 年末全国各省份存量融资平台债到期收益率及交易利差

资料来源：Choice 数据库，中诚信国际整理计算。

（二）融资平台债规模集中于市本级和滨海新区，2021 年为偿还高峰期

天津市存量融资平台债主要集中于市本级、滨海新区、武清区等经济实力相对较强的地区（见图 13）。其中，市本级存续债项为 206 只，存量规模为 2617.62 亿元，占比为 65.86%；滨海新区存续债项为 55 只，存量规模为 537.55 亿元，占比为 13.52%；武清、东丽、北辰三区存量融资平台债规模亦超 100 亿元；其余各区债券市场参与度比较一般。从发行利率、利差看，市本级的融资平台加权平均发行利率、利差最低，分别为 3.71% 和 123.97BP，其次为西青区的融资平台，分别为 4.53% 和 277.43BP（见图 14），这与各区的经济实力、债务负担息息相关。

从债务期限结构和到期分布情况来看，各区融资平台债基本以 5 年期等中长期限为主，相较于后续年份，各区在 2021 年到期债务压力明显高于其他年份，其中，市本级、滨海新区和武清区在 2021 年到期债务规模较大，分别为 970.9 亿元、208.4 亿元和 122.6 亿元（见图 15）。此外，西青区、北辰区、东丽区融资平台债到期时间分布较不均衡，出现个别年份集中到期现象。整体来看，天津市有存续债券的融资平台带息债务规模巨大，且发行

的债券集中于 2021～2023 年内到期或涉及回售行权范围，融资平台债务偿付压力重，面临的即期偿债压力大。

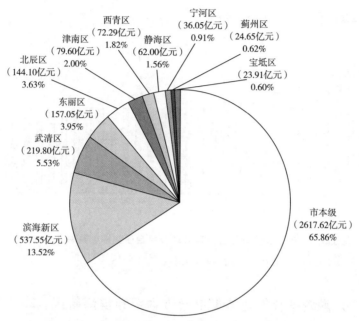

图 13　2020 年天津市本级和各区存量融资平台债分布情况

资料来源：中诚信国际区域风险数据库。

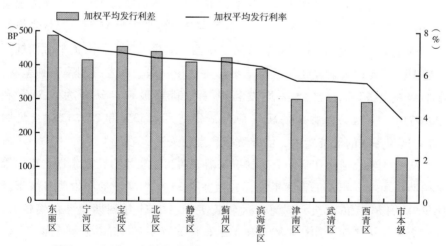

图 14　2020 年天津市本级及各区融资平台债加权平均发行利差、利率

资料来源：Choice 数据库，中诚信国际整理计算。

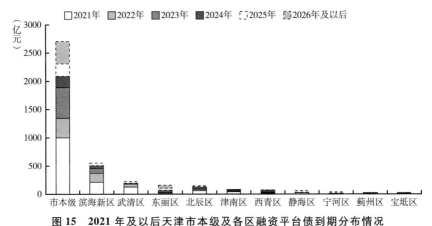

图15　2021年及以后天津市本级及各区融资平台债到期分布情况

注：2020年末测算。

资料来源：Choice数据库，中诚信国际整理计算。

（三）各区融资平台普遍债务水平偏高，对政府补助的依赖性较强

近年来，天津市融资平台资产权益规模整体上涨，但从整体上看各区融资平台债券市场参与度较低。截至2019年末，天津市有存续债的融资平台共计33家，基本集中于市本级和滨海新区，各区融资平台债券市场参与度较低，中心城区多数没有融资平台发债。从资产规模来看，除宁河区和津南区外，其他区的融资平台总资产规模均保持上涨趋势。2019年末，市本级融资平台债平均总资产规模最大，为1853.93亿元；其次是津南区和蓟州区，融资平台债平均资产规模分别为911.46亿元和898.01亿元；武清区融资平台资产2017～2019年复合增长率最快，为4.60%。从净资产规模来看，天津市各区融资平台净资产规模均保持上涨态势；其中，武清区融资平台净资产2017～2019年复合增长率最快，为16.58%，除市本级外，津南区和宁河区融资平台平均净资产规模分别居最高位和最低位，分别为304.37亿元和69.52亿元（见图16）。

融资平台盈利能力对政府补助的依赖性较强，可持续性经营能力有待提升。2019年，天津市融资平台营业收入和利润总额均值分别为32.14亿元和4.12亿元；其中，宝坻区和滨海新区利润总额较高，分别为6.16亿元和5.67亿元，其他各区除北辰区和市本级外，其融资平台利润总额均低于均值，宁河区最低，为0.92亿元（见图17）。从利润结构看，天津市融资平

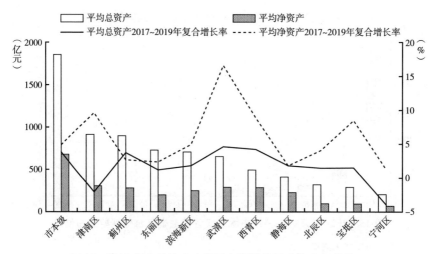

图16 2019年末天津市本级及各区融资平台资产权益情况

资料来源：Choice 数据库，中诚信国际整理计算。

台 2019 年补助均值为 6.20 亿元，有 17 家企业补助规模占利润总额的比重大于 100%，政府支持对融资平台利润的提升较为关键，其中，西青区政府补助规模占比最高；同期，EBIT 和 EBITDA 中位数分别为 5.88 亿元和 6.86亿元，其中，市本级和滨海新区融资平台 EBITDA 相对较大，拉升了盈利均值，其余各区 EBITDA 规模相对较小。整体来看，天津市融资平台利润和收入规模尚可，但利润对政府补助依赖程度高，区域内的融资平台尚未形成可持续的市场化竞争力及盈利能力。

债务规模整体偏高，部分区短期债务集中，财务杠杆偏高。债务规模及结构方面，截至 2019 年末，天津市融资平台债务规模的平均值为 456.70 亿元，其中，市本级和津南区债务平均规模较高，分别为 880.40 亿元和 412.08亿元，滨海新区、蓟州区和东丽区债务的平均值在 300 亿元以上；天津市短期债务规模占比平均值为 34.07%，东丽区和西青区短期债务占比分别为51.65% 和 49.52%（见图18），明显高于平均值，债务结构有待改善。偿债能力方面，截至 2019 年末，天津市融资平台货币资金/短期债务平均值为 0.41，平均资产负债率和总资本化比率分别为 62.85% 和 51.05%。具体来看，蓟州区、宝坻区货币资金储备对短期债务的覆盖严重不足，分别仅为 0.11 和0.19，东丽区财务杠杆偏高，资产负债率和总资本化比率分别为 71.72% 和62.82%，对后续融资空间形成压缩，对资金融通性提出较高要求。

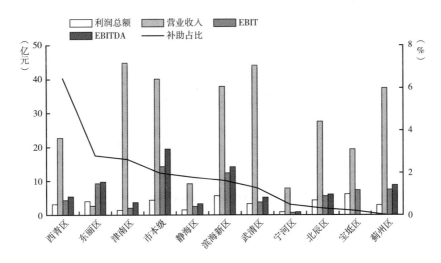

图17　2019年末天津市本级及各区融资平台利润情况

资料来源：Choice数据库，中诚信国际整理计算。

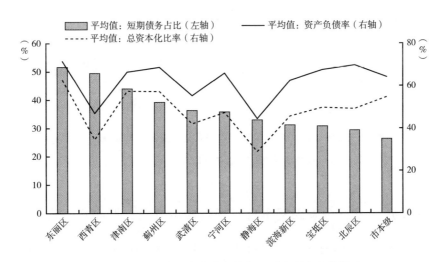

图18　2019年末天津市本级及各区融资平台负债情况

资料来源：Choice数据库，中诚信国际整理计算。

融资平台应收类款项占比偏高，企业实际资产流动性有待提升。2019年末，天津市融资平台的流动比率和速动比率均值分别为1.98和0.96，二者差异显著主要是因为融资平台资产中难以变现的土地和基建成本占比相对偏高；其中，在各区中，津南区的流动比率和速动比率都较高，东丽区的流动比率最低，宝坻区的速动比率最低（见图19）。应收类款项在融资平台资产构成中亦占有较大规模，与公司实际资产流动性息息相关，2019年末，天津市融资平台应收类款项占比平均值为21.62%，其中，宁河区和津南区分别为45.46%和36.79%，应收类款项已处于较高水平，对公司资金形成较大占用。天津市融资平台收现情况整体表现良好，其中，北辰区和东丽区收现比分别为47.12%和24.61%，与全市收现比平均值90.90%的差距较大。

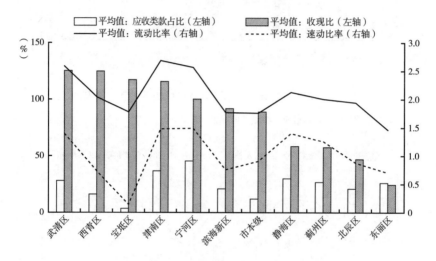

图19　2019年末天津市本级及各区资产流动情况

资料来源：Choice数据库，中诚信国际整理计算。

（四）多途径探索融资平台市场化转型方式，但面临一定阻力

天津市多途径推进融资平台市场化转型，但面临的问题较多。为防范地方债务风险、推进地方投融资体制改革，天津市近年来加大融资平台转型力度，提出要统筹区域资源资产，优化重组、做实做强1~2家融资平台，并通过PPP、股权融资、项目出租等途径，吸引社会资本进行建设和运营，推进融资平台进行市场化转型，但是在经济下行压力增加、GDP"挤水分"及债务率高企等背景下，天津市融资平台面临的转型问题较多。第一，国企信用事件时有发生，加剧了市场避险情绪并恶化了区域融资环境，近年来，天津市政、天房集团、天津物产集团、松江股份等融资平台或国有企业出现

非标违约事件，使投资者对天津市融资平台债风险的担忧急剧上升，进一步提高了天津市融资平台的融资难度。第二，天津市部分融资平台产业类资产占比较高，但盈利及获现能力较差，在经济下行叠加行业政策变动的情况下，易出现流动性危机，同时，这也使其他正在谋划进行市场化转型的融资平台的转型动力不足。第三，天津市融资平台财务杠杆偏高，短期债占比相对较高，在融资环境趋紧的环境下，企业经营或融资政策更偏向于加快解决债务包袱问题，企业扩张面临掣肘。

（五）2018年至2020年10月底存在2起融资平台非标违约事件

2018年至2020年10月底，天津市未出现融资平台或地方政府涉及违法违规举债行为被处罚事件，但有2家融资平台出现非标产品违约，且均为市级融资平台，涉及同一只非标产品，其中，天津市市政建设开发有限责任公司为该产品的实际融资人，融资平台天津市政建设集团有限公司为该产品担保。两家机构涉及的非标产品均为中电投先融（上海）资产管理有限公司旗下的"中电投先融·锐津一号资产管理计划"和"中电投先融·锐津二号资产管理计划"第3和第4期。[①] 这两款产品主要用于认购方正东亚信托（现已更名为"国通信托"）发起设立的方正东亚·天津市政开发流动资金贷款集合资金信托计划。

结　语

天津市政策优势明显，随着京津冀协同发展纵向推进，"一基地三区"的战略定位有望获得更多政策支持；同时，其工业基础雄厚，2019年，固定资产投资快速增长，良好的工业基础和持续的资金投入有望带动区域经济持续健康发展。天津市各辖区分工相对明确，滨海新区发挥龙头带动作用，市内六区主攻现代服务业，环城四区各有主导产业，偏远郊区大力推进生态

---

① 2018年4月27日，中电投先融（上海）资产管理有限公司发布《先融资管关于"中电投先融·锐津一号资产管理计划"和"中电投先融·锐津二号资产管理计划"3～4期延期兑付的公告》，称旗下"中电投先融·锐津一号资产管理计划""中电投先融·锐津二号资产管理计划"第3、第4期原到期日为2018年4月13日、4月14日，延期至2018年6月29日前全部清偿。

环保事业发展。此外，天津市国企混改走在全国前列，混改制度相对完善，改革成效显著。上述优势对区域长久稳定健康发展仍将持续发挥正向作用。

但我们也注意到，天津市对传统重化工业的依赖度仍然较高，新动能发展略显乏力，且近年来受去产能、工业转型阵痛及做实经济数据等因素影响，经济实力整体下滑；在经济增速放缓叠加降税减费背景下，天津市财税增长相对乏力，对土地出让的依赖度高，财政平衡率逐年下滑，对迅速扩张的债务规模更是压减有限，债务率高企不下。同时，天津市融资平台债务水平普遍偏高，隐性债务规模及隐性债务率高居全国前列，区域内融资平台债务滚续压力较大；加之区域国企信用风险事件多发，影响区域融资环境，当前信用债发行利差普遍偏高。一段时间内，天津市的经济运行、产业发展、财税增长及融资平台债务风险将备受市场关注。

河北地方政府与融资平台债务分析报告

陶 雨[*]

要 点

● 河北省经济发展与财政实力分析：河北省地处北京与全国其他省份交通动脉的必经之处，是环首都经济圈、河北沿海经济带的重要组成部分。作为京津冀一体化的重要疏解区和支撑区，河北省有着明确的"三区一基地"的战略定位，区位优势显著，近年来，经济体量居全国中上游水平，财政实力较强，预算水平稳步增长。但值得注意的是，自2014年"京津冀一体化"战略提出以来，河北省GDP在全国的排名由2014年的第6位下滑至2019年的第13位，财政平衡能力一直偏弱，"京津冀一体化"战略的提出虽为河北省带来一定发展机遇，但去产能、调结构和环保限产等政策，以及北京市、天津市的虹吸效应，给河北省经济发展带来了较大的压力。

● 河北省地方政府债务情况：从债务水平看，河北省政府债务规模较高，且近年来增速较快，截至2019年末，地方政府债务余额为8753.88亿元，债务率及负债率分别为82.82%和24.94%，整体债务风险可控；考虑隐性债务在内的债务余额为16611.74亿元，债务率和负债率分别为157.16%和47.32%，面临一定隐性债务化解压力。

● 河北省融资平台债情况：河北省存量融资平台债规模居全国下游，发行主体信用等级以AA级和AA+级为主；河北省融资平台债收益率和交易利差处于较低水平，融资环境相对宽松；河北省融资平台债期限以中短期为主，2021~2023年面临较大的到期及回售压力。

● 总体来看，未来，河北省仍将从京津冀协同发展及承接北京首都功能疏解中汲取优势、抓住机遇，但相关政策和虹吸效应也加剧经济发展压力；河北省财政实力依然较强，但庞大的人口基数导致公共支出规模较大，财政平衡能力较弱；河北省债务规模增长较快，但总体债务风险可控；河北省融资平台到期债务压力较大，且华夏幸福基业股份有限公司等省内非融资平台发生多起信用风险事件，需关注其对区域整体融资环境的影响。

一　河北省经济体量居全国中上游水平，财政实力较强；各地级市（区）经济体量呈三级阶梯式分布，均保持较强增长活力

（一）河北省经济总量规模较大，但人均 GDP 较低；"京津冀一体化"战略下，河北省面临机遇与挑战并存的局面

河北省地处北京与全国其他省份交通动脉的必经之处，是环首都经济圈、河北沿海经济带的重要组成部分。作为京津冀一体化的重要疏解区和支撑区，河北省有着明确的"三区一基地"的战略定位，区位优势显著，经济具备较大的发展潜力。2019 年，河北省实现地区生产总值（GDP）35104.50 亿元，同比增长 6.8%，经济总量及增速在全国 31 个省份中均居中游偏上水平（见图 1）。

值得注意的是，自 2014 年"京津冀一体化"战略提出以来，河北省 GDP 在全国的排名由 2014 年的第 6 位下滑至 2019 年的第 13 位，"京津冀一体化"战略的提出虽为河北省带来一定发展机遇，但去产能、调结构和环保限产等政策，以及北京市、天津市的虹吸效应，为河北省经济发展带来较大的压力。2019 年，河北省人均 GDP 为 46348 元，在全国 31 个省份中排名倒数，为第 26 位，远低于苏浙沪等国内发达省份，人均 GDP 亦低于全国人均 GDP（70892 元）（见图 2）。

产业结构方面，2019 年，河北省实现第一产业增加值 3518.4 亿元，增长 1.6%；实现第二产业增加值 13597.3 亿元，增长 4.9%；实现第三产业增加值 17988.8 亿元，增长 9.4%。近年来，河北省加大产业结构调整和转

型升级力度，物流、金融信息等现代服务业发展迅速，第一、第二、第三产业之比由 2018 年的 10.3∶39.7∶50.0 调整为 10.0∶38.7∶51.3，产业结构进一步优化。

优势产业方面，河北省钢铁产能居全国首位，但行业增长有所放缓。自 2002 年起，河北省粗钢产量连续位居全国第一。2016 年之前，钢铁行业是拉动河北省规模以上工业增加值增长的第一大行业，但自 2016 年起，受环保限产及去产能影响，河北省钢铁行业增长有所放缓，装备制造业成为拉动工业增加值增长的第一大行业。

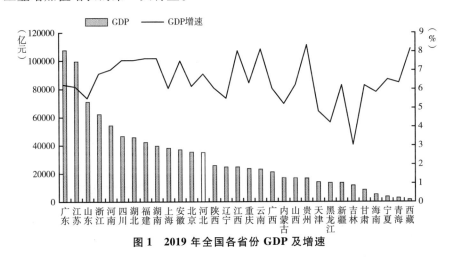

图 1　2019 年全国各省份 GDP 及增速

资料来源：全国各省份国民经济和社会发展统计公报，中诚信国际整理计算。

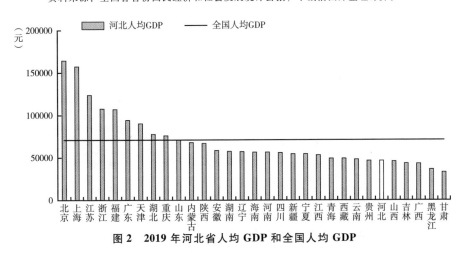

图 2　2019 年河北省人均 GDP 和全国人均 GDP

资料来源：全国各省份国民经济和社会发展统计公报，中诚信国际整理计算。

固定资产投资方面，2019 年，河北省全社会固定资产投资同比增长
5.8%（见图 3），其中，固定资产投资（不含农户）增长 6.1%。在固定资产投资（不含农户）中，第一产业投资同比下降 3.9%，第二产业投资同比增长 2.0%，第三产业投资同比增长 10.4%。消费方面，近年来，河北省社会消费品零售总额（以下简称"社零总额"）维持快速增长态势，2017～
2019 年，河北省社零总额分别为 15907.60 亿元、16537.10 亿元和 17934.20
亿元；同时，河北省社零总额占 GDP 的比重持续提升，2017～2019 年分别为 44.23%、45.92% 和 51.09%，消费对河北省经济增长的推动力持续提升
（见图 4）。

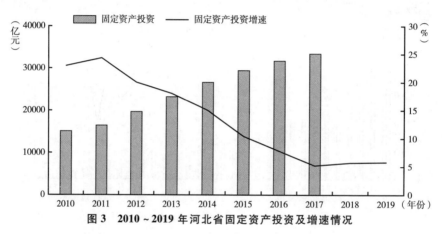

图 3　2010～2019 年河北省固定资产投资及增速情况

注：河北省未公布 2018 年、2019 年相关数据，故图中并未列示。
资料来源：河北省国民经济和社会发展统计公报，中诚信国际整理计算。

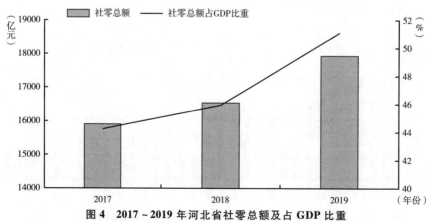

图 4　2017～2019 年河北省社零总额及占 GDP 比重

资料来源：河北省国民经济和社会发展统计公报，中诚信国际整理计算。

（二）财政实力居全国上游水平，税收收入占比较为稳定，财政平衡能力相对较弱

作为华北地区的重要经济体，河北省财政实力在全国处于上游水平，2017～2019年保持稳步增长。2019年，河北省综合财力和一般公共预算收入分别为10570.13亿元和3738.99亿元，分别居全国第8位和第9位（见图5）。近年来，河北省税收收入占一般公共预算收入的比重维持在70%左右，2019年同比略有下滑（见图6）。财政平衡方面，2017～2019年，河北省财政平衡率分别为48.71%、45.48%和45.00%，财政平衡能力相对较弱，对中央补助收入存在一定依赖。此外，2017年以来，受棚改政策刺激，河北省房地产开发投资和土地出让金额涨幅较快，政府性基金收入改善明显。

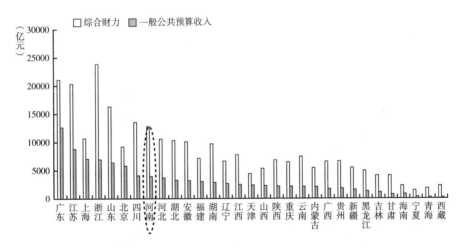

图5　2019年各省份综合财力和一般公共预算收入

资料来源：全国各省份财政决算报告，中诚信国际整理计算。

（三）省内各地级市（区）差异：各地级市（区）经济体量呈三级阶梯式分布，石家庄市、唐山市和廊坊市财政实力较强

河北省下辖11个地级市、1个国家级新区。2019年，河北省11个地级市经济体量呈三级阶梯式分布：唐山市和省会石家庄市位于第一阶梯，GDP在5500亿元以上，预算收入超过450亿元；沧州市、邯郸市、保定市和廊

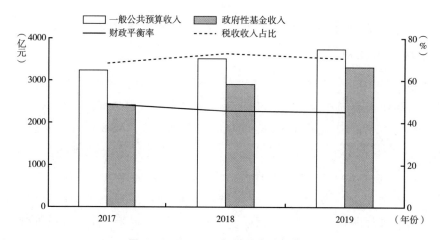

图6　2017～2019年河北省财政情况

资料来源：河北省财政决算报告，中诚信国际整理计算。

坊市位于第二阶梯，GDP在3000亿元以上，预算收入超过250亿元；邢台市、秦皇岛市、张家口市、衡水市和承德市位于第三阶梯，GDP在1000亿元以上，预算收入超过100亿元（见图7）。发展动力方面，2019年，河北省11个地级市经济增速均为6.5%以上，整体保持较强的增长活力。雄安新区设立时间较短，整体经济体量较小。

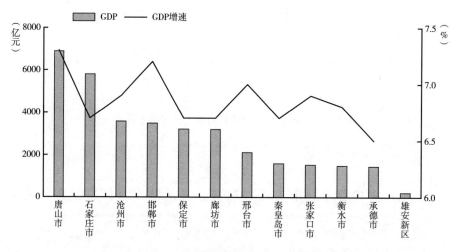

图7　2019年河北省各地级市（区）GDP及GDP增速

资料来源：河北省各地级市（区）国民经济和社会发展统计公报，中诚信国际整理计算。

财政情况方面，石家庄市、唐山市和廊坊市一般公共预算收入位列全省前 3，且财政平衡情况较好。经济体量处于第三阶梯的 5 个地级市的财政实力较弱，且除秦皇岛市外，其余地级市的财政平衡能力较弱（见图 8）。

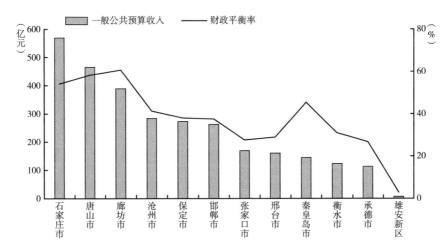

图 8　2019 年河北省各地级市（区）财政平衡率情况

资料来源：河北省各地级市（区）财政决算报告，中诚信国际整理计算。

二　显性债务规模较大且增速较快，隐性债务规模尚可，风险总体可控

（一）显性债务规模增长较快，但从其财政实力看，债务风险总体可控

显性债务规模增长较快，债务风险总体可控。从显性债务规模来看，2019 年末，河北省地方政府债务余额为 8753.88 亿元，债务余额居全国中上游位置，且近年来增速较快，但仍低于 2019 年债务限额 10208.09 亿元（见图 9、图 10）。从债务负担来看，2019 年，河北省债务率为 82.82%，负债率为 24.94%，举债风格较为稳健，债务风险总体可控。

从地方政府债券看，河北省地方债存量及发行规模居全国前列，2023 年将进入偿债高峰。截至 2020 年末，河北省地方债存量规模为 10873.77 亿

元，处于全国上游位置（见图 11）。2020 年，河北省新发行的地方债规模
为 2999.63 亿元，亦处于全国上游位置，发行利率和发行利差同全国其他省
份差异不大，位列中游。地方债到期情况方面，近年来，河北省地方债到期
规模均较大，其中，2023 年为河北省地方债到期高峰，届时将面临一定的
偿还及置换压力（见图 12）。

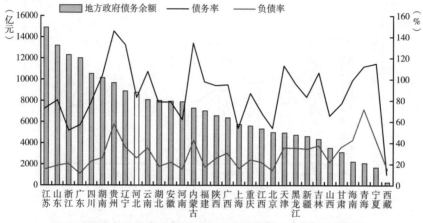

图 9　2019 年全国各省份地方政府债务余额、债务率及负债率

资料来源：全国各省份财政决算报告，中诚信国际整理计算。

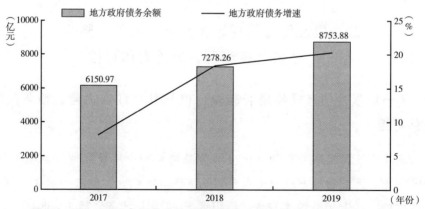

图 10　2017～2019 年河北省地方政府债务余额及增速（显性债务口径）

资料来源：河北省财政决算报告，中诚信国际整理计算。

从地方债发行结构看，2020 年河北省地方债以新增专项债为主。2020
年，河北省新增地方债发行规模达 2267.78 亿元，占全部地方债发行规模的

76%；其中新增专项债发行规模达 1691 亿元，占新增债的 74%，占全部地方债的 56%。

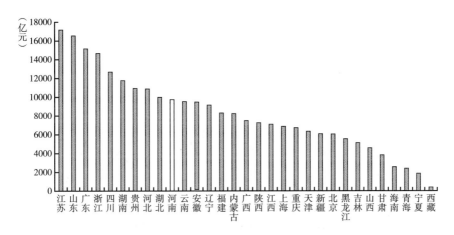

图 11　2020 年末各省份地方债存量规模

资料来源：Choice 数据库，中诚信国际整理计算。

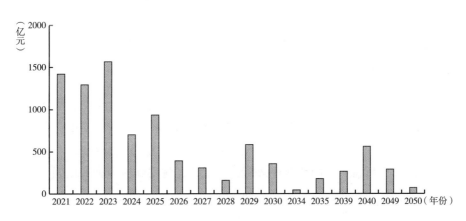

图 12　2021～2050 年河北省地方债到期分布情况

注：2020 年末测算。
资料来源：Choice 数据库，中诚信国际整理计算。

河北省隐性债务在全国 31 个省份中规模相对较小，但仍面临一定的隐性债务化解压力。根据中诚信国际测算，2019 年，河北省隐性债务规模为 7857.86 亿元，居全国中游水平。考虑隐性债务后，河北省负债率为 47.32%，低于欧盟确定的 60% 的警戒线；债务率为 157.16%，在全国处于较低水平，但仍超过国际上的 100% 的警戒线，面临一定的隐性债务化解压力（见图13）。

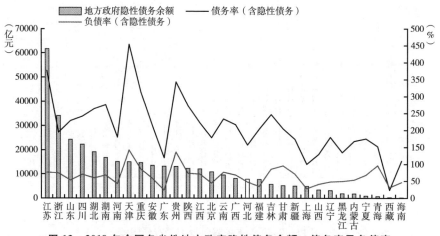

图13 2019年全国各省份地方政府隐性债务余额、债务率及负债率

资料来源：全国各省份财政决算报告，中诚信国际整理计算。

（二）唐山市和石家庄市债务规模较大，唐山市、承德市和秦皇岛市债务化解压力较大

各地级市（区）债务规模方面，唐山市和石家庄市债务规模显著大于其他地级市（区），超过 1200 亿元，其他区域债务规模差异较小。各地级市（区）中，唐山市、承德市和秦皇岛市因债务规模高企或财政实力偏弱，债务率较高，面临一定的债务化解压力。此外，雄安新区尚处开发初期，债务规模和债务率均处较高水平（见图14）。

（三）债务化解措施：积极降低存量债务利息负担，妥善偿还存量债务

河北省财政厅要求，对于甄别后纳入预算管理范围的各级政府存量债务，各级政府应申请发行地方政府债券优先置换，以降低利息负担，优化期限结构，腾出更多资金用于重点项目建设。处置到期存量债务时要遵循市场规则，减少行政干预。对项目自身运营收入能够按时还本付息的债务，应继续通过项目收入偿还。对项目自身运营收入不足以还本付息的债务，可以通

过依法注入优质资产、加强经营管理、加大改革力度等措施，提高项目盈利能力，增强偿债能力。各级政府要指导和督促有关债务举借单位加强财务管理、拓宽偿债资金渠道、统筹安排偿债资金。对确需政府偿还的债务，各级政府要切实履行偿债责任，必要时可以处置政府资产偿还债务。对确需政府履行担保或救助责任的债务，各级政府要切实依法履行协议约定。有关债务举借单位和连带责任人要按照协议认真落实偿债责任，明确偿债时限，按时还本付息，不得单方面改变原有债权债务关系，不得转嫁偿债责任和逃废债务。对确已形成损失的存量债务，债权人应按照商业化原则承担相应的责任和损失。

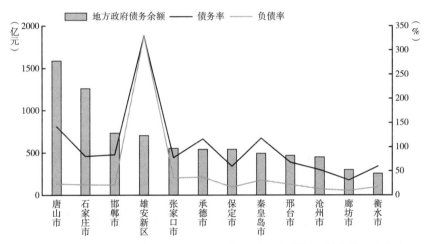

图 14　2019 年河北省各地级市（区）地方政府债务余额及债务率、负债率

资料来源：河北省各地级市（区）财政决算报告，中诚信国际整理计算。

三　存量融资平台债规模较小，融资环境相对较好，但面临一定到期回售压力

（一）融资平台信用等级以 AA 级和 AA＋级为主，类型以地级市（区）综合城市基建为主；在各地级市（区）中，唐山市融资平台数量最多

截至 2019 年末，根据对有存续期融资平台债的发行主体的统计，河北省有公开市场主体信用等级的融资平台共计 30 家。从主体信用等级看，河

北省 AA 级融资平台为 14 家，占比为 47%；AA + 级融资平台为 10 家，占比为 33%；AAA 级融资平台为 5 家，占比为 17%；AA − 级融资平台为 1 家，占比为 3%。从区域分布看，唐山市融资平台为 8 家，明显多于其他区域；其次为石家庄市，数量为 5 家（见图 15）。从行业分布看，河北省融资平台涉及行业主要为综合城市基建、城市交通投资和片区开发等，其中，综合城市基建占比最大，数量为 15 家（见图 16）。从行政层级看，河北省地市级融资平台为 21 家，占比为 70%；区县级融资平台为 6 家，占比为 20%；省级融资平台为 3 家，占比为 10%。

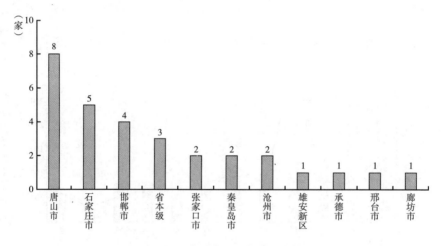

图 15 河北省融资平台数量分布情况

资料来源：Choice 数据库，中诚信国际整理计算。

（二）融资平台债存量规模位于全国中下游水平，期限以中期为主，利率及利差水平较低，2021～2023 年偿债规模较大

截至 2020 年末，河北省存量融资平台债共计 154 只，债券余额共计 1346.47 亿元，存量规模位于全国中下游水平（见图 17）。从债券种类看，河北省存量融资平台债品种分布较为均匀，中期票据、私募债、定向工具和企业债均占据一定比重（见图 18）。从债券期限看，河北省存量融资平台债以中期为主，1～3 年（不含 1 年）和 3～5 年（不含 3 年）占比分别为 37% 和 29%（见图 19）。从收益率和交易利差看，河北省存量融资平台债加权平均到期收益率和交易利差在全国均处于较低水平（见图 20）。

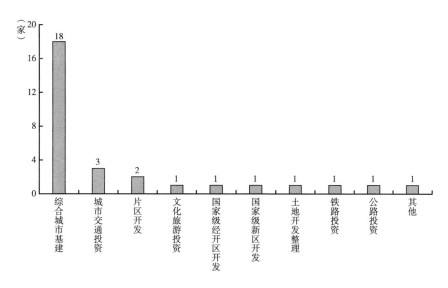

图 16 河北省融资平台类型分布情况

资料来源：Choice 数据库，中诚信国际整理计算。

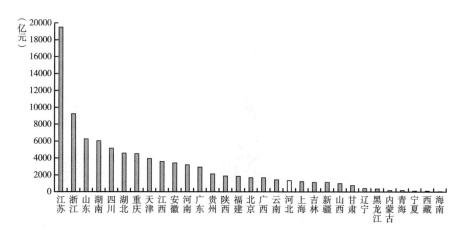

图 17 2020 年末全国各省份存量融资平台债规模

资料来源：Choice 数据库，中诚信国际整理计算。

从发行情况看，2020 年，河北省共发行融资平台债 80 只，规模合计 793.40 亿元，居全国中游水平（见图 21）。从债券种类看，河北省融资平台债发行品种分布较为均匀，其中，超短期融资债券、私募债、中期票据和定向工具占比分别为 25%、25%、23% 和 15%（见图 22）。从债券期限看，

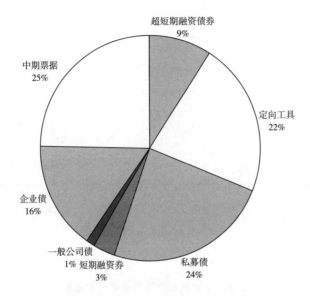

图 18　截至 2020 年末存量融资平台债品种分布情况

资料来源：Choice 数据库，中诚信国际整理计算。

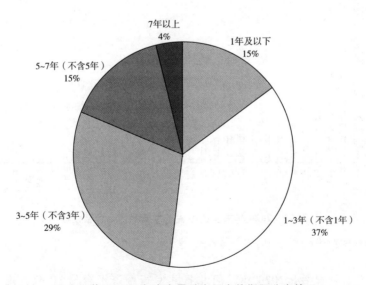

图 19　截至 2020 年末存量融资平台债期限分布情况

资料来源：Choice 数据库，中诚信国际整理计算。

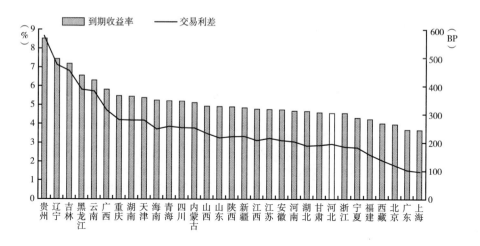

图 20　2020 年末全国各省份存量融资平台债到期收益率及交易利差

资料来源：Choice 数据库，中诚信国际整理计算。

河北省融资平台债发行期限以中短期为主，其中，1 年及以下和 1～3 年
（不含 1 年）的占比分别为 36% 和 34%（见图 23）。从发行利率、利差看，
2020 年，河北省加权平均发行利率和加权平均发行利差处于全国中下游水
平，融资环境相对较好（见图 24）。

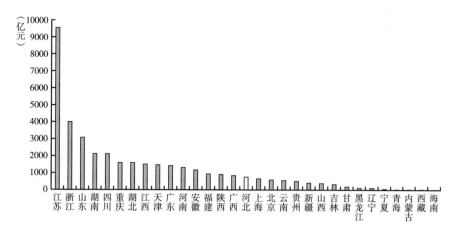

图 21　2020 年全国各省份融资平台债发行规模

资料来源：Choice 数据库，中诚信国际整理计算。

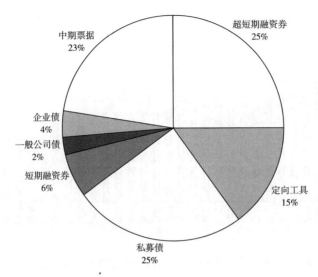

图22　2020年融资平台债发行品种分布情况

资料来源：Choice数据库，中诚信国际整理计算。

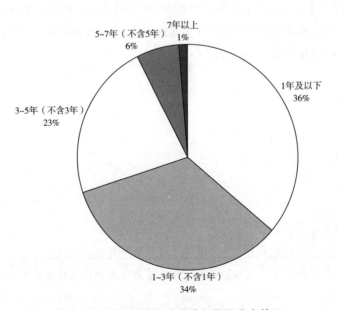

图23　2020年融资平台债发行期限分布情况

资料来源：Choice数据库，中诚信国际整理计算。

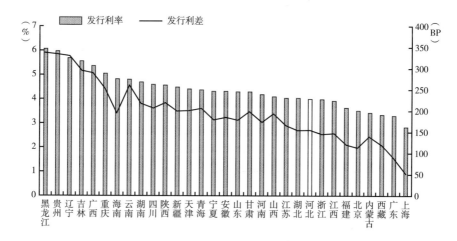

图 24 2020 年全国各省份融资平台债发行利率及发行利差

资料来源：Choice 数据库，中诚信国际整理计算。

从月度到期情况看，2021 年 3 月为河北省融资平台债到期及回售高点，到期及回售总规模分别为 148.10 亿元和 18.10 亿元（见图 25）；从年度情况来看，2021～2023 年河北省融资平台债到期及回售压力均较大，其中，2021 年达到到期及回售高峰，到期及回售总规模估算为 520.07 亿元，对短期资金周转及债券融通要求较高（见图 26）。

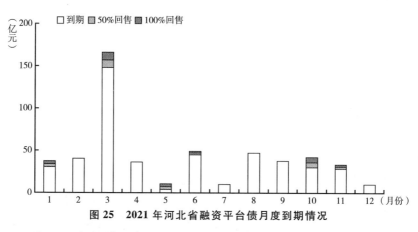

图 25 2021 年河北省融资平台债月度到期情况

注：2020 年末测算。

资料来源：Choice 数据库，中诚信国际整理计算。

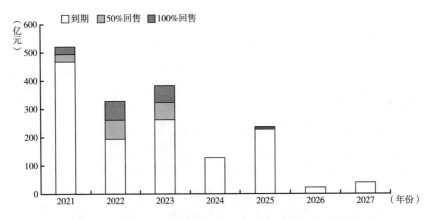

图26　2021～2027年河北省融资平台债到期及回售情况

注：2020年末测算。

资料来源：Choice数据库，中诚信国际整理计算。

（三）河北省融资平台资产规模和债务规模均有所扩大，财务杠杆水平保持稳定，资产流动性及业务回款情况值得关注

从融资平台样本情况来看，近年来，河北省融资平台资产规模稳步扩大，债务规模波动上涨（见图27），财务杠杆水平较为稳定，2019年末，资本负债率和总资本化比率分别为52.56%和36.22%；营业总收入和净利润均呈增长态势，但营业毛利率波动下滑（见图28）。从资产构成情况来看，河北省融资平台存货及应收类款项占总资产的比重较大，2019年末，存

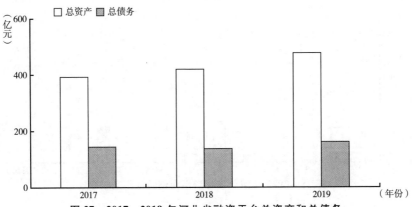

图27　2017～2019年河北省融资平台总资产和总债务

资料来源：Choice数据库，中诚信国际整理计算。

货和应收类款项占总资产的比重分别为 18.44% 和 22.15%，资产流动性及业务回款情况值得关注。

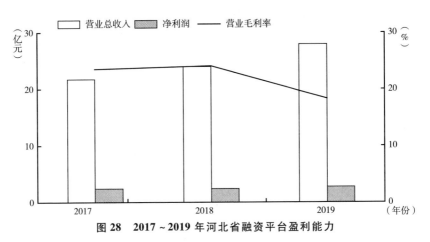

图28　2017～2019年河北省融资平台盈利能力

资料来源：Choice 数据库，中诚信国际整理计算。

（四）省内各地级市（区）融资平台的资产流动性、偿债能力、到期偿付压力存在差异

资产流动性方面，邢台市、唐山市和沧州市融资平台应收类款项占比较高，同时，沧州市融资平台收现比较低，业务回款情况值得关注（见图29）；偿债能力方面，除石家庄外，其余地区融资平台货币资金对短期债务

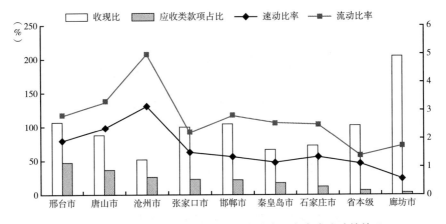

图29　2019年河北省本级及各地级市融资平台资产流动性情况

资料来源：Choice 数据库，中诚信国际整理计算。

的保障能力均较弱，面临一定的短期偿债压力；财务杠杆水平方面，除廊坊市融资平台外，其余地区融资平台资产负债率和总资本化比率较为合理（见图30）；到期债务分布方面，2021年，河北省本级、唐山市和邯郸市到期的融资平台债规模较大，存在一定的到期偿付压力（见图31）。

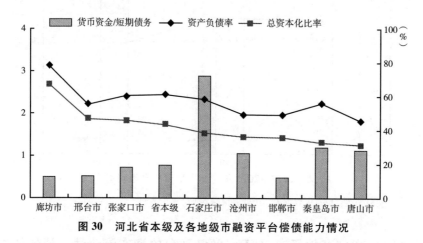

图30 河北省本级及各地级市融资平台偿债能力情况

资料来源：Choice数据库，中诚信国际整理计算。

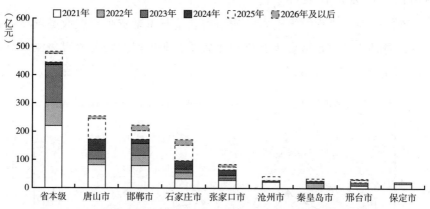

图31 2021年及以后河北省本级及各地级市融资平台债到期分布情况

注：2020年末测算。

资料来源：Choice数据库，中诚信国际整理计算。

（五）河北省融资平台整体转型意愿较弱且转型能力有限

河北省融资平台整体转型环境较为一般，北京、天津的虹吸效应，去产能、调结构等政策对河北省经济形成冲击，产业转型升级面临的挑战大；各区域间基础设施、经济、交通等的发展失衡及京城效应导致河北地区经济活力不足、市场化程度偏低；省内金融资源也相对匮乏，融资平台的融资渠道的丰富程度不及发达省份，使融资平台在转型过程中融资能力受限。从融资平台自身转型条件来看，河北省融资平台数量不多，各地级市（区）融资平台多聚焦城市开发运营主业，盈利及获现能力一般，自身转型实力不足；省级融资平台的分工明确，承担各自的职责，转型动力不足。总体来看，河北省融资平台整体转型意愿较弱，市场化风险较低。

结　语

综合来看，近年来，"京津冀一体化"战略的提出虽为河北省带来一定的发展机遇，但去产能、调结构和环保限产等政策，以及北京市、天津市的虹吸效应，也为河北省经济发展带来较大压力；河北省财政实力虽然较强，但庞大的人口基数导致公共支出规模较大，财政平衡能力较弱；河北省债务规模增长较快，但总体债务风险可控；河北省融资平台到期债务压力较大，且华夏幸福基业股份有限公司等省内非融资平台发生多起信用风险事件，需关注其对区域整体融资环境的影响。

山西地方政府与融资平台债务分析报告

李家其　闫璐璐[*]

要　点

● 山西省经济发展与财政实力分析：山西作为山地高原地貌的代表，交通欠发达，同时，受产业结构单一、煤炭作为核心产业受到国家对能源调控政策冲击较大等因素的影响，经过煤炭"黄金十年"后，山西省经济总量处于全国下游水平，2017～2019年经济增速逐渐放缓。从三次产业结构看，山西省以第三产业为主，但第二产业仍较为重要。从需求结构看，投资是山西省经济增长主要动力。山西省综合财政实力较弱，在全国处于下游水平，一般公共预算收入保持稳定增长，煤炭及相关产业对税收的贡献较大，财政平衡率保持相对稳定，对中央转移支付的依赖性较强。省内下辖11个地级市，经济发展较不平衡，财政实力呈现分化态势，除太原市外，其余地级市的财政平衡率普遍较低。未来，随着传统产业的优化、新兴产业的发展，以及煤炭、旅游资源、交通物流资源的整合，山西省或迎来一定发展空间。

● 山西省地方政府债务情况：山西省2019年政府债务余额为3511.89亿元，在全国31个省份中排第26位，债务率为65.51%，负债率为20.63%。考虑隐性债务的情况下，山西省债务率为129.46%，负债率为40.76%。

● 山西省融资平台债情况：山西省融资平台债存量规模居全国

* 李家其，中诚信国际政府公共评级一部高级分析师；闫璐璐，中诚信国际政府公共评级一部分析师。

中下游水平，以定向工具及中期票据为主，融资平台主体信用等级以 AA 级和 AA＋级为主。从各地级市情况看，太原市和省本级融资平台债存量规模位居前列，债务于 2021 年和 2023 年集中到期；省内融资平台近年来资产规模和负债规模呈现分化态势，但盈利能力整体偏弱且偿债能力较弱。

● 总体来看，山西省整体经济及财政实力在全国处于下游水平，消费为经济发展的重要动力；下辖各地级市经济发展出现明显分化，在产业经济转型中积累了一定的债务，目前，山西省债务水平处于可控范围之内，但仍需关注区域产业转型升级、各地级市融资平台偿债能力弱、融资平台再融资及转型风险以及国企违约事件爆发对当地融资环境与国企信用的影响等风险。

一 山西省经济及综合财力依赖煤矿资源，经济转型任务繁重且迫切

（一）经济总量较小且近年来增速逐渐放缓；经济增长靠投资及消费驱动明显；经济发展较为受限，经济转型面临一定挑战

山西省经济发展较为依赖煤炭资源。山西省煤炭、煤层气、铝土矿等矿产资源丰富，为经济发展提供了较为有利的条件。新中国成立以来，山西省凭借着资源禀赋确立了"能源基地"的地位，资源型经济体系逐步形成。同时，由于山西省是典型的山地高原，交通欠发达，经济发展受到一定的限制。

山西省经济体量相对较小，近年来，GDP 增速保持平稳。2002～2012 年是煤炭市场的"黄金十年"，山西省经济借助煤炭市场的繁荣保持飞速发展，GDP 年均增速超 10.0%①，普遍高于全国平均水平。2008 年的金融危机以来，货币政策环境宽松，煤炭行业产能受其影响迅速扩张。2009 年，

---

① 受全球金融危机影响，2009 年，山西省 GDP 增速跌至 5.5%，其余 9 年 GDP 增速均超过 10.0%。

煤炭行业出现供过于求的现象，叠加当年内蒙古大量露天煤矿被发现、国际市场煤炭价格下跌等因素，2012 年后，煤炭行业的发展急转而下，煤炭价格从 600 元/吨以上跌至不到 200 元/吨，山西省 GDP 增速开始出现断崖式下滑，2016 年，GDP 增速跌至 3.1%。近年来，随着煤炭去产能化进程加快，煤炭市场回落，山西省经济得以平稳运行，GDP 增速保持相对稳定的发展趋势。2017~2019 年，山西省地区生产总值（GDP）分别为 14484.27 亿元、15958.13 亿元和 17026.68 亿元，分别较上年增长 7.0%、6.7% 和 6.2%；2019 年，山西省 GDP 在全国 31 个省份中排第 21 位，经济体量在全国 31 个省份中相对较小；同期，GDP 增速在全国 31 个省份中排第 16 位（见图 1）。受新冠肺炎疫情、环保政策趋严导致的停产和限产及国际石油价格暴跌等因素的影响，2020 年上半年，山西省经济出现负增长，前三季度 GDP 累计增速仅为 1.3%（见图 2），GDP 达 12499.90 亿元。

2017~2019 年，山西省人均 GDP 分别为 39232 元、43010 元和 45724 元，呈稳定增长态势，但始终低于全国平均水平，且在各省份中的排名相对靠后；2019 年，山西省人均 GDP 与全国人均 GDP 的比率为 0.64。

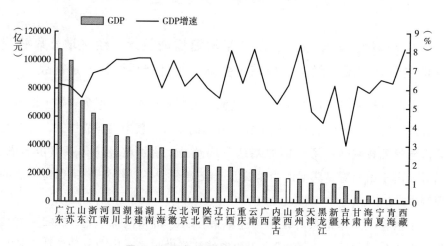

图 1　2019 年全国各省份 GDP 及增速

资料来源：全国各省份国民经济和社会发展统计公报，中诚信国际整理计算。

目前，山西省产业结构以第三产业为主，但经济转型仍面临一定挑战。2019 年，山西省第一产业增加值为 824.72 亿元，增长 2.1%，占地区生产总值的比重为 4.8%；第二产业增加值为 7453.09 亿元，增长 5.7%，占地

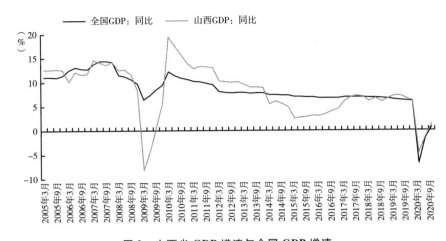

图 2　山西省 GDP 增速与全国 GDP 增速

资料来源：全国及山西省国民经济和社会发展统计公报，中诚信国际整理计算。

区生产总值的比重为 43.8%；第三产业增加值为 8748.87 亿元，增长 7.0%，占地区生产总值的比重为 51.4%。第一、第二、第三产业之比由上年的 4.4∶42.2∶53.4 调整为 4.8∶43.8∶51.4，第三产业占比较高，但第二产业仍在山西各地区中具有重要地位。

从产业结构来看，依托丰富的煤炭及其他矿产资源优势和地处中部位置，山西省构建起以煤炭及相关产业为主，以冶金、电力、化工、装备制造等为辅的工业体系，但其工业增长主要依赖矿产资源和环境资源消耗，经济效益不高。2014～2016 年，山西省工业增加值增速大幅下滑且低速波动。随后，山西省升级优化煤炭产业，能源基地的建设和以煤炭为主体的能源、原材料的大量输出，推动了山西省建筑业和交通运输业的发展；加之旅游资源丰富，住宿餐饮业规模扩张，旅游消费持续活跃，第三产业对地区经济形成较大贡献。

虽然 2015 年国家提出去产能化任务后，山西省政府在着手积极响应的同时，也开拓了光伏发电、文化旅游等其他非煤产业，但煤炭资源作为地区经济发展的基石，其地位在短时间内难以动摇，山西省在未来一段时间内仍面临资源经济转型的巨大挑战。

从需求结构看，投资是拉动山西省经济增长的主要动力，消费对经济的拉动作用逐步增强。近年来，山西省固定资产投资有所增长，增速有所波动。2019 年，山西省固定资产投资增速为 6.8%，在全国排名第 12；同期，山西省对工业投资、基础设施投资、房地产开发的投资分别同比增长5.4%、13.9%和20.3%，工业投资增速明显低于基础设施及房地产开发投资增速，投资结构有待优化。消费方面，山西省居民收入水平不断提高，带动消费需求增长；旅游业的快速发展带动住宿和餐饮、交通运输等行业消费形成。2019年，山西省社会消费品零售总额达7909.2亿元，较上年增长7.8%。从消费结构来看，旅游消费持续活跃，升级类消费快速增长，消费新业态新模式不断拓展。

山西省面临传统产业不强、新兴产业不发达、可持续发展短板较多等多重压力，发展面临一定的局限性。虽然山西省具有极强的资源优势，在煤炭及相关产业方面取得重大发展，但因与煤炭相关的实体经济效益较差以及近年来倡导发展低碳经济，山西省传统煤炭产业发展受阻。另外，其可持续发展短板较多，而新兴科技产业发展较慢。同时，近年来，去产能、调结构及环保限产等政策趋严，对山西省的经济造成一定冲击。此外，经济发展较慢亦造成一定程度的人才流失，而山西省科技和人才要素支撑不够，使社会整体创新能力不强，进一步制约了山西经济结构调整和经济的快速发展。

为解决发展局限性问题，在"十四五"期间，山西省将依靠地理位置优势，承接北京的科技等先进生产要素，在京津冀一体化协同发展中寻求机遇，加强与环渤海地区、长三角地区、粤港澳大湾区的交流合作；主动融入"一带一路"倡议，做大做强太原都市圈，创建自贸试验区；依托自身资源优势，通过"国家资源型经济转型综改试验区"这一发展战略，重塑竞争优势；加快布局新基建、发展新材料、培育新业态，成为新兴产业研发制造基地；深度挖掘山西文化，发展全域旅游，打造国际知名文化旅游目的地。

（二）综合财政实力总体较弱，在全国处于下游水平，财政收入对上级补助的依赖性较强

山西省财政实力较弱，在全国处于下游水平。2019年，山西省综合财力[①]

---

① 在本报告中，考虑到数据的可得性，各省份综合财力的计算公式为：综合财力＝一般公共预算收入＋政府性基金收入＋税收返还及中央转移支付。

为 5360.86 亿元，在全国排第 23 位，处于中下游水平（见图 3）。山西省财政收入主要由一般公共预算收入、政府性基金收入和中央转移支付构成。一般公共预算收入增长持续放缓，对中央转移支付的依赖性较强。在实体经济经营压力增大、传统产业去产能及环保节能减排等大背景下，山西省 2019 年实现一般公共预算收入 2347.75 亿元，同比增长 2.4%，较上年回落 20.4 个百分点。一般公共预算收入在全国 31 个省份中排第 17 位，其中，税收收入为 1783.47 亿元，同比增长 8.39%，税收收入占一般公共预算收入的比例为 75.97%。从行业来看，煤炭、焦炭和电力等传统产业对山西省税收的支撑作用明显。山西省财政平衡率较低，2019 年为 49.84%，财政平衡主要依赖上级补助。随着国家中部崛起和资源型经济转型战略的推进，山西省获得中央补助的力度加大，且规模持续增加，成为当地财力的重要补充。2019 年，山西省共获得中央各项转移支付 1758.78 亿元，同比增长 7.63%。财政支出方面，近年来，山西省一般公共预算支出持续增长，主要用于民生保障、环境治理等方面；财政平衡率近年来略有波动，2019 年，山西省财政平衡率为 49.84%，财政平衡能力较弱（见图 4）。

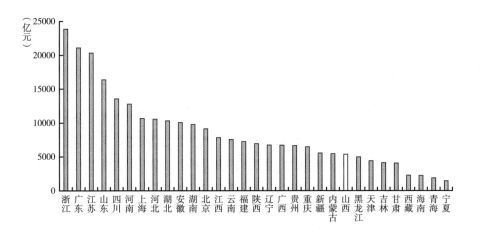

图 3 2019 年全国各省份综合财力情况

资料来源：全国各省份财政决算报告，中诚信国际整理计算。

政府性基金收入持续增长，或受房地产市场波动等因素影响。政府性基金收入是山西省财政收入的重要补充，以国有土地使用权出让收入为主。

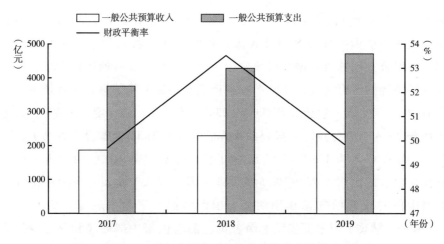

图4 2017～2019年山西省一般公共预算收支及财政平衡率

资料来源：山西省国民经济和社会发展统计公报，中诚信国际整理计算。

2017～2019年，山西省政府性基金收入分别为760.11亿元、845.71亿元和1186.31亿元，随着山西省经济转型不断推进，政府性基金收入持续增加，但未来易受房地产市场波动等因素影响。

国有资本经营收入保持较快增长。国有资本经营收入对山西省财政收入具有一定贡献。近年来，随着国企改革和国有资产的整合，山西省国企经济效益有所增加，国有资本经营收入快速增长，2017～2019年分别为23.40亿元、41.17亿元和68.21亿元。

（三）省内区域经济发展呈现"太原独强"格局

各地级市以煤炭及相关产业为支柱产业，省会城市太原市的经济、财政实力遥遥领先。山西省下辖11个地级市，得益于煤炭、矿产资源丰富，5个地级市被列为重度资源型城市，3个被列为轻度资源型城市，各地级市多以能源、冶金、铸造等煤炭及相关产业为支柱产业，易受宏观经济影响。

各地级市中，省会城市太原市的GDP最大，经济发展水平远超其他地级市，各地级市经济发展水平差距较小。2019年，太原市GDP占山西省GDP的23.52%，阳泉市GDP占比较低，为4.20%（见图5）。从各地级市人均GDP来看，在11个地级市中，仅太原市人均GDP超过全国人均GDP

标准，2019 年达 90421 元，运城市人均 GDP 最低，2019 年仅为 28951 元。各地级市经济增速均保持相对平稳，为 5.0%～6.7%。

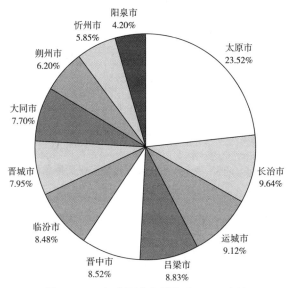

图 5　2019 年山西省各地级市 GDP 占比

资料来源：山西省各地级市国民经济和社会发展统计公报，中诚信国际整理计算。

各地级市财政实力呈现分化态势，太原市排名第一，阳泉市最弱且一般公共预算收入增速为负值。从各地级市一般公共预算收入看，太原市体量最大。2019 年，太原市一般公共预算收入为 386.62 亿元，较上年增长 3.6%，其中，税收收入占一般公共预算收入的 78.05%，太原市一般公共预算收入规模排全省第一；排名第二的是吕梁市，一般公共预算收入为 192.66 亿元，较上年增长 9.27%；阳泉市的一般公共预算收入最低，2019 年仅达 57.39 亿元，增速为 -0.40%。

从 2019 年财政支出情况看，太原市的财政支出排名第一，2019 年，太原市的一般公共预算支出达 610.55 亿元，而排名最后的阳泉市为 132.27 亿元，两者差距极大。从财政收支平衡情况看，2019 年，太原市和晋城市财政平衡率在 11 个地级市中较高，分别为 63.32% 和 54.73%，其余各市的财政平衡率均在 50% 以下，其中，忻州市和运城市财政平衡率低于 30%，财政收支平衡难度较大（见图 6）。

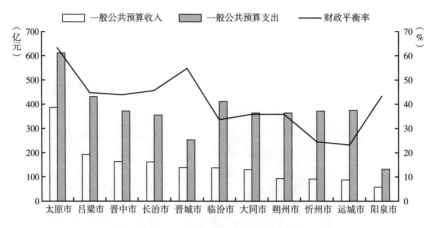

图6　2019年山西省各地级市财政平衡率情况

资料来源：山西省各地级市财政决算报告，中诚信国际整理计算。

二　显性债务规模有所控制，隐性债务规模较小，
风险总体可控

（一）显性债务风险总体可控，集中偿付压力较小

显性债务规模快速扩张，但债务规模处于合理范围，风险总体可控。截至2019年末，山西省地方政府债务余额为3511.89亿元，在全国各省份中排第26位，政府债务负担相对较小（见图7）；其中，一般债务为2157.83亿元，专项债务为1354.06亿元。2019年，政府债务余额较上年上升18.50%，但低于国务院核定的3799.04亿元的政府债务限额。从债务率和负债率看，2019年，山西省债务率达65.51%，负债率为20.63%。2020年末，山西省债务限额增加865亿元，达4664.04亿元。近年来，山西省债务水平呈现快速扩张趋势，但债务风险总体可控。

地方债集中偿付压力较小。截至2020年末，山西省共计发行213只地方政府债券，规模合计5078.61亿元。其中，一般债为93只，规模合计2876.35亿元，专项债为120只，规模合计2202.26亿元，发行规模在全国居下游水平。从期限结构看，山西省地方政府债券期限以5年、7年和10年为主，三类债券规模合计占比达到78.20%；3年、15年、20年和30年

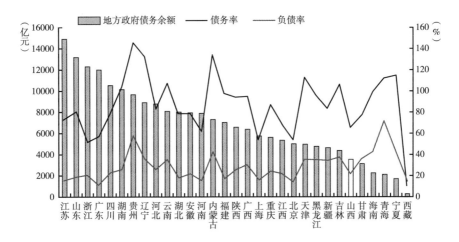

图7　2019年全国各省份地方政府债务余额、债务率及负债率

资料来源：全国各省份财政决算报告，中诚信国际整理计算。

的债券占比则分别为9.40%、7.57%、3.58%和1.24%。从到期时间看，山西省地方政府债务偿付压力相对分散，集中偿付压力较小，2021～2025年，年均偿还规模为417.16亿元（见图8）。仅从短期看，山西省地方政府债券到期规模为323.76亿元，具体到期时间集中于2021年4月、6月、8月和11月，到期规模分别为111.00亿元、69.00亿元、84.93亿元和58.83亿元。

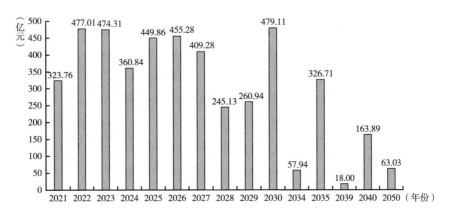

图8　2021～2050年山西省地方债到期分布情况

注：2020年末测算。

资料来源：Choice数据库，中诚信国际整理计算。

（二）隐性债务与显性债务规模基本一致，隐性债务负担尚可

截至 2019 年末，山西省隐性债务为 3428.03 亿元，其中，纯融资平台有息债务为 2953.39 亿元，政府付费型 PPP 投资落地额为 424.76 亿元；截至 2020 年末，山西省已累计置换债务规模为 710.26 亿元。在考虑隐性债务的情况下，山西省债务率为 129.46%，负债率为 40.76%。2019 年末山西省本级及各地级市隐性债务情况见图 9。

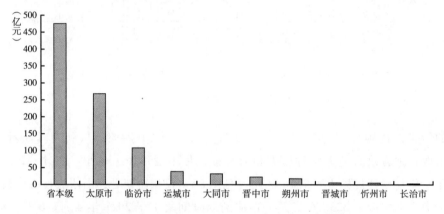

图 9　2019 年末山西省本级及各地级市隐性债务情况

资料来源：Choice 数据库，中诚信国际整理计算。

（三）山西省地级市债务率普遍超警戒线，省本级和太原市隐性债务规模较大

从政府债务余额看，太原市显性债务规模在全省范围内排名靠前，2019年末，债务余额为 565.30 亿元；晋城市显性债务规模最小，2019 年末为127.85 亿元，仅为太原市债务规模的 22.62%。从债务率看，山西省地级市债务率普遍较高，仅太原市、长治市、晋城市债务率未超过 100% 债务红线，若考虑全口径债务余额，则债务率将进一步上升。从负债率看，11 个地级市中，大同市负债率最高，2019 年负债率为 27.57%，晋城市负债率最低，2019 年仅为 9.38%。从隐性债务规模来看，省本级及太原市隐性债务规模较大，长治市隐性债务规模最小。

（四）通过债务置换化解显性债务，通过"行业整合＋平台化债"化解隐性债务

面对显性债务化解，山西省政府通过债务置换、延长债务年限化解债务。截至2020年末，山西省共发行33只置换债，累计置换债务710.26亿元。另外，山西省通过整合行业资源，成立融资平台进行隐性债务化解。例如，2018年，由省交通运输厅出面，整合多条高速公路、多家交通企业，组建集投资融资、勘察设计、工程建设、高速公路运营等业务于一体的山西交通控股集团有限公司（以下简称"山西交控"）。该公司的成立集中整合了山西高速公路的投资、建设、运营和管理，推动政府性债务向企业债务的转移，在一定程度上降低了地方债务违约风险和违法违规融资风险。2018年12月，由山西交控与国家开发银行牵头，中国工商银行、中国农业银行、中国银行、中国建设银行、交通银行、中国邮政储蓄银行等参与的银团正式签订《银团贷款协议》，债务重组规模最终达到2600亿元，山西交控每年可减少利息支出30亿元。

三　山西省融资平台债呈现区域分化态势，融资平台存量债券规模较小，资质相对较弱且转型进度较慢

（一）融资平台债存量规模居全国下游，各地级市融资平台存量债券规模和风险有所分化

山西省融资平台债存量规模居全国下游，以企业债及中期票据为主。截至2020年末，山西省存量融资平台债共111只，发行人为18家，债券余额合计1004.52亿元，在全国各省份中处于下游，低于全国平均水平。从信用等级看，发行人信用等级以AA级和AA＋级为主，分别占发行人数量的比重为33.33%和38.89%，其次为AA－级，占发行人数量的比重为16.67%。从期限结构看，山西省融资平台债以中长期为主，其中，3年期、5年期及7年期发行只数占比分别为31.53%、30.63%和16.22%。从券种看，定向工具及中期票据为山西省融资平台发债的主要券种，发行只数占比分别达到26.13%和18.02%。

（二）各地级市融资平台债规模呈现分化态势，2021年为偿还高峰期

各地级市融资平台债规模呈现分化态势，2021年为偿还高峰期。从到期分布情况看，省本级及太原市融资平台债存量规模居前，其中，省本级融资平台债存量规模最高，达432.34亿元，在全省占比为43.04%。山西省整体债券市场参与度不高，发债企业较少，以地级市融资平台发债为主。其中，太原市融资平台发债较为频繁；11个地级市中，吕梁市和阳泉市从未发行过融资平台债。随着山西省产业经济转型推进、各地级市在山西省的功能定位及未来发展规划逐渐明确，未来各地级市将有一定的融资空间及需求。

从各地级市融资平台债到期情况看，2021年和2023年，山西省本级及太原市融资平台到期债务集中偿付压力较大。2021年，省本级及太原市到期债务规模较大，分别达205.30亿元和90.40亿元，分别占2021年山西省融资平台到期债务的59.61%和26.25%，偿债压力较大。此外，运城市、临汾市到期债务分布较为分散，债务结构合理（见表1）。

表1　2021~2027年山西省本级及各地级市债券到期分布情况

单位：亿元

地区	2021年	2022年	2023年	2024年	2025年	2026年	2027年	合计
大同市	—	18.00	—	—	—	10.00	—	28.00
晋城市	2.80	—	—	—	—	—	—	2.80
晋中市	2.50	5.00	—	4.00	8.00	4.00	—	23.50
临汾市	26.40	4.80	—	27.96	16.00	17.00	—	92.16
省本级	205.30	35.94	93.10	68.00	30.00	—	—	432.34
朔州市	—	—	—	—	18.00	—	—	18.00
太原市	90.40	30.00	72.00	89.00	40.00	—	—	321.40
忻州市	2.00	—	—	—	10.00	—	—	12.00
运城市	15.00	13.60	23.00	6.72	7.00	—	—	65.32
长治市	—	—	—	—	—	3.00	6.00	9.00
合计	344.40	107.34	188.10	195.68	129.00	34.00	6.00	1004.52

注：2020年末测算。

资料来源：Choice数据库，中诚信国际整理计算。

（三）山西省融资平台盈利能力与偿债能力普遍偏弱

近年来，融资平台资产规模保持快速增长，但发行家数及规模处于较低水平。山西省目前融资平台债仍在存续期内的企业共计18家，发行家数较少，债券市场参与度较低；其中，吕梁市及阳泉市尚未有融资平台发债。18家发债企业中，有4家省级融资平台，10家地市级融资平台，其余均为区县级融资平台。从总资产规模看，18家融资平台2019年末总资产合计7055.72亿元，2017～2019年复合增长率为11.12%。其中，大同市和山西省本级融资平台的资产规模较大，两市的融资平台的总资产平均值分别为855.93亿元和611.68亿元。从净资产看，2019年末，18家企业净资产平均值为142.47亿元。晋城市和山西省本级融资平台的净资产规模较大，净资产平均值分别为211.63亿元和204.76亿元，长治市、运城市和朔州市三市的融资平台净资产规模较小，平均值分别为53.31亿元、58.75亿元和69.45亿元；全部融资平台2017～2019年净资产复合增长率平均值为9.53%（见图10）。

资产流动性方面，山西省融资平台具有特定属性，土地资产、基础设施资产较多，应收类款项占比较高，资产流动性较弱，资产变现速度较慢。

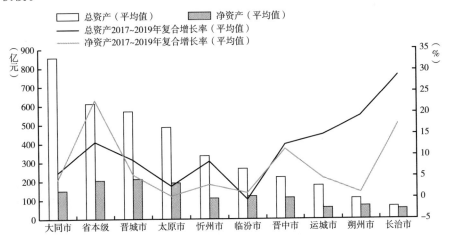

图10　2019年末山西省本级及各地级市融资平台总资产及净资产情况

资料来源：Choice 数据库，中诚信国际整理计算。

融资平台自身的盈利能力偏弱，多依赖政府补贴。2019年，山西省融资平台利润总额合计为45.01亿元，均值为2.65亿元。其中，晋城市和晋中市的融资平台平均利润总额较高，2019年分别为7.05亿元和5.53亿元（见图11）；山西省本级融资平台平均利润总额为2.88亿元；其他地级市的融资平台利润总额大多在2亿元以下，其中，运城市融资平台平均利润总额最小，2019年为0.95亿元。从利润总额结构看，营业外收入占比普遍较高，其中，运城市和临汾市融资平台营业外收入占利润总额的比重平均值为591.72%和298.74%。山西省利润多为依赖政府补贴，区域内的融资平台尚未形成可持续的市场化竞争实力及盈利能力。

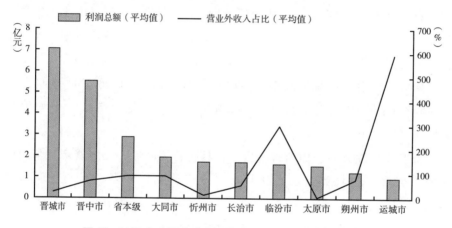

图11　2019年山西省本级及各地级市融资平台利润情况

资料来源：Choice数据库，中诚信国际整理计算。

各地级市负债水平分化，偿债能力普遍偏弱。山西省各地级市负债水平较为分化，2019年末，大同市平均负债总额高达705.76亿元，而长治市平均负债总额仅为12.55亿元，各地级市融资平台负债水平相差较大（见图12）。同期末，山西省各地级市融资平台的平均资产负债率为53.33%，平均总负债为249.51亿元，平均刚性债务为163.17亿元。以各地级市平均资产负债率情况看，大同市、忻州市、运城市及山西省本级融资平台的资产负债率较高，平均值超过50%。偿债能力方面，山西省融资平台EBITDA/带息债务平均值为0.10，对债务本息覆盖能力有待加强（见图13）。

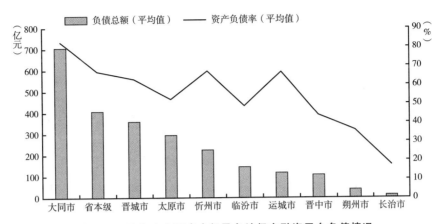

图 12　2019 年末山西省本级及各地级市融资平台负债情况

资料来源：Choice 数据库，中诚信国际整理计算。

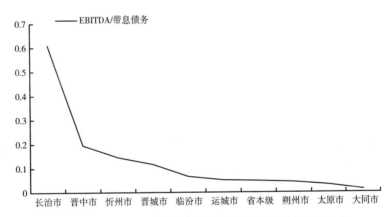

图 13　2019 年末山西省本级及各地级市融资平台偿债能力

资料来源：Choice 数据库，中诚信国际整理计算。

广义信用事件对区域融资负面影响较大。作为煤炭资源大省，山西省各地级市的支柱产业均与煤炭行业相关，2020 年河南永煤事件的发生，使资本市场陷入低迷，山西省各煤炭企业融资受到一定影响，区域融资也随之紧张。山西省国有资本运营有限公司在永煤违约事件后发表公开信以增强投资者信心，并表示，自 2017 年起，山西省省属企业通过提前预警、信用增进等措施，刚性兑付的到期债共计 6712.6 亿元，未出现一笔违约的情况；未来，山西省国有资本运营有限公司将持续加大省属国企债务风险防控力度，做到提前 15 天预警，并调动省属国企形成合力，形成强大资金池，山西省国有企业有足够强的实力，确保债券不会出现一笔违约。

（四）融资平台转型处于探索和过渡期

山西省融资平台转型依赖平台重组、平台集中优化资源配置及运营管理，它们处于转型过渡期。以华远国际陆港集团有限公司为例，2020年4月，根据《山西省人民政府关于山西能源交通投资有限公司改组设立为华远国际陆港集团有限公司有关事宜的批复》（晋政函〔34〕号），山西省人民政府同意以山西能源交通投资有限公司为主体，重组整合全省陆港及物流资产资源，整体改组为华远国际陆港集团有限公司。此次整合将省级融资平台交通物流资源重组，通过轻资产化、市场化整合全省优质陆港物流资源，增强资源归集效应，提高运营效率，增加盈利点。但由于新融资平台重组时间尚短，融资平台在职能定位以及对下属子公司管控方面仍处于转型过渡期。

结　语

山西省整体经济及财政实力在全国处于下游水平，投资是拉动山西省经济增长的主要动力，消费对经济的拉动作用逐步增强；其下辖各地级市经济发展出现明显的分化趋势，它们在产业经济转型的过程中积累了一定的债务。目前，山西省债务水平处于可控范围之内，但仍需重点关注以下风险。

第一，区域产业经济转型任务繁重且迫切。山西省是资源大省，各地级市的支柱产业均与煤炭及相关产业有关，经济发展在较大程度上依赖煤炭资源。此外，随着环保政策趋严导致的工厂停产、限产，以及易受宏观经济波动等问题的出现，山西省产业经济转型面临一定的挑战。近年来，在山西省政府优化传统煤炭产业结构、积极开拓新兴产业的号召下，旅游产业、交通运输产业开始逐步发展，但煤炭产业的重要性仍较为突出。

第二，各地级市融资平台偿债能力弱。融资平台对政府支持的依赖性较高，企业信用水平与地方财政实力密切相关，在山西省内各地级市财政实力呈现分化的背景下，区域内融资平台自身盈利能力偏弱，利润总额主要依赖政府补贴，融资平台偿债能力普遍较低，需关注由此引发的流动性风险。

第三，融资平台再融资及转型面临的风险。山西省地方融资平台负债水平普遍处于合理水平，且融资平台债存量规模在全国处于下游，各地级市发债主体少，面临融资渠道拓展、滚动发行及借新还旧等多重压力。此外，目前，山西省融资平台纷纷寻求转型，希望在履行平台职能的同时，通过经营市场化业务增加利润增长点，业务的市场化程度将成为其未来转型路径选择及发展的关键。融资平台在转型过程中，信用风险发生变化，并且融资平台在转型的不同阶段及因选择不同的路径融资面临的风险不同，但存量债务化解、造血功能提升与后续再融资是否顺利等问题较为常见，并且，在脱离政府显性信用支持且市场化盈利能力尚未形成的转型过渡阶段，融资平台存量债务尤其是隐性债务风险或将加速暴露。

第四，广义信用事件对当地融资环境及国企信用的影响。近年来，华晨、永煤等国企违约事件的爆发，给区域内融资环境及国有企业自身信用造成恶劣影响。

内蒙古地方政府与融资平台债务分析报告

李家其　郗　玥[*]

要　点

● 内蒙古自治区经济发展与财政实力分析：内蒙古自治区经济总量居全国下游，但人均 GDP 排名靠前。从三次产业结构来看，内蒙古以第三产业为主，第三产业是当前拉动经济的主要动力。内蒙古自治区财政实力一般，在全国居于中下游水平。一般公共预算收入近年来保持稳定增长，但财政平衡率持续偏低，对上级补助的依赖性较强。内蒙古下辖各盟市经济发展缺乏活力，经济实力分化现象严重，财政收支矛盾较大。

● 内蒙古自治区地方政府债务情况：截至 2019 年末，内蒙古政府债务余额为 7307.5 亿元，在全国排名第 14，政府债务负担较重，债务率为 134.07%，在全国范围内排名靠前。各盟市地方政府债务情况分化明显，整体债务压力较大。

● 内蒙古自治区融资平台债情况：内蒙古存量融资平台债规模居全国下游水平，以企业债及中期票据为主，融资平台的信用等级以 AA 级为主。从各盟市情况看，包头市存量融资平台债规模排名靠前，2024 年进入融资平台债偿还高峰期。内蒙古融资平台整体上自身盈利能力和再融资能力较弱。

● 总体来看，内蒙古自治区经济发展水平不高，财政实力较弱。区内各盟市财政平衡率较低，主要依靠政府转移支付收入平衡

---

* 李家其，中诚信国际政府公共评级二部高级分析师；郗玥，中诚信国际政府公共评级一部助理分析师。

财政支出。地方债务规模较大，未来面临较大债务风险管控压力。内蒙古有存续债的融资平台的数量较少，债券市场整体活跃度较低。同时，仍需注意区内域非标违约事件频发对当地融资环境的不利影响。

一　内蒙古经济及综合财政实力处于全国中下游水平，财政平衡率较低

（一）经济体量相对较小，第三产业是拉动经济增长的主要动力，固定资产投资企稳回升

内蒙古经济总量较小，近年来，经济增速基本保持稳定。2019 年，内蒙古自治区 GDP 为 17212.50 亿元，在全国各省份中排第 20 位（见图 1）；内蒙古人均 GDP 为 67852 元，低于全国平均水平，与全国人均 GDP 的比率为 0.96。2018 年以来，内蒙古经济增长速度有所回升，2019 年，GDP 增速为 5.2%，在全国 31 个省份中排第 28 位（见图 2）。截至 2019 年末，内蒙古自治区常住人口为 2539.6 万人，较上年末增加 0.21%。常住人口城镇化率达 63.4%，较上年提高 0.7 个百分点。2019 年，自治区固定资产投资较上年增长 5.8%。

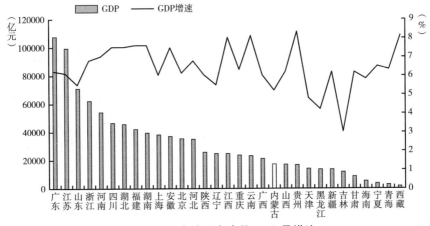

图 1　2019 年全国各省份 GDP 及增速

资料来源：全国各省份国民经济和社会发展统计公报，中诚信国际整理计算。

内蒙古产业结构以第三产业为主，其是拉动经济增长的主要动力。2019年，内蒙古第一产业增加值为 1863.2 亿元，增长 2.4%；第二产业增加值为 6818.9 亿元，增长 5.7%；第三产业增加值为 8530.5 亿元，增长 5.4%。内蒙古第一、第二、第三产业之比为 10.8∶39.6∶49.6，第一、第二、第三产业对生产总值增长的贡献率分别为 5.5%、43.9% 和 50.6%，第三产业是拉动经济增长的主要动力。

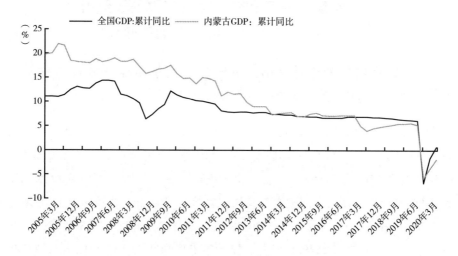

图 2　2005～2020 年全国及蒙古 GDP 增速

资料来源：全国及内蒙古自治区国民经济和社会发展统计公报，中诚信国际整理计算。

2019 年，内蒙古自治区固定资产投资稳中有升，房地产市场较活跃。2019 年，内蒙古全社会固定资产投资比上年增长 5.8%。其中，固定资产投资（不含农户）增长 6.8%，增势趋稳。在固定资产投资（不含农户）中，第一产业投资下降 9.8%，第二产业投资增长 9.6%，第三产业投资增长 5.9%。2019 年，内蒙古房地产开发投资额为 1041.9 亿元，较上年增长 18.0%；商品房销售面积为 2008.2 万平方米，与上年基本持平；商品房销售额为 1243.9 亿元，增长 11.7%。

内蒙古自治区形成由能源、冶金建材、化工、装备制造、农畜产品加工和高新技术等产业支撑的工业体系。能源方面，内蒙古自然资源丰富，其中，煤炭资源优势明显，2019 年，内蒙古成为国内首个实现原煤产量突破 10 亿吨的省份，产量同比增长 5.2%。2019 年，内蒙古冶金建材业产值同比增长 13.2%，化学工业产值同比增长 6.3%，农畜产品加工业产值同比增长 1.0%，装备制造业产值同比增长 10.7%，高新技术业产值同比下降 5.7%。内蒙古上市公司数量较少，共有 26 家，截至 2019 年末，在沪深两市上市的公司的总市值为 5098.9 亿元，地区经济活力相对较弱。金融资源方面，2019 年末，内蒙古共有银行业金融机构 199 家，资产负债总额分别为 3.6 万亿元和 3.4 万亿元，同比分别增长 1.5% 和 1.8%；非银行业金融机构数量较少，共有 2 家证券公司，无总部设在区内的基金公司、期货公司和保险公司。

（二）综合财政实力一般，在全国处于中下游水平，对上级补助依赖性强

内蒙古综合财政实力一般，在全国处于中下游水平。2019 年，内蒙古自治区一般公共预算收入为 2059.70 亿元，同比增长 10.9%，收入规模在全国 31 个省份中居第 21 位；综合财力为 5450.70 亿元，在全国排第 22 位（见图 3）。2019 年，内蒙古税收收入为 1539.69 亿元，占财政收入的比重为 74.75%，同比增加 139.84 亿元，税收收入所占比重继续保持较高水平。内蒙古税收收入主要由增值税、资源税、企业所得税、土地增值税、耕地占用税和城镇土地使用税等构成。此外，内蒙古凭借边疆地区和少数民族集聚区的特殊条件，持续获得上级财政补助，2019 年获得上级补助、转移支付和税收返还共计 2730.40 亿元，占综合财力的 50.09%，对上级补助的依赖性强。2019 年，内蒙古一般公共预算支出为 5097.90 亿元，同比增长 5.5%，财政平衡率升至 40.40%，但仍处于较低水平（见图 4）。

政府性基金收入持续增长。2019 年，内蒙古政府性基金收入为 637.40 亿元，同比增长 12.32%；国有土地使用权出让收入为 520.91 亿元，较上年增长 14.81%。2019 年，内蒙古房地产行业稳定增长，商品房销售额同比增长 11.7%，未来或将继续支持政府性基金收入增加。另外，由于大量发行对应项目的专项债，相应支出显著增加，2019 年，全区政府性基金预算支出为 920.30 亿元，大幅增长 31.94%。

国有资本运行收入水平较低，对综合财力贡献有限。国有资本经营预算收入对内蒙古财政收入贡献较小，2017~2019 年分别为 2.70 亿元、6.10 亿元和 23.20 亿元，虽然 2019 年大幅增长，但占综合财力的比重仍极低。

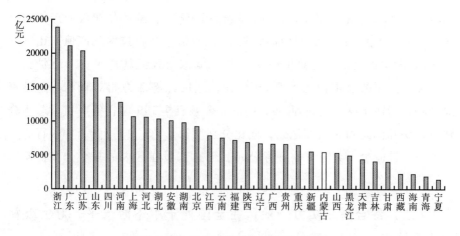

图3 2019年全国各省份综合财力情况

资料来源：全国各省份财政决算报告，中诚信国际整理计算。

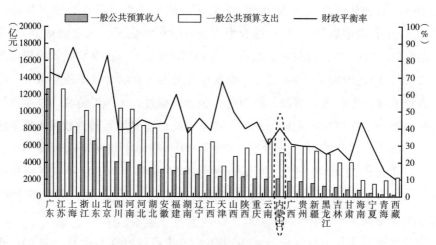

图4 2019年全国各省份一般公共预算收支及财政平衡率

资料来源：全国各省份财政决算报告，中诚信国际整理计算。

（三）区内经济发展不平衡，经济实力分化现象严重，财政收支矛盾较大

内蒙古下辖9个地级市以及3个盟，按照地理位置可以分为蒙东（呼伦贝尔市、兴安盟、通辽市、锡林郭勒盟、赤峰市）、蒙西（巴彦淖尔市、乌海市、阿拉善盟）和蒙中（呼和浩特市、包头市、鄂尔多斯市、乌兰察

布市）三大区域，区域经济差异明显。位于蒙中地区的"呼包鄂"经济带依托交通干线、黄河沿岸和资源聚集地，成为区内经济发展的重点区域，竞争力较强；近年来，蒙东、蒙西地区经济增长加速，但仍比较落后。2019 年，呼和浩特、包头、鄂尔多斯三市生产总值占全区的比例为 53.20%，乌海市、兴安盟和阿拉善盟经济总量占比较低，分别为 3.22%、3.04%和 1.72%；从各盟市人均 GDP 来看，鄂尔多斯市和阿拉善盟分列第一、第二位，分别为 173069 元和 118101 元；从经济增速来看，乌海市居首位，2019 年增速达 9.51%，呼伦贝尔市居末位，2019 年增速为 2.69%（见图 5）。

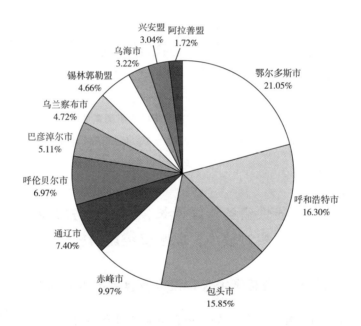

图 5 2019 年内蒙古各盟市 GDP 占比

资料来源：内蒙古自治区及各盟市国民经济和社会发展统计公报，中诚信国际整理计算。

各盟市财政实力呈现分化态势，财政平衡率普遍较低。从各盟市一般公共预算收入看，鄂尔多斯市的体量较大，2019 年，鄂尔多斯市一般公共预算收入为 501.02 亿元，在区内居首位，同比增长 15.60%，财政平衡率为 79.77%。阿拉善盟排末位，2019 年，一般公共预算收入为 28.75 亿元，同比增长 18.28%，财政平衡率为 25.75%，财政自给能力较弱。从 2019 年一般公共预算支出看，鄂尔多斯市最多，乌海市最少，分别为 628.07 亿元和 102.43 亿元。（见图 6）

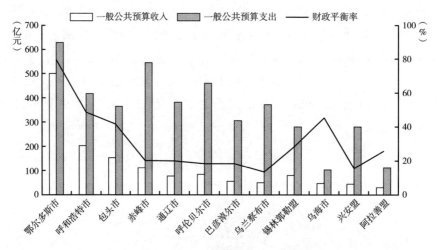

图 6　2019 年内蒙古各盟市财政平衡率情况

资料来源：内蒙古自治区及各盟市财政决算报告，中诚信国际整理计算。

二　显性债务持续增长，隐性债务规模
相对较小，风险管控压力较大

（一）政府性债务持续增长，债务规模全国排名相对靠前

显性债务规模保持扩张态势，债务规模处于较高水平，风险管控压力较大。截至 2019 年末，内蒙古政府债务余额为 7307.5 亿元，在全国各省份降序排第 14（见图 7），政府债务负担相对较重；其中，一般债务为 5778.91 亿元，专项债务为 1528.54 亿元。2019 年，政府债务余额较 2018 年增长 11.47%，但余额低于国务院核定的 7764.22 亿元的政府债务限额。从债务率来看，2019 年，内蒙古债务率为 134.07%，负债率为 42.45%。2020 年末，内蒙古债务限额增加 994.98 亿元，达到 8759.20 亿元，近年来，内蒙古债务水平呈持续扩张趋势，但经济和财政实力较为有限，未来债务管控压力较大。

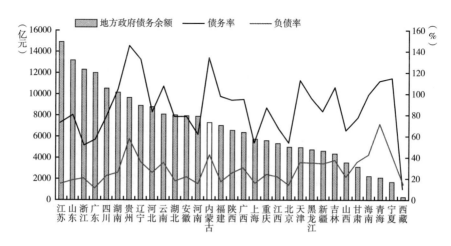

图7 2019年全国各省份地方政府债务余额、债务率及负债率

资料来源：全国各省份财政决算报告，中诚信国际整理计算。

隐性债务规模相对较小，在全国排名相对靠后。2019年末，内蒙古自治区隐性债务规模为1851.69亿元，同比下降9.26%，隐性债务规模在全国排名相对靠后；包含隐性债务在内的债务余额为9159.19亿元，负债率为53.21%，债务率为168.04%，内蒙古整体债务压力仍较大（见图8）。

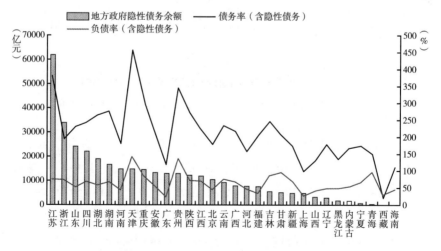

图8 2019年全国各省份地方政府隐性债务余额、债务率及负债率

资料来源：全国各省份财政决算报告，中诚信国际整理计算。

（二）各盟市地方政府债务分化，债务偿付承压

各盟市地方政府债务情况分化明显，整体债务压力较大。从地方政府债务余额来看，2019 年，鄂尔多斯市为 1537.69 亿元，居全区首位，同比增长 5.92%；乌海市为 189.77 亿元，居全区末位，较上年增长 9.73%；阿拉善盟、赤峰市、兴安盟和锡林郭勒盟地方政府债务余额增速较快，同比增幅均超过 20%（见图 9）。2019 年，各盟市的地方政府债务余额均未超过地方政府债务限额。负债率和债务率方面，2019 年，巴彦淖尔市债务率高居首位，为 463.72%，债务压力极大，除赤峰市外的其他盟市债务率均超过 100%；乌兰察布市负债率位居第一，达到 73.7%，阿拉善盟紧随其后，负债率为 70.62%（见图 10）。

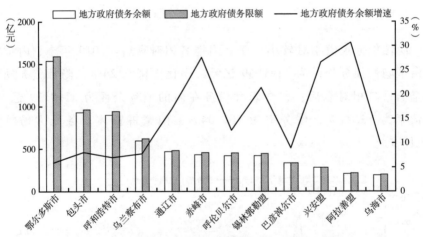

图 9　2019 年内蒙古各盟市地方政府债务余额、限额情况

资料来源：内蒙古自治区各盟市财政决算报告，中诚信国际整理计算。

地方债近几年偿付压力较大，债务结构分布相对不合理。2020 年，内蒙古共发行 45 只地方债，规模合计 1847.30 亿元。其中，一般债为 10 只，规模合计 1093.29 亿元，专项债为 35 只，规模合计 754.01 亿元，合计发行规模居全国第 15 名。从到期情况看，2021 年，内蒙古自治区将进入地方债偿债高峰，2021～2023 年及 2025 年，内蒙古地方债到期规模均超 900 亿元，债务结构相对不合理，短期债务偿付能力承压（见图 11）。

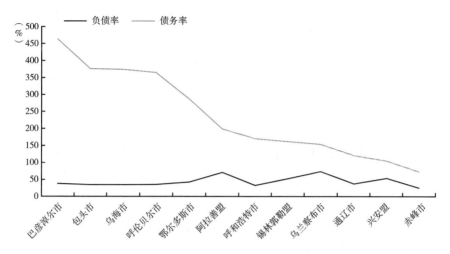

图 10　2019 年内蒙古各盟市债务率和负债率

资料来源：内蒙古自治区各盟市财政决算报告，中诚信国际整理计算。

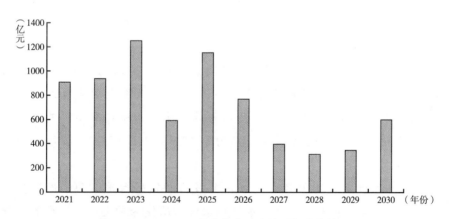

图 11　2021～2030 年内蒙古地方债到期分布情况

注：2020 年末测算。

资料来源：Choice 数据库，中诚信国际整理计算。

（三）2019 年内蒙古超额完成化债任务

根据《2020 年内蒙古自治区政府工作报告》，2019 年，内蒙古强化政府债务管理，隐性债务完成年度化解任务的 270.7％，"十个全覆盖"拖欠工程款全部清偿。债务化解具体措施包括：投放纾困基金和风险防控基金 257.4 亿元，支持 65 家企业化解债务风险；清理拖欠民营企业中小企业账款 672.9 亿元；公路投资公司债务实现重组；包钢集团 77.35 亿元市场化债转股落地，全区市场化债转股总金额为 234 亿元。2019 年，内蒙古超额完成债务化解工作，主要得益于相关政策的支持和财税能力有所增强及创新的融资方式。

三　内蒙古融资平台债呈现区域分化态势，平台存量债券规模较小，资质相对较弱

（一）全区融资平台债存量规模居全国下游，各盟市融资平台债存量规模和风险有所分化

内蒙古融资平台债存量规模居全国下游，以企业债及中期票据为主。截至 2020 年末，全区存量融资平台债共计 34 只，债券余额共计 201.66 亿元，存量规模在全国相对较小。从债券种类看，以一般企业债为主，数量占比为 38%，其次为一般中期票据（26%）。从债券期限看，以 5 年期为主，占比为 38%，其次为 7 年期，占比为 35%。从信用等级看，以 AA＋级和 AA 级为主，各占 45%。从资金用途看，主要用于项目建设、补充营运资金和偿还债务等。从收益率和交易利差看，加权平均到期收益率、交易利差分别为 5.12%、249.92BP，在各省份中处于中等水平。

从发行情况看，2020 年，内蒙古共发行融资平台债 6 只，规模合计 47.00 亿元，发行规模在全国基本处在末位。从债券种类看，发行的融资平台债主要以超短期融资债券为主，占比为 67%，其次为一般中期票据；从债券期限看，以 270 天期为主，占比达 67%；从发行利率及利差看，加权平均发行利率及利差分别为 3.45%、140.86BP，内蒙古融资平台债发行成本和全国其他省份相比处于较低水平。2020 年，内蒙古发债的融资平台发生 1 起下调等级事件：2020 年 10 月，中证鹏元资信评估股份有限公司将巴彦淖尔市河套水务集团有限公司主体信用等级由 AA 级下调至 AA－级，评级展望为稳定，主要调级理由为债务压力大、收入大幅下降、资产流动性较弱、面临或有负债风险。

（二）各盟市融资平台债规模呈现分化态势，债券存量规模普遍较小

从存量规模看，区本级融资平台债存量规模居前，为 132.63 亿元，在全区融资平台债存量规模中占比 65.77%（见图 12）。此外，包头市融资平台债存量规模和数量在各盟市中居首位，截至 2020 年末，存量规模为 28.40 亿元；赤峰市、阿拉善盟和锡林郭勒盟无存量融资平台债（见图 13）。内蒙古整体的债券市场参与度不高，发债企业较少。交易利差方面，2020 年，鄂尔多斯市平均最低，为 72.81BP，巴彦淖尔市平均最高，为 659.04BP，分化明显（见图 14）。

从到期情况看，2022 年和 2024 年，内蒙古地市级融资平台债到期规模分别为 31.70 亿元和 24.00 亿元，偿还规模稍高。但总体来看，内蒙古各盟市融资平台债短期到期偿付压力不大（见表 1）。

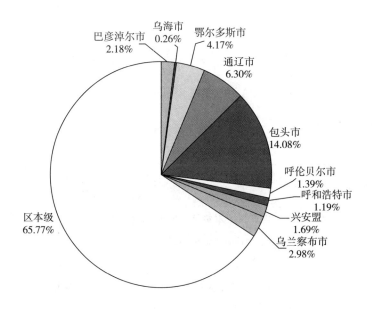

图 12　2020 年末内蒙古区本级与各盟市融资平台债占比

资料来源：Choice 数据库，中诚信国际整理计算。

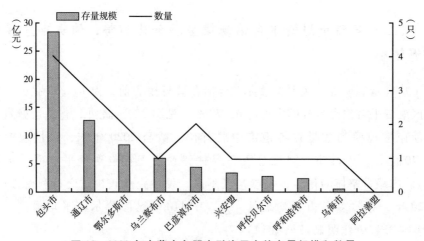

图 13　2020 年内蒙古各盟市融资平台债存量规模和数量

资料来源：Choice 数据库，中诚信国际整理计算。

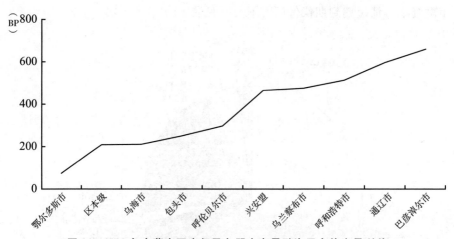

图 14　2020 年内蒙古区本级及各盟市存量融资平台债交易利差

资料来源：Choice 数据库，中诚信国际整理计算。

表 1　2021～2024 年内蒙古各盟市债券到期分布情况

单位：亿元

地区	2021 年	2022 年	2023 年	2024 年	合计
区本级	21.46	41.59	16.73	52.85	132.63
巴彦淖尔市	1.40	3.00	—	—	4.40
包头市	—	2.40	2.00	24.00	28.40

续表

地区	2021 年	2022 年	2023 年	2024 年	合计
鄂尔多斯市	3.40	5.00	—	—	8.40
呼和浩特市	—	2.40	—	—	2.40
呼伦贝尔市	—	2.80	—	—	2.80
通辽市	—	12.70	—	—	12.70
乌海市	0.53	—	—	—	0.53
乌兰察布市	—	—	6.00	—	6.00
兴安盟	—	3.40	—	—	3.40
合计	26.79	73.29	24.73	76.85	201.66

注：2020 年末测算。

资料来源：Choice 数据库，中诚信国际整理计算。

（三） 内蒙古融资平台资产质量相对稳定，盈利能力与偿债能力有所下滑，受信用事件负面影响大

近年来，融资平台资产质量相对稳定，盈利对政府的依赖性增强，偿债能力有所下滑。目前，内蒙古融资平台债仍在存续期内的企业共计 14 家，从总资产规模看，其中，13 家[①]企业 2017～2019 年末总资产合计分别为 3270.99 亿元、3168.55 亿元和 3162.31 亿元，三年平均复合增速为 0.27%；净资产分别为 1245.80 亿元、1278.65 亿元和 1314.77 亿元，三年平均复合增速为 2.56% （各盟市的情况见图 15）。盈利能力方面，2017～2019 年，内蒙古融资平台的利润总额分别为 23.72 亿元、21.52 亿元和 13.71 亿元，营业外收入分别为 5.07 亿元、5.17 亿元和 7.75 亿元，自身盈利能力逐步下滑，对政府补助依赖性有增强的趋势（各盟市的情况见图 16）。负债方面，2017～2019 年，平均资产负债率略有下滑，分别为 50.71%、49.15% 和 48.01%，财务杠杆尚可。偿债能力方面，流动比率和速动比率持续下滑，2019 年，平均流动比率、速动比率分别为 4.05 和 1.41，平均总债务/EBITDA 为 18.87，较上年略有上升，整体偿债能力有所下降（各盟市的情况见图 17）。

---

① 由于通辽市城市投资集团有限公司 2019 年财务数据未公开，故未将其纳入计算口径。

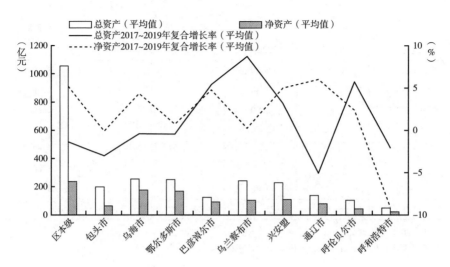

图 15　2019 年末内蒙古区本级及各盟市融资平台总资产及净资产情况

资料来源：Choice 数据库，中诚信国际整理计算。

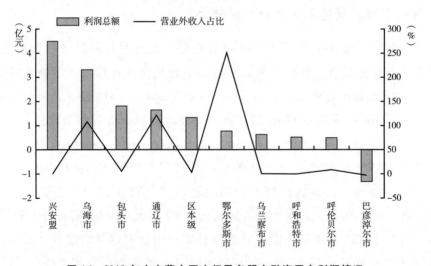

图 16　2019 年末内蒙古区本级及各盟市融资平台利润情况

资料来源：Choice 数据库，中诚信国际整理计算。

广义信用事件对区域融资负面影响较大。内蒙古非标违约事件发生次数较多，涉及地区包括阿拉善盟、包头市、通辽市的科尔沁区和呼和浩特市经开区等多地，市场积累了较多的负面评价，在一定程度上降低了投资者对整个区域的信心，具体情况如表 2 所示。

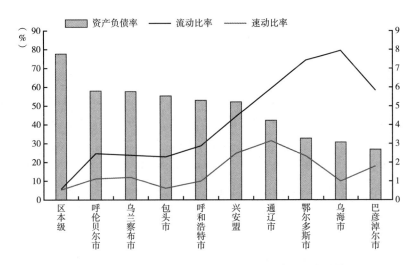

图17　2019 年末内蒙古区本级及各盟市融资平台负债情况

资料来源：Choice 数据库，中诚信国际整理计算。

表 2　融资平台信用事件及监管处罚情况

融资平台名称	行政层级	涉及债务类型	风险事件日期
阿拉善滨河金沙发展有限责任公司	区县	融资租赁产品	2019 年 5 月 31 日
阿拉善盟基础设施建设投资经营有限责任公司	市属	信托计划	2019 年 2 月 12 日、2019 年 3 月
多伦春晖城市投资有限责任公司	区县	信托计划	2019 年 3 月 3 日
呼和浩特惠则恒投资（集团）有限公司	市属	信托计划	2018 年 9 月 20 日
呼和浩特经济技术开发区投资开发集团有限责任公司	区属	为信托计划担保	2018 年 9 月 20 日
呼和浩特经济技术开发区投资开发集团有限责任公司	区属	债券延期兑付	2019 年 12 月 5 日
内蒙古科尔沁城市建设投资集团有限公司	区县	资管产品	2018 年 6 月 8 日
内蒙古通辽市城市投资集团子公司（开鲁县鲁丰实业投资有限责任公司）	区县	信托计划	2018 年 12 月 9 日、2018 年 12 月 22 日
通辽市城市投资集团有限公司	市属	担保	2018 年 6 月 8 日

（四）融资平台转型情况分析

内蒙古加快全区各级政府融资平台的市场化转型，推动有经营性收入的融资平台加快转型为市场化经营主体。《内蒙古自治区党委　自治区人民政府关于深化投融资体制改革的实施意见》提出政府投资资金按项目安排，以直接投资方式为主。对确需支持的准公共产品和服务以及自然垄断产品的经营性项目，主要采取资本金注入方式投入，也可适当采取投资补助、贷款贴息等方式进行引导。安排政府投资资金应当在明确各方权益的基础上平等对待各类投资主体，不得设置歧视性条件。推动政府扶持资金由"补"改"投"，依法发起设立基础设施建设基金、公共服务发展基金、住房保障发展基金、政府出资产业投资基金等各类基金，充分发挥政府资金的引导作用和放大效应。加快全区各级政府融资平台的市场化转型，推动有经营性收入的融资平台加快转型为市场化经营主体。

结　语

内蒙古自治区整体经济和财政实力在全国处于中下游水平，下辖各盟市经济发展水平和财政实力明显分化，财政对中央补助的依赖程度高。内蒙古债务率水平在全国范围内处于高位，债务压力持续较大，需要重点关注以下风险。

第一，各盟市经济发展缺乏活力，财政实力较弱，区域分化明显。内蒙古下辖各盟市除呼和浩特、包头、鄂尔多斯三市外，经济实力普遍较弱，且部分经济发展水平较低的盟市的 GDP 增速也处于较低水平，因此各盟市发展分化显著。

第二，地方政府债务负担重，债务化解压力仍较大。内蒙古自治区地方债总量在全国处于中游水平，债务率高企。未来，内蒙古自治区可增加的政府债务空间有限，财政平衡率平衡压力较大，因此，政府债务管控面临较大压力。

第三，政府融资平台自身盈利能力和再融资能力较弱。融资平台经营性业务收入较少，自身造血能力较差，依赖地方政府回款、补贴，政府的财政收入直接影响融资平台的收入水平，进而影响偿债能力。此外，随着国家金融防风险和对地方政府隐性债务监管加强，融资平台非标融资亦受政策影响，融资平台再融资能力受阻。

第四，广义信用事件对当地融资环境的影响。内蒙古非标违约事件发生次数较多，市场积累了较多的负面评价，在一定程度上降低了投资者对整个区域的信心。

辽宁地方政府与融资平台债务分析报告

郭 鑫*

要 点

● 辽宁省经济发展与财政实力分析：辽宁省是我国重要的老工业基地之一和东北乃至内蒙古东部地区对外开放的门户，经济实力在全国处于中游水平。辽宁省产业结构以第二、第三产业为主，装备制造业、原材料工业和现代服务业对经济增长的贡献程度较高。2017 年以来，辽宁省经济增速有所回升，但仍面临传统制造业转型升级、资源型地区转型发展和人口外流等问题，经济增速低于全国平均增速。从需求结构看，固定资产投资增长低迷，消费成为经济第一拉动力。辽宁省综合财政实力在全国处于中游水平，一般公共预算收入增速放缓，财政自给能力较弱，但政府性基金收入增长较快，对上级补助的依赖性减轻。

● 辽宁省地方政府债务情况：从债务水平看，2019 年末，辽宁省地方政府债务余额为 8884.4 亿元，债务率为 131.97%，在全国排第 3 位，负债率为 35.67%，在全国排第 7 位，债务负担较重。考虑隐性债务在内的债务余额为 12266.13 亿元，负债率和债务率分别为 49.24% 和 182.20%，在全国各省份中分别排第 21 位和第 20 位，隐性债务风险相对可控。

● 辽宁省融资平台债情况：辽宁省存量融资平台债规模居全国下游，发行主体信用等级以 AA 级为主，多为区县级融资平台，融资成本高。从各地级市情况看，大连市和沈阳市的融资平台债存量

---

* 郭鑫，中诚信国际政府公共评级一部分析师。

规模排在前列，2021～2023 年到期及回售压力较大；省内融资平台资产规模增长缓慢，资产流动性较弱，且利润水平偏低，对政府支持的依赖程度较高，但整体债务结构及杠杆水平较为合理。

● 总体来看，辽宁省整体经济及财政实力在全国处于中游水平，2017 年以来，经济增速有所回升，固定资产投资增长低迷，消费成为经济第一拉动力。目前，辽宁省债务水平处于可控范围之内，但仍面临传统制造业转型升级、资源型地区转型发展和人口外流等问题。此外，辽宁省各地级市融资平台债规模明显分化，到期分布不均衡，加之区域内已发生多起融资平台及国企信用事件，需关注上述事件对当地融资环境及信用水平的影响。

一 辽宁省经济及综合财政实力处于全国中游水平，财政平衡率较低

（一）经济增速低于全国平均水平，面临产业转型升级压力，投资增速放缓，消费驱动明显

工业基础雄厚，具备对外开放区位优势，但"挤水分"影响仍在，经济增速低于全国平均水平。辽宁省作为我国重要的老工业基地之一，工业基础雄厚；同时，辽宁省是东北地区唯一的既沿海又沿边的省份，是东北乃至内蒙古东部地区对外开放的门户。2019 年，辽宁省实现地区生产总值（GDP）24909.5 亿元，同比增长 5.5%（见图 1、图 2），经济体量在 31 个省份中排第 15 位；人均 GDP 为 57191 元，较上年增长 5.7%，与全国人均 GDP 增速持平。受经济数据"挤水分"影响，辽宁省经济增速自 2017 年以来虽有所回升，但仍低于全国平均增速。分产业来看，第一产业增加值为 2177.8 亿元，增长 3.5%；第二产业增加值为 9531.1 亿元，增长 5.7%；第三产业增加值为 13200.4 亿元，增长 5.6%。辽宁省产业结构以第二、第三产业为主，装备制造业、原材料工业和现代服务业对经济增长的贡献率较高；近年来，辽宁省面临传统制造业转型升级、资源型地区转型发展的阵痛期，第二产业占比及增速有所下滑，未来，辽宁省将着力推动装备制造业向

智能化发展，加快发展工业互联网、数字经济等新兴产业，推动现代服务业提质升级。此外，辽宁省面临较大的人口外流压力，常住人口自 2014 年以来逐年减少；2019 年末，辽宁省常住人口为 4351.7 万人，较 2018 年末减少 7.6 万人，其中，城镇人口占比为 68.11%，高于全国常住人口城镇化率且近年来较为稳定。

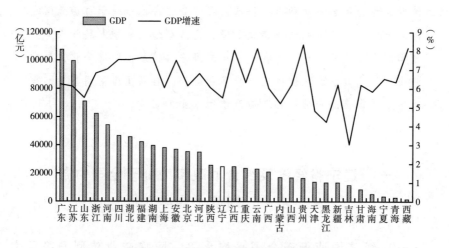

图 1　2019 年全国各省份 GDP 及增速

资料来源：全国各省份国民经济和社会发展统计公报，中诚信国际整理计算。

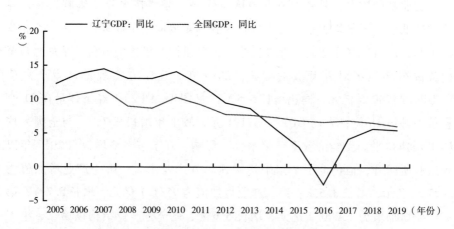

图 2　2005～2019 年辽宁省及全国 GDP 增速

资料来源：全国及辽宁省国民经济和社会发展统计公报，中诚信国际整理计算。

固定资产投资增长低迷，消费成为经济第一拉动力。固定资产投资方面，2014 年以来，辽宁省固定资产投资增速持续处于负增长或低增长状态，投资对经济增长的拉动作用较弱；2019 年，辽宁省固定资产投资较上年增长 0.5%，受第二产业投资减少的影响，整体投资增速有所放缓。消费方面，辽宁省社会消费品零售总额（以下简称"社零总额"）逐年增长，虽然增速有所趋缓，但其占 GDP 的比重整体呈上升趋势；2019 年，辽宁省社零总额为 15008.6 亿元，比上年增长 6.1%，占 GDP 的比重为 60.3%，消费已成为辽宁省经济增长的第一拉动力（见图 3）。"十四五"期间，辽宁省将以基础设施类项目和产业新动能培育项目为重点，计划投资 7.3 万亿元项目；其中，基础设施类项目主要包括 5G、数据中心、人工智能等数字基础设施项目，公共服务、环境卫生、市政公用等新型城镇化项目，以及能源、交通、水利等重大基础设施项目及产业新动能培育项目，这些项目主要推进制造业高质量发展、推进农业供给侧结构性改革和加速构建现代服务业体系。

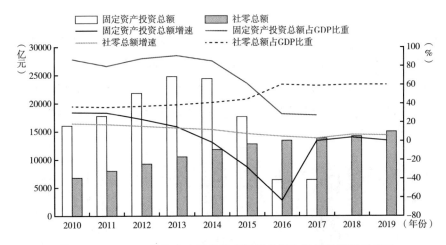

图 3　2010～2019 年辽宁省固定资产投资总额和社零总额增速情况

资料来源：辽宁省国民经济和社会发展统计公报，中诚信国际整理计算。

辽宁省是我国重要的老工业基地和工业行业种类最全的省份之一，装备制造业和原材料工业在全国占有重要位置，工业基础雄厚，产生了恒力石化、鞍钢股份、大连重工和大连机床等大型上市公司；同时，煤炭、铁矿石、菱镁矿、硼矿等矿产资源储量居全国前列，五大门类矿产基本齐全，具备发展现代工业的资源优势。近年来，在去产能、调结构及环保限产等政策背景下，辽宁省偏资源型、传统型、重化工型的产业结构弊端凸显，同时，抚顺市、阜新市等地区被认定为资源枯竭城市，辽宁省面临传统制造业转型升级、资源型地区转型发展和人口外流等多重压力，经济增长承压。金融资源方面，辽宁省内目前没有大型股份制商业银行，盛京银行、锦州银行和鞍山银行等城商行资产规模较大，本地金融资源对区域经济能起到较大的支持作用。

（二）财政实力在全国处于中游水平，政府性基金收入增速较快，对上级补助依赖性减轻

一般公共预算收入增速放缓，财政自给能力较弱。2019年，辽宁省一般公共预算收入为2652.40亿元，增长1.4%，增速较2018年下滑7.9个百分点，受减税降费政策影响，财政收入增速明显放缓（见图4）。从收入结构来看，税收收入占比由2017年的75.75%降至2019年的72.75%，从全国来看，收入质量尚可。2019年，辽宁省一般公共预算支出为5761.4亿元，增长7.9%，其中，民生支出占比达72.5%；财政平衡率为46.17%，较2018年下滑2.84个百分点，财政自给能力较弱。此外，2017~2019年，辽宁省分别收到上级补助收入2363.73亿元、2464.00亿元和2661.31亿元，占区域综合财力的比例分别为42.52%、40.57%和39.53%，对上级补助的依赖程度逐年下降。

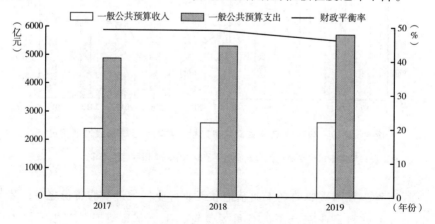

图4 2017~2019年辽宁省一般公共预算收支及财政平衡率

资料来源：辽宁省财政决算报告，中诚信国际整理计算。

政府性基金收入较快增长，但后续受房地产调控政策影响，增速或将放缓。2017～2019年，辽宁省政府性基金收入分别为712.02亿元、934.10亿元和1241.50亿元；同期，辽宁省房地产开发投资同比分别增长9.3%、13.5%和9.0%，受益于房地产市场景气度较高，土地市场出让金额攀升。此外，2017～2019年，辽宁省商品房销售额同比分别增长22.8%、7.1%和2.8%，商品房销售面积同比分别增长11.8%、-5.2%和-6.1%，受房地产调控政策趋严影响，商品房销售量价增速双双放缓，长期来看可能使政府性基金收入增长放缓。

国有资本运营收入波动较大，对财政实力的贡献有限。2017～2019年，辽宁省国有资本运营收入分别为90.40亿元、58.90亿元和176.92亿元，波动较大，主要系国有企业产权转让收入、PPP项目经营权转让收入对国有资本运营收入影响较大。整体来看，国有资本运营收入占财政实力的比重较低，对财政实力的贡献有限。

辽宁省财政实力在全国处于中游水平。从全国来看，2019年，辽宁省一般公共预算收入在31个省份中排第14位（见图5），上级补助收入在全国排第17位，整体居于中游水平；但政府性基金收入在全国排第21位，排名相对靠后，区域土地市场活跃程度一般。

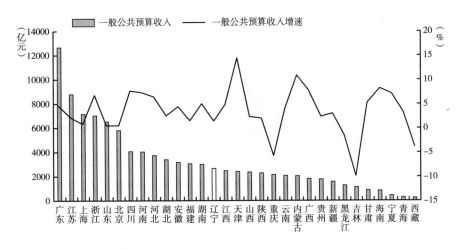

图5　2019年全国各省份一般公共预算收入及增速

资料来源：全国各省份财政决算报告，中诚信国际整理计算。

（三）大连、沈阳双雄并立，工业布局集中于内陆城市

大连、沈阳双雄并立，遥遥领先其余地级市。辽宁省下辖 14 个地级市。大连市作为计划单列市，2019 年 GDP 为 7001.7 亿元，人均 GDP 接近 10 万元，居全省首位；省会沈阳市的 GDP 为 6470.3 亿元，居全省第二位，形成双雄并立局面；在其余地级市中，鞍山市、营口市、盘锦市和锦州市 GDP 均超过 1000 亿元，阜新市 GDP 处于末位。2019 年辽宁省各地级市 GDP 占比见图 6。财政方面，2019 年，沈阳市一般公共预算收入为 730.29 亿元，同比增长 1.3%，居全省首位，财政平衡率为 69.71%，财政自给能力优于全省水平；大连市一般公共预算收入为 692.84 亿元，同比下降 1.6%，居全省第二位，财政平衡率为 68.17%；鞍山市、营口市和盘锦市一般公共预算收入超 100 亿元，其余地级市的经济体量及财政收入规模相对较小（见图 7）。

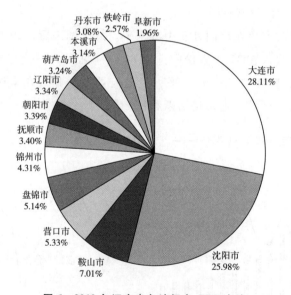

图 6　2019 年辽宁省各地级市 GDP 占比

资料来源：辽宁省各地市国民经济和社会发展统计公报，中诚信国际整理计算。

工业布局集中于内陆，沿海经济带成为增长新动能。产业资源方面，辽宁省工业布局长期集中于内陆城市，其中，沈阳的装备制造业，鞍山、本溪和抚顺的钢铁煤炭产业，以及盘锦、锦州、辽阳的石油化工产业较为发达。

2009 年，国务院通过《辽宁沿海经济带发展规划》，包括大连、丹东、锦州、营口、盘锦、葫芦岛等沿海城市在内的辽宁沿海经济带正式纳入国家战略范围，沿海城市积极发展海洋经济、开放型经济，并对接"一带一路"倡议，为辽宁省经济增长带来新动能。金融资源方面，辽宁省内目前没有大型股份制商业银行，盛京银行、锦州银行和鞍山银行等城商行资产规模较大，本地金融资源对区域经济能起到较大的支持作用。

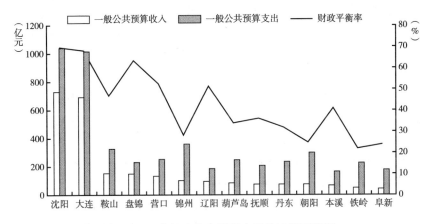

图 7 2019 年辽宁省各地级市财政平衡率情况

资料来源：辽宁省各地市财政决算报告，中诚信国际整理计算。

二 显性债务负担较重，隐性债务规模
较小，风险总体可控

（一）显性债务负担较重，2021～2023 年政府债券到期规模较大

显性债务规模逐年增长，债务负担较重。从显性债务规模看，2019 年末，辽宁省地方政府债务限额及债务余额分别为 9835.5 亿元和 8884.4 亿元，尚有 951.1 亿元额度未使用，债务余额在各省份中排第 8 位，水平较高；辽宁省债务余额逐年增长，2019 年末，债务余额较 2018 年末增长288.16 亿元。从债务水平看，2019 年，辽宁省地方政府债务率为131.97%，在全国排第 3 位，地方政府负债率为 35.67%，在全国排第 7 位，债务负担较重（见图 8）。

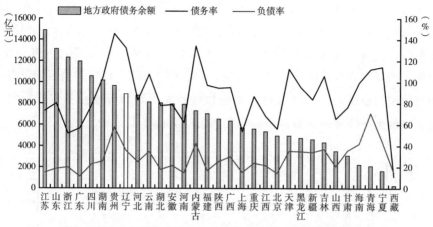

图 8　2019 年全国各省份地方政府债务余额、债务率及负债率

资料来源：全国各省份财政决算报告，中诚信国际整理计算。

地方政府债券存量规模偏高，新增债券发行规模较小。地方政府债券方面，2020 年，辽宁省地方政府债券发行规模为 1552.31 亿元，在全国排第 22 位，发行规模相对较小；从地方债存量及到期规模来看，2020 年末，辽宁省地方政府债券余额为 9132.41 亿元，在全国居中等偏高水平（见图9）。债券到期分布方面，2021～2023 年，辽宁省地方政府债券到期规模较大，分别为 1422.16 亿元、1294.70 亿元和 1566.70 亿元，2024 年及以后每年到期规模相对较小（见图 10）。

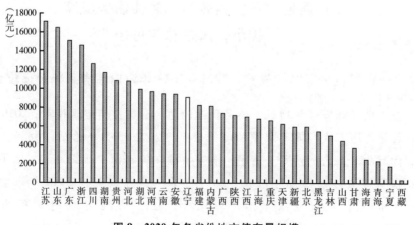

图 9　2020 年各省份地方债存量规模

资料来源：Choice 数据库，中诚信国际整理计算。

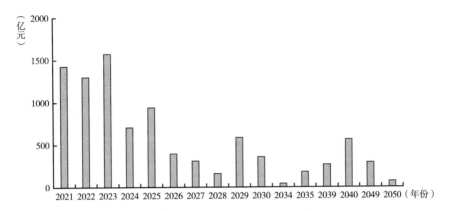

图 10　2021～2050 年末辽宁省地方债到期分布情况

注：2020 年末测算。

资料来源：Choice 数据库，中诚信国际整理计算。

地方政府债券以一般债为主，但专项债扩容明显。按债券类型划分，辽宁省地方政府债券中，一般债和专项债存量规模占比分别为 70.28% 和 29.72%；其中，项目收益专项债占比为 4.35%，规模相对较小。2019 年以来，辽宁省地方政府专项债扩容明显，2019～2020 年，专项债发行规模占当年总发行规模的比例分别为 37.62% 和 35.72%，均较 2018 年提升近 20 个百分点。

隐性债务规模相对不大，债务风险整体可控。2019 年末，辽宁省隐性债务规模为 3201.61 亿元，较 2018 年末下降 27.78 亿元，与显性债务相比，规模不大；考虑隐性债务在内的债务余额为 12086.01 亿元，负债率和债务率分别为 35.67% 和 131.97%，在全国各省份中分别排第 22 位和第 19 位，隐性债务风险相对可控（见图 11）。

（二）多个地级市的债务率超 100% 的警戒线，沈阳市和大连市政府显性债务规模较大

从政府债务余额看，大连市和沈阳市的显性债务规模排在前列，截至 2019 年末，分别为 1976.90 亿元和 1745.78 亿元；营口市、鞍山市和盘锦市政府债务余额为 600 亿～800 亿元；阜新市政府债务余额最小。从债务率看，营口市、鞍山市和盘锦市债务率均超 200%，除锦州市、阜新市和朝阳市以外，其余地级市的债务率均在 100% 以上，债务负担很重。从负债率来看，营口市（62.62%）高居首位（见图 12）。

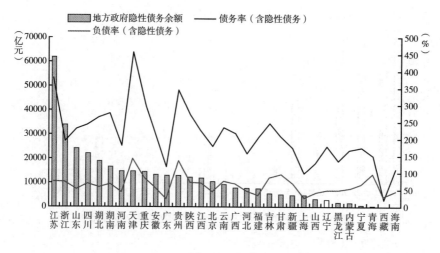

图 11　2019 年全国各省份地方政府隐性债务余额、债务率及负债率

资料来源：全国各省份财政决算报告，中诚信国际整理计算。

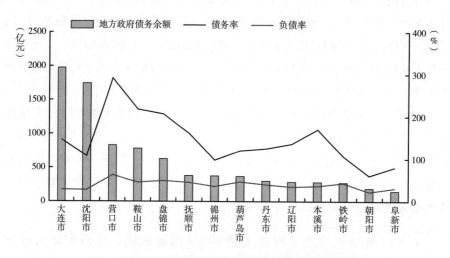

图 12　2019 年末辽宁省各地级市地方政府债务余额、
债务率及负债率（显性债务口径）

资料来源：辽宁省财政决算报告，中诚信国际整理计算。

（三）债务化解措施：省人大常委会行使特定问题调查权开展债务摸底，纳入建制县隐性债务化解试点有效防范尾部风险

为化解债务压力，2017 年初，辽宁省政府成立了省级预算管理和化解政

府债务工作及政府性债务风险事件应急领导小组,由省长和副省长担任正副组长,小组成员包括省直相关部门负责人和各市市长,负责推进全省财政预算管理工作,监督考核各地级市财政管理完成情况;推进全省政府债务化解和债务风险事件应急处置工作,明确各地级市和省直相关部门的工作职责;部署落实化债各项工作任务目标,统筹研究推进国资国企改革、事业单位分类改革、盘活资产、资产证券化、债券发行、偿债资金预算管理等化债各项工作。

2018 年 1 月的辽宁省政府工作报告指出,要严格落实化解政府债务三年行动工作方案,着力防范化解债务风险,未来三年每年化解 1000 亿元以上政府债务;同年 7 月,辽宁省十三届人大常委会第四次会议表决通过了省人大常委会关于成立政府支出预算结构和政府性债务问题调查委员会的决定。省人大常委会行使特定问题调查权,对政府支出预算结构和政府性债务进行特定问题调查,在全国尚属首次,有利于辽宁省政府提高支出预算编制质量和预算执行规范化水平,摸底全省债务风险。

2018 年,《中共中央 国务院关于防范化解地方政府隐性债务风险的意见》印发,各地均开展地方政府隐性债务排查,并先后出台各类防范化解隐性债务风险的举措,主要包括:①规范举债渠道,遏制新增隐性债务,拓宽融资渠道,盘活有效资产,化解存量债务;②将政府购买纳入财政年度预算和中长期财政规划,按照协议约定时间,逐年足额安排预算;③统筹考虑地方债务类型、期限结构、财力水平、可变现资产变现能力和未来估值等因素,制定切实可行的债务化解方案,其中,包括采取展期或债务置换等措施,"以时间换空间";④建立考核问责机制,健全信息公开制度,强化社会监督,加强风险评估,完善预警应急处置机制。

2019 年,财政部推出建制县隐性债务化解试点方案,辽宁省成为首批试点省份,由省政府筛选并上报建制县名单,建制县需制定出财务部认可的隐性债务化解方案并通过财政部答辩,才可被纳入试点县名单,试点县可由省政府发行地方政府债券以置换政府隐性债务。从公开披露信息来看,沈阳市新民市、沈阳市法库县、鞍山市台安县、鞍山市海城市以及丹东市凤城市等多个区县被纳入试点。上述试点区县存在财政实力较弱、债务负担较重等问题,这次政府隐性债务置换方案将有效防范尾部风险。

三　辽宁省存量融资平台债规模较小，发行
主体资质相对较弱，发行成本较高

（一）存量融资平台债规模居全国下游，发行主体信用等级较低，融资成本高

存量融资平台债规模居于全国下游，发行主体信用等级较低，融资成本很高。截至 2020 年末，辽宁省存量融资平台债共计 74 只，涉及发行人 38 家，债券余额共计 454.41 亿元，存量规模在全国居第 25 位（见图 13）。从主体信用等级看，AA 级融资平台共 22 家，其次，A + 及以下级共 6 家，AAA 级仅 2 家，整体主体信用等级较低（见图 14）。从发行主体的行政层级看，区县级主体发行数量最大，占比为 58%；其次为市级，占比为 41%；省级主体发行数量仅占 1%。从债券种类看，以一般企业债为主，数量占 46%，次之为一般中期票据（22%）。从债券期限看，以 7 年期为主，占比为 46%。从收益率和交易利差看，加权平均到期收益率、交易利差分别为 7.43%、473.04BP，融资成本很高，在全国各省份中排第 2 位，仅次于贵州（见图 15）。

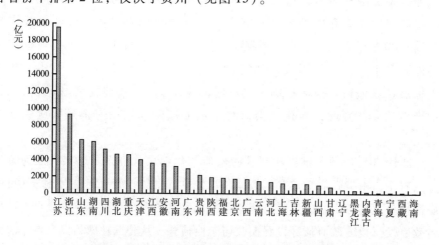

图 13　2020 年末全国各省份存量融资平台债规模

资料来源：Choice 数据库，中诚信国际整理计算。

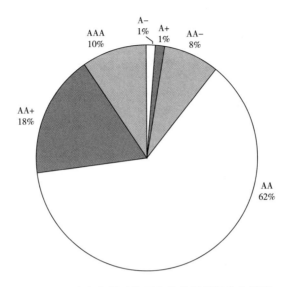

图14 辽宁省存量融资平台债信用等级分布情况

资料来源：Choice 数据库，中诚信国际整理计算。

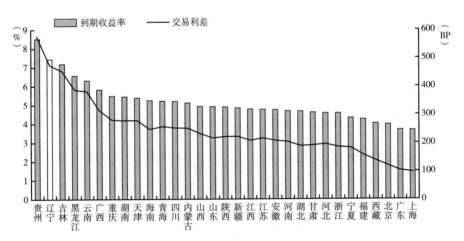

图15 2020年末全国各省份存量融资平台债到期收益率及交易利差

资料来源：Choice 数据库，中诚信国际整理计算。

新增债券发行规模居全国中下游，发行期限短，发行成本高。2020年，辽宁省共发行融资平台债22只，规模合计136.00亿元，发行规模居全国中下游水平。从债券种类看，发行的融资平台债以一般中期票据和私募债为主，每个品种各发行9只。从债券期限看，以3年和5年为主，占比分别为50%和45%，整体期限较短。从发行利率及利差看，加权平均发行利率及利差分别为5.72%、330.22BP，融资平台债的发行成本和全国其余省份相比居第3位，处于较高水平。

2021~2023年到期及回售压力较大。从到期情况看，2021年3~4月，辽宁省融资平台债到期及回售规模合计72.70亿元，到期压力较大。从年度走势看，债务到期集中在2021~2023年，2022年回售规模较大；2023年到期及回售总规模最大，达到200.44亿元。

2020年以来，辽宁省发债融资平台的评级调整以下调为主。2020年，辽宁省有3家发债融资平台发生等级变动。2020年4月，中诚信国际信用评级有限责任公司（以下简称"中诚信国际"）将大连时泰城市建设发展有限公司（曾用名"大连普湾工程项目管理有限公司"）评级展望由稳定调整至负面。2020年5月，中诚信国际将营口沿海开发建设集团有限公司主体及债项列入信用评级观察名单。2020年11月，中诚信国际将公司主体及债项撤出信用评级观察名单。2020年11月，上海新世纪资信评估投资服务有限公司将北票市建设投资有限公司主体信用等级由A级下调至A-级。

（二）各地级市融资平台债规模差距较大，2021年到期规模较高

大连市存量融资平台债规模最大，整体偿债压力可控。从存量融资平台债数量来看，大连市数量最多，共10只，其次为锦州市和盘锦市，分别为7只和6只。从存量融资平台债规模看，大连市融资平台债存量规模最大，为175.45亿元，在全省存量融资平台债中的规模占比为40.39%；沈阳市、营口市存量融资平台债规模分别为61.84亿元和60.40亿元，仅次于大连市。结合各地级市综合财力情况来看，营口市、本溪市和大连市存量融资平台债规模占综合财力的比例较高，分别为21.15%、14.12%和12.99%，整体偿债压力处于可控范围内。辽宁省发债融资平台的数量较多，但2021~2023年债券市场参与度不高，新增债券发行规模居全国末位，且仍有地级市尚未发行过融资平台债；有存续债券的融资平台中，区县级融资平台占比为58%，行政层级相对偏低。

债券到期分布较不均衡，2021年到期规模较高。从各地级市融资平台债到期情况看，2021年，大连市、鞍山市和锦州市到期债务规模较高，分

别为 52.15 亿元、21.40 亿元和 10.80 亿元，偿债压力较大；2023 年，大连市到期债务规模高达 104.30 亿元（见表 1），但考虑部分债券存在提前回售、分期偿还本金等条款，实际到期规模应当略低。此外，鞍山市、葫芦岛市融资平台债到期时间分布较不均衡，出现个别年份集中到期现象。

表 1　2021 年及以后辽宁省各地级市债券到期分布情况

单位：亿元

地区	2021 年	2022 年	2023 年	2024 年	2025 年	2026 年及以后	合计
省本级	—	—	20.00	—	—	—	20.00
大连市	52.15	—	104.3	—	7.00	12.00	175.45
沈阳市	2.00	7.60	7.24	—	15.00	30.00	61.84
营口市	—	6.00	18.00	21.00	15.40	—	60.40
鞍山市	21.40	—	—	—	5.00	5.00	31.40
盘锦市	6.40	—	—	11.03	4.60	9.00	31.03
抚顺市	—	—	—	—	—	—	—
锦州市	10.80	2.50	10.00	—	—	—	23.30
葫芦岛市	—	—	1.80	—	15.00	—	16.80
丹东市	—	2.00	—	—	—	—	2.00
辽阳市	—	—	—	—	—	—	—
本溪市	3.00	13.60	7.00	—	—	—	23.60
铁岭市	—	—	—	—	—	—	—
朝阳市	—	—	5.40	—	—	—	5.40
阜新市	—	3.20	—	—	—	—	3.20
合计	95.75	34.90	173.74	32.03	62.00	56.00	454.42

注：2020 年末测算。

资料来源：Choice 数据库，中诚信国际整理计算。

（三）资产规模增长缓慢，利润水平偏低，整体债务结构与杠杆水平较合理

近年来，辽宁省融资平台资产规模增长缓慢，部分地级市呈现负增长态势。2019 年末，辽宁省融资平台债仍在存续期内的企业共计 38 家，发行家数不少，但近年来它们的债券市场参与度较低，其中，抚顺市、辽阳市及铁岭市无存续融资平台债。从总资产规模来看，截至 2019 年末，38 家财务数

据可得的样本融资平台的总资产合计 7895.33 亿元，2017～2019 年的复合增长率为 1.68%；从净资产看，截至 2019 年末，样本融资平台净资产合计 4483.75 亿元，2017～2019 年的复合增长率为 3.51%。其中，大连市、沈阳市的发债融资平台资产规模及净资产规模较大，两市融资平台总资产分别为 2904.97 亿元和 1474.91 亿元，净资产分别为 1875.34 亿元和 589.12 亿元。辽宁省发债融资平台的总资产及净资产规模整体增长缓慢，其中，朝阳市、丹东市、阜新市等 6 个地级市的发债融资平台的总资产 2017～2019 年的复合增长率为负，丹东市、朝阳市和本溪市净资产 2017～2019 年的复合增长率为负值，上述区域的融资平台可能存在资产划出、持续亏损侵蚀权益等情况（见图 16）。

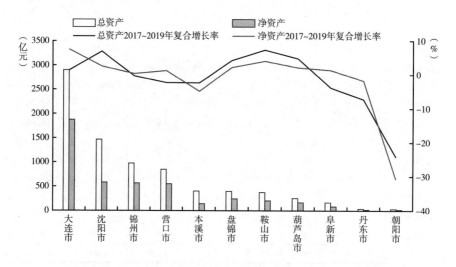

图 16　2019 年末辽宁省各地级市融资平台总资产及净资产情况

资料来源：Choice 数据库，中诚信国际整理计算。

存货及应收类款项占比较高，资产流动性较弱。资产流动性方面，2019 年末，辽宁省融资平台速动比率均值为 1.82，流动比率均值为 4.46，存货占总资产的平均比例为 27.76%，流动比率与速动比率的差异显著主要是因为融资平台的存货规模较大，且主要为难以变现的土地、基建开发成本。此外，2019 年末，融资平台应收类款项占总资产的平均比例为 33.28%，通常以往来款和账款为主，流动性较弱。在各地级市中，朝阳市、营口市、盘锦市和沈阳市的融资平台存货价值占总资产的平均比例超过 50%，其中，朝阳市、盘锦市的应收类款项占总资产的平均比例超过 40%，资产流动性很弱（见图 17）。

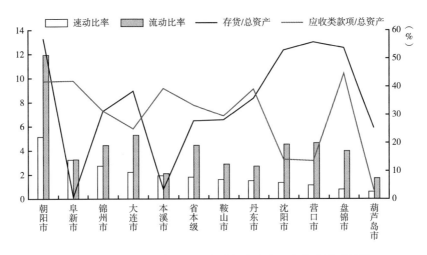

图 17　2019 年末辽宁省本级及各地级市融资平台资产流动性情况

资料来源：Choice 数据库，中诚信国际整理计算。

　　辽宁省融资平台利润水平偏低，且对政府支持的依赖程度较高。2019年，辽宁省融资平台利润总额合计 53.24 亿元，均值为 1.40 亿元；其中，营业外收入均值为 0.29 亿元，其他收益均值为 1.73 亿元。在各地级市中，大连市融资平台利润总额和 EBITDA 均值最高，分别为 2.16 亿元和 5.06 亿元；朝阳市融资平台利润总额和 EBITDA 均值最低（见图 18）。辽宁省融资平台利润水平偏低，且对政府支持的依赖程度较高，自身盈利能力较弱。按照（营业外收入＋其他收益）/利润总额指标估算，2019 年，辽宁省融资平台获得的政府补助占利润总额的比例均值为 1.44 倍，在各地级市中，最高的为丹东市的 19.16 倍，最低的为朝阳市。

　　各地级市债务规模明显分化，整体债务结构及杠杆水平较为合理。2019年末，在各地级市中，大连市、沈阳市融资平台的有息债务总额分别为595.27 亿元和 485.98 亿元，显著高于其他地级市，丹东市、朝阳市融资平台的有息债务规模最小，均低于 10 亿元，区域间债务规模出现明显分化（见图 19）。债务结构方面，葫芦岛市短期债务占总债务的比例为 0.68%，在各地级市中最高，其余地级市的融资平台有息债务均以短期债务为主，债

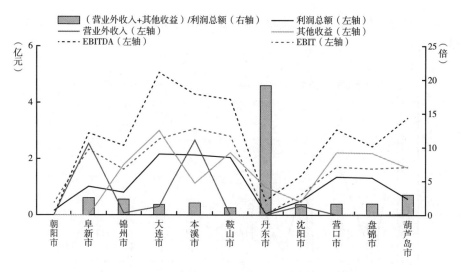

图18　2019年辽宁省各地级市融资平台利润指标均值情况

资料来源：Choice数据库，中诚信国际整理计算。

务结构较为合理。从资产负债率看，本溪市融资平台的资产负债率均值最高，为64.92%，营口市融资平台的资产负债率均值最低，为30.18%，整体来看，辽宁省融资平台资产负债率处于合理水平。

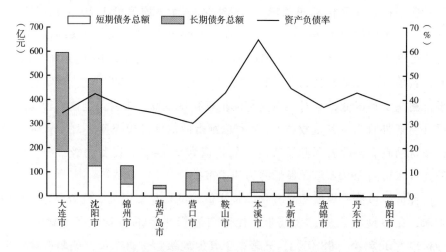

图19　2019年末辽宁省各地级市融资平台负债情况

资料来源：Choice数据库，中诚信国际整理计算。

（四）融资平台转型情况：面临从政府监管体制、国资持股结构到内部治理结构的全方位改革要求

《国务院关于推进国有资本投资、运营公司改革试点的实施意见》（国发〔2018〕23号）和《国务院关于印发改革国有资本授权经营体制方案的通知》（国发〔2019〕9号）的印发，把改建、重组国有资本投资运营公司作为国家今后一个时期内推进以管资本为主、改革国有资本授权经营体制的重要举措。首先，辽宁省多个地级市响应政策指导，从顶层设计的层面重新梳理国有资本投资运营格局，国资国企监管体制由"管资产"向"管资本"转变。以沈阳市为例，沈阳市搭建了"3＋1＋N"的国有资本投资运营格局，其中，"3"为3家国有资本投资运营公司，分别作为整合全市金融、城建和产业类资源的平台；"1"为1家资产管理公司，作为构建适应区域经济发展的综合金融服务体系的平台；"N"指N个产业集团，主要涉及旅游、航空、体育、养老、会展等领域，旨在实现国有资本管理专业化、市场化。此外，大连市金普新区组建了大连金普新区产业控股集团有限公司，营口市、丹东市分别以营口城市基础设施建设投资集团有限公司、丹东市城市建设与文化旅游集团有限责任公司作为改组为国有资本投资公司的试点企业。

其次，辽宁省多个融资平台积极推进国企混合所有制改革，其中，改革对象以水务、燃气等公用事业运营主体和市政设计、建筑施工、类金融等市场化业务的运营主体为主，且多为发债融资平台的子公司。例如，营口城市基础设施建设投资集团有限公司下属子公司营口瑞泰押运有限公司通过增资扩股方式引入具有战略协同性的民营资本，并和新股东在多元化产业布局方面深度合作；盘锦水务集团下属子公司盘锦市水利勘探设计有限公司与具备市政优质资质的辽宁城建设计院有限公司开展混改，并通过优化治理结构、建立完善现代企业制度等方式提升企业治理水平。

此外，辽宁省多地以深化三项制度改革为关键点完善国企内部治理，聚焦机构人员精简、人员选聘制度、薪酬管理制度等领域的改革。营口市三项制度改革以实现"管理人员能上能下、员工能进能出、收入能增能减"为目标，全面推进市属企业集团内部劳动、人事、分配制度改革；阜新市以阜新市城建集团、阜新市水务集团为试点，采用"试点先行、全面铺开"的改革策略；沈阳、大连、营口等多地通过市场化选聘管理层、雇佣外部董事等方式引进高端人才。

整体来看，辽宁省融资平台作为地方国有国资企业的主力军，面临从政府监管体制、国资持股结构到内部治理结构的全方位改革要求，一系列自上而下的改革有利于融资平台厘清政府与市场的关系，实现产业链整合或业务协同、引进民营资本提升资本实力以及提高内部管理效率进而改善经营效益。但辽宁省融资平台业务以土地整理、基础设施建设和园区及片区开发为主，受制于地方政府财力和区域土地市场活跃度，在较大程度上存在开发成本无法及时收回的现象，进而导致融资平台流动性紧张、盈利能力较弱和债务负担重等。未来，业务层面仍需关注辽宁省融资平台整合对增强业务经营实力、降低企业成本、提升融资能力等方面的实质性作用，关注国企混改对融资平台理清划拨资产权属、盘活存量资产、发展市场化业务等方面的积极影响。

（五）融资平台信用事件及监管处罚：2018 年至 2020 年末发生多起融资平台及地方国企信用事件

从违规处罚情况看，2018 年至 2020 年末，辽宁省共发生 1 起违规处罚事件。2019 年 12 月，根据审计署 2019 年第 10 号公告《2019 年第三季度国家重大政策措施落实情况跟踪审计结果》，辽宁省沈抚新区在原项目取消或变化的情况下未对地方政府债券资金用途进行调整，截至 2019 年 9 月底，辽宁省沈抚新区一般债资金 74325.5 万元已闲置 1 年以上。

从融资平台信用事件看，2018 年至 2020 年末，辽宁省发生多起融资平台信用事件。2018 年 11 月，辽宁省开原市城乡建设投资有限公司作为"乾堃开原城投应收账款资产管理计划"的融资人，未能按时还款，导致该资管计划展期。2020 年 4 月，瓦房店沿海项目开发有限公司发行"20 瓦房02"债券，用于等比例置换存量的"17 瓦房02"债券，引发市场对区域融资平台的偿债能力和偿债意愿的热议。2020 年 10 月，因收到法院破产裁定，沈阳盛京能源发展集团有限公司（曾用名为"沈阳城市公用集团有限公司"）发行的私募债"18 沈公用 PPN001"在当天提前到期，公司未能按期足额偿付本息，最终由辽宁瀚华融资担保有限公司代偿完成兑付。

此外，2020 年 10 月，华晨汽车集团控股有限公司（以下简称"华晨集团"）10 亿元私募债"17 华汽05"到期，未能按期兑付，发生实质性违约；2021 年 1 月，上交所认定华晨集团存在四个方面的违规行为，并对其予以公开谴责和自律处分。华晨集团是隶属于辽宁省国资委的重点国有企业，辽宁省国资委和辽宁省社保基金理事会分别持股 80% 和 20%。华晨集团债券违约后，引发市场强烈关注和讨论，对辽宁省区域信用水平和融资环境造成严重影响。

结　语

辽宁省整体经济及财政实力在全国处于中游水平，2017 年以来，经济增速有所回升，固定资产投资增长低迷，消费成为经济第一拉力，政府债务水平处于可控范围之内，但仍需重点关注以下风险。

第一，区域产业转型升级及人口外流压力。在去产能、调结构及环保限产等政策背景下，辽宁省偏资源型、传统型、重化工型的产业结构弊端凸显，同时，抚顺市、阜新市等地区被认定为资源枯竭城市，辽宁省面临传统制造业转型升级、资源型地区转型发展和人口外流等多重压力，经济增长承压，固定资产投资增长低迷。

第二，财政自给能力较弱，政府性基金收入存在下降风险。辽宁省综合财政实力居于全国中游水平，近年来，一般公共预算收入增速放缓，财政自给能力较差，且受房地产调控政策趋严影响，辽宁省商品房销售量价增速双双放缓，长期来看，政府性基金收入存在下降风险。

第三，融资平台再融资风险。辽宁省融资平台以区县级融资平台为主，主体信用等级以 AA 级为主，且普遍存在资产流动性较弱、自主盈利能力弱等问题；近年来，辽宁省融资平台债券融资规模较小，且融资成本较高，融资平台拓展融资渠道、滚动发行及借新还旧等的难度凸显，随着区域内融资平台偿债高峰的到来，需关注融资平台再融资能力。此外，由于区域内融资平台偿债能力较弱，或将存在交叉违约风险，以及风险在区域内及金融系统内的传导及扩散。

第四，融资平台及地方国企信用事件对当地融资环境及企业信用的影响。2018 年以来，辽宁省发生多起融资平台及地方国企非标产品或私募债券信用事件，尤其是 2020 年华晨集团债券违约，给区域内的融资环境及国有企业自身信用造成严重影响。

吉林地方政府与融资平台债务分析报告

李家其[*]

要 点

●吉林省经济发展与财政实力分析：吉林省位于中国东北地区中部，与辽宁、内蒙古、黑龙江相连，并与俄罗斯、朝鲜接壤，地处东北亚地理中心位置。省内下辖共辖9个地级行政区，包括8个地级市、1个自治州，分别是长春市、吉林市、延边朝鲜族自治州、四平市、通化市、白城市、辽源市、松原市和白山市。2017~2019年，吉林省地区生产总值（GDP）分别为14944.53亿元、11253.81亿元和11726.82亿元，GDP分别同比增长5.3%、4.5%和3%。2019年，吉林省第一、第二、第三产业之比由2018年的7.7∶42.5∶49.8调整为11.0∶35.2∶53.8，第三产业所占比重持续上升。2019年以来，吉林省将扩大消费和有效投资作为稳增长的关键，该举措有利于促进消费转型升级，调整吉林省经济结构。同时，吉林省是我国重要的粮食产地，2020年，粮食产量达到3803.00万吨，稳居全国第5位。吉林省综合财政实力较弱，在全国处于下游水平，2017~2019年，吉林省综合财力分别为3810.72亿元、3944.58亿元和4104.53亿元。

●吉林省地方政府债务情况：吉林省2019年政府债务余额为4344.83亿元，在全国各省份中排第25位，债务率为105.85%，负债率为37.05%。考虑隐性债务的情况下，吉林省债务率为246.46%，负债率为86.26%。

＊ 李家其，中诚信国际政府公共评级一部高级分析师。

● 吉林省融资平台债情况：吉林省融资平台债存量规模居全国中下游水平，中期票据及定向工具为吉林省融资平台发债的主要券种，融资平台主体信用等级以 AA 级为主。从各地市（州）情况看，长春市和省级融资平台债存量规模位居前列，2022 年和 2023年，债务集中到期；省内融资平台近年来，资产规模和负债规模较为分化，但盈利能力整体偏弱且偿债能力较弱。

● 总体来看，吉林省整体经济及财政实力在全国处于下游水平，近年来，经济增速放缓，投资热情消退，消费为经济发展的重要动力；下辖各地市（州）经济发展出现明显分化，目前，吉林省债务水平处于可控范围之内，但仍需关注区域内融资平台信用事件对区域企业再融资带来的负面影响及吉林省隐性债务规模较大等风险。

一　吉林省经济总量较小，固定资产投资
出现大幅下滑，面临较大转型压力

（一）经济体量相对较小，固定资产投资出现下滑，投资热情减弱

吉林省经济发展增速放缓，体量在全国排名靠后。吉林省位于中国东北地区中部，与辽宁、内蒙古、黑龙江相连，并与俄罗斯、朝鲜接壤，地处东北亚地理中心位置。吉林省是我国重要的粮食产地，2020 年，粮食产量达3803.00 万吨，稳居全国第 5 位，粮食单产居全国第 4 位。2017～2019 年，吉林省经济增速逐渐放缓，吉林省经济总量在全国 31 个省份中排名靠后。

吉林省经济体量相对较小，近年来，GDP 增速出现下滑。2017～2019年，吉林省地区生产总值（GDP）分别为14944.53 亿元、11253.81 亿元和11726.82 亿元，GDP 分别同比增长 5.3%、4.5% 和 3%。2017～2019 年，吉林省经济增速整体放缓，增速不及全国平均值。2019 年，吉林省经济总量在全国 31 个省份中排名靠后（见图 1、图 2）。

2017～2019 年，吉林省人均 GDP 分别为 40077 元、41516 元和 43475

元，呈稳定增长态势，但始终低于全国平均水平，且在各省份排名中相对靠后，2019 年，吉林省人均 GDP 与全国人均 GDP 的比率为 0.60。

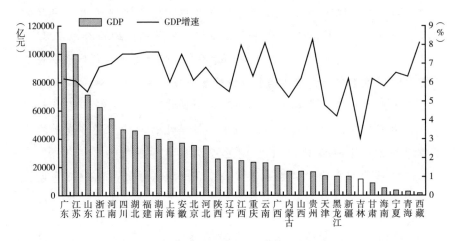

图 1　2019 年全国各省份 GDP 及增速

资料来源：全国各省份国民经济和社会发展统计公报，中诚信国际整理计算。

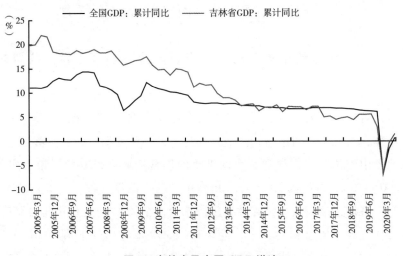

图 2　吉林省及全国 GDP 增速

资料来源：全国及吉林省国民经济和社会发展统计公报，中诚信国际整理计算。

目前，吉林省产业结构以第三产业为主，但经济转型仍面临一定挑战。分产业看，2019 年，第一产业增加值为 1287.32 亿元，增长 2.5%；第二产业增加值为 4134.82 亿元,增长 2.6%;第三产业增加值为 6304.68 亿元,增长 3.3%。第一产业增加值占地区生产总值的比重为 11.0%,第二产业增加值所占比重为 35.2%,第三产业增加值所占比重为 53.8%。2019 年,吉林省第一、第二、第三产业之比由 2018 年的 7.7∶42.5∶49.8 调整为 11.0∶35.2∶53.8,第三产业所占比重持续上升。2019 年以来,吉林省将扩大消费和有效投资作为稳增长的关键,该举措有利于促进消费转型升级,调整吉林省经济结构。

从产业结构来看,相比全国,吉林省第一产业增加值占 GDP 的比重过高,第二产业占比偏低。2019 年,全省实现农林牧渔业增加值 1333.42 亿元,较上年增长 2.5%。全年粮食种植面积 564.50 万公顷,比上年增加 4.50 万公顷。全年粮食总产量为 3878.00 万吨,比上年增产 6.7%,净增量居全国第 1 位,占全国总增量的 41.26%。其中,玉米产量为 3045.30 万吨,增产 8.8%,每公顷产量为 7217.02 公斤,增长 9.1%;水稻产量为 657.17 万吨,增产 1.7%,每公顷产量为 7819.82 公斤,增长 1.6%。第二产业方面,2019 年,全省全部工业增加值为 3347.82 亿元,较上年增长 3.1%。规模以上工业增加值增长 3.1%。在规模以上工业中,分经济类型看,国有及国有控股企业增加值增长 6.0%,集体企业增长 8.0%,外商及港澳台商投资企业增长 0.3%。分门类看,采矿业增加值下降 2.6%,制造业增长 3.1%,电力、热力、燃气及水的生产和供应业增长 8.9%。

吉林省 2019 年末的常住人口为 2690.73 万人,较上年末净减少 13.33 万人,其中,城镇常住人口为 1567.93 万人,占总人口的比重(常住人口城镇化率)为 58.27%,较上年末提高 0.74 个百分点。户籍人口城镇化率为 49.19%。全年出生人口为 16.32 万人,出生率为 6.05‰;死亡人口为 18.62 万人,死亡率为 6.90‰;自然增长率为 -0.85‰。人口性别比为 101.14(以女性为 100)。

从需求结构看,投资对吉林经济增长的拉动效果开始衰退,固定资产投资出现大幅下滑,未来需要依靠消费对经济拉动。近年来,吉林省固定资产投资大幅下降,2019 年全省固定资产投资(不含农户)比上年下降 16.3%。其中,第一产业投资下降 51.4%,第二产业投资下降 37.7%,第三产业投资下降 4.9%;基础设施投资下降 2.8%,民间投资下降 26.7%,六大高耗能行业投资下降 52.3%。消费方面,2019 年,吉林省城镇常住居民人均可支配收入为 32299 元，比上年增长 7.1%；城镇常住居民人均消费支出为 23394 元，增长 4.5%。农村常住居民人均可支配收入为 14936 元，增长 8.6%；农村常住居民人均消费支出为 11457 元，增长 5.8%。城镇的恩格尔系数为 23.4%，农村的恩格尔系数为 28.1%。未来，消费将作为拉动吉林经济增长的主要驱动力。

吉林省传统产业带来的经济效应不强，发展面临一定的局限性。虽然吉林在我国具有极为重要的粮食保障作用，但因第一产业占比过高带来的经济质量效益不高以及近年来投资热情的下降，吉林省经济发展速度放缓，且新兴科技产业则发展较慢。此外，经济发展速度较慢亦造成一定程度的人才流失，吉林省科技和人才要素支撑不够，使社会整体创新能力不强，进一步制约了吉林经济结构调整和经济的快速发展。

为解决发展局限性问题，在"十四五"规划中，吉林省将重点提升产业基础能力、大力发展寒地冰雪经济、维护国家粮食安全以及加快"长吉图"地区开发开放，深度融入"一带一路"倡议等；到 2025 年，高质量发展取得突破性进展，民生改善取得标志性成果，风清气正的振兴氛围实现根本性提升，为全面实现新一轮东北振兴战略目标奠定坚实基础。

（二）综合财政实力总体较弱，在全国处于下游水平，财政收入对上级补助的依赖性较强

吉林省财政实力较弱，在全国处于下游水平。从综合财力来看，吉林省在全国 31 个省份中处于下游水平（见图 3），2017～2019 年，吉林省综合财力分别为 3810.72 亿元、3944.58 亿元和 4104.53 亿元。

一般公共预算收入增长持续放缓，对中央转移支付的依赖较大。受中美经贸摩擦影响和宏观经济下行压力影响，在国内汽车市场低迷等大背景下，吉林省一般公共预算收入增长持续放缓，2017～2019 年，一般公共预算收入分别为 1210.91 亿元、1240.89 亿元和 1116.95 亿元（见图 4）。2019 年，吉林省一般公共预算收入在全国排第 25 位，其中，税收收入为 797.89 亿元，主要由增值税、企业所得税、个人所得税构成。吉林省财政平衡率较低，2019 年为 28.40%，财政平衡主要依赖上级补助收入。2019 年，吉林省共获得中央各项转移支付 2304.57 亿元，同比增长 7.69%。财政支出方

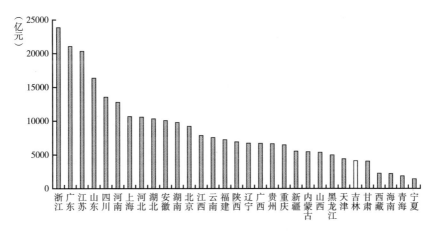

图3 2019年全国各省份综合财力情况

资料来源：全国各省份财政决算报告，中诚信国际整理计算。

面，近年来，吉林省一般公共预算支出持续增长，财政缺口逐年增加。2017～2019年，一般公共预算支出分别为3725.72亿元、3789.59亿元和3933.42亿元，主要用于民生保障、环境治理等方面。

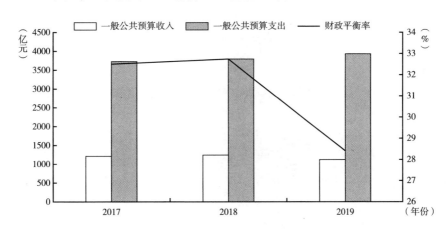

图4 2017～2019年吉林省一般公共预算收支及财政平衡率

资料来源：吉林省财政决算报告，中诚信国际整理计算。

政府性基金收入持续增长，或受房地产市场波动等因素影响。政府性基金收入是吉林省财政收入的重要补充，2019年，吉林省政府性基金收入为665.25亿元。随着吉林省经济转型不断推进，以国有土地使用权出让收入为主的政府性基金收入有所增加，但未来变动趋势易受房地产市场投资规模下滑等因素影响。

（三）省内区域经济发展呈现"长春独强"的格局

省会城市长春市的经济、财政实力遥遥领先。吉林省共辖9个地级行政区，包括8个地级市、1个自治州，分别是长春市、吉林市、延边朝鲜族自治州、四平市、通化市、白城市、辽源市、松原市和白山市。各地区经济发展水平、财政实力差距较大。从经济体量来看，吉林省各地市（州）经济发展主要分为三个梯队：省会城市长春的经济发展远超其他地级市，居于首位；吉林市经济处于第二阶梯，与长春市相差较大，但同样与四平市等第三梯队拉开一定的距离。2019年，长春市GDP为5904.14亿元，同比增长3%，占吉林省GDP的50.43%；辽源市GDP为410.38亿元，同比增长2%，仅吉林省GDP的3.51%（见图5）。

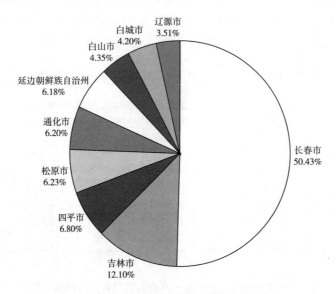

图5　2019年吉林省各地市（州）GDP占比

资料来源：吉林省各地市（州）国民经济和社会发展统计公报，中诚信国际整理计算。

各地市（州）财政实力呈现分化态势，长春市排名第一，辽源市最弱。吉林省各区域财政实力与经济发展水平相匹配，与经济体量梯段分类基本一致。

2019 年，长春市一般公共预算收入为 420.02 亿元，在省内居于首位，财政平衡率为 46.88%，财政自给能力相对省内其他地级行政区较强；辽源市一般公共预算收入为 17.46 亿元，财政平衡率为 13%，财政自给能力较弱（见图6）。

从 2019 年财政支出情况看，长春市支出是辽源市支出的 6.73 倍，吉林省各地市（州）的财政平衡率普遍较低。2019 年，排名第一的长春市的一般公共预算支出达 896.02 亿元，排名最后的辽源市为 133.10 亿元，两者差距极大。从财政收支平衡情况看，长春市和吉林市的财政平衡率在 9 个地市（州）中相对较高，分别为 46.88% 和 23.27%，其余，各地市（州）的财政平衡率均在 20% 以下，财政收支平衡难度较大。

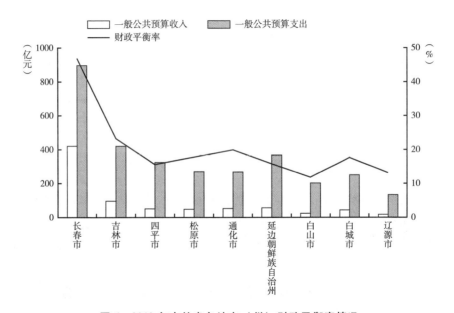

图 6　2019 年吉林省各地市（州）财政平衡率情况

资料来源：吉林省各地市（州）财政决算报告，中诚信国际整理计算。

二　显性债务有所控制，隐性债务规模较小，风险总体可控

（一）政府性债务总量及增长情况

显性债务规模快速扩张，但债务规模处于合理范围，风险总体可控。吉林省债务余额逐年增加，显性债务风险整体可控。从债务规模看，2017～2019

年，吉林省地方政府债务余额分别为3193.27亿元、3711.66亿元和4344.83亿元，其中，2019年债务限额为4822.7亿元，尚有一定举债空间；债务余额规模在全国居第25位，债务规模和限额增速保持一致。从债务水平看，2019年末，吉林省负债率为37.05%，负债率水平在全国排在前列（见图7）。

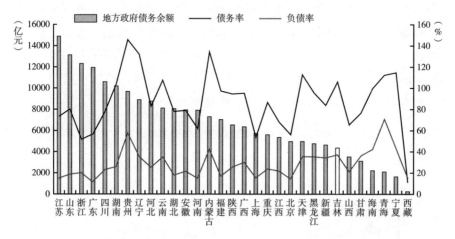

图7 2019年全国各省份地方政府债务余额、债务率及负债率

资料来源：全国各省份财政决算报告，中诚信国际整理计算。

区域融资环境较差，债券发行规模在全国处于下游。截至2020年末，吉林省在存续期内的地方债共151只，规模合计5140.12亿元；其中，一般债为51只，规模合计3107.98亿元，专项债为100只，规模合计2032.14亿元。2020年，吉林省地方债发行规模为1383.92亿元，发行规模相对较低。从发行结构来看，894.81亿元为新增地方债，489.11亿元为再融资地方债；一般地方债为679.45亿元，专项地方债为704.47亿元。从发行成本来看，2020年，吉林省地方债平均发行利率为3.58%，利率水平相对较高，发行利差为25.28BP，利差水平较高。2020年，到期债务规模为499.34亿元，结合债务余额来看，吉林省到期债务压力较小；净融资为884.58亿元，吉林省负债能力尚可。从到期时间看，吉林省地方债偿付压力相对分散，集中偿付压力较小，2021～2025年，年均偿还规模为511.02亿元（见图8）。仅从短期看，2021年吉林省地方债到期规模为328.64亿元，具体到期时间集中于2021年4月、6月和8月，到期规模分别为189.17亿元、90.49亿元和48.98亿元。

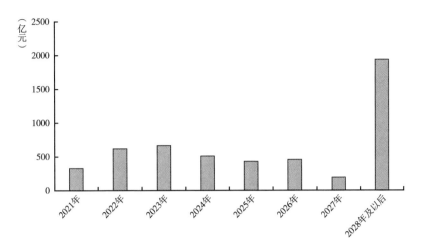

图8 2021年及以后吉林省地方债到期分布情况

注：2020年末测算。

资料来源：Choice数据库，中诚信国际整理计算。

（二）吉林省隐性债务规模相对较大，隐性债务风险较高，债务有序化解尤为关键

近年来，吉林省隐性债务规模呈快速增加趋势，2017～2019年，吉林省隐性债务规模分别为4275.77亿元、4597.26亿元和5771.18亿元。2019年末，吉林省考虑隐性债务在内的债务余额为10116.01亿元，负债率为86.26%，居全国第5位，隐性债务风险较大，债务防范有待加强。

（三）吉林省地市（州）债务规模分化明显

吉林省下辖各地市（州）债务分化明显，但均未超过债务限额。2019年末，长春市地方政府债务余额规模最大，为1283.80亿元；吉林市、通化市和延边朝鲜族自治州债务规模均接近300亿元；四平市债务规模最小，为92.15亿元（见图9）。

（四）通过债务置换化解显性债务，通过完善债务管理办法防范债务风险事件

面对显性债务化解，吉林省政府通过债务置换，延长债务年限化解债

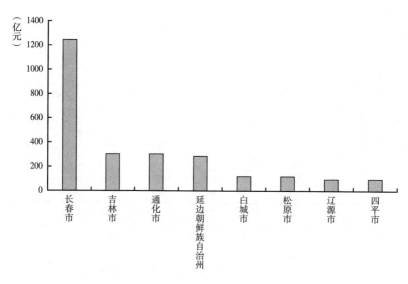

图9　2019 年末吉林省各地市（州）政府债务余额

资料来源：吉林省各地市（州）财政决算报告，中诚信国际整理计算。

务。截至 2020 年末，吉林省共发行 10 只置换债，累计置换债务 260.09 亿元。另外，吉林省出台《吉林省人民政府关于进一步加强政府性债务管理的实施意见》，明确依法举债、分清责任、规范管理、防范风险和稳步推进的基本原则。按照全面推进依法治省的总体要求，加快建立规范的地方政府举债融资机制，坚决制止地方政府违法违规举债。政府债务不得通过企业举借，企业债务不得推给政府偿还，切实做到谁借谁还、风险自担。政府与社会资本合作时，按约定规则依法承担相关责任。对地方政府债务实行规模控制，严格限定政府举债程序和资金用途，把地方政府债务分门别类纳入全口径预算管理，实现"借、用、还"相统一。牢牢守住不发生区域性和系统性风险的底线，切实防范和化解财政金融风险。

三　吉林省融资平台债存量规模较小，资质相对较弱且转型进度较慢

（一）吉林省融资平台债存量规模居全国下游，各地市（州）融资平台债存量规模和风险有所分化

吉林省融资平台债存量规模居于全国下游水平，以企业债及中期票据为

主。截至 2020 年末，根据有存续期融资平台债的发行主体统计，吉林省融资平台共计 19 家。从主体评级情况看，吉林省融资平台以 AA 级为主，占发行人数量的比重为 42.11%，其次为 AA + 级和 AAA 级，占发行人数量的比重均为 26.32%；从业务分布看，吉林省地市（州）融资平台涉及的行业均为城市基础设施建设，融资平台主业相似，省级融资平台涉及公路投资、铁路投资及水利投资等。从行政层级看，在 19 家发债企业中，有 3 家省级融资平台、11 家地市级融资平台、5 家区县级融资平台，地级市融资平台数量占比较大。从发行情况看，2020 年，吉林省共发行融资平台债 39 只，规模合计 351.8 亿元，在全国发行规模相对较小。从债券种类看，发行的融资平台债以中期票据为主，占比为 43.59%，其次为公司债；从债券期限看，以 5 年期为主，占比达 61.54%；从发行利率及利差看，加权平均发行利率及利差分别为 5.59% 和 296.43BP，吉林省融资平台与国内其余省份相比，发行成本较高。

（二）各地市（州）融资平台债规模分化，2022 年及 2023 年为偿还高峰期

从各地市（州）融资平台债到期情况看，2020 年，吉林省融资平台债到期规模为 354.17 亿元，回售规模为 12.47 亿元，本金提前兑付规模为 13.1 亿元。从年度走势看，债务到期集中在 2021～2025 年，其中，2022 年和 2023 年回售规模较大，2022 年到期及回售总规模最高，达到 412.63 亿元。吉林省融资平台债到期分布在 2021～2025 年相对均匀（见表 1）。

表 1　2021 年及以后吉林省本级及各地市（州）债券到期分布情况

单位：亿元

地区	2021 年	2022 年	2023 年	2024 年	2025 年	2026 年	2027 年及以后	合计
省本级	60.7	75	120	50	30	—	60	395.7
长春市	82.2	130	110	70	147	—	—	539.2
吉林市	20.1	54.23	17.7	17	2.8	—	—	111.83
通化市	—	—	—	—	4	4	—	8
延边朝鲜族自治州	—	—	—	3.2	—	—	—	3.2
白山市	6	—	—	—	—	—	—	6

续表

地区	2021 年	2022 年	2023 年	2024 年	2025 年	2026 年	2027 年及以后	合计
松原市	7.2	35	—	—	38	—	—	80.2
辽源市	2.7	1.4	—	—	—	—	—	4.1
合计	178.9	295.63	247.7	140.2	221.8	4	60	1148.23

注：2020 年末测算。

资料来源：Choice 数据库，中诚信国际整理计算。

（三）吉林省融资平台财务状况分析

吉林省融资平台总资产规模逐年增加，但资产负债率较为分化，且盈利能力和偿债能力普遍较弱。资本结构方面，从总资产规模看，[①] 18 家融资平台 2019 年末总资产合计 13208.46 亿元，2017～2019 年的复合增长率为10.58%。其中，吉林省本级和长春市融资平台的资产规模较大，总资产平均分别为 1099.19 亿元和 1014.51 亿元（见图 10）。从净资产看，2019 年末，18 家企业净资产平均数为 332.35 亿元。吉林省本级和长春市融资平台的净资产规模较大，净资产平均数分别为 404.69 亿元和 489.45 亿元，延边朝鲜族自治州和白山市的融资平台净资产规模较低，平均数分别为 30.93 亿元和 26.24 亿元；全部融资平台 2017～2019 年的净资产复合增长率平均数为 6.84%。

融资平台自身盈利能力偏弱，多依赖政府补贴。盈利能力方面，2019年，吉林省融资平台利润总额合计为 151.77 亿元，均值为 8.43 亿元。其中，吉林省本级、长春市和吉林市的融资平台平均利润总额较高，2019 年分别为 5.25 亿元、16.58 亿元和 4.15 亿元；其他地市（州）的融资平台利润总额规模大多数在 2 亿元以下，其中，白山市融资平台平均利润总额最低，2019 年为 0.58 亿元。从利润总额结构看，营业外收入和其他收益占比普遍较高，其中，吉林省本级、辽源市和白山市融资平台政府补贴占利润总额的平均值为 506.95%、174.56% 和 132.46%（见图 11）；吉林省融资平台除长春市政府补贴占利润总额的比重相对较低以外，其余各地市（州）

---

① 在进行发行主体统计时，长春润德投资集团有限公司发行的是定向工具，且未披露 2019 年财务情况，故未将其纳入统计口径。

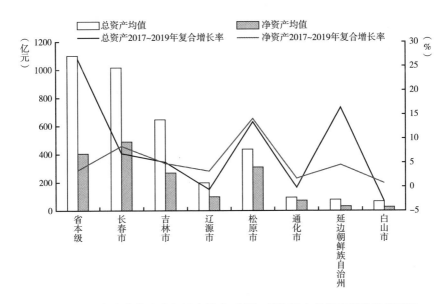

图 10　2019 年末吉林省本级及各地市（州）融资平台总资产及净资产情况

资料来源：Choice 数据库，中诚信国际整理计算。

利润多来自政府补贴，区域内的融资平台尚未形成可持续的市场化竞争实力及盈利能力。

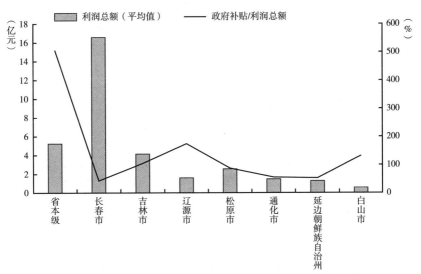

图 11　2019 年末吉林省本级及各地市（州）融资平台利润情况

资料来源：Choice 数据库，中诚信国际整理计算。

各地市（州）负债水平分化，偿债能力普遍偏弱（见图12），EBITDA/带息债务平均数为0.09，对债务本息覆盖能力有待加强。

融资平台信用事件对区域融资负面影响较大。2018～2020年，吉林省未发生违规处罚事件。但2018～2020年，吉林省发生三起融资平台信用事件，分别为：吉林市铁路投资开发有限公司"15吉林铁投PPN002"债券延期兑付，主要由于盈利能力下滑，在负债压顶之下，公司的流动性异常紧张；松原城市发展投资控股集团有限公司（以下简称"松原城发"）"方兴463号松原城开集合资金信托"（第六、七期）违约，主要由于松原城发房地产销售不畅，短期流动资金紧张，同时，松原城发的筹资进度受疫情影响出现一定的困难，导致无法及时偿还信托贷款；吉林省交通投资集团有限公司（以下简称"吉林交投"）"长安宁—交投集团流动资金贷款集合资金信托计划"违约，2019年9月9日，吉林交投发布公告称，结合吉林交投生产经营情况及资本安排，其计划在9月28日不行使"16吉林交投MTN001"的赎回权，成为市场上首只"真永续"的省级融资平台永续中票。不仅如此，2020年3月，吉林交投还因违规行为被中国银行间市场交易商协会做出严重警告处分，暂停债务融资工具相关业务一年。

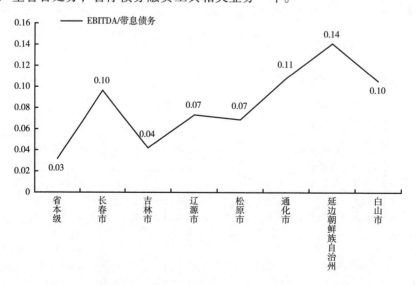

图12 2019年末吉林省本级及各地市（州）融资平台偿债能力

资料来源：Choice数据库，中诚信国际整理计算。

（四）融资平台转型情况分析

吉林省地市级融资平台近年来多次爆发信用事件，导致整个区域信用环境受到破坏，债券的发行量和发行利率均受到波及。吉林省首先要处理好信用风险事件，修复区域信用形象。从企业自身来说，吉林省融资平台普遍盈利能力弱，自身造血能力不足，应提高盈利能力，但区域经济活力有限，应当结合其作为我国重要粮食产地的特点，着力发展优势产业，依托乡村振兴和碳中和等多项政策，在困境中寻求转型机遇和出路。

结　语

吉林省整体经济及财政实力在全国处于下游水平，投资对拉动吉林经济增长的效果衰退，消费对经济拉动作用逐步增强；下辖各地市（州）经济发展出现明显的分化态势，在产业经济转型的过程中积累了一定的债务。目前，吉林省债务水平处于可控范围之内，但仍需重点关注以下风险。

第一，区域产业经济效应较差，地方经济活力及增长任务繁重。吉林省经济总量在全国 31 个省份中排名靠后。虽然吉林省在我国起到极为重要的粮食供应保障作用，但因第一产业占比过高带来的经济质量效益不高以及近年来投资热情的降低，吉林省经济发展速度放缓，且新兴科技产业发展较慢。此外，经济发展较慢亦造成一定程度的人才流失，吉林省科技和人才要素支撑不够，社会整体创新能力不强，进一步制约了经济结构调整和经济快速发展。

第二，各地市（州）融资平台债偿债能力弱。融资平台对政府支持的依赖性较高，企业信用水平与地方财政实力密切相关，在吉林省内各地市（州）财政实力分化的背景下，区域内融资平台自身盈利能力偏弱，利润总额主要依赖政府补贴，融资平台偿债能力普遍较低，需关注或由此引发的流动性风险。

第三，融资平台信用事件对当地融资环境造成负面影响。吉林省本级、市级融资平台近年来发生多起信用事件，整个区域信用环境受到破坏，对区域内的融资环境及国有企业自身信用产生恶劣影响。

黑龙江地方政府与融资平台债务分析报告

杨羽明[*]

要　点

●黑龙江省经济发展与财政实力分析：近年来，黑龙江省经济发展速度放缓，经济实力在全国排名靠后，经济增长驱动力逐步转向第三产业，固定资产投资增速放缓，消费对经济的拉动力逐步提升。当前，黑龙江省面临转型进展滞后、投融资环境较差和人口外流等多重压力，经济增长承压。财政方面，黑龙江省一般公共预算增速相对停滞，财政平衡对上级补助的依赖性较大，预计短期内无明显改善；政府性基金收入变动不大，以国有土地使用权出让收入为主；国有资本运营收入规模较小，对财政实力的贡献有限，财政实力在全国处于下游水平。分地市（区）来看，哈尔滨市经济财政实力在省内绝对领先，大庆市紧随其后，其余地市（区）与其差距明显，但整体区域经济增速呈放缓趋势，下行压力普遍较大，财政平衡率低。从定位看，由于各地市（区）的区位资源不同，它们的定位亦不同。

●黑龙江省地方政府债务情况：黑龙江省显性债务规模较大且增速较快，债务率已接近国际警戒线。从地方政府债券看，黑龙江省地方债存量及发行规模在全国排名靠后，在2025年将进入偿债高峰期。从地方债发行结构看，2020年，黑龙江省地方政府债券以新增为主，主要系城乡发展专项债和收费公路专项债。黑龙江省隐性债务规模相对较小，隐性债务率在全国处于较低水平，但仍超过国际警戒线。黑龙江省内各地市（区）债务情况明显分化，哈

---

[*] 杨羽明，中诚信国际政府公共评级一部高级分析师。

尔滨市债务率居全省首位，债务率超警戒线较多，绥化市债务率最低。面对当前情况，黑龙江省采取发挥政府举债积极作用、严格进行债务预算管理等方式防范化解债务风险。

● 黑龙江省融资平台债情况：黑龙江省融资平台债存量及发行规模在全国排名靠后，以 5 年期为主，利率、利差高居于全国前列，2021～2023 年为偿债高峰期。分地市（区）看，大庆市存量融资平台债规模最大，哈尔滨市次之，各地市（区）融资平台债规模差距较大。融资平台资产情况方面，近年来，黑龙江省融资平台总资产及净资产规模增长缓慢，部分地区呈现负增长态势，且存货及应收类款项占比较高，资产流动性一般，各地市（区）融资平台负债规模明显分化，但负债水平总体尚可。

● 总体来看，黑龙江省作为中国老工业基地之一，曾为中国经济发展做出重要贡献，但当前存在经济发展放缓、投资增速下降、财政收入增长停滞，投融资环境较差、产业结构单一等问题；再者，黑龙江省各地市（区）经济财政发展水平不一，融资平台实力分化情况明显；省内融资平台亦普遍存在盈利能力不足、资产流动性差等问题，由此体现的便是黑龙江省地方债和融资平台债市场不活跃、发行规模不足、融资平台债利率、利差远高于平均水平。但从另一个角度看，相对较低的地方债和融资平台债存量亦使黑龙江省的债务被控制在合理水平，地方政府债务与融资平台债务风险相对可控。综合来看，黑龙江省债务风险尚可，但各地市（区）之间协同发展有进一步提升的空间，融资环境亦有待进一步改善。

一　黑龙江省经济及财政实力偏弱，面临较大的转型压力，各区域经济财政分化情况明显

（一）经济实力处于全国下游，面临较大的改革和转型压力，经济增长驱动力逐步转向第三产业

黑龙江省位于中国东北部，是中国位置最北、纬度最高的省份，地貌特

征为"五山一水一草三分田"，曾经是中国重要的工业基地，现在是亚洲与太平洋地区陆路通往俄罗斯和欧洲大陆的重要通道、中国沿边开放的重要窗口，已成为我国对俄罗斯及其他独联体国家开放的前沿。经济运行方面，近年来，黑龙江省面临较大的改革和转型压力，经济增速逐年放缓且持续低于全国平均水平，2019年黑龙江省GDP亦处于全国下游位置（见图1、图2）。2019年，黑龙江省人均GDP为36183元，远低于苏浙沪等国内发达省份，亦低于全国人均GDP 70892元。从产业结构看，2019年，黑龙江省第一、第二、第三产业之比为23.4∶26.6∶50.0，以第三产业为主。2019年，第三产业增加值同比增长5.9%，为黑龙江省经济增长的主要驱动力。同时，黑龙江省作为中国最重要的粮仓之一，其第一产业增加值的占比亦相对较高。2019年末，黑龙江省常住总人口为3751.3万人，人口增长率为-0.58%，呈现人口净流出状态。

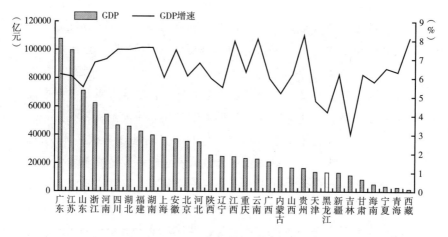

图1　2019年全国各省份GDP及增速

资料来源：全国各省份国民经济和社会发展统计公报，中诚信国际整理计算。

固定资产投资增速放缓，消费对经济的拉动力逐步提升。固定资产投资方面，自2013年起，黑龙江省固定资产投资增速放缓，且未出现明显抬升趋势。2019年，全省固定资产投资完成额（不含农户）同比增长6.3%。第二产业投资同比增长7.7%，其中，工业投资同比增长8.5%；第三产业投资同比增长7.6%。分体制来看，国有控股投资同比增长22.0%，外商及港澳台投资同比增长11.1%，民间投资同比下降6.3%，民间投资活跃度下降。近年来，黑龙江省社会消费品零售总额增速放缓，但占GDP的比重逐年提升，消

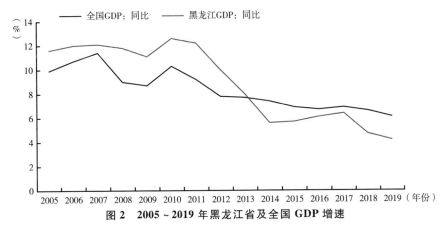

图2　2005～2019年黑龙江省及全国GDP增速

资料来源：全国及黑龙江省国民经济和社会发展统计公报，中诚信国际整理计算。

费对经济的拉动力逐步提升。2019年，黑龙江省社会消费品零售总额比上年增长6.2%（见图3）。按地域分，城镇零售额增长6.1%，其中，城区零售额增长6.1%，乡村零售额增长7.0%。从行业看，批发业零售额增长6.9%，零售业零售额增长6.2%，住宿业零售额增长2.7%，餐饮业零售额增长6.3%。在全省限额以上单位商品零售额中，煤炭及制品类增长1.4倍，饮料类增长26.0%，体育、娱乐用品类增长18.1%，五金、电料类增长17.7%，中西药品类增长13.9%，日用品类增长11.0%。

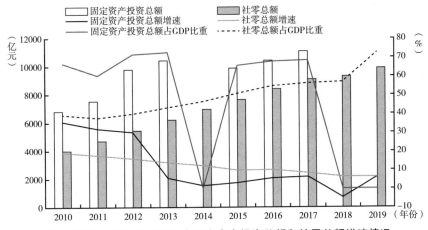

图3　2010～2019年黑龙江省固定资产投资总额和社零总额增速情况

注：黑龙江省未公布2018年、2019年固定资产投资总额数据，故图中未显示。

资料来源：黑龙江省国民经济和社会发展统计公报，中诚信国际整理计算。

面临转型进展滞后、投融资环境较差和人口外流等多重压力，经济承压。作为传统老工业基地，改革开放以来，黑龙江省未能及时完成转型，近年来，黑龙江经济发展水平远远落后于南方发达地区，GDP 在全国处于下游，加之黑龙江省投融资环境相对较差，自 2013 年起，黑龙江省固定资产投资增速明显下降，投资对经济的拉动力明显减弱，下行压力进一步显现。黑龙江省在人口持续外流的情况下是否可以吸引相关人才是其经济复苏面临的新挑战。

（二）财政实力处于全国下游，一般公共预算收入增速相对停滞，对上级补助的依赖性较大

一般公共预算收入呈现波动态势，增速相对停滞，财政平衡对上级补助的依赖性较大，预计短期内无明显改善。2017～2019 年，黑龙江省一般公共预算收入分别为 1243.31 亿元、1282.50 亿元和 1262.76 亿元，增速相对停滞，在一定区间内呈小幅波动态势。黑龙江省税收收入占一般公共预算收入比重相对稳定，2017～2019 年占比均在 70% 以上。从财政平衡率来看，黑龙江省财政平衡率处于较低水平，2019 年仅为25.20%（见图 4）。黑龙江财政平衡对上级补助的依赖性较大，自身财政情况有待改善，但考虑到黑龙江省当前面临较大的改革和转型困难，上述情况或将持续。

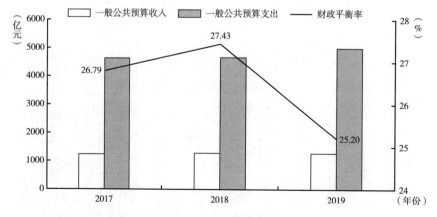

图 4　2017～2019 年黑龙江省一般公共预算收支及财政平衡率

资料来源：黑龙江省财政决算报告，中诚信国际整理计算。

政府性基金收入变动不大，以国有土地使用权出让收入为主。2017～2019 年，黑龙江省政府性基金收入分别为 373.72 亿元、357.10 亿元和 377.87 亿元，变动不大。从政府性基金收入构成情况来看，以国有土地使用权出让收入为主，2019 年实现 286.96 亿元，完成预算的 116.2%。

国有资本运营收入规模较小，对财政实力的贡献有限。2017～2019 年，黑龙江省国有资本运营收入分别为 5.57 亿元、6.20 亿元和 11.1 亿元，虽然呈持续上升趋势，但总体收入规模较小。整体来看，国有资本运营收入占财政实力的比重较低，对财政实力的贡献有限。

黑龙江省财政实力在全国处于下游水平。从全国来看，2019 年，黑龙江省一般公共预算收入在 31 个省份中居第 25 位，排名相对靠后，处于全国下游水平（见图 5）。

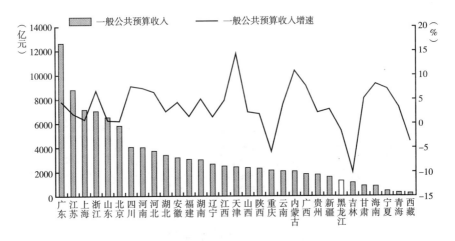

图 5　2019 年全国各省份一般公共预算收入及增速

资料来源：全国各省份财政决算报告，中诚信国际整理计算。

（三）哈尔滨市经济财政实力遥遥领先，大庆市次之，其余地市（区）与其差距明显

黑龙江省下辖 12 个地级市、1 个地区行署，各地市（区）经济实力分化情况明显，其中，作为省会城市，哈尔滨市的经济处于绝对领先地位。2019 年，哈尔滨市 GDP 超过 5000 亿元；作为中国最大的石油石化基地、省域副中心城市，大庆市紧随其后，GDP 超过 2500 亿元；其他地市（区）经

济较哈尔滨市和大庆市均有明显差距。在哈尔滨市和大庆市以外的其他地市（区）中，齐齐哈尔市和绥化市的 GDP 超过 1000 亿元；牡丹江市、佳木斯市、黑河市和鸡西市的 GDP 超过 500 亿元；大兴安岭地区的 GDP 为 138.60 亿元，为全省最低。2019 年黑龙江省各地市（区）GDP 占比见图 6。从 GDP 增速来看，齐齐哈尔市、黑河市和伊春市 2019 年居全省前三位，但均低于 2019 年全国 GDP 增速 6.1%，存在较大下行压力。

从各地市（区）财政情况看，哈尔滨市和大庆市分别位列第 1 和第 2，财政平衡率亦远高于其他地区。但从具体数值看，2019 年，哈尔滨市和大庆市财政平衡率分别为 33.68% 和 51.96%，处于较低水平（见图 7）。除哈尔滨市、大庆市、齐齐哈尔市、绥化市和牡丹江市外，其余地市（区）一般公共预算收入较低，均未超过 50 亿元，同时，除哈尔滨市和大庆市以外，其余地区财政平衡率均低于 25%，对上级补助的依赖性较大。

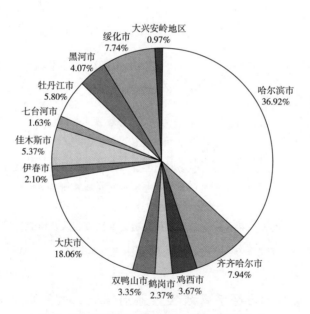

图 6　2019 年黑龙江各地市（区）GDP 占比

资料来源：黑龙江省各地市（区）国民经济和社会发展统计公报，中诚信国际整理计算。

各地市（区）的区位资源地位不同，它们的定位亦不同。哈尔滨是黑龙江省会城市，未来，黑龙江将进一步实施强省会战略，提升哈尔滨城

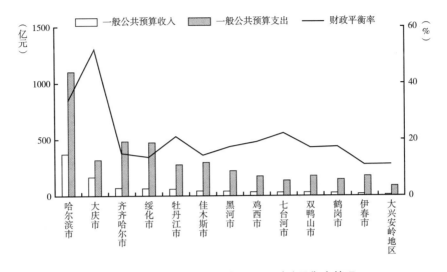

图 7　2019 年黑龙江各地市（区）财政平衡率情况

资料来源：黑龙江省各地市（区）财政决算报告，中诚信国际整理计算。

市功能，形成全省高质量发展核心动力源；加快打造以哈尔滨为核心的现代化都市圈，在一小时圈层内推动"哈大绥一体化"发展，在两小时圈层内推动"哈大齐牡"创新协同发展。大庆市将加快推进百年油田（城）建设，推动大庆油田常规油气资源抓稳油增气，页岩油、致密油气等非常规油气资源抓勘探生产，推进页岩油气开发利用并取得突破，实现"二次革命"。齐齐哈尔市将加快建设精密超精密制造特色产业基地、农产品精深加工基地，打造老工业基地转型升级全国样板。绥化市将加快推进"哈大绥一体化"。牡丹江市将发挥区位优势，打造向南和对俄开发重要窗口，形成跨省份旅游特色区。佳木斯市将强化东部区域中心城市功能，增强人口和生产要素聚集能力，打造以佳木斯为枢纽，"四煤城"组团发展的东部城市群。鸡西市、双鸭山市、鹤岗市、七台河市则推动优势产业提质升级，打造东部石墨产业集群，围绕佳木斯市打造东部城市群。黑河市将高标准建设哈尔滨新区和中国（黑龙江）自由贸易试验区，成为我国向北开放的重要窗口和东北亚地区合作中心枢纽。伊春市和大兴安岭地区将加强生态保护，推进绿色发展。

二 显性债务存在一定偿债负担，但地方债发行和存量 规模在全国范围内排名靠后，隐性债务规模较小， 省内各地市（区）债务分化情况明显

（一）地方债规模整体较小，显性债务增速较快，含隐性债务的债务率突破警戒线

黑龙江省显性债务规模较大且增速较快，债务率已接近国际警戒线。从显性债务规模口径看，2019 年，黑龙江省地方政府债务余额为 4748.6 亿元，居全国中下游水平（见图 8）。从债务负担来看，2019 年，黑龙江省债务率为 95.40%，接近国际上的 100% 的警戒线。黑龙江省显性债务增速较快，考虑到当地经济水平及经济增速，存在一定的债务风险。

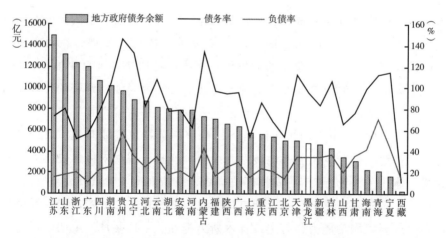

图 8　2019 年全国各省份地方政府债务余额、债务率及负债率

资料来源：全国各省份财政决算报告，中诚信国际整理计算。

从地方政府债券看，黑龙江省地方债存量及发行规模在全国排名靠后，在 2025 年将进入偿债高峰期。从存量情况看，2020 年，黑龙江省地方债存量规模为 5551.50 亿元，在全国排名靠后（见图 9）。2020 年，黑龙江省发行的地方政府债券金额为 1350.88 亿元，发行利率为 3.65%，利差为

24.48BP，发行规模在全国处于下游，利率、利差较全国其他省份未发生明显偏离。从到期规模来看，黑龙江省偿债高峰期为 2025 年（见图 10），届时，其或将面临较大的债务偿还或置换压力。

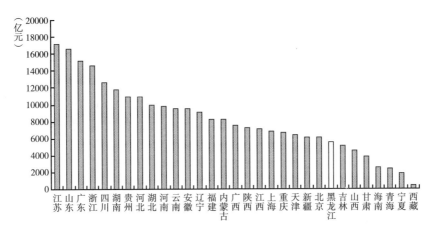

图9　2020 年末全国各省份地方债存量规模

资料来源：Choice 数据库，中诚信国际整理计算。

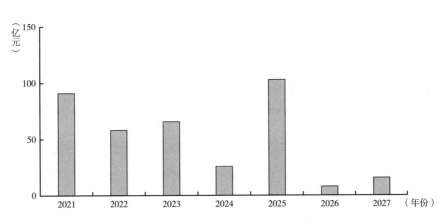

图 10　2021～2027 年黑龙江省地方债到期分布情况

注：2020 年末测算。
资料来源：Choice 数据库，中诚信国际整理计算。

从地方债发行结构看，2020 年，黑龙江省地方政府债券以新增为主，主要系城乡发展专项债和收费公路专项债。在新冠肺炎疫情背景下，2020年，黑龙江省发行地方政府债券 46 只，以新增债为主。从发行金额来看，新增债的占比为69.15%，再融资债的占比为30.85%。黑龙江省新发行债券以专项债为主，占比为60.37%，主要系城乡发展专项债和收费公路专项债。2020年，黑龙江省项目收益专项债的规模的占比为33.98%，非项目收益专项债的规模的占比为66.02%。

黑龙江省隐性债务规模相对较小，隐性债务率在全国处于较低水平，但仍超过国际警戒线。根据中诚信国际测算，2019年，黑龙江省隐性债务规模为1966.72亿元，在全国排第26名。考虑隐性债务后，黑龙江省的负债率为49.33%，低于欧盟确定的60%的警戒线；债务率为134.92%，在全国处于较低水平（见图11），但超过国际上的100%的警戒线，黑龙江省仍面临一定隐性债务化解压力。

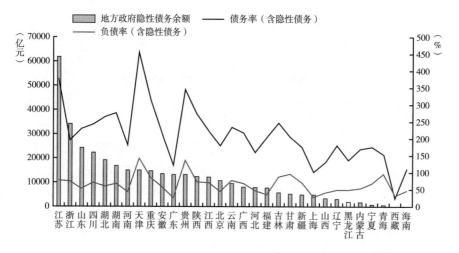

图11　2019年全国各省份地方政府隐性债务余额、债务率及负债率

资料来源：全国各省份财政决算报告，中诚信国际整理计算。

（二）黑龙江省内各地市（区）债务情况明显分化，哈尔滨市债务规模及债务率均远高于其他地市（区）

黑龙江省内各地市（区）债务情况明显分化，哈尔滨市债务率居全省首位，债务率超警戒线较多，绥化市债务率最低。债务规模方面，作为省会城市，哈尔滨市的经济财政水平为省内最高，债务规模也处于最高位。2019年，哈尔滨市债务率为174.22%，远高于其余地市（区）。除哈尔滨市外，双鸭山市和七台河市的债务率均超过 100%，区域债务风险有待关注。黑龙江省各地市（区）中，绥化市债务率最低（见图 12）。

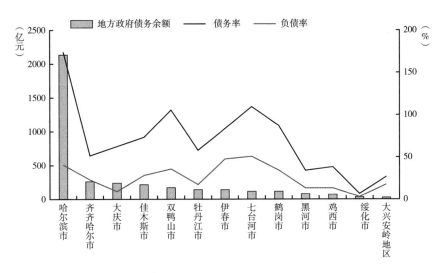

图 12　2019 年黑龙江省各地市（区）地方政府债务余额、债务率及负债率

资料来源：黑龙江省各地市（区）国民经济和社会发展统计公报，中诚信国际整理计算。

（三）债务化解措施：发挥政府举债积极作用，严格进行债务预算管理，防范化解债务风险

为全面落实国家对防风险的要求并持续推进省内地方债务风险化解工作，黑龙江省出台了一系列政策控制债务风险，具体来看，主要集中于如下几个方面。

第一，加强政府债务限额管理。黑龙江省要求各地合理确定政府债务限额，逐级下达各地区地方政府债务限额，严格按照限额举借政府债务，同时将政府债务分类纳入预算管理。

第二，建立规范的举债融资机制。黑龙江省政府指出，省政府为全省政府债务举借主体。全省各级政府举借债务由省政府在国务院批准的限额内统一进行；市、县政府确需举借债务的，经省政府批准后可代为举借。同时，黑龙江省要规范举债方式和严控举债规模，以用足用好国家举债融资政策。

第三，建立健全和完善地方政府债务风险防控机制。根据要求，各地要全面评估和预警政府债务风险，建立举债融资审批机制，建立隐性债务调查

统计机制，完善债务风险预警机制，建立考核问责机制。

第四，建立风险应急处置预案。通过确立组织指挥体系及职责，建立预警和预防机制，明确应急响应办法，提供保障措施等方式，建立健全地方政府性债务风险应急处置工作机制，坚持快速响应、分类施策、各司其职、协同联动、稳妥处置，牢牢守住不发生区域性系统性风险的底线，切实防范和化解财政金融风险，维护经济安全和社会稳定。

第五，严禁违法违规举债融资。各地需切实加强融资平台融资管理，规范政府与社会资本方的合作行为，规范政府融资担保行为，合法合规地开展政府购买服务工作。

第六，妥善处理存量债务，对甄别后被纳入预算管理范围的政府存量债务，各地区要履行政府偿还责任。对政府负有担保责任或可能承担一定救助责任的或有债务，各级政府要依法妥善处置。

第七，加强组织领导并成立债务管理领导小组。各地区各部门应通过提高思想认识水平加强组织建设、明确职责分工，同时由省长担任债务管理领导小组组长，进一步加强黑龙江省政府对债务的管理，防范和化解债务风险。

三 黑龙江省存量融资平台债规模较小，发行成本较高，平台转型较为困难

（一）黑龙江省融资平台债存量及发行规模在全国排名靠后，期限以 5 年期为主，利率、利差高居于全国前列，2021～2023 年为偿债高峰期

截至 2019 年末，根据有存续期融资平台债的发行主体统计，黑龙江省有公开市场主体信用等级的融资平台共 13 家。从主体信用等级看，黑龙江省融资平台以 AA 级为主，占比为 69.23%；其次为 AA + 级，占比为 23.08%；无 AAA 级客户（见图 13）。从区域分布情况看，黑龙江省融资平台均位于各地级市。其中，哈尔滨市最多，有 4 家；牡丹江市有 2 家；其余地市（区）均只存在 1 家或无存续期融资平台债的发行主体。截至 2020 年末，黑龙江省存量融资平台债共计 55 只，债券余额共计 367.34 亿元，存量规模在全国排名靠后（见图 14）。从债券种类看，以私募债为主，数量占比

达到 41.82% ，接下来依次为一般中期票据（ 23.64% ）、一般企业债
（ 20.00% ）。从债券期限看，以 5 年期为主，占比达到 47.27% ， 3 年期和 7
年期的占比分别为 25.45% 和 21.82% 。从收益率和交易利差看，受东北三
省融资水平相对较弱的影响，黑龙江省存量融资平台债加权平均到期收益
率、交易利差均处于全国高位，排全国第 4 名（见图 15 ）。

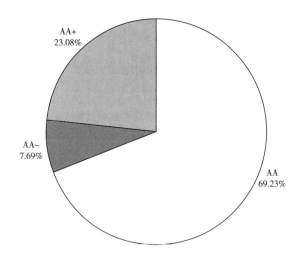

图 13　2019 年末黑龙江省融资平台信用等级情况

资料来源：Choice 数据库，中诚信国际整理计算。

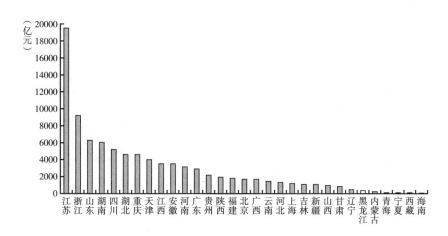

图 14　2020 年末全国各省份存量融资平台债规模

资料来源：Choice 数据库，中诚信国际整理计算。

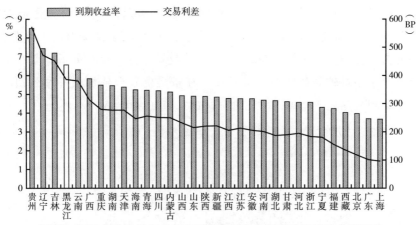

图15　2020年末全国各省份存量融资平台债到期收益率及交易利差

资料来源：Choice数据库，中诚信国际整理计算。

从发行情况看，2020年，黑龙江省共发行融资平台债21只，规模合计
138.7亿元，在全国排名靠后。从发行区域看，新发融资平台债集中在哈尔滨
市、大庆市和牡丹江市，分别为7只、6只和5只。从债券种类看，以中期票据
和公司债为主，占比分别为42.86%和33.33%。从债券期限看，以3年期和5年
期为主，合计占比达76.19%。从发行利率和发行利差看，2020年，黑龙江省发
行利率和发行利差为全国最高（见图16），融资环境有待改善。分区域看，除哈
尔滨市外，其余地市（区）发行利率和发行利差均与正常水平相比有较大偏离。

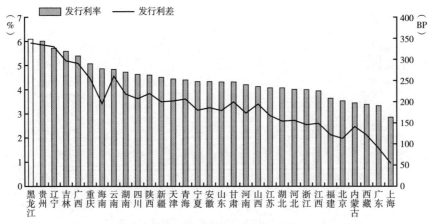

图16　2020年全国各省份融资平台债发行利率及发行利差

资料来源：Choice数据库，中诚信国际整理计算。

从月度到期情况看，2021 年下半年系黑龙江省融资平台债到期及回售高点，并于 12 月达到峰值，到期及回售总规模分别为 25.6 亿元和 6 亿元。从年度情况来看，2021～2023 年，黑龙江省融资平台债到期及回售压力最大，其中，2021 年将达到到期及回售高峰期，到期及回售总规模合计估算为 131.16 亿元，这对短期资金周转及债券融通要求较高。

2020 年黑龙江省发债融资平台信用等级无调整。

（二）各地市（区）融资平台债规模差距较大，到期规模波动较大

大庆市存量融资平台债规模最高，哈尔滨市次之，各地市（区）融资平台债规模差距较大。从存量融资平台债规模来看，大庆市存量融资平台债规模最大，为 157.34 亿元；其次为哈尔滨市，为 99.6 亿元；牡丹江市排名第 3，为 51.4 亿元。截至 2020 年末，七台河市、佳木斯市、伊春市、黑河市和大兴安岭地区无存量融资平台债，各地市（区）融资平台债规模整体与其经济财政水平相符。此外，黑龙江省发债企业主要存在于省内经济及财政实力较强的地区，但总体规模较小。

债券到期规模波动较大。从融资平台债到期情况看，各地区融资平台债到期规模波动较大。哈尔滨市债券到期规模自 2021 年起逐年递减，到 2024 年开始抬升，并于 2025 年达到偿债高峰期，为 46.9 亿元；大庆市每年债券到期规模均较大，并于 2023 年达到高峰期，为 50.67 亿元；牡丹江市短期内偿债压力一般，2025 年为偿债高峰期（见表 1）。

表 1　2021～2027 年黑龙江省本级及各地市（区）债券到期分布情况

单位：亿元

地区	2021 年	2022 年	2023 年	2024 年	2025 年	2026 年	2027 年	合计
省本级	0	0	0	0	0	0	0	0
哈尔滨市	25.7	12	5	10	46.9	0	0	99.6
大庆市	35.42	34.04	50.67	7.21	30	0	0	157.34
双鸭山市	20	0	0	0	0	7.9	4.1	32
齐齐哈尔市	0	0	0	0	0	0	11.6	11.6
牡丹江市	10	6.9	10	0	24.5	0	0	51.4
绥化市	0	0	0	4	0	0	0	4

续表

地区	2021 年	2022 年	2023 年	2024 年	2025 年	2026 年	2027 年	合计
鹤岗市	0	0	0	3.2	0	0	0	3.2
鸡西市	0	5.2	0	1.4	1.6	0	0	8.2
七台河市	0	0	0	0	0	0	0	0
佳木斯市	0	0	0	0	0	0	0	0
伊春市	0	0	0	0	0	0	0	0
黑河市	0	0	0	0	0	0	0	0
大兴安岭地区	0	0	0	0	0	0	0	0
合计	91.12	58.14	65.67	25.81	103	7.9	15.7	367.34

注：2020 年末测算。

资料来源：Choice 数据库，中诚信国际整理计算。

（三）黑龙江省融资平台资产规模增长缓慢，资产流动性较弱，对政府补助的依赖性普遍较高，负债水平有所分化

近年来，融资平台总资产及净资产规模增长缓慢，部分地市（区）呈现负增长态势。黑龙江省融资平台债仍在存续期内的企业共计 13 家，总体数量较少，部分地级市目前无存续融资平台债，平台债券市场参与度较低。从资产规模来看，截至 2019 年末，黑龙江省融资平台总资产规模为7206. 15 亿元，净资产为 3869. 69 亿元，2017 ~ 2019 年的复合增长率为2. 49%。从区域规模来看，省会哈尔滨市的总资产和净资产规模居于首位，牡丹江市、齐齐哈尔市、大庆市和双鸭山市次之，但与哈尔滨市相比仍存在较大差距。从总资产复合增长率看，鹤岗市以 22. 73% 的增速居首位，但基础规模较小，截至 2019 年末，总资产为 86. 59 亿元。其余各地区总资产增长缓慢，牡丹江市、鸡西市、七台河市、绥化市和双鸭山市增速为负。净资产复合增长率方面，鹤岗市最高，为 4. 62%；哈尔滨市最低，为 - 4. 75%（见图 17）。

存货及应收类款项占比较高，资产流动性一般。从存货占比方面看，黑龙江融资平台存货占比普遍超过 25%，占比排前 3 名的分别是七台河市、齐齐哈尔市和双鸭山市，占比分别为 61. 98%、52. 01% 和 47. 24%。应收类款方面各区域分化较为明显，哈尔滨市和齐齐哈尔市的占比较小，鸡西市和绥化市占比超过 50%。资产流动性方面，由于黑龙江省企业普遍存货和应收类款项占比较高，流动比率普遍处于高位，资产流动性实质上一般。由于

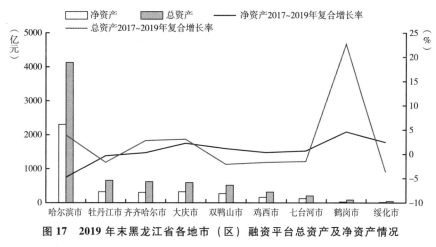

图 17 2019 年末黑龙江省各地市（区）融资平台总资产及净资产情况

资料来源：Choice 数据库，中诚信国际整理计算。

受黑龙江省应收类款项等规模较高，且融资平台流动负债规模尚可的影响，除哈尔滨市和鹤岗市外，其他地区速动比率均高于 1 （见图 18），但考虑到应收类款项在实际操作中较难变现，因此资产流动性一般。

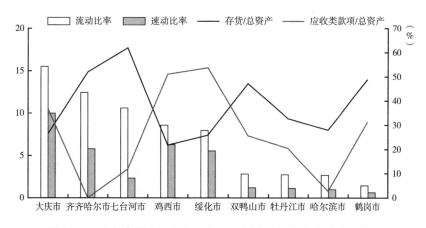

图 18 2019 年末黑龙江省各地市（区）融资平台资产流动性情况

资料来源：Choice 数据库，中诚信国际整理计算。

黑龙江省融资平台利润水平相对偏低，对政府支持依赖程度较高。2019年，黑龙江省利润总额为 29.27 亿元，均值为 2.25 亿元，其中，营业外收入均值为 0.28 亿元，其他收益均值为 3.62 亿元。在各地市（区）中，2019年，大庆市利润总额最高，为 10.70 亿元，其他收益金额为 19.69 亿元，利润总额主要由政府补助构成的其他收益构成。从整体情况来看，各地市（区）的（营业外收入＋其他收益）/利润总额指标普遍较高。其中，哈尔滨市为4.85，居于首位；七台河市为2.03，位列第2，齐齐哈尔市和双鸭山市排在最后两位，分别为0.89和0.73（见图19），但占利润总额的比重仍相对较高，黑龙江省融资平台对政府支持的依赖程度较高。

各地区融资平台负债规模明显分化，负债水平总体尚可。黑龙江省各地市（区）负债规模呈明显分化态势，截至2019年末，哈尔滨市融资平台总负债规模为1830.44亿元，远高于其他地区，这也与哈尔滨市拥有较多的融资平台数量及省内经济财政实力最强这一现状相符。齐齐哈尔市、大庆市、牡丹江市紧随其后，经济财政实力亦在省内排名靠前。债务结构方面，哈尔滨市短期债务规模最大，为226.04亿元，占比最高，面临一定短期偿债压力，其余各地区的短期债务规模相对较小，短期债务压力相对可控。负债率方面，鹤岗市的负债率为省内最高，为69.90%，除鹤岗市外，其余地区的负债率普遍控制在50%左右（见图20），负债水平总体可控，总体来看，黑龙江省融资平台的负债水平尚可。

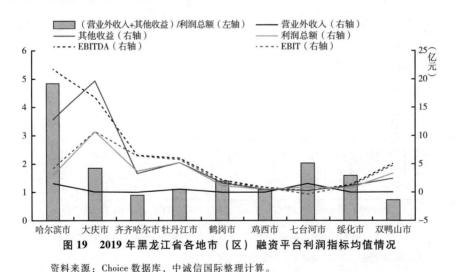

图19　2019年黑龙江省各地市（区）融资平台利润指标均值情况

资料来源：Choice数据库，中诚信国际整理计算。

（四）融资平台偿债压力大，流动性不足，外部支持力度较弱，融资平台转型存在较大困难

为防范地方债务风险，推进地方投融资体制改革，黑龙江省采取一系

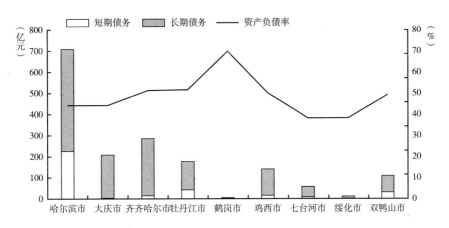

图20 2019年末黑龙江省各地市（区）融资平台负债情况

资料来源：Choice 数据库，中诚信国际整理计算。

列国企改革行动，并取得一定成效。但具体到融资平台，当前，省内部分融资平台尝试通过国企整合、经营性资产注入等方式进行转型，此举尚存在较多困难。从外部环境来看，首先，黑龙江省作为传统老工业基地，改革开放以来未能及时完成转型，近年来，其经济发展水平远远落后于南方发达地区，GDP处于全国下游水平，加之黑龙江省投融资环境相对较差，自2013年起，黑龙江省固定资产投资增速明显下降，投资对经济的拉动力明显减弱，下行压力进一步显现。经济增速的放缓和投资规模的下降对黑龙江省的财政收入亦产生明显影响，近年来，财政收入增速明显停滞。较弱的外部发展环境及财政情况直接影响到当地政府对融资平台的支持力度，使转型面临的难度更大。从融资平台本身来看，黑龙江省的融资平台普遍承担代政府进行基础设施建设等职能，由此普遍存在资产负债率较高、资产流动性较弱的问题，较大的偿债压力和弱资产流动性对融资平台转型形成一定掣肘。此外，黑龙江省当前产业结构较为单一，新兴产业布局不合理，市场化改革不彻底，融资平台转型缺少必要的经营性资产注入或经营性资产注入规模较小。若由融资平台自身进行经营性业务拓展，一则资金实力不足，二则缺少相关经验，且在黑龙江省人口持续外流的情况下是否可以吸引相关人才亦有待关注。

（五）2017～2020年共4起地方债和融资平台违约事件

在坚决打好防风险攻坚战的大背景下，国家持续加强对地方政府债务风险的防控，加大对各地政府违法违规举债行为的监管处罚力度。2017年8～12月，黑龙江省大庆市政府通过大庆市城市建设投资开发有限公司等企业，采取发行企业债券、贷款等方式融资12.78亿元。在上述资金到位后，其并未被用于企业生产经营，而是由大庆市财政局统筹安排用于偿还政府性债务、工程欠款等，并由大庆市财政局负责偿还融资本息。2017年9月，黑龙江省七台河市城市建设投资发展有限公司向信托公司借款3亿元，用于偿还棚户区改造建设项目相关借款，七台河市财政局明确将上述融资的还款资金纳入财政预算范围，截至2018年8月底，这形成以财政资金偿还的政府隐性债务3亿元。2017年12月，兰西县将非贫困村的美丽乡村建设项目包装成贫困村提升项目，并出具该项目已被纳入兰西县"十三五"扶贫攻坚规划的虚假证明，同时违规承诺使用财政涉农资金作为还款来源向金融机构贷款1.2亿元，截至2018年6月底，已实际到位贷款5000万元，形成政府隐性债务。截至2019年9月底，分配至黑龙江省北大荒农垦集团总公司的一般债券资金24000万元已不需要按原用途使用，但资金用途未进行调整，效益未及时发挥。

结　语

黑龙江省作为中国老工业基地之一，曾为中国经济发展做出重要贡献，但当前存在经济发展速度放缓、投资规模下降、财政收入增速停滞、投融资环境较差、产业结构单一等问题；再者，黑龙江省各地市（区）经济财政发展水平不一，各区域融资平台实力分化情况明显；省内融资平台亦普遍存在盈利能力不足、资产流动性差等问题，由此体现的便是黑龙江省地方债和融资平台债市场不活跃、发行规模不足、融资平台债利率、利差远高于平均水平。但从另一个角度看，相对较低的地方债和融资平台债存量亦使黑龙江省的债务被控制在合理水平，地方政府债务与融资平台债务风险相对可控。综合来看，黑龙江省债务风险尚可，但各地区之间协同发展有进一步提升的空间，融资环境亦有待进一步改善。

上海地方政府与融资平台债务分析报告

江林燕[*]

要　点

● 上海市经济发展与财政实力：上海市整体经济财力较强，消费拉动型经济以及以税收为主的财政收入结构更加稳定，财政收入可以较好地覆盖民生等刚性支出，财政自给程度较高。上海市各区实现错位均衡发展，根据自身特点，因地制宜制定发展目标，推动产业结构调整和科技创新政策落地。

● 上海市地方政府债务情况：截至 2020 年末，上海市地方政府显性债务为 6878.1 亿元，远低于债务限额，债务率低于国际控制标准下限及全国平均水平，且上海市地方政府债务到期结构合理，不存在集中兑付的压力，未来，随着区域的进一步发展以及前期所投入的经营现金逐步回流，债务率预计会进一步下降，上海市总体债务风险可控。同时，上海部分郊区发展速度相对较慢，处于开发建设投入阶段，债务率相对较高，存在区域分化压力，需引起关注。

● 上海市融资平台情况：上海市融资平台存量债券以中长期中期票据和公司债为主，从分布情况来看，上海市浦东新区和市级融资平台存续债规模较大，从企业偿债能力来看，受企业主营业务、融资平台地位、发展阶段等众多因素影响，个体差异较大，但整体风险可控。

● 总体来看，上海市整体经济财力较强，各区经济发展相对平

---

* 江林燕，中诚信国际政府公共评级二部副总监。

253

衡，消费拉动型经济以及以税收为主的财政收入结构更加稳定，财政收入可较好地覆盖民生等刚性支出。从债务角度来看，近年来，上海市债务规模不大，债务到期结构合理，不存在集中兑付压力，且未来随着区域进一步发展以及前期投入的资产经营现金流逐步回笼，债务结构会进一步优化，上海市总体债务压力可控。同时，上海部分郊区发展相对较慢，且处于开发建设投入阶段，债务率相对较高，需关注区域分化压力。

一　上海市经济发展稳健，财政实力雄厚

（一）经济体量较大，产业结构合理，消费拉动作用明显

上海市经济体量在直辖市中排在首位，近年来，经济平稳增长。上海市为中国四个直辖市之一，经济实力极强，是中国最大的经济中心、重要的国际航运中心，在全国经济建设和社会发展中具有十分重要的地位，发挥十分重要的作用。2019 年，上海市实现地区生产总值（GDP）38155.32 亿元，比上年增长 6.0%（见图 1），在直辖市中排在首位，经济体量在全国各省份中居第 10 位，增速较 2018 年回落 0.60 个百分点，下滑幅度相对较小；按常住人口计算的上海市人均生产总值为 15.73 万元，高于全国人均生产总值 7.09 万元。2020 年前三季度，上海市地区生产总值为 27301.99 亿元，同比下滑 0.3%（见图 2），主要是由于第一、第二产业增加值下降。具体来看，2020 年前三季度，上海市第一产业增加值为 55.03 亿元，下降 18.0%；第二产业增加值为 7009.63 亿元，下降 2.9%；第三产业增加值为 20237.33 亿元，增长 0.7%。

从经济发展驱动力看，消费是拉动上海经济增长的第一驱动力，上海市电子商务、网络购物等新经济业态的发展走在全国前列。2017～2019 年，上海市实现社会消费品零售总额分别为 11745.96 亿元、12668.69 亿元和 13497.21 亿元，2019 年，上海市社会消费品零售总额比上年同期增长 6.5%。以建设国际贸易中心为主线，上海市构建了包括商业街区、标志性商圈、商业新地标、郊外商务商业中心等在内的多层次、多业态、全覆盖的

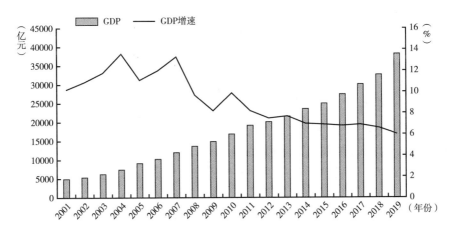

图 1　2001～2019 年上海市 GDP 及增速情况

资料来源：上海市国民经济和社会发展统计公报，中诚信国际整理计算。

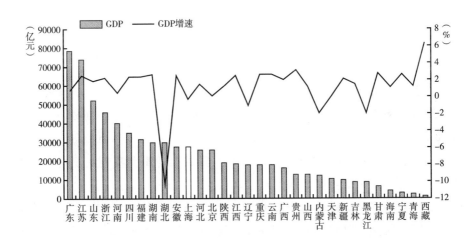

图 2　2020 年 1～9 月全国各省份 GDP 及增速

资料来源：全国各省份统计局，中诚信国际整理计算。

商业载体。固定资产投资方面，2019 年，上海市固定资产投资同比增速为 5.1%，增速较 2018 年下降 0.01 个百分点。此外，战略新兴产业（包括节能环保、新一代信息技术、生物、高端装备、新能源、新能源汽车、新材料等产业）对上海市的经济发展驱动作用较大，2019 年，上海战略性新兴产业增加值为 6133.22 亿元，比上年增长 8.5%。其中，工业增加值为

2710.43 亿元，增长 3.3%；服务业增加值为 3422.79 亿元，增长 13.3%。战略性新兴产业增加值占上海市生产总值的比重为 16.1%，比上年提高 0.4 个百分点。2020 年 1～10 月，上海市全社会固定资产投资总额同比增长 10.9%。

从产业结构看，第三产业对上海市经济发展的拉动力极强，产业结构合理。上海市三产产值占比分别为 0.27%、26.99% 以及 72.74%，第三产业对经济发展的拉动力极强，上海市的房地产、金融和保险、批发和零售业以及信息产业等第三产业对经济的贡献较大。上海市金融体系健全，发展环境优越，金融机构集聚效应明显，金融创新能力很强。目前，上海已经形成由证券市场、货币市场、外汇市场、保险市场、期货市场和金融衍生品市场等构成的较为健全的全国性金融市场体系。上海金融机构的集聚效应进一步显现，在商业银行、证券公司、保险公司、基金管理公司、期货公司等金融机构加快集聚的同时，小额贷款公司、融资性担保公司、股权投资企业等新型机构快速发展。

（二）财力雄厚殷实且来源稳定，财政自给能力较强

随着经济增长进入"新常态"，上海市一般公共预算收入平稳且较快增长。2017～2019 年，上海市全市一般公共预算收入分别为 6642.3 亿元、7108.1 亿元和 7165.1 亿元，同比增幅分别为 9.1%、7.0% 和 0.8%，财政收入运行总体平稳，但 2019 年一般公共预算收入增速大幅走低，主要原因如下。一是新旧动能转换加快推进。2019 年，金融、信息等现代服务业发展良好，财政收入分别同比增长 12.9% 和 10.3%；汽车、石化、钢铁等重点工业明显回落，财政收入分别同比下降 19.2%、25.5% 和 33.8%；房地产业保持平稳运行，财政收入同比增长 1.7%。二是减税降费效应明显。2019 年，全国和上海市出台更大规模的减税降费政策，短期内对财政收入产生较为明显的减收效应，这亦是 2019 年上海市财政收入增长乏力的重要原因。但从长期来看，此举有利于增强经济发展后劲，培育财政收入来源，提升财政经济可持续发展能力。2020 年以来，叠加疫情影响，上海市一般公共预算收入下滑 7.0%，为 6665.3 亿元。税收收入是上海市一般公共预算收入的主要构成部分，近年来，占比均在 85% 以上，主要由增值税、企业所得税和个人所得税构成。上海市自身财政实力很强，是分税制体制下对

中央财政贡献较大的省级行政单位之一，因此，中央转移支付与其他行政区相比规模不大，2017～2019 年，中央税收返还和补助收入分别为 779.5 亿元、851.4 亿元和 900.8 亿元，2019 年，上海得到的中央转移支付占财政总收入的比重仅为 10.56%。在财政支出方面，上海市在严格控制一般性支出的基础上，着力优化财政支出结构，加大对经济结构调整和转型升级、生态文明建设和城乡一体化、重要民生领域的保障力度。2019 年，上海市一般公共预算支出为 8179.3 亿元。从具体支出项目来看，2019 年，上海市一般公共预算支出中城乡社区支出、社会保障和就业支出、教育支出、资源勘探信息等支出以及农林水支出排前五位，占比分别为 19.99%、12.22%、12.17%、9.24% 和 6.40%。财政平衡方面，2019 年，上海市财政平衡率为 87.60%，在全国范围内处于较高水平，财政自给能力较强。

政府性基金收入逐年上升，但整体增幅不大，主要受上海市积极推动产业结构调整和转型升级，培育更多的税源增长点，弱化政府性基金收入在财力中的影响，以优化财政收支结构。2017～2019 年，上海市政府性基金收入分别为 1960.6 亿元、2095.4 亿元和 2418.1 亿元，其中，国有土地使用权出让收入分别占 90.88%、92.00% 和 92.99%。2019 年，上海市政府性基金收入为 2418.1 亿元，较 2018 年增加 322.7 亿元，同比增长 15.4%，其中，国有土地使用权出让收入为 2248.5 亿元，较 2018 年增长 320.8 亿元（见图 3）。从本级情况来看，市本级政府性基金收入为 668.3 亿元，其中，国有土地使用权出让收入为 590.3 亿元；市本级政府性基金支出为 629.8 亿元，其中，国有土地使用权出让支出为 549.8 亿元，主要用于中心城区旧区改造、轨道交通和重点区域土地收储及配套基础设施建设等方面。

国有资产经营收入逐年增加。随着上海市国资国企改革深入推进，国有资产经营收益收缴范围扩大和收缴比例逐步提高，上海市国有资本经营收入持续增加，2019 年，上海地方国有企业实现营业收入 3.7 万亿元、利润总额 3486.6 亿元，同比分别增长 5.5% 和 2.6%；资产总额为 21 万亿元，同比增长 10.1%。85 家国有控股上市公司市值 2.7 万亿元，同比增长 19%。目前，上海地方国有企业排在全球行业前 10 位的企业集团达到 6 家。上汽集团、浦发银行、太保集团、绿地集团进入《财富》世界 500 强，上海建工等 24 家企业进入《财富》中国 500 强。这部分收入有效提升了地方财力的灵活性。

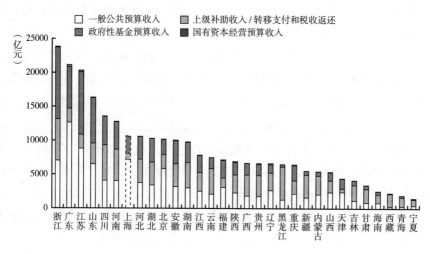

图3　2019年全国各省份综合财力

资料来源：中诚信国际区域风险数据库。

（三）上海市各区实现错位均衡发展，浦东新区经济与财政实力均占优

上海市下辖16个区，根据《上海市主体功能区规划》划分为四个区域，都市发展新区定位为全市"四个中心"核心功能区、战略性新兴产业主导区和国家改革示范区；都市功能优化区主要培育战略性新兴产业和科技含量较高的都市产业，促进服务业和制造业深度融合；新型城市化地区依托重点工业区和产业基地，优化提升产业能级；综合生态发展区以生态居住、休闲度假、国际会议为特色。

从经济发展水平看，2019年，浦东新区GDP为12734.25亿元，同比增长7.0%，在上海市居于首位；崇明区GDP为378.50亿元，同比增长6.8%，在上海市位于末尾。财政方面，2019年，浦东新区一般公共预算收入为1071.50亿元，增长0.5%，一般公共预算收入规模在市内居于首位，财政平衡率为79.89%，财政自给能力较强；崇明区一般公共预算收入为115.00亿元，增长37.30%，一般公共预算收入水平在市内居于低位，但增速较高，财政平衡率为30.05%，财政自给能力较低，需要较多的上级补助（见表1）。浦东新区的经济发展和财政实力在上海市的排名靠前。一方面，得益于自身强劲的经济增长态势、优化的产业结构等；另一方面，浦东新区的占地面积较大，为1210平方千米，约占上海市的19.08%。

表1　2017~2019年上海市本级及各区财政数据

地区	一般公共预算收入			一般公共预算支出		
	2017 年	2018 年	2019 年	2017 年	2018 年	2019 年
市本级	3156.8	3362.0	3397.0	2211.8	2791.8	2629.3
浦东新区	996.3	1066.2	1071.50	1257.7	1305.5	1341.27
黄浦区	212.2	225.0	225.73	263.5	279.7	276.01
徐汇区	186.0	193.5	194.15	264.5	231.3	287.52
长宁区	154.3	162.8	131.62	183.9	192.1	162.86
静安区	232.8	246.8	247.63	312.2	370.6	297.54
普陀区	108.1	114.1	110.07	174.5	203.6	179.89
虹口区	110.1	116.8	117.00	173.4	184.7	165.06
杨浦区	119.5	126.7	127.12	206.2	230.5	216.94
闵行区	278.7	296.8	297.70	416.0	408.6	401.60
宝山区	151.1	160.5	161.00	271.8	301.6	288.81
嘉定区	252.3	269.9	270.73	370.7	391.5	356.46
金山区	108.4	124.6	126.14	179.1	241.7	224.88
松江区	192.6	204.4	210.51	288.8	345.1	339.41
青浦区	188.0	203.1	207.19	383.9	333.5	339.91
奉贤区	128.1	151.2	154.99	176.9	199.3	289.15
崇明区	67.0	83.8	115.00	221.5	268.8	382.68

资料来源：上海市及各区财政决算报告，中诚信国际整理计算。

二　上海市地方政府债务率较低，债务状况良好

（一）政府债务余额显著低于债务限额且呈现下降趋势，债务率较低，债务状况良好

当前，各地对地方政府显性债务与隐性债务口径的界定并不一致。从法律角度来看，显性债务是以特定的法律或者合同所带来的负债，而隐性债务则基于市场预期、政治压力的政府责任。从现实角度来看，地方政府隐性债务也是地方政府可能承担偿还、救助、担保责任但并未纳入债务管理和统计范围的债务，一旦发生危机，尤其是存在系统性风险爆发可能性时，地方政

府不得不加以干预、承担责任。在本报告中，将地方政府显性债务作为显性债务，将负有一定救助责任的债务以及其他可能承担责任的或有债务纳入隐性债务估算范围，从两个口径对上海市债务进行分析。

1. 显性债务呈现下降趋势，债务率较低，且期限分布合理，无集中兑付现象

受地方政府债的限额管理，加之上海市提前偿还了部分债的影响，上海目前存量地方政府债务远低于当年限额。截至 2020 年底，上海市存量地方债规模为 6878.1 亿元，居全国第 19 位，低于 2019 年的债务限额 8577.10亿元。2020 年底全国各省份地方债存量规模见图 4。

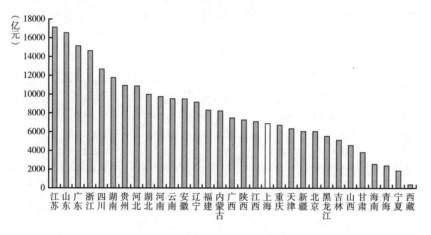

图 4 2020 年末各省份地方债存量规模

资料来源：Choice 数据库，中诚信国际整理计算。

从地方债发行结构看，积极财政政策持续发力，专项债占比不断提升，新增债比重也持续提高。2020 年，在上海市发行的 1754.80 亿元地方债中，新增债 1332.00 亿元，再融资债 422.80 亿元。从专项债情况看，2020 年上海市共发行再融资专项债 173.40 亿元，新增专项债 1041.00 亿元，其中，新增专项债金额占专项债总额的 85.72%，且全部为项目收益专项债，2020 年以来，全国项目收益专项债投向领域在原有的土储和棚改基础上更加多元化，基于上海市近年来大力投资轨道交通等大型交通基础设施建设项目，上海市2020 年发行的项目收益专项债主要用于交通基础设施类项目。2020 年全国各省份地方债发行规模见图 5。

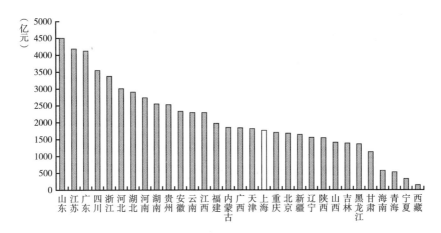

图5　2020年各省份地方债发行规模

资料来源：Choice 数据库，中诚信国际整理计算。

从债务水平看，2019 年，上海市负债率及债务率分别为 15.00% 和 53.62%，债务率和负债率水平在国内都处于较低区间，债务规模总体可控，暂未超过欧盟负债率 60% 和国际上债务率 100% 的警戒线。2019 年全国各省份地方债务余额及债务率（显性债务口径）见图 6。

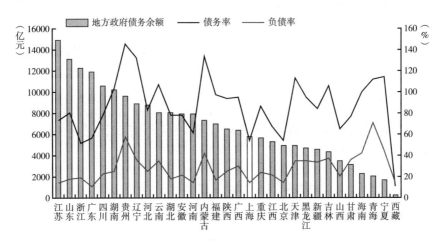

图6　2019年全国各省份地方政府债务余额、债务率及负债率

资料来源：全国各省份财政决算报告，中诚信国际整理计算。

债务到期分布方面，2020 年，上海市到期债务规模为 575.20 亿元，2021~2025 年到期债务规模分别为 745.2 亿元、608.8 亿元、825.8 亿元、1030.2 亿元和 836.4 亿元，2021 年的偿债压力大于 2020 年，但整体尚好，2024 年到期债务规模较大（见图 7）。

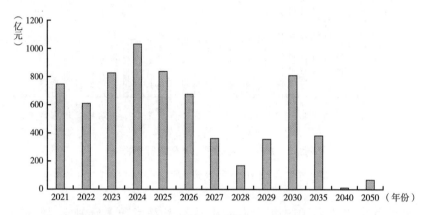

图 7　2021~2050 年上海市地方债到期金额

注：2020 年末测算。

资料来源：Choice 数据库，中诚信国际整理计算。

2. 上海市含隐性债务的债务率为 100.04%，稍有增长，略高于国际警戒线

将隐性债务①纳入考量范围后，截至 2019 年末，上海市隐性债务规模为 4954.2 亿元，居全国第 23 位，叠加显性和隐性债务后，上海市的负债率为 27.98%，债务率为 100.04%，债务率略高于国际警戒线。

（二）各区债务压力有所分化，崇明区、虹口区债务压力相对较大

截至 2019 年末，浦东新区显性债务规模最大，为 921.03 亿元，对应的债务率和负债率分别为 52.52% 和 7.23%；从负债率水平看，负债率最高的是崇明区，为 52.80%，负债率较高主要是由于 GDP 规模相对较小，但依然

---

① 本报告用纯融资平台所有有息债务 + 准融资平台的其他应收款 + 政府付费型 PPP 项目投资落地额 – 扣减部分（纳入直接政府性债务的部分）估算隐性债务规模，其中，准融资平台主要包括公用事业类、交通运营类、省级收费公路投资和投控类等企业。

未超过警戒线，对应的债务余额和债务率分别为199.86亿元和45.97%；从债务率水平看，债务率最高的是虹口区，为156.70%，超过国际警戒线，对应的债务余额和负债率分别为328.90亿元和31.84%（见图8、图9）。

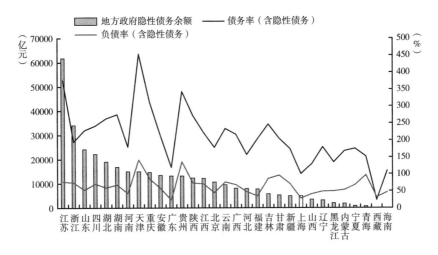

**图8　2019年全国各省份地方政府隐性债务余额、
债务率及负债率**

资料来源：全国各省份财政决算报告，中诚信国际整理计算。

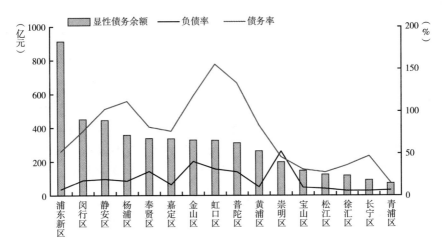

图9　截至2019年末上海市各区债务情况

资料来源：上海市各区财政决算报告，中诚信国际整理计算。

（三）上海市采取多方面政策严控地方债务风险

上海市整体债务规模不大，近年来，发行呈现规模提速扩容、节奏安排合理、发行成本下降、发行期限不断拉长等特点。各项指标在全国排名靠前，且负债率和债务率均处于较低水平，现阶段，债务限额仍有一定的使用空间。从目前存量地方政府债到期情况来看，上海市地方政府债券每年到期规模较平均，且到期压力较小。近年来，上海市委、市政府按照国务院的部署和中央有关部委的要求，高度重视政府性债务管理工作，积极采取有效措施，不断完善政府性债务管理制度，着力控制债务规模，有效防范和化解财政金融风险。

一是健全与完善政府性债务管理制度，严格管理政府性债务。2014年，《关于进一步加强本市政府性债务管理的若干意见》（沪府〔2014〕44号）印发，从化解存量债务、控制新增债务、规范举债融资、强化债务监管等方面对加强政府性债务管理提出具体要求。2016年，及时转发《财政部关于印发〈地方政府一般债务预算管理办法〉的通知》、《财政部关于印发〈地方政府专项债务预算管理办法〉的通知》以及《财政部关于印发〈地方政府性债务风险分类处置指南〉的通知》等文件，严格管理政府性债务。

二是落实债务限额管理和债券额度分配方案，组织实施债券发行工作。按照有关债务限额管理的要求，在财政部核定的政府债务限额内，编制预算调整方案，提交市人大常委会批准后将其纳入政府预算管理。按照财政部加强地方政府债券发行管理的要求，认真组织实施债券发行工作。

三是加强对政府债务的动态监控，创新政府债务监管方式。严格实施政府债务月报制度，实时跟踪、分析本市政府债务到期和变动情况。要求各区结合盘活财政存量资金，多渠道筹集偿债资金，严控债务风险。进一步创新政府债务监管方式，与财政部驻上海专员办联合下发通知，对地方政府债务进行联合监管，重点从加强债务风险监管、建立债务备案报告制度等方面规范地方政府债务管理机制。

四是建立政府债务风险预警和应急处置机制。第一，全面评估和预警政府债务风险。参照财政部政府债务风险评估办法，建立本市政府债务风险预警机制，根据财政部的测算评估结果，及时对本市债务高风险的地区进行预警、提示。第二，出台《上海市地方政府性债务风险应急处置预案》（沪府办〔2017〕36号），明确应急组织机构，预警和预防机制，应急响应、后期处理和保障措施，切实防范和化解财政金融风险。

三　上海市融资平台债呈现
区域分化态势

（一）上海市融资平台债以中期票据和公司债为主

截至2020年底，上海市存量融资平台债共计145只，债券余额共计1227.72亿元，存量规模在全国处于中下游位置（见图10）。从债券种类看，以一般中期票据和一般公司债为主，数量占比分别为33.79%和31.72%，接下来依次为超短期融资债券（10.34%）、一般企业债（8.97%）、定向工具PPN（6.90%）、私募债（4.14%）、证监会主管ABS（2.07%）、一般短期融资券（1.38%）及交易商协会ABN（0.69%）。从债券期限看，以5年期为主，占比达到52.41%。从债项信用等级看，以AAA级为主，占比为60.00%，其次为AA+级，占比为34.48%。

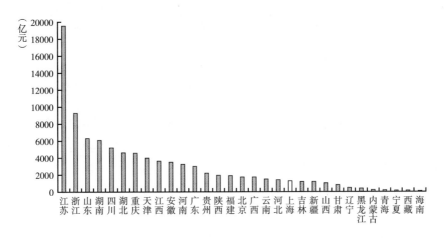

图10　2020年末全国各省份存量融资平台债规模

资料来源：Choice数据库，中诚信国际整理计算。

从融资平台债的发行情况来看，近年来，上海的发行量逐年增加，特别是2020年，上海市融资平台债发行量达679.7亿元，增幅为85.32%。具体来看，2020年，上海市融资平台债共发行79只，涉及发行主体共27家。从发行债券信用等级来看，上海市2020年发行的债券中以高等级为主，其中，AAA级占比为79.23%，AA＋级占比为19.30%，AA级占比为1.47%。从发行品种来看，以短期融资券为主，发行总额为271.3亿元，占比为39.91%，其次为公司债，发行总额为182.2亿元，占比为26.81%。从发行期限看，以5年期和1年期为主，占比分别为40.08%和39.91%。从发行利率和利差来看，2020年，上海新发行的债券加权平均利率和加权平均利差分别为2.86%和54.28BP，处于全国各省份中的较低水平（见图11）。

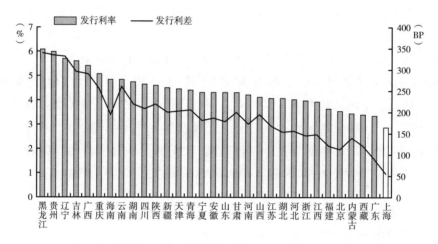

图11　2020年全国各省份融资平台债发行利率及发行利差

资料来源：Choice数据库，中诚信国际整理计算。

从净融额来看，受益于2020年宽松的市场环境，上海市净融额大幅增长，增幅达260.11%，为397.42亿元，而2020年上海市融资平台债的到期量与2019年相比差别不大，净融额大幅增长，加上2020年发行的利率和利差均处于全国各省份中较好水平，体现出上海市融资平台的市场认可度极高（见图12）。

从到期情况看，2021年，上海市融资平台债到期规模达到226.14亿元，回售规模为167.50亿元，考虑到回售情况，债券到期压力主要集中在1月、3月、4月及7月（见图13）；从年度情况看，2021～2023年将达到

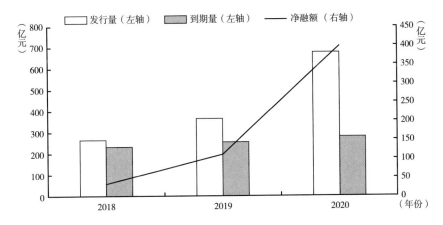

图 12 2018～2020 年上海市融资平台净融额情况

资料来源：Choice 数据库，中诚信国际整理计算。

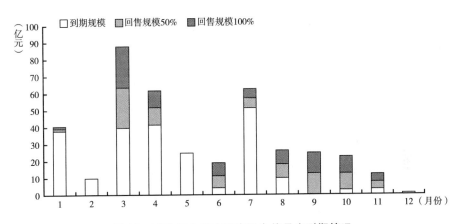

图 13 2021 年上海市融资平台债月度到期情况

注：2020 年末测算。

资料来源：Choice 数据库，中诚信国际整理计算。

到期及回售高峰，到期及回售总规模分别为 393.64 亿元、338.39 亿元和
521.40 亿元（见图 14）。

（二）上海市浦东新区融资平台存续债规模最大，各区融资平台债规模呈现分化态势

从各区融资平台债存量来看，截至 2020 年末，上海市存量融资平台债中，浦东新区有 55 只，余额共计 501.04 亿元，排名第一；其次为市本级，

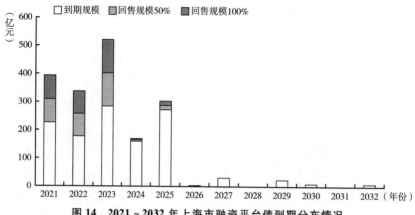

图14 2021～2032 年上海市融资平台债到期分布情况

注：2020 年末测算。

资料来源：Choice 数据库，中诚信国际整理计算。

为 34 只，余额共计 362.00 亿元。存量规模最小的是青浦区，存量为 1 只，规模为 3.25 亿元（见图 15）。

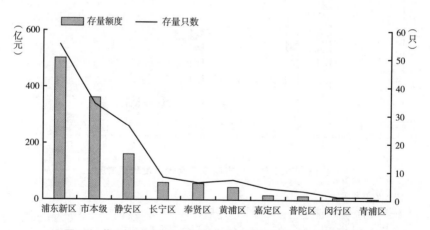

图15 截至 2020 年末上海市本级及各区融资平台存量情况

资料来源：Choice 数据库，中诚信国际整理计算。

从各区发行情况来看，2020 年发行量排名靠前的分别为浦东新区（296.5 亿元）、市本级（216.5 亿元）和静安区（93.7 亿元）。从发行成本来看，上海市的融资平台发行成本一直处于全国高位，2020 年，上海市各区加权平均发行利率低于 3% 的区域主要为浦东新区（2.77%）、市级融资平台（2.81%）以及静安区（2.80%），均低于上海市全市的平均水平（2.86%）；加权平均发行利差方面，最低的是静安区，为 29.42BP，其次为浦东新区（52.79BP）和市级融资平台（53.44BP），其余均高于上海市平均水平 54.28BP（见图 16）。

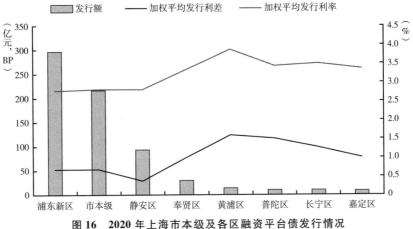

图 16　2020 年上海市本级及各区融资平台债发行情况

资料来源：Choice 数据库，中诚信国际整理计算。

从债券到期情况看，截至 2020 年末，上海市融资平台债在 2021～2023 年分别到期 177.72 亿元、284.50 亿元和 160.65 亿元，到期规模不大，且分布相对较为均衡，其中，2021 年和 2022 年，到期规模较大的是浦东新区的融资平台，2023 年到期规模最大的是市级融资平台（见图 17）。

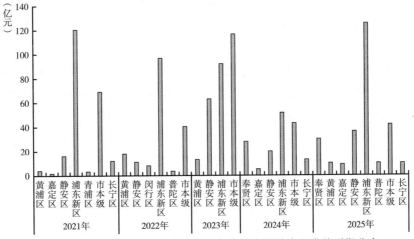

图 17　2021～2025 年上海市本级及部分区存量融资平台债到期分布

注：2020 年末测算。

资料来源：Choice 数据库，中诚信国际整理计算。

（三）上海市融资平台财务状况：资产规模持续扩大，资产负债率有所下降，盈利能力有所提升，偿债能力仍然很强

截至 2020 年底，上海市有存续债的融资平台为 39 家①，近年来，上海市融资平台总资产规模持续扩大，平均资产负债率有所下降，盈利能力有所提升，偿债整体有所弱化。资本结构方面，上海市融资平台资产总额持续增加，2017～2019 年末分别为 20328.35 亿元、21313.41 亿元和 23585.38 亿元，复合增长率为 7.71%；平均资产负债率由 2017 年末的 55.46% 降至 2019 年末的 54.37%（见图 18）。从各区域融资平台资产规模的平均值来看，上海市本级、闵行区和浦东新区的融资平台资产规模均值较大，均超过 400 亿元，崇明、静安、嘉定和黄浦区的融资平台资产规模均值较小，均低于 180 亿元。从净资产看，2019 年末，上海市融资平台净资产均值为 189.17 亿元，分区来看，依然是闵行区、上海市本级的净资产规模较大，均值分别为 671.71 亿元和 611.74 亿元，崇明、普陀两区的融资平台净资产规模较小。

盈利能力方面，营业收入呈波动态势，2017～2019 年分别为 1396.67 亿元、1218.28 亿元和 1415.68 亿元；净利润持续增长，2017～2019 年分别为 205.62 亿元、216.92 亿元和 287.03 亿元（见图 19）。分区域来看，上海市本级和浦东新区的营业收入及净利润的平均值较高，2019 年末，上海市级的营业收入平均值和净利润平均值分别为 67.55 亿元和 19.70 亿元；浦东新区分别为 46.52 亿元和 6.88 亿元（见图 20）。净利润平均值排在后面的是普陀区和闵行区。从利润来源结构看，区域呈现较为明显的分化，嘉定区、金山区和闵行区融资平台营业外收入占比普遍较高，但浦东新区及上海市本级融资平台对财政的依赖程度极低，融资平台利润对政府补贴的依赖程度与国企改革进展、产业升级进度有关，上海市本级融资平台及浦东新区融资平台的国企改革进度较快，自身造血能力较强，对财政的依赖程度相对较小。

从企业的偿债能力看，个体差异较大，与企业的主营业务、融资平台地位等众多因素有关。2017～2019 年，融资平台平均流动比率分别为 5.89、

① 此处口径中的企业系能披露等级且有存续债的融资平台。

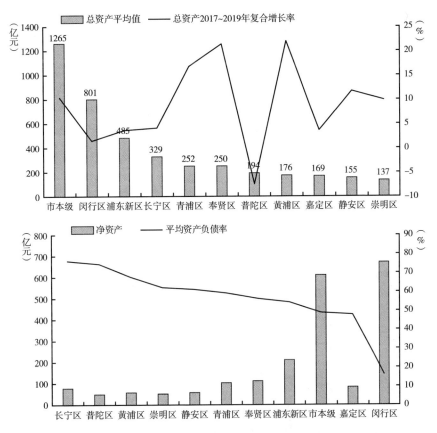

图 18　2019 年底上海市本级及各区融资平台总资产、净资产情况

资料来源：Choice 数据库，中诚信国际整理计算。

4.50 和 5.11，平均速动比率分别为 1.54、1.26 和 1.10（见图 21），偿债能力整体有所弱化，但考虑到上海市融资平台资产质量优异以及流动性较好，整体而言，偿债能力仍然很强。分区域来看，截至 2019 年末，上海市本级和浦东新区的带息债务规模较大；从平均速动比率来看，闵行区和上海市本级排名靠前，长宁区和黄浦区排名靠后（见图 22）。

（四）上海成功的国资国企改革为区域发展注入动力，使偿付地方债务有了坚实的基础

作为全国经济发达区域，上海的国资国企改革开始的时间较早且较为深刻，国资国企改革主要有两个明显的特征。一是统筹协调分类监管的国资监

管体系，进一步去行政化，从"管国企"到"管国资"，从"管资产"到"管资本"；在监管方面实施分类管理，企业被分为"竞争类"、"功能类"和"公共服务类"，逐步进行差异化管理。二是建立公开透明规范的国资流动平台，成立国资流动平台的投资决策委员会。同时，发挥市场的配置资源功能，探索整体上市公司存续资产托管模式，推动国有控股上市公司、非上市公司进行开放性市场化重组整合。发展混合所有制经济，加快进行企业股份制改革，实现企业整体上市或核心业务资产上市，是提高国有资产流动性和进行兼并重组的主要渠道。

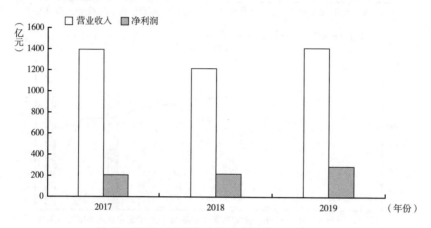

图 19　2017～2019 年上海市营业收入及净利润

资料来源：Choice 数据库，中诚信国际整理计算。

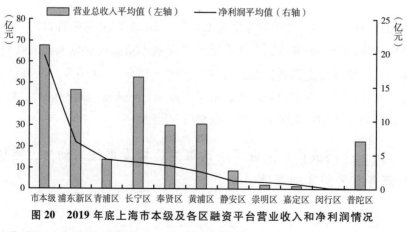

图 20　2019 年底上海市本级及各区融资平台营业收入和净利润情况

资料来源：Choice 数据库，中诚信国际整理计算。

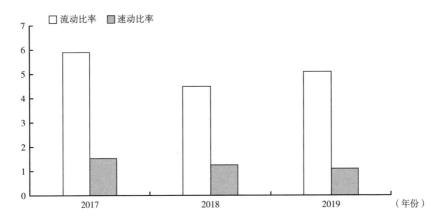

图 21 2017～2019 年上海市债务流动比率和速动比率

资料来源：Choice 数据库，中诚信国际整理计算。

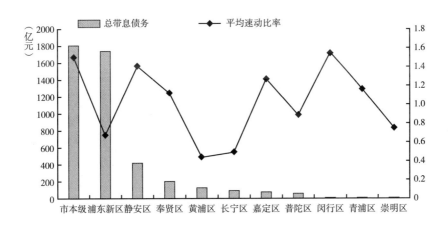

图 22 2019 年底上海市各区融资平台偿债情况

资料来源：Choice 数据库，中诚信国际整理计算。

结　语

总体来看，上海市整体经济财力较强，各区经济发展相对平衡，消费拉动型经济以及以税收为主的财政收入结构更加稳定，财政收入可较好地覆盖民生等刚性支出。从债务角度来看，近年来，上海市债务规模不大，债务到期结构合理，不存在集中兑付压力，且未来随着区域的进一步发展以及前期所投入资产经营现金逐步回流，债务结构会进一步优化，上海市总体债务压力可控。同时，上海部分郊区发展相对较慢，且处于开发建设投入阶段，债务率相对较高，需关注区域分化压力。

伴随着工业化的推进，江苏城市化总体上经历了一个城镇数量不断增加、城镇人口规模不断扩大、城镇人口比重不断上升的发展历程。江苏是我国城市化水平上升最快的省份之一。2000 年，江苏城市化率居全国第 10位，华东地区排第 3 位，排在 3 个直辖市（沪京津）和广东、东北三省、浙江、内蒙古之后；到 2019 年，江苏城市化率已提升至全国第 5 位，排在3 个直辖市（沪京津）和广东之后。2019 年，江苏的城市化率已经达到70.61%，14 年间上升了 18.71 个百分点。2010～2019 年江苏省固定资产投资及 GDP 形成来源见图 3。

（二）综合财力雄厚，财政收入保持增长且收入质量持续提升，财力结构较为合理

江苏省财政实力较强，在全国处于前列。作为中国重要的经济体，江苏省的财政实力处于全国领先水平。2019 年，江苏省综合财力为 20349.28 亿元，在全国排第 3 位。未来，尽管土地市场存在一定的区域分化，但江苏省人口集聚效应较强，再加上稳健的产业结构和较大的经济增长潜力，江苏省综合财力仍将保持增长。2020 年前三季度，江苏省完成一般公共预算收入6903.87 亿元，同比增长 1.0%，增幅显著高于全国水平，其中，税收收入为 5669.36 亿元，同比下降 1.0%。

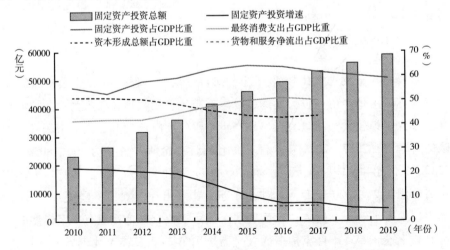

图 3　2010～2019 年江苏省固定资产投资及 GDP 形成来源

资料来源：江苏省国民经济和社会发展统计公报，中诚信国际整理计算。

一般公共预算收入增速持续放缓，财政平衡率较高。2019 年，江苏省一般公共预算收入为 8802.36 亿元，同比增长 2.0%，增速较上年回落 3.6 个百分点。受益于产业多元化程度高、纳税主体丰富，江苏省一般公共预算收入中税收收入占比高，稳定性强，2019 年，税收收入占比为 83.38%。2019 年，江苏省一般公共预算支出为 12573.31 亿元，在全国 31 个省份中排第 2 位，增速为 7.86%，其中，民生支出由 2015 年的 7676 亿元增至 2019 年的 9796 亿元，增长 27.6%，民生支出占一般公共预算支出的 77% 以上。江苏省财政平衡率较高，2019 年为 70.01%，位居全国第 5。2019 年全国各省份综合财力情况见图 4。

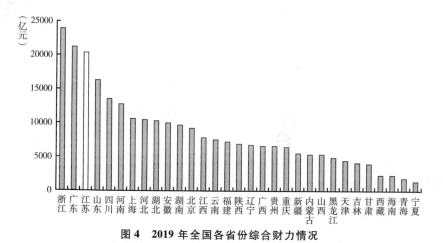

图 4　2019 年全国各省份综合财力情况

资料来源：全国各省份财政决算报告，中诚信国际整理计算。

政府性基金收入规模较大且近年来持续增长，但后续增速面临下行压力。江苏省房地产市场较为发达，以国有土地使用权出让收入为主的政府性基金收入规模较大，同时，在房地产市场景气度有所回升、土地市场攀升回暖的背景下，2017～2019 年，江苏省政府性基金收入分别为 7005.80 亿元、8222.81 亿元和 9249.59 亿元，其中，2017 年和 2018 年居全国首位，2019 年居全国第 2。2020 年 1～11 月，江苏省住宅出让金规模、楼面价均较高，其中，前者继续居全国首位，后者居全国第 7 位，住宅用地有一定幅度的溢价（排名全国第 4）且流拍率低（排名全国第 2），整体土地市场表现良好。预计，随着房地产调控政策持续趋严，江苏省内三、四线城市房地产价格面临下行压力，或将使政府性基金收入增速放缓。2017～2019 年，江苏省政

府性基金支出分别为 7559.64 亿元、9053.64 亿元和 9896.02 亿元，政府性基金支出规模亦较大，基本保持在全国前两名的水平。

中央的支持力度持续加大，但整体对中央转移支付的依赖性一般。随着"一带一路"倡议实施、长三角一体化推进，中央财政对江苏省的支持力度将持续加大，上级补助收入是江苏省综合财力的重要构成部分，2019 年，江苏省共获得中央各项转移支付 2061.94 亿元（居第 20 位），同比增长 13.36%；转移支付收入占全年综合财力的 10.13%，在综合财力中，江苏省对中央补助的整体依赖度一般。

国有资本运营收入占综合财力的比重较低，但收入水平在全国领先。江苏省内国有经济体量有限，2019 年，国有资本运营收入为 235.39 亿元，占综合财力的比重低，国有资本运营收入对财政实力的贡献有限。同时，江苏省 2019 年国有资本经营预算收入位居全国第 2，同比增长 82.96%，占全国的比重达 5.93%，占比较上年增加 1.49 个百分点。

（三）江苏省金融资源丰富，上市公司规模较大

区域金融资源是政府可协调的重要资源，一般将区域内金融机构数量及资产总额作为衡量指标。通常，区域内金融机构数量越多，总资产规模越大，在出现债务风险时，政府可协调的资源越多，尤其是展业区域性较明显的城商行、农商行、证券公司、信托公司、金融租赁公司的资源。江苏省金融资源较为丰富，从银行金融资源来看，截至 2019 年末，全省银行业总资产为 19.3 万亿元，同比增长 8.6%；实现净利润 2219 亿元，同比增长 10.5%，全省银行业金融机构网点总数为 13528 个；涉及法人机构 169 个，主要包括 4 个城市商业银行、63 个小型农村金融机构[①]、14 个财务公司、74 个新型农村机构[②]和 7 个其他机构[③]，全省上市银行达 9 家，居全国首位。非银金融机构方面，2019 年末，全省共有法人证券公司 6 家，期货公司 9 家，分别占全国的 4.5% 和 6%，证券期货分支机构为 1232 家，数量位居全国第 3；9 家期货公司合计实现营业收入 20.34 亿元，占全行业的 7.38%。

---

① 小型农村金融机构包括农村商业银行、农村合作银行和农村信用社。
② 新型农村机构包括村镇银行、贷款公司、农村资金互助社和小额贷款公司。
③ 其他机构包含金融租赁公司、汽车金融公司、货币经纪公司、消费金融公司等。

同期，总部设在江苏省辖内的保险公司为 5 家，保险公司分支机构为 5722 家，全省保险业累计实现保费收入 3750.2 亿元，位居全国第 2。

截至 2020 年 12 月 10 日，江苏省 A 股上市公司数量为 481 家，占全部上市公司数量（4106 家）的 11.71%，排在广东省（688 家）、浙江省（512 家）之后。全省上市公司所处行业以第二产业为主，分布在机械设备、化工、电气设备、电子、汽车、医药生物、建筑装饰和公用事业等行业，分布较为均匀，对单一产业的依赖度不高。但省内上市公司的区域分布不均衡，大多聚集在苏南地区，苏北地区数量偏少，同时，苏南地区的上市公司行业布局存在一定的重合情况，随着城市一体化持续推进，这将有利于区域化产业集群形成。从行业经济贡献方面来看，2019 年，江苏省商业贸易、化工、机械设备、房地产和电气设备行业合计营收规模较大；银行、房地产、医药生物、非银金融和商业贸易行业合计净利润规模较大，对区域税收及经济增长的贡献度较高。

（四）省内区域经济发展不平衡，呈现南强北弱的梯级格局，经济实力分化背景下财政收支存在矛盾

苏南地区整体经济发达，苏北地区相对落后。江苏省下辖 13 个地级市，各地级市经济发展水平、财政实力呈现南强北弱的梯级格局。分区域来看，苏南地区的苏州市、南京市、无锡市、常州市和镇江市的 GDP 分列省内第 1、第 2、第 3、第 5 和第 10 位，占全省 GDP 的比重分别为 19.31%、14.08%、11.90%、7.43% 和 4.14%；苏中地区的南通市、扬州市和泰州市 GDP 分列省内第 4、第 7 和第 9 位，占全省 GDP 的比重分别为 9.42%、5.87% 和 5.15%；苏北地区的徐州市、盐城市、淮安市、连云港市和宿迁市 GDP 分列省内第 6、第 8、第 11、第 12 和第 13 位，占全省 GDP 的比重分别为 7.18%、5.72%、3.89%、3.15% 和 3.11%。2019 年江苏省各地级市 GDP 及增速见图 5。

各地级市财政实力呈现分化态势，苏北地区财政平衡率普遍较低。从各地级市财政情况来看，苏南地区除镇江市外，财政自给能力普遍较强，其中，苏州市一般公共预算收入水平全省最高，2019 年为 2221.81 亿元，财政平衡率为 103.75%，另外，南京市、无锡市和常州市财政平衡率均高于 90%；苏北地区各地级市的财政自给能力相对偏弱，其中，盐城市、淮安市

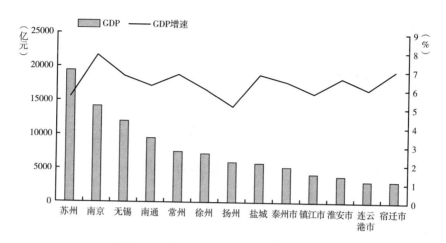

图 5　2019 年江苏省各地级市 GDP 及增速

资料来源：中诚信国际区域风险数据库。

和宿迁市的财政平衡率均低于 50%，按财政平衡率排名来看，居江苏省后三位（见图 6）。

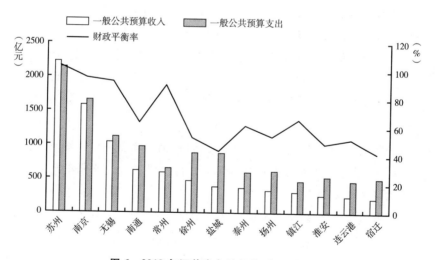

图 6　2019 年江苏省各地级市财政平衡率

资料来源：江苏省各地级市财政决算报告，中诚信国际整理计算。

各地级市人口增速呈现分化态势，部分地区人口出现净流出的情况，2019 年末，苏州市为全省唯一的千万级人口大市，南京市和徐州市常住人口数量居全省第二、三位。2015～2019 年，江苏省 13 个地级市中多数保持常住人口净增长，南京作为省会城市，人口虹吸效应明显，人口增幅位居全省第一。值得注意的是，盐城和泰州 2019 年末常住人口较 2015 年末分别下降 0.26% 和 0.03%，连云港 2019 年末常住人口较 2018 年下降 0.22%。

二　显性债务平稳增长，隐性债务规模较大，债务风险总体可控

（一）江苏省显性债务规模居全国首位，处于合理范围，风险总体可控

2019 年末，江苏省地方政府债务余额为 14878.38 亿元，规模居全国首位，其中，一般债务为 6620.52 亿元，专项债务为 8257.86 亿元。2019 年，江苏省政府债务余额较 2018 年地方债务余额增加 1592.83 亿元，同比增长 11.99%，但低于财政部核定的限额（2019 年末为 16525.13 亿元）。从债务资金来源看，目前，江苏省政府债务余额中绝大部分为地方政府债券形式；从举债层级看，江苏省全省政府债务主要分布于市、县级政府；从资金用途看，江苏省政府债务主要用于基础设施建设和公益性项目，相应的债务形成了大量资产，比如土地储备资产、城市轨道交通、水热电气等市政建设和高速公路、机场等，且大多能够产出经营性收入，在一定程度上可以保障相关债务的偿还；从债务期限结构看，未来几年，江苏省债务不存在集中到期情况，债务期限结构较合理。2019 年，江苏省债务率达 73.12%，负债率为 14.93%，较强的经济和财政实力为债务偿付提供了较高水平的保障，债务风险总体可控（见图 7）。

江苏省地方债新发行规模位于全国前列，地方债在 2023 年进入偿还高峰期。2020 年，江苏省共发行 23 只地方政府债，规模合计 4181.20 亿元，其中，一般债为 6 只，规模合计 1222.73 亿元；专项债为 17 只，规模合计 2958.47 亿元，发行规模居全国第 2。从期限结构看，江苏省地方政府债券期限以 10 年和 15 年期为主，两类债的规模合计占比达到 62.57%，7 年期和 5 年期占比分别为 14.10% 与 11.77%。从到期时间看，2021～2023 年为集中偿还期，年均偿还规模超过 1900 亿元（见图 8）。仅从短期看，2021年，江苏省地方政府债到期规模为 1901.98 亿元，具体到期时间集中于

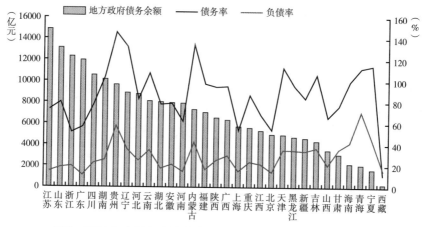

图7　2019年全国各省份地方政府债务余额、债务率及负债率

资料来源：全国各省份财政决算报告，中诚信国际整理计算。

2021年3月、8月和10月，到期规模分别为340.70亿元、440.00亿元和276.00亿元。

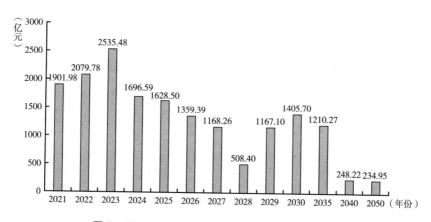

图8　2021～2050年江苏省地方债到期分布情况

注：2020年末测算。

资料来源：Choice数据库，中诚信国际整理计算。

（二）江苏省隐性债务规模居全国首位，考虑隐性债务后的债务率、负债率均超过警戒线

我国地方政府显性债务风险总体可控，但隐性债务风险较为突出，隐性

债务规模为显性债务的 1～2 倍。根据中诚信国际测算，2019 年，用显性债务衡量的地方政府总体债务率（债务规模/财政实力）为 79.92%，低于国际上 100% 的警戒线；全国政府债务的负债率（债务与 GDP 的比值）是 21.56%，低于欧盟确定的 60% 的警戒线，在以显性债务为主的口径下，我国地方政府风险水平相对较低。中诚信国际估算，截至 2019 年末，我国地方政府隐性债务规模为 36.49 万亿元，约为显性债务的 1.7 倍，地方政府隐性债务以 10% 以上的增速较快扩张，考虑隐性债务的政府负债率升至 58.56%。截至 2019 年末，江苏省隐性债务为 61673.92 亿元。在考虑隐性债务的情况下，江苏省债务率为 376.19%，负债率为 76.84%，均超过警戒线。

江苏省下辖的 13 个地级市中，从政府债务余额看，南京市的显性债务规模居前，2019 年末，债务余额为 2585.60 亿元。显性债务率方面，盐城市、淮安市和连云港市债务率超过 100% 债务红线。从负债率看，宿迁市的负债率最高，2019 年达到 21.51%。从隐性债务规模来看，南京市、苏州市的隐性债务规模较高，宿迁市的隐性债务规模最低，淮安市、连云港市、盐城市和镇江市债务率（含隐性债务）超过 500%，其中，淮安市高达 858.25%；负债率（含隐性债务）方面，镇江市、南京市和淮安市均超过 100%（见图 9）。

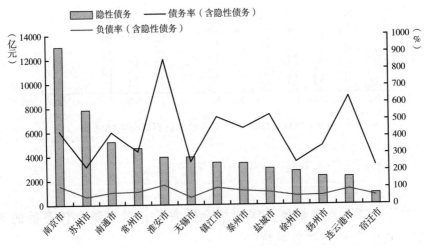

图 9 2019 年末江苏省各地级市隐性债务情况

资料来源：Choice 数据库，中诚信国际整理计算。

（三）江苏省债务管理政策：加快存量政府债务置换，严防新增隐性债务风险

近年来，国家针对防范地方政府债务风险频频"亮剑"，在《国务院关于加强地方政府性债务管理的意见》（国发〔2014〕43号）等文件基础上，陆续出台一系列政策对地方政府各类违法违规举债融资行为"围追堵截"，并不断强调坚决遏制隐性债务增量，体现坚决打好防范地方债务风险攻坚战的决心。为全面落实国家对防风险的要求并持续推进省内地方债务风险化解工作，江苏省从加强地方债务管理、推进存量债务化解等方面着手，出台了一系列控制债务风险的政策。加强债务管理方面，2016年11月24日，江苏省人民政府出台《省政府关于加强政府性债务管理的实施意见》，按照"分清责任、全面规范、不出风险、稳步推进"的管理原则，控制政府性债务规模，规范政府举债融资机制，并进行政府债务预算管理，建立政府性债务考核问责机制。同时，及时研究制定《省政府办公厅关于印发江苏省政府性债务风险应急处置预案的通知》（苏政办发〔2016〕173号），为全省债务风险处置提供政策储备；2016年出台《地方政府性债务风险分类处置指南》，以作为应急处置预案的配套文件。2018年，江苏省强化债务限额管理，举债机制进一步细化。2019年，江苏省继续完善政府性债务管理制度体系，切实规范政府举债融资行为。

在存量债务化解方面，江苏省提出加快存量政府债务置换，鼓励用社会资本改造存量债务及履行政府性债务到期偿还责任等方式持续有效推动江苏省存量地方政府债务化解。鼓励将符合置换条件的存量政府债务全部置换成地方政府债，引入社会资本，通过PPP等模式，及调整权责利关系，将部分有条件的政府性债务转换为非政府性债务，以降低政府性债务规模。2018年11月12日，江苏省地方政府隐性债务化解工作推进会在南京召开，会议要求采取有力有效措施，进一步摸清情况，深化细化化债方案，严防新增隐性债务风险，研究解决重点地区、重点领域的突出问题，多措并举，分类处置，精准施策，把"清、规、控、降、防"各项工作做得更实更细更到位，坚决守住不发生区域性系统性金融风险的底线。未来，伴随债务管理制度进一步落实，江苏省债务管理成效有望继续提升，区域总体债务风险可控。

三 江苏省融资平台债呈现区域分化态势，融资平台 存量债券规模居全国首位，转型条件相对较好

（一）融资平台存量债券规模居全国首位，存续债期限集中于5 年期以内，2021年为偿还高峰期

江苏省融资平台债存量规模居全国首位，以一般中期票据和私募债为主。截至2020年末，江苏省存量融资平台债共计3007只，涉及发行主体360家，债券余额为19519.71亿元，在全国各省份中居首位。从信用等级看，发行人信用等级以AA级为主，占发行人数量的比重达到56.39%，其次为AA+级，占发行人数量的比重为34.17%。从期限结构看，江苏省融资平台存续债期限集中于5年以内，占比达到96.47%，其中，1年及以下、1~2年（含2年）、2~3年（含3年）、3~4年（含4年）和4~5年（含5年）占比分别为28.17%、16.79%、21.14%、14.81%和15.56%。从券种看，一般中期票据和私募债为江苏省融资平台发债的主要券种，发行规模占比分别为30.95%和25.70%。

各地级市融资平台债规模呈现分化态势，其中，南京市和苏州市融资平台债存量规模分别居前两位，为3524.36亿元和2691.64亿元，在全省融资平台债存量规模中的合计占比为31.84%。结合各地级市综合财力情况看，2020年末，各地级市融资平台债存量规模占2019年当地综合财力比重排前三位的分别为淮安市、盐城市和泰州市，占比分别为217.47%、155.15%和151.11%，面临的债务压力较重；排在后三位的分别为徐州市、苏州市和宿迁市，占比分别为70.08%、65.47%和53.55%，面临的债务压力相对较轻。

从各地级市融资平台债到期情况看，2021~2023年，各地级市融资平台债到期年均规模在4000亿元以上，其中，2021年高达5495.18亿元。2021年内，南京市及苏州市到期债务规模较高，分别达1014.05亿元和782.55亿元，面临一定的偿债压力。此外，江苏省融资平台债到期时间分布较不均衡，各地级市偿债规模较高的前两年偿债规模合计占存量规模的比重均在40%以上，其中，省本级和镇江市在2021年和2023年需偿还规模合计占存量规模的比重均超过60%，面临一定的集中到期偿还压力（见表1）。

表1　2021年及以后江苏省本级及各地级市债券到期分布情况

单位：亿元

地区	2021年	2022年	2023年	2024年	2025年	2026年及以后	合计
省本级	297.00	113.00	152.50	82.00	79.00	—	723.50
南京市	1014.05	478.11	883.58	506.26	541.04	101.32	3524.36
苏州市	782.55	368.45	499.20	562.38	417.06	62.01	2691.64
南通市	447.03	270.22	324.32	267.60	367.60	75.40	1752.17
常州市	499.32	330.05	388.20	221.10	254.80	21.00	1714.47
无锡市	407.85	211.80	343.28	268.70	315.68	65.20	1612.51
泰州市	398.61	282.12	280.09	174.60	201.95	58.18	1395.54
盐城市	333.89	324.05	179.30	155.70	147.30	77.70	1217.94
淮安市	303.96	195.70	220.50	206.20	192.30	26.90	1145.56
徐州市	159.70	264.40	270.06	120.52	172.75	44.50	1031.93
镇江市	398.14	170.35	243.26	57.65	52.00	29.00	950.40
扬州市	181.60	120.60	155.20	139.80	123.10	67.57	787.87
连云港市	155.40	103.90	147.66	58.00	89.00	48.70	602.66
宿迁市	116.10	48.77	40.20	69.40	83.70	11.00	369.17
合计	5495.18	3281.51	4127.34	2889.91	3037.28	688.48	19519.71

注：2020年末测算。

资料来源：Choice数据库，中诚信国际整理计算。

（二）江苏省融资平台资产规模持续增长，盈利能力偏弱，负债水平处于合理区间

近年来，融资平台资产规模保持增长，发行规模居全国首位。截至2020年末，江苏省目前融资平台债仍在存续期内的企业共计360家，发行数量较上年末增加3家，债券市场参与度较高，所辖各地级市均有融资平台发债。从总资产规模看，360家财务数据可得的样本诚投企业2020年9月末总资产合计153615.72亿元，2017～2019年复合增长率为11.28%。其中，南京市和苏州市的融资平台资产规模较大，截至2020年9月末，两市融资平台总资产规模分别为28826.33亿元和19159.11亿元。从净资产看，2020年9月末，360家样本企业净资产合计59651.19亿元，2017～2019年复合增长率为9.88%。南京市和苏州市的融资平台净资产规模较大，规模分别为9779.36亿元和7404.15亿元，宿迁市、扬州市和连云港市三市的融资平台净资产规模较低，

同期末分别为1315.45亿元、2611.28亿元和2648.65亿元（见图10）。

资产流动性方面，2017～2019年及2020年9月末，江苏省融资平台资产流动性整体呈下降态势，截至2020年9月末，流动比率和速动比率分别为2.56和1.39，较2017年分别下降0.41和0.23。各地级市中近三年一期加权平均流动比率最高的地区为徐州市，为3.93；最低的为省本级，为0.48，主要是由省本级3家融资平台中两家为交通投资类的重资产类企业，资产集中于非流动资产所致。此外，考虑到融资平台流动资产除存货以外，其他应收款及应收账款占比较大，企业的实际资产流动性偏弱。

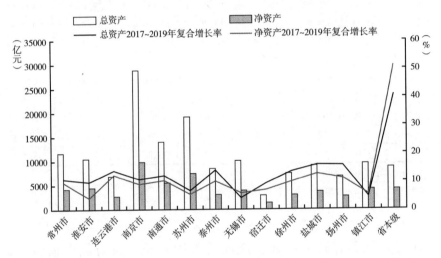

图10 2020年9月末江苏省本级及各地级市融资平台总资产及净资产情况

资料来源：Choice数据库，中诚信国际整理计算。

自身盈利能力偏弱，盈利主要来源于政府资金支持。2019年，江苏省融资平台利润总额合计为1337.44亿元（见图11），均值为3.72亿元，其中，南京市和常州市的企业户均利润总额较高，2019年分别为3.99亿元和3.84亿元，而泰州市、无锡市、宿迁市、徐州市和扬州市的融资平台户均利润总额规模均低于3亿元。从利润总额结构看，2019年，其他收益规模为710.87亿元，占利润总额的比重为53.15%，盈利主要来源于政府补贴，同时，EBIT及EBITDA户均分别为5.12亿元和6.48亿元，区域内的融资平台尚未形成可持续的市场化竞争力及盈利能力。

负债水平处于合理区间，刚性债务占比较高，偿债指标偏弱。2019年

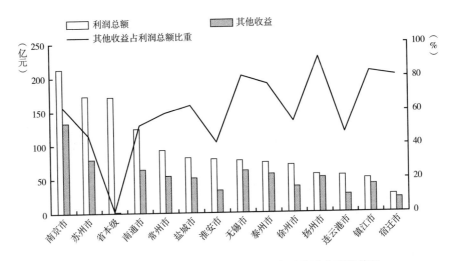

图11 2019年末江苏省本级及各地级市融资平台利润情况

资料来源：Choice数据库，中诚信国际整理计算。

末，江苏省各地级市融资平台加权平均资产负债率为59.71%，加权平均总负债为233.84亿元，加权平均带息债务为167.63亿元，占比为71.69%。从各地级市加权平均资产负债率情况看，南京市、常州市、泰州市、无锡市、连云港市和苏州市的融资平台资产负债率较高，加权平均资产负债率均超过60%。偿债能力方面，加权平均EBITDA/带息债务为0.04，对债务本息覆盖能力有待加强（见图12）。

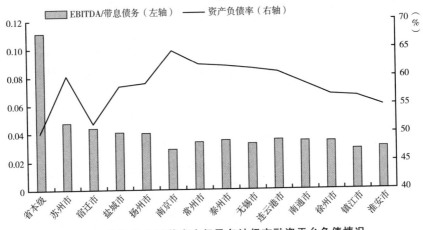

图12 2019年末江苏省本级及各地级市融资平台负债情况

资料来源：Choice数据库，中诚信国际整理计算。

（三）融资平台转型条件相对较好，南京、苏州可获得较多优质资源

2014 年以来，融资平台监管政策趋于严格和完善，《中国银监会关于加强 2013 年地方政府融资平台贷款风险监管的指导意见》《国务院关于加强地方政府性债务管理的意见》《关于取消工业企业结构调整专项资金的通知》《国家发展改革委办公厅关于在企业债券领域进一步防范风险加强监管和服务实体经济有关工作的通知》《国家发展改革委办公厅 财政部办公厅关于进一步增强企业债券服务实体经济能力严格防范地方债务风险的通知》等多个政策文件确立了剥离融资平台政府融资功能的原则，要求从人员、资产、职能、信用等方面划清政府与企业的边界，推动融资平台市场化转型。为防范地方债务风险、推进地方投融资体制改革，江苏省近年来加大融资平台转型力度，推进融资平台与政府脱钩，按照现代企业制度要求和国家有关规定，进行市场化转型改制。通过创新体制机制，采取政府和社会资本合作、政府购买服务等多种模式，及注入优质资产或资本金、规范财政补贴、完善治理机构、加强经营管理等多项措施，理顺政府与融资平台关系，推动融资平台走向市场，实行自主经营、独立核算、自负盈亏。推行 PPP 模式，通过特许经营权、合理定价、财政补贴、使用者付费等事先公开的收益约定规则，鼓励社会资本参与或承担基础设施、公共服务等公益性事业投资和运营；政府对投资者或具有特别目的的公司按约定规则依法承担特许经营权、合理定价、财政补贴等相关责任，不承担投资者或具有特别目的的公司的偿债责任。

融资平台转型对所在区域经济财政实力、资源禀赋提出较高要求，依托长三角的地理优势，江苏省可获得的优质资源较多，融资平台转型配套政策也有相应的倾斜，下属融资平台转型方向和未来的功能定位也较为清晰，使江苏省融资平台转型条件相对较好，但区域分化情况明显。其中，南京依托省会城市的优势地位，苏州依托良好的区位优势、完善的城市配套及完整的产业链，地区融资平台能获得的优质资源较多，通过积极参与对域内企业的投资，拓展经营性业务；其他地区融资平台能获得的优质资源相对较少，主要采用延伸原有业务，如依托自身的工程施工资质承接市场化工程项目等方式增加经营性收入。

结　语

江苏省整体经济及财政实力在全国处于领先水平，消费及投资为经济发展的重要动力；下辖各地级市经济发展出现明显的分化，在负债投资的经济增长模式下积累了较大规模的债务，目前，江苏省债务水平处于可控范围之内，但仍需关注区域产业转型升级、各地级市融资平台债面临偿还压力、融资平台再融资及转型风险对当地融资环境及国企信用的影响等风险。

第一，各地级市融资平台债面临偿还压力。融资平台自身盈利能力偏弱，对政府支持的依赖度较高，企业信用水平与地方财政实力密切相关，在江苏省内各地级市财政实力呈现分化态势的背景下，区域内融资平台能获得的政府资金支持不同，同时，融资平台将面临集中偿还压力，需关注由此引发的流动性风险。

第二，融资平台再融资及转型风险。江苏省地方融资平台负债水平普遍处于合理水平区间，但融资平台债存量规模居全国首位，面临滚动发行及借新还旧等多重压力；同时，融资平台融资受国家政策的影响较大，需关注由此给区域内融资平台再融资能力带来的挑战。此外，由于区域内融资平台偿债指标较弱，或将存在交叉违约风险，在区域内传导及扩散。与此同时，融资平台业务的市场化程度将成为其进行未来转型路径选择及发展的关键，其在转型过程中，信用风险发生变化，并且在不同转型阶段、选择不同路径的融资平台在转型过程中面临的风险不同，但存量债务化解、造血功能提升与后续再融资是否顺利等问题比较常见。另外，在脱离政府显性信用支持且市场化盈利能力尚未形成的转型过渡阶段，融资平台存量债务尤其是隐性债务风险或将加速暴露。

浙江地方政府与融资平台债务分析报告

翟贾筠[*]

要　点

● 浙江省经济发展与财政实力：浙江省为东部沿海发达地区，经济和财政实力在全国居于前列，外部发展环境较好，浙江省包括11个地级市，区域间经济财政发展存在一定的分化态势。

● 浙江省地方政府债务情况：浙江省存量债务规模较大，但得益于较强的经济财政实力，整体债务风险可控；截至2019年末，浙江省显性债务和隐性债务规模分别为12309.82亿元和34080.29亿元；浙江省各地级市债务情况呈现分化态势，部分地级市的隐性债务规模较大，面临的偿还压力相对突出。

● 浙江省融资平台情况：浙江省融资平台存量债券规模居于全国前列，且近年来增长较快；各地级市融资平台债的风险呈现分化态势，绍兴市偿债压力最大；近年来，融资平台的资产规模保持快速增长，盈利能力虽有所提升，但仍较为依赖政府支持，且目前浙江省大部分融资平台转型处于初级阶段，转型后的发展可能存在一定的不确定性。

● 总体来看，浙江省的经济财政实力较强，且经济的抗风险能力较强，财政的结构较好，受益于此，存量债务规模虽在全国排名靠前，但整体债务压力不大。近年来，浙江省债务规模快速扩大，考虑到未来可能面临一定建设压力，预计债务规模仍将保持一定速度的增长，在经济新常态、金融强监管的背景下，债务风险化解压

　＊　翟贾筠，中诚信国际政府公共评级二部高级副总监。

力有所加大；当前，浙江省内的发展呈现一定程度的分化态势，面临的债务压力存在差异性，绍兴市的债务压力相对突出，其所面临的隐性债务规模较大，需持续关注绍兴市未来的债务化解方式以及地方金融业的发展水平；浙江省大部分融资平台处于转型初级阶段，对政府的补助较为依赖，加之多以 AA 级的主体为主，资质相对一般，因此，需重点关注各地级市融资平台债的集中偿还压力、融资平台再融资及转型风险等。

一 浙江省为东部沿海发达地区，经济和财政实力在全国居于前列

（一）经济总量大，消费和投资对经济的驱动作用明显，数字经济成为重要推手

浙江省经济发达，主要经济指标位居全国前列，长三角一体化国家战略为其发展提供了良好的外部环境。浙江省处于我国东南沿海地区，总面积为 10.55 万平方千米，经济及财政实力处于全国较高水平，2019 年，浙江 GDP 突破 6 万亿元，是在广东、江苏和山东之后，全国第 4 个 GDP 超过 6 万亿元的省份（见图 1）。2019 年，浙江省 GDP 较上年增长 6.8%，在近年来经济增速放缓的大格局下，浙江省经济增速均高于同期全国水平。2019 年，浙江省人均 GDP 为 107625 元，人均 GDP 排在北京、上海和江苏之后，排名全国第 4。从 2020 年前三季度情况来看，浙江省 GDP 位列全国第 4（见图 2）。浙江省主要经济指标处于中高速增长区间，经济结构进一步优化，2019 年，浙江省三产占比分别为 3.4%、42.6% 以及54.0%，第三产业对 GDP 增长的贡献率为 58.9%。浙江省经济较为突出的特点是全省民营经济较为发达，省内民营经济是推动全省经济发展的重要力量，根据相关数据，截至 2019 年末，浙江省在册民营企业占全部企业总数的 92.0%，入库税收占总税收的 74.4%，出口额占全省出口总额的 79.8%，预计民营经济占 GDP 的比重接近 70%。从浙江省目前的发展环境来看，长江三角洲区域一体化发展已上升为国家战略，作为重要组成

部分，浙江省将迎来发展新机遇。目前，长三角一体化的覆盖效应已经从早期核心区域的 26 个地级市扩大至涵盖江、浙、沪、皖三省一市全域的所有市县。为加快一体化发展进程，浙江将更多吸纳上海等地的溢出效应，通过地区间的要素流动，加快项目落地，从而带动地方经济转型升级和进一步发展。长三角一体化国家战略为浙江省未来经济高质量发展提供了较好的外部环境。

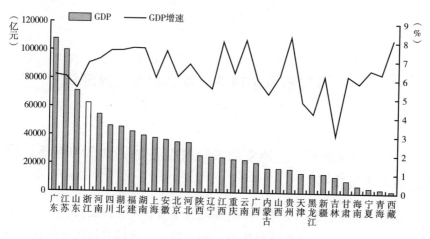

图 1　2019 年全国各省份 GDP 及增速

资料来源：全国各省份国民经济和社会发展统计公报，中诚信国际整理计算。

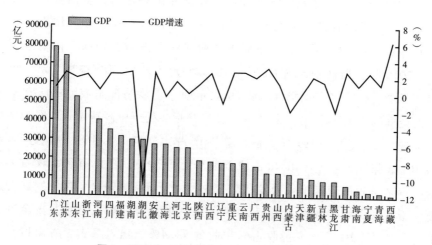

图 2　2020 年 1~9 月全国各省份 GDP 及增速

资料来源：全国各省份统计局，中诚信国际整理计算。

从需求结构来看，投资和消费是浙江省经济增长的主要动力。2017～2019年，浙江省全社会消费品零售总额分别为 24308.48 亿元、25007.90 亿元和27176.40 亿元，年复合增长率为 8.75%，消费对经济的贡献保持稳定。投资方面，近年来，浙江省固定资产投资保持增长，2019 年增长率为 10.10%，其中，交通投资、高新技术产业投资、民间项目投资、生态环保和公共设施投资分别增长 16.3%、21.8%、13.7% 和 4.1%，近年来，浙江省进行"交通强省"建设，因此对交通投资的规模增长速度较快。

浙江省数字经济与实体产业的融合程度较深，带动数字经济快速发展，已成为经济发展的重要动力。近年来，浙江省的数字经济发展迅速，2020 年以来，浙江数字经济逆势奋进，数字产业加速回升，成为疫情防控常态化背景下经济复苏和高质量发展的加速器和动力支撑。前三季度，全省数字经济核心产业增加值为 4893.9 亿元，增速从第一季度的 −1.8%、上半年的9.4%快速升至前三季度的11%，增速高于同期 GDP 增速8.7 个百分点，占 GDP 的比重为 10.7%。目前，浙江省的数字经济已经与实体制造业深度融合，依托淘宝的电商平台基础，通过对接消费数据，让服装行业从传统的"以产定销"向"以销定产"转变。前三季度，全省"1＋N"平台体系已连接 4900 多万台工业设备，服务超 11 万家工业企业，基本覆盖十大标志性产业链、17 个重点传统制造业行业和主要块状经济产业集聚区。

（二）财政实力雄厚，财政结构稳健，疫情影响背景下的经济恢复情况好于全国

浙江省综合财力较高，且结构稳定，一般公共预算收入、政府性基金预算收入和上级转移支付均对地方财力形成一定保障。从区域财力来看，2017～2019 年，浙江省地方综合财力分别为 16917.43 亿元、20343.66 亿元和23847.24 亿元，2019 年，浙江省综合财力排名全国第一，整体财政实力雄厚（见图3）。从财力结构来看，2019 年，浙江省一般公共预算收入为 7048.58 亿元，政府性基金预算收入为 10607.82 亿元，国有资本经营预算收入为 92.19 亿元，上级转移性收入为 6098.65 亿元，按此口径，浙江省财力中的一般公共预算收入、政府性基金收入

和上级转移支付规模相对均匀，浙江省土地市场相对活跃，且能够得到一定规模的上级补助。

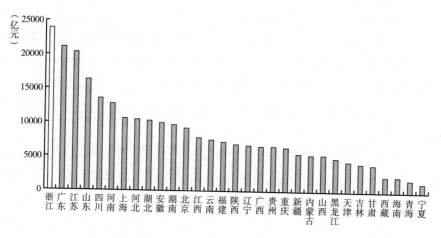

图3 2019年全国各省份综合财力情况

资料来源：全国各省份财政决算报告，中诚信国际整理计算。

一般公共预算收入持续增长，财政平衡率整体较高，但近年来有所下滑，对转移支付的依赖逐年增加。2017～2019年，浙江省一般公共预算收入分别为5804.38亿元、6598.21亿元和7048.58亿元，呈现不断提升的态势，且税收收入占比较高，2019年，税收收入占比为85.10%，一般公共预算收入质量较高，稳定性较强。浙江省在一般公共预算收入增长的基础上，支出大幅增加，公共财政平衡率有所下滑，2017～2019年分别为77.08%、76.46%和70.11%，地方财政对转移支付的依赖性逐年提升，但整体财政平衡率较高。

政府性基金预算收入提升速度较快，对综合财力的贡献较大。近年来，浙江省土地市场相对活跃，政府性基金收入不断增加，已成为地方综合财力最重要的组成部分。2017～2019年，浙江省政府性基金预算收入分别为6593.00亿元、8736.56亿元和10607.82亿元，增长速度较快。

国有资本经营预算收入水平不高，但提升速度较快。2017～2019年，浙江省国有资本经营预算收入分别为65.50亿元、81.27亿元和92.19亿元，占综合财力的比重较低，对地方财政实力的贡献有限（见表1）。

表 1　2017～2019 年浙江省财政收支情况

单位：亿元，%

项目名称	2017 年	2018 年	2019 年
一般公共预算收入(1)	5804.38	6598.21	7048.58
其中:税收收入	4939.74	5586.50	5898.17
一般公共预算中的转移性收入(2)	3192.02	3637.74	4463.89
政府性基金预算收入(3)	6593.00	8736.56	10607.82
政府性基金预算中的转移性收入(4)	1253.14	1280.87	1621.17
国有资本经营预算收入(5)	65.50	81.27	92.19
国有资本经营预算中的转移收入(6)	9.39	9.01	13.59
地方综合财力(7)	16917.43	20343.66	23847.24
一般公共预算支出(8)	7530.32	8629.53	10053.03
政府性基金支出	6617.46	9020.03	10384.90
公共财政平衡率(9)	77.08	76.46	70.11

注：(7) = (1) + (2) + (3) + (4) + (5) + (6)；(9) = (1) / (8)。

资料来源：浙江省财政决算报告，中诚信国际整理计算。

浙江省内各地级市经济财力形成四大梯队，不同城市间的差异较大，整体来看，省内经济发展出现一定分化。浙江省下辖 11 个地级市，即省会城市杭州，副省会城市宁波（计划单列市），其他地级市为温州、嘉兴、绍兴、台州、湖州、金华、舟山、丽水、衢州。从地级市经济财力体量来看，整体分成四个梯队。第一梯队的地级市为杭州和宁波，是浙江省 GDP 超过 1 万亿元、一般公共预算收入超过千亿元的地级市，实力远超其他地级市。第二梯队的地级市为温州市、绍兴市、嘉兴市，这三个地级市 2019 年的 GDP 为 5000 亿～7000 亿元，一般公共预算收入为 500 亿～600 亿元。第三梯队的地级市为台州市、金华市和湖州市，这三个地级市的 GDP 为 3000 亿～5000 亿元，一般公共预算收入为 300 亿～500 亿元。第四梯队的地级市为衢州市、丽水市和舟山市，这三个地级市的 GDP 为 1000 亿～2000 亿元，一般公共预算收入在 200 亿元以下（见图 4、图 5）。

从 2020 年的地方经济财力数据来看，受疫情影响，大部分地级市尚处于经济恢复期，除舟山外的所有地级市的 GDP 增速均在 2% 以下，其中，杭州增速为 1.5%，其余均在 1% 以下，并有 5 个地级市的增速较上年有所下

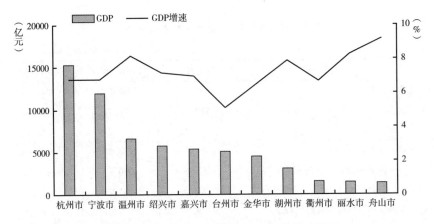

图4　2019年浙江省各地级市GDP及增速情况

资料来源：浙江省各地市国民经济和社会发展统计公报。

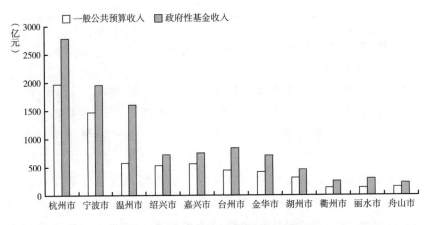

图5　2019年浙江省各地级市财力情况

资料来源：浙江省各地市财政决算报告。

滑。整体来看，疫情在经济增量上对舟山的影响相对较小，另外，杭州作为省内经济体量最大的城市，能够在短时间内实现增速全省第2，经济复苏能力远超其他地级市，经济结构的稳定性较强。从一般公共预算收入情况来看，截至2020年9月末，除台州市和舟山市外的所有地级市均已实现同期增长，台州市增速仍为-9.7%。台州市是浙江省内民营经济最为发达的地级市，而舟山市主要是由于旅游业比较发达，由此可见，此次疫情对地方民营经济和旅游业的冲击较大。

二 浙江省债务规模较大，但债务风险整体可控，
省内存在分化情况，部分地市级债务压力相对突出

（一）浙江省政府性债务总量较大，得益于较好的财政实力，整体偿债压力不大，债务风险相对可控

浙江省政府显性债务规模较大，在全国排名靠前，但由于浙江省整体经济和财政实力较强，显性债务压力较小。截至 2019 年末，浙江省地方政府债务限额为 13168 亿元（包括一般债务限额 6515.50 亿元和专项债务限额 6652.50 亿元），浙江省地方政府债务余额为 12309.82 亿元（包括一般债务余额 6200.88 亿元和专项债务余额 6108.94 亿元）。从地方政府债务规模来看，浙江省显性债务规模排在江苏和山东之后，在全国各省份中排名第 3，存量规模较大。从地方政府债务压力情况来看，截至 2019 年末，浙江省地方政府显性债务的债务率为 51.62%，低于全国 76.41% 的平均水平，且在全国各省份中仅高于西藏，排名全国倒数第 2（见图 6）。综合来看，就显性债务方面而言，浙江省的债务压力较小。浙江省显性债务主要为地方政府债，浙江省地方债存量及新发行规模均处于全国前列，并将于 2023 年进入偿债高峰期，截至 2020 年末，浙江省地方债规模为 14626.07 亿元，居全国

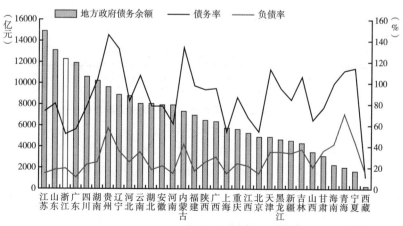

图 6　2019 年全国各省份地方政府债务余额、债务率及负债率

资料来源：全国各省份财政决算报告，中诚信国际整理计算。

第 4 位，其中，2020 年，浙江省共发行地方债 77 只，规模合计 3369.58 亿元，居全国第 5 位，加权平均发行利率为 3.29%，处于全国较低水平，融资成本相对较低。近年来，浙江省积极的财政政策持续发力，在发行的地方债中，专项债占比不断提升，2020 年，在浙江省发行的 3369.58 亿元地方债中，一般债为 1133.49 亿元，专项债为 2236.09 亿元，其中，专项债以新增债为主，共计 1944.00 亿元。为更好地支持浙江省"交通强省"建设，交通基础设施为 2020 年以来专项债的主要投资领域。

浙江省存量隐性债务规模较大，叠加显性和隐性债务后，浙江省整体债务规模处于全国中等水平，风险可控。截至 2019 年末，浙江省隐性债务存量规模为 34080.29 亿元，仅次于江苏省的 61673.92 亿元。从债务压力情况来看，截至 2019 年末，叠加显性和隐性债务的浙江省的债务率为 194.53%，低于全国平均水平，排名全国第 17，整体处于中等偏下水平，整体债务压力不大，债务风险相对可控（见图 7）。

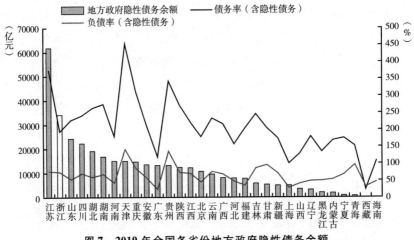

图 7　2019 年全国各省份地方政府隐性债务余额、债务率及负债率

资料来源：全国各省份财政决算报告，中诚信国际整理计算。

（二）浙江省各地级市债务风险呈现分化态势，部分地级市隐性债务规模较大，存在一定债务压力

隐性债务方面，目前，存量融资平台债务规模较大的地级市分别为杭州

市、绍兴市、宁波市（见图8）。叠加显性债务和隐性债务后，浙江省地级市债务规模较大的城市依次为杭州市、绍兴市和宁波市（见图9），由于绍兴市的经济财政实力相较杭州和宁波具有一定的差距，因此，偿债压力最大的地级市为绍兴市。从具体数据来看，存量债务规模方面，处于第一梯队的为杭州市（9203.72亿元）、绍兴市（6906.66亿元）和宁波市（6798.47亿元）；第二梯队的存量债务规模为1000亿~5000亿元，共有6个地级市，依次为嘉兴市、湖州市、温州市、金华市、台州市和舟山市。第三梯队的存量债务规模在1000亿元以下，为衢州市和丽水市。

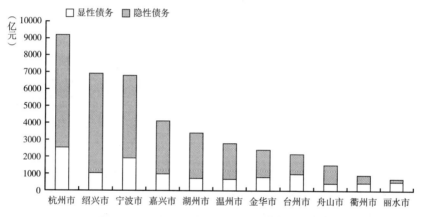

图8　2019年浙江省各地级市债务规模情况

资料来源：浙江省各地市财政决算报告。

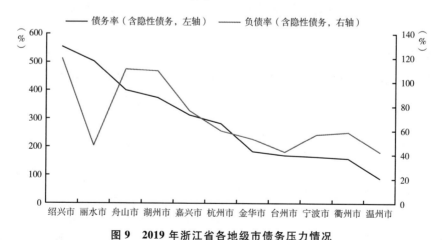

图9　2019年浙江省各地级市债务压力情况

资料来源：浙江省各地市财政决算报告，Choice数据库，中诚信国际整理计算。

从根据相关数据计算得到各地级市的综合债务率排名来看，排在浙江省债务压力前三名的分别为绍兴市、丽水市和舟山市，这三个地级市的债务率（含隐性债务）超过400%，其中，绍兴市的债务压力远大于其他地级市，主要由于隐性债务规模较大，截至2019年末的显性债务为1038.90亿元，隐性债务为5867.76亿元。隐性债务主要为地方融资平台形成的债务，化解依赖地方政府及融资渠道的支持，因此应持续关注绍兴市政府债务化解方式以及绍兴市金融行业的发展情况。

（三）浙江省采取多方面政策严控地方债务风险

浙江省以"适度举债、讲求效益、加强管理、规避风险"为总体要求，要求政府债务规模需与地方国民经济发展和政府财力相适应，并落实好还款资金来源。在还本付息的实际操作中，一方面，将各期债到期偿还金额分解到具体市县，对市县缴款情况进行考核；另一方面，对新增债资金使用进度进行实时监测，并将还本付息情况、使用进度作为以后年度债券额度的分配依据。整体来看，在地方债实行"自发自还"机制五年来，浙江省政府以强劲的经济财力基础和公开透明的操作程序，保证了地方债的有序推进。

2017年，浙江省发布《浙江省人民政府关于地方政府性债务风险管控与化解的意见》（下称《意见》），进一步规范地方政府举债融资行为，严格控制和化解地方政府性债务风险。《意见》要求强化地方政府性债务风险管控，进一步促进地方政府性债务风险化解。严格实施地方政府债务高风险地区化债计划并进行管理，督促落实化解债务风险举措，确保2020年前将债务率降到警戒线以下。为了防止地方政府变相举债，《意见》还规范了政府与社会资本的合作行为，在PPP项目和各类投资基金中，政府不得以任何方式承诺回购社会资本方的投资本金，不得以任何方式承担社会资本方的投资本金损失，不得以任何方式向社会资本方承诺最低收益等。

2017年4月，浙江省政府发布《浙江省人民政府办公厅关于印发浙江省地方政府性债务风险应急处置预案的通知》（浙政办发〔2017〕35号），省政府设立浙江省地方政府性债务管理领导小组，由省长任组长。省财政厅建立全省地方政府性债务风险评估和预警机制，同时明确各市、县（区）政府应当按照"谁借、谁还、谁管"的原则，各负其责，建立地方政府性债务应急处置机制。

根据《国务院办公厅关于保持基础设施领域补短板力度的指导意见》（国办发〔2018〕101号）要求，第一，在严格解除违法违规担保关系基础上，对于已签订借款合同的必要在建项目，应依法合规保障融资，避免出现资金断供、工程烂尾的情况；第二，完善专项债资金和项目管理机制。

根据《浙江省政府投资预算管理办法实施细则（征求意见稿）》，政府投资项目在决策阶段，应当明确建设资金来源；项目建设单位应按照国家和省有关规定筹集落实建设资金，合理控制筹资成本；非市场化运作的政府投资项目，不得以地方政府债以外的债务性资金作为资金来源；禁止通过融资平台、国有企业等违法违规融资，不得增加隐性债务。

三　浙江省存量融资平台债规模居全国前列，各地级市存量融资平台债的风险呈现分化态势，需关注融资平台转型中的信用风险变化情况

（一）浙江省融资平台债以私募债为主规模居于全国前列，近年来，规模不断攀升

截至2020年末，浙江省存量融资平台债共计1213只，规模合计9239.94亿元，排名全国第2，仅次于江苏省。2018～2020年，浙江省融资平台发债规模分别为1974.5亿元、2755.63亿元和4026.82亿元，近年来，发债规模不断攀升，尤其是2020年，由于"宽信用，宽货币"的政策导向，当年，融资平台发债利率较低，大部分融资平台在这一年通过发行债券的方式储备资金。从券种看，私募债占比最大，其次为中期票据、企业债和定向工具，2020年末，上述券种余额占比分别为36.35%、21.29%、15.86%和14.50%，其余券种是超短期融资债券及短期融资券等，规模相对较小。从信用等级看，截至2020年末，根据有存续融资平台债的发行主体统计，浙江省融资平台共计211家，以AA级为主，占比为54.50%，其次为AA＋级，占比为36.49%，AAA级占比为8.06%，AA－级占比为0.95%。从期限结构看，浙江省融资平台债以5年期为主，发行规模占比达到46.05%。从收益率和交易利差看，浙江省融资平台债加

权平均到期收益率、交易利差分别为4.57%、183.30BP，在全国范围内处于较低水平。

（二）各地级市融资平台债规模呈现分化态势，绍兴市偿债规模最大

从各地级市融资平台债存量分布情况看，截至2020年末，绍兴市、杭州市融资平台债存量规模排名靠前，融资平台债存量规模分别为1929.17亿元和1767.82亿元。融资平台债规模在1000亿元以上的地级市依次为宁波市、嘉兴市和湖州市，其余地级市的融资平台债规模均小于1000亿元。台州市、舟山市、丽水市及衢州市的融资平台债存量规模较小，占比均在5%以下。从各地级市融资平台债到期情况看，绍兴市各年的还款规模均最大，尤其是2021年，融资平台债还款规模超过500亿元。从发行利差的情况来看，2020年，浙江省发行利差最大的地级市为湖州市（222.69BP），其次为嘉兴市（208.22BP），较小的为杭州市（124.58BP）、丽水市（124.60BP）。

（三）各地级市融资平台财务状况分析

近年来，融资平台资产规模快速增长，资产结构相对稳定。截至2020年末，根据有存续融资平台债的发行主体统计，浙江省融资平台共计211家，2017~2019年，浙江省融资平台资产总额分别为61560.15亿元、72677.31亿元和84145.41亿元（见图10），年复合增长率为16.91%，同期净资产规模分别为27704.21亿元、32356.06亿元和37638.83亿元，年复合增长率为16.56%，近年来，浙江省融资平台资本实力不断提升。资产结构方面，2017~2019年，浙江省融资平台的资产负债率分别为55.00%、55.48%和55.27%，整体资产负债率变化不大，且在2019年出现小幅下滑（见图11）。从地级市的情况来看：除省级融资平台外，平均资产规模较大的地级市为杭州市（597.32亿元）和绍兴市（474.74亿元），平均资产规模较小的地级市为丽水市（231.81亿元）和衢州市（263.91亿元）；资产结构方面，资产负债率较高的地级市为衢州市（60.58%）和湖州市（60.27%），较低的地级市为丽水市（42.70%）和台州市（47.31%），整体来看，浙江省各地级市的平均负债率适中。

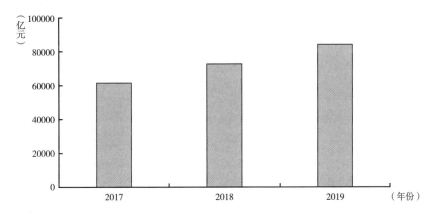

图 10　2017～2019 年浙江省融资平台总资产情况

资料来源：Choice 数据库，中诚信国际整理计算。

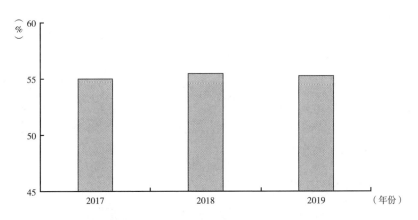

图 11　2017～2019 年浙江省融资平台资产负债率情况

资料来源：Choice 数据库，中诚信国际整理计算。

　　融资平台盈利水平不断提升，但仍较为依赖政府支持。2017～2019
年，浙江省融资平台营业总收入分别为 4499.88 亿元、5296.93 亿元和
6548.45 亿元，营业总收入稳步增长；同期，净利润分别为 590.61 亿元、
600.37 亿元和 667.18 亿元，盈利能力逐年增强（见图 12）。但值得关注
的是，目前，浙江省融资平台收入中较大一部分来自其他收入，对政府补
贴的依赖性较大。从地级市的情况来看，营业收入和净利润平均值最大的
为杭州市，平均值最小的是丽水市。

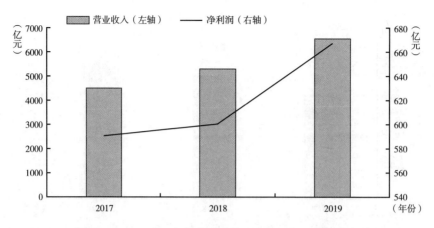

图 12　2017～2019 年浙江省融资平台净利润、营业收入

资料来源：Choice 数据库，中诚信国际整理计算。

偿债能力有所下降，短期来看，货币资金对债务的覆盖情况尚可。2019年，浙江省融资平台平均流动比率、速动比率分别为 387.86 和 140.58，较2017 年、2018 年均有下降，偿债能力有所下降（见图 13）。2019 年，浙江省融资平台货币资金/短期债务的平均值为 1.25，平均覆盖能力尚可。从区域情况来看，覆盖倍数较高的为衢州市（7.38）、丽水市（3.56），较低的为绍兴市（0.63）、宁波市（0.73）、湖州市（0.81）和台州市（0.84），省内共 4 个地级市的覆盖倍数低于 1。

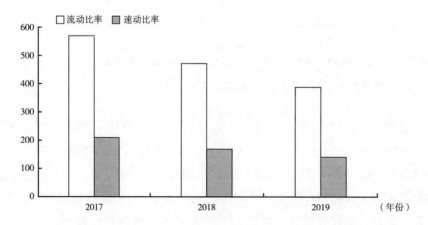

图 13　2017～2019 年浙江省融资平台流动比率、速动比率

资料来源：Choice 数据库，中诚信国际整理计算。

（四）融资平台转型情况分析：浙江省区域经济发达，为融资平台的转型提供重要保障

近年来，地方政府债务管理趋严，国家陆续出台监管政策，规范融资平台融资行为，清理、整改不规范的融资担保行为，同时，国企改革浪潮席卷全国。作为东部沿海发达地区，浙江省各地区融资平台转型工作也在逐步推进。浙江省大部分融资平台处于转型初级阶段，当前主要转型路径为进行国有资产重组，即整合地区资源，成立相对较大的国资委企业，对下属各融资平台承担出资人责任，以管资本为主。具体转型模式上，部分地区可以将拥有相近业务类型的融资平台合并，发挥规模化经营优势；部分地区将区域内经营性资源整合注入融资平台，提高融资平台经营性资产和经营性收入比重，提升多元化造血能力。

在转型过程中，浙江省仅承担公益性项目融资功能且依赖财政资金偿还债务的"空壳类"融资平台将面临被清理的风险，国有资产重组使多地融资平台管理层及股东变动，融资平台治理面临挑战，同时，需要重新评估融资平台与地方政府的关系。此外，融资平台尚有大量存量债务，进行流动性管理、畅通的融资渠道及良好的造血能力亦显得十分重要。就目前情况来看，浙江省融资平台尚未完全实现转型，且大部分仍处于转型初级阶段，虽然浙江省区域经济发达，财力雄厚，国有资产质量优良，能够为融资平台的转型提供重要保障，但考虑到浙江省内的融资平台以 AA 级主体为主，资质一般，且各融资平台间存在一定差异，因此需要关注融资平台转型中的信用风险变化情况。

结　语

总体来看，浙江省经济财政实力较强，且经济抗风险能力和财政结构均较好，受益于此，存量债务规模虽在全国排名靠前，但整体债务压力不大。但近年来浙江省债务规模快速扩大，考虑到未来可能面临一定建设压力，预计债务规模仍将保持一定的增长速度，在经济新常态、金融强监管背景下，债务风险化解压力有所增加；当前，浙江省内的发展呈现一定程度的分化态势，面临的债务压力存在差异性，绍兴市的债务压力相对突出，其所面临的

隐性债务规模较大，需持续关注绍兴市未来债务化解方式以及地方金融业发展水平；大部分浙江省融资平台处于转型初级阶段，对政府补助较为依赖，加之多以 AA 级主体为主，资质相对一般，因此需重点关注各地级市融资平台债的集中偿还压力、融资平台再融资及转型风险等。

安徽地方政府与融资平台债务分析报告

李 颖 屈 露 李 攀*

要 点

●安徽省经济发展与财政实力分析：安徽省经济总量处于全国中上游水平，以汽车及零部件制造、化工和装备制造业为支柱产业，受宏观经济下行压力和产业转型升级影响，安徽省经济发展速度放缓。从三次产业结构看，安徽省第二产业占比较高，第三产业有待继续发展。从需求结构看，投资是安徽省经济增长的主要动力。安徽省综合财政实力较强，一般公共预算收入增速持续放缓，财政平衡能力较弱且有所下滑，对中央转移支付的依赖性较大。安徽省下辖16个地级市，经济发展较不平衡，财政实力呈现分化态势，省会合肥市的经济发展水平遥遥领先，呈现"中部强、南北弱"的格局。未来，依托皖江经济带的产业转移和安徽省全域纳入长三角一体化发展战略，安徽省经济发展及财政实力增长将迎来较大契机。

●安徽省地方政府债务情况：安徽省显性债务规模保持扩张趋势，截至2019年末，地方政府债务余额为7936.40亿元，同比上升18.37%，居全国第12位，债务率达到78.75%，负债率达到21.38%，债务水平居全国中下游。在考虑隐性债务的情况下，安徽省负债率为58.72%，债务率为216.25%，隐性债务风险不容忽视。

---

* 李颖，中诚信国际政府公共评级一部助理总监；屈露，中诚信国际政府公共评级一部分析师；李攀，中诚信国际政府公共评级一部分析师。

● 安徽省融资平台债情况：安徽省融资平台债存量规模居全国中上游水平，以企业债及中期票据为主，发行人信用等级以 AA 级为主。从各地级市情况看，马鞍山市和芜湖市的融资平台债存量规模位居前列；省内融资平台近年来资产规模持续增长，负债水平有所回升，盈利能力和偿债能力整体偏弱。

● 总体来看，安徽省整体经济及财政实力在全国处于中上游水平，投资成为经济发展的重要动力；下辖各地级市的经济发展出现明显分化态势。目前，安徽省整体债务水平处于可控范围之内，部分地级市债务率较高。安徽省融资平台债存量规模处于全国中上游水平，融资平台资产规模逐年增长，但盈利能力和偿债能力均有所弱化，未来仍需关注区域经济发展不均衡且市场化程度较低、各地级市债务风险分化明显、融资平台转型面临一定挑战、广义信用事件对当地融资环境及国企信用造成影响等问题。

一　安徽省经济及综合财政实力处于全国中上游水平，但财政平衡率一般

（一）经济总量大但增速放缓，经济结构有待调整，投资对经济增长的驱动作用明显

区位优势明显，经济发展水平较高，但近年来经济增速放缓。安徽省位于我国中部地区，紧邻长三角洲城市群，拥有承东启西、连接南北的区位优势，经济发展潜力较大。2019 年，安徽省 GDP 为 37114.00 亿元，在全国各省份中排第 11 位（见图 1）。2019 年，安徽省人均 GDP 为 58496 元，低于全国平均水平，与全国人均 GDP 的比率为 0.83。近年来，安徽省经济保持稳步增长，2019 年，安徽省 GDP 增速达到 7.5%（见图 2），在全国 31 个省份中排第 9 位。未来，受皖江城市带承接产业转移示范区和长三角区域发展辐射影响，安徽省经济或将得到进一步发展，这将加快省内产业结构转型升级。

安徽省的经济结构仍以第二产业为主，第三产业有待发展。截至 2019

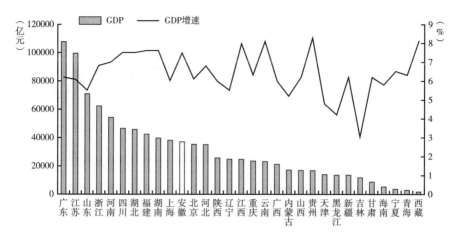

图1　2019年全国各省份GDP及增速

资料来源：全国各省份国民经济和社会发展统计公报，中诚信国际整理计算。

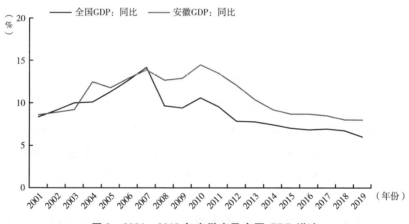

图2　2001~2019年安徽省及全国GDP增速

资料来源：中华人民共和国国家统计局、安徽省国民经济和社会发展统计公报。

年末，安徽省第一、第二、第三产业之比为7.9:41.3:50.8，第二产业占比较高，第三产业有待继续发展。安徽省拥有汽车及零部件制造、化工和装备制造业等传统优势产业。除此之外，在皖江城市带承接产业转移示范区国家发展战略等带动下，以电子信息和家用电器、汽车和装备制造、食品医药、材料和新材料、轻工纺织、能源和新能源为主的高新技术产业发展较快。未来，安徽省仍需继续调整结构，提升第三产业发展水平，扩大以现代服务业为主的第三产业规模。

从需求结构看，投资依然是安徽省经济增长的主要动力。近年来，安徽省固定资产投资保持增长，但增速放缓。2019 年，固定资产投资比上年增长 9.2%，增速居全国第 8 位，已成为经济增长的第一动力。全年房地产开发投资为 6670.5 亿元，比上年增长 11.7%。全年纳入省重点项目投资计划的续建和计划开工项目为 6493 个，当年完成投资 14617.7 亿元。

安徽省面临产业升级转型、周边城市虹吸效应等多重压力，发展面临一定的局限性。虽然安徽省是长三角洲一体化的一部分，但因南京市、上海市的虹吸效应，安徽省仅在汽车零部件、化工、装备制造等传统重工业方面取得发展。与此同时，近年来，人才流失、经济结构调整等对安徽经济造成一定冲击，另外，省内交通路网尚不完善也制约着经济的发展。

（二）综合财政实力总体较强，在全国处于中上游水平，且对上级补助的依赖性较强

安徽省综合财政实力较强，在全国处于中上游水平。作为华中地区的重要经济体，安徽省财政实力在全国处于中上游水平。2019 年，安徽省综合财力①为 9466.30 亿元，在全国排第 11 位，处于中上游水平。

一般公共预算收入增速持续放缓，财政平衡率较低，对中央转移支付的依赖性较大。安徽省一般公共预算收入增速持续放缓，2019 年实现一般公共预算收入 3182.54 亿元，在全国排第 11 位，同比增长 4.4%（见图 3），较上年回落 3.6 个百分点。其中，税收收入为 1970.68 亿元，税收收入占财政收入的比例为 70%。安徽省财政平衡率较低，2019 年为 43.06%，财政平衡主要依赖上级补助收入。随着皖江城市带战略实施、长三角一体化发展战略推进，中央财政对安徽省的支持力度将持续加大，上级补助收入是安徽省综合财力的重要支撑，2019 年，安徽省共获得中央各项转移支付 2909.57 亿元，同比增长 5.3%。

政府性基金收入存在一定波动性，近年来由降转升，后续或将进一步增长。在房地产市场景气度不高及土地市场波动的背景下，2017～2019 年，安徽省政府性基金收入分别为 3197.97 亿元、2426.71 亿元和 3374.19 亿元。

---

① 在本报告中，考虑到数据的可得性，各省份综合财力的计算公式为：综合财力 = 一般公共预算收入 + 政府性基金收入 + 税收返还及中央转移支付。

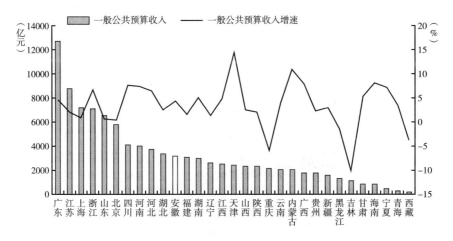

图3　2019年全国各省份一般公共预算收入及增速

资料来源：全国各省份财政决算报告，中诚信国际整理计算。

随着安徽省全域纳入长三角一体化以及受房地产市场景气度影响，政府性基金收入或将进一步增长。

国有经济体量较小，国有资本运行收入较低。鉴于安徽省内国有经济体量有限及面临一定经营压力，2019年，安徽省国有资本运营收入仅为102.96亿元，占财政实力的比重极低，国有资本运营收入对财政实力的贡献有限。

（三）省内区域经济发展不平衡，财政实力分化现象严重，财政收支矛盾较突出

省会合肥市的经济发展水平遥遥领先，呈现"中部强、南北弱"格局。安徽省下辖16个地级市，按照功能定位，分为皖北、皖中和皖南三大片区。在各地级市中，省会合肥市的GDP较高，2019年，合肥市GDP占全省GDP的25.37%，遥遥领先。铜陵市、池州市和黄山市的占比较低，分别为2.59%、2.24%和2.21%（见图4）。从各地级市人均GDP来看，超过全国人均GDP的只有合肥市、芜湖市及马鞍山市，其中，合肥市的人均GDP在省内遥遥领先。除池州市2019年的经济增速为负以外，其余各地级市的经济增速均保持相对平稳，但分化较大，淮北市的经济增速仅为3.0%，滁州市的经济增速高达9.7%。2019年安徽省各地级市财政平衡率情况见图5。

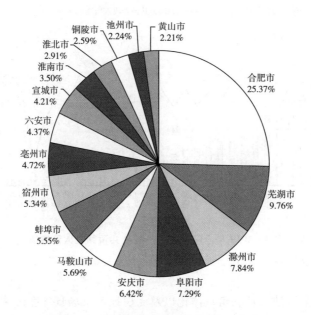

图 4 2019 年安徽省各地级市 GDP 占比

资料来源：安徽省各地级市国民经济和社会发展统计公报。

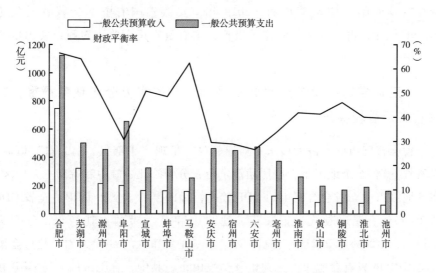

图 5 2019 年安徽省各地级市财政平衡率情况

资料来源：安徽省各地级市财政决算报告。

各地级市财政实力呈现分化态势，财政平衡率普遍较低。从各地级市一般公共预算收入看，合肥市体量较大。2019 年，合肥市一般公共预算收入为 745.99 亿元，较上年增长 7.0%，其中，税收收入占一般公共预算收入的 76%，财政平衡率为 66%。其次是芜湖市，一般公共预算收入为 321.80 亿元，较上年增长 1.0%，财政平衡率为 64%。相比之下，黄山市、铜陵市、淮北市、池州市的一般公共预算收入较少，均少于 82 亿元，且财政平衡率均低于 50%，对上级补助的依赖性较大。

从 2019 年财政支出情况看，合肥市的财政支出最多，池州市的财政支出最少，二者支出分别为 1122.67 亿元和 161.30 亿元。从财政支出增速看，六安市的财政支出增速较高，2019 年达到 14.90%，在省内居于首位。从财政收支平衡情况看，合肥市的财政平衡率达到 66%，其次为芜湖市和马鞍山市，分别为 64% 和 62%，其余各地级市的财政平衡率均在 51% 以下，其中，宿州市和六安市的财政平衡率低于 30%，财政收支平衡难度较大。

二　显性债务持续增长，隐性债务规模较大，隐性债务风险不容忽视

（一）政府性债务总量及增长情况

显性债务规模保持扩张趋势，债务规模处于全国中上游水平，风险总体可控。截至 2019 年末，安徽省地方政府债务余额为 7936.40 亿元，在全国各省份中排第 12 位，政府债务负担相对较重，其中，一般债为 3635.90 亿元，专项债为 4300.46 亿元。2019 年，政府债务余额较 2018 年上升 18.37%，但低于国务院核定的政府债务限额 8912.98 亿元。从债务率看，2019 年，安徽省的显性债务率达 78.75%，负债率为 21.38%（见图 6），居全国第 20 位，显性债务压力居全国中下游水平，债务风险总体可控。

地方债在 2023 年进入偿还高峰，债务置换成果显现。截至 2020 年末，安徽省共发行 142 只地方债，规模合计 9499.97 亿元，其中，一般政府债为 55 只，规模合计 3665.83 亿元，专项债为 87 只，规模合计 5834.14 亿元，发行规模在全国居于中上游。从期限结构看，安徽省地方政府债券期限以 5 年期和 7 年期为主，两类债券的规模合计占比达到 44.77%。从到期时间

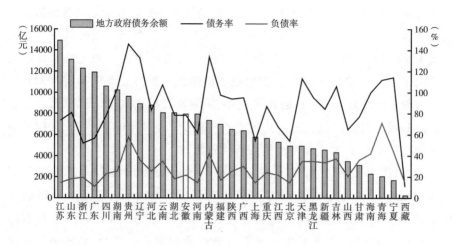

图6　2019年全国各省份地方政府债务余额、债务率及负债率

资料来源：全国各省份财政决算报告，中诚信国际整理计算。

看，2023年为集中偿还期，偿还规模超过2000亿元（见图7）。从短期看，2021年，安徽省地方政府债券的到期规模为812.54亿元，具体到期时间集中于2021年3月、6月和7月，到期规模分别为143.65亿元、100.00亿元和362.00亿元。

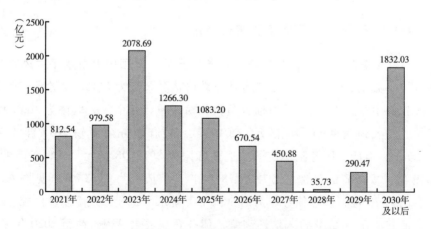

图7　2021年及以后安徽省地方债到期分布情况

注：2020年末测算。

资料来源：Choice数据库，中诚信国际整理计算。

（二）安徽省隐性债务为显性债务的1.75倍，在考虑隐性债务的情况下，安徽省债务率为216.25％，负债率为58.72％

截至2019年末，安徽省隐性债务为13908.76亿元，为显性债务余额的1.75倍，在考虑隐性债务的情况下，安徽省债务率为213.39％，在全国排第14位，大幅超过国际上的100％的警戒线，负债率为57.94％（见图8），尚未超过欧盟的60％的警戒线。

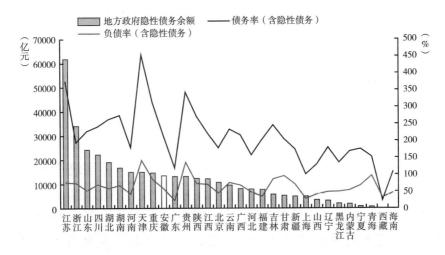

**图8　2019年全国各省份地方政府隐性债务余额、
债务率及负债率**

资料来源：全国各省份财政决算报告，中诚信国际整理计算。

（三）各地级市债务率差异较大，马鞍山市和安庆市的隐性债务规模较大

在安徽省下辖的16个地级市中，阜阳市显性债务规模居前，2019年末，债务余额为961.01亿元。从债务率看，铜陵市、池州市、芜湖市、阜阳市、蚌埠市、马鞍山市以及滁州市的债务率超过100％的债务红线，若考虑隐性债务，则债务率将进一步上升。从负债率看，六安市负债率最高，2019年达到36.29％。从隐性债务规模来看，马鞍山市的隐性债务规模较大，黄山市的隐性债务规模最小（见图9）。

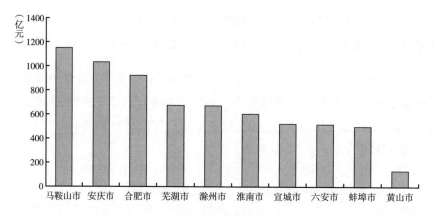

图9　2019年末安徽省各地级市隐性债务情况

资料来源：Choice数据库，中诚信国际整理计算。

三　安徽省融资平台债存量规模居全国中上游水平，呈现区域分化态势，平台整体资质较好，但转型进度较慢

（一）融资平台债存量规模居全国中上游水平，平台以地市级为主，发行人信用等级以AA级为主，收益率和交易利差处于全国中下游

截至2020年末，安徽省存量融资平台债共计444只，发行人为99家，债券余额合计3483.94亿元，在全国各省份中处于中上游水平。从信用等级看，发行人信用等级以AA级为主，占发行人数量比重达到58%；其次为AA+级，占发行人数量的比重为20%。从行政层级看，安徽省融资平台行政层级以地市级为主，占比达到40%，其次为县及县级市，占比达到36%。从债项信用等级看，以AAA级为主，占比为33%，其次为AA+级。从期限结构看，安徽省融资平台债以中长期为主，其中，5年期和7年期占比分别为42%和27%。从券种看，企业债及中期票据为安徽省融资平台发债的主要券种，存量规模占比分别达到26%和34%。从收益率和交易利差看，安徽省融资平台债加权平均到期收益率、交易利差分别为4.75%、205.57BP，在全国范围内处于较低水平。

（二）各地级市融资平台债存量规模呈现分化态势，2024 年进入偿债小高峰

各地级市融资平台债存量规模呈现分化态势，主要集中在马鞍山市、芜湖市和合肥市。截至 2020 年末，马鞍山市融资平台债存量规模最大，为388.72 亿元，其次为芜湖市和合肥市，融资平台债存量规模分别为 382.90亿元和 330.50 亿元。池州市和黄山市融资平台债存量规模较小，均不足 50亿元。安徽省债券市场整体上的活跃度尚可，随着长三角一体化战略实施，再结合各地级市在安徽省的功能定位及未来发展规划，各地级市仍将有一定的融资空间及需求。

安徽省融资平台债将于 2024 年迎来偿债小高峰。2021～2025 年，安徽省融资平台债到期规模均超过 550 亿元，其中，2024 年到期规模超过 700亿元，偿债压力较大。合肥市和马鞍山市 2024 年融资平台债到期规模分别为 110.90 亿元和 108.95 亿元，合计占 2024 年到期总规模的 30.65%。从短期来看，2021 年，马鞍山市和亳州市到期债务规模较大，分别为 103.58 亿元和 83.60 亿元，偿债压力较大；池州市和黄山市到期债务规模较小，均为5 亿元，偿债压力较小（见表 1）。

表 1　2021 年及以后安徽省本级及各地级市融资平台债到期分布情况

单位：亿元

地区	2021 年	2022 年	2023 年	2024 年	2025 年	2026 年及以后	合计
省本级	38.00	55.00	82.00	27.00	19.00	27.00	248.00
安庆市	8.00	36.40	12.00	28.40	56.20	12.50	153.50
蚌埠市	46.40	49.84	35.00	70.43	19.00	8.00	228.67
亳州市	83.60	89.00	80.57	27.00	—	44.00	324.17
池州市	5.00	—	9.00	5.00	4.00	7.00	30.00
滁州市	56.50	10.00	16.00	39.20	30.50	24.00	176.20
阜阳市	34.00	24.20	57.00	61.80	32.50	11.70	221.20
合肥市	33.00	20.20	51.40	110.90	52.00	63.00	330.50
淮北市	44.00	44.00	8.00	25.00	80.00	8.00	209.00
淮南市	27.90	27.00	22.20	59.80	37.00	34.00	207.90
黄山市	5.00	12.60	—	—	11.10	—	28.70
六安市	40.00	25.00	20.60	19.52	16.00	—	121.12

续表

地区	2021 年	2022 年	2023 年	2024 年	2025 年	2026 年及以后	合 计
马鞍山市	103.58	58.25	40.44	108.95	72.50	5.00	388.72
铜陵市	22.50	16.00	12.14	43.00	21.40	—	115.04
芜湖市	40.40	51.00	66.20	46.50	86.00	92.80	382.90
宿州市	18.50	25.00	26.62	17.60	19.10	8.00	114.82
宣城市	60.90	35.00	19.40	27.20	49.50	11.50	203.50
合 计	667.28	578.49	558.57	717.30	605.80	356.50	3483.94

注：2020 年末测算。

资料来源：Choice 数据库，中诚信国际整理计算。

（三）安徽省融资平台财务状况分析

近年来，融资平台资产规模快速增长，融资平台实际流动性减弱。目前，安徽省融资平台债仍在存续期内的企业共计 99 家，发行数量较多，债券市场参与度较高。从总资产规模看，2019 年末，99 家财务数据可得的样本融资平台总资产合计 31629.08 亿元，2017～2019 年复合增长率中位数为 8.5%。从净资产看，2019 年末，99 家样本企业净资产中位数为 81.92 亿元。全部融资平台 2017～2019 年净资产复合增长率中位数为 6.14%。2019 年末安徽省各地级市融资平台总资产及净资产情况见图 10。

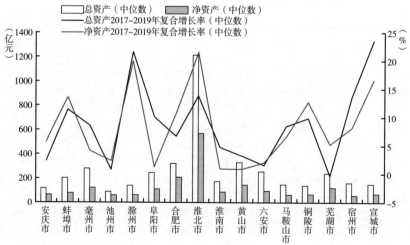

图 10　2019 年末安徽省各地级市融资平台总资产及净资产情况

资料来源：Choice 数据库，中诚信国际整理计算。

资产流动性方面，2019 年末，安徽省融资平台流动比率中位数为 4.34，速动比率中位数为 1.86，流动比率与速动比率差异显著主要是因为融资平台资产以难以变现的土地为主。考虑到融资平台流动资产除存货以外，其他应收款及应收账款占比较大，企业的实际资产流动性偏弱。

自身盈利能力偏弱，政府资金支持力度有待加大。2019 年，安徽省融资平台利润总额合计 398.38 亿元，均值为 4.02 亿元。从利润总额结构看，营业外收入占比普遍较低，2019 年，安徽省融资平台营业外收入占利润总额比重的中位数为 0.99%，政府支持在资金支持力度上有待加大。同时，EBIT 及 EBITDA 中位数分别为 3.26 亿元和 3.59 亿元，区域内的融资平台尚未形成可持续的市场化竞争力及盈利能力。2019 年末安徽省各地级市融资平台利润情况见图 11。

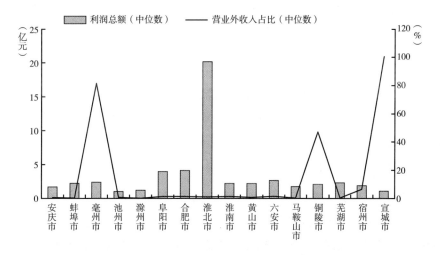

图 11　2019 年末安徽省各地级市融资平台利润情况

资料来源：Choice 数据库，中诚信国际整理计算。

负债水平处于合理水平区间，刚性债务占比较高，偿债能力偏弱。2019 年末，安徽省各地级市融资平台资产负债率中位数为 51.93%，总负债中位数为 92.32 亿元，刚性债务中位数为 57.20 亿元，占比为 61.96%。偿债能力方面，已获利息倍数中位数为 2.39 倍，EBITDA/带息债务中位数为 0.06，对债务本息覆盖能力有待加强。2019 年末安徽省各地级市融资平台负债情况见图 12。

广义信用事件对区域融资产生负面影响。2018 年，天长城投为蓝德集团提供的担保出现实质性代偿，因担保涉诉，天长城投多个账户现已被申请强制执行，并被列入失信被执行人名单，严重影响公司的正常经营，该事件对区域内的融资环境及国企信用造成负面影响。

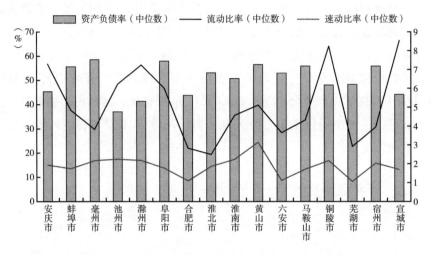

图 12 2019 年末安徽省各地级市融资平台负债情况

资料来源：Choice 数据库，中诚信国际整理计算。

（四）融资平台转型情况分析

安徽省整体融资平台转型环境较好，但大多数融资平台尚未建立起清晰的业务运营模式与收益回报机制，转型升级仍处在探索阶段。一方面，安徽省位于我国中部地区、长三角腹地，先天的区位优势使其有利于承接发达地区经济辐射和产业转移，这对省内融资平台转型升级起到积极的推动作用；另一方面，截至 2019 年末，安徽省地方政府显性债务水平居全国中下游，在投资者风险偏好下降的背景下，安徽省融资平台在转型过程中更易获得金融机构的支持。但是在经济下行压力不减的背景下，叠加安徽省融资平台的盈利能力和偿债能力整体偏弱，其转型发展能力尚待加强。

结　语

安徽省整体经济及财政实力在全国处于中上游水平，投资成为经济发展的重要动力；安徽省下辖各地级市经济发展出现明显分化态势，在负债投资的经济增长模式下积累了一定的债务，目前，安徽省整体债务水平处于可控范围之内，但仍需重点关注以下问题。

第一，区域经济发展不均衡且市场化程度较低。受上海、南京以及省会合肥虹吸效应影响，安徽省其他地级市的发展不均衡，省会合肥遥遥领先，皖南地区财政实力普遍高于皖北地区。同时，基础设施建设和交通路网尚不完善导致安徽省整体经济活力不足，市场化程度较低。

第二，各地级市债务风险分化明显。安徽省整体债务风险处于可控范围，但各地级市债务情况分化明显，铜陵市、池州市、芜湖市等的债务率超过国际警戒线。需关注这些区域内融资平台的再融资能力和或将因此引发流动性风险。

第三，融资平台转型面临一定挑战。安徽省地方政府显性债务水平在全国居中下游，在投资者风险偏好下降背景下，省内融资平台更易获得金融机构的支持。同时，随着安徽省全域被纳入长三角一体化城市群，依靠长江经济带建设红利和承接产业转移示范区的带动，省内融资平台的转型升级或将迎来新的机遇。但是，近年来，安徽省内融资平台的盈利能力和偿债能力有所弱化，且尚未建立起清晰的业务运营模式与收益回报机制，融资平台转型依然面临一定挑战。

第四，广义信用事件对当地融资环境及国企信用造成影响。天长城投为当地民营企业蓝德集团担保代偿，给区域内融资环境及国有企业信用造成一定负面影响。

福建地方政府与融资平台债务分析报告

孟一波　陈小中[*]

要　点

● 福建省经济发展与财政实力分析：福建省经济总量处于全国中上游水平，近年来，增速略有回落。从三次产业结构看，福建省仍以第二产业为主，第三产业处于稳步发展阶段。从需求结构看，投资及消费依然是福建省经济增长的主要动力。福建省综合财政实力较强，在全国处于中游水平，一般公共预算收入增速放缓，财政平衡率有待进一步提升。省内下辖 9 个地级市，区域经济发展较不平衡，财政实力呈现分化态势，财政平衡率普遍较低。福建省将以扩大内需作为战略基点，持续激发市场主体活力和消费潜力，推动工业企业生产经营健康发展，未来，其经济及财政实力增长将迎来较大契机。

● 福建省地方政府债务情况：近年来，福建省债务规模呈现小幅扩张态势，但较强的经济和财政实力为债务偿付提供较高的保障，债务风险总体可控。2019 年，福建省政府债务余额为 7033.91 亿元，排在全国第 15 位，债务率为 97.19%，负债率为 16.59%。在考虑隐性债务的情况下，福建省债务率为 211.25%，负债率为 36.06%。

● 福建省融资平台债情况：福建省融资平台债存量规模居全国中下游水平，以短期融资券及中期票据为主，发行人信用等级以 AA 级为主。从各地级市情况看，泉州市及漳州市融资平台债存量

---

[*] 孟一波，中诚信国际政府公共评级二部总监；陈小中，中诚信国际政府公共评级二部助理总监。

规模位排前两位，2021 年开始进入融资平台债偿还高峰期；省内融资平台近年来资产规模持续增长，负债处于合理水平，盈利能力及偿债能力整体偏弱。

● 总体来看，福建省整体经济及财政实力在全国处于中上游水平，消费及投资为经济发展的重要动力；下辖各地级市的经济发展出现明显分化态势，在负债投资的经济增长模式下积累了一定的债务。目前，福建省债务水平处于可控范围之内，但仍需关注区域产业转型升级及区域经济市场化程度较低、各地级市融资平台债面临偿还压力、融资平台面临再融资及转型风险等问题。

一 福建省经济及综合财政实力处于全国中上游水平，财政平衡率较高

（一）经济体量居中上游水平，增速略有回落，投资成为经济发展的第一动力

福建省的战略定位明确，经济发展水平较高，经济及财政实力持续增强。近年来，在全面实施《海峡西岸经济区发展规划》这一积极政策背景下，福建省致力于实现产业发展水平提升，实现地区经济全面快速增长。2019 年，福建省 GDP 为 42395.00 亿元，在全国各省份中排第 8 位（见图 1）。2019 年末，福建省常住人口为 3973 万人，比上年末增加 32 万人。其中，城镇常住人口为 2642 万人，占总人口的比重（常住人口城镇化率）为 66.5%，比上年末提高 0.7 个百分点。2019 年，福建省人均 GDP 为 107139.00 元，高于全国平均水平，且在各省份中排名相对靠前。近年来，福建省经济持续增长，2019 年，福建省 GDP 增速达到 7.6%（见图 2），较上年下降 0.6 个百分点，略有回落，在全国 31 个省份中排第 5 位（与湖南省并列）。2020 年初，受疫情影响，福建省的经济增速明显放缓，但随着复工复产不断推进，经济逐渐恢复，2020 年前三季度实现地区生产总值 31331.55 亿元，同比增长 2.4%。未来，福建省将持续做好"六稳"（稳就业、稳金融、稳外贸、稳外资、稳投资和稳预期）工作，全面落实"六

保"（保居民就业、保基本民生、保市场主体、保粮食能源安全、保产业链供应链稳定和保基层运转）任务，按照以构建国内大循环为主体，国内国际双循环相互促进的新发展格局要求，以扩大内需作为战略基点，持续激发市场主体活力和消费潜力，推动工业企业生产经营健康发展。

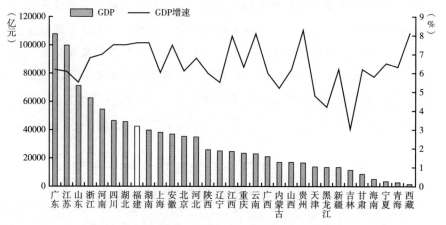

图 1　2019 年全国各省份 GDP 及增速

资料来源：全国各省份国民经济和社会发展统计公报，中诚信国际整理计算。

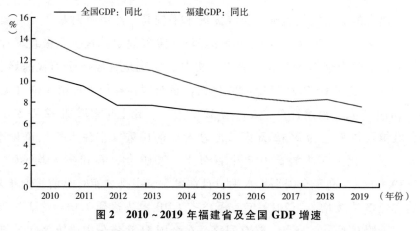

图 2　2010～2019 年福建省及全国 GDP 增速

资料来源：中华人民共和国国家统计局、福建省国民经济和社会发展统计公报。

福建省的经济结构仍以第二产业为主，第三产业有待发展。截至 2019 年末，福建省第一、第二、第三产业之比为 6.1∶48.6∶45.3，表现为第二产业占比较高，第三产业仍待继续发展。产业结构方面，福建省规模以上工业的 38 个行业大类中有 12 个的增加值增速为两位数。其中，化学原料和化学制品制造业增长 22.4%，有色金属冶炼和压延加工业增长 21.0%，化学纤维制造业增长 16.4%，计算机、通信和其他电子设备制造业增长 12.0%，医药制造业增长 11.5%，电气机械和器材制造业增长 10.3%。规模以上工业中，三大主导产业增加值增长 9.8%，其中，石油化工产业增长 13.5%，电子信息产业增长 12.0%，机械装备产业增长 5.7%。六大高耗能行业的增加值增长 13.4%，占规模以上工业增加值的比重为 25.8%。工业战略性新兴产业的增加值增长 8.1%，占规模以上工业增加值的比重为 23.8%。高技术制造业的增加值增长 12.3%，占规模以上工业增加值的比重为 11.8%。装备制造业的增加值增长 7.9%，占规模以上工业增加值的比重为 22.7%。2019 年末，福建省境内 A 股上市公司为 139 家，比上年增加 6 家，总市值为 19021.74 亿元，增长 34.7%。2019 年末，金融机构本外币各项存款余额为 49836.41 亿元，比上年末增长 8.8%；金融机构本外币各项贷款余额为 52640.82 亿元，比上年末增长 13.2%。2019 年末，农村合作金融机构人民币各项贷款余额为 4391.25 亿元，比上年末增长 13.6%；中资金融机构人民币个人消费贷款余额为 18920.34 亿元，比上年末增长 17.2%。

从需求结构看，投资及消费依然是福建省经济增长的主要动力。近年来，福建省固定资产投资保持增长，但增速放缓，在采矿业、制造业和公共事业领域，投资分别增长 18.6%、16.2% 和 10.0%，全省经济结构转型升级得以推进。从经济发展驱动力看，投资是福建省经济发展的主要动力。2019 年，固定资产投资（含铁路）比上年增长 6.0%，第一产业投资下降 1.3%；第二产业投资增长 14.2%，其中，工业投资增长 15.5%；第三产业投资增长 2.8%。基础设施投资下降 8.0%，占固定资产投资的比重为 26.0%。民间投资增长 5.6%，占固定资产投资的比重为 57.0%。高技术产业投资增长 2.8%，占固定资产投资的比重为 5.8%。消费方面，2019 年，福建省消费品市场增速较快，实现社会消费品零售总额 15749.7 亿元，增速为 10.0%，消费支出对经济增长的贡献率达到 40.0%，成为经济增长的重要拉动力量。总的来看，福建省工业生产运行总体平稳，但产业结构有待进一步优化，新兴行业占比较低，新旧动能转换较慢，企业运营效率有待提升，在推动工业经济高质量发展方面仍有较大的提升空间。

（二）综合财政实力在全国处于中上游水平，财政平衡能力有待进一步提升

福建省综合财政实力较强，在全国处于中上游水平。作为华东地区的重要经济省份，福建省综合财政实力在全国处于中上游水平。从一般公共预算收入来看，2019 年，福建省的一般公共预算收入为 3052.90 亿元，在全国31 个省份中排第 12 位；福建省的一般公共预算支出为 5077.93 亿元，在全国 31 个省份中排第 21 位；福建省财政平衡率为 60.12%，在全国 31 个省份中排第 8 位；福建省综合财力为 7237.26 亿元，在全国排第 15 位，整体上处于中上游水平（见图 3）。

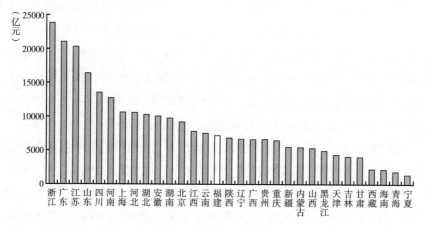

图 3　2019 年全国各省份综合财力情况

资料来源：全国各省份财政决算报告，中诚信国际整理计算。

一般公共预算收入增速放缓，财政平衡率有待进一步提升。在实体经济经营压力增加、传统产业去产能及减税降费等大背景下，福建省一般公共预算收入增长放缓，2019 年实现一般公共预算收入 3052.90 亿元，同比增长1.5%，较上年回落 5.6 个百分点。其中，税收收入为 2208.98 亿元，同比下降 1.3%，这主要是受贯彻实施中央更大规模的减税降费政策，包括增值税降税率、留抵退税等减税政策的影响；税收收入占比为 72.36%；非税收入为 843.95 亿元，同比增长 9.6%，非税收入占比为 27.64%。2019 年，福建省的一般公共预算支出为 5077.93 亿元，同比增长 5.1%；其中，与民生

相关的支出为 3911.28 亿元, 占一般公共预算支出的 77.0%。福建省财政平衡率有待进一步提升, 2019 年为 60.12%。上级补助收入是福建省综合财力的重要支撑, 2019 年, 福建省共获得中央各项转移支付 1496.20 亿元, 同比增长 42.27%, 占综合财力的比重为 20.67%。受新冠肺炎疫情及减税降费政策的持续影响, 2020 年 1～9 月, 福建省一般公共预算收入为 2316.60 亿元, 较上年同期下降 3.10%; 同期末, 一般公共预算支出为 3645.94 亿元, 较上年同期下降 6.53%, 当期一般公共预算收支平衡率为 63.54%。

政府性基金收入受土地市场景气度影响在近期出现负增长, 后续仍面临下行压力。2017～2019 年, 福建省政府性基金收入分别为 1993.08 亿元、2587.10 亿元和 2569.68 亿元, 同比分别增长 23.5%、29.8% 和 -0.7%。2019 年, 福建省出让国有建设用地 0.77 万公顷, 出让合同价款为 2587.42 亿元, 同比分别增长 11.59%、10.24%。其中, 招标、拍卖和挂牌出让土地面积 0.71 万公顷, 占出让土地总面积的 92.21%; 招拍挂出让合同价款为 2491.55 亿元, 占出让合同总价款的 96.29%。2019 年, 福建省政府性基金转移性收入为 461.58 亿元, 同比下降 5.39%, 主要是由于上年政府性基金支出中城乡社区及交通运输支出规模增加, 政府性基金收入结余减少。2019 年, 福建省政府性基金支出 3187.97 亿元, 同比增长 9.29%。2020 年 1～9 月, 福建省国有土地使用权出让收入增加, 当期政府性基金收入为 2248.67 亿元, 同比增长 37.4%; 同期政府性基金支出为 3229.42 亿元, 同比增长 33.2%。随着房地产调控政策持续趋严, 福建省内三、四线城市房地产价格仍有下行压力, 这或将进一步影响政府性基金收入。

国有经济体量较小, 国有资本运行收入较低。鉴于福建省内国有经济体量有限及面临经营压力, 2019 年, 福建省国有资本运营收入仅为 150.26 亿元, 占综合财政实力的比重极低, 综合财政实力的贡献有限。2019 年, 福建省国有资本经营支出为 87 亿元, 收支相抵, 年终结余为 63.26 亿元。

(三) 省内区域经济发展不平衡, 财政实力分化现象严重, 财政收支矛盾突出

福州市、厦门市和泉州市经济发达, 其他区域相对落后。福建省下辖 9 个地级市, 按照"一带、双区、四轴、四区、多点"的空间发展格局, 福建省强力推进福州、厦漳泉两个大都市区建设, 大力发展福州、厦门和泉州三

大省域中心城市，积极发展中小城市和小城镇，走以两大都市区为依托、以都市区和中心城市为核心、大中小城市和小城镇协调发展的具有福建特色的发展道路。从经济实力看，各地级市大致可分为三个梯队，第一梯队即 GDP 高于 9000 亿元的城市，包括泉州和福州；第二梯队即 GDP 低于 9000 亿元但超过 4000 亿元的城市，包括厦门和漳州；第三梯队即 GDP 未超过 4000 亿元的城市，包括宁德、龙岩、三明、莆田和南平。2019 年，在各地级市中，福州市和泉州市 GDP 较大，分别为 9392.30 亿元和 9946.66 亿元，合计占福建省 GDP 的 45.61%。2019 年，龙岩市、三明市、莆田市、宁德市和南平市 GDP 分别为 2678.96 亿元、2601.56 亿元、2595.39 亿元、2451.70 亿元和 1991.57 亿元，占全省的比重较低，分别为 6.32%、6.14%、6.12%、5.78% 和 4.70%（见图 4）。各地级市经济增速均保持相对平稳，为 6.0% ~ 9.2%，2019 年，宁德市 GDP 增速为 9.2%，在福建省内排首位。从各地级市人均 GDP 来看，福建省各地级市人均 GDP 均超过全国人均 GDP，其中，厦门市的人均 GDP 为 142739 元，居全省首位；南平市的人均 GDP 为 74036 元，居全省末位。

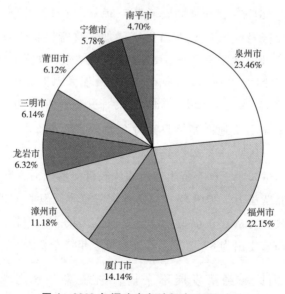

图 4　2019 年福建省各地级市 GDP 占比

资料来源：福建省各地级市国民经济和社会发展统计公报。

各地市财政实力分化明显，财政平衡率偏低。从各地级市一般公共预算收入看，厦门市、福州市和泉州市体量较大，排在前 3 位。2019 年，厦门市一般公共预算收入为 768.3 亿元，较上年增长 1.8%，其中，税收收入占比为 78.03%；福州市一般公共预算收入为 668.08 亿元，较上年下降1.8%；泉州市一般公共预算收入为 457.75 亿元，较上年下降 3.5%；相比之下，南平市与三明市的一般公共预算收入规模较小，分别为 96.23 亿元与107.76 亿元（见图 5），增速分别为 1.81% 与 0.11%。

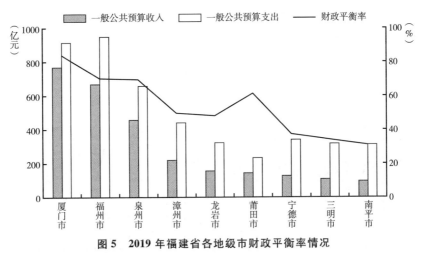

图 5　2019 年福建省各地级市财政平衡率情况

资料来源：福建省各地级市财政决算报告。

从 2019 年福建省一般公共预算支出情况看，福州市支出最多，莆田市支出最少，分别为 949.76 亿元和 233.00 亿元。从 2019 年支出增速看，宁德市支出增速较高，达到 13.07%，在省内居于首位。从财政收支平衡情况看，福建省内各地级市分化明显。其中，财政平衡率最高的是厦门市，超过80.00%；其次为福州市、泉州市、莆田市，分别为 70.34%、69.63%、61.4%；其余地级市的财政平衡率均在 50% 以下，其中，宁德市、三明市和南平市财政平衡率低于 40%。

二　显性债务有所控制，隐性债务规模处于
全国中游水平，风险总体可控

（一）政府性显性债务规模保持小幅扩张，2021 年开始进入地方债偿还高峰期

显性债务规模保持小幅扩张，处于合理范围，风险总体可控。截至

2019 年末，福建省政府的债务余额为 7033.91 亿元，在全国排第 15 位（见图 6），政府债务负担尚可，其中，一般债为 3050.45 亿元，专项债为 3983.46 亿元。2019 年，政府债务余额较 2018 年增加 16.13%，但仍低于国务院核定的政府债务限额 7799.2 亿元。从债务率看，2019 年，福建省债务率为 97.19%，负债率为 16.59%（见图 6）。近年来，福建省债务水平呈现小幅扩张态势，但较强的经济和财政实力为债务偿付提供较大的保障，债务风险总体尚属可控。

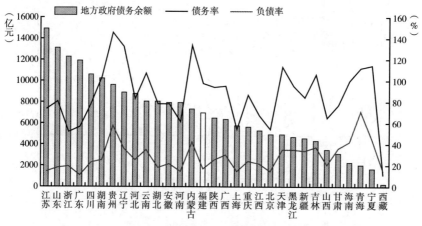

图 6 2019 年全国各省份地方政府债务余额、债务率及负债率

资料来源：全国各省份财政决算报告，中诚信国际整理计算。

新发行地方债期限结构合理，存量地方债在 2021 年开始进入偿还高峰期。2020 年，福建省共发行 77 只地方政府债券，规模合计 1964.92 亿元，其中，一般债为 9 只，规模合计 423.41 亿元，专项债为 68 只，规模合计 1541.51 亿元，在全国处于中游水平。从期限结构看，福建省地方政府债券的期限以 10 年期和 15 年期为主，两类债券的规模合计占比达到 64.75%，7 年期和 20 年期占比分别为 4.68% 与 22.53%。从到期时间看，2021～2024 年为集中偿还期，年均偿还规模超过 700 亿元。仅从短期看，2021 年，福建省地方政府债券到期规模为 869.24 亿元（见图 7），具体到期时间集中于 2021 年 6 月、8 月和 10 月，到期规模分别为 355.99 亿元、218.08 亿元和 142.70 亿元。

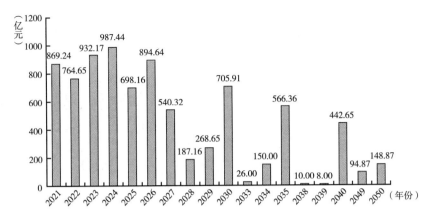

图7　2021～2050 年福建省地方债到期分布情况

注：2020 年末测算。

资料来源：福建省财政决算报告、Choice 数据库，中诚信国际整理计算。

（二）福建省隐性债务为显性债务的 1.17 倍，考虑隐性债务的情况下，福建省债务率为 211.25%，负债率为 36.06%

我国地方政府显性债务风险总体可控但隐性债务风险较为突出，隐性债务规模为显性债务的 1～2 倍。根据中诚信国际测算，2019 年，以显性债务衡量的地方政府总体债务率（债务规模/财政实力）约为 80%，低于国际上的 100% 的警戒线；全国政府债务的负债率（债务/GDP）约为 40%，低于欧盟的 60% 的警戒线，显性债务口径下，我国地方政府风险水平相对较低。中诚信国际估算，我国地方政府隐性债务规模为 16.74 万亿～30.45 万亿元，为显性债务的 1.1～2.0 倍，不同口径测算的地方政府隐性债务均以 12% 以上的增速扩张，考虑隐性债务的政府负债率直接升至 70%～74%，大幅高于发展中国家平均水平。

福建省隐性债务规模居全国第 17 位，负债率及债务率处于全国中游水平。根据中诚信国际测算，2019 年，福建省隐性债务规模为 8254.50 亿元，同比增长 1.53%，居全国第 17 位。考虑隐性债务后，2019 年，福建省负债率为 36.06%，居全国第 28 位，较 2018 年上升 1.27 个百分点；福建省债务率为 211.25%，居全国第 17 位，较 2018 年上升 11.21 个百分点，鉴于福建省综合财政实力较强，整体债务风险可控。

（三）地级市显性债务率大部分超国际上的100％的警戒线，泉州市和福州市隐性债务规模较大

从政府债务余额看，泉州市的显性债务规模排名靠前，2019年末，余额为1435.05亿元（见图8）。从债务率看，除福州市和厦门市外，福建省其他地级市债务率超过国际上100％的警戒线；若考虑到全口径债务余额，则债务率将进一步上升。从隐性债务规模来看，泉州市和福州市的隐性债务规模较大，宁德市的隐性债务规模最小。

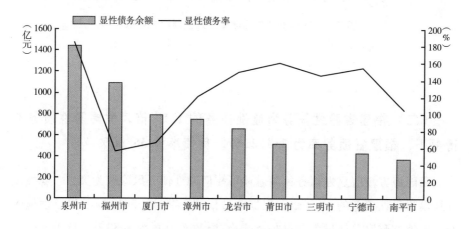

图8　2019年末福建省各地级市显性债务情况

资料来源：Choice数据库，中诚信国际整理计算。

三　福建省融资平台债呈现区域分化态势，平台存量债券规模较小，资质相对较弱且转型进度较慢

（一）全省融资平台债存量规模居全国中下游水平，各地级市融资平台存量规模和风险有所分化

福建省融资平台债存量规模居全国中下游水平，以短期融资券和中期票据为主。截至2020年末，福建省存量融资平台债共计159只，发行人为34家，发行规模合计972.18亿元，债券余额为1120.28亿元，在全国各省份

中处于中下游水平。从信用等级看，在发行人信用等级中，AA 级占比最高，占发行人数量的比重达到 36.91%；其次为 AA+级，占发行人数量的比重为 34.23%。从期限结构看，福建省融资平台债以中短期为主，其中，1 年期以内、3 年期及 5 年期发行数量占比分别为 36.91%、26.17% 和 21.48%，合计占总发行数量的比重达到 84.56%。从券种看，短期融资券和中期票据为福建省城投企业发债的主要券种，发行规模占比分别为 42.95% 和 23.49%。

（二）各地级市融资平台债规模呈现分化态势，2021 年为偿还高峰期

各地级市融资平台债规模呈现分化态势，泉州市、漳州市融资平台债存量规模排前两位，分别为 403.00 亿元和 359.13 亿元，在全省融资平台债存量规模中的占比分别为 21.71% 和 19.35%。福建省整体债券市场活跃度较低，发债企业相对较少，部分地级市融资平台债发行规模较小。结合各地级市综合财力情况看，泉州市融资平台债存量规模占综合财力比重达 51.83%，整体偿债压力处于可控范围内。

从各地级市融资平台债到期情况看，2021~2023 年，各地级市融资平台债到期规模较大，2021 年合计高达 431.60 亿元。2021 年，漳州市及泉州市到期债务规模较大，分别达 135.80 亿元和 84.80 亿元，偿债压力较大。2021~2023 年，泉州市、漳州市及厦门市融资平台债到期压力均较大。此外，宁德市融资平台债及莆田市大部分融资平台债到期时间分布在 2025 年及以后；其中，2025 年，两市融资平台债到期规模分别达 11.30 亿元和 15.00 亿元，分别占存量规模的 23.59% 和 41.90%（见表 1）。

表 1　2021 年及以后福建省本级及各地级市债券到期分布情况

单位：亿元

地区	2021 年	2022 年	2023 年	2024 年	2025 年	2026 年以后	合计
省本级	80.00	60.00	30.00	10.00	10.00	50.00	240.00
福州市	59.10	8.80	21.00	21.00	34.00	47.00	190.90
龙岩市	10.00	0.00	9.80	30.00	10.00	0.00	59.80
南平市	0.00	44.80	30.00	13.00	45.00	17.30	150.10
宁德市	0.00	0.00	0.00	8.30	11.30	28.30	47.90

续表

地区	2021 年	2022 年	2023 年	2024 年	2025 年	2026 年以后	合计
莆田市	0.00	2.50	0.00	0.00	15.00	18.30	35.80
泉州市	84.80	113.50	111.60	9.50	55.60	28.00	403.00
三明市	5.00	10.00	30.80	8.00	9.00	16.70	79.50
厦门市	56.90	48.10	97.40	6.50	66.00	15.00	289.90
漳州市	135.80	78.53	42.50	59.00	36.30	7.00	359.13
合计	431.60	366.23	373.10	165.30	292.20	227.60	1856.03

注：2020 年末测算。

资料来源：Choice 数据库，中诚信国际整理计算。

（三）福建省融资平台财务状况分析

近年来，融资平台资产规模快速增长，但发行数量及规模处于较低水平。目前，福建省融资平台债仍在存续期内的企业共计 51 家，发行数量较少，债券市场参与度较低。从总资产规模看，2019 年末，51 家财务数据可得的样本融资平台总资产合计 19771.90 亿元，2017～2019 年复合增长率中位数为 5.84%。其中，福州市和厦门市的融资平台资产规模较大，两市融资平台总资产中位数分别为 488.41 亿元和 458.28 亿元。从净资产看，2019 年末，51 家样本企业净资产中位数为 165.04 亿元。2019 年，福州市和厦门市的融资平台净资产规模较大，净资产中位数分别为 251.08 亿元和 172.97 亿元；龙岩市和莆田市两市的融资平台净资产规模较低，中位数分别为 69.90 亿元和 69.60 亿元；全部融资平台 2017～2019 年净资产复合增长率中位数为 5.48%。资产流动性方面，2019 年末，福建省融资平台流动比率中位数为 2.30，速动比率中位数为 0.81，流动比率与速动比率差异显著是因为融资平台的资产主要是难以变现的土地。各地级市中，流动比率中位数较高的为宁德市和泉州市，分别为 5.31 与 4.66。2019 年，在各地级市中，速动比率中位数最高的为宁德市和南平市，分别为 3.36 与 1.98（见图 9）。考虑到融资平台流动资产除存货以外，其他应收款较多，应收账款占比较高，企业的实际资产流动性偏低。

2020 年 9 月末，福建省 51 家财务数据可得的样本融资平台总资产合计 21478.25 亿元，呈增长趋势；其中，福州市和厦门市的融资平台资产规模

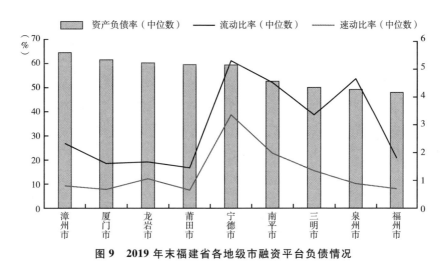

图9　2019年末福建省各地级市融资平台负债情况

资料来源：Choice数据库，中诚信国际整理计算。

仍较大，两市融资平台总资产中位数分别为521.67亿元和498.43亿元。从净资产看，2020年9月末，51家样本企业净资产中位数为169.87亿元。福州市和厦门市的融资平台净资产规模较大，净资产中位数分别为259.15亿元和175.64亿元；龙岩市和莆田市两市的融资平台净资产规模较低，中位数分别为70.19亿元和76.83亿元。资产流动性方面，2020年9月末，福建省融资平台流动比率中位数为2.24，速动比率中位数为0.87。各地级市中，流动比率中位数较高的地区为南平市和泉州市，分别为4.99与3.99；速动比率中位数最高的地区为宁德市和南平市，分别为2.59与2.32。

自身盈利能力偏弱，政府资金支持力度有待加大。2019年，福建省融资平台利润总额合计为151.15亿元，均值为2.96亿元，其中，福州市和厦门市的企业利润总额较高。2019年，福州市和厦门市的融资平台利润中位数较大，分别为3.78亿元和4.67亿元，而其他地级市的融资平台利润总额规模大多在2亿元以下（见图10）。从利润总额结构看，营业外收入占比普遍较低，财政资金支持力度有待加大。同时，EBIT及EBITDA中位数分别为5.94亿元和6.98亿元，区域内的融资平台尚未形成可持续的市场化竞争力及盈利能力。

2020年1~9月，福建省融资平台利润总额合计为32.93亿元，均值为1.72亿元；其中，厦门市和三明市的企业利润总额较高。厦门市和三明市融资平台利润中位数较大，分别为1.72亿元和0.81亿元，而其他地级市的融资平台利润总额规模大多在 0.50 亿元以下。从营业外收入占利润总额比例看，2020 年 1～9 月，泉州市、漳州市和龙岩市的占比分别为 75.47%、50.16% 和 32.64%，其他地级市的占比大多在 30% 以下。

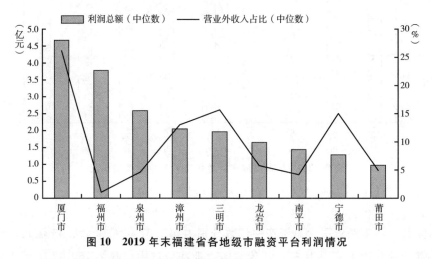

图 10　2019 年末福建省各地级市融资平台利润情况

资料来源：Choice 数据库，中诚信国际整理计算。

负债处于合理水平，刚性债务占比较高，偿债能力偏弱。2019 年末，福建省各地级市融资平台资产负债率中位数为 57.43%，总负债中位数为 222.65 亿元，刚性债务中位数为 128.87 亿元，占比为 57.88%。从各地级市资产负债率中位数情况看，漳州市、厦门市和龙岩市的融资平台资产负债率居福建省前 3 位，中位数均超过 60%。偿债能力方面，已获利息倍数中位数为 1.99 倍，EBITDA/带息债务中位数为 2.34，对债务本息覆盖能力有待加强。

2020 年 9 月末，福建省各地级市融资平台资产负债率中位数为 59.32%；总负债中位数为 246.16 亿元，刚性债务中位数为 143.63 亿元，占比为 58.35%。从各地级市资产负债率中位数情况看，2020 年 9 月末，漳州市和龙岩市的融资平台资产负债率居福建省前两位，分别为 66.88% 和 66.76%。偿债能力方面，已获利息倍数中位数为 1.33 倍，偿债能力呈小幅下降趋势。

（四）融资平台转型情况分析

福建省内资质较低的融资平台转型难度相对较大。为防范地方债务风险、推进地方投融资体制改革，福建省近年来加大融资平台转型力度，但在经济下行压力不减的背景下，福建省内资质较低的融资平台转型难度较大。一方面，福建省部分地级市金融资源相对缺乏，融资平台融资渠道丰富程度不及其他沿海经济发达地区，使当地融资平台在转型过程中的融资能力受到限制，不利于融资平台可持续发展。另一方面，近年来，在持续防风险的大背景下，融资平台信用风险分化态势仍然延续，福建省行政层级较低的区县级融资平台及信用等级较低的融资平台或面临更高的融资成本。与此同时，在投资者风险偏好影响下，福建省内资质较低的融资平台获得金融机构资金支持的规模或难以扩大，转型难度或将加大。

结　语

福建省整体经济及财政实力在全国处于中上游水平，消费及投资为经济发展的重要动力；下辖各地级市的经济发展出现明显分化态势，在负债投资的经济增长模式下积累了一定的债务。目前，福建省债务水平处于可控范围之内，但仍需重点关注以下问题。

第一，区域产业转型升级及区域经济市场化程度较低。福建省工业生产运行总体平稳，去产能及调结构等对福建省的经济造成冲击，其面临产业转型升级的挑战。同时，福建省各地区基础设施、经济及交通发展水平的失衡导致福建地区新旧动能转换速度较慢，企业运营效率有待提升，工业经济发展质量仍有较大提升空间。

第二，各地级市融资平台债面临偿还压力。融资平台对政府支持的依赖性较强，企业信用水平与地方财政实力密切相关，在福建省内各地级市财政实力呈现分化态势的背景下，区域内融资平台自身盈利能力偏弱，政府资金支持较少，融资平台面临集中偿还压力，需关注由此引发的流动性风险。

第三，融资平台面临再融资及转型风险。福建省地方融资平台负债水平普遍处于合理区间，且融资平台债存量规模处于全国中下游水平，各地级市的发债主体分化严重，资质相对较低的融资平台或面临更高的融资成本，且转型难度相对较大。

江西地方政府与融资平台债务分析报告

方华东　桂兰杰　王少强　钟婷　张悦[*]

要　点

● 江西省经济发展与财政实力分析：江西省经济总量较小，经济增速自 2010 年以来持续放缓，经济结构有待调整，经济增长靠投资驱动的态势明显。从三次产业结构看，江西省以第二产业与第三产业为主，第三产业仍有待发展。从需求结构看，投资依然是江西省经济增长的主要动力。江西省综合财政实力在全国处于中上游水平，一般公共预算收入增速持续放缓，财政平衡率较低，对中央转移支付的依赖性较大。江西省下辖 11 个地级市，各地级市经济发展不平衡，财政实力分化现象较明显，财政平衡率普遍较低。未来，江西省将做强做优大南昌都市圈，实施强省会战略，强化"两轴"驱动，依托日益完善的高铁网络促进江西省与其他地区交流，江西省经济发展潜力较大。

● 江西省地方政府债务情况：江西省显性债务规模持续增长且增速不减，债务水平居全国中游。2019 年，江西省地方政府债务余额为 5351.00 亿元，居全国中游，债务率达到 67.96%，负债率达到 21.61%。考虑隐性债务的情况下，江西省债务率为222.25%，负债率为 70.68%。

● 江西省融资平台债情况：江西省融资平台债存量规模在全国居第 9 位，债券种类以中期票据和企业债为主，发行成本居全国中

---

* 方华东，中诚信国际政府公共评级一部助理总监；桂兰杰，中诚信国际政府公共评级一部高级分析师；王少强，中诚信国际政府公共评级一部高级分析师；钟婷，中诚信国际政府公共评级一部高级分析师；张悦，中诚信国际政府公共评级一部分析师。

游位置，债项信用等级以 AA 级为主。从省本级及各地级市情况看，省本级、上饶市、赣州市及南昌市融资平台债存量规模居前列；2021 年进入融资平台债偿还高峰期；省内融资平台近年来资产规模持续增长，负债处于合理水平，盈利能力整体偏弱且偿债能力较弱。

●总体来看，江西省整体经济及财政实力在全国处于中上游水平，投资为经济发展的重要动力；下辖各地级市的经济发展出现明显的分化趋势，财政收支矛盾突出，在负债投资的经济增长模式下积累了一定的债务。目前，江西省显性债务规模及债务率居全国中游水平，但仍需关注区域内第三产业占比较全国水平偏低，消费对经济增长的贡献率仍有待提升；各地级市融资平台债面临偿还压力；考虑隐性债务后，部分地级市债务规模与负债率大幅增加，融资平台再融资及转型面临风险等问题。

一 江西省经济及综合财政实力处于全国中游水平，但财政平衡率较低

（一）经济总量较小，经济增速自 2010 年以来持续放缓，经济结构有待调整，经济增长靠投资驱动的态势明显

江西省的战略定位明确，经济发展水平较高，但近年来经济增速放缓。江西省地处中国东南偏中部长江中下游南岸，为长江三角洲、珠江三角洲和闽南三角地区的腹地，京九线、浙赣线纵横贯穿全境，航运和水运便捷，具有一定的区位优势，经济发展潜力较大。2019 年，江西省 GDP 为 24757.50 亿元，在全国各省份中排第 16 位，同比增长 8.00%（见图 1），增速较 2018 年有所放缓（见图 2）；江西省人均 GDP 为 5.32 万元，为全国人均 GDP 的 74.99%。江西省经济体量较小，经济增速自 2010 年以来持续放缓。未来，江西省将做强做优做大南昌都市圈，实施强省会战略，增强南昌核心主导功能和辐射带动能级，优化城市布局；强化"两轴"驱动，依托沪昆、京九两大高铁通道和日益完善的高铁网络，以重点城镇和开发区为载体，加

快推进高铁沿线产业集聚、区域合作、城乡融合，强化以"十字形"为主框架的生产力布局；促进赣南等中央苏区高质量发展，巩固、提升振兴发展成果，完善对口支援机制；提升赣东北开放合作水平，充分发挥对接长三角和粤闽浙沿海城市群的前沿作用，打造对接长三角一体化发展先行区，承接东部沿海先进制造业转移基地，发展国际文化旅游和康养休闲胜地；以绿色生态、转型升级为主线，加快推进赣西区域产业整体升级。

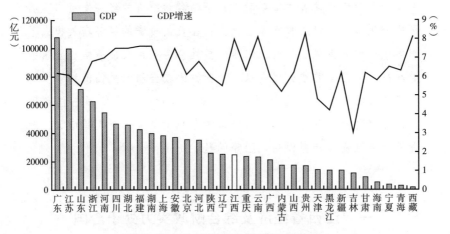

图1　2019年全国各省份GDP及增速

资料来源：全国各省份国民经济和社会发展统计公报，中诚信国际整理计算。

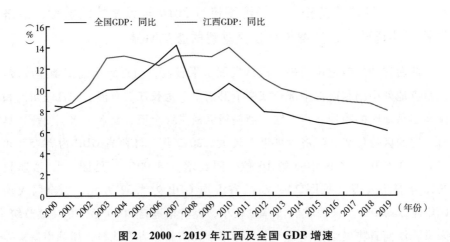

图2　2000~2019年江西及全国GDP增速

资料来源：中华人民共和国国家统计局、江西省国民经济和社会发展统计公报。

江西省以第二、三产业为主，第三产业仍待发展。江西省以第二产业与第三产业为主，2019 年，第一、第二、第三产业之比为 8.3∶44.2∶47.5。从经济发展驱动力看，投资是江西省经济发展的第一动力。2019 年，江西省固定资产投资增长 9.2%，第二产业投资和第三产业投资分别增长 10.7% 和 9.5%，分别占全部投资的 49.7% 和 48.4%；基础设施投资增速有所放缓，基础设施投资同比增长 8.9%，比上年下降 8.8 个百分点，占全部投资的 17.2%；工业投资增长 10.9%，占全部投资的 49.7%，其中，工业技改投资增长 45.6%，占全部投资的 36.3%。消费方面，2019 年，江西省消费品市场增长较快，实现社会消费品零售总额 8421.6 亿元，增速为 11.3%，同比上升 0.3 个百分点，高于全国平均水平 3.3 个百分点。

过去江西省交通不便，这制约了当地经济发展。随着高铁网络的不断完善，未来江西省经济发展潜力较大。江西省虽然靠近长三角和珠三角地区，但江西以东的武夷山脉和往南的九连山、大庾岭等山脉在一定程度上阻碍了江西与经济发达地区的联系。现在，随着高铁网络的不断完善，江西省与其他地区的交流更加便利，未来江西省经济发展潜力较大。

（二）综合财政实力在全国处于中上游水平，对上级补助的依赖性较强

江西省综合财政实力在全国处于中上游水平。作为华中地区的重要省份，江西省综合财政实力在全国处于中上游水平。2019 年，江西省一般公共预算收入为 2486.5 亿元，在全国 31 个省份中排第 15 位；江西省综合财力为 7790.8 亿元，在全国排第 13 位，仍处于中上游水平（见图 3）。

一般公共预算收入增速持续放缓，财政平衡率较低，对中央转移支付的依赖性较大。在实体经济经营压力增大、传统产业去产能及环保节能减排等大背景下，江西省一般公共预算收入增速持续放缓。2019 年，江西省一般公共预算收入为 2486.50 亿元，在全国排第 15 名，同比增长 5.4%，较 2018 年回落 4.7 个百分点，其中，税收收入为 1746.80 亿元，占财政收入的为 70.25%，较上年提高 0.14 个百分点；一般公共预算支出为 6402.6 亿元，同比增长 13.0%。财政平衡方面，江西省财政平衡能力较弱且呈逐年下滑趋势，2019 年，江西省财政平衡率为 38.93%，较 2018 年下降 2.91 个百分点，资金缺口较大，收支平衡依赖上级补助。

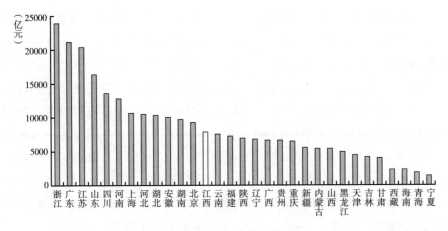

图 3 2019 年全国各省份综合财力情况

资料来源：全国各省份财政决算报告，中诚信国际整理计算。

政府性基金收入近年来持续增长。在房地产市场景气度有所回升的背景下，2017～2019 年，江西省政府性基金收入分别为 2246.9 亿元、2372.3 亿元和 2486.5 亿元，呈持续上升趋势。2020 年，江西省实现政府性基金收入 3101.5 亿元，但受疫情影响，支出压力加大，当期政府性基金支出达到 4003.8 亿元。政府性基金收入未来仍是江西省推动重大项目建设、化解政府隐性债务以及弥补一般公共预算财力的重要支撑。

国有经济体量较小，国有资本运行收入较低。鉴于江西省内国有经济体量有限及面临经营压力，2019 年，江西省国有资本运营收入仅为 14.44 亿元，占综合财政实力的比重极低，国有资本运营收入对综合财政实力的贡献有限。

（三）省内区域经济发展不平衡，财政实力分化现象较严重，财政收支矛盾突出

江西省下辖 11 个地级市，其中南昌市经济发达，其他区域相对落后。在各地级市中，2019 年，南昌市的 GDP 最大，达到 5596.2 亿元，远超排名第二赣州市的 3474.34 亿元；赣州市、九江市、上饶市及宜春市经济实力位于第二梯队，GDP 均大于 2500 亿元；吉安市和抚州市经济实力一般，GDP 为 1500 亿～2100 亿元；其余地级市的 GDP 均低于 1000 亿元，为经济发展较弱地区。从各地级市人均 GDP 来看，超过全国人均 GDP 的只有南昌市、

新余市和鹰潭市，其中，南昌市的人均 GDP 在省内遥遥领先，各地级市经济增速均保持相对平稳，为 7.5% ~ 8.4%。2019 年江西省各地级市 GDP 占比见图 4。

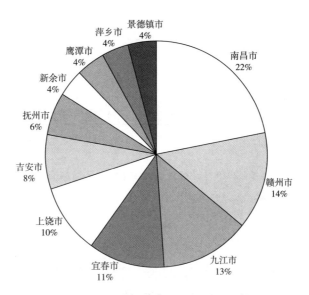

图 4　2019 年江西省各地级市 GDP 占比

资料来源：江西省各地级市国民经济和社会发展统计公报。

各地级市财政实力呈现分化态势，财政平衡率普遍较低。从各地级市财政情况看，南昌市一般公共预算收入最高，为 476.08 亿元，财政平衡率为 57.08%，财政自给能力相对较强；九江市、赣州市、宜春市及上饶市一般公共预算收入均超过 230 亿元，处于第二梯队，财政自给能力一般；吉安市、抚州市与萍乡市一般公共预算收入均超过 100 亿元，其余各地级市一般公共预算收入均低于 100 亿元，财政实力较弱。

从 2019 年一般公共预算支出情况看，赣州市支出最多，达到 1007.4 亿元，新余市和鹰潭市支出最少，分别为 158.2 亿元和 155.1 亿元。从财政收支平衡情况看，南昌市和鹰潭市财政平衡率最高，均在 50% 以上；其次为新余市、九江市、景德镇市，分别为 49.28%、43.55%、42.99%；其余地级市财政平衡率均在 40% 以下，其中，赣州市和抚州市财政平衡率低于 30%，财政收支平衡难度较大（见图 5）。

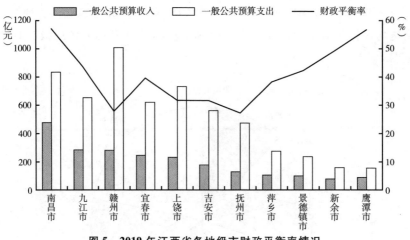

图5　2019年江西省各地级市财政平衡率情况

资料来源：江西省各地级市财政决算报告。

二　显性债务持续增长，隐性债务的规模和考虑隐性债务后的债务风险相关指标均处于全国中游水平

（一）政府性债务总量及增长情况

江西省显性债务规模持续增长且增速不减，债务水平居全国中游。从显性债务口径看，2019年，江西省地方政府债务余额为5351.00亿元，处于全国中游，相比2018年地方债务余额增长571.59亿元，同比增长11.96%，较上年提高0.01个百分点，但债务余额仍保持在地方债务限额内，与2019年初地方债务限额相比，仍有140.20亿元额度。2019年，江西省债务率为67.96%，较2018年增长约5个百分点，居全国中游位置，未超过国际上的100%的警戒线；负债率为21.61%（见图6），与2018年基本持平，保持全国中游位置，江西省显性债务压力相对可控。

从地方债看，江西省地方债存量及新发行规模均处于全国中下游水平，2022年开始进入偿债高峰期（见图7）。从存量情况看，截至2020年底，江西省存量地方债规模为7111.12亿元，居全国第18位，处于中下游位置。

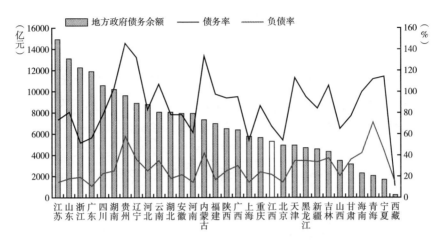

图6 2019年全国各省份地方政府债务余额、债务率及负债率

资料来源：全国各省份财政决算报告，中诚信国际整理计算。

从发行情况看，2020年，江西省共发行地方债36只，规模合计2287.61亿元，居全国第13位，加权平均发行利率为3.35%，居全国第23位，融资成本相对较低，且2018年以来发行利率及利差均呈现回落趋势，融资成本有所下降。从到期情况看，江西省地方债将于2024年达到年度偿债峰值，为1077.57亿元。

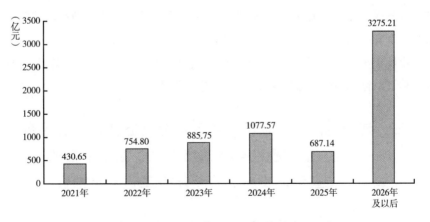

图7 2021年及以后江西省地方债到期分布情况

注：2020年末测算。

资料来源：Choice数据库，中诚信国际整理计算。

（二）江西省隐性债务为显性债务的 2.27 倍，考虑隐性债务的情况下，江西省债务率为 222.25%，负债率为 70.68%

江西省隐性债务规模和考虑隐性债务后的负债率及债务率均处于全国中游水平。根据中诚信国际测算，2019 年，江西省隐性债务规模为 12148.13 亿元，居全国第 14 位。考虑隐性债务后，江西省负债率为 70.68%，居全国中游位置，较 2018 年上升 5.68 个百分点，小幅超过欧盟确定的 60% 警戒线。江西省债务率为 222.25%，在全国居第 12 位，较 2018 年增长 33.25 个百分点，超过国际上的 100% 的警戒线。

（三）江西省内各地级市债务情况分化明显，南昌市债务规模居全省首位，考虑隐性债务后，部分地级市债务规模与负债率大幅扩大和提升，债务风险值得关注

债务规模方面，除鹰潭市未公布地方政府债务数据外，在其余 10 个地级市中，南昌市债务规模最大，债务余额为 842.45 亿元，但负债率处于江西省下游位置；规模居第 2、3、4 位的分别为九江市、赣州市和上饶市，债务余额分别为 651.33 亿元、631.60 亿元和 515.83 亿元，均高于 500 亿元；其余地级市的债务余额均低于 450 亿元。考虑隐性债务后，南昌市、赣州市与上饶市债务规模分别居前 3 位，均超过 2300 亿元，远高于其他地级市；宜春市和九江市分别居第 4、5 位，债务规模均超过 1000 亿元，但小于 1700 亿元。考虑隐性债务后，上饶市与景德镇市的负债率最高，均为 90% 以上（见图 8），超过欧盟的 60% 的警戒线，债务风险值得关注。

三 江西省融资平台债呈现区域分化态势，融资平台债存量规模在全国居第 9 位，融资平台的转型环境良好，目前转型工作稳步推进

（一）江西省融资平台债存量规模在全国居第 9 位，债券种类以中期票据和企业债为主，发行成本居全国中游水平

截至 2020 年底，江西省存量融资平台债共计 407 只，债券余额共计

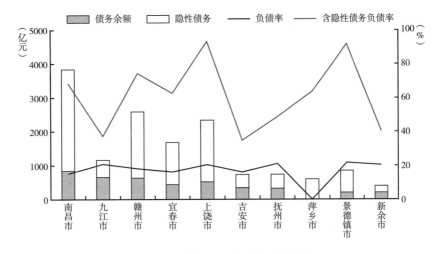

图8　2019 年末江西省各地级市债务情况

资料来源：江西省各地级市财政决算报告、Choice 数据库，中诚信国际整理计算。

3575.32 亿元，存量规模在全国位于上游水平。从债券种类看，以中期票据和企业债为主，数量占比均在 25% 以上，接下来依次为定向工具（15.97%）、私募债（14.25%）。从债券期限看，以 5 年期为主，占比达到 43.00%。从债项信用等级看，AA 级占比最高，为 38.13%；其次为 AAA 级和 AA + 级，占比分别为 30.43% 和 26.09%。从债券资金用途看，主要用于偿还前期债务本息，借新还旧比例达到 53.85%。从收益率和交易利差看，江西省融资平台债加权平均到期收益率、交易利差分别为 4.77%、205.14BP，在全国范围内处于中游水平。

（二）　各地级市融资平台债规模呈现分化态势，2021 年为偿还高峰期

各地级市融资平台债规模呈现分化态势，2021 年为偿还高峰期。从到期分布情况看，省本级、上饶市、赣州市及南昌市融资平台债存量规模居前列，其中，省本级及上饶市融资平台债存量规模最高，分别为 753.90 亿元和 643.16 亿元，二者合计在全省融资平台债存量规模中占比为 39.08%。结合各地级市经济实力情况看，南昌市及上饶市的融资平台债存量规模占各自 GDP 的比重分别达到 7.36% 和 25.59%；其中，上饶市的偿债压力较其他地级市明显偏大。目前，江西省内南昌市、赣州市和上饶市在债券市场的参与程度较高，但经济及财政实力亦较强的九江市和宜春市在债券市场的活

跃度偏低。未来，随着各地级市在江西省的功能定位及发展规划进一步明确，预计各地级市将有一定的融资空间及需求。

从各地级市融资平台债到期情况看，2021～2023年，省本级、赣州市和上饶市的融资平台债到期偿还压力较高，合计占当年省内融资平台债到期规模的比重均超过50%。2021年，省本级、赣州市和上饶市的到期债务规模较高，分别达301.90亿元、133.50亿元和121.88亿元，偿债压力较大。2021～2023年，省本级、赣州市和上饶市的融资平台债到期规模分别占当年省内融资平台债到期规模的比重达66.36%、53.11%和59.07%。赣州市和上饶市的融资平台债偿债压力明显大于经济及财政实力相近的九江市和宜春市。此外，九江市及宜春市融资平台债到期时间分布较不均衡，出现个别年份集中到期现象，2024年，两市融资平台债到期规模分别达到73.50亿元和60.00亿元，分别占该市总存量规模的36.42%和26.26%（见表1）。

表1　2021年及以后江西省本级及各地级市债券到期分布情况

单位：亿元

地区	2021年	2022年	2023年	2024年	2025年	2026年	2027年	2028年以后	合计
省本级	301.90	85.00	154.00	78.00	75.00	0.00	30.00	30.00	753.90
南昌市	91.50	34.79	42.62	88.60	88.00	11.43	3.00	51.70	411.64
九江市	19.80	17.10	23.00	73.50	51.40	0.00	17.00	0.00	201.80
赣州市	133.50	39.90	73.30	50.00	74.30	40.40	25.10	0.00	436.50
宜春市	31.20	24.00	33.40	60.00	28.00	13.50	38.40	0.00	228.50
上饶市	121.88	71.00	113.88	65.10	127.00	29.00	65.30	50.00	643.16
吉安市	46.60	44.00	37.40	2.40	19.40	15.00	25.00	0.00	189.80
抚州市	18.00	5.00	31.00	62.94	39.50	11.00	10.00	0.00	177.44
萍乡市	8.00	8.30	8.54	53.74	29.00	9.80	21.00	0.00	138.38
景德镇市	29.80	16.40	27.00	26.00	49.00	10.00	0.00	10.00	168.20
新余市	10.00	4.80	15.70	10.00	25.00	13.90	0.00	0.00	79.40
鹰潭市	27.60	18.60	17.70	39.00	27.00	16.70	0.00	0.00	146.60
合计	839.78	368.89	577.54	609.28	632.60	170.73	234.80	141.70	3575.32

注：2020年末测算。

资料来源：Choice数据库，中诚信国际整理计算。

（三）江西省融资平台财务状况分析

近年来，融资平台资产规模持续增长，但发行数量及规模均处于较低水

平。江西省 2019 年融资平台债仍在存续期内的企业共计 83 家，其中，南昌
市及赣州市的发行数量较高，分别为 15 家和 13 家。从融资平台样本情况
看，江西省融资平台总资产规模大幅扩大，2019 年末，总资产合计
33187.18 亿元，2017～2019 年复合增长率中位数为 15.11%。其中，省本级
和景德镇市的融资平台总资产规模较大，中位数分别为 717.30 亿元和
430.02 亿元。从净资产看，2019 年末，样本企业的净资产中位数为 98.09
亿元。省本级和景德镇市的融资平台净资产规模较大，中位数分别为
290.54 亿元和 196.60 亿元，赣州市和九江市的融资平台净资产规模较小，
中位数分别为 62.05 亿元和 71.43 亿元（见图 9）。全部融资平台 2017～
2019 年净资产复合增长率中位数为 9.39%。

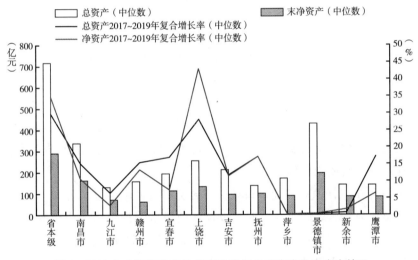

图 9　2019 年末江西省各地级市融资平台总资产及净资产情况

资料来源：Choice 数据库，中诚信国际整理计算。

自身盈利能力偏弱，利润对政府的资金支持依赖程度较高。2019 年，
江西省融资平台利润总额合计为 368.15 亿元，均值为 4.78 亿元。省本级和
上饶市融资平台利润中位数较大，2019 年分别为 16.06 亿元和 3.70 亿元，
而其他地级市的融资平台利润总额规模大多在 3 亿元以下（见图 10）。从利
润总额结构看，营业外收入与其他收益的比值普遍较高，利润对政府的资金
支持依赖程度较高。

资产流动性方面，2019 年末，江西省融资平台流动比率中位数为 4.23，

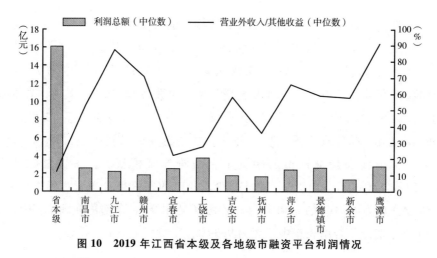

图10　2019年江西省本级及各地级市融资平台利润情况

资料来源：Choice数据库，中诚信国际整理计算。

速动比率中位数为1.61，流动比率与速动比率差异显著主要因为融资平台资产以难以变现的土地为主。各地级市中，流动比率中位数较高的为萍乡市和抚州市，分别为9.71与6.63。各地级市中，速动比率中位数较高的为鹰潭市和萍乡市，分别为2.79与2.75。考虑到融资平台流动资产，除存货以外，其他应收款及应收账款占比较大，企业的实际资产流动性偏弱。负债处于合理水平，偿债能力偏弱。

2019年末，江西省各地级市融资平台资产负债率中位数为50.25%，总负债中位数为98.82亿元。从省本级及各地级市资产负债率中位数情况看，省本级、南昌市、赣州市、上饶市、萍乡市和景德镇市的融资平台资产负债率中位数较高，均超过50%（见图11）。

2020年，江西省融资平台未发生违规处罚事件，江西省未发生融资平台信用事件。

（四）融资平台转型情况分析

全省转型环境良好，融资平台稳步发展。为防范地方债务风险、推进地方投融资体制改革，江西省近年来加大融资平台转型力度，江西省融资平台面临转型机遇与挑战。江西省整体融资平台转型环境良好，2019年以来加大了对省属融资平台的整合与重组力度，对功能相似的融资平台进行兼并与划转，较大限度地表明江西省政府对省属融资平台进行转型的决心。

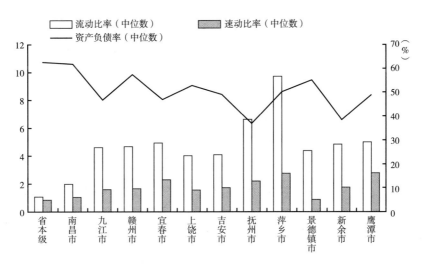

图 11 2019 年末江西省本级及各地级市融资平台负债情况

资料来源：Choice 数据库，中诚信国际整理计算。

结　语

江西省整体经济及财政实力在全国处于中上游水平，投资为经济发展的重要动力；下辖各地级市的经济发展情况出现明显分化趋势，财政收支矛盾突出，在负债投资的经济增长模式下积累了一定的债务。江西省显性债务规模及债务率居全国中游水平，但仍需重点关注以下问题。

第一，区域内第三产业占比与全国同期水平相比偏低，消费对经济增长的贡献率仍有待提升。江西虽然靠近长三角和珠三角地区，但交通不便等因素制约了当地经济的发展，目前，第三产业占比及消费对经济增长的贡献都有一定提升空间。随着交通网络不断完善，江西省与其他区域的经济文化交流有望加强，这对提高当地经济市场化程度、加强配套基础设施建设、优化营商环境、增强经济活力具有重要促进作用。

第二，各地级市融资平台债面临偿还压力。融资平台本身具有一定的公益属性且承担了部分民生项目的建设工作，自身盈利能力较弱，因此对政府支持的依赖程度较高。2021～2023 年，省本级、赣州市和上饶市的融资平台债到期偿还压力较大，赣州市和上饶市的融资平台债偿债压力明显大于经济及财政实力相近的九江市和宜春市，需关注流动性风险。

第三，考虑隐性债务后，部分地级市债务规模与负债率大幅增加，融资平台再融资及转型面临风险。2019年，江西省的债务率和负债率分别为67.96%和21.61%，保持全国中游位置，江西省显性债务压力相比其他省份可控。考虑隐性债务后，南昌市、赣州市与上饶市债务规模分别居前3位，均超过2300亿元，远高于其他地级市。上饶市与景德镇市考虑隐性债务后的负债率最高，均在90%以上，超过欧盟的60%的警戒线，债务风险值得关注。在江西省地方融资平台目前的偿债来源中，滚动发行及借新还旧等方式占比仍较高，2021年是融资平台债的到期偿还高峰期，融资平台面临较大的再融资压力。此外，由于部分区域内存在融资平台互相增信等情况，但融资平台的偿债能力又有所分化，因此或将存在交叉违约风险。与此同时，江西省近年来加大融资平台转型力度，江西省融资平台在面临转型机遇的同时也面临挑战：在投入资金、资产，提高融资平台市场化程度，增强造血功能的过渡期，融资平台的存量债务化解工作将面临更大压力，因此需关注融资平台在转型过程中或将加速暴露的债务风险。

山东地方政府与融资平台债务分析报告

邵新惠　赵　敏[*]

要　点

● 山东省经济发展与财政实力：山东省经济发展水平较高，近年来增速有所放缓；财政实力总体较强，处于全国上游。省内16个地级市之间经济发展较不平衡，财政实力分化情况较明显，部分地级市落后情况较为明显。

● 山东省地方政府债务情况：山东省显性债务规模较大，在全国排名靠前，但债务率水平尚可。截至2019年末，山东省显性债务余额为13127.5亿元，显性债务率80.16%。考虑隐性债务后，全省债务率突破100%。从各地级市情况看，各地级市显性债务规模与其经济发展水平相适应，债务率受限于各地综合财力，聊城市债务率超过100%；考虑隐性债务后，各地级市整体债务率大幅提升，除枣庄市、菏泽市和日照市外，山东省其他地级市债务率均突破100%，其中，最高的为青岛市，达到234.17%，其后依次为潍坊市、威海市和济南市，需关注这些地级市的债务风险。

● 山东省融资平台情况：山东省存量融资平台债以中长期、私募债为主，发行人信用等级以AA级为主。从各地级市情况看，发行人主要集中在省本级融资平台和东部、中部经济相对发达地区，欠发达的西部地区融资平台债存量规模很小。2021～2025年为融资平台债集中偿还期，每年到期及回售规模均在1000亿元以上。

---

* 邵新惠，中诚信国际政府公共评级二部高级副总监；赵敏，中诚信国际政府公共评级二部助理总监。

省内融资平台近年来资产规模快速扩大，盈利能力整体有所增强，但对政府的依赖性较强。

● 总体来看，山东省经济及财政实力较强，显性债务规模较大。省内融资平台债务分布与各地级市区域经济发展程度保持一致，东部、中部地区规模较大，西部地区规模较小；考虑隐性债务后，除枣庄市、菏泽市和日照市外，山东省其他地级市债务率均突破国际上的100%的警戒线，债务负担较重，需关注相关债务风险。

一 山东省经济总量全国居于前列，但近年来增速呈下降趋势

（一）经济总量排名靠前，但近年来增速有所放缓，固定资产投资首次出现下降

山东省经济发展水平较高，但近年来增长速度不断下降。作为沿黄河经济带与环渤海经济区的交汇点、华北地区和华东地区的结合部，近年来山东省经济实现较快发展。2019年，山东省GDP为71067.5亿元，同比增长5.5%（见图1），在全国31个省份中排第3位，仅次于广东省和江苏省；山东省人均GDP为70653元，在全国31个省份中处于中上游水平。近年来，在我国经济增长由高速转为中高速的背景下，山东省经济增速放缓，2017～2019年，山东省GDP增速分别为7.4%、6.4%和5.5%，其中，2019年，山东省GDP增速低于全国GDP增速0.6个百分点（见图2）。

产业结构有所优化。2019年，山东省第一、第二、第三产业之比由上年的7.4∶41.3∶51.3调整为7.2∶39.8∶53.0，产业结构有所优化，与全国第一、第二、第三产业结构之比（7.0∶39.0∶54.0）趋同，其中第一产业占比与全国同期水平基本持平，第二产业占比高于全国同期水平0.8个百分点，第三产业占比低于全国同期水平1个百分点。产业结构向第三产业倾斜，产业发展以新一代信息技术制造业、高端装备以及现代服务业为主。

省内需求旺盛，进出口规模稳步增长，但固定资产投资增速降至负值。2019年，山东省社会消费品零售总额为35770.6亿元，占全国社会

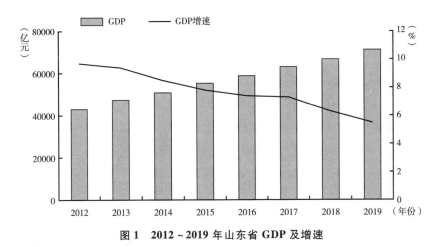

图1　2012～2019年山东省GDP及增速

资料来源：山东省国民经济和社会发展统计公报。

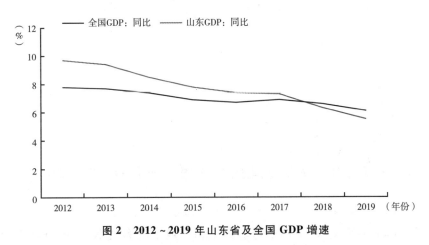

图2　2012～2019年山东省及全国GDP增速

资料来源：中华人民共和国国家统计局、山东省国民经济和社会发展统计公报，中诚信国际整理计算。

消费品零售总额的比重为8.69%，消费增速为6.4%，低于全国消费增速1.6个百分点。受益于减税降费政策及共建"一带一路"国家进出口贸易规模增长，2019年，山东省货物进出口总额为20420.9亿元，比上年增长5.8%。近年来，山东省固定资产投资增速逐年下降，2019年，山东省固定资产投资（不含农户）增速由正转负，跌至－8.4%（见图3），固定资产投资规模在近十年来首次出现下降。第一、第二、第三产业投资之比为1.7∶30.1∶68.2，服务业投资比重比上年提高9.4个百分点。

重点领域中，高新技术产业投资占工业投资的比重为38.7%，比上年提高4.9个百分点；基础设施投资同比增长3.9%。

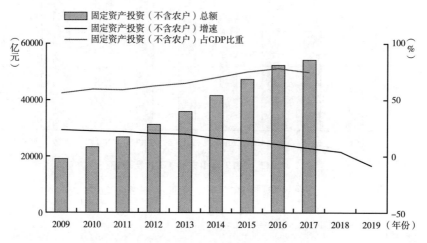

图3 2009～2019年山东省固定资产投资规模

注：2018年和2019年山东省固定资产投资（不含农户）总额未披露，故相关数据未在图中列示。

资料来源：中华人民共和国国家统计局、山东省国民经济和社会发展统计公报，中诚信国际整理计算。

（二）财政实力处于全国上游，收支平衡依赖上级补助

地方综合财政实力很强。2019年，山东省地方综合财力为16367.46亿元，居全国第4位（见图4）。其中，一般公共预算收入为6526.71亿元，占地方综合财力的比重为39.88%，在全国处于第5位，仅次于广东省、江苏省、上海市和浙江省。2017年以来，山东省公共预算收入中税收收入的占比均保持在72%以上。2019年，山东省税收收入为4849.22亿元，占公共预算收入的比重为74.30%，税收收入主要系增值税、所得税及契税收入。2019年，山东省一般公共预算支出为10739.76亿元，财政平衡率为60.77%。近年来，财政平衡率有所波动，但均高于60%。山东省在科学技术、社会保障和就业等方面投入力度的加大使支出增加远超过收入增加，2019年，财政平衡率较2018年有所下降（见图5）。2019年，山东省资金缺口为4213.05亿元，其中，获得中央税收返还及转移支付共

计 2953.93 亿元，剩余资金缺口主要通过调入资金和动用预算稳定调节基金等方式弥补。2019 年全国各省份一般公共预算收支及财政平衡率情况见图 6。

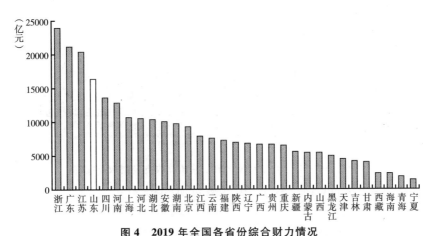

图 4　2019 年全国各省份综合财力情况

资料来源：全国各省份财政决算报告，中诚信国际整理计算。

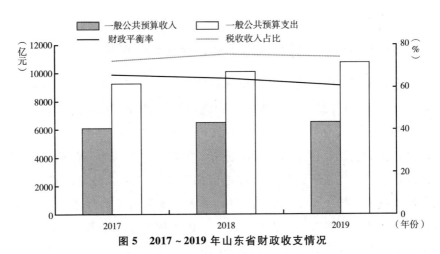

图 5　2017～2019 年山东省财政收支情况

资料来源：山东省财政决算报告。

政府性基金收入逐年增长，国有资本运行收入规模不大。2019 年，在土地价格有所攀升以及保障住房投入不减的背景下，山东省实现政府性基金收入 6742.71 亿元，占地方综合财力的比重为 41.20%，收入比 2018 年同口径增长 12.37%。其中，国有土地使用权出让收入为 6086.38 亿元，

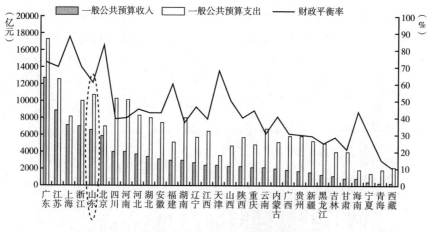

图 6　2019 年全国各省份一般公共预算收支及财政平衡率

资料来源：全国各省份财政决算报告，中诚信国际整理计算。

较 2018 年增长 16.78%。2019 年，山东省国有资本运营收入为 79.65 亿元，较 2018 年增长 38.91%，主要来自投资服务企业、煤炭企业和运输企业等利润收入。

（三）省内区域经济发展不平衡，西部地区相对落后

山东省东部和中部地区经济相对较发达，西部地区经济相对落后。山东省下辖 16 个地级市，本报告按照地理位置将其分为东部地区、中部地区和西部地区。其中东部地区包括青岛市、烟台市、威海市和日照市；中部地区包括山东省省会济南市、潍坊市、淄博市、东营市和滨州市；剩余为西部地区。整体来看，位于西部地区的 7 个地级市经济发展相对落后。在各地级市中，2019 年，青岛市 GDP 最大，排名前 5 的地级市还包括济南市、烟台市、潍坊市和临沂市，均位于山东省东部和中部。2019 年，上述 5 个地级市的合计 GDP 占全山东省 GDP 的 55.06%；其中，青岛市 GDP 占山东省 GDP 的 16.52%，是省会济南市 GDP 的 1.24 倍。从经济增速来看，2019 年，山东省 GDP 同比增速为 5.5%，西部地区大部分地级市 GDP 增速低于东部地区和中部地区，其中，经济增速表现突出的三个地级市分别为泰安市、菏泽市和德州市，GDP 同比增速分别为 6.3%、6.3% 和 6.1%（见图 7）。

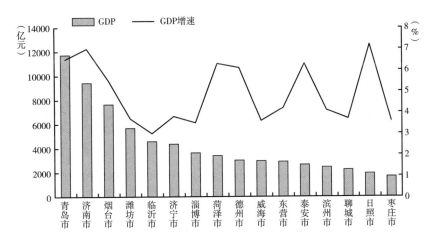

图7 2019年山东省各地级市GDP及增速

资料来源：山东省各地市国民经济和社会发展统计公报。

各地级市财政实力分化情况较明显，西部地区普遍偏弱。从一般公共预算收入看，各地级市一般公共预算收入情况与GDP水平保持一致。其中，青岛市一般公共预算收入体量最大，达到1241.74亿元，超出排名第二位的济南市367.55亿元。从财政收支平衡情况看，东部和中部地区财政平衡率较高，主要城市均在70%以上；西部地区财政平衡率整体偏低，临沂市、聊城市、菏泽市和德州市的财政平衡率低于50%（见图8），财政自给能力有待提升。

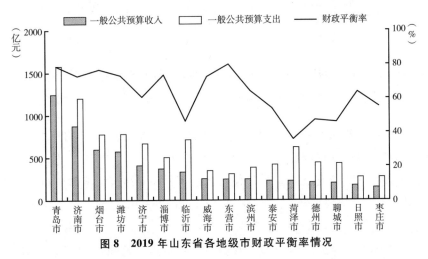

图8 2019年山东省各地级市财政平衡率情况

资料来源：山东省各地市财政决算报告。

二 山东省地方政府债务规模很大，考虑
隐性债务下的债务负担较重

（一）山东省显性债务规模较大，在全国排名靠前，但债务率水平尚可

山东省显性债务规模高居全国第 2，但显性债务率水平尚可。截至 2019 年末，山东省政府显性债务余额为 13127.5 亿元，仅次于江苏省，居全国第 2 位，较 2018 年末增加 1690.8 亿元，同比增长 14.78%（见图 9），较上年提升 2.62 个百分点。但从债务率看，2019 年，山东省政府显性债务率为 80.16%，较 2018 年提高 6.26 个百分点，在全国排名靠后，低于国际上的 100% 的警戒线。

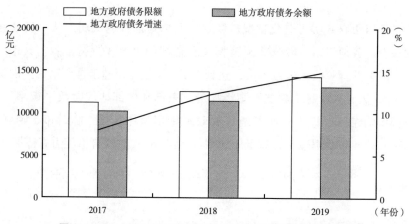

图 9 2017～2019 年山东省显性地方政府债务余额及限额

资料来源：山东省财政决算报告。

山东省各级地方政府显性债务规模与其经济发展水平相适应。截至 2019 年末，山东省政府显性债务余额为 13127.5 亿元，其中，省本级显性债务规模为 1121.5 亿元；债务规模排名前 3 的是青岛市、济南市和潍坊市，债务规模分别为 1581.66 元、1288.86 亿元和 1263.95 亿元。从债务率来看，济南市和青岛市两个城市虽然债务规模较大，但由于综合财力较强，债务率尚未超过 60%。而虽然滨州市、泰安市、临沂市、德州市和聊城市债务规模不大，但受限于综合财力，其债务率均超过 90%，特别是聊城市已超过

100%，存在一定的债务风险（见图10）。上述5个地级市系山东省经济发展水平相对落后的地级市，处于经济起飞阶段及高速发展阶段，经济增速较快且基础设施投入需求较大，债务水平呈扩张态势，符合国内国际经济发展规律。总体来看，山东各地级市显性债务规模与其经济发展水平相适应。

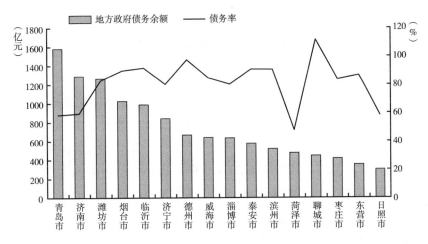

图10　2019年山东省各地级市地方政府债务余额及债务率

资料来源：山东省各地级市财政决算报告，中诚信国际整理计算。

山东省地方债存量及新发行规模均处于全国前列，且在2021年、2023年及2024年进入偿债高峰期（见图11）。从存量情况看，截至2020年底，

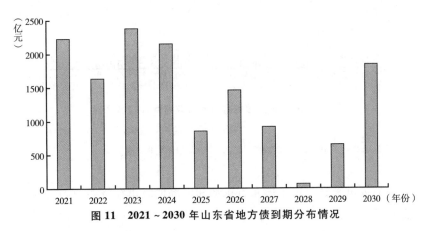

图11　2021~2030年山东省地方债到期分布情况

注：2020年末测算。

资料来源：山东省财政决算报告，中诚信国际整理计算。

山东省存量地方债规模为 16539.75 亿元，居全国第 2 位。从发行情况看，2020 年，山东省共发行地方债 116 只，规模合计 4500.2 亿元，居全国首位，加权平均发行利率为 3.43%，居全国第 14 位，融资成本相对适中。从到期情况看，2021 年、2023 年及 2024 年，山东省将进入地方债偿债高峰期，年到期规模均超 2000 亿元。

（二）隐性债务规模居全国上游水平，考虑隐性债务后，债务率远超警戒线

考虑隐性债务后的山东省债务率远超 100%，整体风险把控能力有待提升。根据隐性债务计算口径，截至 2019 年末，山东省隐性债务为 24283.3 亿元，居全国第 3 位，仅次于江苏省、浙江省（见图 12）。考虑隐性债务后，山东省负债率为 52.64%，居全国第 20 位，尚未超过欧盟的 60% 的警戒线；山东省债务率为 228.44%，居全国第 11 位，大幅超过国际上的 100% 的警戒线。

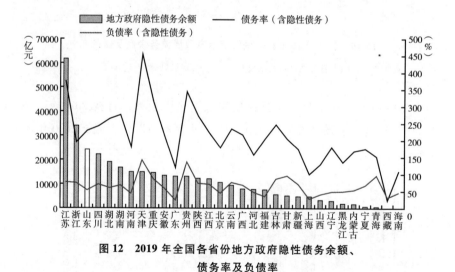

**图 12 2019 年全国各省份地方政府隐性债务余额、
债务率及负债率**

资料来源：全国各省份财政决算报告，中诚信国际整理计算。

从各地级市来看，由于山东省东部和中部地级市经济实力和财政实力较强，融资平台发债相对活跃，这些地级市隐性债务规模较大，拉高了山东省整体债务水平，隐性债务规模较大的地级市主要为青岛市、济南市、潍坊市和济宁市等，前三者隐性债务规模超过 1000 亿元。考虑隐性债务后，除枣

庄市、菏泽市和日照市外，山东省其他地级市的债务率均突破100%，其中最高的为青岛市，为234.17%，其后依次为潍坊市、威海市和济南市，债务负担较重，相关债务风险需关注（见表1）。

表1 山东省各地级市2019年末债务情况

单位：亿元，%

地级市	显性债务余额	债务率	负债率	隐性债务余额	债务率（含隐性债务）	负债率（含隐性债务）
聊城市	444.94	111.65	19.69	90.38	134.32	23.69
德州市	665.50	97.51	22.02	267.58	136.72	30.87
临沂市	987.16	91.81	21.46	391.28	128.20	29.96
泰安市	574.70	90.78	21.58	343.96	145.11	34.49
滨州市	517.52	90.61	21.06	186.35	123.24	28.65
烟台市	1025.42	89.83	13.40	118.49	100.21	14.95
东营市	351.37	86.68	12.05	161.30	126.47	17.58
威海市	640.06	84.76	21.60	745.96	183.55	46.77
枣庄市	415.42	83.57	24.52	79.85	99.63	29.24
潍坊市	1263.95	82.82	22.22	1865.32	205.05	55.01
济宁市	841.38	80.27	19.25	915.89	167.64	40.21
淄博市	633.73	80.24	17.40	512.53	145.13	31.47
济南市	1288.86	59.55	13.65	2624.02	180.78	41.44
青岛市	1581.66	58.55	13.47	4743.71	234.17	53.87
菏泽市	474.55	47.79	13.92	143.21	18.12	62.21
日照市	299.55	53.73	15.37	116.74	74.67	21.35

资料来源：山东省各地市财政决算报告。

三 山东省融资平台债呈现区域分化态势，未来几年偿债压力较大

（一）山东省融资平台债存量规模在全国排名靠前，期限以中长期为主

截至2020年末，山东省存量融资平台债共计686只，发行人为130家，债余额合计6293.07亿元，在全国各省份中排名靠前。从发行人信用等级看，发行人信用等级以AA级为主，占发行人总数的50.77%，其次为AA+级，占比为30.00%（见图13）。从存续债信用等级来看，山东省存续债以AA+级为主，债券规模占总额的比重为40.23%；其次为AA级，债券规模占总额的比

重为31.24%。从期限结构看，山东省融资平台债以中长期为主，其中，5年期规模最大，债券规模占总额的比重为47.52%，其次为3年期和7年期。从发行品种看，私募债为山东省融资平台发债的主要券种，私募债的发行规模占比达到31.49%；其次为一般中期票据，占比为23.91%（见图14）。

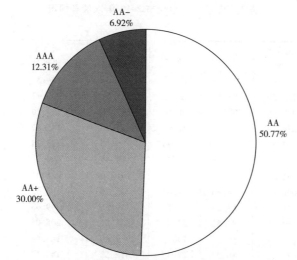

图13　2020年末山东省融资平台债发行人信用等级分布

资料来源：Choice数据库，中诚信国际整理计算。

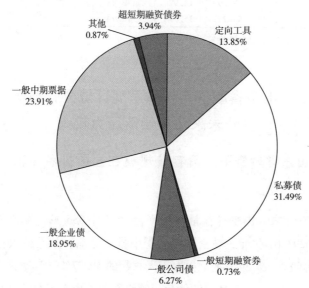

图14　2020年末山东省融资平台存续债品种分布

资料来源：Choice数据库，中诚信国际整理计算。

（二）山东省各地级市融资平台债规模呈现分化态势，偿债集中期在 2021～2025 年

从各地级市融资平台债存量分布情况看，发行人主要集中在省本级融资平台和东部、中部经济相对发达地区，欠发达的西部地区融资平台债存量规模很小。其中，青岛市融资平台债存量规模居于首位，达到 1615.51 亿元，在全省融资平台债存量规模中的占比达到 25.67%；其后依次为省本级、济南市和潍坊市等，融资平台债规模分别为 1092.00 亿元、849.80 亿元和 793.74亿元。

2021～2025 年为融资平台债集中偿还期，每年到期及回售规模均在 1000 亿元以上。山东省融资平台债的偿还期集中在 2021～2025 年，到期及回售债务金额分别为 1570.97 亿元、1544.83 亿元、2364.89 亿元、1178.51 亿元和 1589.35 亿元，2021～2025 年山东省融资平台将面临一定的偿债压力（见图 15）。

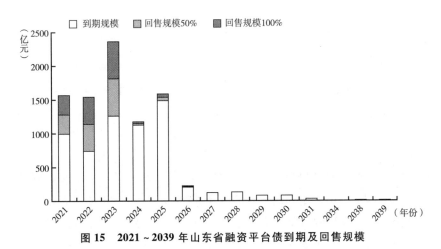

图 15　2021～2039 年山东省融资平台债到期及回售规模

注：2020 年末测算。

资料来源：Choice 数据库，中诚信国际整理计算。

（三）山东省融资平台财务状况分析

近年来，融资平台资产规模快速扩大。目前，山东省仍有存续债的融资平台共计 130 家。2019 年末，统计口径范围内的企业总资产合计 50676.66 亿

元，同比增长 22.35%；净资产合计 21408.36 亿元，平均资产负债率为 57.75%。从所属地方来看，青岛市、省本级、济南市和潍坊市的融资平台总资产和净资产规模居于前列，其中，青岛市融资平台总资产规模以 10448.52 亿元居全省第 1 位（见图16）。山东全部融资平台中，山东高速集团有限公司的资产规模最大，2019年末，总资产达到 7217.50 亿元，净资产达到 2097.52 亿元。2017～2019年山东省统计口径范围内企业总资产年复合增长率为 18.50%，其中，东部和中部地区融资平台资产规模增长较快。

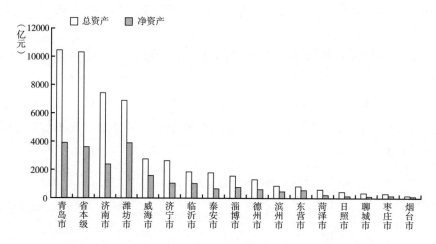

图16　2019年末山东省本级及各地级市融资平台总资产和净资产

资料来源：Choice 数据库，中诚信国际整理计算。

盈利能力整体有所增强，但对政府的依赖性较强。2017～2019年，山东省统计口径范围内的融资平台营业总收入分别为 3027.24 亿元、3704.36 亿元和 4033.22 亿元，净利润分别为 326.49 亿元、353.48 亿元和 399.77 亿元（见图17），盈利能力整体有所上升。从利润结构看，其他收益和营业外收入占利润总额的比重普遍较高。整体上，融资平台利润对政府存在较强的依赖性，尚未形成可持续的、有成效的市场化盈利能力。

结　语

总体来看，山东省经济及财政实力较强，东部、中部、西部地区经济发展不平衡，社会保障和就业等刚性支出较大。近十年来，基础设施建设的持

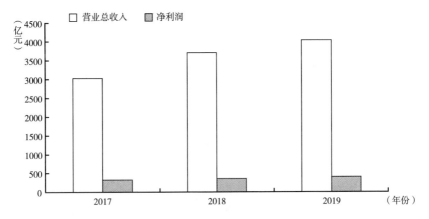

图 17 2017～2019 年山东省融资平台营业总收入和净利润

资料来源：Choice 数据库，中诚信国际整理计算。

续投入使山东积累了较大规模的债务；同时，各级地方政府融资平台发展情况与其经济发展情况保持一致，呈现区域分化态势，青岛市和省本级融资平台无论是资产规模还是债务规模，在山东省融资平台中都占有重要位置。整体来看，山东省债务规模偏大，在经济新常态、金融强监管的背景下，债务风险化解压力持续增加，需重点关注以下风险。

第一，隐性债务进一步拉升债务率水平。在政府显性债务不断增长的同时，山东省东部和中部地级市融资平台发债相对活跃，这些地级市的隐性债务规模较大，拉高了山东省整体债务率水平。随着国家对于政府履约责任进一步强化，该部分隐性债务是未来地方债务需关注的重要风险点。

第二，2021～2025 年，融资平台债面临集中偿还压力。在现阶段的山东省投融资环境下，地方融资平台仍是地方基础设施建设与经济发展的重要力量，对政府支持的依赖性较强，企业信用水平与地方财政实力密切相关，2021～2025 年，每年到期及回售的融资平台债金额均在 1000 亿元以上。省本级和经济相对发达地级市的融资平台债规模较大，存量债滚动发行及借新还旧的压力较大，加之当前金融强监管持续加码，地方融资平台再融资的成本及难度均明显增加与加大。经济欠发达地级市虽然融资平台现有债务规模有限，但是因其经济发展有限，个别地级市融资平台再融资能力较弱，市场化转型难度较大。因此需关注债务偿还高峰期内各地级市的融资平台债集中偿还压力，以及由此可能引发的流动性风险。

河南地方政府与融资平台债务分析研究

张逸菲　杨龙翔[*]

要　点

● 河南省经济发展与财政实力分析：河南省经济总量处于全国上游水平，近年来，增速有所放缓。从三次产业结构看，2019 年，河南省第一、第二、第三产业之比为 8.5∶43.5∶48.0，第二、第三产业发展并重。从经济发展驱动力看，投资是河南省经济发展第一动力。财政实力方面，河南省综合财政实力较强，排名居全国中上游，但其对上级补助的依赖性较强。河南省下辖 17 个地级市，经济发展水平、财政实力不均，地区经济正副中心郑州和洛阳两市的经济总量领先，其他地级市的经济体量梯队差异不明显。此外，河南省资源型城市数量较多，各地级市发展不均衡，呈现以郑州为中心、向周围梯度递减的圈层格局，多数地级市财政平衡能力较差。

● 河南省地方政府债务情况：近年来，河南省存量债务规模持续扩大，地方政府债务增速亦逐年上升。2019 年末，河南省政府债务余额为 7909.00 亿元，规模排全国第 13 位，从显性债务口径看，债务率和负债率分别为 61.87% 和 14.58%，显性债务压力相对较小。考虑估算的隐性债务情况，债务率和负债率分别为179.90% 和 42.39%，债务率超过国际警戒标准。

● 河南省融资平台债情况：河南省融资平台债存量规模居于全国中上游水平，信用等级以高信用等级为主，融资平台债种类以定

---

* 张逸菲，中诚信国际政府公共评级一部高级分析师；杨龙翔，中诚信国际政府公共评级一部分析师。

向工具、私募债及一般中期票据为主,期限集中在 3 ~ 5 年(含 5 年),交易利差居全国中游偏下水平。此外,省内融资平台企业近年来资产规模持续增长,负债水平持续升高,融资平台企业整体盈利能力及偿债能力偏弱。

● 总体来看,河南省为人口大省,整体经济及财政实力在全国处于上游水平,以第二、三产业为主,对投资的依赖性强;地区经济正副中心郑州和洛阳两市的经济总量领先,其余地级市的经济体量梯队差异不明显。虽然近年来河南省债务规模持续扩大,但在显性债务口径下,债务水平仍处于可控范围之内。同时,河南省人均GDP 偏低,金融资源较为匮乏且资源型城市较多,未来需关注区域产业转型升级和区域经济市场化程度较低、各地级市融资平台债面临的偿还压力以及融资平台再融资及进行转型面临的风险。

一 河南省经济体量大但增速有所放缓, 综合财政实力较强

(一) 经济体量大但增速有所放缓,为人口大省且人均 GDP 偏低;以第二、第三产业为主,对投资的依赖性强

2019 年,河南省实现地区生产总值(GDP)5.43 万亿元,在全国各省份中排名第 5,同比增长 7.00%(见图 1、图 2),增速较 2018 年有所放缓;人均 GDP 为 5.64 万元,仅是全国人均 GDP 的 79.54%,人均 GDP 较低。同期,河南省第一、第二、第三产业之比为 8.5:43.5:48.0,第二、第三产业发展并重。从经济发展驱动力看,投资是河南省经济发展第一动力,2019年,河南省固定资产投资(不含农户)为 5.12 万亿元(见图 3),占 GDP 的比重达 94.44%,同比增速为 8.0%,较 2018 年下降 0.1 个百分点;其中,基础设施投资同比增长 16.1%,民间投资增长 6.7%,工业投资增长 9.7%。常住人口方面,河南省人口数量仅次于广东省和山东省,2019 年末,全省常住人口为 9640 万人,比上年末增加 35 万人;其中,城镇人口为 5129 万人,常住人口城镇化率 53.21%,比上年末提高 1.50 个百分点。

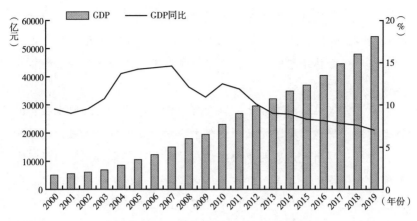

图1 2000～2019年河南省GDP及增速

资料来源：河南省国民经济和社会发展统计公报。

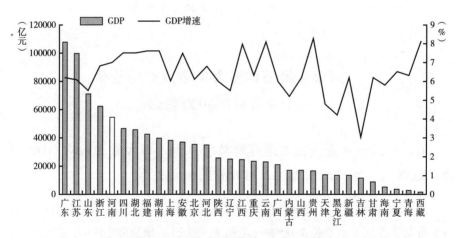

图2 2019年全国各省份GDP及增速

资料来源：全国各省份国民经济和社会发展统计公报，中诚信国际整理计算。

"十四五"期间，河南省将以保持合理、稳定的投资方向为目标，持续优化投资结构，创新投融资体制机制，发挥投资对优化供给结构和促进经济增长的关键作用。同时，河南省将加大基础设施、市政工程、农业农村、公共安全、生态环保、公共卫生、物资储备、防灾减灾、民生保障等领域的投资力度，推动企业设备更新和技术改造，增加战略性新兴产业投资；加快新型基础设施、新型城镇化、交通能源水利、新一代信息网络等重大工程建设，支持有利于城乡区域协调发展的重大建设项目。

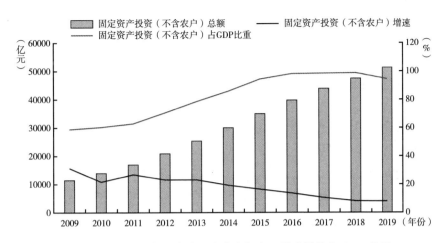

图 3 2009～2019 年河南省固定资产投资、增速及其占 GDP 比重

资料来源：河南省国民经济和社会发展统计公报。

产业资源方面，河南省正着力推动产业转型升级，将制造业高质量发展作为主攻方向，深化供给侧结构性改革，强化创新引领，提升产业基础能力和产业链现代化水平。河南省在保持经济平稳增长的基础上，以"推进制造业高质量发展"为目标，重点发展以下方面。①培育壮大新兴产业。加快实施十大新兴产业发展行动，在人工智能、新能源及网联汽车等领域实施一批重大项目，大力发展数字经济，加快建设鲲鹏生态创新中心和黄河牌鲲鹏服务器基地，支持鲲鹏软件小镇建设，吸引、集聚一批"旗舰型"骨干企业。②做强做优主导产业。持续巩固和提升装备、食品、新型材料、汽车、电子信息等五大制造业主导产业优势地位，稳定产业链基础，提升产业链水平。③改造提升传统产业。深入推进钢铁、铝工业、水泥、煤化工、煤电等传统产业减量、延长链条、提质发展。加快建筑业转型，大力发展绿色建筑和装配式建筑，并持续推进以智能制造为引领的"三大改造"，开展制造业数字化转型行动，示范推广智能工厂、智能车间，培育一批有影响力的工业行业互联网平台。④加快生产性服务业发展。建设生产性服务业公共服务平台，推动信息服务、研发设计、现代物流等生产性服务业向专业化和价值链高端延伸。⑤增强科技支撑能力。围绕产业链部署创新链，统筹科技创新和产业优化升级。完善体制机制，让市场引领"国字号"和省级重大创新平台与产业转型升级融合发展。

（二）河南省综合财政实力较强，对上级补助的依赖性较强，财政平衡能力较弱

2019 年，河南省一般公共预算收入为 4041.90 亿元，在全国处于第 8 名，同比增长 7.3%，较 2018 年的增速有所放缓，其中，税收收入为 2841.34 亿元，占比为 70.3%，与上年基本持平；一般公共预算支出为 10163.90 亿元，同比增长 10.26%（见图 4）。财政平衡方面，河南省财政平衡能力较弱且逐年下滑，2019 年，河南省财政平衡率为 39.77%，较 2018 年平衡率下降 1.09 个百分点，资金缺口较大，收支平衡较为依赖上级补助（见图 5）。

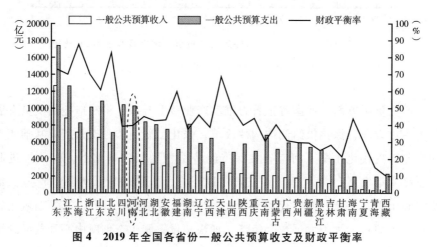

图 4　2019 年全国各省份一般公共预算收支及财政平衡率

资料来源：全国各省份财政决算报告，中诚信国际整理计算。

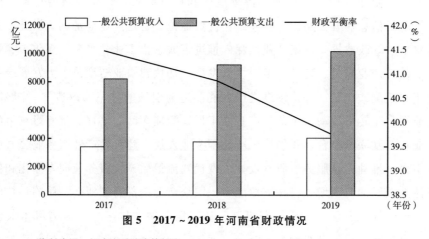

图 5　2017～2019 年河南省财政情况

资料来源：河南省财政决算报告。

政府性基金收入持续增长,受房地产市场调控影响增速有所放缓。近年来,全国房地产市场及土地市场发展良好,在此背景下,河南省政府性基金收入保持增长趋势,2017～2019 年分别为 2509.60 亿元、3826.10 亿元和4080.25 亿元,增速有所放缓。此外,河南省房地产开发投资持续增加,2019 年,河南省房地产开发投资规模达 7464.59 亿元,较上年增长 6.4%;其中,住宅投资为 6055.37 亿元,同比增长 12.4%。未来,随着房地产市场调控力度加大,政府性基金收入增速或继续放缓。

国有资本运行收入存在波动性。近年来,受省内个别市县存在一次性增收及市县国有股减持使收入增长较多等因素影响,河南省国有资本运行收入呈波动态势,2017～2019 年分别为 49.04 亿元、17.04 亿元和 34.41 亿元。

(三) 省内各地级市差异:省内资源型城市数量较多,各地级市发展不均衡

河南省资源型城市数量较多,包括鹤壁、平顶山、焦作等 7 个地级市,其中,焦作市和濮阳市为资源枯竭性城市。河南省下辖 17 个地级市,各区域间经济发展水平、财政实力不均衡。从各地级市经济情况看[①],郑州市经济实力居全省首位,2019 年,郑州市 GDP 为 11589.70 亿元,远超第二名洛阳市 6554.80 亿元,且差距进一步扩大;第二名洛阳市和第三名南阳市的 GDP 分别为 5034.90 亿元和 3814.98 亿元;许昌市、周口市、新乡市、商丘市、信阳市、焦作市、驻马店市及安阳市实力相当,2019 年的 GDP在 2200 亿～3400 亿元之间;濮阳市、三门峡市、漯河市和鹤壁市经济实力相对较弱,其中,濮阳市、漯河市和三门峡市的 GDP 在 1400 亿～1600亿元之间,而鹤壁市的 GDP 尚不足 1000 亿元。2019 年河南省各地级市GDP 占比见图6。增速方面,各地级市经济增速除安阳市较低外,其余地级市保持相对平稳,增速为 6.8%～8.0%。从各地级市人均 GDP 来看,除郑州市、济源市及洛阳市外,其余 15 个地级市的人均 GDP 均未达到全国平均水平。

从各地级市财政情况看,郑州市一般公共预算收入最高,为 1222.50亿元;洛阳市位列第二,但与郑州市的差距较大,2019 年,一般公共预

---

① 因济源市为河南省省管,故未将其纳入地级市比较范围。

算收入为 369.80 亿元；此外，南阳市、新乡市、许昌市、商丘市、平顶山市、安阳市、驻马店市、焦作市和开封市一般公共预算收入在 150 亿~200 亿元之间；周口市、三门峡市、信阳市和濮阳市一般公共预算收入在 100 亿~150 亿元之间；漯河市及鹤壁市的一般公共预算收入尚不到 100 亿元，其中，鹤壁市最低，2019 年，一般公共预算收入仅为 69.45 亿元（见图 7）。财政平衡率方面，郑州市财政平衡率为 63.98%，居河南省第一位，财政自给能力较强；洛阳市和焦作市财政平衡率超过 50%，分别为 57.10% 和 52.59%，财政自给能力尚可；此外，河南省其他地级市财政平衡率均不足 50%，财政平衡能力较弱，其中，濮阳市、南阳市、驻马店市及信阳市的财政平衡率均不足 30%，信阳市的财政平衡率仅为 19.92%。

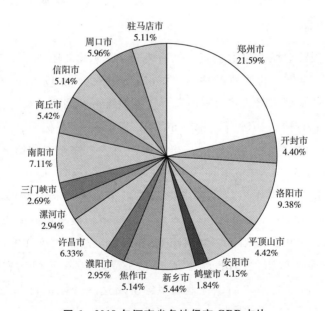

图 6　2019 年河南省各地级市 GDP 占比

资料来源：河南省各地级市国民经济和社会发展统计公报。

　　未来，河南省将以"强化主副引领、两圈带动"为核心，增强郑州国家中心城市龙头带动作用，推动郑州都市圈、洛阳都市圈高质量发展，以生态为基础，以产业为重点，以交通为关键，完善都市圈一体化发展体制机制，规划建设郑开同城化先行示范区，加快郑许、郑新、郑焦一体化步伐，推动洛济深度融合发展，深化洛阳与平顶山、三门峡、焦作合作联动。

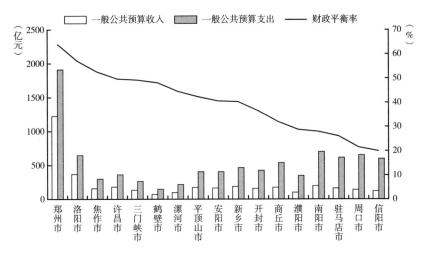

图 7　2019 年河南省各地级市一般公共预算收支及财政平衡率

资料来源：河南省各地级市财政决算报告。

二　显性债务有所控制，隐性债务规模较小，风险总体可控

（一）显性债务：显性债务持续增长，债务压力相对其他省份较小

河南省显性债务规模持续增长，但债务压力相对其他省份较小（见图 8）。从显性债务口径看，2019 年末，河南省地方政府债务余额为 7910.10 亿元，规模居全国第 13 位，较上年末增长 1368.80 亿元，同比增长 20.93%，较上年增长 3.04 个百分点，低于 2019 年政府债务限额 9297 亿元（见图 9）。从显性债务口径看，2019 年末，河南省债务率为 61.87%，较 2018 年末上升 7.11 个百分点；负债率为 14.58%，较 2018 年末小幅增长 1.48 个百分点，河南省显性债务压力相对其他省份较小。

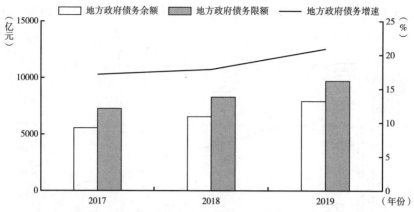

图8　2017～2019年末河南省地方政府显性债务情况

资料来源：河南省财政决算报告，中诚信国际整理计算。

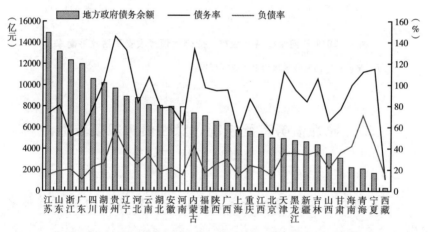

图9　2019年全国各省份地方政府债务余额、债务率及负债率

资料来源：全国各省份财政决算报告，中诚信国际整理计算。

（二）隐性债务：隐性债务规模及债务率逐年增长，债务率超过100%的国际警戒线，但在全国处于中下游水平

河南省隐性债务规模逐年增长，债务率超过100%的国际警戒线。根据中诚信国际测算，2019年末，河南省隐性债务规模为15091.39亿元，同比增长12.90%，增速较上年降低0.55个百分点。考虑隐性债务后，2017～2019年河南省负债率呈上升趋势，2019年末为42.39%，未超过欧盟的 60% 的警戒线；债务率方面，2017～2019 年，河南债务率有所波动，2019 年末为 179.90%，居全国第 18 位，较上年同比上升 13.24 个百分点，增幅较大，且超过国际上 100% 的警戒线，但整体债务率在全国各省份中处于中下游水平（见图 10）。

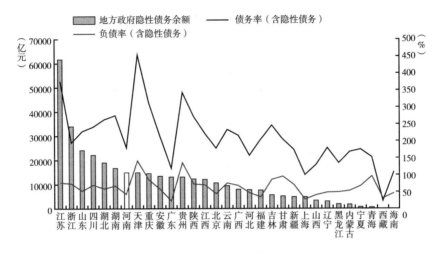

图 10　2019 年全国各省份地方政府隐性债务余额、
债务率及负债率

资料来源：全国各省份财政决算报告，中诚信国际整理计算。

从地方政府债券看，河南省地方债存量及新发行规模均处于全国中前段（见图 11、图 12），且 2021～2024 年为偿债高峰（见图 13）。从存量情况看，截至 2020 年末，河南省存量地方债规模为 9743.71 亿元，居全国第 10 位，略高于 2020 年债务限额。从发行情况看，2020 年，河南省共发行地方债 51 只，规模合计 2728.39 亿元，居全国第 8 位；加权平均发行利率为 3.65%，排全国第 30 位，融资成本较高，自 2017 年以来，发行利率略有波动，但发行利差整体呈现回落趋势，融资成本较不稳定。从到期情况看，2021～2024 年，河南省将进入地方债偿债高峰期，每年到期规模均超千亿元。

河南省地方债发行以新增债为主，其中新增专项债多投向社会事业与生态环保领域。2020 年，河南省发行 2728.39 亿元地方债，其中，新增债规模为 2053.26 亿元，再融资债规模为 675.13 亿元。从类别看，一般债 7 只，规模共计 951.61 亿元；专项债 44 只，规模共计 1776.78 亿元。2020 年新增债及专项债所占比例较 2019 年均有所上升（见图 14、图 15）。从专项债情

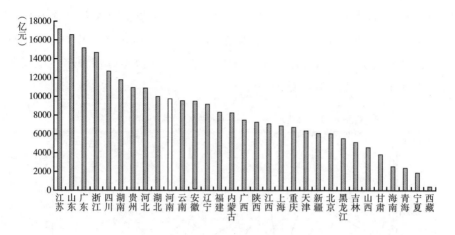

图 11　2020 年末各省份地方债存量规模

资料来源：Choice 数据库，中诚信国际整理计算。

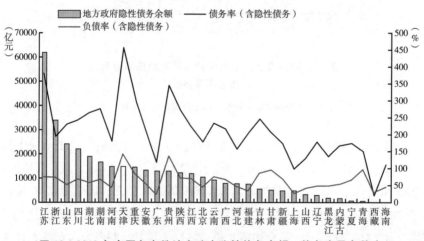

图 12　2019 年全国各省份地方政府隐性债务余额、债务率及负债率

资料来源：全国各省份财政决算报告，中诚信国际整理计算。

况看，2020 年，河南省共发行再融资专项债 150.78 亿元，新增专项债 1626.00 亿元；其中，新增专项债占专项债总额的 91.51%，且均为项目收益专项债。截至 2020 年末，河南省存量地方政府专项债规模为 4919.79 亿元，占存量总额的比例为 43.84%；其中，项目收益专项债总额为 1610.55 亿元，占专项债存量的 50.49%，主要投资领域涵盖产业园区基础设施建设、棚户区改造、交通基础设施建设、交通和物流基础设施建设、生态环

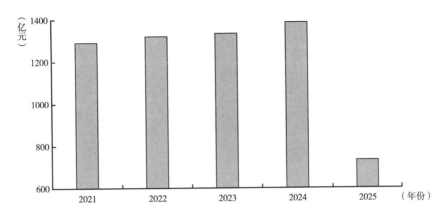

图 13　2021～2025 年河南省地方债到期分布情况

注：2020 年未测算。
资料来源：Choice 数据库，中诚信国际整理计算。

保、农林水利及社会事业等领域，占比最高的为社会事业领域，为
27.27%，其次为生态环保领域，占比为 22.73%。

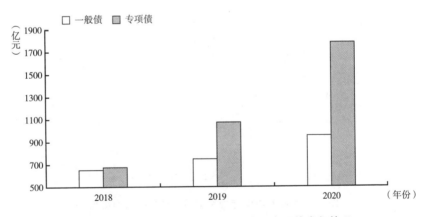

图 14　2018～2020 年河南省一般债及专项债发行情况

资料来源：河南省财政决算报告，中诚信国际整理计算。

（三）省内各地级市差异：郑州市债务规模居全省首位，各地级市债务风险可控

河南省内各地级市债务情况分化明显，郑州市债务规模居全省首位，大部分地级市的负债率及债务率未超过国际警戒线。显性债务规模方面，河南

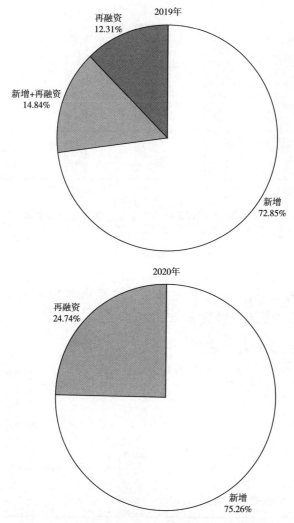

图 15 2019～2020 年河南省地方债发行结构比较

资料来源：Choice 数据库，中诚信国际整理计算。

省 17 个地级市中，郑州市债务规模最高，2019 年末为 1967.32 亿元，远高出第 2 名南阳市的 468.59 亿元和第 3 名洛阳市的 455.90 亿元；除焦作市、三门峡市、鹤壁市和漯河市债务规模不到 200 亿元外，其余 10 个地级市的债务规模集中于 200 亿～400 亿元（见图 16）。负债率方面，河南省 17 个地级市负债率均处较低水平，濮阳市最高，2019 年负债率为 17.54%。债务率方面，2019 年，南阳市、安阳市和信阳市受综合财力较低影响，债务率在河南

省排前 3 名，且均超过国际上 100% 的警戒线，分别为 113.10%、107.31% 和
101.17%；新乡市、三门峡市及许昌市债务率在 90%~100% 之间，虽未超过
国际警戒线，但债务率偏高；其他地级市中，除周口市和驻马店市债务率为
37.63% 和 31.58% 外，其余地级市债务率在 50%~90% 之间，债务风险可控。
2019 年末河南省本级及各地级市融资平台存量债情况见图 17。

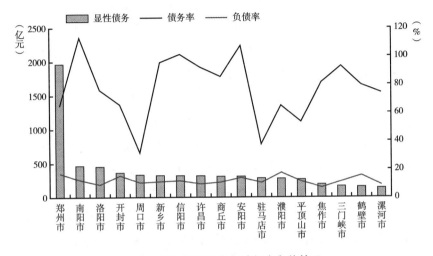

图 16　2019 年河南省各地级市负债情况

资料来源：Choice 数据库，中诚信国际整理计算。

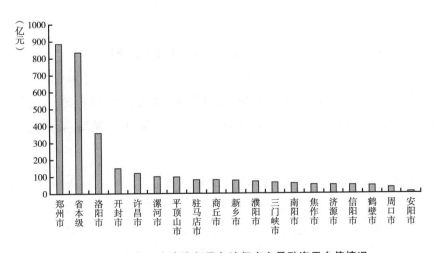

图 17　2019 年河南省本级及各地级市存量融资平台债情况

资料来源：Choice 数据库，中诚信国际整理计算。

（四）地方政府债务管理和相关政策

加强债务管理，严控债务风险。2017年以来，河南省在《国务院关于加强地方政府性债务管理的意见》（国发〔2014〕43号）等文件基础上，陆续出台一系列措施加强对政府性债务风险的监控和管理。

2017年3月，《河南省人民政府办公厅关于印发河南省政府性债务风险应急处置预案的通知》明确了省政府对全省政府性债务风险应急处置负总责，省辖市、县（市、区）政府按照属地原则，对本级政府性债务风险应急处置工作承担主体责任；要求坚持以预防为主，预防和应急处置相结合，加强对政府性债务风险的监控，及时排查风险隐患，妥善处置风险事件；牢牢守住不发生区域性、系统性风险的底线，切实防范和化解财政金融风险，维护经济安全和社会稳定。此外，为全面落实国家对防风险的要求并持续推进省内地方债务风险化解，2019年12月，针对2016年2月下发的《河南省人民政府关于加强政府性债务管理的意见》，河南省再次强调各级需遵循"统一领导，分级负责、分清责任，疏堵结合、规模控制，分类管理、防范风险，稳步推进"的基本原则，加快建立"责、权、利"相匹配和"借、用、还"相统一的政府性债务管理机制，有效发挥政府规范举债的积极作用，防范化解财政金融风险，妥善处理存量债务和在建项目的后续融资问题。

三　河南省融资平台债情况分析

（一）存量融资平台债以高信用等级为主，交易利差居全国中游偏下水平，以3～5年（含5年）为主，2021～2023年兑付压力较大

截至2020年末，河南省存量融资平台债共计376只，债券余额共计3206.59亿元，存量规模在全国排第11位（见图18）。从债券种类看，以定向工具为主，数量占比达到28.46%，接下来依次为私募债（25.27%）、一般中期票据（23.14%）、一般企业债（12.50%）（见图19）。从债券期限看，以3～5年（含5年）为主，占比达到44.15%，其次为1～3年（含3

年），占比达 31.38%（见图 20）。从债项信用等级看，存续债以 AAA 级为主，占比为 53.88%，其次依次为 AA + 级（28.68%）、AA 级（17.44%）（见图 21）。从融资平台债募集资金主要用途看，河南省融资平台债募集资

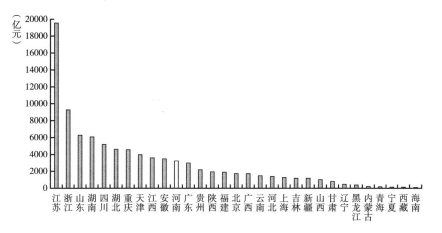

图 18　2020 年末全国各省份存量融资平台债规模

资料来源：Choice 数据库，中诚信国际整理计算。

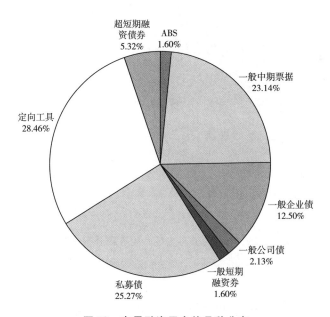

图 19　存量融资平台债品种分布

资料来源：Choice 数据库，中诚信国际整理计算。

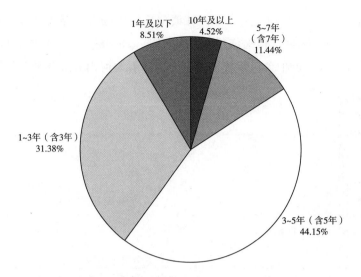

图 20　存量融资平台债期限分布情况

资料来源：Choice 数据库，中诚信国际整理计算。

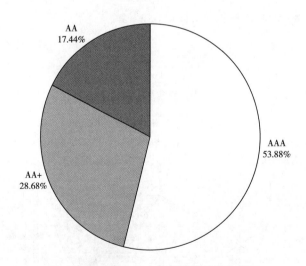

图 21　存量融资平台债信用等级分布情况

资料来源：Choice 数据库，中诚信国际整理计算。

金主要用于偿还到期债务，占比为 34.75%；此外，募集资金还被用于项目建设、补充营运资金或项目资金等（见图 22）。从收益率和交易利差看，河南省融资平台债加权平均到期收益率、交易利差分别为 4.68%、200.73BP，在全国范围内处于中游偏下水平（见图 23）。从到期情况看，2021～2023 年为河南省融资平台债到期高峰，到期规模（含回售部分）分别为 905.14 亿元、813.90 亿元和 859.56 亿元（见图 24）。

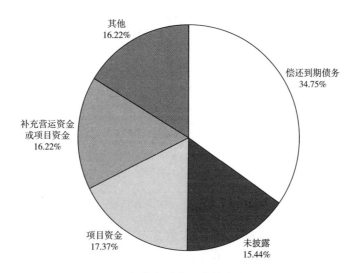

图 22 河南省融资平台债资金用途

资料来源：Choice 数据库，中诚信国际整理计算。

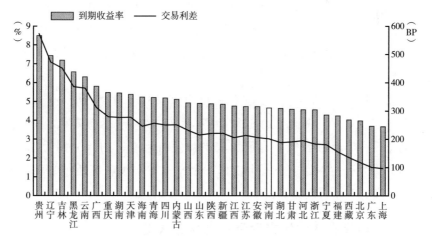

图 23 2020 年末全国各省份存量融资平台债到期收益率及交易利差

资料来源：Choice 数据库，中诚信国际整理计算。

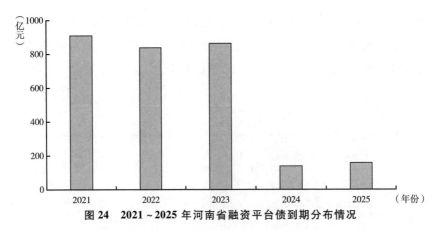

图 24　2021～2025 年河南省融资平台债到期分布情况

注：2020 年末测算。

资料来源：Choice 数据库，中诚信国际整理计算。

（二）整体发行规模较大，其中郑州市及省本级发行占比较高，期限以 3～5 年（含 5 年）为主，发行成本处于全国中游偏下水平

从发行情况看，2020 年，河南省共发行融资平台债 167 只，规模合计 1353.70 亿元，位列全国中上游。从发行区域看，主要集中在郑州市、省本级、洛阳市和开封市，上述区域发行数量合计占比超过全省的 55.00%（见图 25）。从债券种类看，主要为私募债，占比达到 23.35%，其次为定向工具和一般中期票据，占比分别为 22.16% 和 20.96%（见图 26）。从债券期限看，以 3～5 年（含 5 年）为主，占比为 35.93%，其次为 1～3 年（含 3 年）和 1 年及以下，占比分别为 32.34% 和 25.15%（见图 27）。从发行利率、利差看，河南省融资平台债加权平均发行利率、利差分别为 4.20%、173.25BP，发行成本处于全国中游偏下水平；省本级和各地级市融资平台加权平均发行利率、利差见图 28。

（三）河南省各地级市融资平台财务状况

近年来，河南省融资平台资产规模持续扩大。截至 2020 年末，河南省内仍有存量债的融资平台达 52 家，涉及省内各地级市。从各地级市融资平台总资产规模看，52 家融资平台在 2019 年末的总资产合计 20062.56 亿元，

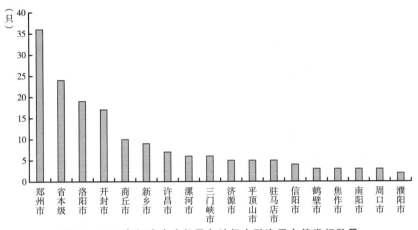

图 25　2020 年河南省本级及各地级市融资平台债发行数量

资料来源：Choice 数据库，中诚信国际整理计算。

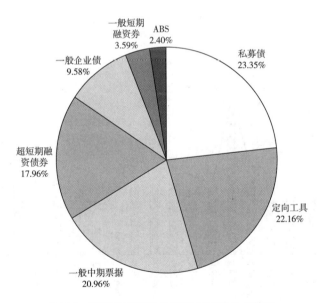

图 26　河南省融资平台债发行品种分布情况

资料来源：Choice 数据库，中诚信国际整理计算。

2017～2019 年复合增长率中位数为 12.15%。其中，郑州市融资平台总资产规模较大，达 10252.00 亿元，占河南省各地级市融资平台总资产的 50% 以上。河南省地级市融资平台总资产方面，商丘市和三门峡市融资平台总资产

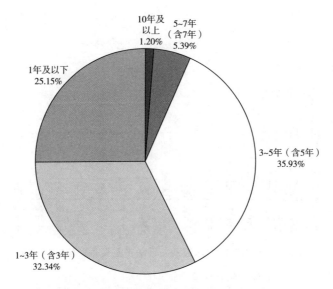

图27　河南省融资平台债发行期限情况

资料来源：Choice 数据库，中诚信国际整理计算。

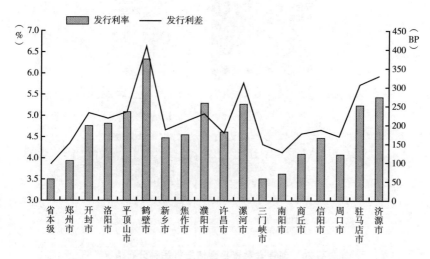

图28　河南省本级及各地级市融资平台债发行利率、利差

资料来源：Choice 数据库，中诚信国际整理计算。

中位数较高，分别为781.25亿元和604.49亿元；南阳市融资平台总资产中位数最小，仅为98.85亿元；除南阳市外，安阳市、焦作市、洛阳市及新乡市融资平台总资产中位数均小于 200 亿元（见图 29）。从净资产看，2019 年末，52 家样本企业净资产合计 7867.16 亿元，其中，郑州市融资平台净资产规模较大，净资产合计 3518.72 亿元。地市级融资平台净资产中位数方面，三门峡市融资平台净资产中位数最大，为 343.02 亿元；新乡市融资平台净资产中位数最小，为 62.00 亿元；除新乡市外，南阳市和濮阳市融资平台净资产中位数均小于 70 亿元，规模较小。此外，河南省各地级市融资平台 2017 ~ 2019 年净资产复合增长率中位数为 7.84%。

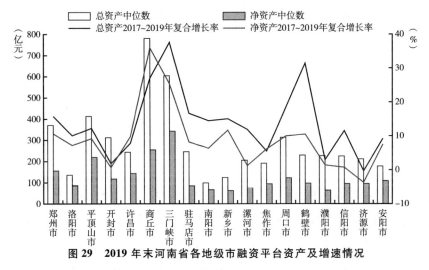

图 29　2019 年末河南省各地级市融资平台资产及增速情况

资料来源：Choice 数据库，中诚信国际整理计算。

自身盈利能力偏弱。2019 年，河南省融资平台利润总额合计 126.75 亿元，均值为 7.04 亿元，其中，郑州市因融资平台数量较多影响，企业利润总额较高。此外，三门峡市融资平台利润总额中位数在河南省内最大，为 4.00 亿元；商丘市、周口市、洛阳市、安阳市及许昌市融资平台利润总额中位数均在 2.00 亿元以上；河南省其他各地级市的融资平台利润总额中位数均在 2.00 亿元以下，其中，新乡市、漯河市及南阳市的利润总额中位数不足 1 亿元，南阳市最低，仅为 0.65 亿元（见图 30）。

大部分地级市的债务结构有待优化，短期债务占比较高。2019 年末，河南省各地级市融资平台有息债务合计 8553.65 亿元，郑州市融资平台有息债务合计达 4924.68 亿元，占比较高。从债务结构看，焦作市、鹤壁市、安阳市、平顶山市及济源市融资平台的短期债务中位数占比较高，短期债务/

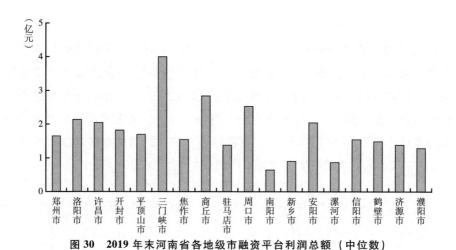

图30　2019年末河南省各地级市融资平台利润总额（中位数）

资料来源：Choice数据库，中诚信国际整理计算。

长期债务的比例均超过60%；其中，焦作市和鹤壁市分别达95.50%和81.86%，短期债务占比很高，当地融资平台存在较大的短期偿债压力（见图31）。此外，信阳市融资平台的短期债务/长期债务的中位数也超50%，债务结构有待优化。偿债能力方面，河南省融资平台EBITDA可覆盖当期短期债务，但EBITDA/带息债务中位数仅为0.02，各地级市融资平台对债务本息覆盖能力有待加强。

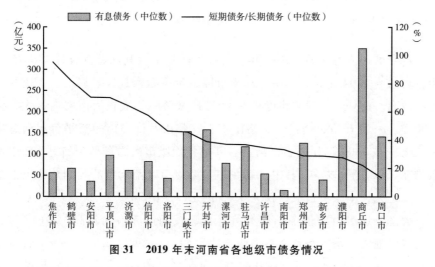

图31　2019年末河南省各地级市债务情况

资料来源：Choice数据库，中诚信国际整理计算。

河南省各地级市融资平台资产负债率整体偏高，资产流动性偏弱。2019年末，全省各地级市融资平台资产负债率方面，除南阳市、安阳市、平顶山市、三门峡市、许昌市和洛阳市外，其余地级市融资平台的资产负债率中位数均超50%，省内大部分地级市融资平台资产负债率偏高（见图32）。资产流动性方面，2019年末，河南省融资平台流动比率中位数为3.01，速动比率中位数为1.48。各地市融资平台中，流动比率中位数数较高的地区为商丘市、周口市和许昌市，分别为5.89、4.72和4.40。各地级市融资平台中，速动比率中位数较高的地区为许昌市和周口市，分别为2.28与2.27。考虑到融资平台流动资产除存货以外，其他应收款及应收账款占比较大，融资平台的实际资产流动性偏弱。

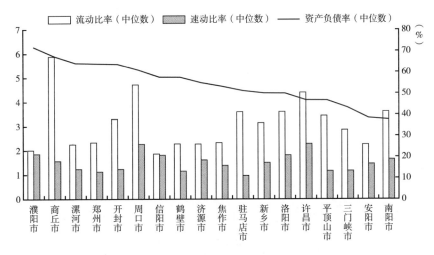

图32 2019年末河南省各地级市流动比率、速动比率及资产负债率

资料来源：Choice数据库，中诚信国际整理计算。

（四）融资平台转型情况：全省转型环境一般，融资平台自身发展能力仍需提高

为防范地方债务风险，推进地方投融资体制改革，河南省近年来加大融资平台转型力度，但是在经济下行压力不减的背景下，河南省融资平台面临一定的转型问题。一方面，河南省整体融资平台转型环境一般。河南省金融资源相对缺乏，且资源型城市较多，融资平台融资渠道丰富程度不及经济发

达省份，永煤事件也对整体投融资环境形成一定负面效应，加之部分地区资源枯竭，这将对其转型具有一定限制，不利于融资平台可持续发展。另一方面，河南省融资平台企业的转型发展能力尚待加强。河南省融资平台盈利能力相对偏弱，加之近年来河南省融资平台资产负债率逐年提高，偿债能力持续弱化，对其转型发展形成一定阻力。

（五）融资平台信用事件及监管处罚：河南省未发生违规处罚事件，2019～2020 年发生 4 起融资平台信用风险事件

在坚决打好防风险攻坚战的大背景下，国家持续加强对地方政府债务风险的防控，加大对各地政府违法违规举债行为的监管处罚力度。根据 2017 年财政部预算司公布的《财政部关于请依法问责部分市县政府违法违规举债担保问题的函》以及《财政部、国家发展改革委依法分别处理个别会计师事务所和发债企业涉及地方政府违法违规举债担保问题》，近年来，河南省没有融资平台或地方政府因涉及违法违规举债行为被处罚。从融资平台信用事件看，2019～2020 年，河南省融资平台发生 4 起信用风险事件。

结　语

河南省整体经济及财政实力在全国处于上游水平，投资为经济发展的重要动力；下辖 17 个地级市，经济正副中心郑州和洛阳两市的经济总量领先，其他地级市的经济体量梯队差异不明显。在积极的财政政策影响下，地方债务发行较为活跃，发债规模处于全国中上游水平，专项债发行规模较大。此外，河南省在负债投资的经济增长模式下积累了一定规模的债务，虽然目前省内各地级市债务水平处于可控范围之内，但未来仍需重点关注以下风险。

第一，河南省融资平台转型环境一般，融资平台自身发展和盈利能力仍需提高。河南省金融资源相对缺乏，融资平台融资渠道丰富程度不及经济发达省份，或使当地融资平台在转型过程中的融资能力受到限制，不利于融资平台可持续发展。此外，河南省融资平台盈利能力稍弱，加之近年来省内融资平台资产负债率逐年提升，企业自身偿债能力较弱，上述情况均对融资平

台转型产生一定阻力。

第二，河南省融资平台债面临偿还压力。2021～2023年，河南省融资平台面临较大规模的债务偿还压力，在融资平台自身偿债能力逐年弱化的背景下，融资平台或将面临一定的债务偿还压力，未来需对该情况保持关注。

第三，融资平台再融资及转型风险。河南省融资平台负债水平近年来呈增长态势，虽然目前整体债务情况尚处合理水平，但针对即将来临的偿债高峰，需对融资平台再融资能力保持关注。此外，由于河南省融资平台偿债能力偏弱，未来或存在交叉违约风险，债务风险可能在区域及金融系统内形成传导及扩散。

湖北地方政府与融资平台债务分析研究

鄢 红　胡 娟[*]

要　点

●湖北省经济发展与财政实力分析：湖北省经济体量位于全国前列，三次产业结构持续优化，第三产业对经济增长的贡献度逐年提高，投资和消费是拉动经济增长的主要驱动力。财政实力方面，湖北省综合财政实力总体较强，在全国处于中上游水平，但自给能力较弱，对上级补助的依赖性较强；政府性基金收入是湖北省地方综合财力的重要支撑，但波动相对较大；湖北省国有资本经营收入规模不大，对地方综合财力的贡献有限。湖北省各地市（州）发展不均衡，武汉市作为全省中心城市，经济规模和财政实力在全省范围内遥遥领先。利用国家大力实施促进中部地区崛起和西部大开发战略的契机，湖北省积极构建"两纵两横"经济带，并推进"三基地一枢纽"开发，其中包括长江经济带开放开发、武汉城市圈"两型"社会综合配套改革、武汉市综合交通枢纽试点城市、东湖国家自主创新示范区等重大项目，产业集群效应日益凸显，为湖北省的经济持续发展奠定了良好的基础。

●湖北省地方政府债务情况：湖北省显性债务规模持续增长且增速不减，债务负担处于全国中下游水平，债务风险总体可控。湖北省存量地方债规模及2020年发行规模均处于全国前列，其中，2020年专项债发行比例较2019年明显上升且已超过一般债。湖北省隐性债务规模位于全国前列，考虑隐性债务的情况下，湖北省债

---

* 鄢红，中诚信国际政府公共评级一部助理总监；胡娟，中诚信国际政府公共评级一部分析师。

务率和负债率均超过警戒线，债务压力较大。

● 湖北省融资平台债情况：湖北省融资平台债存量规模居全国上游，发行主体以区县级、AA 级融资平台为主，发行成本在全国处于中低水平；湖北省各地市（州）融资平台债规模呈现分化态势，主要集中在省本级和武汉市，2021～2024 年为偿还高峰期；省内融资平台近年来总资产和净资产规模持续增长，资产负债率不断攀升，盈利能力较弱，偿债能力有待加强。

● 总体来看，湖北省整体经济及财政实力在全国处于上游水平，消费及投资为经济发展的重要动力；下辖各地市（州）经济发展不平衡，呈现武汉一枝独秀、梯队现象明显的格局；在负债投资的经济增长模式下积累了一定债务，目前，湖北省债务水平处于可控范围之内，但仍需关注区域发展欠均衡、融资平台债到期偿还、融资平台再融资及转型等风险。

一 湖北省经济及综合财政实力在全国处于中上游水平，但财政平衡率较低

（一）湖北省经济总量保持在全国中上游水平，投资和消费是拉动经济增长的主要驱动力

湖北省战略地位重要，区位优势明显，经济发展水平较高，经济运行保持在合理区间。作为中部崛起、长江经济带发展战略等的交汇点，湖北省区位优势显著，经济具备较大的发展潜力。2019 年，湖北省地区生产总值为 45828.31 亿元，在全国范围内（不含港澳台地区）排第 7 位（见图 1）；湖北省人均 GDP 为 77387 元，略高于全国平均水平（70892 亿元），在各省份中居第 8 位，排名相对靠前。近年来，湖北省经济始终保持稳步增长，2019 年 GDP 增速达到 7.5%（见图 2），在全国 31 个省份中排第 7 位。2020 年，湖北省作为国内受新冠肺炎疫情影响最严重的省份，短期内，经济受到较大冲击，湖北省实现地区生产总值 43443.46 亿元，同比下降 5.0%。借助国家大力实施促进中部地区崛起和西部大开发战略的契机，湖北省积极构建

"两纵两横"经济带，并推进"三基地一枢纽"的开发，其中包括长江经济带开放开发、武汉城市圈"两型"社会综合配套改革、武汉市综合交通枢纽试点城市、东湖国家自主创新示范区等重大项目，产业集群效应日益凸显，为湖北省的经济持续发展奠定了良好的基础。

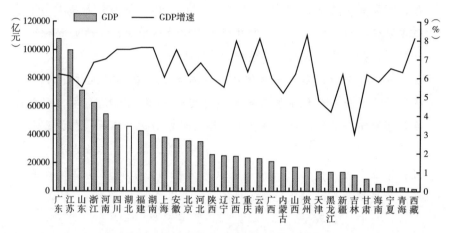

图1　2019年全国各省份GDP及增速

资料来源：全国各省份国民经济和社会发展统计公报，中诚信国际整理计算。

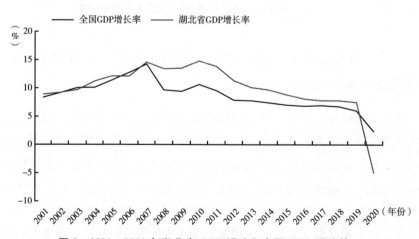

图2　2001～2020年湖北省GDP增速和全国GDP增速情况

资料来源：中华人民共和国国家统计局、湖北省国民经济和社会发展统计公报。

湖北省三次产业结构持续优化，第三产业对经济增长的贡献力度逐年提高。2017～2019年，湖北省第一、第二、第三产业之比分别为

9.5：42.2：48.3、8.5：41.8：49.7 和 8.3：41.7：50.0，湖北省三次产业结构持续优化，第三产业占比不断提高，但与全国产业结构相比，湖北省第一产业占比较高，第三产业仍待继续发展。

从需求结构看，投资及消费是湖北省经济增长的主要动力。2018～2019年，湖北省固定资产投资（不含农户）增速分别为11.0%和10.60%，较全国平均增速分别高出5.1个和5.2个百分点，2020年，受新冠肺炎疫情影响，湖北省投资失速明显，全年固定资产投资增速为－18.80%。消费方面，2017～2019年，湖北省全社会消费品零售总额分别为17394.10亿元、18333.60亿元和20224.23亿元，增速分别为11.1%、10.9%和10.3%，2020年，湖北省实现社会消费品零售总额17984.87亿元，同比下降20.8%。

（二）综合财政实力总体较强，在全国处于中上游水平，但自给能力较弱，对上级补助的依赖性较强

湖北省财政实力较强，在全国处于中上游水平。作为华中地区重要的经济省份，湖北省财政实力在全国处于中上游水平。从一般公共预算收入来看，2019年，湖北省一般公共预算收入3388.57亿元，在全国31个省份中排第10位；2019年，湖北省地方综合财力①为10326.30亿元，在全国排第9位，处于全国中上游水平（见图3、图4）。

受减税降费政策影响，湖北省一般公共预算收入增速持续放缓，财政平衡率较低，对中央转移支付的依赖性较强。2017～2019年，湖北省全省一般公共预算收入分别为3248.32亿元、3307.08亿元和3388.57亿元，同比增幅分别为8.4%、8.5%和2.5%（见图5），其中，2019年，一般公共预算收入增速有所放缓，主要由减税降费政策深入实施所致。税收收入是湖北省一般公共预算收入的主要构成部分，2017～2019年，湖北省税收收入分别为2247.82亿元、2463.52亿元和2530.82亿元，占一般公共预算收入的比重分别为69.20%、74.49%和74.69%（见图6）。2017～2019年，湖北省一般公共预算支出分别为6801.26亿元、7258.27亿元和7970.21亿元，同期，财政平衡率分别为47.76%、45.56%和42.52%。湖北省财政平衡能

---

① 在本报告中，考虑到数据的可得性，各省份综合财力的计算公式为：综合财力 = 一般公共预算收入 + 政府性基金收入 + 税收返还及中央转移支付。

力较弱且逐年下滑，财政收支平衡对上级补助的依赖性较强，2017～2019年，湖北省获得的中央税收返还和补助收入分别为2974.73亿元、3170.76亿元和3430.00亿元，呈逐年增长趋势，对湖北省综合财力形成支撑。

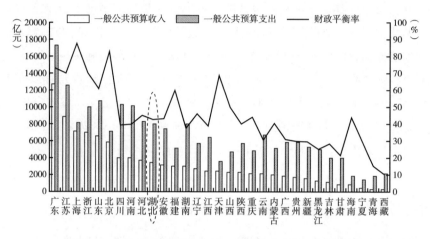

图3　2019年全国各省份一般公共预算收支及财政平衡率

资料来源：全国各省份财政决算报告，中诚信国际整理计算。

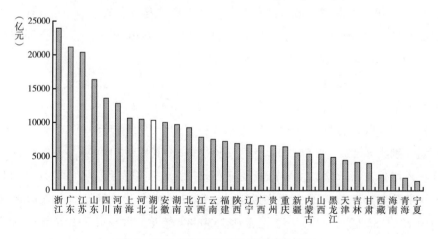

图4　2019年全国各省份综合财力情况

资料来源：全国各省份财政决算报告，中诚信国际整理计算。

受房地产调控政策影响，湖北省政府性基金收入存在一定的波动性，但总体维持较高水平，是地方综合财力的重要支撑。2017～2019年，湖北省全省政府性基金收入分别为2434.35亿元、3535.13亿元和3474.91亿元，其中，

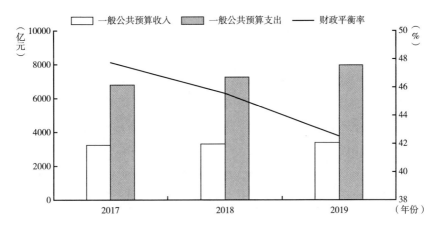

图5　2017～2019年湖北省一般公共预算收支情况

资料来源：湖北省财政决算报告。

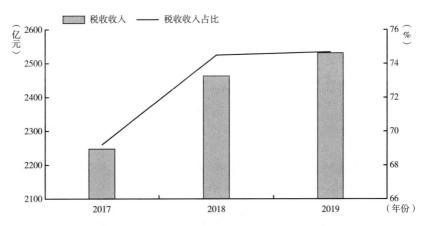

图6　2017～2019年湖北省税收收入及其占一般公共预算收入比重情况

资料来源：湖北省财政决算报告。

国有土地使用权出让收入分别为2111.98亿元、3162.74亿元和3103.88亿元，占政府性基金收入的比重分别为86.76%、89.46%和89.32%（见图7）；2019年，受全国房地产市场持续下行影响，湖北省房地产市场热度亦下降，国有土地使用权出让收入同比略有减少。2020年，受新冠肺炎疫情背景下土地出让安排等因素影响，湖北省政府性基金收入为3229.28亿元，同比减少7.1%。

湖北省国有资本经营收入规模不大，对地方综合财力的贡献有限。2019

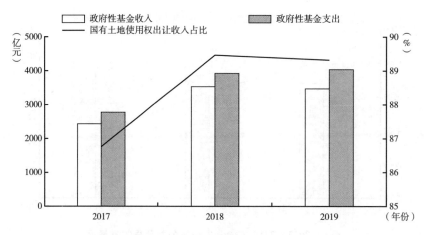

图7　2017～2019年湖北省政府性基金收支情况

资料来源：湖北省财政决算报告。

年，湖北省国有资本经营收入为43.01亿元，其中，利润收入和股利、股息收入为23.09亿元，产权转让收入为14.82亿元，国有资本经营收入对地方综合财力的贡献有限。

（三）省内区域经济发展不平衡，呈现武汉一枝独秀、梯队现象明显的格局

湖北省内区域经济发展不平衡，呈现武汉一枝独秀、梯队现象明显的格局。湖北省下辖12个地级市（其中1个为副省级市）、1个自治州和4个省直辖县级市。武汉市作为"一主两副"的中心城市，在全省处于绝对领先地位，2019年实现GDP 16223.21亿元，占全省的35.40%；襄阳市和宜昌市处于第二梯队，2019年，GDP为4000亿～5000亿元，占全省GDP的比重分别为10.50%和9.73%；荆州市、黄冈市、孝感市、荆门市、十堰市实力相当，2019年GDP均为2000亿～3000亿元，占比为4%～5.5%；黄石市、咸宁市、随州市、恩施土家族苗族自治州、鄂州市经济实力稍弱，2019年，GDP为1000亿～2000亿元，占比较低，在4%以下（见图8）。从各地市（州）人均GDP来看，超过全国人均GDP平均水平的有武汉市、鄂州市、宜昌市、襄阳市和黄石市，其中，武汉市的人均GDP在省内遥遥领先。湖北省各地市（州）经济增速均保持相对平稳，均为6.6%～8.2%（见图9）。

各地市（州）财政实力呈现分化态势，财政平衡率普遍较低。从一

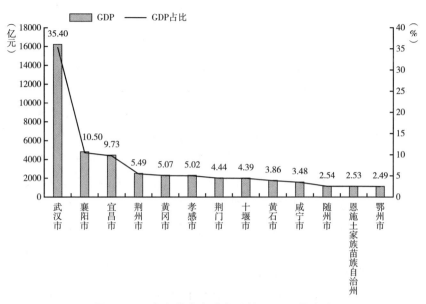

图 8   2019 年湖北省各地市（州）GDP 及占比

资料来源：湖北省各地市（州）国民经济和社会发展统计公报。

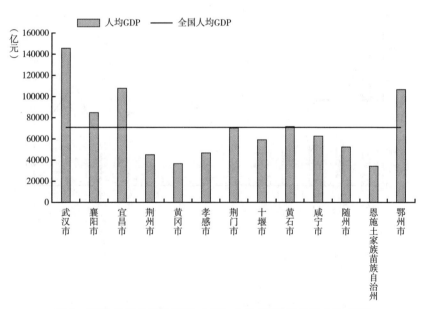

图 9   2019 年湖北省各地市（州）人均 GDP 及全国人均 GDP

资料来源：湖北省各地市（州）国民经济和社会发展统计公报。

般公共预算收入来看，2019 年，武汉市实现一般公共预算收入 1564.12
亿元，占绝对优势，较第二梯队的襄阳市和宜昌市高出 1000 亿元；黄冈
市、荆州市、孝感市财政实力相当，2019 年，一般公共预算收入在 130
亿～150 亿元之间；十堰市、黄石市和荆门市财政实力相当，2019 年，
一般公共预算收入在 110 亿～120 亿元之间；咸宁市、恩施土家族苗族
自治州、鄂州市和随州市一般公共预算收入较低，均低于 100 亿元，其
中，随州市一般公共预算收入不足 50 亿元。从一般公共预算支出看，武
汉市支出规模最大，鄂州市支出规模最小，分别为 2238.16 亿元和
124.95 亿元。从财政收支平衡情况看，2019 年，湖北省各地市（州）
财政平衡率普遍较低，仅武汉市的财政平衡率达到 69.88%，其余各地
市（州）的财政平衡率均在 50% 以下，十堰市、荆州市、黄冈市及恩施
土家族苗族自治州财政平衡率低于 30%，其中，恩施土家族苗族自治州
财政平衡率最低，仅为 18.08%，财政收支平衡难度较大，对上级补助
的依赖性很强（见图 10）。

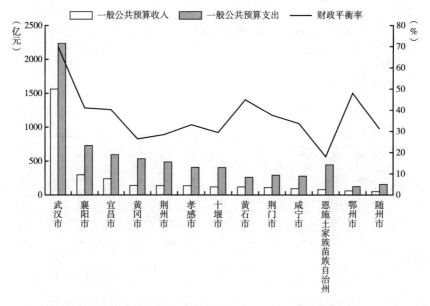

图 10　2019 年湖北省各地市（州）一般公共预算收支情况

资料来源：湖北省各地市（州）财政决算报告。

二 显性债务持续增长，债务风险总体可控

（一）湖北省显性债务规模持续增长且增速不减，债务负担处于全国中下游水平，债务风险总体可控，2021 年进入偿还高峰期

显性债务规模保持扩张趋势，债务规模处于合理范围，风险总体可控。截至 2019 年末，湖北省显性债务余额为 8039.98 亿元，规模居全国第 11 位，政府债务负担相对较重；其中，一般债余额为 4134.80 亿元，专项债余额为 3905.18 亿元。2019 年末，湖北省政府债务余额较 2018 年末增加 1364.28 亿元，同比增长 20.44%，增速较 2018 年上升 3.64 个百分点，但仍低于国务院核定的政府债务限额 8416.28 亿元，还有 376.30 亿元额度。从债务率和负债率来看，2019 年，湖北省债务率达 77.86%，湖北省负债率为 17.54%，处于全国中下游水平（见图 11）。近年来，湖北省债务规模扩张较快，但较强的经济和财政实力为债务偿付提供了较高的保障，债务风险总体可控。

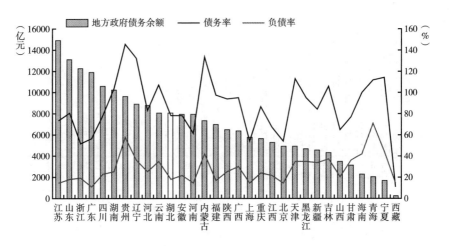

图 11　2019 年全国各省份地方政府债务余额、债务率及负债率

资料来源：全国各省份财政决算报告，中诚信国际整理计算。

地方债存量及 2020 年发行规模在全国均排名靠前，2021 年进入偿还高峰期。截至 2020 年底，湖北省存量地方债规模为 9993.99 亿元，居全

国第 9 位（见图 12），低于 2020 年债务限额 10555.28 亿元；其中，一般债为 66 只，规模合计 4578.30 亿元，专项债为 218 只，规模合计 5415.70 亿元。从发行情况来看，2020 年，湖北省共发行地方债 144 只，规模合计 2899.80 亿，居全国第 7 名（见图 13），其中，新增债为 2095.02 亿元，再融资债为 515.93 亿元。从类别看，一般债为 13 只，规模合计 1145.14 亿元，专项债为 131 只，规模合计 1754.66 亿元，专项债比例较 2019 年明显上升且已超过一般债。从专项债情况来看，2020 年，湖北省共发行专项债 1754.66 亿元，87.20% 为新增项目收益专项债，项目收益专项债主要投资领域涵盖轨道交通、棚户区改造、土地储备整理、收费公路建设等。从到期情况来看，2021 年、2023 年和 2025 年为湖北省地方债偿还高峰年份，到期规模超 1000 亿元，仅从短期看，湖北省地方政府债 2021 年到期规模 1129.71 亿元，集中于 2021 年 2 月、4 月、6 月和 11 月，到期规模分别为 180.00 亿元、170.00 亿元、226.80 亿元和 262.27 亿元（见图 14）。

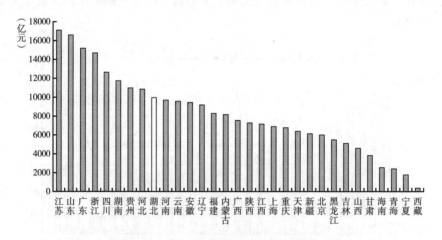

图 12 2020 年各省份地方债存量规模

资料来源：Choice 数据库，中诚信国际整理计算。

（二）湖北省隐性债务规模在全国排名靠前，考虑隐性债务的情况下，湖北省债务率为 269.36%，负债率为 60.69%

湖北省地方政府显性债务风险总体可控，但隐性债务风险较为突出，根

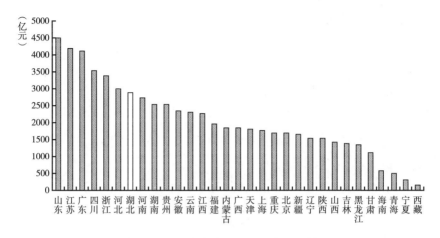

图 13　2020 年各省份地方债发行规模

资料来源：Choice 数据库，中诚信国际整理计算。

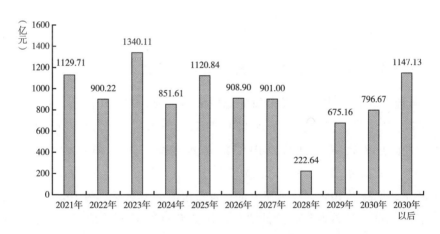

图 14　2021 年及以后湖北省地方债到期分布情况

注：2020 年末测算。

资料来源：Choice 数据库，中诚信国际整理计算。

据中诚信国际测算，2019 年，湖北省隐性债务规模为 19774.89 亿元，居全国第 5 位。考虑隐性债务后，湖北省地方政府债务余额为 27814.89 亿元，居全国第 6 位，湖北省负债率（含隐性债务）为 60.69%，位于全国中下游，略高于欧盟确定的 60% 的警戒线；湖北省债务率（含隐性债务）为 269.36%，在全国居第 8 位，大幅超过国际上的 100% 的警戒线（见图 15）。

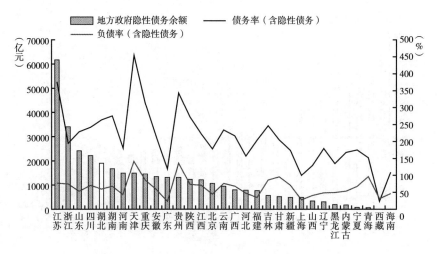

图15　2019 年全国各省份地方政府隐性债务余额、债务率及负债率

资料来源：全国各省份财政决算报告，中诚信国际整理计算。

（三）湖北省内各地市（州）债务情况分化明显，武汉市债务规模居全省首位，部分地市（州）债务率较高

各地市（州）中，武汉市债务规模最高，为 3376.70 亿元，襄阳市和宜昌市分列第二、三位，分别为 628.70 亿元和 625.71 亿元。负债水平方面，恩施土家族苗族自治州因经济总量较低，负债率位列第一，为 25.43%，武汉市和十堰市负债率排第二、三位，分别为 20.81% 和 20.38%，均高于 20%。债务率方面，黄石市债务率最高，为 102.71%，超过国际上 100% 的警戒线，除此之外，债务率超过 90% 的地市（州）有黄冈市、宜昌市和十堰市。考虑隐性债务后，各地市（州）中，武汉市隐性债务规模最高，为 6939.34 亿元，襄阳市和宜昌市隐性债务规模分别为 1485.13 亿元和 1213.30 亿元，规模较高。负债水平方面，武汉市负债率（含隐性债务）最高，为 63.59%，略高于欧盟确定的 60% 的警戒线；其次为黄石市，负债率（含隐性债务）为 50.09%。债务率方面，黄石市债务率（含隐性债务）最高，为 368.32%，除恩施土家族苗族自治州外，其余地市（州）债务率（含隐性债务）均超过国际上 100% 的警戒线，隐性债务风险不容忽视。（见图16、图17）

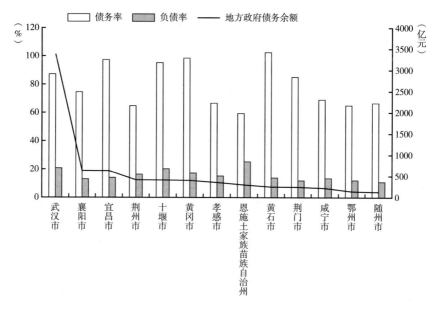

图 16　2019 年湖北省各地市（州）负债率及债务率比较（显性债务口径）

资料来源：湖北省各地市（州）财政决算报告。

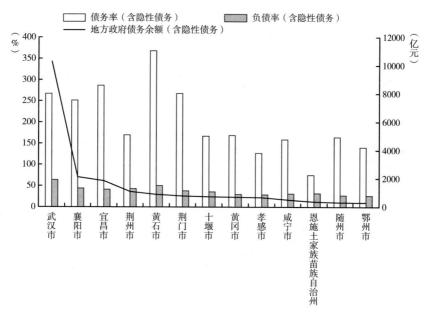

图 17　2019 年湖北省各地市（州）负债率及债务率比较（含隐性债务口径）

资料来源：湖北省各地市（州）财政决算报告。

三 湖北省融资平台债存量规模较大，呈现区域分化态势，发行主体集中于省本级和武汉市，2021～2024 年融资平台债到期规模较大

（一）融资平台债存量规模在全国处于上游水平，发行主体以区县级、AA 级融资平台为主，发行成本在全国处于中低水平

截至 2020 年底，湖北省存量融资平台债共计 555 只，债券余额共计 4601.61 亿元，存量规模居全国第 6 位（见图 18）。从债项信用等级看，湖北省存量融资平台债信用等级以 AAA 级为主，债券只数占比为 46%；其次为 AA 级和 AA+级，债券只数占比分别为 30% 和 21%（见图 19）。从行政层级看，湖北省融资平台行政层级以区县级为主，占比达到 53%；其次为市属，占比达到 41%（见图 20）。从债券种类看，以一般企业债和一般中期票据为主，存量规模占比分别达到 35% 和 32%；其次是定向工具（16%）和私募债（7%）（见图 21）。从期限结构看，湖北省存量融资平台债期限以中长期为主，其中，5 年和 7 年的债券存量规模占比分别为 35% 和 24%（见图 22）。从收益率及交易利差看，湖北省融资平台债加权平均到期收益率、交易利差分别为 4.65%、187.45BP，在全国范围内处于中下游水平（见图 23）。

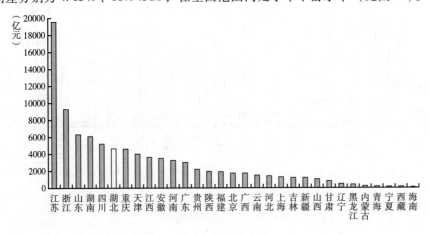

图 18 2020 年末全国各省份存量融资平台债规模

资料来源：Choice 数据库，中诚信国际整理计算。

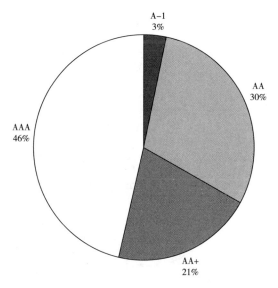

图 19　2020 年存量融资平台债信用等级分布

资料来源：Choice 数据库，中诚信国际整理计算。

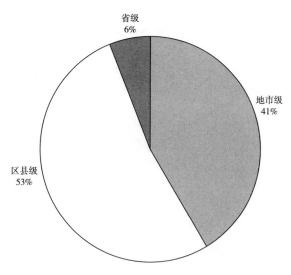

图 20　2020 年湖北省融资平台层级分布

资料来源：Choice 数据库，中诚信国际整理计算。

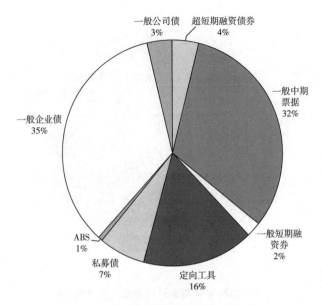

图 21　2020 年存量融资平台债种类分布

资料来源：Choice 数据库，中诚信国际整理计算。

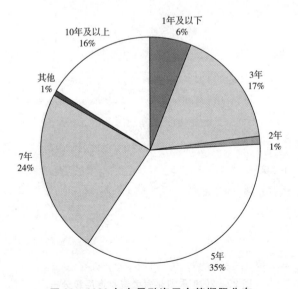

图 22　2020 年存量融资平台债期限分布

资料来源：Choice 数据库，中诚信国际整理计算。

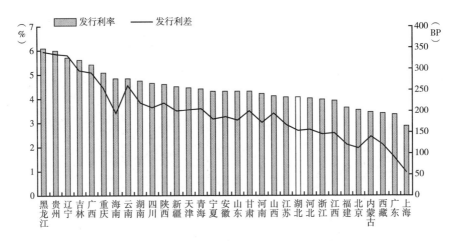

图 23　2020 年全国各省份融资平台债发行利率及发行利差

资料来源：Choice 数据库，中诚信国际整理计算。

　　从发行情况看，2020 年，湖北省共发行融资平台债 180 只，规模合计 1609.62 亿元，在全国排名靠前（见图 24）。从发行区域看，集中在省本级和武汉市，发行规模分别为 458.50 亿元和 336.00 亿元；其次为襄阳市、宜昌市和黄石市，发行规模均超过 100 亿元（见图 25）。从债券种类看，以一般中期票据、一般企业债及超短期融资债券为主，占比分别为 25%、24% 和 20%（见图 26）。从债券期限看，以 5 年为主，发行规模占比达到 28%，其次为 1 年及以下和 3 年，占比分别为 26% 和 22%（见图 27）。从发行利率、

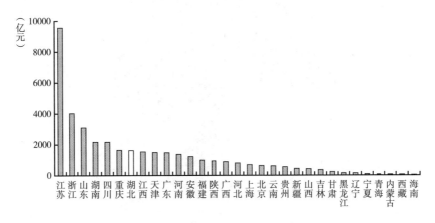

图 24　2020 年全国各省份融资平台债发行规模

资料来源：Choice 数据库，中诚信国际整理计算。

利差看，湖北省融资平台债加权平均发行利率、利差分别为 4.07%、154.24BP，发行成本处于全国中低水平，省本级及各地市（州）融资平台债发行利率、利差见图28。

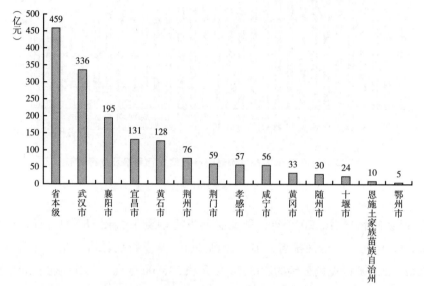

图 25　2020 年湖北省本级及各地市（州）融资平台债发行情况

资料来源：Choice 数据库，中诚信国际整理计算。

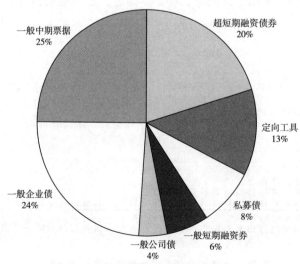

图 26　2020 年融资平台债发行种类分布

资料来源：Choice 数据库，中诚信国际整理计算。

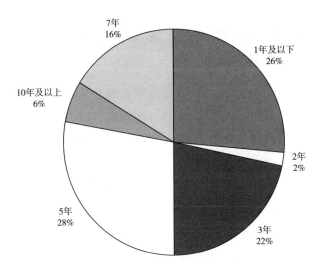

图 27 2020 年融资平台债发行期限分布情况

资料来源：Choice 数据库，中诚信国际整理计算。

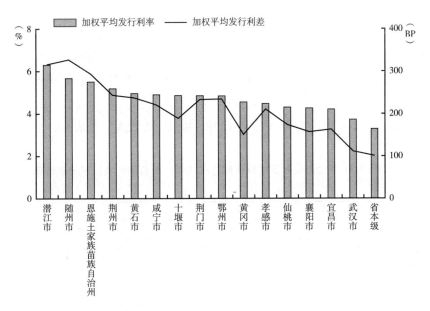

图 28 2020 年湖北省本级及各地市（州）融资平台债发行利率、利差情况

资料来源：Choice 数据库，中诚信国际整理计算。

（二）湖北省各地市（州）融资平台债规模呈现分化态势，2021～2024 年为偿还高峰期

湖北省各地市（州）融资平台债规模呈现分化态势，主要集中在省本级和武汉市。从各地市（州）融资平台债存量规模看，武汉市和省本级融资平台债存量规模较高，分别为 1189.58 亿元和 1137.30 亿元，合计占到全省融资平台债存量规模的 50.57%；其次为襄阳市和宜昌市，融资平台债存量规模分别为 431.94 亿元和 420.52 亿元；十堰市、随州市、鄂州市和恩施土家族苗族自治州存量融资平台债规模较小，不足 100 亿元。

湖北省融资平台将于 2021～2024 年迎来债券到期高峰期。从湖北省到期分布情况看，2021～2024 年，湖北省融资平台债到期规模均超过 700 亿元，其中，2021 和 2023 年到期规模超过 900 亿元，偿债压力较大。从各地市（州）债券到期分布情况看，2021～2024 年，省本级融资平台偿债规模最大，每年融资平台债到期规模均在 200 亿元以上。湖北省大部分地级市（州）如宜昌市、荆州市和咸宁市等融资平台债到期分布较为均匀，但襄阳市、黄石市融资平台债到期时间分布较不均衡，出现个别年份集中到期现象，如襄阳市 2021 年融资平台债到期规模为 155.80 亿元，占存量规模的 36.07%，黄石市 2023 年融资平台债到期规模为 110.52 亿元，占存量规模的 34.61%。从短期来看，2021 年，省本级、武汉市和襄阳市债券到期规模较大，分别达241.40 亿元、214.94 亿元和 155.80 亿元，偿债压力较大（见表 1）。

表 1   2021 年之后湖北省本级及各地市（州）融资平台债到期分布情况

单位：亿元

地区	2021 年	2022 年	2023 年	2024 年	2025 年	2026 年	2027 年及以后	总计
省本级	241.40	220.90	231.00	201.00	103.00	16.00	124.00	1137.30
武汉市	214.94	142.86	196.28	166.03	126.02	22.54	320.93	1189.58
襄阳市	155.80	47.60	104.60	56.14	45.20	9.40	13.20	431.94
宜昌市	51.80	67.70	58.70	83.20	72.52	20.00	66.60	420.52
黄石市	75.86	50.38	110.52	51.71	14.96	9.36	6.56	319.35
荆门市	31.04	57.64	26.72	54.78	45.98	4.28	0.68	221.12
荆州市	22.55	38.95	31.32	33.92	42.04	12.04	8.18	189.00
咸宁市	26.35	20.75	29.85	27.63	34.63	7.83	5.43	152.45

地区	2021 年	2022 年	2023 年	2024 年	2025 年	2026 年	2027 年及以后	总计
孝感市	47.48	25.72	25.32	10.56	19.66	8.16	6.12	143.02
黄冈市	12.54	18.40	32.50	11.76	27.76	18.76	13.60	135.32
十堰市	7.60	4.60	26.69	25.39	20.39	3.59	1.34	89.60
随州市	9.94	12.54	26.54	6.38	25.00	0.00	0.00	80.40
鄂州市	4.00	11.00	1.00	5.50	6.50	1.50	1.50	31.00
恩施土家族苗族自治州	3.38	1.18	3.08	1.90	1.90	1.90	1.90	15.24
省辖县级市	13.40	9.00	7.60	4.60	4.60	4.60	2.00	45.80
总计	918.07	729.22	911.72	740.49	590.16	139.95	572.04	4601.63

注：2020 年末测算；未考虑含权债券行权，含权债券到期规模统计到存续期的最后一年。

资料来源：Choice 数据库，中诚信国际整理计算。

（三）湖北省融资平台财务状况分析

湖北省融资平台总资产规模稳步增长。从融资平台样本情况看，截至2020 年末，湖北省有存续期融资平台债的融资平台共计 99 家，省内各地市（州）均有融资平台发债。从总资产规模看，99 家融资平台在 2019 年末的总资产合计 38377.13 亿元，2017～2019 年复合增长率中位数为 7.22%。其中，武汉市融资平台总资产规模较大，达 14575.67 亿元，占全省融资平台总资产的 37.98%，武汉市融资平台总资产中位数为 361.76 亿元。从净资产规模看，2019 年末，99 家样本企业净资产中位数为 71.85 亿元；其中，武汉市融资平台净资产规模较大，净资产中位数为 109.41 亿元，孝感市融资平台净资产规模较低，中位数为 49.22 亿元（见图 29）。全部融资平台2017～2019 年净资产复合增长率中位数为 2.86%。

湖北省融资平台自身盈利能力偏弱，对政府资金支持依赖性较强。从融资平台样本情况看，2019 年，湖北省融资平台利润总额合计 375.77 亿元，中位数为 1.54 亿元；其中，武汉市和黄石市的企业利润总额较高，中位数较大，2019 年分别为 2.34 亿元和 2.03 亿元，而其他地市（州）的融资平台利润总额规模均为 1 亿～2 亿元。从利润总额结构看，各地市（州）营业外收入（含其他收益）占比分化情况较大，咸宁市和襄阳市营业外收入

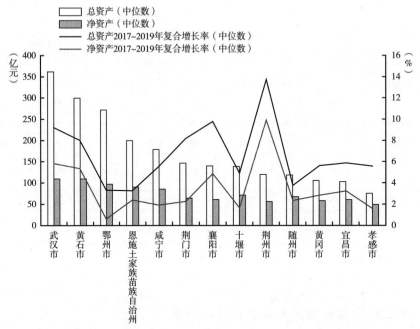

图例：
- 总资产（中位数）
- 净资产（中位数）
- 总资产2017~2019年复合增长率（中位数）
- 净资产2017~2019年复合增长率（中位数）

图 29　2019 年末湖北省各地市（州）融资平台总资产及净资产情况

资料来源：Choice 数据库，中诚信国际整理计算。

（含其他收益）占比中位数较高，分别为 90.46% 和 87.79%，武汉市营业外收入（含其他收益）占比中位数较低，为 4.75%，各地市（州）政府支持在资金支持力度上存在差异（见图 30）。同时，2019 年，湖北省融资平台 EBIT 及 EBITDA 中位数分别为 1.85 亿元和 2.07 亿元，较 2017 年和 2018 年有所增长，但区域内的融资平台尚未形成可持续的市场化竞争力及盈利能力（见图 31）。

资产负债率不断攀升，有息债务以长期债务为主，偿债能力有待加强。2017~2019 年，湖北省融资平台资产负债率中位数分别为 51.94%、55.86% 和 56.28%。截至 2019 年末，湖北省融资平台总负债中位数为 86.96 亿元，刚性债务中位数为 62.15 亿元，占比为 71.47%；其中，短期债务/总债务为 0.14，刚性债务以长期债务为主。从各地市（州）资产负债率中位数情况看，武汉市和襄阳市融资平台资产负债率较高，中位数分别为 66.84% 和 60.63%。偿债能力方面，2019 年，湖北省融资平台流动比率和速动比率中位数分别为 5.20 和 2.03；货币资金/短期债务中位数为 1.53，货币

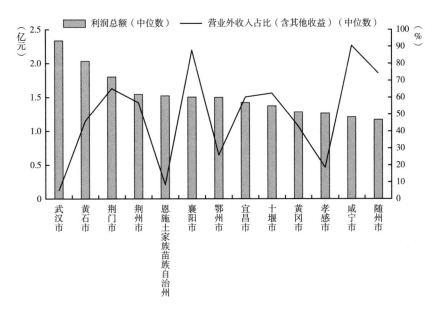

图30 2019年末湖北省各地市（州）融资平台利润总额情况

资料来源：Choice 数据库，中诚信国际整理计算。

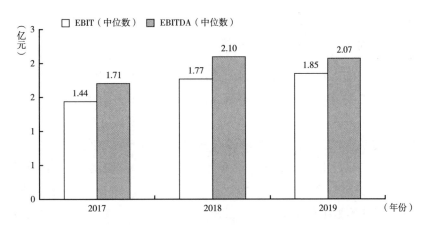

图31 2017～2019年湖北省融资平台 EBIT 和 EBITDA 情况

资料来源：Choice 数据库，中诚信国际整理计算。

资金总体可覆盖短期债务；EBITDA 利息覆盖倍数中位数为 6.03，EBITDA/带息债务中位数为 0.02，EBITDA 对债务本金覆盖能力有待加强。2019 年末湖北省各地市（州）的资产负债率、流动比率和速动比率见图32。

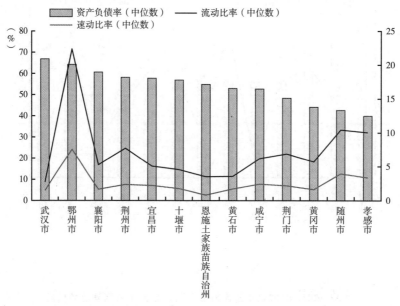

图 32　2019 年末湖北省各地市（州）融资平台负债情况

资料来源：Choice 数据库，中诚信国际整理计算。

（四）融资平台转型情况分析

为防范地方债务风险，推进地方投融资体制改革，湖北省近年来加大融资平台转型力度，但是在经济下行压力不减的背景下，湖北省融资平台面临的转型问题较多。一方面，湖北省整体融资平台转型环境尚可。其一，湖北省 2020 年新增专项债总额占新增债总额的比例为 60.51%，高于全国平均水平，在一定程度上表明湖北地方政府对基建补短板的支持资金相对较多；在一定程度上减轻了融资平台的融资压力。其二，2017 年以来，湖北省PPP 项目累计落地个数逾 300 个，累计中标项目数居全国第 4 位，累计中标投资额居全国第 6 位，表明湖北省社会资本活跃程度较好。其三，湖北省有一定的金融资源，融资平台融资渠道较为丰富，在一定程度上支持融资平台可持续发展。另一方面，湖北省区域经济发展及财政实力欠均衡，武汉市的虹吸效应或抑制全省其他地市（州）的发展，武汉市是全省中心城市，经济规模在全省占比逾 30%，财政收入占全省的近 50%，表明湖北省整体经济发展和财政实力有所失衡，呈现武汉市一家独大的态势，武汉市的虹吸效应或对其他地市（州）有一定的抑制效果。另外，湖北省融资平台的转型发展能力尚待加强。2019 年，湖北省融资平台的资产虽在不断增长，但资产负债率亦不断提高，未来融资平台仍面临一定的债务化解压力；在当前经济下行压力下，湖北省融资平台妥善处置存量债务完成转型仍面临一定阻力。

（五）融资平台信用事件及监管处罚

2018 年至 2020 年末，湖北省没有融资平台或地方政府因涉及违法违规举债行为被处罚。从融资平台信用事件看，2018 年至 2020 年末，湖北省融资平台发生涉及信托计划违约等方面的信用风险事件共 1 起，涉及融资平台为区县融资平台。

结　语

湖北省整体经济及财政实力在全国处于上游水平，消费及投资为经济发展的重要动力；下辖各地市（州）经济发展不平衡，呈现武汉一枝独秀、梯队现象明显的格局；在负债投资的经济增长模式下积累了一定的债务，目前，湖北省债务水平处于可控范围之内，但仍需关注以下风险。

第一，区域发展欠均衡，武汉市的虹吸效应或抑制全省其他地市（州）的发展。武汉市是全省中心城市，经济规模在全省占比逾 30%，财政收入占到全省的近 50%，表明湖北省整体经济发展和财政实力有所失衡。

第二，湖北省各地市（州）融资平台债面临偿还压力。2021～2024 年，湖北省融资平台面临较大规模的融资平台债到期压力，在自身偿债能力较弱且政策趋紧的背景下，部分融资平台或将面临一定的偿债压力，未来需对该情况保持关注。

第三，融资平台再融资及转型风险。近年来，湖北省融资平台负债水平不断攀升，虽然目前整体债务情况尚处于合理水平，但针对即将来临的偿债高峰，在当前货币市场流动性紧平衡、融资成本回升、融资渠道紧缩及债务风险控制持续加码的背景下，需对融资平台再融资能力保持关注。

湖南地方政府与融资平台债务分析研究

贺文俊[*]

要 点

- 湖南省经济发展与财政实力分析：湖南省经济总量处于全国中游偏上的位置，近年来增速持续下滑但仍高于全国水平，第二、第三产业是湖南省社会经济发展的重要力量，各产业集群分散度较高，目前已经形成工程机械、汽车及零部件、电子信息及新材料、石油化工及深加工等多个优势产业集群。从经济增长的驱动力看，投资是湖南省经济发展的第一动力，同时消费对经济增长的拉动作用稳步增强。湖南省财政实力处于全国中游水平，财政平衡能力较弱且逐年下滑，财政收支平衡对上级补助的依赖性较大。省内下辖 14 个地市（州），经济发展较不平衡，财政实力呈现分化趋势，财政平衡率普遍较低。

- 湖南省地方政府债务情况：湖南省显性债务规模高居全国第 6 位，债务余额逼近地方债务限额，剩余额度较小；考虑隐性债务后，湖南省债务规模居于全国前列，负债率及债务率均超过警戒线，其中，债务率大幅超过 100%，债务风险处于较高水平。湖南省存量及新发行地方债规模均处于全国前列，发行成本相对较高，2021~2025 年为地方债偿债高峰期，年到期规模超 900 亿元。

- 湖南省融资平台债情况：湖南省融资平台债存量规模在全国排名靠前，融资平台主体信用等级以 AA 级为主，且集中于"长株潭"地区；涉及行业主要为城市基础设施建设和园区开发与运营，占比分别为 55.38% 和 39.23%；行政层级以地市级为主。2021 年进入

---

* 贺文俊，中诚信国际政府公共评级一部副总监。

424

融资平台偿还高峰期,省内融资平台资产规模保持持续增长,盈利能力整体偏弱。

• 总体来看,湖南省经济总量处于全国中游偏上的位置,近年来,增速持续下滑但高于全国水平,投资是湖南省经济发展的第一动力,同时消费对经济增长的拉动作用稳步提高;财政实力处于全国中游水平,财政平衡能力较弱且逐年下滑,财政收支平衡对上级补助的依赖较大。同时,省内各地市(州)发展不均衡,经济发展水平及财政实力差异较大。近年来,在负债投资拉动经济增长的模式下,湖南省积累了大量的地方政府债务,显性债务及隐性债务规模均高居全国前列,考虑隐性债务的情况,债务率及负债率均超过警戒线,政府债务风险处于较高水平;省内各地市(州)债务规模呈现分化,长沙市债务规模居全省首位,湘潭市、郴州市、衡阳市等6个地市(州)的债务率突破警戒线。湖南省地方债存量及新发行规模均居全国前列,发行成本相对较高,2021~2025年为地方债偿债高峰期,每年到期规模均超900亿元。

一 湖南省经济增长情况及财政实力

(一)经济规模较大,近年来增速持续下滑但依然高于全国水平,投资为经济发展第一动力,消费对经济增长的拉动作用稳步增强

2019年,湖南省经济生产总值在国内31个省份中排名第9(见图1),经济规模较大且增速较高,2019年,湖南省经济增长速度高于全国水平1.13个百分点,但受宏观经济下行影响,自2012年以来,湖南省GDP增速呈下行趋势;2019年,湖南省人均GDP为5.75万元,较全国人均GDP低1.34万元。湖南省经济以第二和第三产业为主,2019年,全省第一、第二、第三产业之比为9.2:37.6:53.2,其对经济增长的贡献率分别为3.6%、44.4%和52.0%,以工程机械、汽车及零部件、新材料及电子信息为核心产业的第二产业以及以金融、商业、文化创意为核心的第三产业是湖南省经济社会发展的重要力量。2020年前三季度,受新冠肺炎疫情影响,湖南省经济增速显著下滑,实现GDP 29780.59亿元,同比增长2.6%。

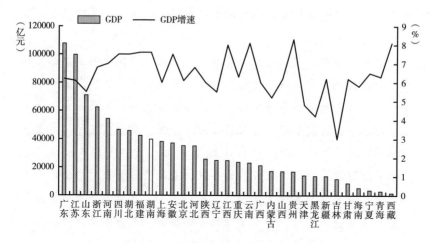

图1　2019年全国各省份GDP及增速

资料来源：全国各省份国民经济和社会发展统计公报，中诚信国际整理计算。

从经济发展驱动力看，投资仍是湖南省经济发展第一动力。近年来，固定资产投资（不含农户）占GDP的比重持续攀升。2017年，该比重达到90.57%；2019年，湖南省固定资产投资（不含农户）比上年增长10.1%（见图2），增速较2018年提升0.1个百分点，其中，基础设施投资下降0.1%，持续下降，但降幅明显收窄。近年来，湖南省消费支出保持增长，2019年，社会消费品零售总额为17239.5亿元，比上年增长10.2%，2019年，湖南省最终消费支出对经济增长的贡献率为56.6%，消费对经济增长的拉动作用稳步增强。

第二、第三产业是湖南省社会经济发展的重要力量，各产业集群的分散度较高，已经形成工程机械、汽车及零部件、电子信息及新材料、石油化工及深加工等多个优势产业集群。目前，湖南省拥有中联重科、湖南黄金、启迪药业、博云新材、唐人神、楚天科技、芒果超媒等118家上市公司，行业涵盖设备制造、医药制造、有色金属、食品加工和文化艺术等，行业种类齐全，覆盖范围较广。

根据《湖南省"十四五"规划和2035年远景目标的建议》，在"十四五"期间，湖南省将着力推进先进装备制造业倍增、战略性新兴产业培育、智能制造赋能、食品医药创优、军民融合发展、品牌提升、产业链供应链提升、产业基础再造等"八大工程"，推动产业向高端化、智能化、绿色化、融合化方向发展；着力推进关键核心技术攻关、基础研究发展、创新主体增量提质、芙蓉人才行动、创新平台建设、创新生态优化、科技成果转化等"七大计划"；同时，构建"一核两副三带四区"区域经济格局，大力推进"长株潭"一体化，打造中部地区崛起核心增长极，带动"3+5"城市群发展；建设岳阳、衡阳两个省域副中心城市，支持岳阳建设长江经济带绿色发展示范区，支持衡阳建设现代产业强市；建设沿京广、沪昆、渝长厦通道的三大经济发展带；推动"长株潭"、洞庭湖、湘南、湘西四大区域①板块协调联动发展。

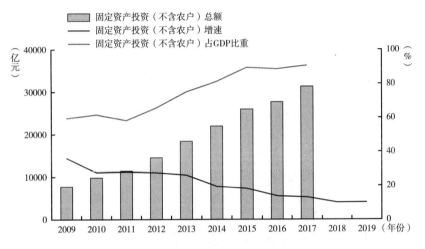

图 2   2009～2019 年湖南省固定资产投资
总额、增速及占 GDP 比重

注：湖南省未公布 2018 年和 2019 年固定资产投资总额数据，故图中未显示。
资料来源：湖南省国民经济和社会发展统计公报。

（二）财政实力处于全国中游水平，但对上级补助较为依赖

湖南省一般公共预算收入在全国排第 13 名，低于其生产总值在全国的排名，一般公共预算收支缺口规模较大。2019 年，湖南省实现一般公共预算收入 3007.00 亿元（见图 3），同比增长 5.10%，高于全国平均水平 1.66

---

① "长株潭"地区是指长沙、株洲和湘潭 3 市，洞庭湖地区是指岳阳、常德和益阳 3 市，湘南地区是指衡阳、郴州和永州 3 市，湘西地区是指邵阳、张家界、怀化、娄底和湘西土家族苗族自治州 5 市（州）。

个百分点，一般公共预算收入中税收收入为 2061.90 亿元，占比为 68.57%；一般公共预算支出为 8034.10 亿元，同比增长 7.4%。财政平衡方面，湖南省财政平衡能力较弱且逐年下滑，2019 年，湖南省财政平衡率为 37.43%，较 2018 年平衡率下降 0.82 个百分点，收支平衡依赖上级补助。

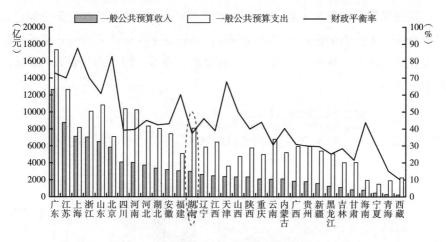

图 3　2019 年全国各省份一般公共预算收支及财政平衡率

资料来源：全国各省份财政决算报告，中诚信国际整理计算。

政府性基金收入持续增长，对综合财力的贡献度较大。近年来，湖南省政府性基金收入持续增长，对综合财力的贡献度持续增长，2017～2019 年，湖南省政府性基金收入分别实现 1284.00 亿元、2229.80 亿元和 2993.90 亿元，占综合财力的比重分别为 17.25%、25.74% 和 30.57%。

国有经济体量较小，收入水平有多波动。湖南省国有经济体量较小，在宏观经济增速放缓的背景下，国有资本运营收入规模较小且有波动。2017～2019 年，湖南省国有资本运营收入分别为 50.65 亿元、34.60 亿元和 45.20 亿元，对综合财力的贡献较小。

（三）省内各地市（州）发展不均衡，"长株潭"地区经济发展水平较高，其次是洞庭湖地区和湘南地区，湘西地区经济发展水平相对落后

湖南省下辖 13 个地级市和 1 个自治州，各区域间经济发展水平、财政实力不均衡，"长株潭"地区由于地域相近、合作紧密，一体化发展策略促进了

区域协同发展。2019 年，"长株潭"地区的 GDP 占全省的 41.57%。"长株潭"战略中长沙市作为省会城市，经济及财政实力远超其他地市（州），2019 年，长沙市 GDP 达 11574.22 亿元，株洲市和湘潭市的 GDP 分别为 3003.13 亿元和 2257.60 亿元；洞庭湖地区的岳阳市、常德市以及湘南地区的衡阳市和郴州市经济相对发达，其 GDP 分别为 3780.41 亿元、3624.2 亿元、3372.68 亿元和 2410.90 亿元；湘西地区经济相对落后，其中，湘西土家族苗族自治州和和张家界市 GDP 分别为 705.71 亿元和 552.10 亿元（见图 4）。

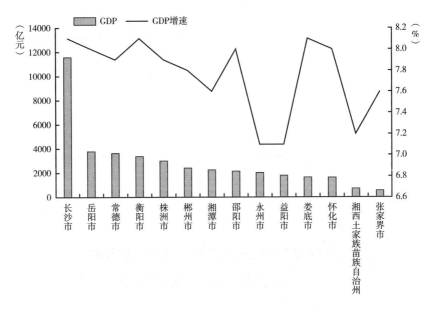

图 4　2019 年湖南省各地市（州）GDP 及 GDP 增速

资料来源：湖南省各地市（州）国民经济和社会发展统计公报。

从各地市（州）财政情况看，长沙市一般公共预算收入最高，为950.23 亿元，财政平衡率为 66.64%，财政自给能力全省最强，其次是株洲，为 200.96 亿元，财政平衡率为 38.40%；常德市、衡阳市一般公共预算收入均超过 170 亿元，分别为 183.52 亿元和 170.2 亿元；岳阳市、郴州市、永州市、湘潭市和邵阳市一般公共预算收入集中在 110 亿~150 亿元，分别为150.18 亿元、140.48 亿元、125.27 亿元、115.52 和 102.94 亿元（见图 5）。财政平衡率方面，除长沙市超过 40% 外，其余地市（州）财政平衡率均在40% 以下，整体财政自给能力较弱。

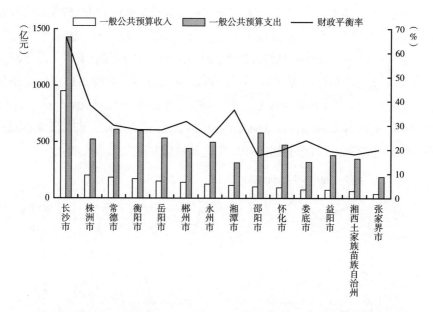

图 5　2019 年湖南省各地市（州）一般公共预算收支及财政平衡率

资料来源：湖南省各地市（州）财政决算报告。

二　显性及隐性债务规模均处于全国前列，
债务风险处于较高水平

（一）政府性债务总量及其增长情况

1. 显性债务持续增长，债务规模居全国第 6 位

湖南省显性债务规模持续增长，债务规模高居全国 31 个省份的前列。从显性债务口径看，2019 年，湖南省地方政府债务余额为 10174.50 亿元，居全国第 6 位，相比 2018 年，地方政府债务余额增加 1466.31 亿元，湖南省 2019 年末政府债务余额已逼近地方债务限额，与 2019 年初的地方债务限额相比，仅差 54.40 亿元（见图 6）。从显性债务口径看，2019 年，湖南省债务率为 103.89%，较 2018 年上升 2.84 个百分点，处于中游水平，居全国第 14 位，且超过国际上 100% 的警戒线；负债率为 25.59%，较 2018 年有所提高，居全国第 14 位，湖南省显性债务压力相对较大（见图 7）。

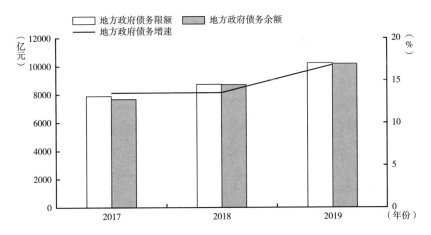

图 6　2017~2019 年湖南省地方政府债务限额、余额及增速变化

资料来源：湖南省财政决算报告。

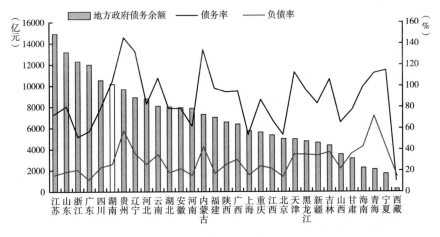

图 7　2019 年全国各省份地方政府债务余额、债务率及负债率

资料来源：全国各省份财政决算报告，中诚信国际整理计算。

2. 隐性债务规模居全国前列，债务风险处于较高水平

湖南省隐性债务规模居全国前列，负债率及债务率在全国处于较高水平。根据中诚信国际测算，2019 年，湖南省隐性债务规模为 16777.15 亿元，居全国第 6 位。考虑隐性债务后，湖南省负债率为 67.80%，居全国第 15 位，超过欧盟确定的 60% 的警戒线；湖南省债务率为 275.21%，居全国第 5 位，大幅超过国际上 100% 的警戒标准（见图 8）。

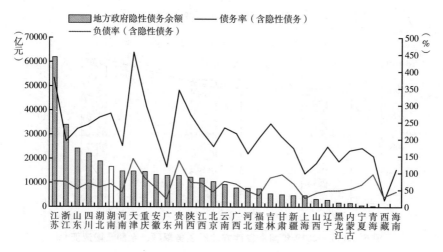

图 8　2019 年全国各省份地方政府隐性债务余额、债务率及负债率

资料来源：全国各省份财政决算报告，中诚信国际整理计算。

3. 湖南省地方债存量及新发行规模均处于全国前列，且 2021 年将进入偿债高峰期

从地方债看，湖南省地方债存量及新发行规模均居全国前列，且 2021 年将进入偿债高峰期。从存量情况看，截至 2020 底，湖南省存量地方债规模为 11753.20 亿元，居全国第 6 位（见图 9）。从发行情况看，2020 年，

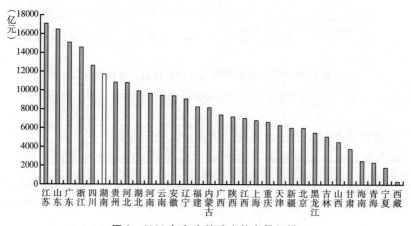

图 9　2020 年各省份地方债存量规模

资料来源：Choice 数据库，中诚信国际整理计算。

湖南省共发行地方债113只，规模合计2550.20亿元，居全国第9位（见图10）；加权平均发行利率为3.45%，居全国第9位，融资成本相对较高，但2017年以来发行利率及利差均呈现回落趋势，融资成本有所下降（见图11、图12）。从到期情况看，2021~2023年，湖南省将进入地方债偿债高峰，每年到期规模均超1000亿元；其中，2023年为偿债峰值，到期规模为1881.14亿元（见图13）。

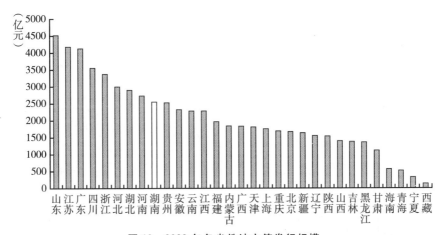

图10 2020年各省份地方债发行规模

资料来源：Choice数据库，中诚信国际整理计算。

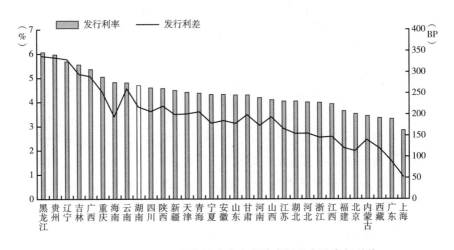

图11 2020年全国各省份融资平台债发行利率及发行利差

资料来源：Choice数据库，中诚信国际整理计算。

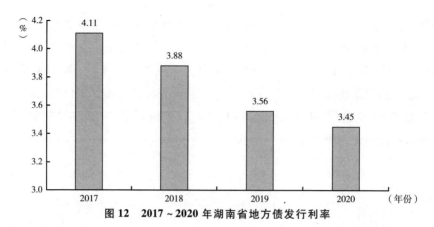

图 12　2017～2020 年湖南省地方债发行利率

资料来源：Choice 数据库。

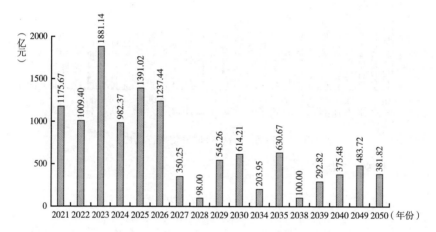

图 13　2021～2050 年湖南省地方债到期分布情况

注：2020 年末测算。

资料来源：Choice 数据库。

从地方债发行结构看，近几年，积极财政政策持续发力，专项债占比不断提高，新增债比重也持续提高（见图 14、图 15）。2020 年，湖南省发行的 2550.20 亿元专项地方债中，新增债为 1737.06 亿元，再融资债为 813.14 亿元；从类别看，一般债为 10 只，规模合计 1016.48 亿元，专项债为 103 只，规模合计 1533.72 亿元。新增债及专项债比例较 2019 年均有所上升，且专项债占比显著提升。从专项债情况看，2020 年，湖南省共发行新增专项债 1334.00 亿元，再融资专项债为 199.72 亿元，其中，新增专项债占专项债总额的 86.98% ，且全部为项目收益专项债；截至 2020 年底，湖南省存量地方政府专项债规模为 5314.11 亿元，占存量总额的比例为45.21% 。

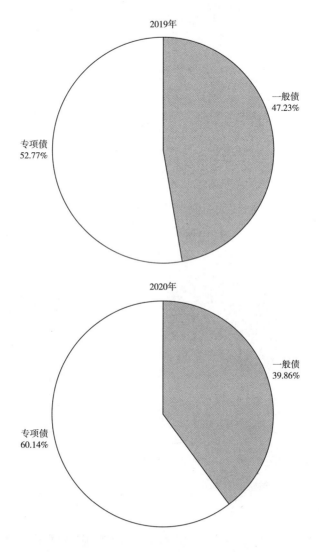

图 14 2019～2020 年一般债及专项债发行分布情况

资料来源：Choice 数据库。

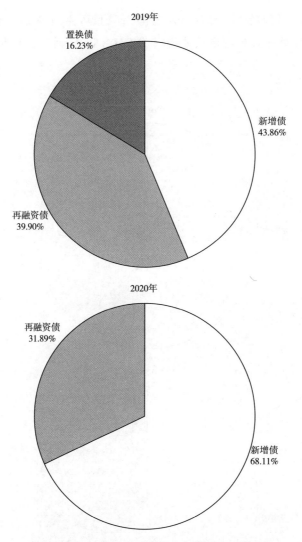

图 15　2019～2020 年湖南省地方债发行结构比较

资料来源：Choice 数据库。

（二）省内各地市（州）差异：长沙市显性债务规模居全省首
位，其次为衡阳市、郴州市和株洲市；张家界市债务率居全省首
位，共 6 个地市（州）债务率突破警戒线

显性债务规模方面，2019 年末，湖南省 14 个地市（州）中长沙市债务

规模最高，为1823.30亿元，远高于其余各地市（州）；规模排第2~4位的为衡阳市、郴州市和株洲市，分别为793.17亿元、747.59亿元和705.10亿元，债务规模均在700亿元以上；常德市、怀化市、岳阳市、湘潭市和邵阳市债务规模为450亿~600亿元；永州市、益阳市、娄底市和湘西土家族苗族自治州为300亿~450亿元；张家界市债务规模最低，为174.28亿元。债务率方面，2019年，张家界市、湘西土家族苗族自治州、湘潭市、郴州市、怀化市和衡阳市债务率均突破了国际上100%的警戒线，风险较高；2019年末，湖南省14个地市（州）负债率较高的为湘西土家族苗族自治州为42.72%，怀化市、张家界市和郴州市的负债率为30%~40%，其余均未超过30%。（见图16）

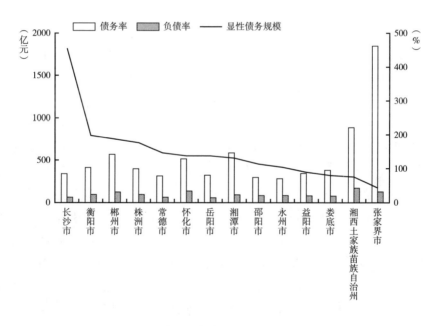

图16 2019年末湖南省各地市（州）负债情况

资料来源：湖南省各地市（州）财政决算报告。

（三）湖南省债务管理政策：甄别并严控政府性债务风险、持续推进清理整顿地方融资平台

2017年以来，尤其是在《关于进一步规范地方政府举债融资行为的

通知》（财预〔2017〕50号）及《关于坚决制止地方以政府购买服务名义违法违规融资的通知》（财预〔2017〕87号）下发以后，湖南省相继出台相关政策就防范化解政府性债务、清理整顿融资平台给出指导路径。债务方面，2018年2月，《中共湖南省委 湖南省人民政府关于严控政府性债务增长切实防范债务风险的若干意见》提出坚决制止各类违规举债、清理整顿融资平台的总目标。2018年4月，《湖南省财政厅关于压减投资项目切实做好甄别核实政府性债务有关工作的紧急通知》要求各地按照"停、缓、调、撤"的原则减压投资项目，从资金需求端严控增量，同时切实做好政府性债务的甄别核实。湖南省加大力度清理整顿融资平台，促使融资平台转型。2018年，湖南省政府性债务管理工作领导小组发布《关于征求〈关于清理规范政府融资平台公司管理的通知（代拟稿）〉意见的函》，依据此函省、市、县按照"省级不超过5个、市级不超过3个、县级不超过2个、国家级园区不超过1个"的原则清理整顿融资平台，同时严控融资平台层级。该政策下发后，常德等地市出台融资平台整合转型的相关方案并持续推进。2019年，湖南省资产管理有限公司牵头设立了初始规模为100亿元的湖南省债务风险化解基金，通过集合信托的形式向地方融资平台提供偿债的短期周转资金，截至2020年6月，已有60亿元左右投向十几个县（市），包括湘潭、衡阳、邵阳、耒阳、衡阳县、湘西州、浏阳、芷江、醴陵、攸县等，有效化解了地方政府短期债务风险；同期，湖南省第二家地方资产管理公司——长沙湘江资产管理有限公司成立，进一步推进地方政府债务化解。2020年7月，湖南省公布的《关于2019年度省级预算执行和其他财政收支的审计工作报告》显示，2019年，湖南省设立省级债务化解基金，清理整合350家融资平台，对3个市本级和14个县（市、区）开展的政府性债务审计结果表明各市县认真贯彻落实加强政府债务管理的总体要求，对政府隐性债务进行全面清理，各地债务风险总体可控；但与此同时，也发现了一些地方落实债务管理要求还不够到位、部分市县化债措施不具体或未落实、部分市县融资平台转型不彻底等问题。

三 湖南省融资平台债存量规模较大，各地市（州）存量规模呈现区域分化态势，2021 年开始进入偿债高峰期

（一）湖南省融资平台数量较多且主要集中在"长株潭"地区，AA 级及以上信用等级占比较高，发行成本居全国中上游，2022 ~ 2024 年为偿债高峰期，到期债务压力较大

截至 2020 年末，湖南省仍有存量债的融资平台达 130 家①。从主体信用等级看，湖南省融资平台以 AA 级为主，占比为 61.24%，其次为 AA + 级，占比为 17.83%，AA - 级、AAA 级占比分别为 16.28% 和 4.65%（见图 17）。从省内区域分布看，湖南省融资平台主要分布于长沙市、郴州市、株洲市、岳阳市及湘潭市等地市，且明显集中于"长株潭"地区，数量达到 53 家②，占总数的 40.77%；长沙、株洲、湘潭三市融资平台数量分别为 28 家、14 家和 11 家，其余融资平台数量相对较多的地区包括郴州市（14 家）、

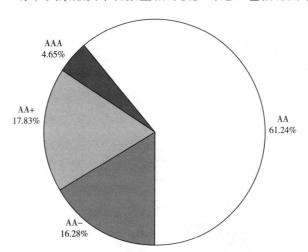

图 17　湖南省融资平台信用等级分布情况

资料来源：Choice 数据库。

---

① 含项目收益债发行主体 1 家，无主体信用等级的在相关统计中予以剔除。
② 包含驻地在长沙市的省属融资平台以及长沙市本地区融资平台。

岳阳市（12家）、常德市（9家）及衡阳市（9家）（见图18）。从业务分布看，湖南省融资平台涉及行业主要为城市基础设施建设、园区及片区开发运营、城乡综合开发和交通基础设施投资，占比分别为55.38%、39.23%、3.08%和2.31%（见图19）。从行政层级看，湖南省融资平台行政层级以

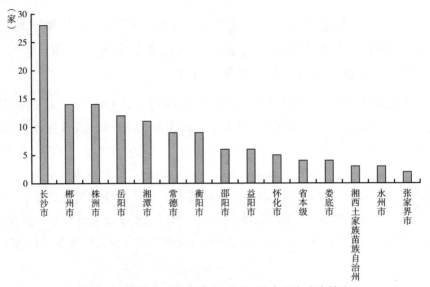

图18 湖南省本级及各地市（州）融资平台分布情况

资料来源：中诚信国际区域风险数据库。

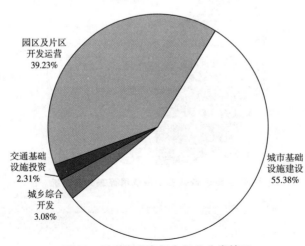

图19 湖南省融资平台行业分类情况

资料来源：中诚信国际区域风险数据库。

地市级为主，占比达到 50.00%，其次为区县级融资平台，占比达到 46.92%，省属融资平台占比仅为 3.08%（见图 20）。从 2020 年末存续的 4 家省属融资平台看，最终控制人均为湖南省人民政府国有资产监督管理委员会（见图 21）。

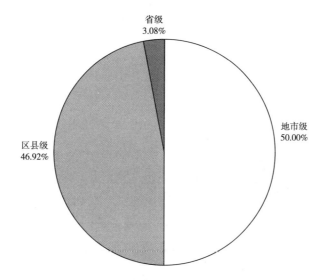

图 20　湖南省融资平台行政层级分布情况

资料来源：Choice 数据库，中诚信国际整理计算。

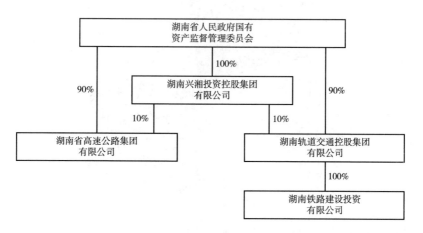

图 21　湖南省省属融资平台股权结构

资料来源：Choice 数据库，中诚信国际整理计算。

截至2020年底，湖南省存量融资平台债共计770只，债券余额共计6055.29亿元，存量规模在全国排名靠前（见图22）。从债券种类看，以私募债、一般企业债、定向工具和一般中期票据为主，数量占比分别为25.84%、24.81%、22.86%和20.13%（见图23）。从债券期限看，以5年为主，占比达

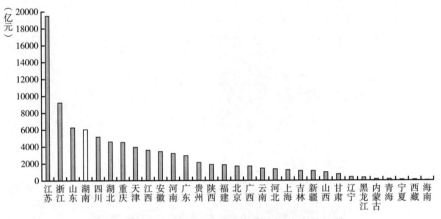

图22　2020年末全国各省份存量融资平台债规模

资料来源：Choice数据库，中诚信国际整理计算。

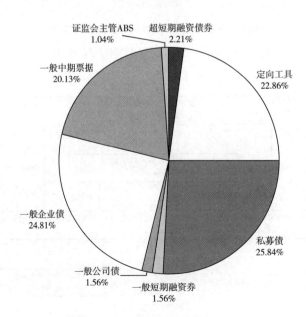

图23　存量融资平台债种类分布

资料来源：Choice数据库。

到 49.87% ，其次为 7 年和 3 年，占比分别为 25.45% 和 16.75% （见图 24）。从债项信用等级看，以 AA 级为主，占比为 46.84% ，其次为 AA + 级，占比为 36.90% （见图 25）。从收益率和交易利差看，湖南省融资平台债加权平均到期收益率、交易利差分别为 5.46% 、276.75BP，在全国范围内处于较高水平（见图 26）。

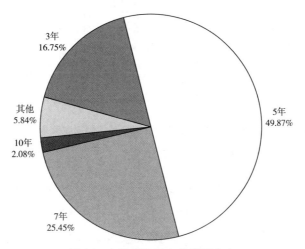

图 24　存量融资平台债期限分布

资料来源：Choice 数据库。

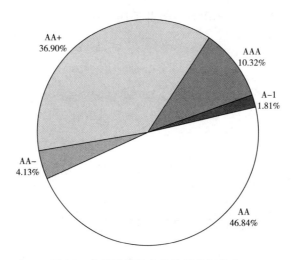

图 25　存量融资平台债信用等级分布

资料来源：Choice 数据库。

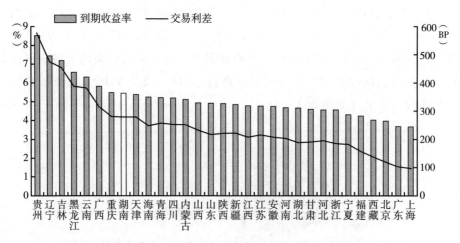

图 26　2020 年末全国各省份存量融资平台债到期收益率及交易利差

资料来源：Choice 数据库，中诚信国际整理计算。

从发行情况看，2020 年，湖南省共发行融资平台债 270 只，规模合计 2157.50 亿元，居全国前列（见图 27）。从发行区域看，集中在长沙市、株洲市、省本级、常德市、岳阳市和衡阳市，其余地市（州）发行数量之和占比不到 21%（见图 28）。从债券种类看，以公司债和中期票据为主，占比分别为 36.30% 和 23.33%，其次为定向工具和短期融资券，占比分别为 14.44% 和 14.07%（见图 29）。湖南省本级及各地市（州）融资平台债加权平均发

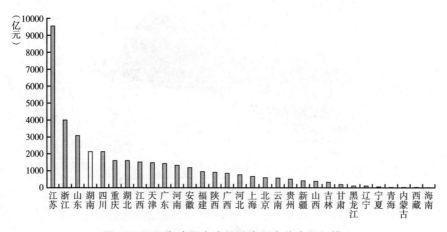

图 27　2020 年全国各省份融资平台债发行规模

资料来源：Choice 数据库，中诚信国际整理计算。

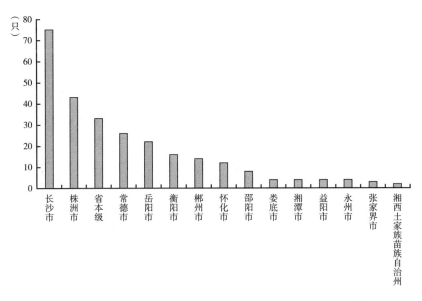

图 28 湖南省本级及各地市（州）融资平台债发行数量分布

资料来源：Choice 数据库，中诚信国际整理计算。

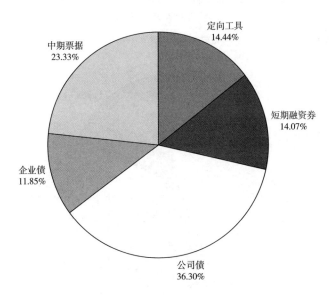

图 29 融资平台债发行种类分布

资料来源：Choice 数据库，中诚信国际整理计算。

行利率、利差中湘潭市最高（见图30）。从债券期限看，以5年主，占比达到47.41%（见图31）。从发行利率、利差看，湖南省加权平均发行利率、利差分别为4.72%和218.22BP，发行成本居全国中上游水平（见图32）。

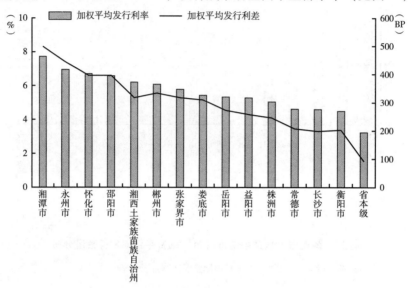

图30 湖南省本级及各地市（州）融资平台债发行利率及发行利差

资料来源：Choice数据库，中诚信国际整理计算。

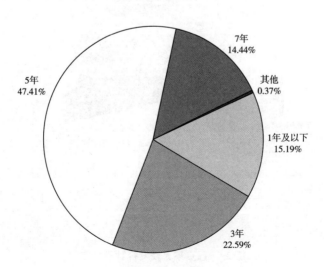

图31 融资平台债发行期限种类分布

资料来源：Choice数据库，中诚信国际整理计算。

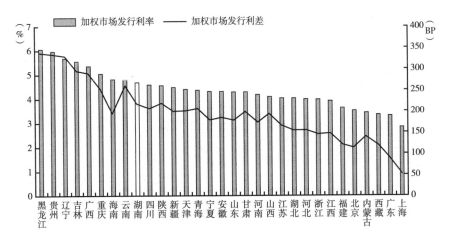

图 32　2020 年全国各省份融资平台债发行利率及发行利差

资料来源：Choice 数据库，中诚信国际整理计算。

从到期情况看，2021 年，湖南省融资平台债到期及最大回售规模合计 1532.30 亿元，其中，到期规模为 953.33 亿元，回售最大规模为 578.97 亿元。2021 年湖南省融资平台债月度偿还情况见图 33。从年度到期情况分布看，2021~2023 年出现到期及回售高峰期，到期及最大回售总规模分别为 1532.30 亿元、1561.88 亿元和 1781.12 亿元（见图 34）。

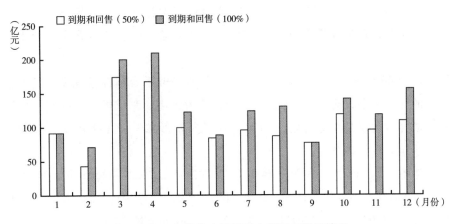

图 33　2021 年湖南省融资平台债月度偿还情况

注：2020 年末测算。

资料来源：Choice 数据库，中诚信国际整理计算。

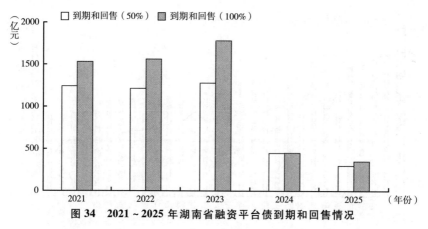

图34　2021～2025年湖南省融资平台债到期和回售情况

注：2020年末测算。

资料来源：Choice数据库，中诚信国际整理计算。

（二）各地市（州）融资平台债存量规模差异较大，整体看2021年开始进入偿债高峰期

从融资平台债存量规模来看，湖南省各地市（州）融资平台债规模差异较大。长沙市、株洲市和省本级存量规模居湖南省前三位，其中，长沙市存量规模为1546.06亿元，远超其他地市（州），株洲市和省本级分别为946.87亿元和715.68亿元，居第2、3位；其次为常德市、衡阳市、郴州市和岳阳市，存量规模为300亿～550亿元；娄底市、张家界市和湘西土家族苗族自治州存量规模均在100亿元以下，其中，湘西土家族苗族自治州最小，仅为40亿元。结合综合财力看，永州市融资平台债存量规模与其综合财力的比例最小，为18.21%，整体偿债压力较小，张家界市和株洲市融资平台债存量规模与其综合财力的比重分别为212.52%和134.08%，存在较大偿债压力（见图35）。

从各地市（州）融资平台债到期情况看，2021～2025年，各地市（州）整体到期债券压力较大，均在900亿元以上，其中，2025年达到最高峰，为1258.02亿元。2021年，省本级、长沙市及株洲市到期债券规模较大，分别为202.58亿元、201.60亿元和195.10亿元，偿债压力较大；此外，长沙市及株洲市2021～2025年每年到期债券规模均在100亿元以上，省本级2023年的到期债券规模也超过100亿元。常德市在2022～2023年到

期债券规模达到高峰期，每年均在 100 亿元以上；衡阳市到期债券于 2023 年达到高峰，为 134.60 亿元。除上述地市（州）外，其余地市（州）各年到期债券规模均在 100 亿元以下，债务压力分布较为均匀。（见表1）

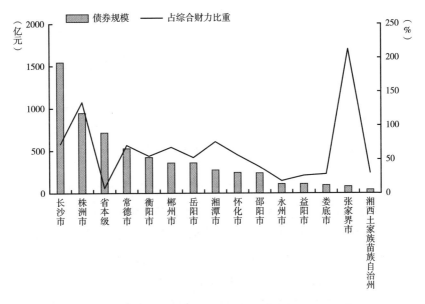

图 35　2020 年末湖南省各地市（州）存量融资平台债情况

资料来源：Choice 数据库，中诚信国际整理计算。

表 1　2021 年及以后湖南省各地市（州）债券到期分布情况（未调整回售情况）

单位：亿元

地区	2021 年	2022 年	2023 年	2024 年	2025 年	2026 年及以后	合计
常德市	77.40	108.50	122.05	68.20	89.90	60.60	526.65
郴州市	54.60	40.40	47.38	88.76	69.10	58.22	358.46
衡阳市	62.00	57.20	134.60	85.84	66.50	16.50	422.64
省本级	202.58	80.93	125.00	80.50	194.40	32.27	715.68
怀化市	23.10	38.70	28.02	63.40	75.50	13.00	241.72
娄底市	11.00	19.20	28.98	22.80	12.10	0.00	94.08
邵阳市	23.60	61.74	54.66	24.20	50.00	23.38	237.58
湘潭市	36.75	58.16	71.50	62.01	36.40	8.00	272.82
湘西土家族苗族自治州	—	8.40	—	17.60	5.00	9.00	40.00
益阳市	3.00	21.30	7.79	30.80	19.50	25.10	107.49
永州市	—	36.80	41.60	18.50	11.07	0.00	107.97

地区	2021 年	2022 年	2023 年	2024 年	2025 年	2026 年及以后	合计
岳阳市	45.60	89.10	65.54	28.70	44.00	84.23	357.17
张家界市	17.00	8.00	23.10	—	15.00	17.00	80.10
长沙市	201.60	176.00	363.87	269.40	381.90	153.29	1546.06
株洲市	195.10	170.80	136.72	223.90	187.65	32.70	946.87
合计	953.33	975.23	1250.81	1084.61	1258.02	533.28	6055.29

注：2020 年末测算

资料来源：Choice 数据库，中诚信国际整理计算。

（三）湖南省融资平台财务状况分析

近年来，融资平台资产规模保持快速增长。截至 2020 年底，湖南省有存量债的企业共 130 家，债券发行数量较多，整体债券市场参与度较高，各地市（州）均有存续债。从总资产规模看，2019 年末，130 家企业总资产合计 41890.62 亿元，总资产中位数为 202.53 亿元；其中，常德市和邵阳市的企业资产规模最高，总资产中位数分别为 281.56 亿元和 278.61 亿元。从净资产看，2019 年末，130 家企业净资产合计 20506.23 亿元，保持稳步增长，净资产中位数为 102.25 亿元；其中，常德市和邵阳市的企业净资产规模较高，净资产中位数分别为 188.09 亿元和 150.08 亿元（见图 36）。

资产流动性方面，2019 年末，湖南省融资平台流动比率中位数为 5.39，速动比率中位数为 1.82，流动比率与速动比率差异显著主要因为融资平台资产以土地为主。各地市（州）中，流动比率中位数较高的为郴州市和张家界市，分别为 9.91 与 9.84；速动比率中位数较高的为张家界市和郴州市，分别为 6.22 与 3.21。考虑到融资平台流动资产除存货以外，其他应收款及应收账款占比较大，企业的实际资产流动性偏弱。

自身盈利能力偏弱。2019 年，湖南省融资平台利润总额合计为 323.54 亿元，均值为 2.55 亿元，其中，长沙市企业利润总额远高于其他地市（州），为 96.83 亿元，除长沙外，湘潭市、株洲市和常德市的企业利润总额较高。永州市和长沙市融资平台利润中位数较大，2019 年分别为 3.39 亿元和 2.61 亿元（见图 37）。

负债水平尚可，刚性债务占比较高。2019 年末，湖南省各地市（州）

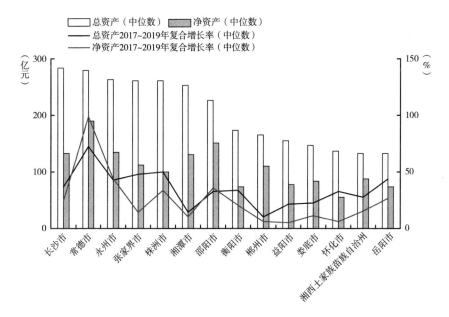

图 36　2019 年末湖南省各地市（州）融资平台总资产及净资产情况

资料来源：Choice 数据库，中诚信国际整理计算。

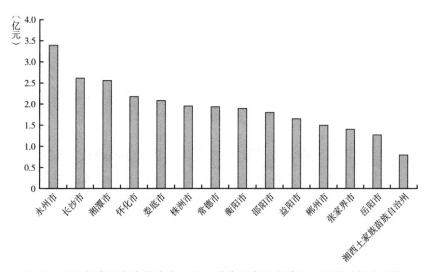

图 37　2019 年末湖南省各地市（州）融资平台利润情况（利润总额中位数）

资料来源：Choice 数据库，中诚信国际整理计算。

融资平台资产负债率中位数为 48.59%，总负债合计 21384.40 亿元，中位数为 82.30 亿元，带息债务合计 15481.91 亿元，占总负债的比重为

72.40%，中位数为 60.98 亿元。以各地市（州）资产负债率中位数情况看，株洲市、怀化市、长沙市、张家界市、衡阳市和益阳市的融资平台资产负债率较高，中位数均超过 50%（见图 38）。

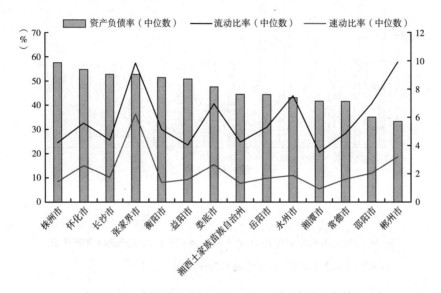

图 38　2019 年末湖南省各地市（州）融资平台负债情况

资料来源：Choice 数据库，中诚信国际整理计算。

（四）融资平台信用事件及监管处罚：2018～2020 年共发生 8 起违规处罚事件、7 起信用风险事件

在坚决打好防风险攻坚战的大背景下，中央持续加强对地方政府债务风险的防控，加大对各地政府违法违规举债行为的监管处罚力度。根据 2017 年财政部预算司公布的《财政部关于请依法问责部分市县政府违法违规举债担保问题的函》以及《财政部、国家发展改革委依法分别处理个别会计师事务所和发债企业涉及地方政府违法违规举债担保问题》，2018～2020 年，湖南省共发生 10 起融资平台或地方政府因涉及违法违规举债行为被处罚事件。从融资平台信用事件看，2018～2020 年，湖南省融资平台发生涉及信托计划违约等方面的信用风险事件共 5 起。

（五）融资平台转型情况分析

全省隐性债务负担较重、转型条件一般；全省持续推进融资平台整合转型工作，实际效果以整合为主，各地进度不一。为防范地方债务风险、推进地方投融资体制改革，湖南省近年来加大融资平台转型力度，但是在经济下行压力不减及隐性债务突出的背景下，湖南省融资平台面临的转型问题较多。湖南省隐性债务规模居全国前列，且负债率及债务率处于全国较高水平。根据中诚信国际测算，2019 年，湖南省隐性债务规模为 16777.15 亿元，居全国第 5 位。考虑隐性债务后，湖南省负债率为 67.80%，居全国第 15 位，超过欧盟确定的 60% 的警戒线；湖南省债务率为 275.21%，在全国排第 5 位，大幅超过国际上 100% 的警戒线。2018 年以来，湖南省先后下发多个文件防范化解债务风险、推进融资平台整合转型工作，长沙、常德、株洲等多地市（州）也相应出台实施方案，并结合专项审计工作积极推进融资平台整合转型。在实际执行过程中，各地市（州）进展不一，市级融资平台基本按照《中共湖南省委　湖南省人民政府关于严控政府性债务增长切实防范债务风险的若干意见》和《关于征求〈关于清理规范政府融资平台公司管理的通知（代拟稿）〉意见的函》的要求开展融资平台整合工作，截至 2020 年末，长沙、株洲、常德、岳阳等地市级融资平台按照"市级不超过 3 个、县级不超过 2 个、国家级园区不超过 1 个"的原则基本完成整合工作。但受债务负担较重、各地市（州）转型资源等限制，各地市（州）融资平台在转型方面进展缓慢，各地进度不一。

结　语

湖南省经济总量位于全国前列，近年来，增速持续下滑但高于全国水平，投资是湖南省经济的第一动力，同时消费对经济增长的拉动作用稳步增强；财政实力处于全国中游水平，财政平衡能力较弱且逐年下滑，当地对上级补助的依赖性较强。同时，省内各地市（州）发展不均衡，各地区经济发展水平及财政实力差异较大。近年来，在负债投资拉动经济增长的模式下，湖南省积累了较多政府性债务，显性债务及隐性债务规模均居全国前列，考虑隐性债务后的债务率及负债率均超过警戒线，政府债务风险处于较高水平；省内各地市（州）显性债务规模呈现分化，长沙债务规模居全省首位，其次为衡阳、郴州和株洲；张家界市债务率居全省首位，湘潭市、郴州市、衡阳市等6个地市（州）债务率突破警戒线。湖南省地方债存量及新发行规模均处于全国前列，发行成本相对较高，2021~2025年为地方债偿债高峰期，年到期规模超900亿元。

　　湖南省融资平台债存量规模较大，各地市（州）存量规模呈现区域分化，2021年开始进入偿债高峰期，省内融资平台总资产规模保持增长，但盈利能力较弱。湖南省化解地方政府债务以甄别并严控政府性债务风险、持续推进清理整顿地方融资平台等方式为主，近年来取得一定成效，但全省隐性债务负担较重、转型条件一般，全省持续推进融资平台整合转型工作的实际效果以整合为主，转型方面进展缓慢，各地进度不一。

广东地方政府与融资平台债务分析报告

刘艳美　　胡玲雅

要　点

●广东省经济发展与财政实力：广东省经济总量和财政实力在全国均位列第一，经济和公共预算收入增速较快，主要受珠三角地区区域优势和经济集聚效应的拉动。但省内其他地区经济实力相对较弱，人均 GDP 水平低于全国平均水平。区域发展的不平衡是广东省面临的重大问题之一。

●广东省地方政府债务情况：2019 年末，广东省政府债务处于可控范围内，考虑隐性债务后，债务率虽超过警戒线，但低于全国各省份平均水平。从省内情况来看，各地级市债务情况分化明显，清远、揭阳等的债务水平较高，债务压力相对较大。东翼及山区部分地级市显性债务率处于适中水平，但基建不完善且财政实力较弱，未来或通过发债的方式解决建设资金，显性债务率预计会进一步上升。

●广东省融资平台情况及转型压力：广东省融资平台存量债券规模居于全国前列且以中长期为主，企业债和中期票据是其发债的主要券种，发行人信用等级以 AA 级为主。2019 年，广东省具有存量债券的融资平台整体资产负债率不高且短期债务偿还压力较小。对于经济和财政实力均很强的珠三角地区，融资平台转型主要在于规范其和政府的契约关系以及资金结算关系，对于基础设施建设以及经济实力相比较弱的粤东西北地区，融资平台债规模不大，转型

---

* 刘艳美，中诚信国际政府公共评级二部副总监；胡玲雅，中诚信国际政府公共评级二部分析师。

455

难度以及在转型过程中可能发生的债务违约风险较小。

● 总体来看，广东省经济总量位列全国第一，经济保持快速发展，但区域发展不平衡，区域财政实力分化明显。2019 年末，广东省政府债务处于可控范围内，债务率仍低于全国各省份平均水平，但各市州债务分化明显，部分地区债务水平较高，债务压力相对较大。2019 年末，广东省具有存量债券的融资平台整体资产负债率不高，短期债务偿还压力较小，转型压力不大。

一　广东省经济财政实力很强，但区域发展极不平衡

（一）经济总量大且快速增长，产业结构以第二、三产业为主，内需和投资需求旺盛

广东省经济基础较强，近年来发展迅速。受益于珠三角经济集聚效应和区位优势等，广东省经济总量近年来保持全国领先地位。2019 年，广东省实现地区生产总值（GDP）10.77 万亿元，首次突破 10 万亿元大关，在全国各省份中排名第 1；广东省常住人口为 11521 万人，人均 GDP 为 9.42 万元，在全国排名第 6，仅次于北京市、上海市、江苏省、浙江省及福建省。在近年来我国经济增长由高速转为中高速的背景下，广东省经济始终稳步增长，经济增速均高于全国平均水平，2019 年广东省 GDP 增速为 6.2%（见图 1）。

产业结构以第二、第三产业为主。截至 2019 年底，广东省第一、第二、第三产业占比分别为 4.0%、40.4% 以及 55.5%。其中，第一产业增加值为 4351.26 亿元，增长 4.1%，对地区生产总值增长的贡献率为 2.6%；第二产业增加值为 43546.43 亿元，增长 4.7%，对地区生产总值增长的贡献率为 33.6%；第三产业增加值为 59773.38 亿元，增长 7.5%，对地区生产总值增长的贡献率为 63.8%。产业结构向第二、第三产业倾斜，产业发展以先进制造业、高科技制造业以及现代服务业为主。

省内需求旺盛，投资保持较快增速，出口的拉动作用有所回升。2019 年，广东省全年社会消费品零售总额 42951.75 亿元，占全国社会消费品

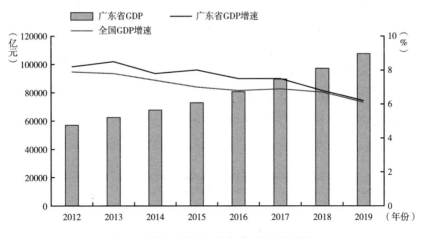

图1　2012～2019年广东省GDP及增速

资料来源：广东省国民经济和社会发展统计公报。

零售总额比重为10.43%，消费增速为8.00%，与全国消费增速持平。近年来，广东省固定资产投资增速有所回落，但自2015年以来均保持在10%以上。2019年，为推进粤港澳大湾区和深圳中国特色社会主义先行示范区建设，广东省固定资产投资增速小幅回升至11.1%，高于全国平均水平，主要系房地产和基建投资拉动。2019年，广东省净出口额增至15321.9亿元，比上年增加1512.2亿元；2020年以来，受新冠肺炎疫情影响，预计广东省外贸经济发展短期将进一步承压。总的来看，2019年，在省内需求旺盛、投资保持较快增速以及出口的共同拉动下，广东省经济保持快速发展。

（二）财政实力很强，税收收入占比保持在较高水平

地方综合财政实力很强。2018年以来，受"营改增"及减税降费政策的影响，广东省一般公共预算收入增速有所下滑，但一般公共预算收入仍居全国首位。2019年，广东省一般公共预算收入为12651.46亿元，在全国居第1位，同比增长4.5%，增幅较2018年回落3.4个百分点，占地方综合财力的比重为59.97%；其中，税收收入为10062.35亿元，主要系增值税和所得税收入，同比增长3.3%，增幅比上年降低6.5个百分点，占一般公共预算收入的比重为79.54%，财政质量较好（见图2）。2019年，

广东省一般公共预算支出为 17314.12 亿元，同比增长 10.0%，包括教育（3189.64 亿元）、城乡社区（2430.22 亿元）、社会保障和就业（1709.48 亿元）及卫生健康（1581.04 亿元）等方面的支出，合计占比为 51.46%。近年来，广东省财政平衡率有所下降，2019 年较上年下降 3.89 个百分点至 73.07%，居全国第 3 位，仅次于上海市和北京市。2019 年，广东省获得中央税收返还及转移支付共计 2045.46 亿元，占地方综合财力的比重为 9.70%。

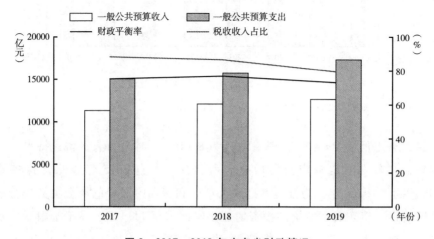

图 2　2017～2019 年广东省财政情况

资料来源：广东省财政决算报告。

政府性基金收入持续增长。2017 年以来，得益于房地产价格回暖、土地价格攀升以及政府增加保障住房投入，广东省政府性基金收入持续增长。2019 年，广东省实现政府性基金收入 6111.99 亿元，同比增长 3.80%，占地方综合财力的比重为 28.97%，居全国第 4 位，仅次于浙江省、江苏省、山东省；其中，国有土地使用权出让收入为 5530.69 亿元，同比增长 2.04%。

国有资本运行收入很高。受益于省级国有资本收益上缴比例和国有资本运营效率的提高，2019 年，广东省国有资本运营收入为 286.19 亿元，同比增长 45.5%，居全国第 1 位，主要原因是部分企业的利润收入和股利股息收入的增加。

（三）省内区域经济发展极不平衡，区域经济财政实力分化明显，粤东西北地区①发展相对滞后

珠三角地区经济发达程度较高，其他区域相对落后，区域发展较不平衡。广东省下辖21个地级市，分为珠三角地区（包括广州、深圳、珠海、东莞、肇庆、江门、中山、惠州及佛山等9个地级市）、东翼（包括汕头、汕尾、揭阳及潮州等东部沿海地区4个地级市）、西翼（包括湛江、阳江及茂名3个位于广东省西部的地级市）和山区（包括韶关、梅州、云浮、河源和清远等5个地级市），其中，珠三角地区经济发展程度较高，其他地区相对落后，区域发展不均衡。从各地级市经济情况看，2019年，深圳市经济实力居全省首位，GDP为26927.09亿元，排在第2名的广州市的GDP为23628.6亿元；GDP不超过1000亿元的城市为云浮市，GDP为921.96亿元，经济发展水平相对落后（见图3）。

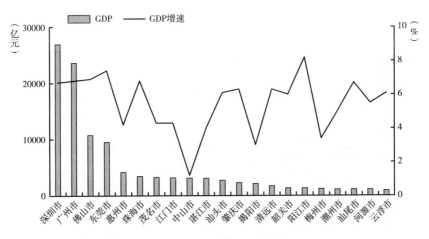

图3　2019年广东省各地级市GDP及增速

资料来源：广东省各地级市国民经济和社会发展统计公报。

各市财政实力差异较大，财政平衡率分化明显。从各市一般公共预算收入看，广东省各地级市两极分化明显。2019年，深圳市和广州市一般公共预算收入分别达到3773.38亿元和1697.21亿元，合计占广东省一般公共预

---

① 粤东西北地区指广东省除了珠三角地区之外的地区。

算收入的比重为 43.23%；与此同时，梅州市、河源市、揭阳市、阳江市、云浮市、潮州市、汕尾市一般公共预算收入较少，均低于 100 亿元，其中，潮州市和汕尾市较低，分别为 48.01 亿元和 42.45 亿元。从一般公共预算收入的质量来看，东莞、珠海、深圳、广州以及阳江等市税收收入占比均在 75.00% 以上，肇庆、清远、中山、惠州、汕头、佛山、湛江等市税收收入占比在 70.00% 以上，广东省各地级市税收收入占比均在 50% 以上，珠三角地区部分城市较稳定的收入来源使广东省整体收入质量较好。从财政平衡率指标来看，珠三角地区城市除肇庆市财政平衡率较低为 33% 外，其他地区均在 55% 及以上，粤东西北城市的财政平衡率除汕头市外均在 35% 以下，财政自给自足的能力较弱（见图 4）。此外，河源、汕尾、梅州、湛江、阳江获得的上级补助均超过公共预算收入的 2 倍，对上级补助的依赖性较强。

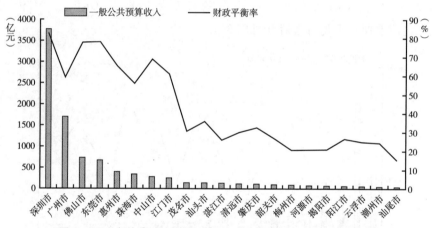

图 4　2019 年广东省各地级市一般公共预算收入及财政平衡率

资料来源：广东省各地级市财政决算报告。

二　广东省地方政府债务总量规模大，但债务率低于全国各省份平均水平

（一）政府债务规模较大，隐性债务规模持续增长

政府债务余额较大，但债务率相对较低。从显性债务口径看，2019 年，广东省地方政府债务余额为 11948.95 亿元，规模居全国前列，相比 2018 年

地方债务余额增加 1941.14 亿元，同比增长 19.40%，较上年提升 8.49 个百分点；但债务余额仍保持在地方债务限额内，较 2019 年地方债务限额相比，仍有 2249.12 亿元额度。2020 年 1~12 月，在广东省发行的 4121.21 亿元地方债中，新增债为 3587.82 亿元，再融资债为 533.39 亿元；从类别看，一般债为 9 只，规模共计 898.58 亿元，专项债为 162 只，规模共计 3222.64 亿元。从存量债结构情况看，截至 2020 年末，广东省存量地方政府专项债规模为 9439.75 亿元，占存量总额的比例为 62.37%。总体看来，广东省政府债务规模较大，但很大的经济体量和很强的财政实力使债务率和负债率均远低于全国平均水平。2019 年，广东省债务率为 56.64%，负债率为 11.1%，相比其他省份较小，远低于 100% 的债务红线。从债务到期分布来看，截至 2020 年末，广东省存量地方债规模为 15134.53 亿元，居全国第 3 位，2023 年广东省将到达地方债偿债高峰，年到期规模近 2000 亿元（见图 5）。

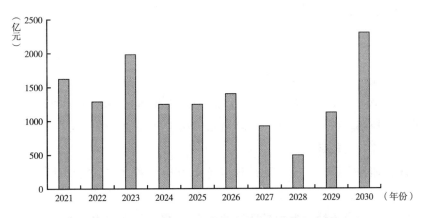

图 5　2021~2030 年广东省地方政府债偿还金额

注：2020 年末测算。
资料来源：广东省各地级市财政决算报告。

广东省隐性债务规模增加，整体债务率超过警戒线，但仍低于全国各省份平均水平。根据中诚信国际测算，截至 2019 年末，广东省隐性债务余额约为 13200.46 亿元，同比增长 10.11%，增速居全国第 19 位。考虑隐性债务后，广东省负债率为 23.36%，债务率为 119.22%，超过国际上 100% 的警戒标准，但仍低于全国各省份的平均债务率（209.15%），居全国倒数第 4 位，后三位分别为西藏（23.40%）、上海（100.04%）和海南（109.46%）。

（二）省内各地级市债务情况分化明显，清远、揭阳等市的债务水平较高

从 2019 年政府债务余额看，在广东省下辖的 21 个地级市中，广州市和佛山市政府债务余额较大，分别为 2714.9 亿元和 1388.39 亿元；在其余地级市中，政府债务余额较低的为云浮市、潮州市，政府债务余额分别为 186.69 亿元和 168.33 亿元。从债务率来看，2019 年末共有 8 个地级市的显性债务率超过 100% 的债务红线，分别为肇庆市（319.71%）、汕头市（206.72%）、潮州市（201.2%）、云浮市（200.2%）、揭阳市（182.75%）、清远市（150.71%）、韶关市（147.74%）、茂名市（109.59%）；深圳市显性债务率仅为 8.39%，为省内最低。具体来看，东翼 4 个城市中除汕尾市的债务率约为 65.81% 外，其他三市的债务率均超过 100% 的债务红线，这些城市基础设施建设仍不完善，未来具有较强的城市建设需求以及债务增长空间；西翼 3 个城市的建设情况较之东翼更加完善，除茂名市外，其余地级市的显性债务率控制在 76% 以内；山区的梅州市、河源市的显性债务率相对可控，均未超过 71%，而云浮市、清远市、韶关市均超过 100% 的债务红线，云浮市的显性债务率更是高达 200.2%，债务规模有待控制；珠三角地区 9 个城市除肇庆市外显性债务率均在 90% 以下，债务规模控制得较好。

隐性债务方面，广州市隐性债务绝对值居全省之首，为 2680.60 亿元，其次是深圳市，为 1036.02 亿元（见图 6）。从隐性债务与显性债务的相对数来看，深圳市隐性债务为显性债务的 2.41 倍，珠海市为 1.11 倍，其余城市均控制在 1 倍以内。考虑隐性债务后，深圳市和河源市的债务率较低，但仍有 11 个地级市债务率超过债务红线，其中，肇庆市、广州市、珠海市债务率的剪刀差（考虑隐性债务后的债务率与显性债务的债务率之间的差距）较大，隐性债务规模急需有效控制。

（三）多方面严控政府债务风险，积极推进存量债务置换

近年来，为加强地方政府债务管理，广东省出台多项债务管理制度，针对新增债务控制、历史债务化解、偿债机制等方面做出具体安排。2015 年 4 月，广东省人民政府印发《广东省人民政府关于加强政府性债务管理

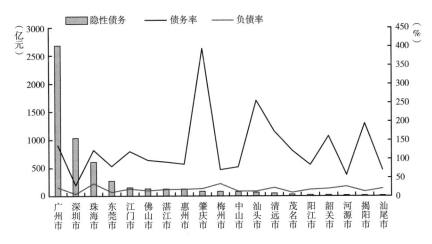

图6 2019年末广东省各地级市政府隐性债务情况

资料来源：广东省各地级市财政决算报告。

的实施意见》（粤府〔2015〕43号），对建立规范的举债融资机制明确了具体要求，通过地方政府性债务管理系统加强对政府性债务的统计管理和动态监控。2017年7月，广东省政府组建政府性债务管理领导小组，并于同年12月印发《广东省人民政府办公厅关于印发广东省政府性债务风险应急处置预案的通知》（粤办函〔2017〕729号），构建了省、市、县三级政府债务风险防控体系，将债务风险分为Ⅰ级（特大）、Ⅱ级（重大）、Ⅲ级（较大）和Ⅳ级（一般）四个等级，并要求各级财政部门和债务单位行业主管部门定期了解政府债务的到期情况，当出现债务风险事件时，落实债务还款资金安排并及时向债务应急领导小组报告。2018年，广东省将新增政府债券的分配方式从"因素法"向"项目制"转变，主要对接省重点项目，同时加强对新增债资金使用监管，建立新增债"一周一报、月度通报"机制。

债务清理和化解方面，对于存量政府债务，从2015年起，广东省通过发行地方政府债券置换存量政府债务，印发《关于进一步做好存量逾期政府债务处置工作的通知》《关于抓紧完成置换存量债务收尾工作的通知》，针对存量政府债务的实际情况，提出分类处置意见，指导各地分类妥善处置存量逾期政府债务，做好置换收尾工作。对于融资平台债方面，广东省着力化解隐性债务风险，堵住违法违规举债"后门"。2017年1月，广东省财政厅印发《广东省财政厅关于严格执行地方政府和融资平台融资行为有关规定的通知》（粤财金函〔2017〕12号），再次重申除发行地方政府债券、外债转贷外，地方政府及其所属部门不得以任何方式举借债务，不得为任何单位和个人的债务以任何方式提供担保等，通过规范地方政府举债融资，防范政府债务风险。此外，2019年9月，广东省施行《广东省发展改革委等五单位关于城投债券发行与风险管控的办法（试行）》，重点防控融资平台债务风险，遏制地方政府隐性债务增量，防范化解重大风险。

三 广东省发债融资平台区域分布较为集中，转型压力较小

（一）广东省融资平台债存量规模居于全国中游水平，以中长期为主

2020年1~12月，广东省共发行融资平台债106只，规模合计1460亿元。从发行利率、利差看，2020年，广东省融资平台债加权平均发行利率、利差分别为3.34%、89.79BP，发行成本处于全国较低水平。截至2020年末，广东省存量融资平台债共计227只，债务余额共计2951亿元，存量规模在全国位于中游水平。从债项信用等级看，以AAA级为主，占比为59%。从债券期限看，以中长期为主，其中，5年期的占比达到32%，其次为3年期的（20%）。从债券种类看，以一般企业债和一般中期票据为主，数量占比均为27%，接下来依次为一般公司债（15%）、超短期融资债券（11%）、私募债（7%）（见图7）。

（二）各地级市融资平台债规模分化，2021年进入偿还高峰期

从各地级市存量融资平台债规模分布情况看，广东省存量融资平台债主要集中在广州市、深圳市和珠海市等经济相对发达的珠三角地区和省级融资平台，其他地区融资平台债规模很小。截至2020年末，广州市存量融资平台债规模最高，达到1185.68亿元，深圳市和珠海市的规模分别为750.50亿元和241.93亿元，此外，广东省本级的规模为418.40亿元；上述存量融资平台债规模合计在全省规模中的占比达到88.00%。结合各市综合财力情况看，广州存量市融资平台债规模与其综合财力的比例最大，达到

30.80%，汕头市存量融资平台债规模与其综合财力的比例最小为 0.90%，潮州市和云浮市无存量融资平台债（见图 8）。从到期情况①看，2021 年和 2023 年，广东省将达到偿债高峰（见图 9），到期及回售总规模分别为 863.2 亿元、744.0 亿元，短期偿债压力较大。

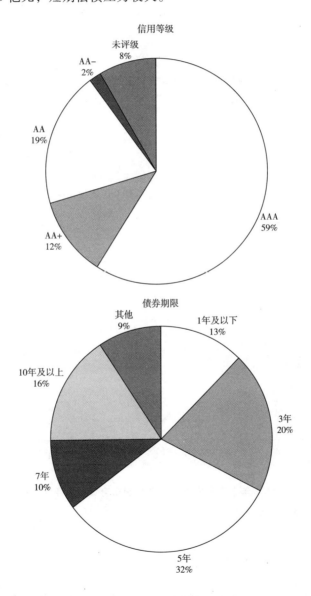

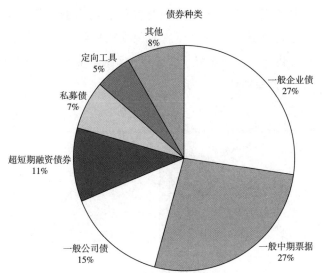

**图7　2020 年末广东存量融资平台债信用等级、
期限、债券种类分布情况**

资料来源：Choice 数据库。

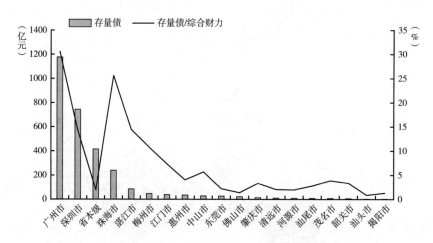

图8　2020 年末广东省本级及各地级市存量融资平台债情况

资料来源：Choice 数据库。

（三）融资平台财务分析

根据对截至 2019 年末有存续期融资平台债的发行主体及 2020 年新发融资平台债的发行主体统计，广东省融资平台共计 54 家，其中，地级市融资

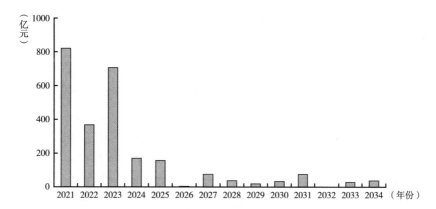

图9　2021～2034年广东省存量融资平台债到期分布情况

注：2020年末测算。

资料来源：Choice数据库。

平台占比达55%，省级及省会城市（包含计划单列市）融资平台占比达30%，且主要集中于广州市，数量达到12家，占总数的22%。从主体信用等级看，广东省融资平台以AA级为主，占比为46%；其次为AAA级，占比为30%；AA+级占比为15%；AA-级占比为7%；A+级占比为2%。从业务分布看，广东省融资平台涉及行业主要为城市基础设施建设类、园区及片区开发运营类、交通基础设施投资类、城乡综合开发类；其中城市基础设施建设类融资平台占比最大，达到67%，其次为园区及片区开发运营类，占比达到20%。

珠三角地区和粤东西北地区融资平台资产规模差距较大。截至2019年末，54家融资平台总资产规模为31487.06亿元，净资产为15454.86亿元。其中，珠三角地区融资平台为36家，总资产合计为29201.10亿元，净资产合计为14397.06亿元，占54家融资平台总资产和净资产的比重分别为92.74%和93.16%；粤东西北地区融资平台资产及净资产规模与珠三角地区相比很小。

粤东西北地区融资平台盈利能力较差，对营业外收入依赖较大。2019年，54家融资平台实现净利润295.36亿元，同比增长26.79%。具体来看，对于珠三角地区具有存续债的融资平台，尤其是融资平台债发行较多的广州、佛山及深圳等城市，发债主体业务多元化，利润总额对营业外收入的依赖低于粤东西北地区的融资平台。2019年末，珠三角地区融资平台营业外收入及其他收益占利润总额比重的中位数为 34.44%，粤东西北地区融资平台营业外收入及其他收益占利润总额的比重的中位数为 93.08%。粤东西北地区的融资平台所在区域的财政实力较弱，同时业务类型较为单一，主要承担城市基础设施建设任务，资金平衡能力较差，利润对政府补助等的依赖性较强。

资产负债率不高，短期偿债压力不大。2019 年末，54 家融资平台资产负债率的中位数为 49.62%，其中，珠三角地区融资平台资产负债率中位数为 49.70%，粤东西北地区融资平台资产负债率中位数为 41.48%，资产负债率均不高。同时，2019 年末，珠三角地区融资平台货币资金/短期债务中位数为 1.24 倍，流动比率中位数为 1.56，速动比率中位数为 0.91，短期偿债压力不大；粤东西北地区融资平台货币资金/短期债务中位数为 1.42 倍，流动比率中位数为 2.93，速动比率中位数为 1.06，短期债务偿还压力较小。

（四）在经济新常态与相关政策约束下，广东省融资平台转型压力较小

广东省不同区域的融资平台具有不同的特点。其中，融资平台债发行较多的广州市、深圳市、珠海市等，均位于珠三角地区，经济和财政实力较强，同时，发债主体主要系承担基础设施建设任务的投资控股类企业以及公用事业类企业（包括交通、水务及港口等行业），对于为数不多以城市基础设施建设为主业的融资平台，地方财政实力较强，在理顺和政府的契约关系以及资金结算关系后，整体转型压力不大。对于粤东西北地区，基础设施建设较薄弱，未来进行基础设施建设仍需要较多资金投入，同时，由于所在区域财力较弱，建设资金缺口部分需要通过融资平台融资来筹集。目前，粤东西北地区融资平台债规模不大，转型难度较低，在转型过程中可能发生的债务违约风险较小。

结　语

总体来看，广东省经济总量位列全国第一，在消费和投资的共同拉动下，经济保持快速发展，但区域发展极不平衡，珠三角地区的优势较为明

显。与经济发展程度相对应，广东省内不同区域财政实力分化明显，粤东西北地区财政平衡率较低，对上级补助的依赖性较强。2019年末，广东省政府债务处于可控范围内，债务率仍低于全国各省份平均水平。从省内情况来看，各地级市债务情况分化明显，清远市、揭阳市等的债务水平较高，债务压力相对较大。东翼及山区部分城市显性债务率处于适中水平，但基建不完善且财政实力较弱，未来或通过发债的方式解决建设资金，显性债务率预计会进一步上升。

广西地方政府与融资平台债务分析报告

侯一甲　黄　伟[*]

要　点

●广西经济发展与财政实力分析：广西经济总量处于全国中下游水平，近年来增速有所放缓，人均 GDP 低于全国平均水平。2019 年，三次产业之比为 16.0∶33.3∶50.7，第三产业所占比重继续提高，第一产业水平持续高于全国平均水平，第二产业中的矿业、原材料等资源型重工业占比偏高，工业水平和效率相对偏低。财政实力方面，广西财政实力较弱，在全国处于中下水平，财政平衡率较低，对上级补助的依赖性较大。广西下辖 14 个地级市，经济发展水平、财政实力不均，呈现阶梯状分布，大部分地级市财政平衡率较低；此外，依托"一带一路"倡议相关政策、广西自贸区的建立和对接粤港澳大湾区等，广西经济或迎来进一步的发展机遇。

●广西地方政府债务情况：近年来，广西显性债务规模持续增长且增速不减，债务水平居全国中游水平。截至 2019 年末，显性债务余额为 6354.70 亿元，居全国第 17 位，债务率和负债率分别为 95.05% 和 29.92%，显性债务风险整体可控。考虑估算的隐性债务的情况下，债务率和负债率则分别为 216.8% 和 68.26%，债务率远超国际警戒标准，债务风险处于较高水平。

●广西融资平台债情况：广西融资平台债存量规模居于全国

---

* 侯一甲，中诚信国际政府公共评级一部副总监；黄伟，中诚信国际政府公共评级一部高级分析师。

中游水平，以一般中期票据和私募债为主，融资平台主体信用等级以 AA 级为主。从各地级市情况看，柳州市和区本级债券存量规模较大，从 2021 年开始，广西进入三年的融资平台债偿还高峰期，部分地级市面临较大的短期偿债压力；广西融资平台近年来资产负债率整体处于较高水平，融资平台整体盈利能力及偿债能力偏弱。

● 总体来看，广西整体经济及财政实力在全国处于中下游水平，区域发展呈阶梯状分布，差异较大；近年来，广西债务规模持续扩大，考虑隐性债务在内的债务风险处于较高水平；2021~2023 年为广西融资平台偿债高峰期，需关注部分区域企业面临的短期偿债压力问题。此外，未来还需关注广西各地级市产业转型升级以及融资平台再融资问题。

一 广西经济体量处于全国中下游，财政平衡率较低，对上级补助的依赖性较大

（一）经济发展：体量处于全国中下游，增速有所放缓，投资为经济发展第一推动力

广西南濒北部湾，北、东、西三面分别与贵州省、湖南省、广东省、云南省等相邻，西南与越南毗邻，是西南地区最便捷的出海通道，在中国与东南亚的经济交往中占有重要地位。截至 2019 年末，广西下辖 14 个地级市，全区户籍总人口为 5695 万人。2019 年，广西实现地区生产总值（GDP）2.12 万亿元，在全国各省份中居中下游，同比增长 6.0%，增速整体呈放缓趋势（见图 1、图 2）。按常住人口计算，人均 GDP 为 4.30 万元，低于全国平均水平。产业结构方面，2019 年，第一、第二、第三产业占比分别为 16.0%、33.3% 和 50.7%；其中，第三产业占比最大，第一产业占比高于全国平均水平，第二产业中的矿业、原材料等资源型重工业占比偏高。从经济发展驱动力看，投资是广西经济发展第一推动力，2019 年，广西固定资产投资（不含农户）增速为 9.5%（见图 3）。

产业资源方面，广西矿产资源种类多、储量大，尤其是铝、锡等有色金

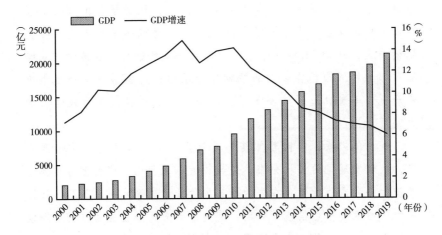

图1 2000～2019年广西GDP及增速

资料来源：广西国民经济和社会发展统计公报。

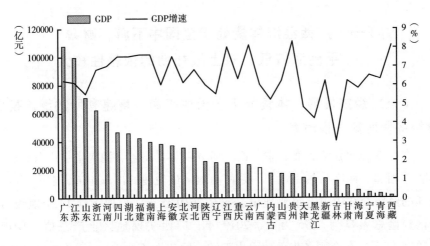

图2 2019年全国各省份GDP及增速

资料来源：全国各省份国民经济和社会发展统计公报，中诚信国际整理计算。

属储量最多，是全国10个重点有色金属产区之一。在广西发现的168种（含亚矿种）矿产中，已查明资源储量的矿产128种，约占全国已查明资源储量矿产的79%；在已查明资源储量的矿产中，有8种资源储量居全国第1位，75种资源储量居全国前10位。在35种战略性矿产中，广西探明资源储量的有30种。海洋资源方面，广西南临北部湾，海岸线曲折，溺谷多且面积广阔，天然港湾众多，沿海可开发的大小港口 21 个。北部湾是中国著名的渔场，也是世界海洋生物物种资源的宝库，生物多样性丰富，盛产合浦珍珠等知名水产品。文化旅游方面，广西环境质量良好，山水景观独特，具有桂林、北海、柳州等知名旅游胜地。此外，广西是多语言民族聚居，民俗活动丰富多彩。

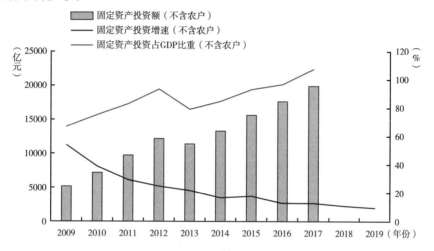

图 3　2009～2019 年广西固定资产投资额、增速及占 GDP 比重

注：广西未公布 2018 年和 2019 年全省固定资产投资额数据，故图中未列示。
资料来源：广西国民经济和社会发展统计公报。

（二）财政实力处于全国下游水平，对上级补助较为依赖

广西财政实力较弱，在全国处于中下水平，财政平衡率较低，对上级补助的依赖性较大。近年来，广西财政收入呈较快增长趋势，2019 年，广西实现一般公共预算收入 1811.89 亿元，居全国第 22 位，同比增长 7.80%，其中，税收收入是广西一般公共预算收入的主要构成部分，2019 年，全区税收收入为 1146.78 亿元，占比为 63.29%；一般公共预算支出为 5849.02 亿元，同比增长 10.13%（见图 4、图 5、图 6）。财政平衡方面，广西财政平衡能力较弱且逐年下滑，2019 年，广西财政平衡率为 30.98%，较 2018 年平衡率下降 0.68 个百分点，资金缺口较大，收支平衡依赖上级补助。

政府性基金收入增速有所加快。2017～2019 年，广西政府性基金收入

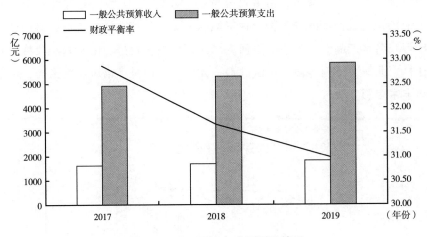

图 4　2017～2019 年广西财政情况

资料来源：广西国民经济和社会发展统计公报。

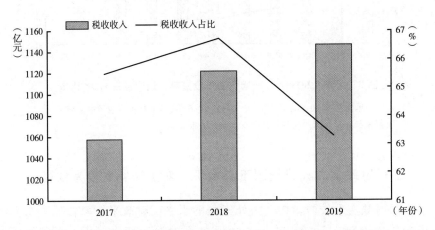

图 5　2017～2019 年广西税收收入及占一般公共预算收入比重情况

资料来源：广西财政决算报告。

分别为 966.67 亿元、1436.06 亿元和 1699.29 亿元，保持快速增长趋势（见图 7）；其中，2019 年同比增长 18.4%，增幅较大主要是由于部分市县房地产市场活跃带动国有土地使用权出让收入快速增长。2019 年，政府性基金支出为 1633.27 亿元，同比增长 14.90%，增幅较大主要是由于土地出让相关的征地和拆迁补偿、土地开发等方面增长较多。

国有资本运营收入持续增长。2017～2019 年，广西实现国有资本经营预算收入分别为 18.49 亿元、21.20 亿元和 38.87 亿元，呈逐年增长趋势；其中，2019 年大幅增长 83.4%，这主要得益于柳钢集团等自治区直属企业利润的大幅提高。

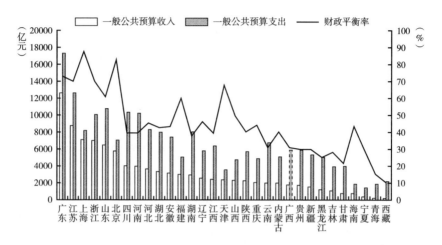

图 6 2019 年全国各省份一般公共预算收支及财政平衡率

资料来源：全国各省份财政决算报告，中诚信国际整理计算。

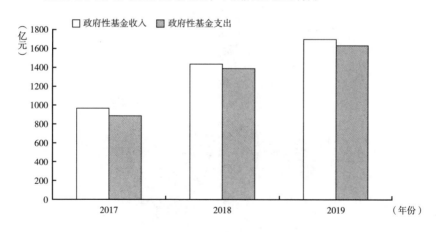

图 7 2017～2019 年广西政府性基金收支情况

资料来源：广西财政决算报告

（三）区内各地级市差异：各地级市发展不均衡，梯队现象明显

广西下辖 14 个地级市，各地级市的经济发展水平、财政实力的梯队

现象明显。从各地级市经济发展情况看，南宁市作为自治区首府，在全区处于领先地位，2019 年实现 GDP 4506.56 亿元，占全区 GDP 的 21%；第二梯队为柳州市，2019 年实现 GDP 3128.35 亿元；桂林市 2019 年的 GDP 为 2105.56 亿元，处于第三梯队；玉林市、钦州市、北海市、百色市及贵港市经济实力相当，2019 年 GDP 为 1000 亿～2000 亿元；梧州市、河池市、崇左市、防城港市、贺州市和来宾市 GDP 均在 1000 亿元以下，经济实力相对较弱。从各地级市财政情况看，南宁市一般公共预算收入最高，为 370.93 亿元，财政平衡率为 47.09%，财政自给能力在自治区内较强；其次为柳州市，2019 年，一般公共预算收入为 221.40 亿元，财政平衡率为 44.4%；桂林市仍处于第三梯队，一般公共预算收入为 152.80 亿元，财政平衡率 30.8%。剩余地级市中，除了玉林市为 111 亿元外，一般公共预算收入都在 100 亿以下，其中，防城港市、贺州市和崇左市低于 50 亿元，贺州市财政平衡率仅为 16.43%，对上级补助的依赖较大。（见图 8、图 9、图 10）

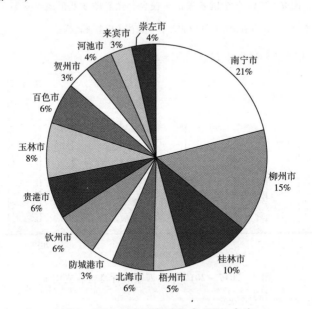

图 8　2019 年广西各地级市 GDP 占比

资料来源：广西各地级市国民经济和社会发展统计公报。

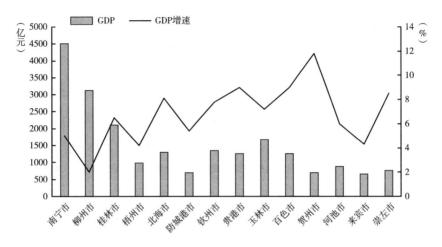

图9 2019 年广西各地级市 GDP 及增速比较

资料来源：广西各地级市国民经济和社会发展统计公报。

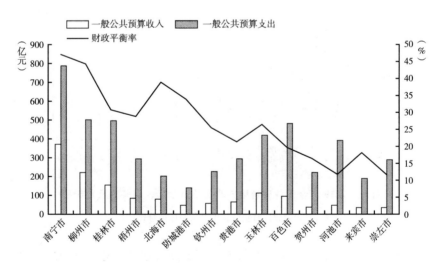

图10 2019 年广西各地级市一般公共预算收支及财政平衡率

资料来源：广西各地级市国民经济和社会发展统计公报。

二 显性债务持续增长，隐性债务规模及
债务水平居全国中游

（一）显性债务：显性债务持续增长，债务压力整体可控

广西显性债务规模持续增长且增速不减，债务水平居全国中游。从显性债务口径看，2019 年末，广西地方政府债务余额为 6354.70 亿元，规模居全国第 17 位，同比增长 15.68%，但债务余额仍保持在地方债务限额内，与 2019 年的地方债务限额相比，仍有 511.54 亿元额度。从显性债务口径看，2019 年，广西债务率为 95.05%，负债率为 29.92%，显性债务整体风险可控（见图 11、图 12）。

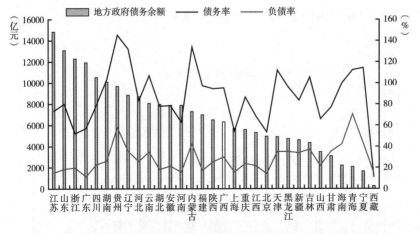

图 11　2019 年全国各省份地方政府债务余额、债务率及负债率

资料来源：全国各省份财政决算报告，中诚信国际整理计算。

从地方政府债券看，广西地方债存量及新发行规模均处于全国中游水平，2022 年和 2023 年为偿债高峰期。从存量情况看，截至 2020 年底，广西存量地方债规模为 7475.18 亿元，居全国第 16 位（见图 13）。从发行情况看，2020 年，广西共发行地方债 46 只，规模合计 1840.08 亿元，居全国第 16 位（见图 14）；加权平均发行利率为 3.49%，居全国第 8 位，融资成本相对偏高。从到期情况看，2023 年，到期规模达到 1379.22 亿元（见图 15）。

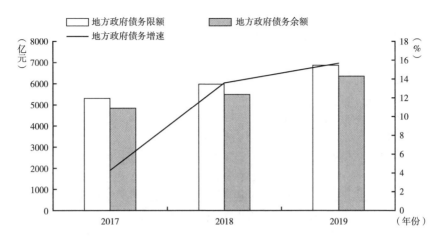

图 12　2017～2019 年广西地方政府债务限额、余额及增速

资料来源：广西财政决算报告。

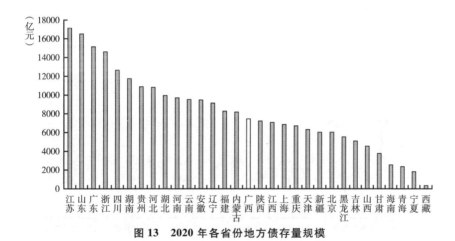

图 13　2020 年各省份地方债存量规模

资料来源：Choice 数据库，中诚信国际整理计算。

从地方债发行结构看，2020 年，专项债占比较一般债略高，新增债占比逾七成但有所下滑。2020 年，在广西发行的 1840.08 亿元地方债中，新增债为 1322.04 亿元，再融资债为 518.04 亿元，新增债所占比例较2019 年有所下降；从类别看，一般债规模共计 816.73 亿元，专项债规模共计 1023.35 亿元，专项债所占比例较 2019 年小幅上升（见图 16、图 17）。

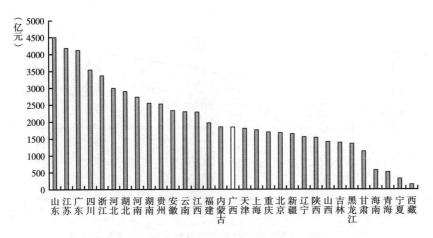

图14　2020年各省份地方债发行规模

资料来源：Choice数据库，中诚信国际整理计算。

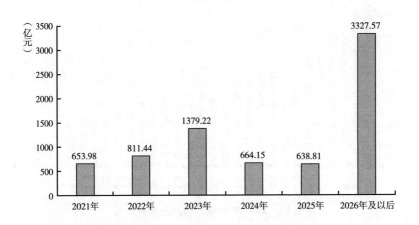

图15　2021年及以后广西地方债到期情况

注：2020年末测算。

资料来源：广西财政决算报告。

（二）隐性债务：规模居全国中游，债务风险处于较高水平

广西隐性债务规模位于全国中游，考虑隐性债务后的负债率及债务率处于全国中上游水平。根据中诚信国际测算，2019年，广西隐性债务规模为8142.25亿元，居全国第17位，增速为9.39%，虽然较上年增速有所下降，

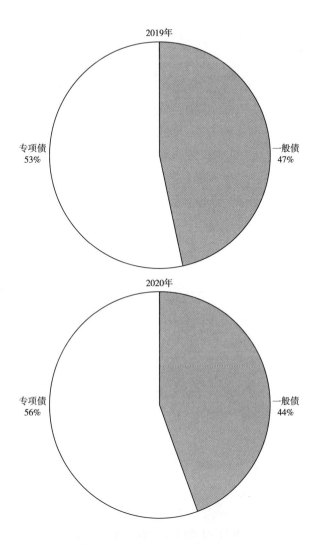

图16 2019~2020年一般债及专项债发行情况比较

资料来源：广西财政决算报告。

但仍处于较高水平（见图18）。考虑隐性债务后，广西地方政府债务余额为14496.95亿元，居全国第19位，负债率为68.26%，居全国第14位，已超过欧盟确定的60%的警戒线；债务率为216.84%，在全国居第13位，大幅超过国际上100%的警戒标准。

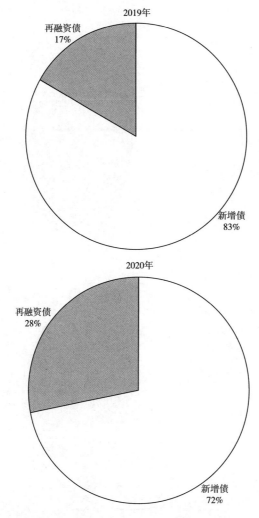

图 17 2019～2020 年广西地方债发行结构比较

资料来源：广西财政决算报告。

（三）区内各地级市差异：南宁市显性债务规模较大，柳州市隐性债务规模居首，部分地级市债务率较高

区内各地级市债务情况分化明显，显性债务方面，南宁市债务规模较高，为1068.01亿元，柳州市和桂林市分列第2、3位，分别为593.28亿元和461.86亿元；负债水平方面，百色市和来宾市负债率较为突出，超过

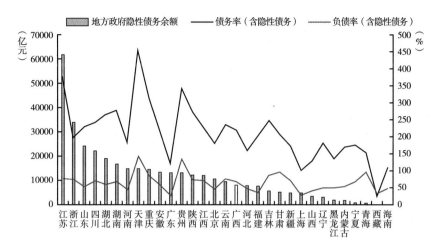

图18　2019年全国各省份地方政府隐性债务余额、债务率及负债率

资料来源：全国各省份财政决算报告，中诚信国际整理计算。

30%，分别为31.61%和31.9%，其次为河池市、梧州市、崇左市和贺州市，也均超过25%，各地级市负债率普遍较高。债务率方面，钦州市和防城港市债务率最高，超过110%，分别为114.97%和110.42%；其次为超过90%的地级市，即来宾市和柳州市；超过80%的地级市为南宁市、桂林市和百色市（见图19）。

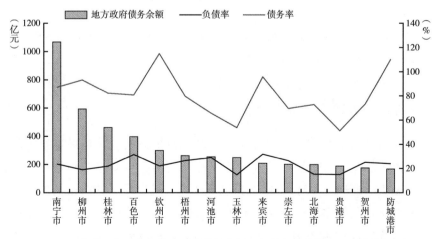

图19　2019年广西各地级市地方政府债务余额、负债率及债务率（显性债务口径）

资料来源：广西各地级市财政决算报告。

考虑隐性债务后，在各地级市中，柳州市隐性债务规模大幅提高，达到2564.22亿元，远超排在第2位的南宁的1996.52亿元和排在第3位的桂林的656.87亿元；钦州市和百色市也较为突出，债务规模分别达到633.05亿元和508.99亿元。负债水平方面，柳州市负债率最高，为81.97%，其次为钦州市，达到46.68%，南宁市为44.30%，排名第3。债务率方面，柳州市债务率达到403.25%，应对其保持关注；钦州市次之，为242.90%，南宁市、防城港市、桂林市、来宾市和百色市超过国际上100%的警戒线，隐性债务风险不容忽视（见图20）。

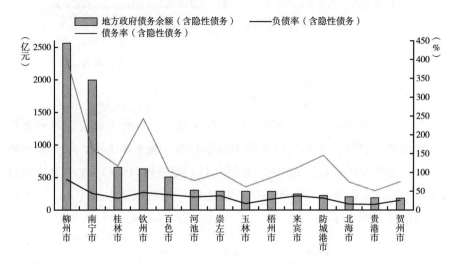

图20　2019年广西各地级市地方政府债务余额、负债率及债务率（含隐性债务口径）

资料来源：Choice 数据库、广西各地级市财政决算报告。

（四）地方政府债务管理和相关政策

2017 年以来，尤其是在《关于进一步规范地方政府举债融资行为的通知》（财预〔2017〕50 号）及《关于坚决制止地方以政府购买服务名义违法违规融资的通知》（财预〔2017〕87 号）下发以后，广西相继出台相关政策并就防范化解政府性债务、清理整顿融资平台给出指导路径。债务风险管控方面，2017 年 6 月，广西壮族自治区人民政府办公厅印发《广西壮族自治区人民政府办公厅关于印发广西壮族自治区政府性债务风险应急处置预案的通知》（桂政办发〔2017〕73 号），明确划分政府性债务风险事件等级，分类制定应急处置措施，严防债务化解中可能发生的系统性和区域性风险，对健全政府性债务风险应急处置机制做出总体部署。2018年1月，广西壮族自治区人民政府办公厅下发《广西壮族自治区人民政府办公厅关于进一步加强政府性债务管理防范化解政府性债务风险的意见》（桂政办发〔2018〕6号），提出规范政府举债行为，严控隐性债务风险，加强考核监督问责，综合施策，逐步有序化解政府性债务风险。2019年1月，广西壮族自治区财政厅印发《广西壮族自治区财政厅关于印发广西政府债务信息公开实施细则的通知》（桂财规〔2019〕1号），为规范自治区各级政府债务管理，对提升政府债务信息透明度，防范政府债务风险做了相关规定。

三 广西融资平台债存量规模在全国居中，融资平台自身发展能力仍需提高

（一）融资平台概况：存量规模在全国居中，融资平台主要集中于自治区级、南宁市和柳州市，地市级融资平台数量最多，AA级数量占比最大

广西融资平台债存量规模在全国居中。截至2020年底，广西存量融资平台债共计248只，债券余额共计1698.53亿元，存量规模居全国第17位（见图21）。从债券种类看，以一般中期票据和私募债为主，存量规模占比分别达到27%和25%，其次是一般企业债（19%）和一般公司债（13%）（见图22）。从债券期限看，以4~5年（不含5年）和2~3年（不含3年）为主，存量规模占比分别为48%和24%（见图23）。从收益率及交易利差看，广西融资平台债加权平均到期收益率、交易利差分别为5.83%、312.47BP，在全国范围内处于上游水平（见图24）。

截至2020年末，根据有存续期融资平台债的发行主体统计，广西融资平台共计36家。从主体信用等级看，广西融资平台以AA级为主，占比为59%，其次为AA+级，占比为25%，AAA级占比为8%，AA-级占比为8%（见图25）。从自治区内区域分布看，广西融资平台集中于自治区级、柳州市和南宁市，数量分别为6家、6家和5家，其余地级市融资平台数量均不超过3家（见图26）。从业务看，广西融资平台涉及行业主要为综合城市基

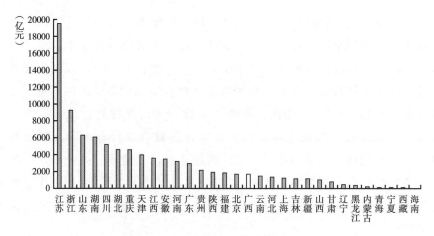

图 21　广西融资平台债存量规模

资料来源：Choice 数据库。

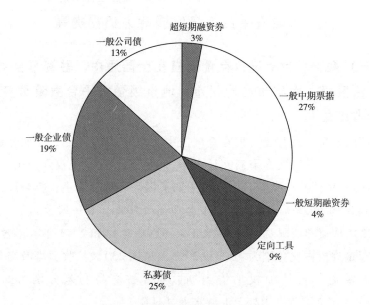

图 22　存量融资平台债种类分布

资料来源：Choice 数据库。

础设施投资建设类、园区开发与运营类和交通基础设施建设类；其中，综合城市基础设施投资建设类融资平台占比最大，达到61%，其次为园区开发与运营类，占比达到22%。从行政层级看，广西融资平台行政层级以地市级为主，占比达到72%。

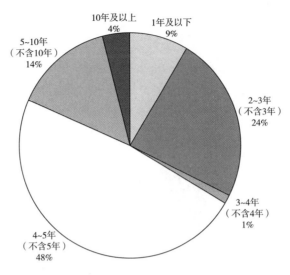

图 23 存量融资平台债期限分布

资料来源：Choice 数据库。

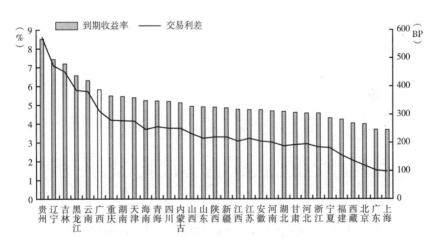

图 24 2020 年末全国各省份存量融资平台债到期收益率及交易利差

资料来源：Choice 数据库，中诚信国际整理计算。

（二）发行成本居全国前列，2021～2023 年到期压力较大

从发行情况看，2020 年，广西共发行融资平台债 122 只，规模合计861.60 亿元，居全国中游。从发行区域看，集中在柳州市和区本级（见

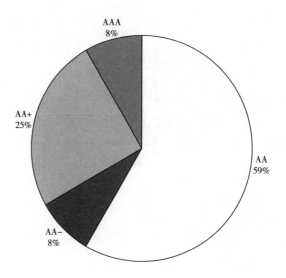

图25 广西融资平台债信用等级分布

资料来源：Choice 数据库。

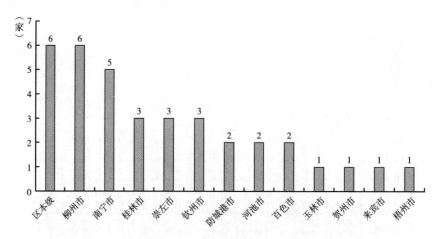

图26 广西区本级及各地级市融资平台数量分布情况

资料来源：Choice 数据库。

图27），发行规模分别为 433.00 亿元和 228.50 亿元，其次为南宁市（53.00
亿元）和桂林市（34.00 亿元），剩余地级市发行规模均在 30 亿元以下，且
梧州市、北海市、贵港市、贺州市和来宾市未发行债券。从债券种类看，私
募债占比最大，达到 30%，其余券种占比均在 15% 以下（见图28）。从债
券期限看，以 5 年为主，发行规模占比达到 51%，其次为 1 年及以下和 3

年，占比分别为24%和19%（见图29）。从发行利率、利差看，广西融资平台债加权平均发行利率、利差分别为5.31%、283.76BP，发行成本处于全国中上游水平，各地区的情况见图30。

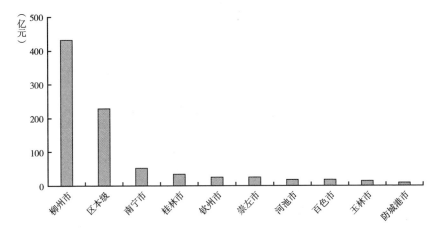

图27 广西区本级及各地级市融资平台债发行情况

资料来源：Choice数据库。

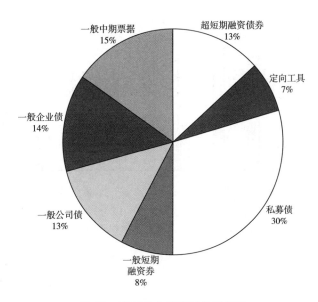

图28 融资平台债发行种类分布

资料来源：Choice数据库。

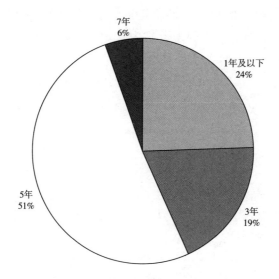

图29 融资平台债发行期限分布

资料来源：Choice 数据库。

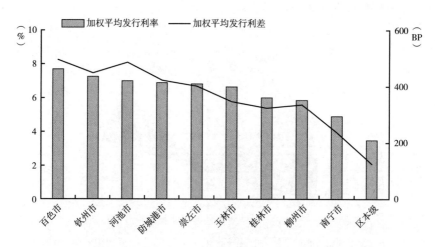

图30 广西区本级及各地级市融资平台债加权平均发行利率、利差情况

资料来源：Choice 数据库。

从到期情况看，2021年，广西融资平台债到期及回售规模达到500.70亿元，其中到期规模为359.50亿元，回售最大规模为141.20亿元，3月到期及回售压力最大，规模超过100亿元（见图31）；年度情况上，2021~

2023 年，到期及回售总规模分别为 500.70 亿元、428.45 亿元和 704.24 亿元，2023 年将达到偿债及回售高峰（见图 32）。

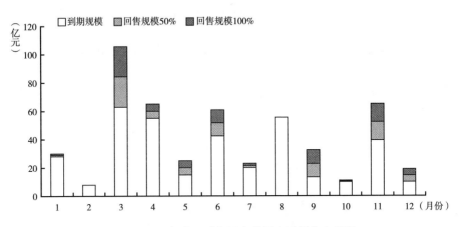

图 31　2021 年广西融资平台债月度到期分布情况

注：2020 年末测算。

资料来源：Choice 数据库。

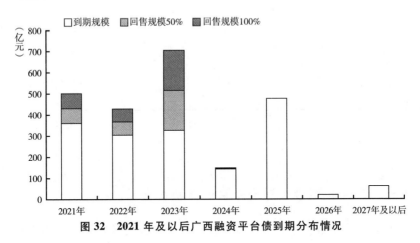

图 32　2021 年及以后广西融资平台债到期分布情况

注：2020 年末测算。

资料来源：Choice 数据库。

从各地级市融资平台债到期情况看，2021 年内，区本级和柳州市到期债务规模较高，分别达 158.60 亿元和 133.03 亿元，偿债压力较大；其余地级市的到期规模基本在 30 亿元以下。从 2021～2023 年情况来看，柳州市和区本级到期债务规模仍然较大，柳州市每年到期规模均超过 100 亿元，2025 年达到偿债高峰，为 266.80 亿元。此外，2021～2023 年南宁市和钦州市的到期规模也较为突出；其中，钦州市 2022 年到期债务规模达到 27.85 亿元，南宁市 2023 年到期债务规模到 31.50 亿元，面临一定的集中兑付压力（见表 1）。

表 1   2021 年及以后广西区本级及各地级市债券到期分布情况

单位：亿元

地区	2021 年	2022 年	2023 年	2024 年	2025 年	2026 年及以后	合计
区本级	158.60	119.40	56.00	40.00	123.50	10.00	507.50
南宁市	27.00	27.00	31.50	15.00	11.00	—	111.50
柳州市	133.03	116.71	156.10	87.70	266.80	10.50	770.84
桂林市	21.20	8.40	17.51	0.29	20.31	2.80	70.50
钦州市	8.30	27.85	18.00	—	2.80	10.40	67.35
崇左市	—	—	2.00	—	25.00	20.70	47.70
河池市	—	2.80	11.64	—	10.00	—	24.44
百色市	1.40	5.10	21.00	—	—	6.00	33.50
玉林市	—	—	—	—	—	15.00	15.00
防城港市	3.20	—	12.80	—	16.70	—	32.70
梧州市	—	—	—	—	—	9.50	9.50
贺州市	2.00	—	—	—	—	—	2.00
来宾市	6.00	—	—	—	—	—	6.00
北海市	—	—	—	—	—	—	—
贵港市	—	—	—	—	—	—	—

注：2020 年末测算。

资料来源：Choice 数据库。

（三）广西各地级市融资平台财务状况分析

近年来，广西融资平台资产规模保持稳步增长，具有公开存续债的融资平台数量和存续债规模均适中。目前，广西融资平台债仍在存续期内的企业共计 41 家，主要集中于区本级、南宁市和柳州市，其余地级市公开发债的融资平台相对较少，其中，贵港市无公开发债的融资平台。从总资产规模看，截至 2019 年末，广西融资平台总资产合计 16725.07 亿元，2017～2019年复合增长率为 1.07%。其中，区本级、柳州市和南宁市融资平台总资产规模较高，分别为 6420.62 亿元、3930.56 和 2628.56 亿元，分别占广西各地级市融资平台总资产的 38.39%、23.50% 和 15.72%。从净资产看，截至 2019 年末，区本级、柳州市和南宁市融资平台净资产规模仍然较大，分别为 2126.01 亿元、1633.46 亿元和 1023.48 亿元，占比分别为 32.48%、24.95% 和 15.63%。在其余地级市中，北海市融资平台的总资产和净资产规模较小，至 2019 年末仅为 46.78 亿元和 31.10 亿元。（见图 33）

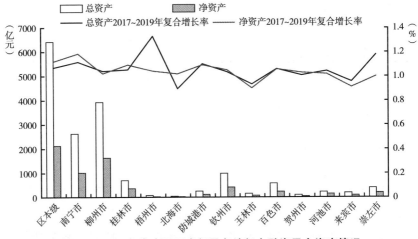

图 33 2019 年末广西区本级及各地级市融资平台资产情况

资料来源：Choice 数据库。

　　融资平台盈利能力一般，对政府补助依赖性较强。2019 年，广西融资平台利润总额合计为 115.53 亿元，主要来自区本级和柳州市，分别为 44.43 亿元和 22.34 亿元，占利润总额的比重分别为 38.46% 和 19.34%；南宁市、钦州市和桂林市融资平台利润分别为 9.83 亿元、8.72 亿元和 7.89 亿元；其余地级市的规模基本在 6.00 亿元以下，相对较小，其中，北海市最小，为 0.28 亿元。从利润总额构成看，区本级及各地级市政府补助占利润总额的比重较高，其中，南宁市最高，达到 134.49%；区本级及区本级相对较低，为 26.77%；除了利润总额规模较小的北海市和防城港市之外，其余地级市基本在 30% 以上。（见图 34）

　　在广西区本级及各地级市中，区本级和柳州市债务规模较大，部分地级市的短期偿债压力较大。2019 年末，广西各地级市融资平台有息债务合计 6673.27 亿元，其中，区本级、柳州市和南宁市融资平台有息债务分别为 3222.17 亿元、1617.13 亿元和 892.08 亿元，占比分别为 48.28%、24.24%

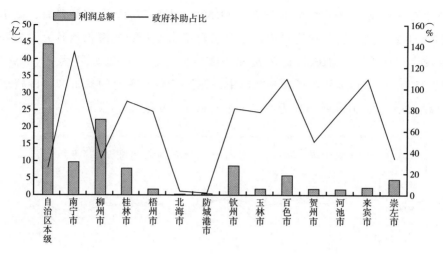

图34 2019年末广西区本级及各地级市融资平台利润总额情况

资料来源：Choice数据库。

和13.37%。在其余地级市中，钦州市债务规模为333.42亿元，相对突出。从债务结构看，部分地级市面临较大的短期偿债压力，北海市融资平台的债务规模较小，但基本以短期债务为主，使短期债务/长期债务的比例超过1200%；在其余地级市中，贺州市和河池市短期债务/长期债务的比例超过70%，钦州市和百色市超过40%，柳州市超过30%，自治区本级和南宁市相对较低，分别为13.22%和8.83%（见图35）。

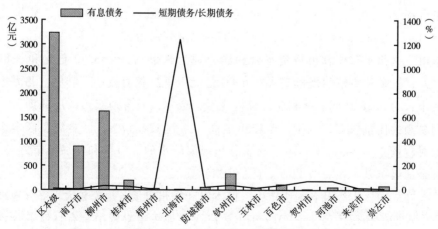

图35 2019年末广西区本级及各地级市融资平台债务情况

资料来源：中诚信国际区域风险数据库。

　　广西各地级市融资平台资产负债率总体偏高，资产流动性偏弱。截至2019年末，在广西各地级市中，融资平台规模最大的自治区本级、柳州市和南宁市融资平台资产负债率分别达到67.10%、58.44%和61.06%，整体偏高；在其余地级市中，梧州市最高，达到67.92%，钦州市和百色市超过58%，其余低于56%，其中，北海市最低，仅为33.52%。资产流动性方面，2019年末，广西融资平台流动比率平均值为4.26，速动比率平均值为1.40，流动比率与速动比率差异显著主要因为融资平台资产以项目开发成本及土地为主。在各地级市中，流动比率平均值最高的为崇左市，为11.07，速动比率最高的为贺州市，为4.30。考虑到融资平台流动资产除存货以外，其他应收款及应收账款占比较大，企业的实际资产流动性偏弱。（见图36）

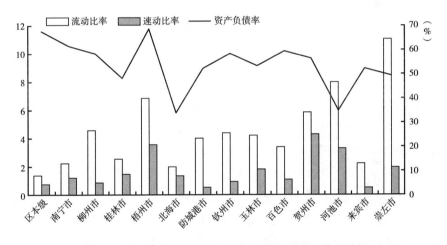

图36　2019年末广西区本级及各地级市资产流动性情况

资料来源：中诚信国际区域风险数据库。

（四）融资平台转型情况：自治区转型环境一般，融资平台自身发展能力仍需提高

　　为防范地方债务风险、推进地方投融资体制改革，广西壮族自治区近年来积极推进融资平台转型，但是在经济下行压力不减的背景下，广西壮族自治区融资平台面临的转型问题较多。第一，广西金融资源相对缺乏，融资平台融资渠道丰富程度不及经济发达省份，使当地融资平台在转型过程中的融

资能力受到限制，不利于融资平台可持续发展。第二，广西融资平台主要业务为基础设施建设和土地整理，公益性较强，盈利能力偏弱，融资平台普遍难以靠进行自营业务的经营实现资金平衡。第三，广西融资平台自身市场化意识较弱，运作效率较低，转型积极性不高。第四，从财务状况看，近年来，广西融资平台盈利能力出现波动，利润总额对政府补助的依赖性较强，融资平台妥善处置存量债务完成转型仍面临一定阻力。

结　语

广西整体经济及财政实力在全国处于中下游水平，第一产业发展水平高于全国平均水平，第二产业中矿业、原材料等资源型重工业占比较高，工业水平和效率相对偏低，近年来，第三产业发展逐步提速。广西下辖14个地级市，各地级市间经济发展水平、财政实力呈现显著的阶梯状分布；广西地方债发行活跃度适中，存量及新发行债券规模均处于全国中游。此外，广西在负债投资的经济增长模式下积累了一定规模的债务，目前，区域内部分地级市债务风险较高，未来需重点关注以下风险。

第一，广西经济发展具有一定的机遇但也面临一定的挑战。广西临近东南亚，是我国同时处在"一带"和"一路"的边境省份，依靠地缘优势和同东南亚国家资源互补的情况，广西可依托"一带一路"倡议积极同东南亚国家发展互惠互利的对外贸易。此外，2019年2月粤港澳大湾区的设立，有助于广西承接产业转移，获得相关技术和资金支持。2019年8月广西自贸试验区的设立，为广西经济的发展带来更多机遇。同时，随着中美贸易摩擦加剧，世界经济不确定性上升，这对广西的进出口贸易也产生了一定影响，对外贸易发展压力增加。

第二，融资平台对政府补助的依赖性较强，自身盈利能力仍需提高。近年来，广西融资平台资产规模稳步提升，但资产负债率总体偏高，资产流动性偏弱，融资平台的利润总额对政府补助的依赖性较强。融资平台市场化转型、盈利能力有待加强。

第三，广西各地级市融资平台债面临偿还压力。2021～2023年，广西融资平台面临较大规模的融资平台债到期压力，在融资平台自身盈利能力、偿债能力较弱且政策趋紧的背景下，融资平台或将面临一定的偿债压力，未来需对该情况保持关注。

第四，融资平台再融资风险。广西融资平台负债水平近年来均保持较高水平，虽然目前整体债务情况尚处合理水平，但是针对即将来临的偿债高峰期，在当前货币市场流动性紧平衡、融资成本持续上行、融资渠道紧缩及债务风险控制持续加码的背景下，需对融资平台再融资能力保持关注。

海南地方政府与融资平台债务分析报告

李龙泉[*]

要 点

● 海南省经济发展与财政实力：近年来，海南省经济及财政实力保持增长，但经济总量仍然较小，在全国排名靠后；第三产业在经济结构中占据主导地位；财政平衡率较弱，主要依赖上级补助。省内下辖各地级市经济发展不均衡，海口市与三亚市发展领先，经济与财政总量占全省主导地位。

● 海南省地方政府债务情况：海南省地方政府债务规模较小，整体可控。截至 2019 年末，显性债务和隐性债务的规模分别为 2230.70 亿元和 223.16 亿元，债务规模处于全国下游水平。海南省各地级市债务呈现分化态势，海口债务规模居全省首位。

● 海南省融资平台情况：海南省公开发债的融资平台仅有 1 家，总资产规模较低，资产负债率和债务风险均处于可控的水平。

● 总体来看，受区域发展条件等因素影响，海南省整体经济及财政实力在全国排名相对靠后，且省内下辖各地级市发展不平衡；未来，随着海南省自由贸易区建设的不断推进、对外开放政策不断完善，贸易、金融及旅游等产业具有较好发展前景，经济发展质量和效益或将明显改善。债务方面，海南省总体债务规模不大，债务规模处于全国较低水平，债务到期时间较为分散，无集中到期偿付压力，风险整体可控。地方融资平

---

* 李龙泉，中诚信国际政府公共评级二部高级副总监。

台方面，海南省地方融资平台及发债数量较少，债务规模较小，整体压力不大。

一 海南省经济总量较小，财政平衡率较弱

（一）经济体量小，增速有所放缓，固定资产投资增速下降明显

海南省整体经济总量较小，且近年来受房地产调整政策影响，经济增速有所放缓。2019 年，海南省实现地区生产总值（GDP）5308.94 亿元，在全国各省份中排名靠后，比上年增长 5.8%，增速与 2018 年持平（见图 1）；2020 年 1～9 月，海南省实现地区生产总值（GDP）3841.31 亿元，增速为 1.10%（见图 2）。2019 年，海南省人均 GDP 为 56507.00 元，是全国人均 GDP 的 79.71%。常住人口方面，2019 年末，海南省常住人口为 944.72 万人，比 2018 年增加 10.4 万人，其中，城镇常住人口为 559.56 万人，占总人口的比重（常住人口城镇化率）为 59.23%。

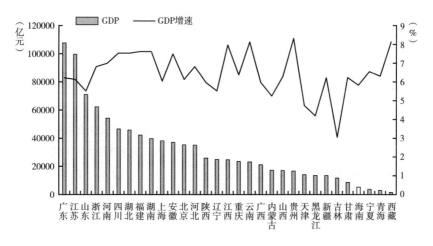

图 1　2019 年全国各省份 GDP 及增速

资料来源：全国各省份国民经济和社会发展统计公报，中诚信国际整理计算。

第三产业在全省经济结构中占据主导地位。2019 年，海南省第一、第二、第三产业占比分别为 20.3%、20.7% 及 59.0%。其中，第一产业增加值为

1080.36 亿元，增长 2.5%；第二产业增加值为 1099.04 亿元，增长 4.1%；第三产业增加值为 3129.54 亿元，增长 7.5%。第三产业中的批发零售业、房地产业、住宿和餐饮业的发展为经济增长提供了有力支持。其中，批发零售业增加值为 533.03 亿元，同比增长 12.1%；房地产业增加值为 497.86 亿元，同比下降 0.5%；住宿和餐饮业增加值为 269.18 亿元，同比增长 5.2%。

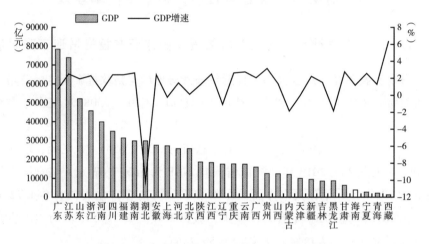

图 2　2020 年 1~9 月全国各省份 GDP 及增速

资料来源：全国各省份统计局，中诚信国际整理计算。

固定资产投资增速下降明显。2019 年，海南省固定资产投资比 2018 年下降 9.2%。其中，房地产开发投资下降 22.1%。从产业情况来看，第一产业投资下降 11.3%；第二产业投资增长 17.2%；第三产业投资下降 11.8%。按地区分，"海澄文"一体化综合经济圈投资下降 12.1%，大三亚旅游经济圈下降 11.4%，东部地区下降 11.3%，中部地区下降 5.9%，西部地区下降 1.9%。

随着海南省自由贸易区建设不断推进、对外开放政策不断完善，贸易、金融及旅游等产业具有较好发展前景，经济发展质量和效益将明显改善。2018 年 4 月，党中央决定支持海南全岛建设海南自贸区。2018 年 6 月，经海南省委、省政府深入调研、统筹规划，决定设立海口江东新区，将其作为建设海南自贸区的重点先行区域。2018 年 9 月，《中国（海南）自由贸易试验区总体方案》印发。2020 年 6 月，中共中央、国务院印发了《海南自由贸易港建设总体方案》。随着海南全岛升级为自由贸易港，海南省战略地位的提升将为其发展带来新的机遇。

（二）海南省财政实力较弱，收支缺口扩大，依赖上级补助

全省财政实力较弱，公共财政平衡率较弱（见图3）。2019年，海南省一般公共预算收入为814.13亿元，在全国31个省份中排名第28，同比增长8.2%（见图4）。其中，税收收入为653.23亿元，占比为80.24%；一般公共预算支出为1859.10亿元。财政平衡方面，海南省财政平衡能力一般，2019年，海南省财政平衡率（一般公共预算收入/一般公共预算支出）为43.79%（见表1），较2018年回落0.87个百分点。受疫情影响，2020年1~9月，海南省实现一般公共预算收入522.90亿元，同比减少15.20%，同期，财政平衡率为38.48%，处于较低水平。

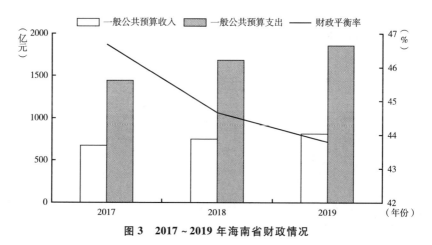

图3　2017~2019年海南省财政情况

资料来源：海南省财政决算报告，中诚信国际整理计算。

政府性基金预算收入处于较低水平。2017~2019年，海南省政府性基金预算收入分别为397.50亿元、382.20亿元和455.80亿元，在全国处于较低水平；同期，政府性基金支出分别为463.20亿元、530.80亿元和624.80亿元。受土地市场行情及房地产市场调控等因素影响，海南省政府性基金预算收入存在一定的不确定性。

国有资本经营预算收入规模较小。2017~2019年，海南省国有资本经营预算收入分别为2.80亿元、3.80亿元和3.60亿元，主要来源于省属国有企业的利润收入、股利和股息收入以及产权转让收入。整体来看，海南省国有资本经营预算收入对财政实力贡献有限。

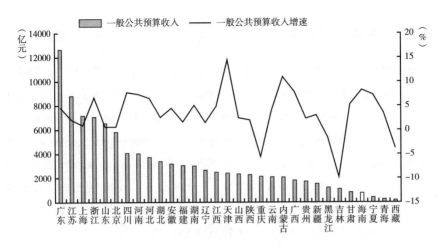

图4　2019年全国各省份一般公共预算收入及增速

资料来源：全国各省份财政决算报告，中诚信国际整理计算。

表1　2017～2019年海南省全省财政收支情况

单位：亿元，%

项目名称	2017 年	2018 年	2019 年
一般公共预算收入（1）	674.11	752.67	814.13
其中：税收收入	543.56	628.68	653.23
一般公共预算中的转移性收入（2）	932.20	1086.80	905.40
政府性基金预算收入（3）	397.50	382.20	455.80
政府性基金预算中的转移性收入（4）	64.60	70.20	62.80
国有资本经营预算收入（5）	2.80	3.80	3.60
国有资本经营预算中的转移收入（6）	—	—	—
地方综合财力（7）	2071.21	2295.67	2241.73
一般公共预算支出（8）	1444.50	1685.40	1859.10
政府性基金支出	463.20	530.80	624.80
公共财政平衡率（9）	46.67	44.66	43.79

注：（7）＝（1）＋（2）＋（3）＋（4）＋（5）＋（6）；（9）＝（1）／（8）。

资料来源：海南省财政决算报告，中诚信国际整理计算。

省内下辖各地级市经济发展不均衡，海口市经济实力相对较强。海南省下辖4个地级市，分别为海口市、三亚市、儋州市与三沙市①。从地级市角

---

① 由于三沙市经济财政数据未公布，本次报告未进行分析比较。

度来看，海口市经济实力居全省首位，2019 年，海口市、三亚市、儋州市
GDP 分别为 1671.93 亿元、677.80 亿元和 357.64 亿元（见图 5）。各地级市
财政情况方面，2019 年，海口市、三亚市、儋州市的一般公共预算收入分
别为 114.8 亿元、109.1 亿元、20.6 亿元，政府性基金预算收入分别为
245.11 亿元、102.09 亿元和 5.70 亿元，同期，财政平衡率分别为 74.12%、
50.65% 和 20.33%（见图 6）。

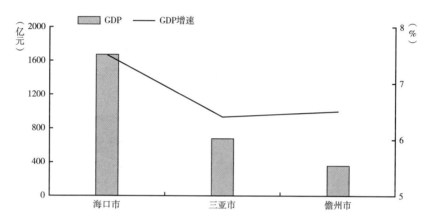

图 5 2019 年海口市、三亚市、儋州市 GDP 及增速

资料来源：海南省海口市、三亚市、儋州市国民经济和社会发展统计公报，中诚
信国际整理计算。

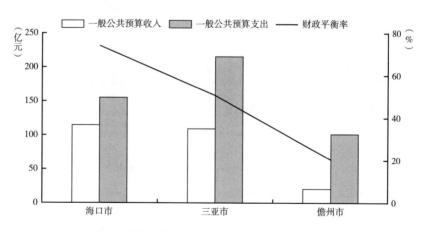

图 6 2019 年海口市、三亚市、儋州市财政情况

资料来源：海南省海口市、三亚市、儋州市财政决算报告，中诚信国际整理
计算。

二 海南省地方政府债务规模较小，处于全国较低水平，整体可控

（一）显性债务规模略有增长，但总体债务规模不大，债务规模处于全国较低水平

海南省地方政府债务规模处于全国较低水平，显性债务风险整体可控。政府债务余额方面，2019 年末，海南省地方政府债务余额为 2230.70 亿元，比 2018 年增长 288.99 亿元；其中，一般债务为 1358.40 亿元，专项债务为 872.30 亿元。2019 年，海南省地方政府债务限额为 2426.4 亿元，债务余额保持在地方政府债务限额内，尚有 195.70 亿元额度。2019 年，海南省债务率（地方政府债务余额/综合财力）为 99.51%，债务率未超过国际上的 100% 的警戒标准。负债率（地方政府债务余额/GDP）为 42.02%，总体债务压力不大（见图 7）。

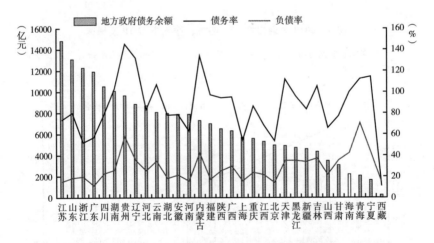

图 7 2019 年全国各省份地方政府债务余额、债务率及负债率

资料来源：全国各省份财政决算报告，中诚信国际整理计算。

从地方政府债券看，海南省地方债存量及新发行规模在全国排名靠后，2021～2025 年，到期规模分布较为平均。从存量情况看，截至 2020 年末，海南省存量地方债规模为 2558.69 亿元，居全国第 28 位（见图 8）。从发行

情况看，2020 年，海南省共发行地方债 31 只，规模合计 566.40 亿元（见图 9），居全国 28 名，加权平均发行利率为 3.25%，利率水平尚可。从到期情况看，2021~2025 年到期债务分别为 296.05 亿元、291.82 亿元、308.32 亿元、311.63 亿元和 345.97 亿元，债务到期时间较为分散，无集中到期偿付压力（见图 10）。

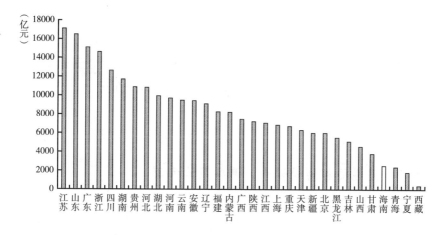

图 8　2020 年各省份地方债存量规模

资料来源：Choice 数据库，中诚信国际整理计算。

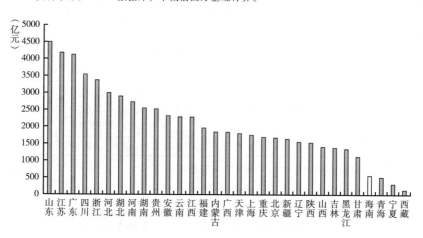

图 9　2020 年各省份地方债发行规模

资料来源：Choice 数据库，中诚信国际整理计算。

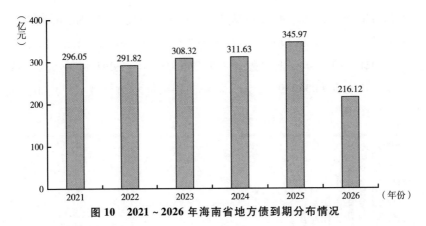

图10 2021~2026年海南省地方债到期分布情况

注：2020年末测算。

资料来源：Choice数据库，中诚信国际整理计算。

（二）隐性债务规模较小，债务风险尚可

从隐性债务方面看，截至2019年末，海南省隐性债务规模[①]为223.16亿元，显性债务与隐性债务规模合计2453.86亿元，含隐性债务的负债率与债务率分别为46.22%和109.46%（见表2），与显性债务负债率和债务率相比变化较小，这主要因为海南省隐性债务规模较小。

表2 2019年末海南省隐性债务情况

单位：亿元，%

区域	显性债务	显性债务率	显性负债率	隐性债务	考虑隐性债务后的债务规模	考虑隐性债务后的债务率	考虑隐性债务后的负债率
海南省	2230.70	99.51	42.02	223.16	2453.86	109.46	46.22

资料来源：海南省财政决算报告，中诚信国际整理计算。

（三）海口市债务规模居全省首位，部分地级市债务率较高

海南省内各地级市债务分化明显，海口市债务规模居全省首位。债务

---

① 本报告用"纯融资平台所有有息债务＋准融资平台的其他应收款＋政府付费型PPP项目投资落地额－扣减部分（纳入直接政府性债务的部分）"估算隐性债务。

规模方面，截至 2019 年末，海口市、三亚市、儋州市的地方政府债务分别为 690.13 亿元、282.69 亿元、119.13 亿元，同时，债务率分别为 150.35%、95.40%、130.51%，负债率分别为 41.28%、41.71%、33.31%。

（四）海南省制定了相关债务管理办法，严控政府债务风险

2013 年，海南省政府办公厅发布了《海南省人民政府办公厅关于进一步加强地方政府融资平台公司管理的通知》，对地方政府融资平台的定义和管理制度、举债和审核、管理和监督以及责任追究等方面进行规定。其中，在举债方面规定举借债务后，同级政府债务率不超过 100%，融资平台资产负债率控制在 80% 以下，同时，融资平台公益性项目融资偿债资金来源于财政性资金的比例不超过 30%。

2016 年，海南省人民政府办公厅制定印发了《海南省地方政府性债务风险预警与应急预案》，明确了参与债务化解的各级政府及涉及的各部门职责，同时，对风险的预警、发生风险时的应急处置及发生风险后的处置做出了明确的指示。

2017 年，海南省人民政府出台了相关文件，对严控政府债务风险、规范政府举债行为、新增债券资金使用、置换债券政策利用、筹集资金偿还存量债务、建立政府债务公开风险预警应急机制、规范使用 PPP 模式、规范政府购买服务、禁止形成隐性政府债务等方面进行规范。

三　海南省融资平台债存量较少，融资平台整体负担不重

（一）海南省融资平台债存量规模居于全国末位

截至 2020 年末，根据有存续融资平台债的发行主体统计，海南省融资平台共 1 家，为海南省洋浦开发建设控股有限公司（以下简称"洋浦开发"），公司为洋浦经济开发区唯一的开发建设主体和资产运营实体，控股股东和实际控制人为洋浦管委会，主体等级为 AA 级，行政层级为国家级开发区，行业为国家级经济开发区开发。

截至 2020 年末，海南省存续融资平台债共计 1 只，余额为 3 亿元，存量规模居全国末位。目前，存续债为海南省洋浦开发建设控股有限公司 2020 年度第一期中期票据（以下简称"20 洋浦开发 MTN001"），债项评级为 AA 级，募集资金主要用于借新还旧。从收益率和交易利差看，海南省融资平台债平均到期收益率、交易利差分别为 5.25%、246.05BP，在全国范围内处于较高水平。从到期情况看，"20 洋浦开发 MTN001"于 2023 年到期，未设置回售条款，海南省面临的偿债压力较小。

（二）海南省融资平台盈利能力整体较弱

从融资平台样本情况看，2019 年，洋浦开发总资产规模略有增长，资产负债率呈下滑趋势，盈利能力整体较弱，偿债能力亦有所减弱。资本结构方面，2019 年资产规模略有增长，2017～2019 年及 2020 年 9 月末，洋浦开发资产总额分别为 109.86 亿元、91.12 亿元、94.40 亿元和 94.73 亿元，虽然近年来有所增长，但仍处于较低水平。盈利能力方面，营业总收入增长较快，2017～2019 年及 2020 年 1～9 月，洋浦开发营业总收入分别为 5.02 亿元、3.43 亿元、10.89 亿元和 8.34 亿元；同期，净利润分别为 0.51 亿元、0.13 亿元、-7.89 亿元和 2.37 亿元。偿债能力方面，近年来有所弱化，2019 年，融资平台流动比率、速动比率分别为 1.49 和 0.48，流动比率较 2018 年有所下降，速动比率同比 2018 年增长 13%。

结　语

总体来看，受区域发展条件等因素影响，海南省整体经济及财政实力在全国排名相对靠后，且省内下辖各地级市发展不平衡；未来，随着海南省自由贸易区建设不断推进、对外开放政策不断完善，贸易、金融及旅游等产业具有较好发展前景，经济发展质量和效益或将明显改善。债务方面，海南省总体债务规模不大，债务规模处于全国较低水平，债务到期时间较为分散，无集中到期偿付压力，风险整体可控。地方融资平台方面，海南省地方融资平台及发债数量较少，债务规模较小，整体压力不大。

重庆地方政府与融资平台债务分析报告

刘 洁 庞一帆[*]

刘 洁 庞一帆[*]

要 点

● 重庆市经济发展与财政实力分析：重庆作为中西部地区唯一的直辖市，综合经济实力不断增强，但同时面临经济下行压力；随着经济转型的逐步推进，2019 年，重庆市经济有所回暖。重庆市产业结构以第三产业为主，三次产业之比为 6.6∶40.2∶53.2。重庆市财政实力与经济发展水平持平，财政稳定性较强但财政自给能力较弱，财政平衡对中央转移支付的依赖性较强。重庆市下辖 38 个区县，各区域间经济发展水平、财政实力分化明显，主城区始终为重庆经济发展龙头，渝西片区则为新经济增长点。未来，重庆市将努力在推进新时代西部大开发中发挥支撑作用，在共建"一带一路"中发挥带动作用，在推进长江经济带绿色发展中发挥示范作用，同时，国家推动成渝地区双城经济圈建设的战略部署，为重庆改革开放和高质量发展带来历史性机遇。

● 重庆市地方政府债务情况：近年来，重庆市显性债务举债空间逐年收窄，但规模整体可控；隐性债务规模较大，债务风险突出。受疫情影响，2020 年，重庆市政府地方债发行量显著增长，新发债券中专项债占比较高。在国内隐性债务化解持续推进的大背景下，重庆市发文多方面严控政府债务风险，并出台应急处置预案保障债务平稳有序化解。

---

* 刘洁，中诚信国际政府公共评级一部高级分析师；庞一帆，中诚信国际政府公共评级一部分析师。

● 重庆市融资平台债情况：重庆市融资平台债存量规模居国内前列，以私募债及中期票据为主，融资平台主体信用等级以 AA 级为主；2021 年是重庆市融资平台债偿还高峰。重庆市融资平台债整体发债成本较高，且渝东北片区及渝东南片区发债成本显著高于其余区域。市内融资平台近年来资产规模及营业收入保持持续增长，但净利润及偿债能力逐年弱化。

● 总体来看，随着产业转型升级的推进，2019 年，重庆市经济增速有所回暖，作为中西部地区唯一的直辖市，重庆市综合经济实力较强；同期，财政收入质量有所提升，但整体财政平衡能力较弱。目前，重庆市显性债务水平处可控范围之内，但仍需关注融资平台债规模偏大、发债成本偏高、短期偿债压力较大以及盈利、偿债能力恶化等方面的风险。

一 重庆市综合经济实力不断增强，但各区县发展水平存在差异

（一）随着经济转型逐步推进，重庆市经济有所回暖；成渝地区双城经济圈建设为重庆改革开放和高质量发展带来历史性机遇

2019 年，重庆市实现地区生产总值（GDP）2.36 万亿元，在全国各省份中排名居中，比上年增长 6.3%，增速较 2018 年小幅提升，但较以前年份明显放缓（见图 1、图 2）；按常住人口计算，人均 GDP 达到 7.58 万元，排名全国第 7，较上年增长 5.4%。按产业分，第一产业增加值为 1551.42 亿元，增长 3.6%；第二产业增加值为 9496.84 亿元，增长 6.4%；第三产业增加值为 12557.51 亿元，增长 6.4%；产业结构以第三产业为主，第一、第二、第三产业之比为 6.6∶40.2∶53.2。从经济发展驱动力看，2019 年，全市固定资产投资总额比上年增长 5.7%，固定资产投资增速较上年有所放缓（见图 3）。此外，近年来，重庆市继续加快投资转型升级、推动产业结构调整，2019 年，重庆市高技术制造业投资及工业技术改造投资分别增长 18.0% 及 6.9%，高技术制造业及战略性新兴制造业增加值分别增长 12.6%、11.6%，对全市工业经济增长的贡献率达 34.8%、42.1%。"十四

五"期间,重庆市将加快补齐基础设施、市政工程、农业农村、公共安全、生态环保、科技教育、公共卫生、物资储备、防灾减灾、民生保障等领域短板,增加战略性新兴产业投资,推动城市建设投资稳定增长。城镇化水平方面,2019 年末,重庆市常住人口为 3124.32 万人,比上年增加 22.53 万人;城镇化率达 66.8%,比上年提高 1.3 个百分点。

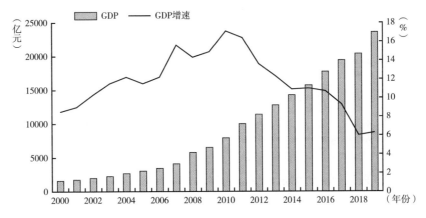

图 1　2000～2019 年重庆市 GDP 及增速

资料来源:重庆市历年国民经济和社会发展统计公报,中诚信国际整理计算。

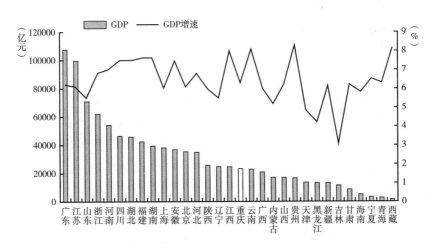

图 2　2019 年全国各省份 GDP 及增速

资料来源:全国各省份国民经济和社会发展统计公报,中诚信国际整理计算。

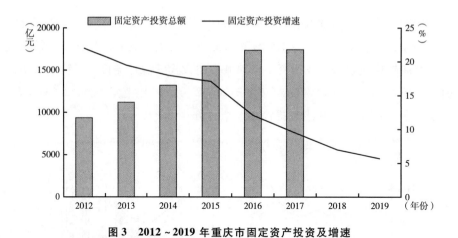

图3　2012～2019年重庆市固定资产投资及增速

注：重庆市未公布2018年、2019年的固定资产投资总额数据，故图中未列示。

资料来源：重庆市国民经济和社会发展统计公报。

重庆市是我国重要的现代制造业基地，拥有首个国家级内陆新区——两江新区，以及8个国家级开发区、41个市级开发区、2个保税区和3个保税物流中心，现已形成汽车制造业、摩托车产业、电子制造业、装备制造业、化工行业、医药行业、材料行业、消费品行业和能源工业等九大支柱产业格局。作为重庆市制造业双龙头的汽车产业和电子产业，近年来，两大产业规模以上工业总产值合计占全市的比重近40%，但两大产业增长表现差异较大。重庆市目前已成为全球最大的笔记本电脑生产基地以及仅次于广东的第二大手机生产基地。近年来，电子产业仍保持快速发展态势，全市笔记本电脑产量占全球产量的1/3以上，连续多年居全球第一。2019年，重庆市电子产业规模以上工业增加值增速为14.3%，较上年提升0.7个百分点。汽车产业方面，重庆市以长安汽车为龙头，培育了东风小康、中泰、力帆等自主品牌和长安福特、上汽通用五菱、北京现代等合资品牌厂商，已发展为我国最大的汽车和摩托车生产基地，但受汽车消费市场整体萎缩及区域龙头企业竞争力的不强的影响，近年来全市汽车产量有所下滑。2019年，重庆市汽车产业规模以上工业增加值同比下降4.1%，得益于新能源汽车增长拉动等因素影响，降幅较上年收窄13.2个百分点，但全市汽车行业景气度持续下滑。

第三产业方面，近年来，重庆市现代服务业保持较快发展，金融业发展水平较高。2019年，重庆市金融业实现增加值2087.95亿元，占全市地区生产总值的 8.8%，同比增长 8.0%，增速较上年上升 1.1 个百分点。重庆市金融组织体系逐步健全，金融机构加速聚集，截至 2019 年末，重庆市金融机构资产规模达到 6.03 万亿元，同比增长 8.4%，金融类机构总数为 1500 余家，境内上市公司为 54 家。全市社会融资规模平稳增长，当年实现社会融资规模增量为 5969.6 亿元，较上年增加 441.7 亿元。

作为全国目前人口最多、辖区面积最大的特大城市，重庆市不仅是国家重要中心城市、长江上游地区经济中心，而且是中国内陆开放高地、西南地区综合交通枢纽，区位优势显著。"十四五"期间，重庆市将结合自身发展阶段性特征和未来发展支撑条件，以建成高质量发展、高品质生活新范例为统领，在全面建成小康社会的基础上实现新的更大发展，努力在推进新时代西部大开发中发挥支撑作用，在共建"一带一路"中发挥带动作用，在推进长江经济带绿色发展中发挥示范作用。此外，国家推动成渝地区双城经济圈建设的战略部署，将为重庆改革开放和高质量发展带来历史性机遇。

（二）财政实力与经济发展水平相匹配，财政平衡依赖上级补助

从财政实力来看，重庆市财政实力与经济发展水平相匹配，近年来，财政收入质量也有所提升，但财政自给能力依然较弱，收支平衡依赖上级财政补助。受减税降费及行政配套费调整的影响，2019 年，重庆市一般公共预算收入为 2134.88 亿元，排全国第 19 位，较上年下降 5.8%（见图 4）；其中，税收收入为 1541.16 亿元，税收收入占一般公共预算收入的比重为 72.19%，较 2018 年上升 1.39 个百分点，收入质量略有提升。一般公共预算支出为 4847.79 亿元，排全国第 23 位（见图 5）；其中，民生支出为 3681.59 亿元，占比为 75.94%，较上年小幅提升 0.43 个百分点。2019 年，重庆市财政平衡率仅为 44.04%，财政平衡能力较弱且近年来持续下滑。重庆财政收支差额除少部分通过调入资金补充外，绝大部分由中央转移支付补充；2019 年，重庆市共获得中央各项转移支付 1883 亿元，居全国第 23 名，占重庆市地方综合财力的比重为 29.09%。

政府性基金方面，受主城区土地放量受控影响，近年来，重庆市国有土地使用权出让收入呈下降趋势，但政府性基金收入依旧是重庆市地方政府综合财力的重要补充。2019 年，重庆市政府性基金收入达 2247.93 亿元，同比下降 2.9%，其中，国有土地使用权出让收入为 1880.23 亿元，

同比下降 11.9%，占政府性基金收入的比重为 83.64%；政府性基金支出为 2419.26 亿元，同比下降 9.7%，政府性基金收支缺口为 171.33 亿元。此外，2019 年，重庆市获得中央转移支付 74 亿元，与 2018 年相比有 10 亿元的增长。

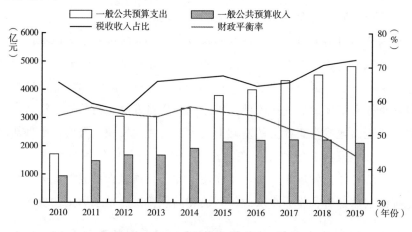

图 4　2010～2019 年重庆市财政情况

资料来源：重庆市历年财政预算执行及决算报告，中诚信国际整理计算。

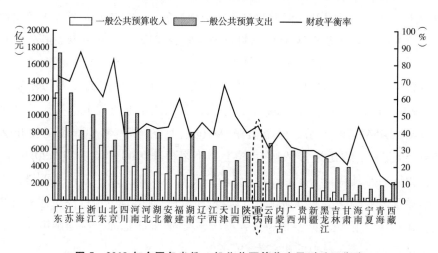

图 5　2019 年全国各省份一般公共预算收支及财政平衡率

资料来源：全国各省份财政决算报告，中诚信国际整理计算。

　　国有资本运营方面，重庆市国有经济体量较小，国有资本运营收入较低。2019 年，重庆市国有资本经营收入为 132 亿元，较上年增长 25.3%，国有资本运营收入虽然增速可观，但对财政实力的贡献有限。

总体而言，受区域经济体量较小的影响，重庆市财政实力处国内中下游水平，2019 年，全市综合财力为 6473.81 亿元，在全国 31 个省份中排第 20 名。

（三）各区县经济发展不平衡，主城区为经济发展龙头，渝西片区为新经济增长点

重庆市共下辖 38 个区县，各区域间的经济发展水平、财政实力分化明显。从经济发展战略而言，重庆主城区始终为重庆经济发展的龙头，重点发展现代服务业与现代制造业；非主城区以新型工业、能源工业及旅游业为主，其中，渝西片区为新经济增长点。2020 年，《重庆市人民政府工作报告》指出，要推动"一区两群"协调发展，对主城都市区要充分发挥城市核心作用，建设具有国际影响力和竞争力的现代化都市区。

主城区是重庆经济的主要支撑区，区域产业基础较好，经济发展水平较高。江北区内拥有空港工业园区、前沿科技城、空港新城三个市级特色开发区，已形成汽车摩托车、电子设备、通用装备和智能终端等优势产业；九龙坡区拥有全国首批国家综合改革试点开发区——重庆高新产业开发区和三大市级工业园区，电子信息、新材料及生物医药等战略新兴产业发展迅速；渝中区是重庆市的金融中心、商贸中心和文化中心，第三产业占比超 90%，金融业系渝中区第一支柱产业。2019 年，渝北区、九龙坡区、渝中区和江北区的生产总值分别为 1848.24 亿元、1462.88 亿元、1301.35 亿元和 1240.07 亿元，居全市前 4 位（见图 6）。同期，沙坪坝区、巴南区、南岸区和北碚区四区经济体量居于重庆市中上游水平。沙坪坝区为全市笔记本电脑生产的主阵地，2019 年，沙坪坝区笔记本电脑产量占全市产量的比重为 75.32%；南岸区和北碚区均以工业为主，其中，南岸区主导产业为电子制造业，北碚区作为两江新区布局的高新技术产业园，高新技术产业和战略性新兴产业发展快速；巴南区目前已形成工业和现代服务业协同发展的格局。此外，2019 年，大渡口区的生产总值仅为 253.6 亿元，但增速尚可，为 5.3%。财政实力方面，2019 年，渝北区、江北区和九龙坡区一般公共预算收入均突破 60 亿元，分别在重庆市排第 1、第 2、第 4 名，财政自给能力较强；沙坪坝区、璧山区和南岸区及渝中区一般公共预算收入在 40 亿元以上，

且财政平衡率高于 50%；北碚区财政体量位居市内中游，仅大渡口区财力偏弱，一般公共预算收入为 8.2 亿元（见图 7）。

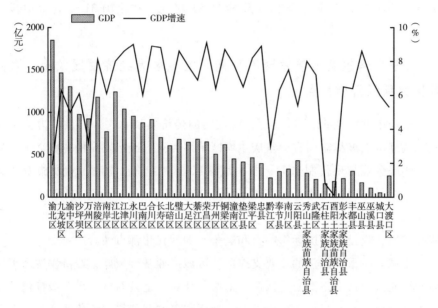

图 6　2019 年重庆市各区县 GDP 及增速

资料来源：重庆市各区县国民经济和社会发展统计公报，中诚信国际整理计算。

渝西片区内各区县总体经济及财政实力仅次于主城区。涪陵区以清洁能源、材料行业、装备制造业和食品制造等为支柱产业，2019 年实现生产总值 1178.7 亿元，排名全市第 5；江津区则紧随其后，生产总值同样超过 1000 亿元，主要系受汽车摩托车产业、装备制造业和材料产业等主导产业发展的推动。永川区已形成机器人及智能装备、电子信息、汽车及零部件、能源及材料和特色轻工业等五大百亿级产业集群；合川区装备制造、医药健康、信息技术等三大主导产业近年来对全区经济增长的贡献较大。2019 年，永川区及合川区的生产总值分别居全市第 8、第 10 位。长寿区、綦江区、璧山区、荣昌区、大足区和铜梁区 GDP 分别居全市第 13～18 位。其中，长寿区经济增长主要依托长寿经开区、长寿工业园等园区的快速发展，化工医药、钢铁冶炼、装备制造、新材料新能源、电子信息及智能家居五大工业板块对地区工业的经济支撑作用明显；璧山区智能装备、信息技术、生命健康三大主导产业发展较好；大足区通过构建"两区一园"（双桥经开区、大足

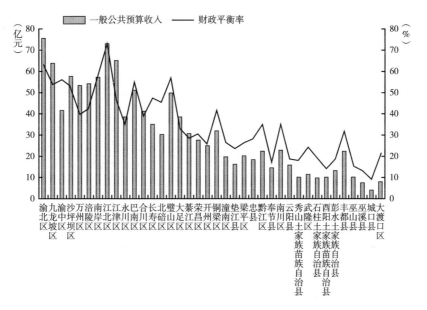

图7 2019年重庆市各区县一般公共预算收入及财政平衡率

资料来源：重庆市各区县财政决算报告，中诚信国际整理计算。

高新区、大足工业园），推动工业差异化发展，五金、家具和智能制造等产业发展较快；荣昌区已形成装备制造、食品医药、轻工陶瓷三大产业集群和农牧高新产业集群。财政实力方面，2019年，江津区一般公共预算收入达65.5亿元，位居全市第3，而涪陵区、璧山区一般公共预算收入也已突破50亿元，分别位居全市第7、第10，三区财政平衡率均在40%以上，财政平衡能力尚可；余下9区县的财力则居市内中游水平，一般公共预算收入为30亿~40亿元，排全市第10~25位。

相比而言，渝东北生态涵养发展区和渝东南生态保护发展区各项经济、财政指标均处于劣势地位。渝东北生态涵养发展区属于三峡库区，环境保护任务重大，同时又是秦巴山连片特困地区，经济发展压力大；渝东南生态保护发展区是我国重点生态功能区和重要的生物多样性保护区，是重庆市少数民族（土家族、苗族）集聚区，以生态型产业为主。万州经开区为三峡库区唯一的国家级经开区，作为重点发展区域的万州区整体实力也显著强于片区内其他区县，2019年的生产总值为920.9亿元，一般公共预算收入为53.4亿元，财政平衡率为40.15%。除万州区外，渝东北及渝东南其他区县经济及财政实力均居重庆市中下游水平；其中，排名最末的城口县，生产总值仅为52.50亿元，以农业和传统能源行业为主，一般公共预算收入为4.3亿元，财政平衡率不足10%。与此同时，两大功能区内各区县的经济增速也存在较大差异，酉阳土家族苗族自治县和石柱土家族自治县2019年的生产总值增速分别为0.1%和0.8%，而忠县的生产总值增速则高达8.9%。

二　显性债务规模可控，但隐性债务风险较大；各区县债务压力分化情况明显

（一）显性债务规模可控，但隐性债务风险突出

从地方显性债务存量来看，重庆市显性债务规模整体可控，但债务存量持续攀升，举债空间不断收窄。2019年末，重庆市地方政府债务余额为5603.70亿元，规模居全国第18位，同比增长19.47%，增速较上年提高2.75个百分点。但地方债务余额仍低于债务限额，与2019年初提出的地方政府债务限额相比，仍有445.70亿元的额度。根据政府显性债务余额计算得到的2019年重庆市债务率为86.56%，未超过100%的国际警戒线，负债率为23.74%，债务率及负债率均居全国中位，显性债务压力整体可控（见图8）。2017~2019年，重庆市地方政府债务余额/债务限额分别为91.68%、92.09%、92.63%，近两年，政府举债空间有所收窄（见图9）。

从地方政府债券看，重庆市地方债存量及新发行规模均处于全国中下游，且2023年将进入偿债高峰期。从存量情况看，截至2020年底，重庆市存量地方债规模为6723.22亿元，居全国第20位（见图10）。从发行情况看，2020年，重庆市共发行地方债14只，规模合计1695.96亿元，居全国第19名（见图11）；受发债期限较长影响，重庆新发地方债加权平均发行利率为3.58%，居全国第5位，融资成本相对较高，且较2018年有所回升。从到期情况看，2023~2024年为重庆市地方债偿债高峰期，年到期规模分别达到811亿元和961亿元（见图12）。

从地方债发行结构看，疫情冲击下，积极财政政策持续发力，2020年，专项债占比维持在2019年的较高水平；同期，受存量债集中到期影响，

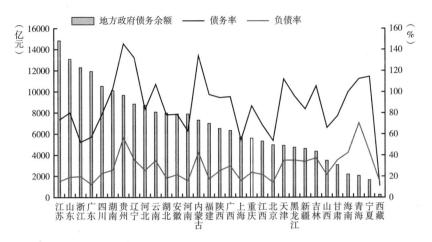

图 8　2019 年全国各省份地方政府债务余额、债务率及负债率

资料来源：全国各省份财政决算报告，中诚信国际整理计算。

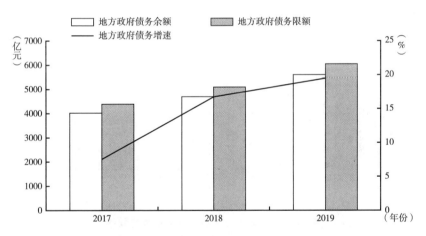

图 9　2017 ~ 2019 年重庆市地方政府债务余额、限额及增速（显性债务口径）

资料来源：根据重庆市财政预算执行及决算报告、中诚信国际整理计算得到。

2020 年，再融资债发行量大幅上升 61%，占比略有提高。2020 年，在重庆市发行的 1695.96 亿元地方债中，新增债为 1201.00 亿元，再融资债为 494.96 亿元，新增债占比较 2019 年小幅下降 4.66 个百分点；从类别看，一般债为 5 只，规模合计 434.00 亿元，专项债为 9 只，规模合计 1261.96 亿元，专项债占比与 2019 年基本持平，较 2018 年高出约 8 个百分点。从专项债情况看，2020 年，重庆市共发行再融资专项债 207.96 亿元，新增专项

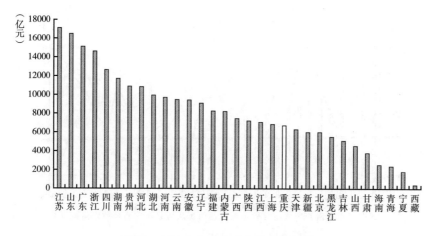

图10　2020年各省份地方债存量规模

资料来源：Choice数据库，中诚信国际整理计算。

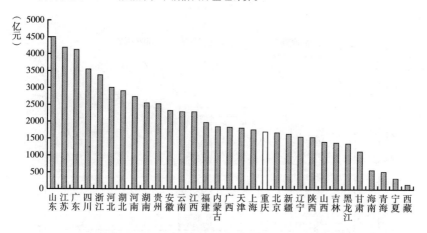

图11　2020年全国各省份地方债发行规模

资料来源：中诚信国际区域风险数据库。

债1054.00亿元，新增专项债占专项债总额的83.52%。

隐性债务方面，重庆市隐性债务规模位于全国中上游，而负债率及债务率在全国处于较高水平（见图13）。根据中诚信国际测算，2019年末，重庆市隐性债务规模为14659.24亿元，居全国第9位。考虑隐性债务后，重庆市负债率为85.84%，较2018年升高3.78个百分点，超过欧盟确定的60%的警戒线；重庆市债务率为313.00%，较2018年上升43.13个百分点，大幅超过国际上100%的警戒线（见图14）。

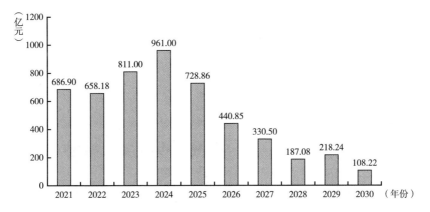

图 12　2021～2030 年重庆市地方债到期分布情况

注：2020 年末测算。

资料来源：中诚信国际区域风险数据库。

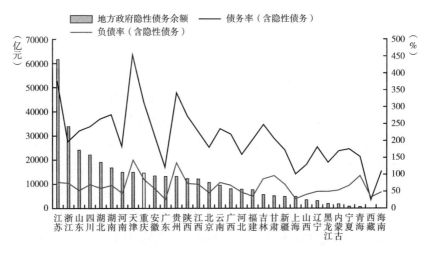

图 13　2019 年全国各省份地方政府隐性债务余额、债务率及负债率

资料来源：全国各省份财政决算报告，中诚信国际整理计算。

（二）各区县债务水平分化明显，主城区总体债务规模较高，部分区县负债率、债务率较高

就各区县债务水平而言，重庆市各区县债务压力分化明显。显性债务方面，截至 2019 年末，主城区及渝西片区地方政府债务余额合计 2347.82 亿

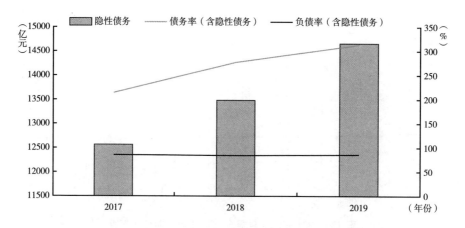

图 14　2017～2019 年末重庆市地方政府隐性债务及债务率、负债率

资料来源：重庆市 2017～2019 年财政决算报告，中诚信国际整理计算。

元，渝东北片区债务余额 754.99 亿元，渝东南片区债务余额 310.58 亿元，主城区及渝西片区显性债务总量远高于渝东北及渝东南片区。具体至各区县，2019 年末，九龙坡区债务规模显著高于其余区县，为 196.80 亿元，与排名次之的万州相差约 45 亿元；除上述两区外，另有江北区、渝北区、璧山区、涪陵区、江津区、合川区等 12 个区县的政府债务规模为 100 亿～150 亿元；大足区、北碚区、大渡口区和铜梁区的债务规模也相对较大，为 85 亿～100 亿元；城口县政府债务规模最小，为 29.50 亿元（见图 15）。从政府债务限额管理情况来看，2019 年末，仅荣昌区政府债务余额与债务限额差额为 1 亿元，其余区县差额均在 0.7 亿元以内，政府债务额度基本使用完毕。

隐性债务方面，2019 年末，沙坪坝区隐性债务余额 447.96 亿元，居市内首位；涪陵区、江津区、綦江区紧随其后，隐性债务余额分别为 402.36 亿元、252.10 亿元、238.33 亿元；九龙坡区、永川区、长寿区、大足区、合川区、南岸区及巴南区隐性债务规模也在 100 亿元以上；石柱土家族自治县、忠县等区域，隐性债务规模则不足 10 亿元。

整体而言，2019 年末，重庆市显性债务规模可控，但隐性债务风险突出；此外，由于各区县财力及债务水平存在较大分化，在严控地方债务的大背景下，需关注债务率指标考核对各区县债务以及融资平台带来的影响。

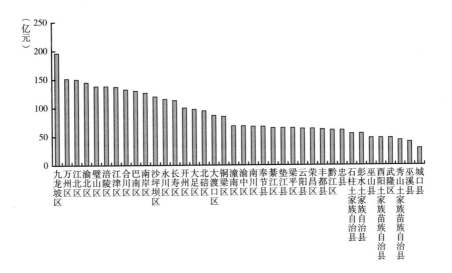

图 15　2019 年重庆市各区县地方政府债务余额

资料来源：重庆市各区县财政决算报告，中诚信国际整理计算。

（三）重庆市从多方面严控政府债务风险，并出台应急处置预案保障债务平稳有序化解

2010 年 6 月，《国务院关于加强地方政府融资平台公司管理有关问题的通知》明确指出严禁地方政府违规提供隐性担保；2014 年发布的《国务院关于加强地方政府性债务管理的意见》，拉开了地方政府隐性债务清理工作的序幕；2017 年以来，国家在上述文件的基础上，陆续出台一系列政策，严格限制地方政府各类违法违规举债融资行为，对防范地方政府债务风险频频"亮剑"。

在此背景下，重庆市积极响应国家号召，持续推进地方政府债务风险化解工作，规范当地融资平台融资行为。早在 2014 年，重庆市即经历了一轮政府债务化解历程。其间，重庆市采取包含发行长期限及低成本的地方政府置换债券、通过政府购买服务及 PPP 模式降低政府债务、强化土地出让收入对市政府财力的支持等诸多举措，化解地方政府债务达1000 亿元。2017 年 5 月，重庆市发布的《重庆市人民政府办公厅关于印发重庆市政府性债务风险应急处置预案的通知》，将政府性债务风险事件

按照性质、影响范围及危害程度分级，建立起健全的政府性债务风险应急处置工作机制，严控区域性系统风险。2019 年 11 月，《重庆市人民政府办公厅关于深化区县国企国资改革的指导意见》正式出台，提出要推进区县国企进行市场化、专业化重组，依法关闭长期未实际经营的空壳公司，并全面清理投融资平台债务，限制区县政府及所属部门为融资平台融资提供担保，以规范区县级投融资平台的融资行为，化解区县级政府债务风险。

三 重庆市融资平台债呈现区域分化态势，整体发行成本偏高，短期到期压力较大

（一）重庆市融资平台债发行成本偏高，2021 年为偿债高峰

截至 2020 年底，重庆市存量融资平台债共计 580 只，债券余额共计 4561.92 亿元，存量规模在全国排名第 7（见图 16）。从债券种类看，重庆市存量融资平台债以私募债为主，数量占比达到 31.52%，接下来依次为一般中期票据（25.82%）、定向工具（19.13%）、一般企业债（12.45%）、一般公司债（6.46%）。从债券期限看，存量融资平台债以 3~5 年（含 5 年）和 5~7 年（含 7 年）为主，合计占比超过 80%（见图 17）。从债项信用等级看，重庆市存量短期债券信用等级均为 A-1 级;除短期债券外，存量融资平台债以 AA+级和 AAA 级为主，占比分别为 38.45% 和 37.18%。从行政层级看，重庆市存量融资平台债主要集中于区县，省属融资平台存量债占比仅为 17.15%。从收益率和交易利差看，2020 年重庆市融资平台债加权平均到期收益率、交易利差分别为 5.49%、279.59BP（见图 18），较 2019 年有所提升且在全国范围内处于较高水平。

从发行情况看，2020 年，重庆市共发行融资平台债 207 只，规模合计 1620.72 亿元，位列全国第 6（见图 19）；发行规模较上年提升 25.56%，增幅较大但仍低于全国整体增速。从发行行政层级看，由于重庆市融资平台多属区县级公司，重庆市融资平台债的发行也集中在区县，2020 年，省属融资平台债共发行 27 只，合计 274 亿元，发行金额占比为 16.91%。从债券种类看，重庆市新发融资平台债以公司债和中期票据为主，发行规模占比分别

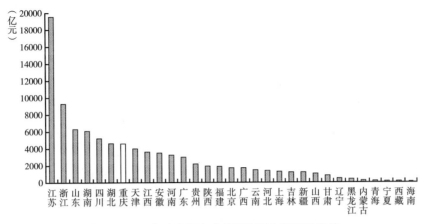

图16 2020年末全国各省份融资平台债存量规模

资料来源：Choice数据库，中诚信国际整理计算。

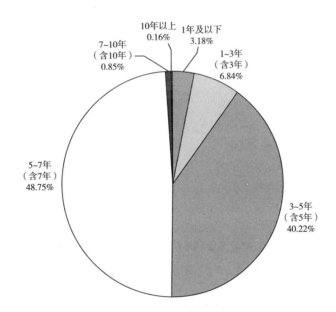

图17 存量融资平台债期限结构

资料来源：Choice数据库，中诚信国际整理计算。

为46.63%和22.02%，其次为短期融资债券和定向工具，占比分别为13.70%和11.88%。从债券期限看，重庆市新发融资平台债以3～5年（含5年）为主，发行规模占比达62.71%，与融资平台项目周期大体匹配。从发行利率、利差看，重庆市新发融资平台债加权平均发行利率、利差分别为

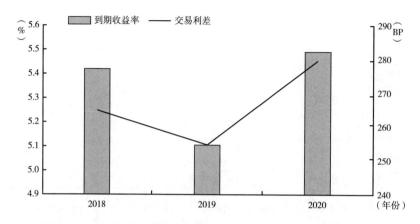

图18　2018～2020年重庆市存量融资平台债到期收益率及交易利差

资料来源：Choice数据库，中诚信国际整理计算。

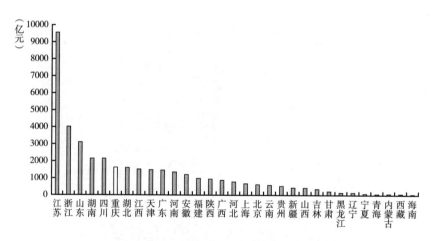

图19　2020年全国各省份融资平台债发行规模

资料来源：Choice数据库，中诚信国际整理计算。

5.07%、254.18BP，较2019年有所下降，变动趋势与全国整体情形一致，但发行成本仍处于全国中上游水平（见图20、图21）。

从到期情况看，2021年，重庆市融资平台债到期及回售压力主要集中3月、4月及下半年，3月到期规模最大，为165亿元，3月同样为年内到期和回售高峰期，到期及回售总规模为228亿元；年度情况方面，2021年融资平台债到期规模最大，为989.07亿元，2021年是偿债和回售高峰，到期及回售规模为1394.07亿元（见图22）。

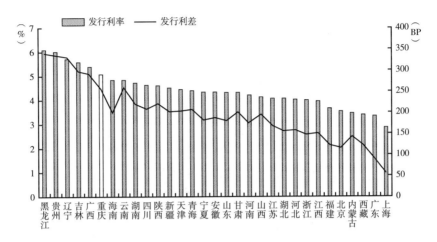

图20 2020年全国各省份融资平台债发行利率及发行利差

资料来源：Choice数据库，中诚信国际整理计算。

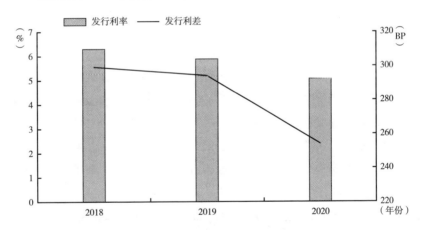

图21 2018～2020年重庆市融资平台债发行利率、利差

资料来源：Choice数据库，中诚信国际整理计算。

（二）各区县融资平台债规模及市场表现分化情况明显，2021年为到期及回售高峰

截至2020年末，重庆市本级存量融资平台债共55只，合计583.70亿元，居首位；沙坪坝区、涪陵区和江津区紧随其后，分别有存量融资平台债54只、38只和42只，规模合计分别为502.74亿元、381.17亿元和294.07

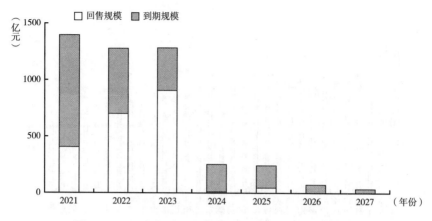

图22　2021～2027年重庆市融资平台债回售及到期规模

注：2020年末测算。

资料来源：Choice数据库，中诚信国际整理计算。

亿元；綦江区、长寿区、合川区和巴南区的存量融资平台债规模同样在200亿元以上（见图23）。从二级市场价格表现来看，各区县融资平台债二级市场收益率与区域经济发展水平反向相关，在一定程度上体现了证券市场对重庆各片区经济发展及财政实力的认可度排序。重庆市本级及两江新区融资平台债平均到期收益率、交易利差较低，分别为3.50%、99.42BP和3.65%、115.87BP；主城区次之，为4.72%、220.14BP；再次为渝西片区，收益率及交易利差为5.67%、311.40BP；渝东北片区和渝东南片区融资平台债二级市场收益率最高，收益率及交易利差分别为6.51%、374.64BP，6.10%、378.24BP。具体至各区县，主城九区除北碚区及大渡口区外，其余区县存量融资平台债到期收益率均未超过5.5%，交易利差在300BP以下；渝西片区各区县存量融资平台债到期收益率多集中于5.5%～7%，交易利差为250～400BP；渝东南片区仅黔江区和武隆区有存量融资平台债，到期收益率及交易利差分别为6.89%、440.11BP和7.51%、474.19BP；渝东北片区各区县存量融资平台债到期收益率则多在7%以上，交易利差也高于400BP。

从发行情况看，2020年，重庆市本级融资平台共发行债券22只，规模合计204亿元；两江新区融资平台发行债券5只，规模合计70亿元。除此以外，涪陵区融资平台发行债15只，共计141亿元，居各区县首位；长寿

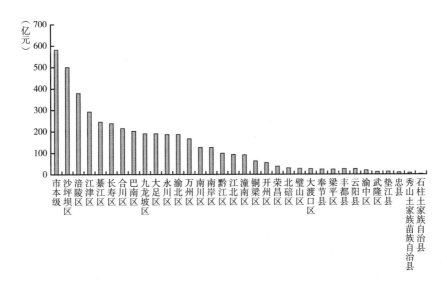

图 23   2020 年末重庆市各区县存量融资平台债规模

资料来源：Choice，中诚信国际整理计算。

区、沙坪坝区、巴南区及合川区融资平台发债规模也逾百亿元；万州区、江津区、永川区、大足区、九龙坡区五区融资平台发债规模为 70 亿 ~ 100 亿元；江北区、璧山区、武隆区、梁平区等 11 个区县未发行融资平台债（见图 24）。从发债期限来看，主城区及渝西片区新发债券到期期限稍长，以 3 年及 5 年为主，少量 7 年、10 年债券以及短期融资债券；渝东南片区及渝东北片区新发债券期限则以 3 年为主，另有少量 5 年债券。从信用评级及发行成本看，区域经济发展较好、财政实力较强的区县，发债融资平台评级更高、发债成本也相应较低，与债券二级市场表现保持完美的一致性。具体而言，重庆市本级发债融资平台的评级均为 AAA 级，相应发债成本较低，平均发行利率及发行利差为 3.20%、80.68BP；两江新区的 5 家发债融资平台中，4 家市场评级为 AAA 级，另有一家评级为 AA + 级，区域内融资平台发债平均利率及利差为 3.40%、84.07BP；主城区发债融资平台中，70% 的信用等级为 AA + 级，其余 30% 为 AA 级，相应发债平均利率及利差为 4.93%、235.43BP；渝西片区、渝东北片区及渝东南片区发债融资平台信用等级以 AA 级为主，发债平均利率及利差分别为 5.49%、298.86BP，6.02%、340.32BP 及 7.30%、435.03BP。

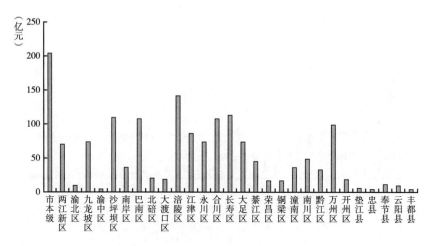

图 24　2020 年重庆市本级及各区县融资平台债发行情况

资料来源：Choice 数据库，中诚信国际整理计算。

　　期限结构方面，重庆市本级融资平台债剩余期限以 1 年及以下、3～5年（含 5 年）为主，占比分别为 36.37%、38.89%，其次为 1～3 年（含3 年），占比为 22.49%；两江新区融资平台债剩余期限分布与重庆市本级基本一致，剩余期限在 1 年及以下、1～3 年（含 3 年）及 3～5 年（含 5年）的融资平台债占比分别为 37.01%、24.52% 及 38.46%；忠县的融资平台债平均剩余期限最长，存续债剩余期限全部为 5～7 年（含 7 年），其次为垫江县、渝中区、北碚区、大渡口区及荣昌区等 17 个区县，存续融资平台债剩余期限以 3～5 年（含 5 年）为主，占比在 40% 以上；渝北区、沙坪坝区及璧山区剩余期限在 1～3 年（含 3 年）及 3～5 年（含 5 年）的存续融资平台债规模相当；南岸区、潼南区、黔江区及奉节县存续融资平台债剩余期限则主要为 1～3 年（含 3 年）。从到期及回售情况看，重庆市本级及两江新区融资平台债 2021 年到期规模分别为 189.00 亿元和 97.20亿元，为近 5 年峰值，同时 2021 年也是重庆市本级及两江新区融资平台债到期及回售高峰，到期及回售总规模分别为 213.00 亿元和 117.20 亿元；2021 年，涪陵区、长寿区及大足区融资平台债回售及到期规模分别达145.58 亿元、81.70 亿元和 73.64 亿元，系近 5 年的高峰，短期偿债压力较大；债务重区沙坪坝区于 2022 年达偿债高峰，债务到期及回售规模合计 255.92 亿元，远超其余区县；2023 年，巴南区、万州区、合川区等区县迎来到期及回售高峰，到期及回售规模合计分别达83.40亿元、79.70亿元和98.60亿元（见图25）。

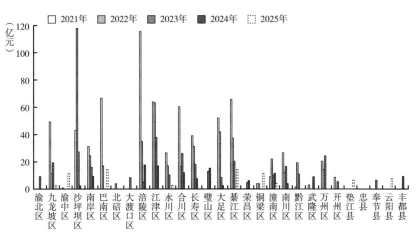

图25　2021～2025年重庆市各区县存量融资平台债到期分布情况

注：2020年末测算。

资料来源：Choice，中诚信国际整理计算。

（三）重庆市融资平台资产规模和营业收入稳步增加，但净利润及偿债能力弱化

从融资平台样本情况看①，重庆市融资平台总资产和净资产规模稳步增长，营业收入逐年增加，但是伴随经济下行压力增加，净利润和偿债能力有所弱化。

重庆市融资平台资产规模持续增加，但市内各区县融资平台资产规模及增速存在差异。2017～2019年，重庆市融资平台总资产合计分别为31310.97亿元、33487.33亿元和37020.84亿元，净资产合计分别为14.70亿元、15.62亿元和17.26亿元，总资产及净资产规模均呈稳步增长态势；重庆市融资平台总资产和净资产中位数见图26。截至2019年末，重庆市本级及两江新区融资

---

① 因为部分公司的部分指标值不可获取，所以各财务指标计算所使用的样本量存在差异。具体而言，资产规模、盈利能力相关指标以及资产负债率、总资本化比率的计算样本量为90，债务规模及债务结构、货币资金/短期债务的计算样本量为86，流动比率、速动比率的计算样本量为70。

平台总资产中位数分别为 1560.24 亿元、395.89 亿元，净资产中位数分别为
710.71 亿元、225.37 亿元，市本级融资平台资产规模远高于其余区县；除重
庆市本级及两江新区外，合川区、沙坪坝区、渝北区、涪陵区及北碚区融资
平台体量也相对较大，区域内融资平台总资产中位数均高于 400 亿元，净资产
中位数也已超过 170 亿元。从区县内融资平台规模扩张情况来看，长寿区、云
阳县及璧山区融资平台总资产扩张速度相对较快，2017~2019 年，总资产复
合增长率中位数均超过 20%；北碚区、璧山区及奉节县融资平台净资产增势
较猛，2017~2019 年，净资产复合增长率中位数分别为 31.75%、21.08% 和
18.35%；渝中区融资平台资产规模呈下跌趋势，2017~2019 年，总资产及净
资产复合增长率中位数分别为 -6.91%、-0.36%，南岸区、丰都县及渝北区
净资产的复合增长率中位数同样为负（见图 27、图 28）。

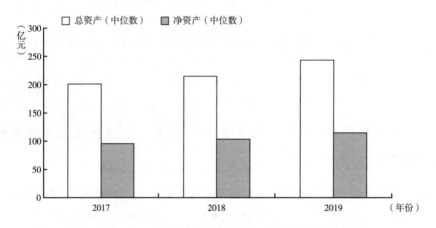

图 26　2017~2019 年重庆市融资平台总资产和净资产情况

资料来源：Choice 数据库，中诚信国际整理计算。

　　重庆市融资平台营业总收入稳步增长但净利润有所回落。2017~2019
年，全市融资平台营业收入中位数分别为 10.00 亿元、10.96 亿元和 11.78
亿元；净利润中位数分别为 1.94 亿元、1.77 亿元和 1.74 亿元；ROA 中位
数分别为 0.89%、0.86% 和 0.70%，盈利能力整体上有所下降。就各区县
而言，融资平台营收规模与资产规模大体匹配，两江新区及重庆市本级融资
平台营业收入中位数达 42.90 亿元和 42.55 亿元，居全市前 2 名；合川区紧
随其后，融资平台营业收入中位数为 42.42 亿元（见图 29）。从营收总规模
变化情况看，除重庆市本级及两江新区外，在融资平台样本所涉及的重庆市

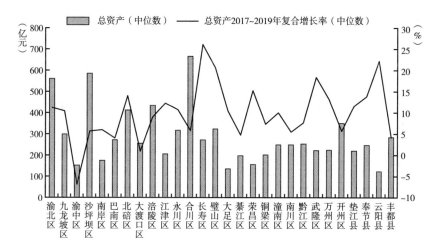

图 27　2019 年末重庆市各区县融资平台总资产情况

资料来源：Choice 数据库，中诚信国际整理计算。

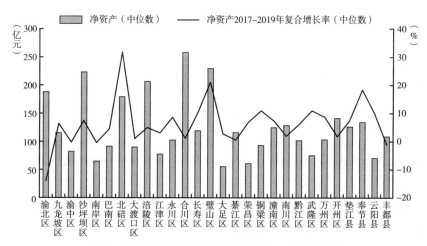

图 28　2019 年末重庆市各区县融资平台净资产情况

资料来源：Choice 数据库，中诚信国际整理计算。

28 个区县中，2017～2019 年，营业收入复合增长率中位数最高可达 32.52%，最低则至 -40.32%，复合增长率中位数为正值的区县共 17 个；从各区县融资平台净利润及盈利能力看，与 2017 年相比，2019 年有过半数区县的融资平台的净利润复合增长率中位数为负值，其中，万州区融资平台净利润降幅明显，复合增长率中位数为 -43.69%。

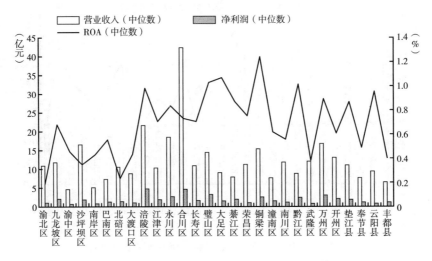

图29　2019年末重庆市各区县融资平台盈利情况

资料来源：Choice数据库，中诚信国际整理计算。

伴随资产规模的扩张，重庆市融资平台债务总量也持续增长，截至2019年末，融资平台总债务中位数为102.98亿元；从债务结构看，2018～2019年，重庆市融资平台短期债务占比也显著提升，2018年及2019年的短期债务/总债务中位数均在20%左右，融资平台债务结构有待改善。从财务杠杆来看，2017～2019年，重庆市融资平台资产负债率中位数分别为51.61%、53.09%和54.04%，总资本化比率中位数分别为42.89%、43.46%和45.21%，杠杆率水平小幅提升但整体稳定；与此同时，2018～2019年，重庆市融资平台短期偿债能力有所弱化，2019年，融资平台流动比率中位数、速动比率中位数及货币资金/短期债务中位数分别为4.35、1.70和0.62，与2018年基本持平，但较2017年明显回落。就各区县而言，截至2019年末，在融资平台流动比率及速动比率计算样本所涉及的重庆市27区县中，过半数区县的融资平台流动比率及速动比率中位数较2017年有所下降；此外，从中位数看，在融资平台货币资金/短期债务计算样本所涉及的重庆市28个区县中，仅10个区县的融资平台货币资金存量可覆盖其短期债务，该数目仅为2017年的50%，其中，黔江区融资平台货币资金/短期债务中位数仅为0.19，短期偿债压力较大（见图30）。

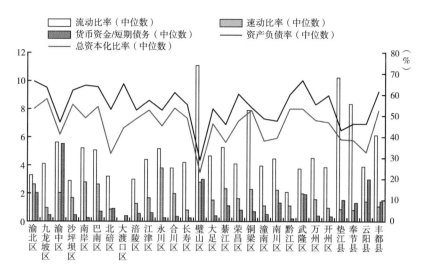

图30　2019年末重庆市各区县融资平台杠杆水平及偿债能力

资料来源：Choice数据库，中诚信国际整理计算。

（四）融资平台转型发展能力尚待增强

为防范地方债务风险、推进地方投融资体制改革，重庆市近年来加大融资平台转型力度，在经济下行压力不减的背景下，重庆市融资平台面临的转型问题较多。一方面，重庆市整体融资平台转型环境一般且部分区县的融资平台对地方政府依赖性较强。重庆市资源禀赋不及经济发达省份，或使当地融资平台在转型过程中的融资受到限制，不利于融资平台可持续发展；重庆市各区县经济发展水平差异较大，部分经济实力较弱、资源禀赋较差的区县，融资平台转型难度相应较高，仍难以解除对地方政府的依赖。另一方面，重庆市融资平台的转型发展能力尚待增强。市场化转型虽然在一定程度上能增强融资平台造血能力，但市场化业务风险更为复杂，对融资平台原有机制提出挑战；对于部分欠发达区县中处于转型过程但尚未形成市场竞争力的融资平台，政府对其的支持意愿可能已经开始削弱，此类融资平台盈利能力值得关注，估值风险有待防范。

（五）融资平台信用事件及监管处罚

在坚决打好防风险攻坚战的大背景下，国家持续加强对地方政府债务风险的防控，加大对各地政府违法违规举债行为的监管处罚力度。从融资平台信用事件看，2018 年至 2019 年 9 月末，重庆市融资平台未发生涉及信托计划违约等方面的信用风险事件。根据审计署发布的《2018 年第一季度国家重大政策措施落实情况跟踪审计结果》，2017 年 8 月至 2018 年 3 月，因无法直接从金融机构获得融资，重庆市南岸区隧道工程建设办公室等 4 家单位与重庆市南岸区城市建设发展（集团）有限公司等 3 家区属企业签订借款协议，约定以土地出让收入或财政资金偿还的方式违规举借债务 6.92 亿元，用于土地收储、归还银行贷款等。

结　语

总体而言，重庆作为中西部地区唯一的直辖市，综合经济实力不断增强，近年来产业转型升级持续推进，全市经济延续复苏态势；财政实力与经济发展持平，财政收入水平适中，但整体财政平衡能力较弱，财政收支平衡依赖举债及上级补助；此外，重庆市各区县经济发展水平及财政实力呈现明显的两极分化。政府债务方面，显性债务举债空间虽逐年收窄，但规模整体可控；隐性债务规模较大，债务风险突出。受疫情影响，2020 年，重庆市政府地方债发行量显著增长，新发债中专项债占比较高。其中，新发项目收益专项债所募资金多投资于基础设施建设、民生服务及生态环保项目，相关债券的发行对基建投资产生了一定的撬动作用，这在某种程度上有利于受疫情冲击地区经济的复苏。融资平台债方面，重庆市各区县融资平台债发行规模差异较大，融资平台债整体发行成本较高，且经济及财政水平相对落后的渝东南片区及渝东北片区发债成本显著高于市本级、两江新区、主城区及渝西片区。2021 年是重庆市多数区县融资平台债到期及回售高峰期，融资平台短期偿债压力较大。近年来，重庆市融资平台资产规模和营业收入稳步增加，但净利润及偿债能力持续弱化。

针对上述现象，本报告提出如下政策建议：第一，重庆市可发挥主城核心区域在经济发展等方面的带动作用，并合理开发渝东北片区及渝东南片区在生态文旅等领域的资源优势，充分利用新发生态、文旅等专项债对政府投资的拉动作用，推动市内各区县均衡、稳定发展；第二，政府可灵活决策项目收益专项债的使用方式，充分发挥专项债资金作为项目资本金撬动基建投资的优势，以更低的负债量满足项目所需，拓宽政府举债空间；第三，规范区县级融资平台的融资行为，落实存量债务化解方案，加强隐性债务管理；第四，摒弃以体量为宗旨的单一考核模式，加强对融资平台成本控制、偿债指标等相关指标的考核；第五，合理把控融资平台转型进度，为处于转型阶段的优质融资平台提供理性支持。

四川地方政府与融资平台债务分析报告

王靖允[*]

要　点

● 四川省经济发展与财政实力分析：四川省是西南地区经济体量最大的省份，近年来，经济增速放缓，但仍保持高速增长。四川省以第三产业为主，近年来，产业结构相对稳定。投资是四川省经济增长的强劲动力，2020 年，新冠肺炎疫情对消费需求冲击较大。四川省上市公司数量相对较多，市值较高，主要集中在成都市，省内建立健全了上市公司培育机制。四川省金融资源相对丰富，但成都市对资源虹吸效应明显，省内金融资源分化较大。

● 四川省地方政府债务情况：四川省显性债务规模较大，近年来持续增长，显性债务负担在各省份中处中下游水平。四川省地方债存量及新发行规模均处于全国前列，且 2023 年将进入偿债高峰期。2020 年，地方债发行以新增债为主，专项债占比较上年进一步提升。四川省隐性债务规模位于全国前列，考虑隐性债务后的负债率及债务率均处在国内中上游水平，区域实际债务压力相对较大。成都市债务规模居全省首位，部分地市（州）债务风险相对较高。

● 四川省融资平台债情况：2020 年末，四川省存量融资平台债规模在各省份中居前列，信用等级中 AAA 级占比最大，发行主体等级以 AA 级为主。2020 年，融资平台债发行规模在各省份中居前列，发债融资平台主要集中在成都市。2021～2023 年，回售较

* 王靖允，中诚信国际政府公共评级一部高级分析师。

为集中，面临较大的兑付压力。四川省发债融资平台较多，资产规模保持增长，成都市和省本级融资平台资产规模较大，融资平台流动性指标表现不佳。融资平台盈利能力较弱，各地市（州）间盈利能力分化较为明显。

● 总体来看，四川省整体经济及财政实力在全国处于前列，投资为经济发展的重要动力；下辖各地市（州）经济发展出现明显分化，目前，四川省显性债务水平处于可控范围之内，但仍面临一定的债务压力，受信用事件影响，巴中市和遂宁市发行利率及利差在省内地市（州）中处于高位，未来融资平台转型具备一定的条件，但全省经济与财政水平呈现分化态势，融资平台自身发展能力仍需提高。

一 四川省经济及综合财政实力处于全国上游水平，但财政平衡率较低

（一）经济体量较大，增速小幅下滑，但高于全国平均水平，投资维持高速增长

四川省是西南地区经济体量最大的省份，近年来，该省经济增速放缓，但仍保持高速增长。四川省位于中国西南，地域辽阔，总面积居全国第5，人口数量居全国第3，是我国西部地区经济体量最大的省份。20世纪80～90年代，受地理因素影响，四川省经济发展较慢，21世纪以来，随着西部大开发、成渝城市群和长江经济带等发展规划的提出，四川省经济实现长时间快速发展。近年来，四川省经济增速放缓，2015年以来，总体相对平稳，2019年，四川省实现GDP 46615.82万亿元，在全国各省份中排第6，同比增长7.5%，增速较2018年下降0.5个百分点（见图1、图2）；人均GDP为5.58万元，为全国人均GDP的78.7%，占比较上年上升3.1个百分点。固定资产投资继续保持较高增速，2019年，四川省固定资产投资较上年增长10.20%，远高于全国平均水平5.1%，与2018年持平。2019年，四川省工业增加值为1.34万亿元，较2018年增长7.9%，对经济增长的贡献率为37.4%。

　　四川省产业结构以第三产业为主，近年来，产业结构相对稳定。截至2020年末，四川省第一、第二、第三产业之比为11.4∶36.2∶52.4，第三产业占比较高，2017年以来，产业结构相对稳定。四川省是我国重要的现代制造业基地和西部工业大省，形成了电子信息、装备制造、能源电力、油气化工、钒钛钢铁、饮料食品、现代中药等优势产业和航空航天、汽车制造、生物工程以及新材料等潜力产业（以下简称"7+3"产业），部分战略性新兴产业未来具备一定的发展潜力，有待继续投资培育。

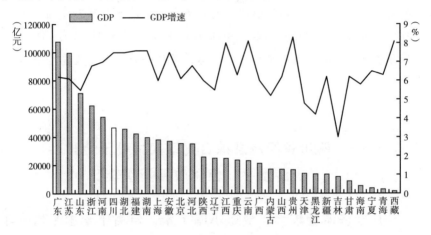

图1　2019年全国各省份GDP及增速

资料来源：全国各省份国民经济和社会发展统计公报，中诚信国际整理计算。

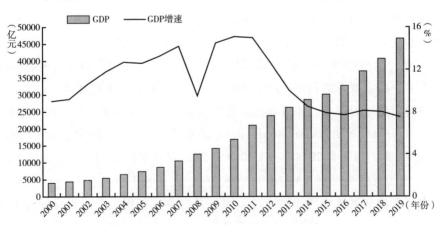

图2　2000～2019年四川省GDP及增速

资料来源：四川省经济和社会发展统计公报，中诚信国际整理计算。

投资是四川省经济增长的强劲动力，2020年疫情对消费需求冲击较大。近年来，四川省固定资产投资保持增长，但增速小幅放缓。2018年，四川省固定资产投资额为28065.3亿元，占GDP的比重为68.99%，较上年有所下降，2018~2020年的固定资产投资增速（不含农户）分别为10.2%、10.2%和9.9%，2020年较上年小幅下滑，但仍保持强劲增长，投资是四川省经济增长的主要动力。消费方面，2015~2019年，四川省消费持续增长。2020年，受疫情影响，全年实现社会消费品零售总额为20824.9亿元，较上年下降2.4%；其中，餐饮消费收入降幅最大，较2019年下降9.0%，互联网商品零售额较上年增长16.9%。

四川省上市公司数量相对较多，市值较高，主要集中在成都市，省内建立了健全的上市公司培育机制；四川省金融资源相对丰富，但成都市对资源虹吸效应明显，省内金融资源分化较大。截至2019年末，四川省A股上市公司共126家，市值总量约为18673.36亿元，数量和市值总量在全国均居第8位，其中，省内上市公司主要集中在成都市。2019年末，成都市上市公司数量为80家，市值占总量的45.65%；宜宾市、绵阳市和泸州市值次之，占比分别为27.47%、7.59%和7.12%。2019年11月22日，四川省地方金融监督管理局等5部门联合印发了《四川省上市后备企业资源库管理办法》，健全了全省上市后备企业培育机制，推动了四川省资本市场持续健康发展，将重点行业企业分类入库管理，并提供培育服务，为四川省资本市场发展水平的提升提供了一定支持。

根据四川省银行业协会披露的名单，除政策性银行、国有商业银行和股份制商业银行以外，四川省还有12家外资银行、8家省外城商行、13家省内城商行和44家农商行，金融资源较为丰富。截至2020年末，省内各金融机构人民币各项存款余额为90350.5亿元，较上年末增长10.5%；贷款余额为69504.9亿元，同比增长13.8%；存贷款余额分别占全国总量的4.14%和3.90%，金融体量居国内中上游水平。其中，成都市的存贷款余额分别占全省的48.32%和59.20%，成都市的金融资源集中度较高；省内其他地市（州）可用金融资源有限。

（二）综合财政实力总体较强，在全国处于上游水平，且对上级补助的依赖性较强

财政实力在各省份中处于上游水平，财政自给能力整体较弱，对上级补助较为依赖。作为中国西南地区重要的经济体，四川省财政实力在全国处于上游水平（见图3）。从一般公共预算收入来看，2019年，四川省一般公共预算收入为4070.69亿元，在全国各省份中保持在第7位，同比增长7.7%，较2018年下降1.6个百分点，其中，税收收入为2888.80亿元，占一般公共预算收入的70.97%，同比下降1.13个百分点；一般公共预算支出为10349.60亿元，同比增长6.3%。财政平衡方面，四川省近年来的财政自给能力较弱且逐年下滑，2019年，四川省财政平衡率为39.33%（见图4），较2018年下降0.91个百分点，收支平衡依赖上级补助。

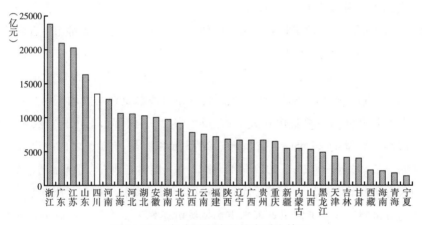

图3　2019年全国各省份综合财力情况

资料来源：全国各省份财政决算报告，中诚信国际整理计算。

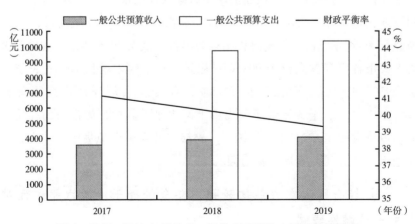

图4　2017~2019年四川省一般公共预算收支及财政平衡率

资料来源：中诚信国际区域风险数据库。

政府性基金收入存在一定的波动性，由降转升，但后续仍面临下行压力。在房地产市场景气度有所回升、土地市场有所回暖的背景下，四川省政府性基金收入近年来逐年增长，2019 年为 4181.19 亿元，较 2018 年增长9.4%，在全国各省份中保持在第 5 位；其中，成都市政府性基金收入占全省的比重超过 35%，土地市场表现良好，随着国内房地产调控政策的收紧，未来政府性基金收入的实现或受一定的影响。

国有经济体量较大，国有资本运行收入可观。四川省内国有经济体量较大，近年来实现了相对可观的收益，2018 ~ 2020 年，四川省分别实现国有资本经营收入 68.20 亿元、93.20 亿元和 199.80 亿元，2020 年在全国各省份中居于前列，国有资本运营收入对财政收入形成有力补充。

（三）省内区域经济发展极不平衡，经济及财政实力严重分化，成都市以外的其他地市（州）的财政自给能力整体较弱

成都市经济实力远超省内其他地市（州），其他地市（州）经济发展亦分化明显。四川省下辖 21 个地市（州），按照"一干多支、五区协同"的发展战略，四川省形成了支持成都加快建设全面体现新发展理念的国家中心城市，推动成都平原经济区、川南经济区、川东北经济区、攀西经济区、川西北生态示范区协同发展的格局，进一步促进四川省全面发展。在各地市（州）中，成都市的经济及财政实力远超其他地市（州），成都市周边地市受益于成都市经济的辐射，经济与财政实力在省内处于相对优势地位，川东北地区的巴中市和广元市及川西地区三个自治州的经济及财政实力在省内排名靠后。2019 年，成都市 GDP 为 17012.65 亿元，远超第 2 名绵阳市2856.20 亿元，其他 GDP 超过 2000 亿元的地市（州）还有 6 个，分别为绵阳市、宜宾市、德阳市、南充市、泸州市和达州市；广元市、资阳市、巴中市、雅安市、阿坝藏族自治州和甘孜藏族羌族自治州 GDP 为 400 亿 ~ 1000亿元，为经济欠发达地区。GDP 增速方面，宜宾市 2019 年增速在全省最高，为 8.8%，凉山彝族自治州增速在全省垫底，为 5.6%，各地市（州）GDP 增速差异不大（见图 5）。

各地市（州）财政实力呈现分化态势，财政平衡率普遍较低。从各地市（州）一般公共预算收入看，成都市一般公共预算收入全省最高，为1482.96 亿元，财政平衡率为 73.90%，财政自给能力较强（见图 6）；宜宾

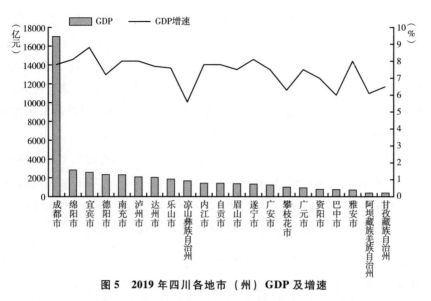

图5　2019年四川各地市（州）GDP及增速

资料来源：四川省各地市（州）国民经济和社会发展统计公报，中诚信国际整理计算。

市、泸州市、凉山彝族自治州、绵阳市、德阳市、南充市、乐山市、眉山市和达州市一般公共预算收入在100亿~180亿元递减排列；广元市、巴中市、雅安市、甘孜藏族羌族自治州和阿坝藏族自治州的一般公共预算收入均低于50亿元，财政实力较弱。除成都市外，2019年，四川省各地市（州）中仅攀枝花市、德阳市、眉山市和宜宾市的财政平衡率超过40%，分别为45.95%、43.36%、42.73%和40.19%，甘孜藏族羌族自治州和阿坝藏族自治州的财政平衡率均低于10%，由此来看，全省大部分地市（州）对上级补助的依赖性较强。

二　显性债务压力相对较小，隐性债务规模较大，各地市（州）债务压力分化明显

（一）显性债务规模较大，但风险相对可控

显性债务规模较大，近年来持续增长，显性债务负担在各省份中处于中下游水平。从显性债务口径看，2019年末，四川省地方政府债务余额为10577.00亿元，规模居全国第5位，相比2018年地方债务余额增加1279.0

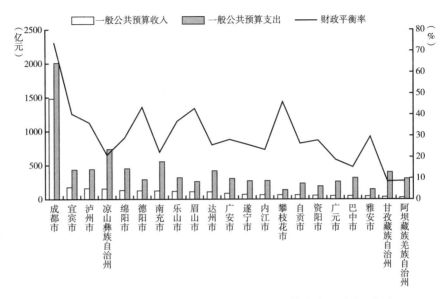

图6 2019年四川省各地市（州）一般公共预算收支及财政平衡率

资料来源：四川省各地市（州）财政决算报告，中诚信国际整理计算。

亿元，同比增长13.76%，债务余额保持在地方政府债务限额内。从显性债务口径看，2019年，四川省显性债务率为77.97%，较2018年上升4.91个百分点，2019年的显性负债率为22.69%，与2018年基本持平，全省整体的显性债务率和负债率在全国各省份均处于较低的水平。（见图7、图8）

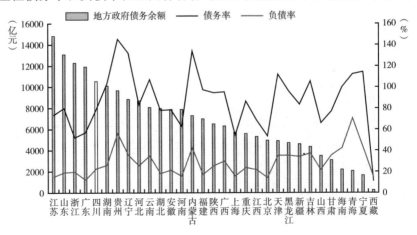

图7 2019年全国各省份地方政府债务余额、债务率及负债率

资料来源：全国各省份财政决算报告，中诚信国际整理计算。

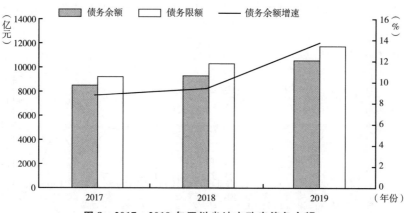

图8　2017～2019年四川省地方政府债务余额、
限额及债务余额增速（显性债务口径）

资料来源：四川省2017～2019年财政决算报告，中诚信国际整理计算。

　　四川省地方债存量及新发行规模均处于全国前列，且2023年将进入偿债高峰期。从存量情况看，截至2020年底，四川省存量地方债规模为12672.44亿元，居全国第5位（见图9）。从发行情况看，四川省2020年共发行地方债127只，规模合计3543.26亿元，居全国第4位（见图10），较上年增长60.10%；加权平均发行利率为3.39%，居全国第19位，融资成本在各省份中处于中下游水平，且2018年以来发行利率及利差均呈现下降

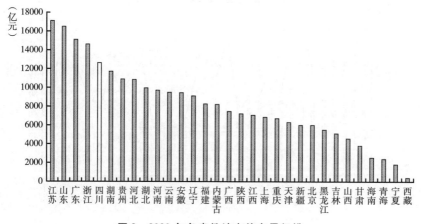

图9　2020年各省份地方债存量规模

资料来源：Choice数据库，中诚信国际整理计算。

趋势。从到期情况看，2021～2025 年，四川省每年到期规模均在 1000 亿元以上，其中，2023 年到期规模最大，当年到期的地方政府债券规模为 1908.15 亿元（见图 11）。

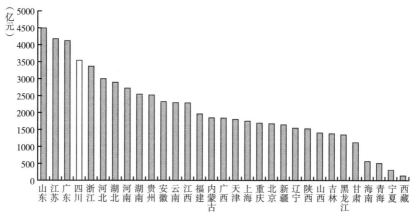

图 10   2020 年各省份地方债发行规模

资料来源：Choice 数据库，中诚信国际整理计算。

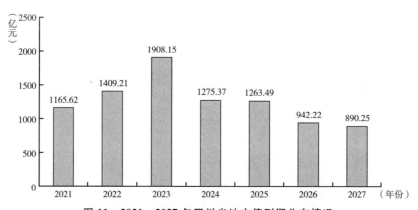

图 11   2021～2027 年四川省地方债到期分布情况

注：2020 年末测算。

资料来源：Choice 数据库，中诚信国际整理计算。

2020 年，地方债发以新增债为主。在四川省 2020 年发行的 3543.26 亿元地方债中，新增债为 2315.80 亿元，再融资债为 1227.46 亿元；从类别看，一般债为 16 只，规模合计 1286.96 亿元，专项债为 111 只，规模共计 2256.30 亿元。新增债及专项债规模均较 2019 年大幅增加，专项债占比较 2019 年进一步提高。2020 年，四川省共发行再融资专项债 416.30 亿元，新增专项债为 1840.00 亿元，新增专项债占专项债总额的 81.55%，它们均为项目收益专项债，涵盖收费公路、城乡基础设施建设、文化旅游、工业园区建设、水务建设、乡村振兴、生态环保建设、学校建设、社会事业、公共卫生防疫体系建设和棚户区改造等领域。

（二）四川省隐性债务规模位于全国前列，考虑隐性债务后的负债率及债务率均处于国内中上游水平，区域实际债务压力相对较大

根据中诚信国际测算，2019 年末，四川省隐性债务规模为 22219.13 亿元，在全国 31 个省份中排第 4 位，仅次于江苏、浙江和山东（见图 12），同比增长 20.93%，增速较上年上升 1.59 个百分点。考虑隐性债务后，四川省 2019 年的负债率为 70.35%，居全国第 13 位，超过欧盟确定的 60% 的警戒线；同期，债务率为 241.76%，居全国第 9 位，远超国际上 100% 的警戒线。

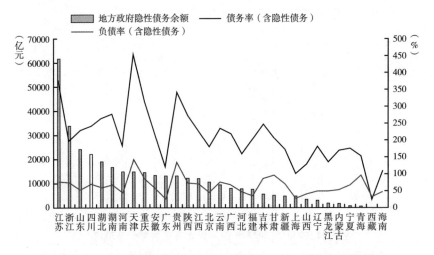

图 12 2019 年全国各省份地方政府隐性债务余额、债务率及负债率

资料来源：全国各省份财政决算报告，中诚信国际整理计算。

（三）成都市债务规模居全省首位，部分地市（州）债务风险相对较高

四川省各地市（州）债务情况分化明显，成都市债务规模居全省首位，部分地市（州）负债率、债务率较高。债务规模方面，成都市债务规模为2822.99亿元，远高于其余地市（州）；其次为南充市和达州市，债务规模分别为711.10亿元和506.80亿元；其余地市（州）大多为200亿~500亿元，其中，雅安市、甘孜藏族羌族自治州和阿坝藏族自治州债务规模较小，余额分别为136.01亿元、89.84亿元和74.55亿元。负债水平方面，巴中市、内江市、攀枝花市、资阳市、乐山市和广元市债务率超过100%，债务风险值得关注；负债率超过警戒线的为巴中市，为61.93%（见图13）。

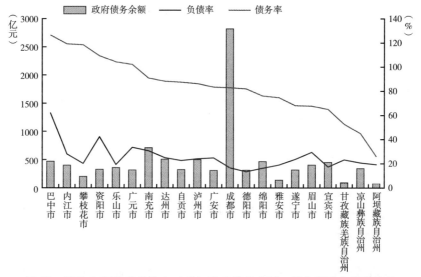

图13　2019年四川省各地市（州）政府债务余额、债务率及负债率情况

资料来源：四川各地市（州）财政决算报告，中诚信国际整理计算。

三　融资平台债呈现区域分化态势，融资平台存量债券规模大，资质差异明显

（一）存量融资平台债规模在各省份中居于前列，信用等级中AAA级占比最大，发行主体等级以AA级为主

截至2020年末，四川省存量融资平台债共计673只，余额合计5188.72亿元，存量规模在国内各省份中位列第4（见图14）。存量融资平台债信用等级中AAA级占比最高，为40.39%；其次为AA级和AA+级，占比分别

为 33.25% 和 23.89%（见图 15）。从 139 家债券发行主体等级来看，AA 级占总数的 66.91%，占比最高；其次为 AA + 级，占比为 16.55%；AA - 级占比为 9.35%；AAA 级占比为 6.47%。

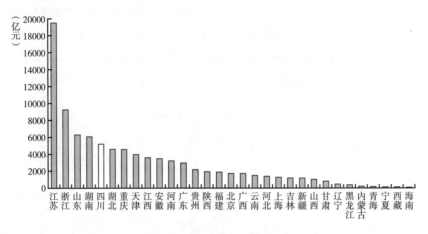

图 14　2020 年末全国各省份存量融资平台债规模

资料来源：Choice 数据库，中诚信国际整理计算。

（二）融资平台债发行规模在各省份中居前列，发债融资平台主要集中在成都市

从发行情况看，2020 年，四川省共发行融资平台债 270 只，规模合计 2155.70 亿元，发行规模在国内 31 个省份中位列第 4（见图 16）。分区域看，成都市的各省、市和区属企业发行规模最大（见图 17），合计占全省发行总额的 71.06%，其余地市（州）融资平台发行金额合计未超过全省发行总额的 30%。

（三）2021～2023 年回售较为集中，面临较大的兑付压力

从到期情况看，截至 2020 年末，四川省 2021 年融资平台债到期规模为 1025.21 亿元，回售最大规模为 264.90 亿元；其中，3 月、4 月、8 月为到期高峰，到期债券规模均在 100 亿元以上，4 月和 12 月为回售高峰期，最大回售金额分别为 54.70 亿元和 48.50 亿元（见图 18）。分年度来看，2021～2025 年债券到期金额分布相对平均，但 2022～2023 年为债券回售高

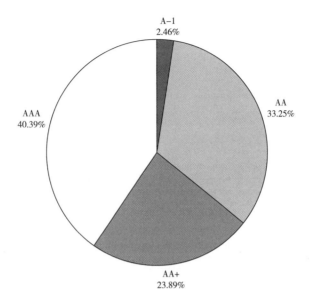

图 15　2020 年四川省存量融资平台债信用等级分布情况

资料来源：Choice 数据库，中诚信国际整理计算。

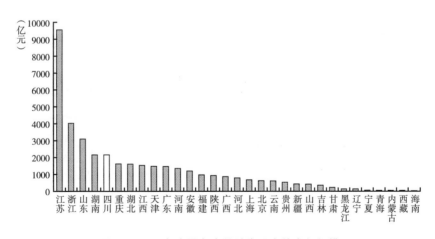

图 16　2020 年全国各省份融资平台债发行规模

资料来源：Choice 数据库，中诚信国际整理计算。

峰期，最大回售规模分别为 620.98 亿元和 874.60 亿元，若考虑回售情况，四川省 2021～2023 年面临较大的债券到期兑付压力（见图 19）。

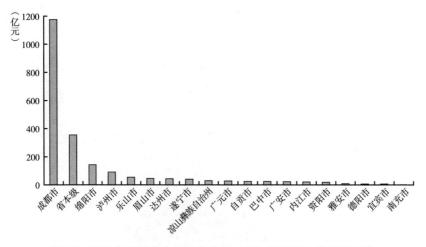

图17 2020年四川省本级及各地市（州）融资平台债发行规模

资料来源：Choice数据库，中诚信国际整理计算。

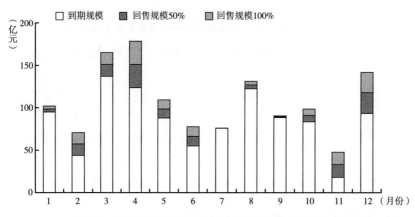

图18 2021年四川省融资平台债月度到期回售情况

注：2020年末测算。

资料来源：Choice数据库，中诚信国际整理计算。

（四）四川省融资平台盈利能力较弱，区域分化趋势明显

四川省发债融资平台较多，资产规模保持增长，成都市和省本级融资平台资产规模较大，融资平台流动性指标表现不佳。四川省2020年末融资平台债仍在存续期内的企业共计139家，债券市场参与度相对较高；其中，阿坝藏族自治州和甘孜藏族羌族自治州尚无融资平台发债。2019年末，139家

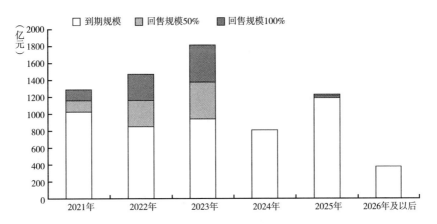

图 19　2021 年以后四川省融资平台债到期回售情况

注：2020 年末测算。

资料来源：Choice 数据库，中诚信国际整理计算。

财务数据可得的样本融资平台总资产合计 52144.83 亿元，规模逐年增长，在省内各地市（州）中，成都市融资平台总资产合计占全省融资平台总资产的 46.54%，省本级融资平台总资产合计占全省融资平台总资产的 19.88%。乐山市融资平台总资产中位数规模最大，为 785.69 亿元，内江市融资平台总资产中位数规模最小，为 95.05 亿元（见图 20）。同时，融资平台资产负债率中位数亦逐年上升，截至 2019 年末，四川省融资平台资产负债率中位数为 55.44%。近年来，四川省融资平台整体的流动比率和速动比率均逐年下降，2019 年末，融资平台流动比率和速动比率中位数分别为 3.28 和 1.25，其中，雅安市融资平台流动比率和速动比率中位数最高，分别为 6.83 和 3.78（见图 20），考虑到融资平台流动资产除存货以外，其他应收款及应收账款占比较大，企业的实际资产流动性偏弱。

　　融资平台盈利能力较弱，各地市（州）的盈利能力分化情况较为明显。近年来，四川省融资平台营业总收入逐年增长，2019 年，增速有所放缓，当年合计实现营业总收入 4818.47 亿元。分地市（州）来看，自贡市融资平台营业总收入中位数最高，为 40.90 亿元；宜宾市最低，为 3.56 亿元。近年来四川省净利润规模有所波动，2019 年合计实现净利润 330.47 亿元，较上年下降近 20%，盈利能力呈波动态势。分地市（州）来看，资阳市融资平台净利润中位数最高，为 4.30 亿元；南充市最低，为 0.92 亿元（见图 21）。

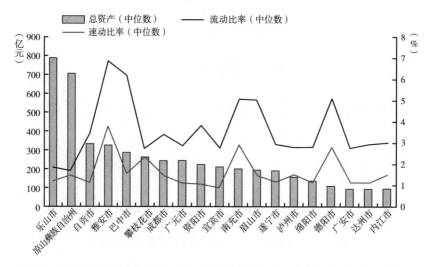

图 20　2019 年末四川省各地市（州）融资平台总资产、流动比率、速动比率情况

资料来源：中诚信国际区域风险数据库。

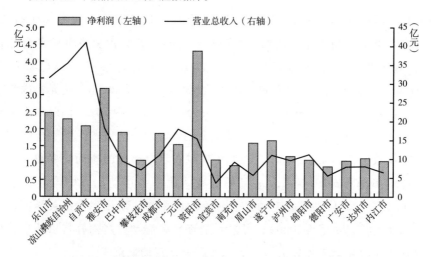

图 21　2019 年末四川省各地市（州）融资平台负债情况

资料来源：中诚信国际区域风险数据库。

信用风险事件对区域融资负面影响较大。截至 2019 年末，四川省融资平台发生涉及信托计划违约等方面的信用风险事件有 3 起，涉事企业分别位于资阳市、巴中市和遂宁市。结合省内各地市（州）债券发行情况来看，2019 年，四川省各地市（州）融资平台债券发行中，巴中市和遂宁市的利率及利差均处于高位，信用风险事件对区域内融资的负面影响较大。

（五）四川省融资平台转型具有一定优势

全省融资平台转型整体上具备一定的外部优势，但全省经济与财政水平呈现分化态势，融资平台自身发展能力仍需提高。为防范地方债务风险、推进地方投融资体制改革，四川省近年来加大融资平台转型力度，四川省融资平台转型面临突出的优势和严峻的考验。优势主要体现在两个方面。其一，四川省地处长江沿线，是我国长江经济带发展战略规划中重要的一点，具有较大的地缘政治优势。在国内外宏观经济持续低迷的背景下，保增长、扩内需，持续推进供给侧改革成为我国经济重要的发展方向，基础设施建设在未来仍具有广阔的市场空间，省内融资平台或将在未来融资平台业务承做和转型升级中带来一定的政策倾斜。其二，成都市是国家九个中心城市之一，是成渝城市圈发展的核心主体，是四川省长江经济带及西部大开发两大国家层面重大发展战略规划的重要实施主体。近年来，成都市经济及财政实力较为突出，产业结构较为合理，优势产业在西部地区处于领先地位，对省内周边地市（州）也有一定的辐射带动作用，为融资平台转型提供了一定的外部资源。同时，四川省融资平台转型也面临严峻的考验，主要体现在两个方面。其一，四川省区域经济发展呈现不平衡的特点，融资平台转型环境受区域经济水平分化影响而出现较大差异，成都市经济首位度较高，在全国各省会城市中处于前列，但川东北及川西地区部分地市（州）经济实力仍较弱，部分地市（州）的财政平衡能力较差，且缺乏优势的产业资源，地方政府对融资平台转型的支持能力有限。其二，四川省债务规模总量在全国各省份中处于前列，整体存量政府债务规模较大，且受区域经济发展不平衡的影响，部分地市（州）的债务负担较重，近年来出现多起政信违约事件，相应区域的再融资能力受到一定影响，在高债务负担和再融资难度提升的双重背景下，相应区域的融资平台面临的转型难度也较大。综合来看，四川省融资平台转型问题面临不同的境地，成都市和周边具有优势产业的地市（州）的优质融资平台，具有突出的平台地位，债务结构较合理，再融资能力较强，再加上政府相应的资源政策支持，具备较好的转型条件；反之，经济及财政实力较弱、债务率较高区域的非核心融资平台，以及各个地区的债务负担较重、偿债风险较高、债务管理意识不足的融资平台，在转型过程中，将面临来自市场的巨大考验。

结　语

四川省是西南地区经济体量最大的省份，整体经济及财政实力在全国处在前列，投资为经济发展的重要动力；下辖各地市（州）的经济发展出现明显分化，在负债投资的经济增长模式下积累了一定的债务，目前具有一定的债务压力，同时需重点关注以下风险。

第一，区域经济发展不平衡的风险。四川省区域经济和财政实力发展差异较大，成都市远强于其他地市（州），对省内产业和金融资源产生虹吸效应，各区域之间发展极不平衡，面临风险分化。

第二，全省债务负担较重且部分地市（州）债务风险较高。四川省显性债务持续增长，债务水平居全国前列；地方债存量及新发行规模均处于上游水平，且 2021～2023 年将进入偿债和回售高峰期，面临集中到期压力。部分地市（州）负债率、债务率超过国际警戒线。

第三，融资平台债面临偿还压力。融资平台对政府支持的依赖性较强，企业信用水平与地方财政实力密切相关，在四川省内各地市（州）财政实力呈现分化且财政平衡率低的背景下，区域内融资平台自身盈利能力偏弱，融资平台将面临集中偿还压力，需关注由此引发的流动性风险。

第四，信用事件对当地融资环境及国企信用的影响。近年来，四川省发生 3 起信用事件，涉事企业所处的资阳市、巴中市和遂宁市在 2019 年债券发行中的平均利率及利差均处于省内高位，信用风险事件对区域内融资的负面影响较大。

贵州地方政府与融资平台债务分析报告

周　依[*]

要　点

- 贵州省经济发展与财政实力分析：近年来，国家颁布了一系列重点支持西部大开发的政策，贵州省经济进入了一个高速发展时期，但经济体量仍然较小，经济增速有所放缓。从三次产业结构看，贵州省产业结构仍以第三产业为主，第二产业仍有待发展。从需求结构看，投资及消费依然是贵州省经济增长的主要动力。贵州省财政实力及财政平衡能力在全国处于下游水平，收支平衡极为依赖上级补助。贵州省下辖6个地级市和3个自治州，区域经济发展不平衡，呈现以贵阳为中心、向周围梯度递减的圈层格局，经济实力分化现象严重，财政收支矛盾较大。

- 贵州省地方政府债务情况：2019年，贵州省地方政府债务余额为9673.38亿元，居全国第7位，债务率达到145.54%，负债率达到57.68%。考虑隐性债务的情况下，隐性债务为显性债务的1.36倍，负债率和债务率分别为136.00%和343.13%。

- 贵州省融资平台债情况：贵州省融资平台债存量规模居全国中游水平，各地市（州）存量规模和风险有所分化，以一般企业债及私募债为主，融资平台主体信用等级以AA级为主。从各地市（州）情况看，贵阳市、遵义市和省本级融资平台债存量规模居前，2024年进入融资平台债偿还高峰期；近年来，省内融资平台

---

[*] 周依，中诚信国际政府公共评级一部高级分析师。

资产规模保持快速增长，但货币资金处于较低水平，自身盈利能力有待加强，刚性债务占比较高，偿债能力偏弱。

●总体来看，贵州省整体经济及财政实力在全国处于下游水平，消费及投资为经济发展的重要动力；下辖各地市（州）呈现以贵阳为中心、向周围梯度递减的圈层格局，在负债投资的经济增长模式下积累了一定的债务。需关注区域产业转型升级及区域经济活跃程度较低、显性债务持续增长、隐性债务规模较大等问题，以及融资平台再融资及转型风险、区域内信用事件对当地融资环境及国企信用的影响。

一 贵州省经济及财政实力处于全国下游水平，财政平衡率较低

（一）经济总量较小且增速放缓，经济结构有待调整，经济增长靠投资及消费驱动明显

贵州省经济体量小，增速有所放缓。近年来，国家颁布一系列重点支持西部大开发政策，贵州省经济进入一个高速发展时期，经济规模不断扩大，但体量仍然较小。2019年，贵州省实现地区生产总值（GDP）1.68万亿元，在全国各省份中排名靠后（见图1）；人均GDP为4.64万元，为全国人均GDP的65%。近年来，贵州省经济始终保持稳步增长，2019年，贵州省GDP增速达到8.3%，增速较2018年有所放缓，但仍处于较高水平（见图2）。

贵州省产业结构以第三产业为主，第二产业有待发展。截至2019年末，贵州省第一、第二、第三产业占比分别为13.60%、36.13%以及50.27%，第三产业占比较高，第二产业仍有待继续发展。特色产业方面，"十三五"规划期间，贵州省继续壮大电力、烟酒、装备制造等支柱产业，通过支柱产业市场的扩张推动全省经济的持续发展。电力方面，在保证省内用电的同时扩大省外市场，在实施"西电东送"的同时调整优化电力结构，巩固壮大电力支柱产业；烟酒方面，通过发挥"贵烟"和"茅台"品牌优势，推动结构调整、技术改造、市场建设、整合资源，以做大做强；

装备制造方面，依托军工基地的技术优势，发展一批特色鲜明的装备制造产业集群和企业集团。

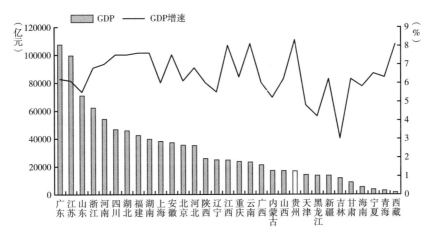

图1 2019年全国各省份GDP及增速

资料来源：全国各省份国民经济和社会发展统计公报，中诚信国际整理计算。

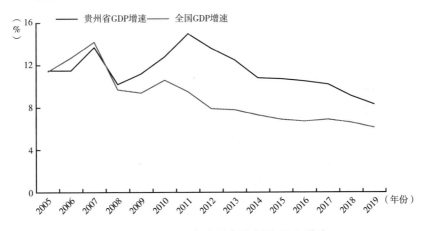

图2 2005～2019年贵州省及全国GDP增速

资料来源：全国及贵州省2005～2019年国民经济和社会发展统计公报，中诚信国际整理计算。

从需求结构看，投资及消费依然是贵州省经济增长的主要动力。近年来，贵州省固定资产投资保持增长，但增速放缓。从经济发展驱动力看，投资是贵州省经济发展的主要动力。2019年，贵州省固定资产投资同比增长1.0%，较2018年下降14.8个百分点；工业投资同比增长32.6%；制造业投资同比增长 19.3%。消费方面，2019 年，贵州省社会消费品零售总额比上年增长 5.1%，按经营地统计，城镇消费品零售额增长 5.0%，乡村消费品零售额增长 6.1%；按消费类型统计，商品零售额增长 3.6%，餐饮收入额增长 11.9%。

（二）财政实力及财政平衡能力在全国处于下游水平，收支平衡极为依赖上级补助

贵州省财政实力在全国处于下游水平。从一般公共预算收入来看，2019 年，贵州省一般公共预算收入为 1767.36 亿元，在全国排第 23 位（见图 3）；2019 年，贵州省综合财力①为 6646.61 亿元，处于全国中等偏下水平。

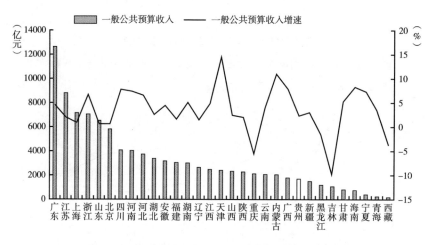

图 3　2019 年全国各省份一般公共预算收入及增速

资料来源：全国各省份财政决算报告，中诚信国际整理计算。

一般公共预算收入增长持续放缓，财政平衡率较低，对上级转移支付的依赖性较大。近年来，贵州省财政实力不断增强，2019 年，贵州省一般公共预算收入同比增长 2.3%，受经济增速放缓及减税降费政策影响，增速较上年回落 4.7 个百分点；其中，税收收入为 1203.93 亿元，占比为 68.12%。

---

① 在本报告中，考虑到数据的可得性，各省份综合财力的计算公式为：综合财力 = 一般公共预算收入 + 政府性基金收入 + 税收返还及中央转移支付。

2019 年，一般公共预算支出为 5921.40 亿元，同比增长 17.7%。财政平衡方面，2019 年，贵州省财政平衡率仅为 29.85%，在全国处于偏低水平，资金缺口较大，收支平衡极为依赖上级补助。

政府性基金收入明显改善。政府性基金收入方面，2019 年，贵州省政府性基金收入为 1710.93 亿元，主要来自国有土地使用权出让金，同比增长 36.9%。

国有经济体量较小，国有资本运营收入对财政实力的贡献有限。鉴于贵州省内国有经济体量有限及面临的经营压力，2019 年，国有资本运营收入仅为 97.94 亿元，同比增长 36.7%，但占财政实力的比重较低，国有资本运营收入对财政实力的贡献有限。

（三）省内区域经济发展不平衡，经济实力分化现象严重，财政收支矛盾较大

贵州经济呈现以贵阳为中心、向周围梯度递减的圈层格局。贵州省下辖 6 个地级市和 3 个自治州，各区域间经济发展水平、财政实力呈现以贵阳为中心、向周围梯度递减的圈层格局。从各地市（州）经济情况看，贵阳市的经济实力位于全省首位，2019 年，贵阳市 GDP 为 4039.60 亿元；其次是遵义市，GDP 为 3483.32 亿元；毕节市、黔南布依族苗族自治州、黔西南布依族苗族自治州、六盘水市、铜仁市及黔东南苗族侗族自治州经济实力在省内处于中游水平，GDP 均大于 1000 亿元；安顺市经济实力最弱，GDP 为 923.94 亿元（见图 4）。

各地市（州）财政实力呈现分化态势。从各地市（州）财政情况看，2019 年，贵阳市一般公共预算收入最高，为 417.26 亿元，财政平衡率为 58.05%，财政自给能力相对较强；其次为遵义市，2019 年实现一般预算收入 254.45 亿元；毕节市、黔南布依族苗族自治州、黔西南布依族苗族自治州和六盘水市一般预算收入为 100 亿 ~ 150 亿元；安顺市、铜仁市及黔东南苗族侗族自治州的一般公共预算收入较低，均低于 100 亿元（见图 5）。

从 2019 年财政支出情况看，遵义市支出最高，安顺市支出最低，分别为 747.20 亿元和 300.58 亿元。从财政收支平衡情况看，除贵阳市财政平衡率超过 50% 外，其他地市（州）财政平衡率均处于 35% 以下，其

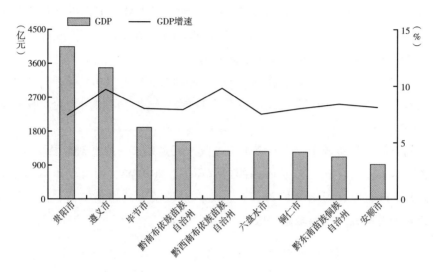

图4　2019年贵州省各地市（州）GDP及增速

资料来源：贵州省各地市（州）国民经济和社会发展统计公报，中诚信国际整理计算。

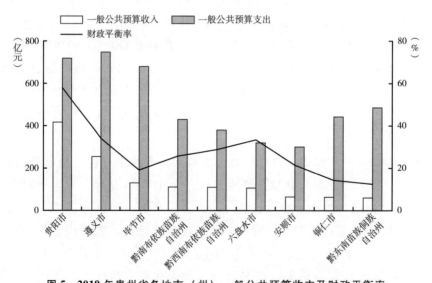

图5　2019年贵州省各地市（州）一般公共预算收支及财政平衡率

资料来源：贵州省各地市（州）财政决算报告，中诚信国际整理计算。

中，铜仁市及黔东南苗族侗族自治州财政平衡率分别仅为14.36%和12.50%，财政平衡率普遍较低，对上级补助的依赖性较强。

二 显性债务持续增长，隐性债务规模大，
部分地市（州）债务风险较高

（一）政府性债务规模持续增长

贵州省显性债务规模持续增长且增速不减，债务率居全国首位。从显性债务口径看，2019 年，贵州省地方政府债务余额为 9673.38 亿元，居全国第 7 位，相比 2018 年地方债务余额增加 839.24 亿元，同比增长 9.50%。但债务余额仍保持在地方债务限额内，与 2019 年初的地方债务限额相比，仍有 519.96 亿元额度。从显性债务口径看，2019 年，贵州省债务率为 145.54%，较 2018 年回落 1.15 个百分点，但仍处于较高水平，居全国第 1 位且超过国际上 100% 的警戒线；负债率为 57.68%，虽然较 2018 年有所回落，但仍居全国前列，贵州省显性债务压力相比其他省份要大（见图 6）。

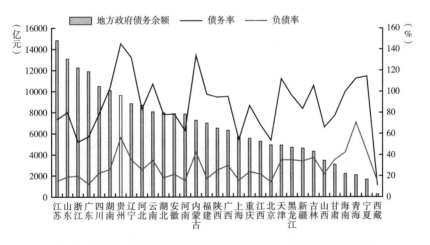

图 6 2019 年全国各省份地方政府债务余额、债务率及负债率

资料来源：全国各省份财政决算报告，中诚信国际整理计算。

贵州省地方债存量及新发行规模均处于全国较高水平，2022 年将进入偿债高峰期（见图 7）。从地方债存量情况看，截至 2020 年末，贵州省存量地方债规模为 10917.25 亿元，居全国 7 位。从发行情况看，2020 年，

贵州省共发行地方债 71 只，规模合计 2522.57 亿元，居全国第 10 位；加权平均发行利率为 3.52%，融资成本处于较高水平，且 2018 年以来发行利率及利差整体呈现回落趋势，融资成本有所下降。从到期情况看，2022年，贵州省进入地方债偿债高峰期，年到期规模超 1400 亿元。从地方债发行结构看，2020 年，在贵州省发行的 2522.57 亿元地方债中，新增债为1189.41 亿元，再融资债为 1333.16 亿元；从类别来看，一般债发行规模为 987.28 亿元，专项债发行规模为 1535.29 亿元。新增债及专项债比例较2019 年均有所上升。从专项债情况看，2020 年，贵州省共发行新增专项债 979.00 亿元，再融资专项债 556.29 亿元；其中，新增专项债占专项债总额的 63.77%。

（二）贵州省隐性债务规模逐年增长，考虑隐性债务的情况下，负债率和债务率均超国际警戒线

贵州省隐性债务规模逐年增长，增速下降但仍处于较高水平，债务率超过国际上 100% 的警戒线。贵州省的隐性债务较为突出，债务率和负债率均处于高水平。根据中诚信国际测算，近年来，贵州省隐性债务逐年增长，2019 年，隐性债务规模为 13133.07 亿元，同比增长 7.85%，增速较 2018年下降 1.7 个百分点，但仍处于较高水平。2019 年末贵州省本级及各地市（州）隐性债务规模见图 8。

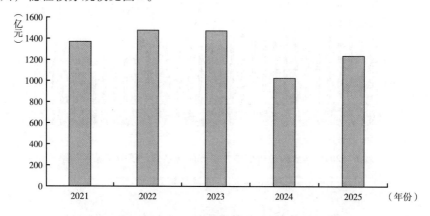

图 7　2021 ~ 2025 年贵州省地方政府债到期分布情况

注：2020 年末测算。

资料来源：Choice 数据库，中诚信国际整理计算。

截至 2019 年末，贵州省隐性债务中，纯融资平台有息债务为 10710.99 亿元，准融资平台其他应收款为 77.65 亿元，政府付费型 PPP 投资落地额为 2344.43 亿元。考虑隐性债务在内的负债率和债务率分别为 136% 和 343.13%，其中，负债率远超欧盟确定的 60% 的警戒线，债务率远超国际上 100% 的警戒线，隐性债务风险不容忽视。

（三）贵阳债务规模居全省首位，部分地市（州）债务风险较高

贵州省内各地市（州）债务分化情况明显，除省本级外，贵阳市债务规模居全省首位，部分地市（州）负债率、债务率较高。债务规模方面，9 个地市（州）中，贵阳市债务规模最高，为 2188.84 亿元，远高于其余地市（州），规模排第 2、3 位的为遵义市和毕节市，为 1458.30 亿元和 926.10 亿元，其余地市（州）均低于 900 亿元。负债水平方面，黔东南苗族侗族自治州和铜仁市因综合财力较弱和经济总量较低，债务率、负债率处于较高水平，风险值得关注。其他地市（州），从债务率看，除黔西南布依族苗族自治州未超过 100% 的警戒线，其余地市（州）均超过警戒线；从负债率看，各地市（州）均未超过 60% 的警戒线，其中黔南布依族苗族自治州、铜仁市、贵阳市和安顺市均高于 50%。

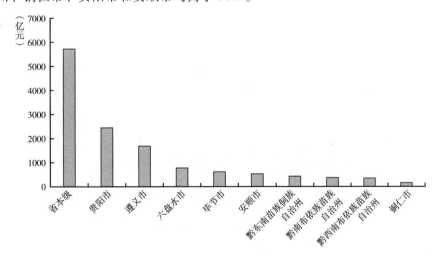

图 8　2019 年末贵州省本级及各地市（州）隐性债务规模

资料来源：贵州省财政决算报告，中诚信国际整理计算。

三　贵州省融资平台债呈现区域分化态势，
融资平台存量债券规模居全国中游水平

（一）融资平台存量债规模居全国中游水平，各地市（州）存量规模和风险有所分化

贵州省融资平台债存量规模居于全国中游水平，以一般企业债及私募债为主。截至2020年末，贵州省存量融资平台债共计239只，债券余额共计2163.26亿元，存量规模排全国第13位（见图9）。从债券种类看，以一般企业债为主，占比达到44.77%，接下来依次为私募债（39.33%）、一般中期票据（7.53%）和一般公司债（5.02%），其余品种的数量较少。从债券期限看，以7年为主，占比达到41.84%；其次为5年，占比达33.05%。从债项信用等级看，除3只无债项等级外，存续债以AA级和AA+级为主，占比分别为59.32%和27.54%，其次为AAA级（8.05%）、AA-级（5.08%）。从收益率和交易利差看，贵州省融资平台债加权平均到期收益率、交易利差分别为8.51%、572.67BP，在全国范围内均处于首位。

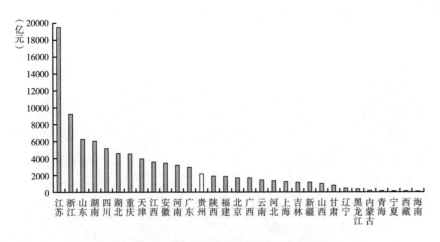

图9　2020年末全国各省份存量融资平台债规模

资料来源：Choice数据库，中诚信国际整理计算。

（二）各地市（州）融资平台债规模呈现分化态势，2024年为偿还高峰期

各地市（州）融资平台债规模呈现分化态势，2024年为偿还高峰期。从到期分布情况看，贵阳市、遵义市和省本级融资平台债存量规模居前；其中，贵阳市及遵义市融资平台债存量规模较高，分别为747.15亿元和415.23亿元，在全省的占比为53.73%。结合各地市（州）综合财力情况看，黔东南苗族侗族自治州和遵义市融资平台债存量规模与综合财力的比例均超过70%，整体债务风险处于可控范围内。贵州省整体债券市场参与度较高，发债企业较多，但省内金融资源有限，无法满足省内资金需要，预计未来各地市（州）仍将有一定的融资需求。

从省本级及各地市（州）融资平台债到期情况看，2024年将迎来偿债高峰期，当年偿债总规模高达447.42亿元。2021年，省本级及遵义市到期债务规模较高，分别达153.40亿元和106.18亿元，偿债压力较大（见表1）。2022年，贵阳市融资平台债到期压力较大。此外，多数市（州）融资平台债到期分布不均衡，出现个别年份集中到期现象，各地偿债高峰存在差异。

表1　2021年及以后贵州省本级及各地市（州）融资平台债到期分布情况

单位：亿元

地区	2021年	2022年	2023年	2024年	2025年及以后	合计
省本级	153.40	27.00	65.00	32.00	28.00	305.40
贵阳市	4.95	132.00	50.90	140.10	419.20	747.15
遵义市	106.18	15.32	27.05	102.88	163.80	415.23
六盘水市	6.00	9.00	46.96	37.50	92.80	192.26
毕节市	2.60	6.40	19.50	32.94	33.00	94.44
安顺市	10.50	—	40.74	47.80	33.90	132.94
黔东南苗族侗族自治州	—	13.60	14.50	11.20	40.20	79.50
黔南布依族苗族自治州	8.20	28.65	—	21.60	13.30	71.75
黔西南布依族苗族州	0.25	4.00	13.14	21.40	64.80	103.59
铜仁市	—	6.00	5.00	—	10.00	21.00
合计	292.08	241.97	282.79	447.42	899.00	2163.26

注：2020年末测算。

资料来源：Choice数据库，中诚信国际整理计算。

（三）融资平台资产规模快速增长，但自身盈利能力有待增强

近年来，融资平台资产规模保持快速增长，但货币资金处于较低水平。贵州省2019年末融资平台债仍在存续期内的企业共计73家，具有一定的债券市场参与度，各地市（州）均有融资平台发债。从总资产规模看，73家财务数据可得的样本融资平台在2019年末的总资产合计33799.76亿元；其中，贵阳市和遵义市的融资平台总资产规模较大，两市融资平台总资产中位数分别为505.86亿元和345.24亿元。从货币资金来看，2019年末，73家样本企业货币资金共计1072.74亿元，占总资产规模的比例仅为3.17%；其中，货币资金中位数较高的为贵阳市，铜仁市、毕节市和黔西南布依族苗族自治州融资平台货币资金中位数不足3.00亿元，整体处于较低水平。（见图10）

资产流动性方面，2019年末，贵州省融资平台流动比率中位数为3.70，速动比率中位数为1.38，流动比率与速动比率差异显著主要是因为融资平台资产以难以变现的土地为主。各地市（州）中流动比率中位数较高的地区为毕节市和贵阳市，分别为5.19与4.10；速动比率中位数较高的为黔东南苗族侗族自治州和毕节市，分别为1.65与1.61。考虑到融资平台流动资产除存货以外，应收类款项占比较大，企业的实际资产流动性偏弱。

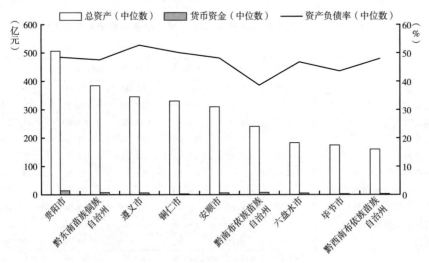

图10　2019年末贵州省各地市（州）融资平台资产情况

资料来源：Choice数据库，中诚信国际整理计算。

自身盈利能力有待加强。2019 年，贵州省融资平台实现营业总收入共计 1453.78 亿元，均值为 19.91 亿元。从利润水平来看，2019 年，贵州省融资平台净利润合计为 176.24 亿元，均值为 2.41 亿元；其中，贵阳市、遵义市和黔南布依族苗族自治州的企业净利润中位数较高，分别为 3.88 亿元、2.52 亿元和 2.40 亿元，而其余地市（州）的融资平台净利润中位数大多数在 2 亿元以下（见图 11）。总体来看，贵州省融资平台自身盈利能力有待加强。

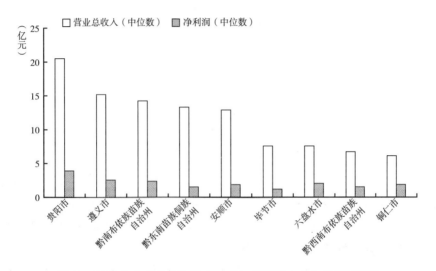

图 11　2019 年末贵州省各地市（州）融资平台收入及利润情况

资料来源：Choice 数据库，中诚信国际整理计算。

负债水平偏高，刚性债务占比较高，偿债能力偏弱。2019 年末，贵州省各地市（州）融资平台资产负债率中位数为 48.11%，刚性债务中位数为 63.22 亿元。从各地市（州）资产负债率中位数情况看，遵义市资产负债率中位数超过 50%，黔南布依族苗族自治州低于 40%，其余地市（州）均处于接近 50% 的水平，整体财务杠杆较高。短期偿债压力方面，2019 年末，贵州省各地市（州）融资平台短期债务占比中位数为 19%，其中，安顺市短期债务占比中位数最高，达到 33.92%，短期偿债压力最为突出；毕节市、黔西南布依族苗族自治州和六盘水市次之，贵阳市短期债务占比中位数最低（见图 12）。

广义信用事件对区域融资负面影响较大。在坚决打好防风险攻坚战的大背景下，国家持续加强对地方政府债务风险的防控，加大对各地政府违法违

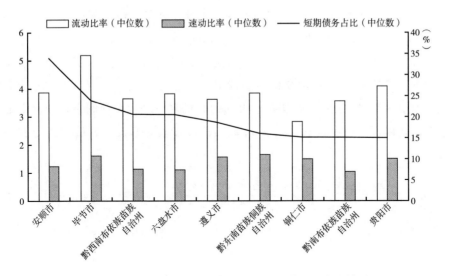

图 12　2019 年末贵州省各地市（州）融资平台负债情况

资料来源：Choice 数据库，中诚信国际整理计算。

规举债行为的监管处罚力度，2018 年以来，贵州省没有融资平台或地方政府因涉及违法违规举债行为而被处罚。从融资平台信用事件看，2018～2020年，贵州省融资平台发生 70 起信用风险事件，对区域融资负面影响较大。从融资平台等级调整情况来看，2020 年，贵州省共有 3 家发债融资平台主体信用等级调整，1 家发债融资平台主体展望调整，1 家发债融资平台主体及债项列入评级观察名单（可能下调）。

（四）融资平台转型发展能力有待增强

贵州省内金融资源相对缺乏，信用风险事件不断发生，融资平台自身发展能力仍需提高。为防范地方债务风险，推进地方投融资体制改革，贵州省近年来加大融资平台转型力度，但是在经济下行压力不减的背景下，贵州省融资平台面临的转型问题较多。一方面，贵州省内金融资源相对缺乏，社会资本活跃程度一般，投融资渠道丰富程度不及经济发达省份，或使当地融资平台在转型过程中的融资能力受到限制，不利于融资平台可持续发展。另一方面，贵州省融资平台自身转型发展能力尚待加强，近年来，贵州省融资平台资产负债率逐年攀升，未来融资平台的盈利能力仍受制约，省内信用风险事件不断发生，对其转型发展形成一定阻力。

结　语

贵州省经济总量较小且增速放缓，经济结构有待调整，经济增长靠投资及消费驱动明显；财政实力及财政平衡能力在全国处于下游水平，收支平衡极为依赖上级补助；下辖各地市（州）经济发展出现明显分化，呈现以贵阳市为中心、向周围梯度递减的圈层格局，在负债投资的经济增长模式下积累了一定的债务。贵州省债务水平处于可控范围之内，但仍需重点关注以下风险。

第一，区域产业转型升级及区域经济活跃程度较低。贵州省经济总量较小且增速放缓，经济结构有待调整，人口流入不足，经济活力有待提高。近年来，贵州省经济增长靠投资及消费驱动的趋势明显，2019年，贵州省固定资产投资增速较2018年下降14.8个百分点，未来需聚焦区域产业转型升级，探索新的经济增长点。

第二，显性债务持续增长，隐性债务规模较大，债务水平居全国前列。贵州省显性债务规模持续增长且增速不减，隐性债务为显性债务的1.36倍，考虑隐性债务的情况下，贵州省负债率和债务率分别为136.00%和343.13%，债务水平居全国前列。同时，贵州省内各地市（州）债务分化明显，贵阳市债务规模居全省首位，部分地市（州）的负债率、债务率较高，全省融资平台将于2024年迎来债务偿还高峰期。

第三，融资平台再融资及转型风险。近年来，贵州省融资平台资产规模保持快速增长，但货币资金普遍处于较低水平，刚性债务占比较高，偿债能力和自身盈利能力偏弱，存在较大的再融资压力。贵州省内金融资源相对缺乏，在面临融资渠道的拓展、滚动发行及借新还旧等多重压力时，当货币市场流动性趋紧、融资成本上行预期、债务风险控制持续加码，地方融资平台再融资的成本及难度将凸显，且面临即将到来的偿债高峰期，需关注由此给区域内的融资平台再融资能力带来的挑战。此外，区域内融资平台偿债能力较弱，互保现象严重，或将存在交叉违约风险，需关注区域内及金融系统内的风险传导及扩散。与此同时，融资平台业务的市场化程度将成为未来转型路径选择及发展的关键，融资平台在转型过程中，信用风险发生变化，不同转型阶段、选择不同路径的融资平台在转型过程中面临的风险不同，但存量债务化解、造血功能提升与后续再融资是否顺利等问题比较常见，并且，在脱离政府显性信用支持且市场化盈利能力尚未形成的转型过渡阶段，融资平台存量债务尤其是隐性债务风险或将加速暴露。

第四，广义信用事件对当地融资环境及国企信用的影响。2018～2020年，贵州省融资平台发生了70起信用风险事件，对区域融资负面影响较大。从融资平台信用等级调整情况来看，2020年，贵州省共有3家发债融资平台主体信用等级调整，1家发债融资平台主体展望调整，1家发债融资平台主体及债项列入评级观察名单（可能下调），区域内融资平台整体信用水平有待提升。

云南地方政府与融资平台债务分析报告

洪少育[*]

要　点

● 云南省经济发展与财政实力分析：云南省为面向东南亚及南亚的门户，但经济体量小，近年来，经济增速放缓；以第三产业为主，第二产业相对薄弱，产业发展层次偏低，未来将面临转型升级压力；投资依然是云南省经济增长的主要动力，2020年新冠肺炎疫情对消费需求冲击较大；云南省国资上市公司市值占比高且高度集中于昆明市，上市公司数量与市值总量在国内均处于较低水平；省内银行业金融机构数量偏少且体量较小，可调配金融资源有限且区域内分化严重。云南省财政实力一般，财政收入增速有所回升，但财政平衡能力一般，对上级补助的依赖性较大；政府性基金收入持续增长但增速放缓。云南省下辖8个地级市和8个自治州，各区域间经济发展水平、财政实力呈现以昆明为中心、向周围梯度递减的圈层格局。

● 云南省地方政府债务情况：云南省显性债务持续增长，债务水平居全国前列，地方债存量及新发行规模均处于全国中上游，且2022年进入偿债高峰期；考虑隐性债务的情况下负债率及债务率均超过国际警戒线。云南省内各地市（州）债务情况分化明显，昆明市债务规模居全省首位，部分地市（州）的负债率、债务率较高。

● 云南省融资平台债情况：云南省融资平台集中于省本级及昆

---

[*] 洪少育，中诚信国际政府公共评级一部高级分析师。

明市，涉及行业以城市基础设施建设为主，信用等级以 AA 级为主，融资平台自身盈利能力偏弱，经营获取现金流的能力较弱，流动性压力普遍存在，融资平台面临的转型难度较大。云南省存量融资平台债规模位于全国中游，高度集中于省本级及昆明市，存量融资平台债加权平均到期收益率在全国处于较高水平；云南省融资平台债 2021 年进入到期及回售高峰期，2021 年 1 月、4 月和 11 月分别出现到期及回售的小高峰期。

● 总体来看，云南省是我国面向东南亚、南亚的门户，随着一系列跨境公路、航运、铁路等基础设施的建设，云南省连同东南亚及南亚市场的区域地位日益重要。近年来，云南省经济保持较快增速，但云南省整体经济及财政实力在全国处于下游水平，固定资产投资为经济发展的重要动力，下辖各地市（州）经济发展出现明显分化，财政平衡率较低，在负债投资的经济增长模式下积累了一定的债务。需关注投资驱动下经济增长面临的潜在债务压力及产业结构失衡、全省债务负担较重且部分地市（州）债务风险较高、融资平台债面临偿还压力、信用事件对当地融资环境及国企信用的影响等风险。

一 云南省经济及财政实力处于全国下游水平，各地市（州）发展分化严重

（一）经济体量小，增速有所放缓，投资为经济发展主要动力

云南省为面向东南亚及南亚的门户，但经济体量小，近年来，经济增速放缓。云南省地处中国西南边陲，是全国边境线最长的省份之一，有 8 个地市（州）的 25 个边境县分别与缅甸、老挝和越南交界。省内少数民族众多，聚居了彝族、白族、哈尼族、傣族等少数民族。云南省是我国面向东南亚、南亚的门户，随着一系列跨境公路、航运、铁路等基础设施的建设，云南省连同东南亚及南亚市场的区域地位日益重要。2019 年，云南省实现地区生产总值（GDP）2.32 万亿元，在全国各省份中排名靠后（见图 1），同

比增长 8.1%（见图 2）；2020 年，GDP 增速进一步降至 4%，增速有所放缓。2019 年，云南省人均 GDP 为 4.79 万元，为全国人均 GDP 的 67.85%，经济发展水平呈现提升趋势，但仍较为落后。2019 年，云南省常住人口增速为0.643%，较 2018 年下降 0.044 个百分点，在全国处于较低水平；全省城镇化率为 48.91%，比上年提高 1.1 个百分点。未来，"一带一路"倡议、长江经济带发展、西部大开发等国家重大发展计划和政策在云南交汇叠加，云南省独特的区位优势、资源优势、开放优势更加凸显，但省内经济发展基础薄弱、区域发展不平衡、民营经济活跃度低等情况亦会对此形成一定阻碍。

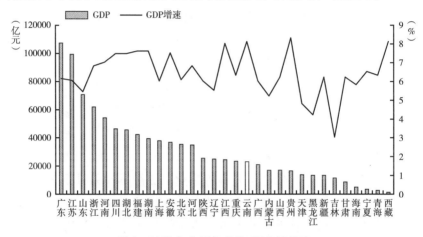

图 1 2019 年全国各省份 GDP 及增速

资料来源：全国各省份国民经济和社会发展统计公报，中诚信国际整理计算。

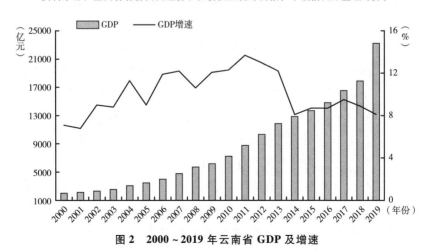

图 2 2000~2019 年云南省 GDP 及增速

资料来源：云南省国民经济和社会发展统计公报，中诚信国际整理计算。

云南省以第三产业为主，第二产业相对薄弱。截至2020年末，云南省第一、第二、第三产业之比为14.7∶33.8∶51.5。特色产业方面，烟草制品业、电力热力生产和供应业、黑色金属、有色金属冶炼及压延加工业等为云南省传统支柱产业，产业发展层次偏低，未来将面临转型升级压力。同时，省内战略性新兴产业发展滞后，未来尚需进行产业投资及培育。

从经济发展动力看，投资依然是云南省经济增长的主要动力，2020年新冠肺炎疫情对消费需求冲击较大。2017年，云南省固定资产投资（不含农户）达1.85万亿元，占GDP的比重为111.76%（见图3）；2018～2020年，云南省固定资产投资（不含农户）同比增速分别为11.6%、8.5%和7.7%，增速略有下降但仍保持较快增长。2020年，基础设施投资同比增长7.3%，占全省固定资产投资的比重为40.3%，投资为云南省经济发展的主要动力。受新冠肺炎疫情影响，云南省消费需求受到较大冲击，2020年社会消费品零售总额为9792.87亿元，比上年下降3.6%，较2019年下降14个百分点；其中，餐饮业收入为1289.50亿元，下降9.6%，降幅最大。

云南省国资上市公司市值占比高且高度集中于昆明市，上市公司数量与市值总量在国内均处于较低水平；省内银行业金融机构数量偏少且体量较小，可调配金融资源受限且区域内分化严重。2019年1月，云南省人民政府办公厅印发《云南省推进企业上市倍增三年行动方案（2019—2021年）》（云政办发〔2019〕2号），大力推进云南省企业境内外上市工作，从财政奖励、税收扶持、满足用地需求、金融综合服务保障等多方面推进上市公司三年倍增目标。截至2019年末，云南省A股上市公司为36家，市值约为5744亿元，在国内居第20位。从企业性质看，国企及央企在企业数量及市值方面在云南省上市公司中均占较大比例，其中市值占比达到75.21%；从地域看，云南省上市公司高度集中于昆明市，昆明市上市公司数量和市值分别为25个和4768亿元，市值在全省占比超过80%，剩余地市（州）仅玉溪市和曲靖市上市公司的市值超过100亿元，其他地市（州）上市公司数量不超过1个，6个地市（州）尚无上市公司。云南省截至2019年末存续城市商业银行为富滇银行、曲靖市商业银行、云南红塔银行。从区域存贷款来看，云南省存款余额和贷款余额占全国同期存款余额和贷款余额的比例低，金融体量偏小；同时，昆明市金融资源集中度很高，其他地市（州）市较昆明而言分化很大。

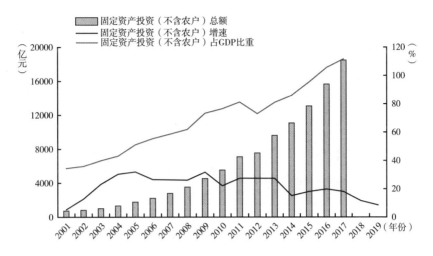

图3 2001~2017年云南省固定资产投资、增速及其占GDP比重

注：云南省未公布2018年和2019年的固定资产投资总额数据，故图中未列示。

资料来源：云南省国民经济和社会发展统计公报，中诚信国际整理计算。

（二）财政实力处于全国中下游，财政平衡能力较弱，依赖上级补助

云南省财政实力一般，财政收入增速有所回升，但财政平衡能力一般，对上级补助的依赖性较大。近年来，云南省在教育、社会保障、农林水、医疗等领域支出维持高位，叠加减税降费与扶贫攻坚战影响，财政平衡能力持续较弱。2019年，云南省一般公共预算收入为2073.53亿元，在全国居第20名，同比增长4%（见图4），较2018年回落1.7个百分点，其中，税收收入为1450.63亿元，占财政收入的比重为69.96%；一般公共预算支出为6770.1亿元，同比增长11.4%，较2018年回升5.1个百分点。财政平衡方面，云南省财政平衡能力较弱且财政平衡率逐年下滑，2019年，云南省财政平衡率为30.63%，近年来呈现下降趋势（见图5），资金缺口较大，收支平衡依赖上级补助。

政府性基金收入持续增长但增速放缓。得益于昆明市房地产市场的发展以及云南省特有的康养文旅资源等，云南省土地市场持续向好。2017~2019年，云南省政府性基金收入分别为731.9亿元、1287.3亿元和1427亿元，但2020年增速明显放缓。预计，随着房地产调控政策持续趋严，云南省政

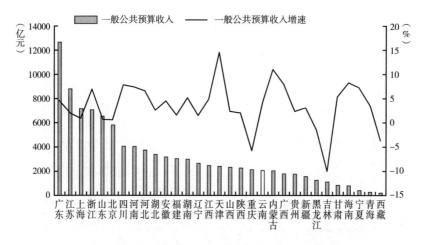

图4　2019年全国各省份一般公共预算收入及增速

资料来源：全国各省份财政决算报告，中诚信国际整理计算。

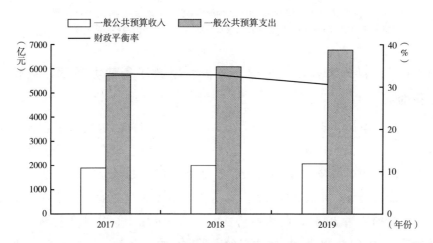

图5　2017～2019年云南省一般公共预算收支及财政平衡率

资料来源：云南省财政决算报告，中诚信国际整理计算。

府性基金收入将出现波动。

　　国有经济体量较小，国有资本运行收入较少且波动较大。鉴于云南省内国有经济体量有限及面临的经营压力，2017～2019年，国有资本运营收入分别为32.4亿元、51.6亿元和25.5亿元，对财政实力的贡献有限且波动较大。

（三）省内区域经济发展不平衡，经济实力分化现象严重，呈现以昆明为中心、向周围梯度递减的圈层格局

云南省下辖 8 个地级市和 8 个自治州，各区域间经济发展水平、财政实力呈现以昆明为中心、向周围梯度递减的圈层格局。从各地市（州）经济情况看，昆明市经济实力位于全省首位，2019 年，昆明市 GDP 为 6475.88 亿元，超过第 2 名曲靖市 3828.29 亿元，差距有扩大趋势；曲靖市、玉溪市、红河哈尼族彝族自治州经济实力相当；楚雄彝族自治州、大理白族自治州、昭通市和文山壮族苗族自治州 GDP 均大于 1000 亿元；保山市、丽江市、普洱市、临沧市、西双版纳傣族自治州及德宏傣族景颇族自治州经济实力较弱，GDP 为400 亿 ~ 1000 亿元；怒江傈僳族自治州及迪庆藏族自治州 GDP 分别为 192.50亿元和 251.20 亿元，为经济欠发达地区（见图 6）。从各地市（州）财政情况看，昆明市一般公共预算收入最高，为 630.03 亿元，财政平衡率为 76.75%，财政自给能力相对较强；普洱市、临沧市、丽江市、德宏傣族景颇族自治州、西双版纳傣族自治州、迪庆藏族自治州及怒江傈僳族自治州一般公共预算收入较少，均低于 50 亿元，其中，迪庆藏族自治州及怒江傈僳族自治州财政平衡率均低于 10%，对上级补助的依赖性较强（见图 7）。

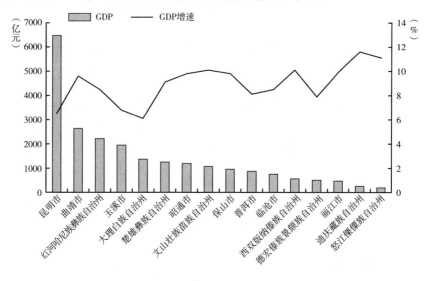

图 6 2019 年云南省各地市（州）GDP 及增速

资料来源：云南省各地市（州）国民经济和社会发展统计公报，中诚信国际整理计算。

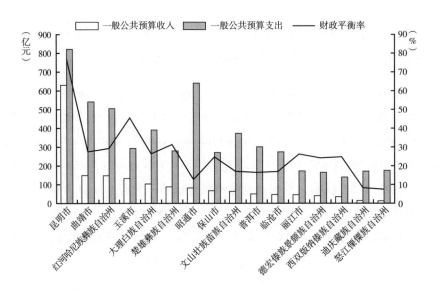

图7　2019年云南省各地市（州）一般公共预算收支及财政平衡率

资料来源：云南省各地市（州）财政决算报告，中诚信国际整理计算。

二　显性债务位居全国前列，考虑隐性债务的情况下，负债率及债务率均超过国际警戒线

（一）显性债务持续增长，债务水平居全国前列；地方债存量及新发行规模均处于全国中上游，2022年开始进入偿债高峰期

云南省显性债务规模持续增长且增速不减，债务水平居全国前列。从显性债务口径看，2019年，云南省地方政府债务余额为8108亿元，居全国第10位，比2018年地方债务余额增加968.2亿元，增速加快，但债务余额仍保持在地方债务限额内，与2019年地方债务限额相比仍有1233.1亿元额度。2019年，云南省债务率为107.35%，较2018年大幅上升29.69个百分点，主要是转移支付减少及债务规模快速增加所致；负债率为34.91%，较2018年继续回落，但仍位于全国前列；云南省显性债务压力比较大（见图8）。

云南省地方债存量及新发行规模均处于全国中上游，从2022年开始进入偿债高峰期（见图9）。从发行情况看，2020年，云南省共发行地方债40只，规模合计2293.25亿元，居全国第12名；加权平均发行利率为3.33%，

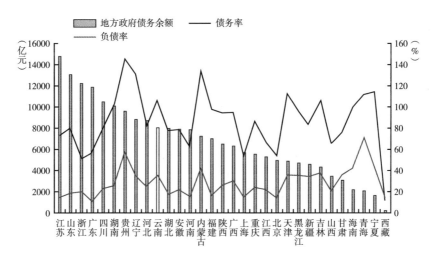

图8　2019 年全国各省份地方政府债务余额、
债务率及负债率

资料来源：全国各省份财政决算报告，中诚信国际整理计算。

居全国第 26 位，融资成本相对较低，2018 年以来，发行利率及利差均呈现回落趋势，融资成本有所下降。从地方债发行结构看，2020 年以来，积极财政政策持续发力，专项债占比不断提升，新增债所占比重也持续提高。2020 年，在云南省发行的 2293.25 亿元地方债中，新增债为 1751.88 亿元，再融资债为 541.37 亿元；从类别看，一般债为 11 只，规模合计 638.35 亿元；专项债为 29 只，规模合计 1654.9 亿元。2020 年，云南省发行的地方债中，新增债及专项债比例较 2019 年均有所提升。从专项债情况看，2020 年，云南省共发行再融资专项债 164.9 亿元，新增专项债 1490 亿元；其中，新增专项债占专项债总额的 90%，且全部为项目收益专项债。从存量情况看，截至 2020 年底，云南省存量地方债规模为 9516.91 亿元，居全国第 11 位；存量地方政府专项债规模为 4129.15 亿元，占存量总额的比例为 43.38%，占比持续上升。其中，项目收益专项债总额为 2347 亿元，占专项债存量的 56.84%，主要投资领域为 8 个，涵盖土地储备整理、棚户区改造、收费公路建设、生态环保、教育、医疗、城乡基建、水务投资。从到期情况看，2022 年、2023 年和 2025 年为云南省地方债偿债高峰期，到期规模超 1000 亿元。

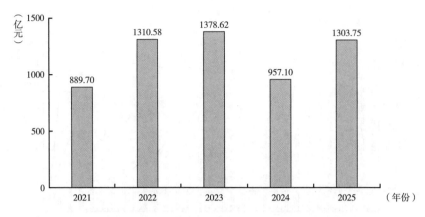

图9 2021～2025年云南省地方债到期规模

注：2020年末测算。

资料来源：Choice数据库，中诚信国际整理计算。

（二）云南省隐性债务规模位于全国中游，考虑隐性债务的情况下，负债率及债务率均超过国际警戒线

云南省2019年隐性债务规模增幅扩大，负债率及债务率均超过国际警戒线。根据中诚信国际测算，2019年，云南省隐性债务规模约为9554亿元，居全国中游，较2018年增长约3000亿元，增幅显著扩大。考虑隐性债务后，云南省负债率为76.05%，超过欧盟确定的60%的警戒线；云南省债务率为233.84%（见图10），超过国际上100%的警戒线且存在攀升趋势。

（三）昆明市债务规模居全省首位，部分地市（州）债务风险较高

云南省内各地市（州）债务分化情况明显，昆明市债务规模居全省首位，部分地市（州）负债率、债务率较高。债务规模方面，云南省下辖16个地市（州）中昆明市债务规模最大，为2059.86亿元，远大于其余地市（州），规模排第2、3位的为玉溪市、昭通市，分别为558.95亿元和493.63亿元，曲靖市、保山市、大理白族自治州、红河哈尼族彝族自治州、楚雄彝族自治州、文山壮族苗族自治州、普洱市和德宏傣族景颇族自治州的债务为200亿～400亿元，其余地市（州）均低于200亿元。负债水平方面，玉溪市、德宏傣族景颇族自治州、保山市等地市（州）因综合财力较

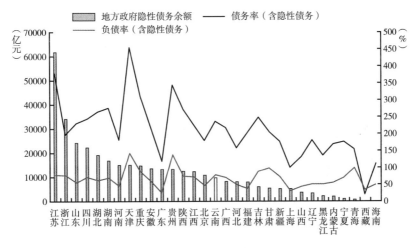

图 10　2019 年全国各省份地方政府隐性债务余额、债务率及负债率

资料来源：全国各省份财政决算报告，中诚信国际整理计算。

弱和经济总量较低，债务率、负债率处于较高水平，风险值得关注。其中，债务率超过警戒线的为玉溪市（164.14%）、昆明市（129.81%）、德宏傣族景颇族自治州（122.16%）、保山市（106.35%）；此外，楚雄彝族自治州债务率为 93.61%，接近警戒线（见图 11）。

（四）云南省多方面严控政府债务风险，整合资源推动国企改革

2017 年以来，国家针对防范地方政府债务风险频频"亮剑"，在《国务院关于加强地方政府性债务管理的意见》（国发〔2014〕43 号）等文件基础上，陆续出台一系列政策，以对地方政府各类违法违规举债融资行为"围追堵截"，并不断强调坚决遏制隐性债务增量，体现了打好防范地方债务风险攻坚战的决心。为全面落实国家对防风险的要求并持续推进省内地方债务风险化解，云南省从加强地方债务管理、推进存量债务化解等方面着手，出台一系列控制债务风险的政策。加强债务管理方面，继 2016 年云南省出台一般债务及专项债务预算管理规定后，在国家鼓励专项债加大发行力度的背景下，2018 年 10 月，《云南省人民政府关于进一步深化预算改革加强预算管理的意见》出台，再次强调加强地方债务预算管理，强化专项债券管理。

在存量债务化解上，云南省提出 PPP 模式、国企改革等方式持续有效

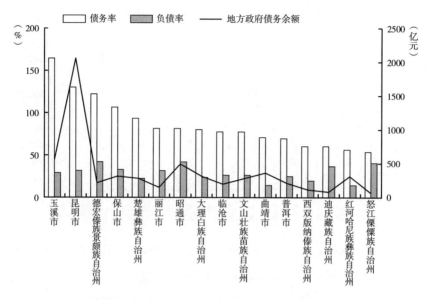

图11　2019年末云南省各地市（州）地方政府债务余额

资料来源：云南省各地市（州）财政决算报告，中诚信国际整理计算。

推动云南省存量地方政府债务的化解，并出台应急处置预案保障债务平稳有序化解。2017年4月，云南省出台的《云南省政府性债务风险应急处置预案》明确划分了政府性债务风险事件等级，分类制定应急处置措施，严防债务化解中可能发生的系统性和区域性风险。2017年6月，《云南省通过政府和社会资本合作模式化解存量政府性债务实施方案》分析了全省通过PPP模式化解存量政府性债务工作推进缓慢的多种原因，并制定了15条具体实施意见。2018年11月，在全国隐性债务持续化解及各地融资平台转型不断推进的背景下，云南省人民政府出台《云南省深化国有企业改革三年行动方案（2018—2020年）》，结合融资平台行政层级推进省内融资平台转型，组建云南省国有股权运营管理有限公司和云南省国有金融资本控股集团有限公司，推动州市、县（市、区）企业整合及国有资产集中，并对州市、县（市、区）企业数量进行限定。总体来说，云南省初步构建起"借、用、管、还"的政府性债务管理制度体系，并围绕地方政府存量债务化解出台若干措施，同时从债务管理各个环节持续做好风险防控。2021年2月，云南省发布《云南省人民政府关于印发云南省国民经济和社会发展第十四个五年规划和二〇三五年远景目标纲要的通知》，提出深化预算管理制度改革，健全政府债务管理机制，严格落实化债目标任务，实行举债终身问责和债务问题倒查机制，坚决遏制隐性债务增量，完善政府举债融资机制使之更加规范、安全、高效，防范和化解地方政府债务风险。

三　云南省融资平台债呈现区域分化态势，存量融资平台债从 2021 年进入偿债高峰期

（一）云南省融资平台集中于省本级及昆明市，涉及行业以城市基础设施建设为主，信用等级以 AA 级为主

截至 2019 年末，根据有存续期融资平台债的发行主体统计，云南省融资平台共计 38 家。从主体等级看，云南省融资平台信用等级以 AA 级为主，占比为 50%；其次为 AA＋级，占比为 26.32%；AAA 级占比为 7.89%；AA－级占比为 13.16%。从省内区域分布看，云南省融资平台明显集中于省本级和昆明市，合计数量达到 16 家，占总数的 42.11%；红河哈尼族彝族自治州和曲靖市融资平台分别为 6 家和 4 家；其余地市（州）融资平台数量均不超过 4 家。从业务分布看，云南省融资平台涉及行业主要为城市基础设施建设、城乡综合开发、交通基础设施投资和园区及片区开发运营，城市基础设施建设占比最大，达到 71.05%；其次为园区及片区开发运营，占比达到 21.05%。从行政层级看，云南省融资平台行政层级以市属和区县为主，各自占比均为 42.11%。

（二）云南省存量融资平台债高度集中于省本级及昆明市，2021 年进入偿债高峰期

云南省存量融资平台债规模位于全国中游，高度集中于省本级及昆明市，存量融资平台债加权平均到期收益率在全国处于较高水平。截至 2020 年底，云南省存量融资平台债共计 167 只，债券余额共计 1467.44 亿元，存量规模在全国位于中游。从债券种类看，种类较为分散，其中，中期票据占比较大，达到 25.75%，接下来依次为定向工具（18%）、一

般企业债（17%）、一般公司债（14%）、私募债（12%）。从债券期限看，以 5 年期为主，占比达到 40%。从收益率和交易利差看，2020 年末，云南省融资平台债加权平均到期收益率、交易利差分别为 6.31%、380.99BP，呈现增加趋势，在全国范围内处于较高水平。从省内分布情况来看，云南省本级和昆明市存量融资平台债合计为 1327.18 亿元，占全省存量融资平台债的比例超过 90%，集中度很高。

云南省融资平台债 2021 年进入到期及回售高峰期。分年来看，2021年、2022 年、2023 年为到期及回售高峰期，到期及回售总规模分别为514 亿元、392 亿元、250 亿元，2021 年存在较大的债务集中到期及回售压力（见图 12）。从 2021 年分月份情况来看，2021 年 1 月、4 月和 11 月分别出现到期及回售的小高峰期，到期及回售的总规模分别为 98 亿元、82 亿元和 64 亿元，此外，3 月、5 月、10 月、12 月到期及回售规模在 40亿元左右，其余月份均在 30 亿元以下（见图 13）。考虑到云南省各地市（州）财政平衡率较低，转移支付在财政收入的占比较高，除昆明市外，云南省其他地市（州）土地市场活跃度偏弱，实际财政收入不高，地区债务承担能力弱，各地市（州）融资平台再融资能力有限，债务兑付风险整体偏高。

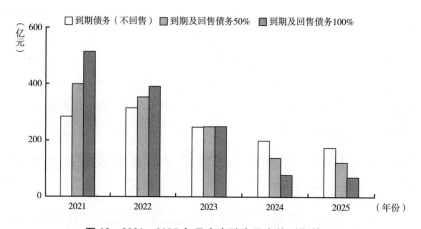

图 12　2021～2025 年云南省融资平台债到期情况

注：2020 年末测算。

资料来源：Choice 数据库，中诚信国际整理计算。

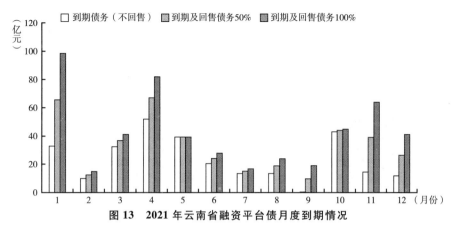

图 13　2021 年云南省融资平台债月度到期情况

注：2020 年末测算。

资料来源：Choice 数据库，中诚信国际整理计算。

（三）云南省融资平台自身盈利能力偏弱，发展能力仍待增强

2020 年，云南省融资平台资产规模及流动比率均有所回落，昆明市融资平台资产与其他地市（州）分化十分显著。从融资平台样本情况看，云南省融资平台总资产规模小幅下降，2017～2019 年，云南省融资平台资产总额分别为 18837.45 亿元、19547.61 亿元和 18713.78 亿元。从省内各地市（州）来看，2019 年末，昆明市存续债融资平台总资产合计 6082.62 亿元，是排名第 2 的红河哈尼族彝族自治州的 6 倍，分化情况十分显著；其中，云南省本级和昆明市的融资平台资产规模较大，融资平台总资产中位数分别为 1029.34 亿元和 649.19 亿元（见图 14）。资产流动性方面，2019 年，云南省存续债融资平台流动比率和速动比率中位数分别为 2.65 和 1.08，较 2018 年均有回落，考虑到融资平台资产以难以变现的土地、基建投入、应收款类为主，企业的实际资产流动性偏弱。省内各地市（州）流动比率与速动比率波动较大，但应将各地市（州）样本量较小这一因素纳入考虑范围。

自身盈利能力偏弱，发展能力仍待加强。2017～2019 年，云南省融资平台营业总收入分别为 2319.62 亿元、2741.14 亿元和 1905.54 亿元，营业收入在 2019 年有所下降，净利润亦随之下滑。2019 年，云南省融资平台净利润为 96.35 亿元，较 2018 年下降 24.85%，盈利能力有所弱化。云南省本

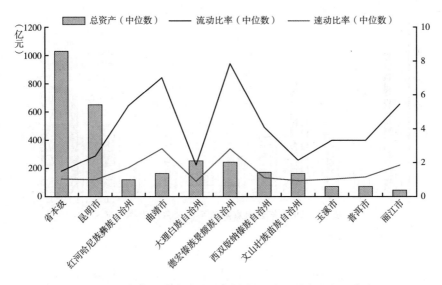

**图 14　2019 年末云南省本级及各地市（州）融资平台总资产、
流动比率、速动比率情况**

资料来源：Choice 数据库，中诚信国际整理计算。

级和昆明市融资平台利润中位数较大，2019 年分别为 2.40 亿元和 3.31 亿元，而其他地市（州）的融资平台净利润规模大多数在 1 亿元以下。云南省融资平台的平均固定资产增长率在各省份中并无优势，未来融资平台的盈利能力仍受到制约，发展能力仍有待加强，区域内的融资平台尚未形成可持续的市场化竞争力及盈利能力。

经营获取现金流的能力较弱，流动性压力普遍存在。截至 2019 年末，云南省融资平台资产负债率均值为 44.01%，资产负债率中位数为 51.73%，其中，云南省本级资产负债率中位数超过 60%，昆明市、大理白族自治州、文山壮族苗族自治州、玉溪市和普洱市资产负债率中位数为 50% ~ 60%（见图 15）。2019 年，云南省融资平台经营活动净现金流为 – 80.36 亿元，经营获现能力较弱。截至 2019 年末，云南省融资平台带息债务合计7867.44 亿元，中位数为 29.20 亿元，其中，云南省城市建设投资集团有限公司和云南省交通投资建设集团有限公司总债务占比分别为 19% 和 32%；货币资金/短期债务在 1 倍及以上的融资平台数量占比为 36.84%，普遍存在流动性压力。

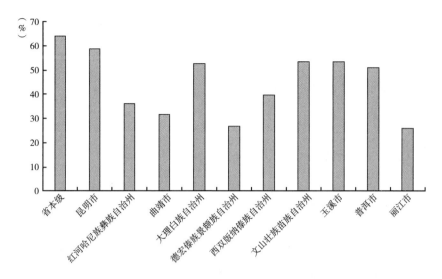

图 15 云南省本级及各地市（州）融资平台资产负债率（中位数）

资料来源：Choice 数据库，中诚信国际整理计算。

信用事件对区域融资负面影响较大。永城煤电信用事件对弱区域融资平台的直接融资产生负面冲击，云南省融资平台直接融资量出现较大下滑，2020 年 9~10 月，省内融资平台完成直接融资 169 亿元，2021 年 11 月降至 0，2020 年 12 月完成 30.15 亿元，1 年期以上单笔超过 5 亿元的债券仅 1 只。2018~2020 年，云南省融资平台涉及信托计划违约等方面的信用风险事件的主体共 7 家，主要集中在区县融资平台；其中，保山市有 5 家融资平台，风险集中度高，云南省本级有 1 家融资平台，楚雄彝族自治州有 1 家融资平台。这对区域内的融资环境及国企信用造成恶劣影响。

（四）融资平台转型力度不断加大，但仍面临较多问题

为防范地方债务风险，推进地方投融资体制改革，云南省近年来加大融资平台转型力度，但是，在经济下行压力不减的背景下，云南省融资平台面临的转型问题较多。其一，云南省整体债务负担偏重，2021 年进入融资平台偿债高峰期。同时，2020 年 11 月以来，云南省内融资观望情绪加重，直接融资市场活跃度低，融资多以短期融资为主，缓解流动性压力的管理难度大，这些问题制约着云南省融资平台的未来投资。其二，云南省内昆明市和

其他地市（州）经济发展水平差异明显，非省会地市（州）可动用的资源少，当地融资平台的融资能力整体较弱，转型可获取的外部支持并不显著。其三，云南省金融资源相对缺乏，融资平台融资渠道丰富程度不及经济发达省份，或使当地融资平台在转型过程中的融资能力受到限制，不利于融资平台可持续发展。

结　语

云南省是我国面向东南亚、南亚的门户，随着一系列跨境公路、航运、铁路等基础设施的建设，云南省连同东南亚及南亚市场的区域地位日益重要。近年来，经济保持较快增长，但云南省整体经济及财政实力在全国处于下游水平，固定资产投资为经济发展的重要动力，下辖各地市（州）经济发展水平差异明显，财政平衡率较低，在负债投资的经济增长模式下积累了一定的债务，需重点关注以下风险。

第一，在投资驱动下的经济增长的潜在债务压力及产业结构失衡。云南省经济保持较快增长，固定资产投资是经济快速增长的重要动力，在"十四五"时期以新增超10000亿元高速公路建设投资等新一轮的固定资产投资下，云南省在经济发展背景下其潜在债务压力或将进一步增加。云南省三次产业结构表现为第一产业占比较高，第二产业薄弱，产业发展层次偏低，未来将面临转型升级压力。同时，省内战略性新兴产业发展滞后，未来尚需产业投资及培育。

第二，全省债务负担较重且部分地市（州）债务风险较高。云南省显性债务持续增长，债务水平居全国前列；地方债存量及新发行规模均处于全国中上游，且2022年开始进入偿债高峰期，面临集中到期压力。部分地市（州）负债率、债务率超过国际警戒线，同时非省会地市（州）经济发展水平低、金融资源匮乏，债务风险较高。

第三，融资平台债面临偿还压力。融资平台对政府支持的依赖性较高，企业信用水平与地方财政实力密切相关。在云南省内各地市（州）财政实力呈现分化且财政平衡率低的背景下，区域内融资平台自身盈利能力偏弱，融资平台将面临集中偿还压力，需关注由此引发的流动性风险。

第四，信用事件对当地融资环境及国企信用的影响。永城煤电信用事件对弱区域融资平台直接融资产生负面冲击，云南省融资平台直接融资量出现较大下滑。2018～2020 年，云南省融资平台涉及信托计划违约等方面的信用风险事件的主体共 7 家，主要集中在区县融资平台，风险集中度高，对区域内的融资环境及国企信用造成严重影响。

陕西地方政府与融资平台债务分析报告

周 飞[*]

要 点

● 陕西省经济发展与财政实力分析：陕西省为我国西部的重要省份，主要经济指标排在西部地区前列，在全国各省份中处于中游水平。从产业结构看，陕西省是我国重要的传统工业基地，煤炭、电力、材料、航空工业等领域具有突出优势；近年来，逐渐优化形成第二产业和第三产业并重的产业格局。从需求结构看，投资及消费依然是陕西省经济增长的主要动力。陕西省财政实力较强，在全国处于中游水平，但财政平衡能力在全国处于中等偏下的水平，收支平衡较为依赖上级补助。陕西省下辖 10 个地级市，各地级市经济发展不平衡，财政实力分化现象严重，财政收支矛盾较大。

● 陕西省地方政府债务情况：陕西省政府对地方债务风险化解较为重视，近年来不断完善政府性债务管理制度，制定有效的债务化解措施，存量债务风险逐步化解。截至 2019 年末，陕西省地方政府债务余额为 6531.95 亿元，居全国第 16 位，处于中等水平，债务率达到94.37%，负债率达到 25.32%。在考虑隐性债务的情况下，负债率和债务率分别为 73.00% 和 272.03%，其中，负债率超过欧盟确定的 60%的警戒线，债务率远超国际上 100% 的警戒线，隐性债务风险不容忽视。

● 陕西省融资平台债情况：陕西省融资平台债存量规模居全国中下游水平。品种以一般中期票据、定向工具和企业债为主；债券

---

* 周飞，中诚信国际政府公共评级一部高级分析师。

期限以 3~5 年（含 5 年）为主；存续债信用等级以 AAA 级和 AA 级为主。2021 年、2023 年和 2025 年为融资平台债偿还高峰期；省内融资平台近年来资产规模保持持续增长，负债水平偏高，盈利能力和偿债能力整体偏。

- 总体来看，陕西省整体经济及财政实力在全国处于中游水平，投资及消费为经济发展的重要动力。债务主要集中在省本级和西安市，整体债务水平处于可控范围之内，但仍需关注省内区域经济发展不平衡、经济实力分化现象严重、流动性不足、再融资压力、市场化转型等风险。

一 陕西省经济及财政实力处于全国中游水平，
但财政平衡率较低

（一）经济保持稳步增长，经济结构逐步调整，经济增长靠投资及消费驱动明显

陕西省为我国西部重要省份，近年来，经济稳步增长。陕西省位于我国西北部，周边共与 8 个省份相接，具有承东启西的区位优势。陕西省为我国西部的重要省份，主要经济指标位于西部地区前列。近年来，陕西省经济保持稳定增长，2019 年，陕西省地区生产总值（GDP）为 25793.17 亿元，在全国各省份中排第 14 位，同比增长 6.0%，增速较 2018 年回落 2.30 个百分点（见图 1、图 2）。2019 年，陕西省人均 GDP 为 66649 元，在全国各省份中排第 12 位。2019 年末，陕西省常住人口为 3876.21 万人，比上年增长 11.81 万人，增长 0.31%；年末城镇化率达 59.43%，比上年末提高 1.3 个百分点。

陕西省是我国重要的传统工业基地，煤炭、电力、材料、航空工业等领域具有突出优势。近年来，陕西省逐渐优化形成第二产业和第三产业并重的产业格局。从产业结构来看，2019 年，陕西省实现第一产业增加值 1990.93 亿元，同比增长 4.4%；第二产业增加值为 11980.75 亿元，同比增长 5.7%；第三产业增加值为 11821.49 亿元，同比增长 6.5%。2019 年，第一、第二、第三产业之比由 2018 年的 7.5∶49.7∶42.8 调整为 7.7∶46.5∶45.8。

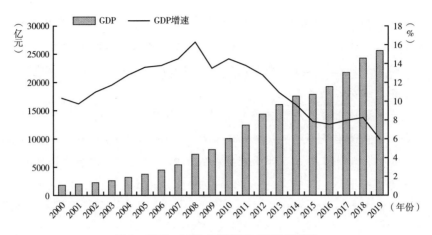

图1　2000～2019年陕西省GDP及增速

资料来源：陕西省国民经济和社会发展统计公报，中诚信国际整理计算。

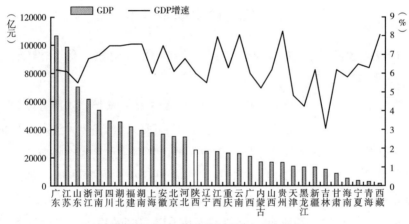

图2　2019年全国各省份GDP及增速

资料来源：全国各省份国民经济和社会发展统计公报，中诚信国际整理计算。

　　从需求结构看，投资及消费依然是陕西省经济增长的主要动力。固定资产投资方面，2019年，陕西省固定资产投资（不含农户）同比增长2.5%；其中，陕西省完成房地产开发投资3903.65亿元，同比增长10.4%。投资构成方面，2019年，陕西省第一产业投资同比增长1.4%；第二产业投资同比增长11.2%，其中，工业投资同比增长11.5%；第三产业投资同比下降0.4%。消费方面，2019年，全省全社会消费品零售总额为9598.73亿元，同比增长7.4%。出口方面，随着"一带一路"倡议实施，国家出台多项政策促进陕西省对外贸易发展，但受国际贸易摩擦增加的影响，近年来，增速放缓，2019 年，陕西进出口总值为 3515.75 亿元，同比仅增长 0.09%。

（二）陕西省财政平衡能力在全国处于中等偏下水平，收支平衡较为依赖上级补助

陕西省财政实力较强，在全国处于中游水平（见图 3）。近年来，陕西省财政实力不断增强，2019 年，陕西省一般公共预算收入为 2287.90 亿元，在全国居第 18 位，同比增长 2.0%，受经济增速放缓及减税降费政策影响，增速较上年回落 9.78 个百分点；其中，税收收入为 1846.10 亿元，占比为 80.69%。2019 年，一般公共预算支出为 5718.52 亿元，同比增长 7.85%。财政平衡方面，2019 年，陕西省财政平衡率为 40.01%，在全国处于中等偏下水平，资金缺口较大，收支平衡较为依赖上级补助。2019 年陕西省获得上级补助收入 2620.30 亿元，较上年增加 144.6 亿元，其中，一般性转移支付占比超过 50%。

政府性基金收入增长较快，但后续仍面临下行压力。政府性基金收入方面，2019 年，陕西省政府性基金收入为 1859.90 亿元，主要来自国有土地使用权出让收入和国有土地收益基金收入，受益于全省土地出让量价齐升，带动相关收入同比增长 26.98%。随着房地产调控政策持续趋严，未来，陕西省政府性基金收入增速或将放缓。

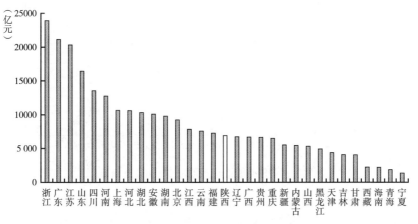

图 3　2019 年全国各省份综合财力情况

资料来源：全国各省份财政决算报告，中诚信国际整理计算。

国有资本经营收入对财政实力的贡献有限。陕西省国有资本经营收入占财政实力的比重较低，国有资本经营收入对财政实力的贡献有限。2019 年，全省国有资本经营收入为 128 亿元，同比增长 352.4%；国有资本经营支出为 25.8 亿元，同比下降 24%，主要是各级政府机构加大了将国有资本经营预算调入一般公共预算的力度。

（三）省内区域经济发展不平衡，财政实力分化现象严重，财政收支矛盾较大

各地级市发展不均衡，关中地区经济财政实力较强。陕西省下辖 10 个地级市，各地级市发展不均衡，其中，以西安市、宝鸡市、咸阳市和渭南市为代表的关中地区经济、财政实力较强，以榆林市和延安市为代表的陕北地区次之，以汉中市、安康市和商洛市为代表的陕南地区较弱。从各地级市经济情况看，西安市经济实力居全省首位，2019 年，西安市 GDP 达 9321.19 亿元，远超第 2 名榆林市的 4136.28 亿元；第 3 名宝鸡市和第 4 名咸阳市的 GDP 分别为 2223.81 亿元和 2195.33 亿元；渭南市、延安市、汉中市和安康市的 GDP 均为 1000 亿～2000 亿元；商洛市和铜川市经济实力较弱，GDP 不足 1000 亿元（见图 4）。

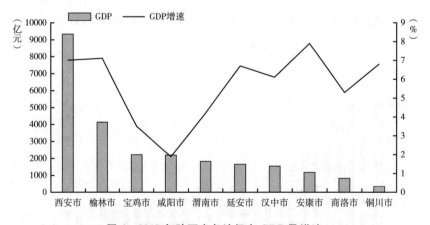

图 4 2019 年陕西省各地级市 GDP 及增速

资料来源：陕西省各地级市国民经济和社会发展统计公报，中诚信国际整理计算。

各地级市财政实力呈现分化态势，财政平衡率普遍较低。从各地级市财政情况看，西安市一般公共预算收入最多，财政平衡率最高，

2019 年分别为 702.56 亿元和 56.34%，财政自给能力尚可；榆林市和延安市一般公共预算收入分别为 405.60 亿元和 155.93 亿元；咸阳市、宝鸡市和渭南市一般公共预算收入为 50 亿～100 亿元；而汉中市、安康市、铜川市和商洛市一般公共预算收入不足 50 亿元，其中，商洛市最少，仅为 20.96 亿元，财政平衡率仅为 7.02%，财政自给能力弱（见图 5）。

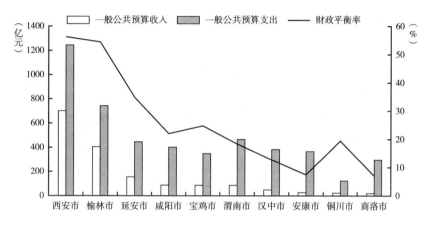

图 5 2019 年陕西省各地级市一般公共预算收支及财政平衡率

资料来源：陕西省各地级市财政决算报告，中诚信国际整理计算。

二 债务规模持续增长，隐性债务风险不容忽视

（一）显性债务总体可控，2023 年进入偿还高峰期

显性债务规模持续扩张，但在全国范围内处于中等水平，整体显性债务压力一般。从显性债务口径看，近年来，陕西省地方政府债务余额及限额规模均持续增长。截至 2019 年末，陕西省地方政府债务余额为 6531.95 亿元，同比增长 10.96%；其中，一般债务余额为 3680.88 亿元，专项债务余额为 2851.08 亿元。2019 年末，陕西省地方政府债务余额规模居全国第 16 位（见图 6），处于中等水平。同期末，陕西省地方政府债务限额为 7228.14 亿元，同比增长 11.81%，债务余额仍保持在地方债务限额内。从显性债务口径看，2019 年陕西省债务率为 94.37%，较 2018 年小幅上升

0.21 个百分点，负债率为 25.32%，较 2018 年增长 1.23 个百分点，均未超过国际警戒线，在全国范围内处于中等水平，陕西省整体显性债务压力一般。

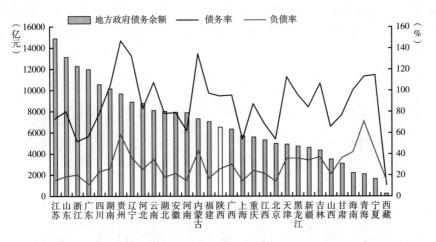

图 6　2019 年全国各省份地方政府债务余额、债务率及负债率

资料来源：全国各省份财政决算报告，中诚信国际整理计算。

从地方债看，陕西省地方债存量及新发行规模均处于全国中等水平，2023 年将进入偿债高峰期（见图 7）。从存量情况看，截至 2020 年末，陕西省存量地方债规模为 7281.64 亿元，居全国第 17 位。从发行情况看，2020 年，陕西省共发行地方债 80 只，规模合计 1532.78 亿元，居全国第 23 名，加权平均发行利率为 3.35%，融资成本处于较低水平，且 2018 年以来发行利率及利差整体呈现回落趋势，融资成本有所下降。从到期情况看，2023 年，陕西省将进入地方债偿债高峰期，到期规模超过 1000 亿元。

（二）隐性债务规模持续攀升，隐性债务风险不容忽视

陕西省隐性债务规模逐年增长，且增速上升，债务率超过国际上 100% 的警戒线。陕西省未被纳入地方政府显性债务统计的隐性债务较为突出，债务率和负债率均处于高水平。根据中诚信国际测算，近年来，陕西省隐性债务规模逐年增长，且增速持续上升；2019 年，隐性债务规模为 12297.38 亿元，同比增长 10.21%，增速较 2018 年上升 3.06 个百分点。考虑到隐性债

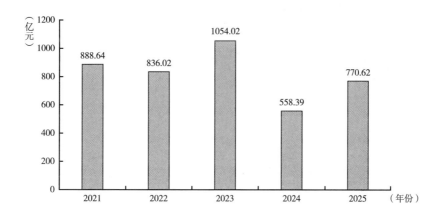

图7　2021～2025年陕西省地方债到期分布情况

注：2020年末测算。

资料来源：Choice数据库，中诚信国际整理计算。

务的负债率和债务率分别为73.00%和272.03%，其中，负债率超过欧盟确定的60%警戒线，债务率远超国际上的100%警戒线，隐性债务风险不容忽视。

（三）省内各地级市债务分化情况明显，西安市债务规模居全省首位，部分地级市负债务率超过国际警戒线

债务规模方面，在陕西省10个地级市中，西安市显性债务规模最高，2019年末为2647.59亿元，远高于第2名延安市的452.73亿元；榆林市和渭南市债务规模在360亿元左右；铜川市债务规模不到200亿元；宝鸡市、咸阳市、商洛市、汉中市和安康市均集中于200亿～300亿元。负债水平方面，陕西省10个地级市负债率均处于较低水平，其中，商洛市负债率最高，为30.87%，榆林市最低，仅为8.86%。从债务率看，商洛市因综合财力较低，债务率最高，2019年高达702.82%，远超国际上的100%警戒线；此外，除西安市和宝鸡市债务率超过100%外，其余地级市债务率集中于40%～90%，部分区域债务风险较高（见图8）。

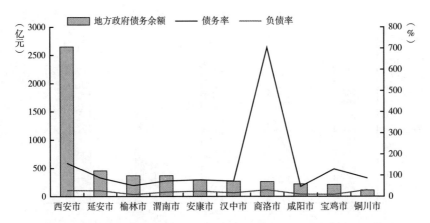

图 8　2019 年末陕西省各地级市地方政府债务余额、债务率及负债率

资料来源：陕西省各地级市财政决算报告，中诚信国际整理计算。

三　陕西省融资平台债呈现区域分化态势，
存量债务集中于省本级和西安市

（一）融资平台存量债规模和成本居全国中游水平

陕西省融资平台债存量规模居于全国中游水平，以一般中期票据、定向工具和一般企业债为主。截至 2020 年末，陕西省存量融资平台债共计 201只，债券余额共计 1909.84 亿元，存量规模在全国排第 14 位。从债券种类看，以一般中期票据为主，数量占比达到 27%，接下来依次为定向工具（24%）、一般企业债（22%）、私募债（13%）。从债券期限看，以 3 ~ 5 年（含 5 年）为主，占比达 41%，其次为 1 ~ 3 年（含 3 年），占比达 28%。从债项信用等级看，除 8 只无债项等级外，存续债以 AAA 级和 AA 级为主，占比分别为 40% 和 39%，其次依次为 AA + 级（14%）、AA - 级（3%）。从收益率和交易利差看，陕西省融资平台债加权平均到期收益率、交易利差分别为 4.89%、220.43BP，在全国范围内处于中等水平。

（二）陕西省融资平台债主要集中于省本级和西安市，2021 年、2023 年和 2025 年为偿还高峰期

各地级市融资平台债规模呈现分化态势，2021 年、2023 年和 2025

年为偿还高峰期；从到期分布情况看，省本级和西安市融资平台债存量规模最大，分别为 591.58 亿元和 1031.61 亿元，在全省融资平台债存量规模中占比为 84.05%。结合各地级市综合财力情况看，西安市融资平台债存量规模较大，但综合财力较强，整体偿债压力处于相对可控范围内；其他各地级市整体上对债券市场的参与度不高，发债企业较少，仍有地级市尚未发行过融资平台债。未来，随着陕西省《关于加快市县融资平台公司整合升级推动市场化投融资的意见》的深入实施，各地级市融资平台将不断发展壮大，各地级市融资平台的空间及需求有望进一步提升。

从各地级市融资平台债到期情况看，2021 年，省本级到期债务规模较高，达 301.00 亿元，偿债压力较大；西安市融资平台债 2021～2025 年每年到期规模都在 90 亿元以上，其中，2025 年达 324.90 亿元，到期压力较大；其余地级市的到期债务规模不大，整体偿债压力相对较小（见表 1）。

表 1 2020 年末陕西省本级及各地级市融资平台债到期分布情况

单位：亿元

地区	2021 年	2022 年	2023 年	2024 年	2025 年	2025 年以后	合计
省本级	301.00	20.00	147.88	40.00	45.00	37.7	591.58
西安市	95.00	152.51	216.50	134.20	324.90	90.50	1013.61
延安市	0.00	0.00	0.00	8.00	5.15	0.00	13.15
榆林市	25.00	32.00	18.00	0.00	0.00	12.00	87.00
渭南市	15.00	7.40	16.00	20.10	22.70	18.00	99.20
安康市	1.80	0.00	0.00	0.00	0.00	7.30	9.10
汉中市	0.00	5.00	0.00	0.00	0.00	0.00	5.00
商洛市	0.00	5.00	0.00	0.00	0.00	0.00	5.00
咸阳市	0.00	0.00	6.00	0.00	0.00	11.00	17.00
宝鸡市	10.80	16.00	16.00	12.10	14.30	0.00	69.20
铜川市	0.00	0.00	0.00	0.00	0.00	0.00	0.00
合计	448.6	237.91	420.38	214.4	412.05	176.5	1909.84

注：2020 年末测算。

资料来源：中诚信国际区域风险数据库。

（三）陕西省融资平台资产规模快速增长，但偿债能力偏弱

近年来，陕西省融资平台资产规模保持快速增长，但发行家数及规模处于较低水平。陕西省2019年末融资平台债仍在存续期内的企业共计43家，发行企业数量较少，债券市场参与度较低，其中，铜川市尚未有融资平台发债。从总资产规模看，38家财务数据均可得的样本融资平台在2019年末的总资产合计20936.64亿元；2017～2019年，总资产的复合增长率中位数为10.16%。2019年末，西安市和榆林市的融资平台资产规模较大，两市融资平台总资产中位数分别为330.48亿元和296.48亿元。从净资产看，2019年末，38家样本企业净资产中位数为92.89亿元；2017～2019年，净资产复合增长率中位数为4.47%。榆林市和西安市的融资平台净资产规模较大，净资产中位数分别为143.82亿元和103.96亿元；渭南市的融资平台净资产规模较低，中位数为47.17亿元（见图9）。

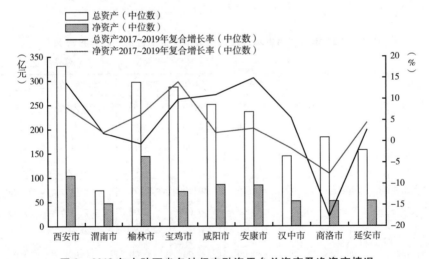

图9　2019年末陕西省各地级市融资平台总资产及净资产情况

资料来源：Choice数据库，中诚信国际整理计算。

融资平台整体盈利能力偏弱。2019年，陕西省融资平台营业总收入和净利润分别为1555.73亿元和82.12亿元，中位数分别为13.39亿元和1.27亿元。其中，宝鸡市和西安市融资平台营业总收入中位数较大，分别为27.27亿元和23.99亿元；安康市和西安市融资平台净利润中位数较大，分

别为 2.26 亿元和 1.46 亿元；其他地级市融资平台净利润中位数主要集中在 1 亿元以内（见图 10）。

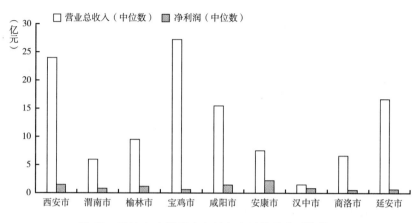

图 10　2019 年末陕西省各地级市融资平台利润情况

资料来源：Choice 数据库，中诚信国际整理计算。

　　负债水平偏高，偿债能力偏弱。2019 年末，陕西省各地级市融资平台资产负债率中位数为 64.74%，负债水平偏高。从各地级市资产负债率中位数情况看，商洛市、宝鸡市、西安市和延安市的融资平台资产负债率较高，中位数均超过 65%。偿债能力方面，2019 年末，陕西省融资平台流动比率中位数为 2.26，速动比率中位数为 1.14；流动比率与速动比率差异显著主要因为融资平台资产以流动性较弱的存货为主。各地级市中，流动比率中位数较高的为渭南市和榆林市，分别为 5.17 与 4.45；速动比率中位数最高的为咸阳市和商洛市，分别为 1.84 与 1.70（见图 11）。考虑到融资平台流动资产除存货以外，其他应收款及应收账款占比较大，企业的实际资产流动性较弱，整体偿债能力偏弱。

（四）融资平台转型环境相对较好

　　全省融资平台转型环境相对较好，融资平台自身发展能力仍需提高。为防范地方债务风险，推进地方投融资体制改革，陕西省近年来加大融资平台转型力度。2020 年 10 月 19 日，陕西省发展和改革委员会、陕西省财政厅印发《关于加快市县融资平台公司整合升级推动市场化投融资的意见》，进一步加快推进省内融资平台的整合以及市场化发展，为省内融资平台转型奠

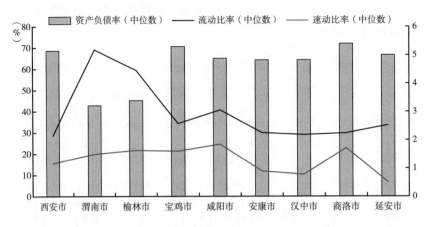

图11 2019 年末陕西省各地级市融资平台负债情况

资料来源：Choice 数据库，中诚信国际整理计算。

定了良好的基础，陕西融资平台转型条件相对较好。但是在经济下行压力持续的背景下，陕西省融资平台仍面临一定的转型问题。一方面，陕西省金融资源相对缺乏，社会资本活跃程度一般，投融资渠道丰富程度不及经济发达省份，或使当地融资平台在转型过程中的融资能力受到限制，不利于融资平台可持续发展。另一方面，陕西省融资平台自身转型发展能力尚待加强，近年来，陕西省融资平台资产负债率逐年攀升，偿债能力有所弱化，对其转型发展形成一定阻力。

结　语

陕西省整体经济及财政实力在全国处于中游水平，投资及消费为经济发展的重要动力；债务主要集中在省本级和西安市，整体债务水平处于可控范围之内，但仍需重点关注以下风险。

第一，省内区域经济发展不平衡，经济实力分化现象严重。各地级市经济发展不平衡，西安市的虹吸效应对其他地级市的经济冲击较大，以西安市、宝鸡市、咸阳市和渭南市为代表的关中地区经济财政实力较强，其他各地级市的经济实力较弱，各地级市分化现象严重。同时，基础设施、经济及交通发展的失衡导致部分地级市经济活力不足、市场化程度低，配套基础设施建设及招商引资需加强。

第二，流动性风险及再融资压力。融资平台自身盈利不足，对政府支持的依赖性较高，企业信用水平与地方财政实力密切相关。在陕西省内各地级市财政实力分化明显的背景下，部分融资平台数量较多且政府资金支持有限的区域，在融资平台面临集中偿还压力时，需关注可能由此引发的流动性风险。此外，2018年以来，陕西省融资平台发生7起信用风险事件，给省内的融资环境及国有企业自身信用造成严重影响。同时，当前融资平台融资渠道紧缩及债务风险控制持续加码，地方融资平台再融资的成本增加，难度凸显，且面临偿债高峰到来的压力，需关注由此给区域内的融资平台再融资能力带来的挑战。

第三，市场化转型风险。陕西省近年来加大融资平台转型力度，融资平台业务的市场化程度将成为未来转型路径选择及发展的关键。融资平台转型过程中，信用风险发生变化，并且在不同转型阶段、选择不同路径的融资平台在转型过程中面临的风险不同，但存量债务化解、造血功能提升与后续再融资是否顺利等问题比较常见，在脱离政府显性信用支持且市场化盈利能力尚未形成的转型过渡阶段，融资平台存量债务尤其是隐性债务风险或将加速暴露。

甘肃地方政府与融资平台债务分析报告

侯一甲　王　昭[*]

要　点

● 甘肃省经济发展与财政实力分析：甘肃省经济总量处于全国下游水平，增速近年来有所放缓。从三次产业结构看，2019年，三次产业之比为12.05：32.83：55.12，第三产业比重继续提高。从经济发展驱动力看，节能环保、清洁能源、先进制造、文化旅游等生态产业是甘肃省经济发展的重要支撑。财政实力方面，甘肃省综合财政实力较弱，排全国下游，且其对上级补助的依赖性较大。甘肃省下辖14个地市（州），经济发展水平、财政实力不均，呈现以兰州为中心、向周围梯度递减的圈层格局，大部分地市（州）财政平衡率较低；此外，依托丰富的自然资源，甘肃省经济及财政实力或迎来进一步的发展。

● 甘肃省地方政府债务情况：近年来，甘肃省存量债务规模持续扩大，地方政府债务增速小幅提升。2019年，甘肃省政府债务余额为3116.6亿元，规模居全国第27位，从显性债务口径看，债务率和负债率分别为76.55%和35.75%，显性债务压力相对较小。考虑估算的隐性债务的情况下，债务率和负债率分别为204.70%和95.59%，债务率远超国际警戒线。

● 甘肃省融资平台债情况：甘肃省融资平台债存量规模居全国中下游水平，以一般中期票据和定向工具为主，融资平台主体信用等级以AA级为主。从各地市（州）情况看，兰州市融资平台债存

---

* 侯一甲，中诚信国际政府公共评级一部副总监；王昭，中诚信国际政府公共评级一部分析师。

量规模高居甘肃省首位，且甘肃省 2021 年进入融资平台债偿还高峰期；省内融资平台近年来资产负债率整体处于较高水平，融资平台整体盈利能力及偿债能力偏弱。

● 总体来看，甘肃省整体经济及财政实力在全国处于下游水平，以第二、第三产业为主，对生态产业依赖性强；省内下辖各地市（州）经济发展呈现以兰州为中心、向周围梯度递减的圈层格局。近年来，甘肃省债务规模持续扩大，债务风险处于较高水平。此外，未来还需关注区域产业转型升级和区域经济市场化程度较低、各地市（州）融资平台债所面临的偿还压力以及融资平台再融资及转型风险。

一　甘肃省经济及综合财政实力处于全国下游水平，对上级补助的依赖性较大

（一）经济发展水平相对落后，但自然资源丰富，第三产业发展势头较好

甘肃省位于我国西北地区中心地带，是连接亚欧大陆桥的战略通道和沟通西南、西北的交通枢纽。截至 2019 年末，甘肃省下辖 12 个地级市、2 个自治州。2019 年，甘肃省实现地区生产总值（GDP）8718.30 亿元，同比增长 6.20%（见图 1、图 2），整体经济体量规模较小，且增速较上年有所放缓。2019 年，甘肃省的人均 GDP 为 3.30 万元，低于全国平均水平。产业结构方面，甘肃省经济发展以文化旅游为代表的第三产业为主，其中，第一、第二、第三产业之比由 2018 年的 11.2∶33.9∶54.9 调整为 2019 年的 12.05∶32.83∶55.12，第三产业所占比重继续提高，产业结构进一步优化。从经济发展驱动力看，节能环保、清洁能源、先进制造、文化旅游等生态产业是甘肃省经济发展的重要支撑，2019 年，全省十大生态产业实现增加值 2061.9 亿元，比上年增长 7.8%，占全省地区生产总值的 23.7%。固定资产投资方面，2019 年，甘肃省固定资产投资转为正增长，同比增长 6.6%（见图 3），主要由于对工业投资的力度加大。

产业资源方面，甘肃省自然资源丰富，已发现各类矿产 180 种（含亚

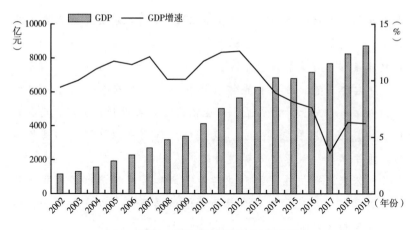

图1　2002～2019年甘肃省GDP及增速

资料来源：甘肃省国民经济和社会发展统计公报，中诚信国际整理计算。

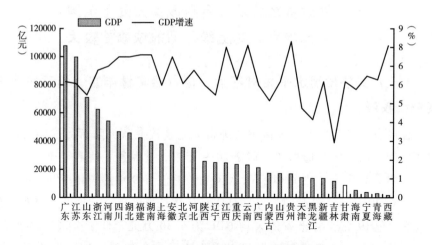

图2　2019年全国各省份GDP及增速

资料来源：全国各省份国民经济和社会发展统计公报，中诚信国际整理计算。

矿种），占全国已发现矿种数的74%。已查明资源储量的矿种数为114种（含亚矿种），其中，省资源储量位列全国第1的矿产有镍、钴、铂族金属等10种，居前5位的有38种。甘肃省能源种类较多，石油可采储量为6亿吨，天然气探明储量为31.57亿立方米，煤炭预测储量为1656亿吨，累计查明保有资源储量为400亿吨。甘肃省风能资源丰富，总储量为2.37亿千瓦，居全国前5，可利用和季节可利用区域面积为17.66万平方公里，主要集中在河西走廊和省内部分山口地区。另外，甘肃省是国内太阳能资源最为丰富的三个区域之一，年太阳总辐射值为 4800～6400 兆焦/立方米。同时，依托敦煌莫高窟、嘉峪关等旅游资源，2019 年，甘肃省接待国内外游客 3.7 亿人次，同比增长 24%；实现国内旅游收入 2676 亿元，同比增长 30%。

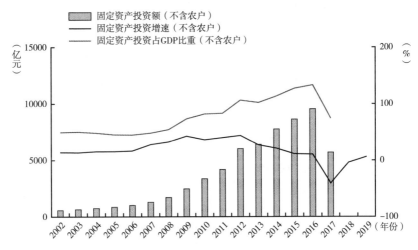

图 3　2002～2019 年甘肃省固定资产投资、增速及其占 GDP 比重

注：甘肃省未公布 2018 年和 2019 年全省固定资产投资额数据，故图中并未列示。
资料来源：甘肃省国民经济和社会发展统计公报，中诚信国际整理计算。

（二）财政实力处于全国下游水平，对上级补助较为依赖

甘肃省财政实力较弱，财政收入有所波动，财政平衡率较低，对上级补助依赖较大。2019 年，甘肃省一般公共预算收入为 850.50 亿元，在全国处于下游水平，同比下降 2.4%，若考虑政策性减税因素，则同口径增长 5.2%（见图 4、图 5）；其中，税收收入是甘肃省一般公共预算收入的主要构成部分，2019 年，全省税收收入为 577.60 亿元，占一般公共预算收入的比重为 67.94%（见图 6）。2019 年，甘肃省一般公共预算支出为 3956.70 亿元，同比增长 4.9%，增速较 2018 年下降 9.3 个百分点。财政平衡方面，甘肃省财政平衡能力较弱且逐年下滑，2019 年，甘肃省财政平衡率为 21.50%，较 2018 年下降 1.57 个百分点，资金缺口较大，收支实现平衡依赖上级补助。

政府性基金收入增速有所加快。2017～2019 年，甘肃省政府性基金收

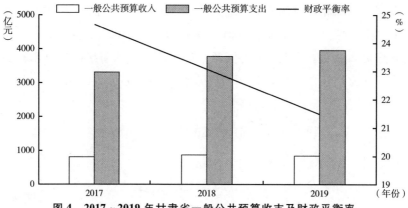

图4　2017～2019年甘肃省一般公共预算收支及财政平衡率

资料来源：甘肃省财政决算报告，中诚信国际整理计算。

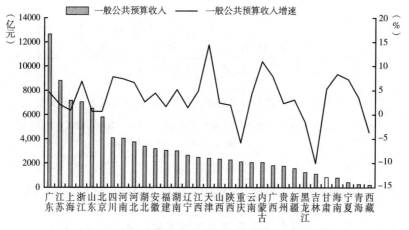

图5　2019年全国各省份一般公共预算收入及增速

资料来源：全国各省份财政决算报告，中诚信国际整理计算。

入分别为413.51亿元、399.20亿元和519.20亿元；2019年同比增长30%，主要由于土地出让节奏加快，其中，国有土地使用权出让收入392.37亿元，占比75.34%（见图7）。2019年，政府性基金支出为774.8亿元，同比增长40.4%，这主要由于发行关于政府收费公路、棚户区改造等的专项债，交通运输、城乡社区建设等支出增加。

国有资本运营收入持续下降。近年来，受中央政策性补助减少影响，甘肃省国有资本运营收入呈持续下降趋势，2017～2019年分别为12.03亿元、11.60亿元和8.50亿元。

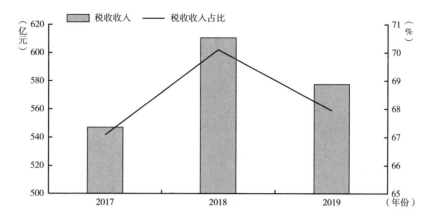

图6 2017～2019年甘肃省税收收入及其占一般公共预算收入的比重

资料来源：甘肃省财政决算报告，中诚信国际整理计算。

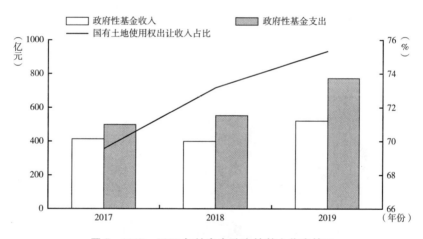

图7 2017～2019年甘肃省政府性基金收支情况

资料来源：甘肃省财政决算报告，中诚信国际整理计算。

（三）省内各地市（州）发展不均衡，兰州市经济处于绝对领先地位

甘肃省下辖12个地级市、2个自治州，各地市（州）经济整体保持增长，但区域经济财政实力分化较为明显，省会兰州市的经济发展水平保持绝对领先地位。依托省会城市资源聚集优势，兰白核心经济区"中心带动"作用明显，同时推进酒嘉、张掖、金武、天水经济区"两

611

翼"加快发展。但全省大部分地区受制于地区经济基础薄弱及产业结构转型升级缓慢等因素，区域经济发展较为落后。从各地市（州）经济情况看，兰州市经济在全省处于绝对领先地位，2019年实现GDP 2837.36亿元，占全省的33%；庆阳市、天水市、酒泉市实力相当，2019年GDP均在600亿元以上；武威市、白银市、平凉市、张掖市、陇南市、定西市、金昌市等地市（州）经济实力稍弱，GDP为200亿~500亿元（见图8、图9）。从各地市（州）财政情况看，兰州市亦占有绝对优势，2019年，一般公共预算收入为233.23亿元，财政平衡率为51.07%，财政自给能力一般；嘉峪关市、临夏回族自治州（以下简称"临夏州"，图中亦使用简称）和甘南藏族自治州（以下简称"甘南州"，图中亦使用简称）财政实力较弱，一般公共预算收入均低于20亿元，其中，临夏州、甘南州财政平衡率不足6%，对上级补助的依赖性较强（见图10）。

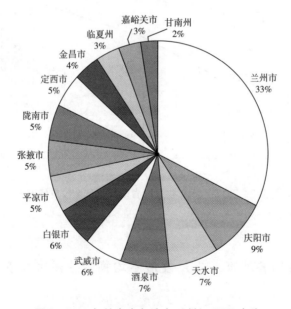

图8 2019年甘肃省各地市（州）GDP占比

资料来源：甘肃省各地市（州）国民经济和社会发展统计公报，中诚信国际整理计算。

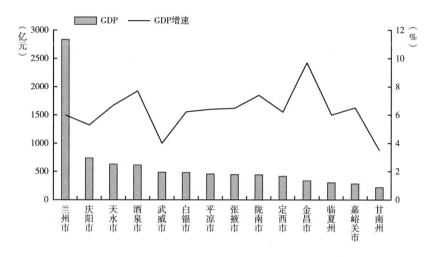

图 9　2019 年甘肃省各地市（州）GDP 及增速

资料来源：甘肃省各地市（州）国民经济和社会发展统计公报，中诚信国际整理计算。

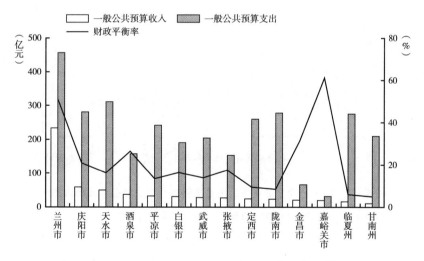

图 10　2019 年甘肃省各地市（州）一般公共预算收支及财政平衡率

资料来源：甘肃省各地市（州）财政决算报告，中诚信国际整理计算。

二 显性债务规模持续增长，隐性债务规模 全国排名靠后，但债务风险不容忽视

（一）显性债务持续增长，债务压力相对其他省份较小

甘肃省显性债务规模持续增长，但债务水平居全国下游。从显性债务口径看，2019 年末，甘肃省地方政府债务余额为 3116.60 亿元，规模位于全国下游水平（见图 11），相比 2018 年，地方债务余额增加 624.50 亿元，同比增长 25.06%，但债务余额仍保持在地方债务限额内，与 2019 年初的地方债务限额相比，仍有 290 亿元额度。从显性债务口径看，2019 年，甘肃省债务率为 76.55%，负债率为 35.75%，债务率和负债率较 2018 年分别增长 11.08 和 5.00 个百分点，债务率增长较快，但整体处于全国下游水平。（见图 11、图 12）

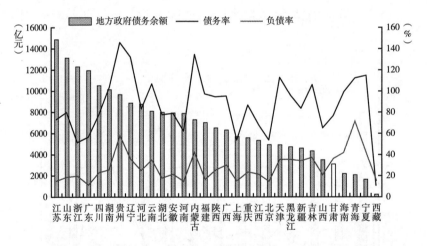

图 11　2019 年全国各省份地方政府债务余额、债务率及负债率

资料来源：全国各省份财政决算报告，中诚信国际整理计算。

（二）隐性债务规模全国排名靠后，但债务风险处于较高水平

甘肃省隐性债务规模在全国排名靠后，但考虑隐性债务的负债率及债务率处于全国较高水平。根据中诚信国际测算，2019 年，甘肃省隐性债务规模为 5223.70 亿元，居全国第 21 位（见图 13）。考虑隐性债务后，甘肃省

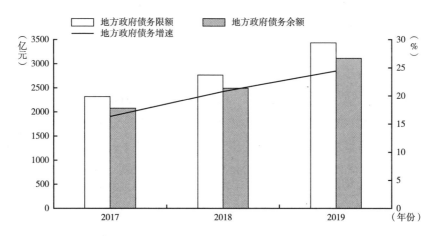

图 12　2017～2019 年甘肃省显性债务情况

资料来源：甘肃省历年财政决算报告，中诚信国际整理计算。

地方政府债务余额为 8340.30 亿元，居全国第 25 位；负债率为 95.66%，居全国前列，远高于欧盟确定的 60% 的警戒线；债务率为 204.87%，在全国居第 15 位，大幅超过国际上 100% 的警戒线。

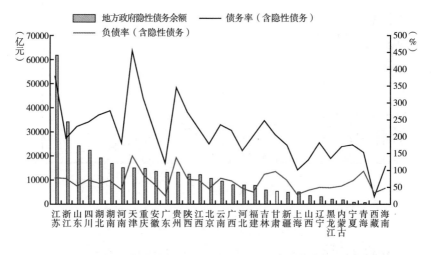

图 13　2019 年全国各省份地方政府隐性债务余额、债务率及负债率

资料来源：全国各省份财政决算报告，中诚信国际整理计算。

（三）兰州市债务规模居全省首位，各地市（州）债务率均较高

甘肃省内各地市（州）债务分化明显，兰州市债务规模居全省首位，各地市（州）债务率均较高。债务规模方面，各地市（州）中，兰州市债务规模最高，为546.22亿元；庆阳市和定西市分列第2、3位，分别为211.25亿元和143.73亿元。负债水平方面，临夏州负债率位列第1，为41.81%；定西市和甘南州负债率排第2、3位，分别为34.52%和32.96%，均高于30%。债务率方面，甘南州债务率最高，为613.38%，远超国际上100%的警戒线，其他债务率超过300%的市（州）有定西市、临夏州、张掖市和陇南市；在剩余地市（州）中，除酒泉市以外，债务率均超过100%（见图14）。隐性债务方面，兰州市和平凉市的隐性债务规模分别为1188.28亿元和167.42亿元；考虑隐性债务之后，兰州市和平凉市的负债率分别为61.13%和66.65%，均超过欧盟确定的60%的警戒线；债务率方面，兰州市和平凉市分别为300.17%和457.56%，远超国际上100%的警戒标准，隐性债务风险不容忽视（见图15）。

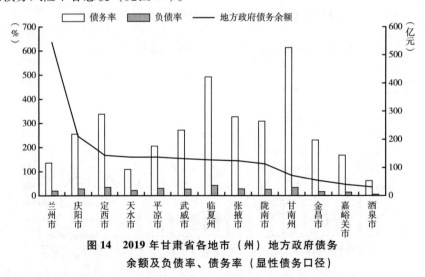

图14　2019年甘肃省各地市（州）地方政府债务余额及负债率、债务率（显性债务口径）

资料来源：甘肃省各地市（州）财政决算报告，中诚信国际整理计算。

（四）地方政府债务管理不断加强

2017年以来，国家针对防范地方政府债务风险频频"亮剑"，在《国务

院关于加强地方政府性债务管理的意见》（国发〔2014〕43 号）等文件基础上，陆续出台一系列政策对地方政府各类违法违规举债融资行为"围追堵截"，并不断强调坚决遏制隐性债务增量，体现坚决打好防范地方债务风险攻坚战的决心。为全面落实国家对防风险的要求并持续推进省内地方债务风险化解，甘肃省从加强地方债务管理、推进存量债务化解等方面着手，出台一系列控制债务风险的政策。加强债务管理方面，2017 年 1 月，甘肃省出台《甘肃省政府性债务风险应急处置预案》，构建省、市、县三级政府债务风险防控体系，完善全省政府性债务风险应急处置工作机制，严防债务化解中可能发生的系统性和区域性风险；2017 年 7 月，《甘肃省人民政府办公厅关于进一步规范政府举债融资行为的通知》发布，进一步健全政府举债机制、规范政府担保行为、加强融资平台管理以及加强风险防控。

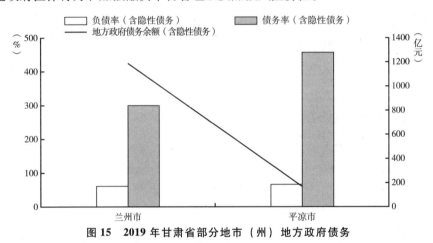

图 15　2019 年甘肃省部分地市（州）地方政府债务
余额及负债率、债务率（含隐性债务口径）

资料来源：甘肃省各地市（州）财政决算报告，中诚信国际整理计算。

三　甘肃省融资平台债存量规模居全国下游，融资平台转型条件较好，但偿债能力有所弱化

（一）融资平台债存量规模居全国下游，各地市（州）存量规模和风险有所分化

截至 2020 年末，根据有存续期融资平台债的发行主体统计，甘肃省融资

平台共计 14 家。从主体信用等级看，甘肃省融资平台以 AA 级为主，占比为 57%；其次为 AA – 级，占比为 22%；AAA 级占比为 14%；AA + 级占比为 7%。从省内区域分布看，甘肃省融资平台集中于兰州市和平凉市，数量分别为 6 家①和 2 家；张掖市、武威市、天水市、嘉峪关市、酒泉市以及定西市融资平台数量均为 1 家（见图 16）。从业务看，甘肃省融资平台涉及行业主要为综合城市基础设施投资建设类和公路投资类；其中，综合城市基础设施投资建设类融资平台占比最大，达到 57%，其次为文化旅游投资、城市交通投资、轨道交通建设以及保障房建设类，占比均为 7%。从行政层级看，甘肃省融资平台行政层级以市属为主，占比达到 79%；其次为省级，占比为 14%；区县级融资平台仅 1 家。

截至 2020 年底，甘肃省存量融资平台债共计 86 只，债券余额共计 788.10 亿元，存量规模居全国第 24 位（见图 17）。从债券种类看，以一般中期票据和定向工具为主，存量规模占比分别达到 38% 和 26%，其次是私募债（18%）和一般企业债（12%）。从债券期限看，以 3 年和 5 年为主，存量规模占比分别为 38% 和 29%。从收益率及交易利差看，甘肃省融资平台债加权平均到期收益率、交易利差分别为 4.60%、189.95BP，在全国范围内处于中下游水平（见图 18）。

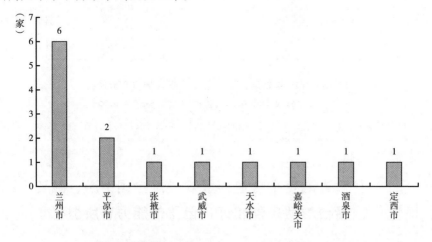

图 16　甘肃省各地市（州）融资平台区域分布情况

资料来源：Choice 数据库，中诚信国际整理计算。

---

① 兰州市融资平台包含驻地在兰州的甘肃省本级融资平台及兰州市本地区融资平台。

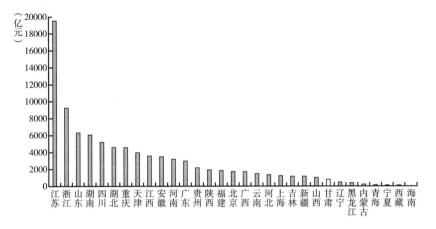

图17　2020 年末全国各省份存量融资平台债规模

资料来源：Choice 数据库，中诚信国际整理计算。

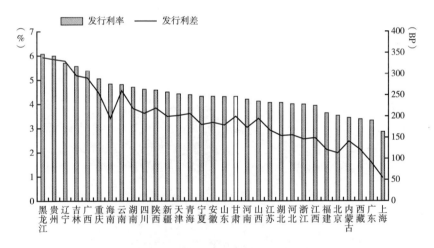

图18　2020 年全国各省份融资平台债发行利率及发行利差

资料来源：Choice 数据库，中诚信国际整理计算。

（二）发行成本居全国中游，2021～2023 年到期压力较大

从发行情况看，2020 年，甘肃省共发行融资平台债 29 只，规模合计
227.00 亿元，在全国处于下游水平。从发行区域看，集中在省本级和兰州市，
发行规模分别为 136.00 亿元和 75.00 亿元，其次为定西市和平凉市，其他区

域在 2020 年未发行融资平台债（见图 19）。从债券种类看，以一般中期票据、定向工具及私募债为主，占比分别为 28%、23% 和 16%（见图 20）。从债券期限看，以 3 年为主，发行规模占比达 44%，其次为 5 年和 1 年及以下，占比分别为 33% 和 14%（见图 21）。从发行利率、利差看，加权平均发行利率、利差分别为 4.32%、199.83BP，发行成本处于全国中游水平（见图 22）。

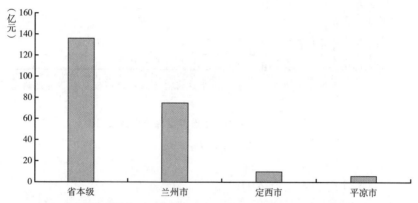

图 19　2020 年甘肃省本级及部分地市（州）融资平台债发行规模

资料来源：Choice 数据库，中诚信国际整理计算。

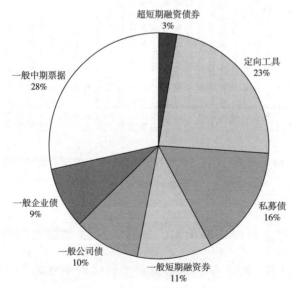

图 20　2020 年甘肃省融资平台债发行品种结构

资料来源：Choice 数据库，中诚信国际整理计算。

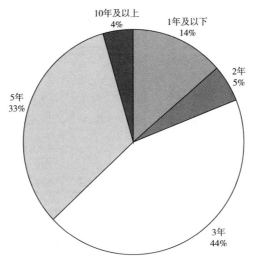

图21 2020年甘肃省融资平台债发行期限结构

资料来源：Choice数据库，中诚信国际整理计算。

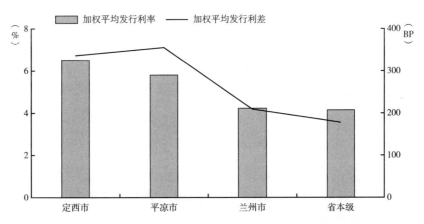

图22 2020年甘肃省本级及各地市（州）融资平台债发行利率、利差

资料来源：Choice数据库，中诚信国际整理计算。

从到期情况看，2021年，甘肃省融资平台债到期及回售规模达到183.19亿元，其中，到期159.19亿元，最大回售规模为24亿元，主要分布在3月、4月、9月及11月，规模相对不大（见图23）；年度情况方面，2021～2023年是到期及回售高峰期，到期及回售总规模分别为183.19亿元、301.59亿元和234.52亿元（见图24）。

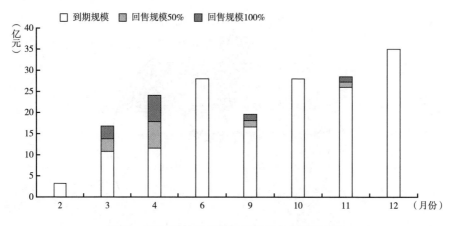

图23　2021年甘肃省融资平台债月度到期情况

注：2020年末测算。

资料来源：Choice数据库，中诚信国际整理计算。

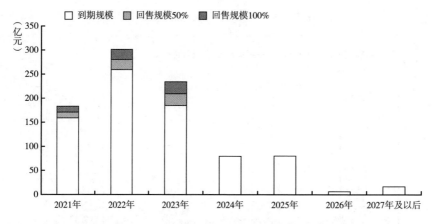

图24　2021年及以后甘肃省融资平台债到期分布情况

注：2020年末测算。

资料来源：Choice数据库，中诚信国际整理计算。

（三）甘肃省各地市（州）融资平台债务结构相对合理，但偿债能力较弱

近年来，融资平台资产规模保持稳步增长，但发行家数及规模处于较低水平。2019年末，甘肃省融资平台债仍在存续期内的企业共计15家，发行家数较少，债券市场参与度较低，其中，庆阳市、陇南市、金昌市、临夏州

以及甘南州尚未有融资平台发债。从总资产规模看，15 家财务数据可得的样本融资平台在 2019 年末的总资产合计 10236.61 亿元，2017～2019 年复合增长率中位数为 16.55%。其中，省本级和兰州市融资平台平均总资产规模较高，分别为 2911.18 亿元和 651.74 亿元；其他地市（州）融资平台总资产规模为 90 亿～300 亿元，其中，天水市融资平台平均总资产规模最小，为 98.64 亿元。从净资产看，2019 年末，15 家样本企业净资产合计 3416.16 亿元。其中，省本级和兰州市融资平台平均净资产规模较大，分别为 1030.42 亿元和 166.25 亿元，其他地市（州）融资平台净资产方面，酒泉市融资平台平均净资产规模最大，为 91.81 亿元；天水市融资平台平均净资产规模最低，为 38.07 亿元。此外，甘肃省各地市（州）融资平台 2017～2019 年净资产复合增长率中位数为 4.56%。（见图 25）

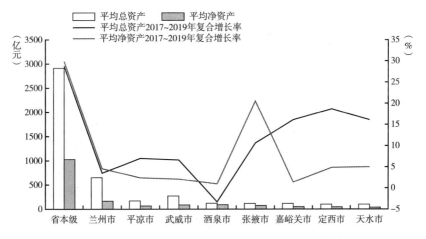

图 25　2019 年末甘肃省本级及各地市（州）融资平台资产情况

资料来源：Choice 数据库，中诚信国际整理计算。

自身盈利能力偏弱，政府资金支持力度有待加大。2019 年，甘肃省融资平台利润总额合计为 27.90 亿元，均值为 1.86 亿元，其中，省本级及兰州市因融资平台规模较大，数量较多，企业利润总额较高。2019 年，在其他地市（州）中，利润总额最高的为天水市，为 1.76 亿元；酒泉市利润总额为负，当期亏损 1.63 亿元。从利润总额结构看，甘肃省各地市（州）营业外收入占比普遍较低，政府支持在资金支持力度上有待提升。（见图 26）

大部分融资平台债务结构相对合理，但偿债能力较弱。2019 年末，甘

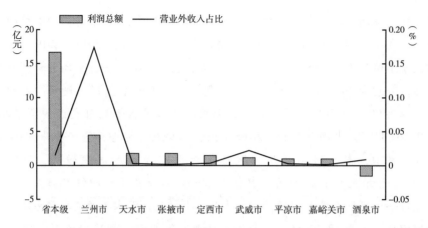

图26　2019年末甘肃省本级及各地市（州）融资平台利润情况

资料来源：Choice数据库，中诚信国际整理计算。

肃省各地市（州）融资平台有息债务合计5589.06亿元，省本级和兰州市融资平台有息债务分别为3104.42亿元和1981.39亿元，占比较高。从债务结构看，酒泉市融资平台的短期债务占比较高，短期债务/长期债务的比例超过90%，当地融资平台存在较大的短期偿债压力；省本级、兰州市、平凉市、武威市、天水市以及张掖市融资平台平均短期债务/长期债务的比例均为10%～20%，债务结构相对合理；嘉峪关市和定西市融资平台的平均短期债务/长期债务比例在5%以下，短期偿债压力较小（见图27）。偿债能力方面，除定西市以外，省本级及其他地市（州）融资平台EBITDA均不能覆盖当期短期债务，EBITDA/带息债务中位数仅为0.026，各地市（州）融资平台对债务本息覆盖能力有待加强。

　　甘肃省各地市（州）融资平台资产负债率总体偏高，资产流动性偏弱。全省各地市（州）融资平台平均资产负债率方面，除张掖及酒泉市外，其余地市（州）融资平台2019年末的平均资产负债率均超50%，省内大部分地区资产负债率较高。资产流动性方面，2019年末，甘肃省融资平台流动比率平均值为3.81，速动比率平均值为2.14，流动比率与速动比率差异显著主要因为融资平台资产以项目开发成本及土地为主。2019年，各地市（州）中流动比率平均值最高的地区为嘉峪关市，为7.38；各地市（州）中速动比率平均数最高的地区为张掖市，为4.24（见图28）。考虑到融资平台流动资产除存货以外，其他应收款及应收账款占比较大，企业的实际资产流动性偏弱。

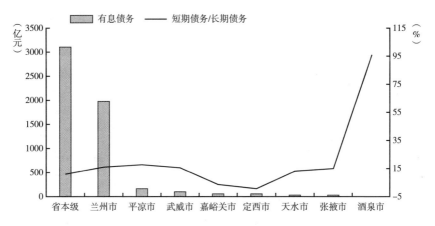

图27　2019 年末甘肃省本级及各地市（州）融资平台债务情况

资料来源：Choice 数据库，中诚信国际整理计算。

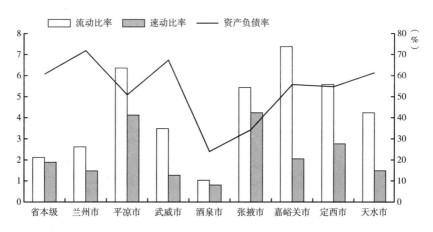

图28　2019 年末甘肃省本级及各地市（州）资产流动性情况

资料来源：Choice 数据库，中诚信国际整理计算。

（四）甘肃省融资平台转型条件较好，但面临偿债能力弱等问题

甘肃省能获得的优质资源较多，转型配套政策也有相应倾斜，下属融资平台转型方向和未来的功能定位也较为清晰。近年来，在防风险持续的大背景下，融资平台信用风险分化态势仍然延续，区域内融资平台或面临更高的融资成本；2019 年，甘肃省内融资平台的流动比率及速动比率均有所弱化，

在当前经济下行压力不减的背景下，甘肃省融资平台妥善处置存量债务完成转型仍面临一定阻力。

（五）融资平台信用事件及监管处罚

在坚决打好防风险攻坚战的大背景下，国家持续加强对地方政府债务风险的防控，加大对各地政府违法违规举债行为的监管处罚力度。根据 2017 年财政部预算司公布的《财政部关于请依法问责部分市县政府违法违规举债担保问题的函》以及《财政部、国家发展改革委依法分别处理个别会计师事务所和发债企业涉及地方政府违法违规举债担保问题》，2018～2020年，甘肃省发生 1 起融资平台或地方政府因涉及违法违规举债行为而被处罚的事件，具体情况如表 1 所示。从融资平台信用事件看，2018～2020 年，甘肃省未有涉及信托计划违约等方面的信用风险事件。

表1 2018～2020 年融资平台或地方政府涉及违法违规举债行为被处罚事件

涉及省份	涉及地区	举借债务时间	所涉主体	具体问题
甘肃省	天水市	2020 年初	天水市经济发展投融资(集团)有限公司	2020 年初,天水市经济发展投融资(集团)有限公司通过贷款采购疫情防控物资,贷款偿还资金被纳入财政预算范围,形成以财政资金偿还的政府隐性债务。审计机关发现问题后,天水发展立即自查自纠,融资贷款已经全额归还,没有造成不良影响和后果。监管部门依据问责办法,对天水发展予以通报批评

结　语

甘肃省整体经济及财政实力在全国处于下游水平，节能环保、清洁能源、先进制造、文化旅游等生态产业为经济发展的重要动力；下辖 14 个地市（州），各区域间经济发展水平、财政实力呈现以兰州为中心、向周围梯度递减的圈层格局，经济发展分化明显；甘肃省地方债发行不活跃，存量及新发行债券规模均处于全国下游，其中，专项债发行规模较高。此外，甘肃省在负债投资的经济增长模式下积累了一定规模的债务，省内各地市（州）债务风险均较高，未来需重点关注以下风险。

第一，甘肃省融资平台转型环境较好，融资平台自身发展和盈利能力仍需提高。甘肃省能获得的优质资源较多，转型配套政策也有相应的倾斜，下属融资平台转型方向和未来的功能定位较为清晰，但甘肃省融资平台盈利能力稍弱，加之近年来省内融资平台资产负债率有所提升，企业自身偿债能力弱化，上述情况均对融资平台转型造成一定的阻力。

第二，甘肃省各地市（州）融资平台债面临偿还压力。2021～2023年，甘肃省融资平台面临较大规模的融资平台债到期压力，在融资平台自身偿债能力较弱且政策趋紧的背景下，融资平台或将面临一定的偿债压力，未来需对该情况保持关注。

第三，融资平台再融资及转型风险。甘肃省融资平台近年来均保持较高的负债水平，虽然整体债务情况尚处合理水平，但针对偿债高峰期，在当前货币市场流动性紧平衡、融资成本持续上行、融资渠道紧缩及债务风险控制持续加码的背景下，需对融资平台再融资能力保持关注。

青海地方政府与融资平台债务分析报告

侯一甲　周　蒙[*]

要　点

● 青海省经济发展与财政实力分析：青海省经济总量处于全国下游水平，受制于脆弱的生态环境和薄弱的产业基础，经济发展水平相对落后。从三次产业结构看，青海省产业结构以第三产业为主，第一产业占比偏高。从需求结构看，投资依然是青海省经济增长的主要动力。青海省综合财政实力较弱，在全国处于下游水平，一般公共预算收入增速持续放缓，财政平衡率较低，对中央转移支付的依赖性较强。青海省下辖 8 个地市（州），经济发展较不平衡，财政实力呈现分化态势，财政平衡率普遍较低。

● 青海省地方政府债务情况：青海省 2019 年政府债务余额为2055.85 亿元，居全国倒数第 3 位，债务率为 112.12%，负债率为70.88%。考虑估算的隐性债务的情况下，青海省债务率为147.01%，负债率为 92.93%。

● 青海省融资平台债情况：青海省融资平台债存量规模居全国下游水平，以私募债及中期票据为主，融资平台主体信用等级以AA＋级为主。从各地市（州）情况看，西宁市融资平台债存量规模最大，2023 年进入融资平台债偿还高峰期；省内融资平台近年来资产规模保持增长态势，负债处于合理水平，盈利能力整体偏弱，较为依赖政府补助。

---

*　侯一甲，中诚信国际政府公共评级一部副总监；周蒙，中诚信国际政府公共评级一部高级分析师。

● 总体来看，青海整体经济及财政实力在全国处于下游水平，投资为经济发展的重要动力；下辖各地市（州）经济发展呈现明显分化态势，在负债投资的经济增长模式下积累了一定的债务，目前，青海省债务水平较高，需关注区域产业转型升级和区域经济市场化程度较低、各地市（州）融资平台债面临偿还压力、融资平台再融资及转型风险以及青海省投资集团有限公司债券违约对当地融资环境及国企信用的影响等风险。

一 青海省经济及综合财政实力处于全国 下游水平，财政平衡率较低

（一）经济总量小且增速放缓，经济结构有待调整，经济增长靠投资驱动明显

战略定位明确，经济发展水平较低，且近年来经济增速放缓。青海省是稳藏固疆的战略要地，也是"三江"发源地，区域内矿产资源丰富，受制于脆弱的生态环境和薄弱的产业基础，经济发展水平相对落后。2019 年，青海省地区生产总值为 2965.95 亿元，在全国各省份中排名倒数第 2（见图 1）；青海省人均 GDP 为 48981 元，低于全国平均水平，且在各省份中排名靠后，与全国人均 GDP 的比率为 0.69。近年来，青海省经济始终保持增长，但经济增速有所放缓，2019 年，青海省 GDP 增速为 6.3%，较 2018 年下降 0.9 个百分点（见图 2）。

青海省第一产业占比偏高。截至 2019 年末，青海省第一、第二、第三次产业之比为 10.2:39.1:50.7，相比全国，第一产业占比偏高。特色产业方面，2019 年，采矿业增加值增长 3.1%，石油和天然气开采业增加值下降 2.0%，电力、热力、燃气及水生产和供应业增加值增长 6.0%。

从需求结构看，投资是青海省经济增长的主要动力。2019 年，投资对经济增长的贡献率为 58.42%，拉动经济增长 3.65 个百分点，成为经济增长的主要动力。2019 年，青海省固定资产投资同比增长 5.0%，增速有所放缓。按产业分，第一产业投资下降 3.6%，第二产业投资增长 21.5%，第三产业投资下降 1.9%。其中，工业投资增长 23.5%；按三大门类分，制造业

投资增长 2.6%，电力、热力、燃气及水生产和供应业投资增长 41.1%，采矿业投资增长 21.4%。

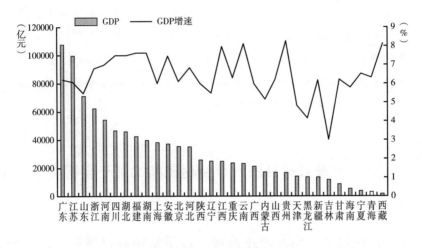

图 1　2019 年全国各省份 GDP 及增速

资料来源：全国各省份国民经济和社会发展统计公报，中诚信国际整理计算。

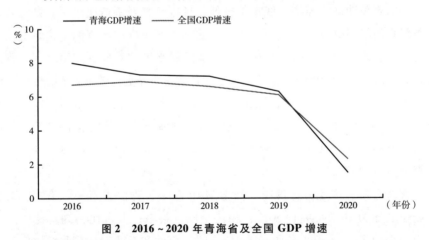

图 2　2016～2020 年青海省及全国 GDP 增速

资料来源：全国及青海省国民经济和社会发展统计公报，中诚信国际整理计算。

青海省面临产业升级转型、外部环境冲击、省属企业债务兑付风险较高等多重挑战，经济发展面临一定的下行压力。青海省经济发展不平衡、不充分问题，在外部环境冲击下进一步显现；实体经济依然困难，传统行业持续低迷，转型发展依然面临诸多问题；省属企业扭亏脱困任务繁重，债务兑付风险仍处在较高水平；经济发展仍面临一定的下行压力。

（二）综合财政实力总体较弱，在全国处于下游水平，且对上级补助的依赖性较强

　　青海省财政实力较弱，在全国处于下游水平。就一般公共预算收入来看，2019 年，青海省一般公共预算收入为 282.14 亿元，在全国 31 个省份中排倒数第 2 位；2019 年，青海省综合财力①为 1874.84 亿元，在全国排倒数第 2 位，仍处于下游水平（见图 3）。

　　一般公共预算收入增长放缓，财政平衡率较低，对中央转移支付的依赖性较强。在实体经济经营压力增大、供给侧改革和外部环境冲击等大背景下，青海省一般公共预算收入增长呈放缓趋势，2019 年实现一般公共预算收入 282.14 亿元，同比增长 3.4%，较上年回落 7.4 个百分点。其中，税收收入为 198.7 亿元，税收收入占一般公共预算收入的比重为 70.43%。青海省财政平衡率较低，2019 年为 15.14%，财政平衡主要依赖上级补助收入。随着"一带一路"倡议的实施，中央财政对青海省的支持力度将持续加大，上级补助收入是青海省综合财力的重要支撑，2019 年，青海省共获得中央各项转移支付 1346 亿元。

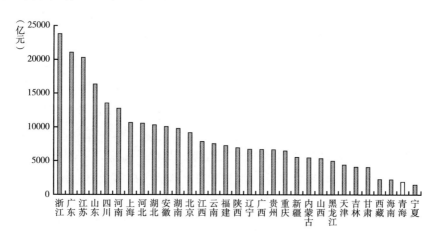

图 3　2019 年全国各省份综合财力情况

资料来源：全国各省份财政决算报告，中诚信国际整理计算。

---

　　①　在本报告中，考虑到数据的可得性，各省份综合财力的计算公式为：综合财力 = 一般公共预算收入 + 政府性基金收入 + 税收返还及中央转移支付。

政府性基金收入大幅增加，但受疫情影响，后续面临较大下行压力。受益于土地出让收入大幅增加，2019 年，青海省政府性基金收入由上年的 136.85 亿元大幅增至 245.2 亿元。

国有经济体量较小，国有资本运营收入较低。鉴于青海省内国有经济体量有限及面临的经营压力，2019 年，国有资本运营收入仅为 1.5 亿元，占财政收入的比重极低，国有资本运营收入对财政实力的贡献有限。

（三）省内区域经济发展不平衡，经济实力分化现象严重，财政收支矛盾较大

西宁市经济较为发达，其他区域相对落后。青海省下辖 2 个地级市、6 个自治州。按照"两核一轴一高地"的发展战略，青海省着力打造西宁—海东都市圈和柴达木两个核心区，以兰青—青藏（西格段）—格库铁（公）路为主线的经济发展轴，由三江源国家重点生态功能区、青海湖国家级自然保护区和祁连山国家重点生态功能区共同构筑的国家生态文明高地。各地市（州）中，西宁市生产总值较大，其余地市（州）经济发展水平较为落后。2019 年，西宁市生产总值占青海省的 44.94%，海西蒙古族藏族自治州、海东市、海南藏族自治州、黄南藏族自治州、海北藏族自治州、玉树藏族自治州和果洛藏族自治州 GDP 占比较低，分别为 22.54%、16.51%、5.91%、3.42%、3.10%、2.02% 和 1.56%（见图 4）；从各地市（州）人均 GDP 来看，超过全国人均 GDP 标准的只有海西蒙古族藏族自治州，在省内遥遥领先。各地市（州）经济增速差异较大，在 3.25% ~ 7.66% 之间。

各地市（州）财政实力呈现分化趋势，财政平衡率普遍较低。从各地市（州）一般公共预算收入看，西宁市和海西蒙古族藏族自治州体量较大。2019 年，西宁市一般公共预算收入 101.79.8 亿元，较上年增长 9.5%，其中，税收收入占一般公共预算收入的 70.43%；海西蒙古族藏族自治州一般公共预算收入 49.52 亿元，同比下降 9.1%。相比之下，其余各地市（州）的一般公共预算收入较低。从 2019 年财政支出额看，西宁市的支出最多，海北蒙古族藏族自治州支出最少，分别为 328.04 亿元和 82.98 亿元。从财政收支平衡情况看，西宁市及海西蒙古族藏族自治州财政平衡率较高，分别为 31.03% 和 30.27%，其余各地市（州）财政平衡率均低于 10%，整体来

看，青海省各地市（州）财政平衡率普遍较低，财政收支平衡难度很大。
（见图5）

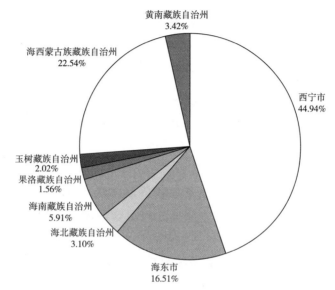

图4　2019年青海省各地市（州）GDP占比

资料来源：青海市各地市（州）财政决算报告，中诚信国际
整理计算。

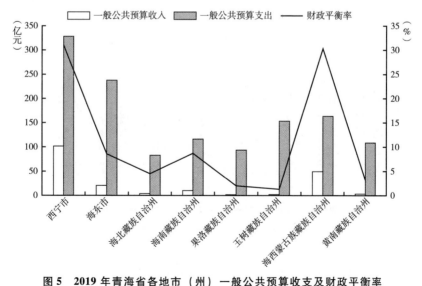

图5　2019年青海省各地市（州）一般公共预算收支及财政平衡率

资料来源：青海市各地市（州）财政决算报告，中诚信国际整理计算。

二 显性债务保持扩张，隐性债务规模
较大，偿债压力较大

（一）显性债务规模保持扩张，面临较大偿债压力

显性债务规模保持扩张，偿债压力相对较大。截至 2019 年末，青海省政府债务余额为 2055.85 亿元，在全国各省份中排名靠后，仅高于宁夏和西藏，其中，一般债务为 1636.70 亿元，专项债务为 419.15 亿元。2019 年，政府债务余额较 2018 年上升 19.22%，但低于国务院核定的政府债务限额 2284.67 亿元。从债务率和负债率看，2019 年，青海省的债务率达 112.12%，负债率为 70.88%，均居全国前列。2020 年末，青海省债务限额增加 372.03 亿元，达 2656.70 亿元。整体而言，青海省债务规模相对较小，但自身经济发展和财政实力较弱，偿债压力相对较大（见图 6）。

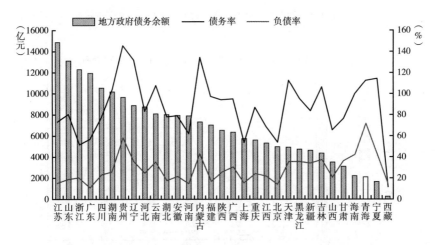

图 6　2019 年全国各省份地方政府债务余额、债务率及负债率

资料来源：全国各省份财政决算报告，中诚信国际整理计算。

地方债存量及新发行规模均处于全国下游，2023 年为偿债高峰期。截至 2020 年末，青海省存量地方政府债为 144 只，规模合计 2404.81 亿元，

其中，一般债为 56 只，规模合计 1867.67 亿元，专项债为 88 只，规模合计 537.14 亿元，存量规模在全国排名靠后，仅高于宁夏和西藏。从期限结构看，青海省地方政府债券期限以 5 年、7 年和 10 年为主，三类债的规模合计占比达到 86.43%。从发行情况看，2020 年，青海省共发行地方债 27 只，规模合计 511.59 亿，居全国倒数第 3 位，加权平均发行利率为 3.43%，位于全国中游，加权平均利差为 32.63BP，仅次于宁夏，居全国第 2 位。从到期时间看，2023 年到期债务规模达 275.73 亿元，为近几年的偿债高峰。2024～2025 年到期地方债债务规模虽有所减少，但规模均超过 200 亿元（见图 7）。整体来看，考虑到青海省财政实力水平一般，2021～2025 年面临较大的偿债压力。

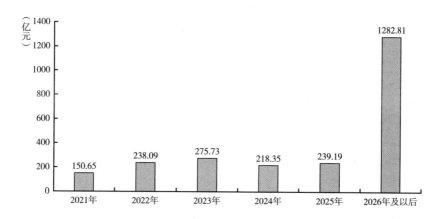

图 7　2021 年及以后青海省地方债到期分布情况

注：2020 年末测算。

资料来源：Choice 数据库，中诚信国际整理计算。

（二）考虑隐性债务的情况下，青海省债务率及负债率均超国际警戒线

根据中诚信国际测算，截至 2019 年末，青海省隐性债务为 700.42 亿元。考虑隐性债务的情况下，青海省债务率为 147.01%，超过国际上 100% 的警戒标准，负债率为 92.93%，超过欧盟确定的 60% 的警戒线。

（三）西宁市债务规模居全省份首位，各地市（州）债务分化明显

青海省内各地市（州）的债务分化明显，西宁市债务规模居全省首位，西宁市和海西蒙古族藏族自治州债务率均较高。债务规模方面，各地市（州）中，西宁市债务规模最高，为357亿元，海东市和海西蒙古族藏族自治州分列第2、3位，分别为146.64亿元和140.20亿元；负债水平方面，海东市负债率位列第1，为30.07%，西宁市和海北藏族自治州负债率第2、3位，分别为26.89%和24.89%；债务率方面，海西蒙古族藏族自治州债务率最高，为91.97%，尚未超过国际上100%的警戒线。考虑隐性债务后，各地市（州）中，西宁市隐性债务规模最高，为390.26亿元，海西蒙古族藏族自治州隐性债务规模为103.07亿元，规模较高；负债水平方面，西宁市负债率最高，为56.28%，略低于欧盟确定的60%的警戒线，其次为海西蒙古族藏族自治州，负债率为36.52%；债务率方面，西宁市和海西蒙古族藏族自治州债务率很高，分别为159.72%和159.58%，均超过国际上100%的警戒线，隐性债务风险不容忽视。（见图8、图9）

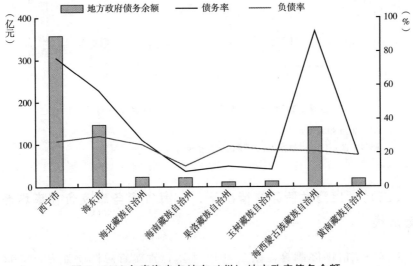

**图8　2019年青海省各地市（州）地方政府债务余额、
负债率及债务率（显性债务口径）**

资料来源：青海省各地市（州）财政决算报告，中诚信国际整理计算。

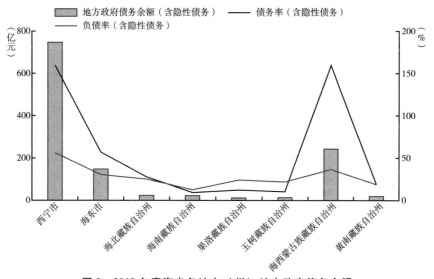

图9　2019年青海省各地市（州）地方政府债务余额
负债率及债务率（含隐性债务口径）

资料来源：青海省部分地市（州）财政决算报告，中诚信国际整理计算。

三　青海省融资平台债呈现区域分化态势，融资平台存量债务规模较小，资质相对较好但转型进度较慢

（一）融资平台债存量规模居全国下游，各地市（州）存量规模和风险有所分化

青海省融资平台债存量规模居全国下游水平，以私募债及中期票据为主。截至2020年末，青海省存量融资平台债共计20只，发行人为4家，债券余额为128.35亿元，在全国各省份中处于下游水平。从信用等级看，发行人信用等级以AA＋级为主，占发行人数的比重达到75%；其次为AA级，占发行人数的比重为25%。从期限结构看，青海省融资平台债以5年期、1年期及7年期为主，发行数量占比分别为25%、20%和15%，2020年末存量规模合计占总存量规模的比重为56.53%。从券种看，私募债及中期票据为青海省融资平台发债的主要券种，发行规模占比均为30%。

（二）各地市（州）融资平台债规模呈现分化态势，2022 年为偿还高峰期

各地市（州）融资平台债规模呈现分化，2021 年和 2022 年为偿还高峰期。青海省整体债券市场参与度不高，发债企业较少，主要集中于省本级和西宁市。截至 2020 年末，西宁市融资平台债存量规模为 95.55 亿元，在全省融资平台债存量规模中的占比为 74.44%。从各地市（州）融资平台债到期情况看，2021 年和 2022 年，各地市（州）融资平台债到期规模合计均在 40 亿元以上。2021～2022 年，西宁市到期债务规模较高，分别达 36.25 亿元和 31.65 亿元，分别占全省存量规模的 28.24% 和 24.66%，偿债压力较大。（见表 1）

表 1　2021 年及以后青海省本级及各地市（州）债券到期分布情况

单位：亿元

地区	2021 年	2022 年	2023 年	2024 年	2025 年	2026 年及以后	合计
省本级	5.00	16.40	0	0	0	9.40	30.80
西宁市	36.25	31.65	2.50	22.65	2.50	0	95.55
海西藏族蒙古族自治州	2.00	0	0	0	0	0	2.00
合计	43.25	48.05	2.50	22.65	2.50	9.40	128.35

注：2020 年末测算；其余未列出的地市（州）无到期债券。

资料来源：Choice 数据库，中诚信国际整理计算。

（三）青海省融资平台资产规模保持稳定，实际资产流动性偏弱

近年来，融资平台资产规模保持稳定，发行家数及规模处于较低水平。2019 年末，青海省融资平台债券仍在存续期内的企业共计 4 家，发行家数较少，债券市场参与度较低。从总资产规模看，4 家财务数据可得的样本融资平台在 2019 年末的总资产合计 2101.59 亿元，融资平台总资产中位数为 560.75 亿元，2017～2019 年复合增长率中位数为 -1.16%。从净资产看，2019 年末，4 家样本企业净资产中位数为 198.00 亿元，融资平台 2017～

2019 年净资产复合增长率中位数为 − 1.25%。2019 年末青海省本级和各地市（州）融资平台资产情况见图 10。

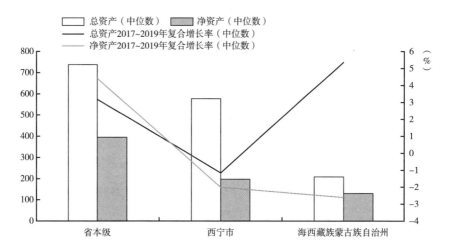

图 10　2019 年末青海省本级及各地市（州）融资平台总资产及净资产情况

资料来源：Choice 数据库，中诚信国际整理计算。

资产流动性方面，2019 年末，青海省融资平台流动比率中位数为 2.60，速动比率中位数为 1.70，流动比率与速动比率差异主要因为融资平台资产以难以变现的土地为主。考虑到融资平台流动资产除存货以外，其他应收款及应收账款占比较大，企业的实际资产流动性偏弱。

自身盈利能力偏弱，政府资金支持力度较大。2019 年，青海省融资平台利润总额合计为 9.21 亿元，均值为 1.84 亿元。其中，海西藏族蒙古族自治州获得的政府补助较高，政府资金支持力度大（见图 11）。

负债水平处于合理水平，刚性债务占比较高。2019 年末，青海省各地市（州）融资平台资产负债率中位数为 46.44%，总负债中位数为 240.16 亿元，刚性债务中位数为 134.55 亿元，占比为 56.03%。从各地市（州）资产负债率中位数情况看，西宁市的融资平台资产负债率较高，均超过 60%（见图 12）。

广义信用事件对区域融资负面影响较大。2019 年 9 月，青海省国有资产投资管理有限公司受子公司青海盐湖工业股份有限公司大幅亏损及被债权

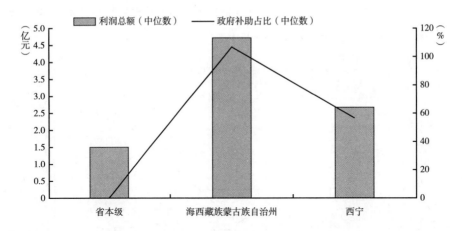

图11　2019年末青海省本级及各地市（州）融资平台利润情况

资料来源：Choice 数据库，中诚信国际整理计算。

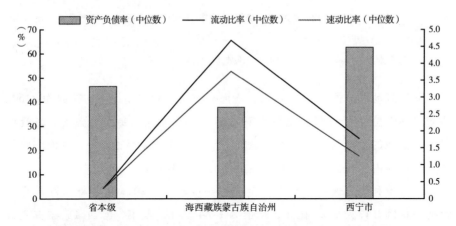

图12　2019年末青海省本级及各地市（州）融资平台负债情况

资料来源：Choice 数据库，中诚信国际整理计算。

人申请重整的影响，主体信用等级被下调；2020年初，青海省投资集团有限公司爆发了美元债券违约事件，对区域内的融资环境及国企信用造成了负面影响。

（四）融资平台转型仍面临一定阻力

青海省区域经济相对落后，经济发展不平衡不充分，易受外部环境冲击。近年来，受国内经济持续下行、实体经济持续低迷影响，省属企业扭亏脱困任务繁重，债务兑付风险仍处于较高水平，青海省融资平台妥善处置存量债务完成转型仍面临一定阻力。

结　语

青海省整体经济及财政实力在全国处于下游水平，投资为经济发展的重要动力；下辖各地市（州）经济发展出现明显分化的情况，在负债投资的经济增长模式下积累了一定的债务。目前，青海省债务压力较大，需重点关注以下风险。

第一，区域产业转型升级及区域经济市场化程度较低。青海省面临产业转型升级的挑战。同时，青海省经济活力不足，市场化程度低，配套基础设施建设及招商引资政策需加强。

第二，各地市（州）融资平台债面临偿还压力。融资平台对政府支持的依赖性较高，企业信用水平与地方财政实力密切相关，在青海省内各地市（州）财政实力呈现分化态势的背景下，区域内融资平台将面临一定的债务偿还压力，需关注或由此引发的流动性风险。

第三，融资平台对政府补助的依赖性较强，自身盈利能力仍需提高。青海省融资平台盈利能力偏弱，企业的利润总额对政府补助的依赖性较强。融资平台面临市场化转型，盈利能力有待加强。

第四，融资平台再融资风险。青海省经济财政水平相对落后，受金融机构青睐度低，在资本市场风险偏好降低的大环境下，后续面临融资渠道的拓展、债券滚动发行及借新还旧等多重压力。同时，当前债务风险控制持续加码，地方融资平台再融资的成本及难度凸显，且面临偿债高峰到来的问题，需关注由此给区域内的融资平台再融资能力带来的挑战。

第五，广义信用事件对当地融资环境及国企信用的影响。青海省投数十亿元债券违约，给区域内的融资环境及国有企业自身信用造成严重影响。

宁夏地方政府与融资平台债务分析报告

李 昊 张逸菲[*]

要 点

● 宁夏回族自治区经济发展与财政实力：经济体量总体偏小，随着煤炭等传统支柱产业化解过剩产能，以及环保督查对医药等产业造成较大冲击，近年来，GDP 增速有所放缓。依托能源优势和丰富的旅游资源，全区第二、第三产业发展并重，产业结构不断优化。投资是经济发展的重要驱动力，但近年来有所疲软。宁夏回族自治区综合财政实力较弱，受大规模减税降费、传统产业去产能及环保节能减排等因素影响，一般公共预算收入增速持续放缓，财政平衡率较低，对中央转移支付的依赖性较强。政府性基金收入存在一定的波动性，后续或将面临下行压力。各地级市经济发展较不平衡，首府的首位度较高，呈现以银川为中心、北强南弱的圈层格局，但各地级市财政平衡率普遍较低。未来，宁夏回族自治区将实施银川都市圈协同发展规划，发挥银川市的龙头作用，带动石嘴山市、吴忠市、宁东基地融合发展；支持固原市建设区域中心城市、中卫市建设区域物流中心和全域旅游城市。

● 宁夏回族自治区地方政府债务情况：显性债务持续增长，隐性债务 2019 年有所下降，但负债率和债务率仍超过警戒线，债务压力相对较大。存量地方债及 2020 年发行规模排名均处于全国后几位，其中，2020 年专项债和新增债发行占比较上年有所下降，

---

* 李昊，中诚信国际政府公共评级一部分析师；张逸菲，中诚信国际政府公共评级一部高级分析师。

发行期限显著拉长。地方债未来到期分布较为均衡，但融资成本整体处于较高水平。

● 宁夏回族自治区融资平台债情况：融资平台债存量规模较小，发债主体集中于区本级和银川市，信用等级以 AA + 级为主，业务类型以城市基础设施建设为主。融资平台债发行成本整体处于较低水平，2021 年和 2023 年，兑付压力较大。融资平台近年来总资产规模稳步增长，资产负债率整体有所下降，但盈利能力呈波动态势，偿债指标逐年弱化。区内融资平台积极通过资源整合、股权上划、资产置换方式加快回款，积极开展对外投资等多种方式推动融资平台转型，但受区域转型环境以及融资平台自身经营能力影响，转型效果仍有待观察。

● 总体来看，宁夏回族自治区整体经济及财政实力较弱，经济发展较不平衡，呈现以银川为中心、北强南弱的圈层格局。在负债投资的经济增长模式下积累了一定的债务，债务率处于较高水平，需关注区域产业转型升级、债务到期偿还、融资平台再融资及转型等风险。

一　宁夏回族自治区经济及综合财政实力较弱，财政平衡率较低

（一）经济体量小且增速有所放缓，能源和旅游资源优势较为丰富，第二、第三产业并重发展

宁夏回族自治区经济体量小，近年来，经济增速放缓。2019 年，宁夏回族自治区实现地区生产总值（GDP）3748.48 亿元，居全国第 29 位，仅高于青海省和西藏自治区（见图 1）。随着煤炭等传统支柱产业化解过剩产能，以及环保督查对医药等产业造成较大冲击，近年来，GDP 增速有所放缓，2019 年同比增长 6.5%，较 2018 年进一步下降 0.5 个百分点（见图 2）。2019 年，宁夏回族自治区人均 GDP 为 5.42 万元，居全国第 20 位，与全国人均 GDP 之比为 0.76。截至 2019 年末，全区常住人口为 694.66 万人，比上年末增加 6.55 万人，常住人口城镇化率为 59.86%。未来，随着新一

轮西部大开发、"一带一路"倡议、推动黄河流域生态保护等一系列国家重大计划实施，宁夏回族自治区将不断优化区域发展布局，实施银川都市圈协同发展规划，发挥银川市的龙头作用，带动石嘴山市、吴忠市、宁东基地融合发展，增强都市圈的承载力、辐射力。宁夏支持固原市建设区域中心城市、中卫市建设区域物流中心和全域旅游城市，打造带动高质量发展的动力源。

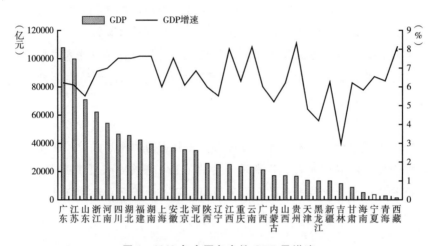

图 1　2019 年全国各省份 GDP 及增速

资料来源：全国各省份国民经济和社会发展统计公报，中诚信国际整理计算。

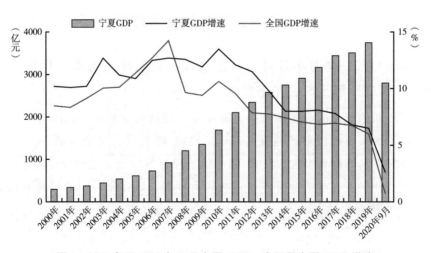

图 2　2000 年至 2020 年 9 月宁夏 GDP、全国及宁夏 GDP 增速

资料来源：宁夏回族自治区国民经济和社会发展统计公报，中诚信国际整理计算。

第二、第三产业发展并重。宁夏回族自治区具有丰富的能源资源，其中，已探明煤炭储量为 469 亿吨，居全国第 6 位；现有大中型火电站 20座，人均发电量居全国第 1 位。另外，宁夏旅游资源丰富，包括"两山一河"（贺兰山、六盘山、黄河）、"两沙一陵"（沙湖、沙坡头、西夏王陵）、"两堡一城"（将台堡、镇北堡、古长城）等众多旅游景点。依托资源优势，宁夏回族自治区第二、第三产业发展并重，2019 年，第一、第二、第三产业之比为 7.5∶42.3∶50.2。工业方面，宁夏回族自治区形成了煤炭、电力、化工、冶金、有色金属、装备制造、轻纺等行业为支柱的工业体系。2019 年，宁夏全部工业增加值为 1270.02 亿元，同比增长 7.4%；规模以上工业增加值增长 7.6%。

投资是经济发展的重要驱动力，但近年来有所疲软。2019 年，全区固定资产投资完成额较上年下降 10.3%；其中，房地产开发投资完成 403.09亿元，比上年下降 10.3%，基础设施投资同比下降 11.2%，民间投资同比下降 13.6%（见图 3）。消费方面，2019 年，全区社会消费品零售总额比上年增长 5.2%，按可比口径计算（剔除增值税因素影响）增长 7.8%；按消费类型统计，商品零售额增长 4.5%，餐饮业收入增长 8.1%。

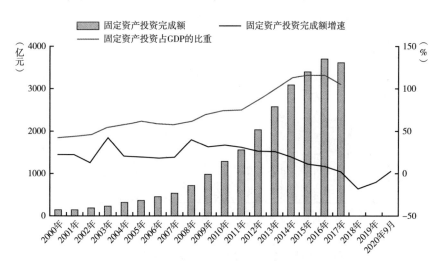

**图 3   2000 年至 2020 年 9 月宁夏回族自治区固定资产投资、
增速及占 GDP 比重**

资料来源：宁夏回族自治区国民经济和社会发展统计公报，中诚信国际整理计算。

（二）财政实力较弱，收支平衡依赖上级补助，政府性基金收入存在一定的波动性，后续或将面临下行压力

财政实力较弱，一般公共预算收入增速有所放缓，财政平衡率较低，对中央转移支付的依赖性较强。2019 年，宁夏回族自治区一般公共预算收入为 423.58 亿元，在全国排第 29 名，财政实力整体较弱（见图 4）。在大规模减税降费、传统产业去产能及环保节能减排等大背景下，宁夏回族自治区一般公共预算收入增速有所放缓，2019 年增长 7.2%，较 2018 年下滑 1 个百分点。2019 年，宁夏回族自治区实现税收收入 267.5 亿元，占一般公共预算收入的比重为 63.15%，税收收入占比较上年有所下降（见图 5）。宁夏回族自治区财政平衡率较低，2019 年，财政平衡率为 29.45%，较 2018 年下降 1.31 个百分点，财政收支平衡主要依赖上级补助收入；2017～2019 年分别获得中央各项转移支付 818.0 亿元、869.8 亿元和 898.6 亿元，逐年小幅增长。考虑到宁夏回族自治区是全国最大的回族聚居区，以及随着新一轮西部大开发、"一带一路"倡议和黄河流域生态保护的推进，中央财政对宁夏回族自治区的支持力度或将进一步加大，将对宁夏回族自治区综合财力形成支撑。

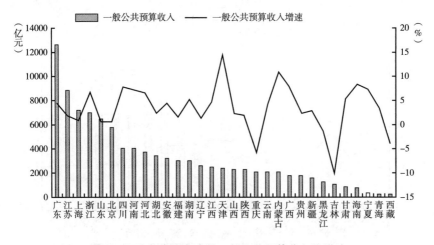

图 4　2019 年全国各省份一般公共预算收入及增速

资料来源：全国各省份财政决算报告，中诚信国际整理计算。

政府性基金收入存在一定的波动性，后续或将面临下行压力。2017～2019 年，宁夏回族自治区政府性基金收入分别为 108.5 亿元、121.3 亿元和

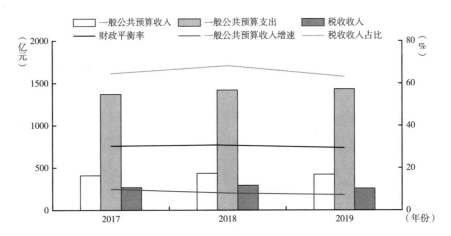

图例：
一般公共预算收入　一般公共预算支出　税收收入
财政平衡率　一般公共预算收入增速　税收收入占比

图5　2017～2019年宁夏回族自治区财政情况

资料来源：宁夏回族自治区财政决算报告，中诚信国际整理计算。

118.68亿元，呈波动态势；同期，全区分别实现国有土地使用权出让收入67.47亿元、82.43亿元和82.60亿元，随着房地产市场景气度和土地市场出让状况的回暖该收入呈逐年小幅增长趋势，占政府性基金收入的比重不断提高（见图6）。未来，随着房地产调控政策持续趋严，三、四线城市房地产价格有下行压力，加之宁夏回族自治区近年来对房地产方面的投资力度有所减小，2019年全区房地产开发投资完成额比上年下降10.3%，这或将导致政府性基金收入增长放缓。

国有经济体量较小，国有资本运营收入较低。鉴于宁夏回族自治区国有经济体量有限及面临经营压力，国有资本运营收入较小，2017～2019年分别为4.35亿元、1.77亿元和4.68亿元，占财政收入的比重极低，国有资本运营收入对财政实力的贡献有限。

（三）首府首位度较高，呈现以银川为中心、北强南弱的圈层格局

宁夏回族自治区下辖5个地级市，各区域间经济发展水平、财政实力呈现以银川市为中心、北强南弱的圈层格局。从各地级市经济情况看，2019年，银川市生产总值为1896.79亿元，生产总值高于其余4个地级市的总和，省府首位度居全国前列；其余地级市生产总值为300亿～600亿元，从高到低依次为吴忠市、石嘴山市、中卫市和固原市，呈现北强南弱的圈层格

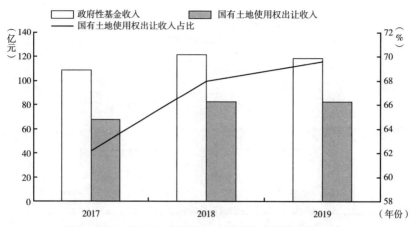

图6 2017~2019 年宁夏回族自治区政府性基金收入情况

资料来源：宁夏回族自治区财政决算报告，中诚信国际整理计算。

局，其中，北部为引黄灌区，地势平坦，土壤肥沃，素有"塞上江南"的美誉，而中南部是全国干旱缺水的地区，也是国家重点扶贫区。生产总值增速方面，2019 年，吴忠市生产总值增速最高，达到 7.10%，而中卫市经济表现相对疲软（见图 7）。产业格局方面，银川市和固原市以第三产业为主；石嘴山市和吴忠市工业基础较好，以第二产业为主；中卫市农业较为发达，第一产业占比较高。

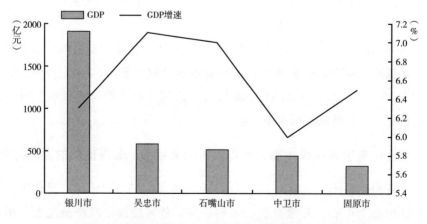

图7 2019 年宁夏回族自治区各地级市 GDP 及增速

资料来源：宁夏回族自治区各地级市国民经济和社会发展统计公报，中诚信国际整理计算。

从各地级市财政情况看，银川市一家独大，2019 年，一般公共预算收入为 154.71 亿元；吴忠市虽然经济总量不及石嘴山市，但一般公共预算收入位居第 2 位，一般公共预算收入达到 35.04 亿元；固原市一般公共预算收入最低，仅为 16.24 亿元。财政收支平衡方面，2019 年，5 个地级市的财政平衡率均低于 50%，财政平衡严重依赖上级补助；其中，银川市财政平衡率为 44.65%，财政自给能力相对较高，其余依次为石嘴山市（20.40%）、吴忠市（16.38%）、中卫市（12.76%）和固原市（6.86%）（见图 8）。

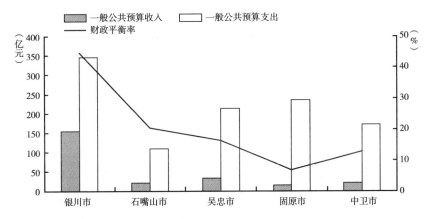

图 8　2019 年宁夏回族自治区各地级市一般公共预算收支及财政平衡率

资料来源：宁夏回族自治区各地市财政决算报告，中诚信国际整理计算。

二　显性债务持续增长，债务压力较大

（一）显性债务持续增长，债务压力相对较大

显性债务持续增长，债务压力相对较大。2019 年，宁夏回族自治区显性债务余额为 1654.87 亿元，其中，一般债务为 1182.25 亿元，专项债务为 472.62 亿元，显性债务规模居全国第 30 位，相比 2018 年增加 265.69 亿元，同比增长 19.13%，但债务余额仍保持在地方债务限额内，仍有 212.03 亿元额度。2019 年，宁夏回族自治区债务率为 114.48%，较 2018 年上升 17.29 个百分点，负债率为 44.15%，较 2018 年上升 4.57 个百分点；宁夏

回族自治区的负债率和债务率分别居全国第 3 位和第 4 位，显性债务压力相对较大（见图 9）。

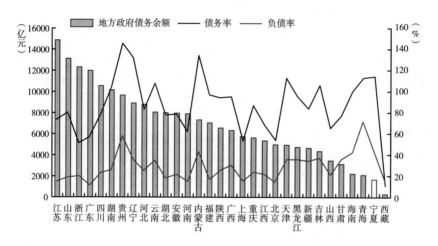

图 9　2019 年全国各省份地方政府债务余额、债务率及负债率

资料来源：全国各省份财政决算报告，中诚信国际整理计算。

地方债存量及 2020 年发行规模均在全国居倒数第 2 位。2020 年，专项债和新增债发行占比较上年有所下降，发行期限显著拉长，30 年期债券发行规模占比最大。从存量情况看，截至 2020 年末，宁夏回族自治区存量地方债合计 140 只，债务余额合计 1839.93 亿元，居全国第 30 位，仅高于西藏自治区。从发行情况来看，2020 年，宁夏回族自治区共发行地方债 20 只，规模合计 315.58 亿元，居全国第 30 名。其中，新增债规模为 155.42 亿元，再融资债规模为 160.16 亿元，再融资债占比较上年有所提高；一般债规模为 248.00 亿元，专项债规模为 67.58 亿元，专项债占比为 21.41%，较上年有所下降（见图 10）。从期限结构看，宁夏回族自治区存量地方债以 10 年及以上期限为主，占比达到 45.71%，5 年期和 7 年期占比分别为 27.86% 与 23.57%，3 年期占比为 2.86%。

融资成本整体处于较高水平。从融资成本来看，宁夏回族自治区地方债 2020 年加权平均发行利率为 3.70%，居全国首位，融资成本处于较高水平。2018 ~ 2020 年，宁夏回族自治区地方债平均发行利率分别为 3.87%、3.51% 和 3.70%，同期，平均发行利差分别为 39.34BP、26.60BP 和 33.04BP；其中，2019 年融资成本相对较低。

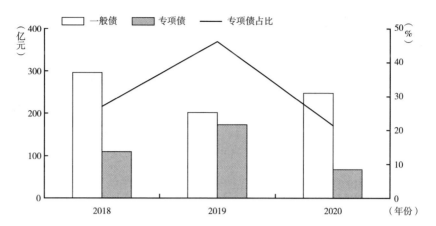

图 10 2018～2020 年宁夏回族自治区一般债及专项债发行情况比较

资料来源：Choice 数据库，中诚信国际整理计算。

到期分布较为均衡。2021～2025 年，宁夏回族自治区地方债到期规模分别为 199.53 亿元、187.72 亿元、225.33 亿元、204.12 亿元和 209.44 亿元，到期分布整体较为均衡（见图 11）。

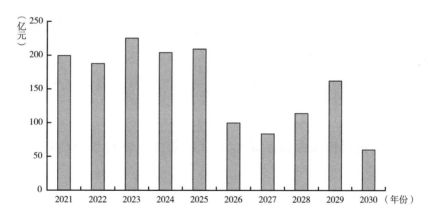

图 11 2021～2030 年宁夏回族自治区地方债到期分布情况

注：2020 年末测算。

资料来源：Choice 数据库，中诚信国际整理计算。

（二）2019年末，隐性债务规模同比有所下降，但负债率和债务率仍超过警戒线

根据中诚信国际测算，2019年末，宁夏回族自治区隐性债务规模为843.88亿元，同比小幅下降0.86%。考虑隐性债务后，宁夏回族自治区2020年末负债率为66.66%，超过欧盟确定的60%的警戒线；债务率为172.86%，超过国际上100%的警戒线（见图12）。

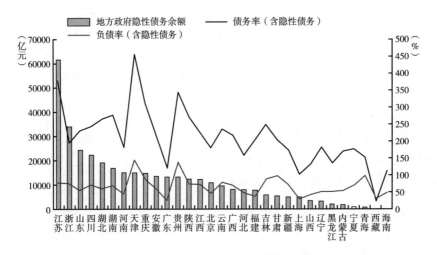

图12 2019年全国各省份地方政府隐性债务余额、债务率及负债率

资料来源：全国各省份财政决算报告，中诚信国际整理计算。

（三）银川市显性债务规模居全区首位，各地级市债务压力处于较高水平

宁夏回族自治区5个地级市中，银川市显性债务余额最大，截至2019年末，达到593.37亿元，固原市的显性债务余额为149.17亿元，居第2位，其余地级市显性债务余额均小于100亿元。从负债率水平来看，固原市的负债率水平最高，达到46.23%，石嘴山市的负债率水平最低，仅为11.79%（见图13）。从债务率水平来看，由于吴忠市未披露2019年上级补助收入数据，故相关指标失效；在其余4个地级市中，银川市和中卫市债务率超过100%，处于较高水平，固原市债务率水平最低，仅为

63.73%，主要因为固原市收到的上级补助规模较大。总体来看，宁夏回族自治区各地级市的债务压力处于较高水平。

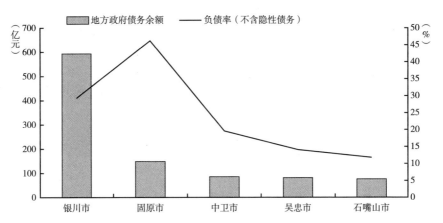

图 13　2019 年末宁夏回族自治区各地级市地方政府债务余额及负债率

资料来源：宁夏回族自治区各地级市财政决算报告，中诚信国际整理计算。

三　融资平台债存量规模较小，近年来
融资平台转型力度加大

（一）融资平台债存量规模较小，行政层级以地市级为主，信用等级以 AA + 级为主

截至 2020 年末，宁夏回族自治区存量融资平台债共计 16 只，涉及 4 家发行主体，债券余额共计 123.60 亿元，存量融资平台债规模排全国第 29 位，仅高于西藏自治区和海南省。从债券种类看，以一般中期票据为主，数量占比达 43.75%，接下来依次为一般企业债（25.00%）、一般短期融资券（12.50%）、私募债（12.50%）和定向工具（6.25%）。从债券期限看，以 3～5 年（含 5 年）为主，占比达到 43.75%，其次为 1～3 年（含 3 年），占比达 18.75%。从债项信用等级看，存续债以 AA + 级为主，占比为 93.75%。从行政层级来看，以地市级为主，占比为 87.50%。从收益率和交易利差看，宁夏回族自治区融资平台债加权平均到期收益率、交易利差分别为 4.30% 和 180.67BP，均居全国第 26 位，融资成本整

体处于较低水平。从发行情况看，宁夏回族自治区2020年共发行7只融资平台债，规模合计65.50亿元，发行规模居全国倒数第2位；私募债、一般中期票据和短期融资券发行占比均为28.57%；发行期限以1~3年（含3年）为主，占比为42.86%；加权平均发行利率、利差分别为4.34%和180.06BP。

（二）存续融资平台债发行主体集中在区本级和银川市，2021年和2023年为偿还高峰期

宁夏回族自治区存续融资平台债发行主体集中在区本级和银川市，截至2020年末，区级融资平台有1家，银川市融资平台有3家，其余地级市无公开发债主体。从到期情况看，在2021年，1月是宁夏回族自治区融资平台债偿债高峰期，到期规模为19.0亿元，4月和5月也有债务到期，到期规模分别为15.0亿元和3.6亿元，总体来看，全区2021年偿债高峰期在上半年（见图14）。从年度情况来看，2021年和2023年是宁夏回族自治区融资平台债兑付高峰期，到期及提前兑付规模合计分别为44.60亿元和58.50亿元（见图15）。

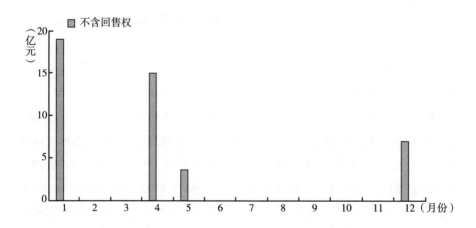

图14　2021年宁夏回族自治区融资平台债月度到期情况

注：2020年末测算。

资料来源：Choice数据库，中诚信国际整理计算。

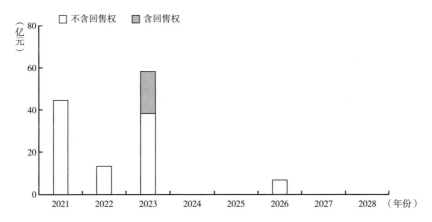

图15　2021～2028年宁夏回族自治区融资平台债到期分布情况

注：2020年末测算。

资料来源：Choice数据库，中诚信国际整理计算。

（三）融资平台总资产规模稳步增长，偿债指标有所弱化

宁夏回族自治区目前融资平台债仍在存续期内的企业共计4家，发行家数较少，债券市场参与度较低，除首府银川市外，其余地级市无公开发债主体。

总资产规模稳步增长，资产负债率整体有所下降。从总资产规模看，2017～2019年，宁夏回族自治区融资平台的资产总额合计分别为1425.17亿元、1571.67亿元和1677.25亿元，年复合增长率为8.48%。资本结构方面，2017～2019年，融资平台平均资产负债率分别为64.33%、56.34%和57.61%，整体呈下降趋势（见图16）。资产流动性方面，2017～2019年，全区融资平台平均流动比率分别为8.54、1.89和2.19，平均速动比率分别为8.05、1.39和1.58，2018年末较2017年末大幅回落，随后有所回升。考虑到融资平台流动资产，除存货以外，其他应收款及应收账款占比较大，企业的实际资产流动性偏弱。

利润总额有所波动，EBITDA不断增加。2017～2019年，宁夏回族自治区融资平台营业总收入分别为39.78亿元、56.03亿元和57.56亿元，年复合增长率为20.29%，营收规模不断扩大；同期，公司利润总额分别为11.33亿元、7.53亿元和9.69亿元，净利润合计规模分别为9.41亿元、6.37亿元和8.97亿元，盈利状况有所波动（见图17）。2017～2019年，融

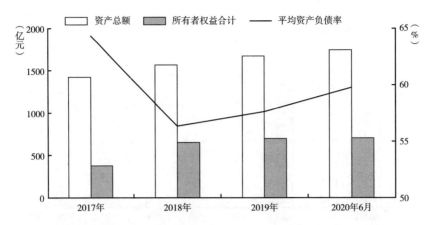

图16　2017年至2020年6月宁夏回族自治区融资平台资产情况

资料来源：中诚信国际区域风险数据库。

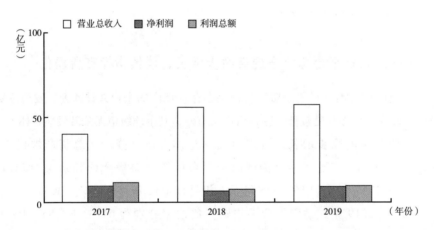

图17　2017～2019年宁夏回族自治区融资平台营业总收入、净利润和利润总额情况

资料来源：Choice数据库，中诚信国际整理计算。

资平台EBIADA分别为23.35亿元、37.33亿元和41.22亿元，呈逐年增加趋势，年复合增长率达到32.88%（见图18）。

有息债务不断增加，以长期债务为主，但近年来偿债指标有所弱化。2017～2019年，公司有息债务规模分别为238.80亿元、677.67亿元和730.20亿元，呈逐年增加趋势；短期债务与总债务的比例始终在10%以下，债务结构以长期债务为主，与融资平台业务特点相匹配（见图19）。偿债能力方面，2017～2019年，区内融资平台平均货币资金/短期债务分别为

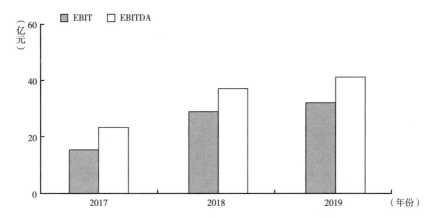

图 18 2017～2019 年宁夏回族自治区融资平台 EBIT 和 EBITDA 情况

资料来源：Choice 数据库，中诚信国际整理计算。

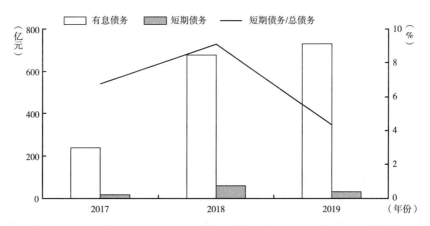

图 19 2017～2019 年宁夏回族自治区融资平台有息债务和债务结构

资料来源：Choice 数据库，中诚信国际整理计算。

6.76、3.88 和 2.07，货币资金总体仍可覆盖短期债务，但保障程度逐年减弱；平均 EBITDA 利息覆盖倍数分别为 2.66 倍、2.32 倍和 2.25 倍，EBITDA 对当期利息支出的覆盖倍数呈下降趋势（见图 20）。

（四）城投企业转型力度加大

为防范地方债务风险、推进地方投融资体制改革，宁夏近年来加大融资平台转型力度，其中，银川市融资平台整合力度较大，主要包括以下几个方

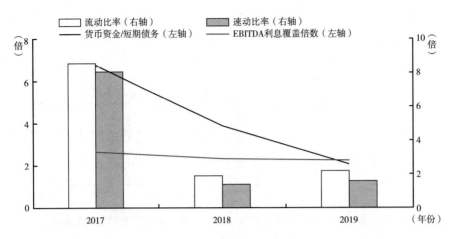

图20　2017～2019年宁夏回族自治区融资平台偿债指标变动情况

资料来源：Choice数据库，中诚信国际整理计算。

面。（1）整合市内优质资源，打造大型多元化融资平台。银川通联资本投资运营有限公司为全市最重要的基础设施投融资及国有资产经营主体，近年来，资源整合力度较大。根据《银川通联资本投资运营有限公司关于国企改革重组整合相关事宜的公告》，公司将逐步剥离供水和燃气等收益低的民生类公益性重资产；整合完成后，公司将形成"3＋2"布局（产业发展、资本运营和资产经营管理三大主要运营板块，以及文化旅游和房地产开发两个产业拓展板块），业务领域不断扩张，向多元化方向发展。（2）通过资产置换方式加快回款，改善资产质量。针对银川市城市建设投资控股有限公司已完工项目中涉及未签订协议的市政道路及学校等项目投入，银川国资委计划用经营性资产予以置换，以加快回款，减少应收类款项对公司资金的占用。③打造金控平台，积极开展对外投资。银川市决定将政府持有的宁夏银行、黄河银行股权划转至银川市金融控股有限公司（以下简称"金控集团"），做大做强金控集团，优化金融体系资产配置。另外，银川市融资平台积极通过股权投资的形式对外投资以及收购上市公司。

在经济下行压力不减的背景下，宁夏融资平台面临一定的转型问题。一方面，宁夏整体融资平台转型环境一般。其一，宁夏综合经济实力较弱，财政收支平衡对上级补助具有较大的依赖性，这对当地政府对融资平台转型的支持力度产生了一定的制约。其二，宁夏金融资源相对缺乏，融资平台融资渠道丰富程度不及经济发达省份，或使当地融资平台在转型过程中的融资能力受到限制，不利于融资平台可持续发展。另一方面，宁夏融资平台的转型发展能力尚待加强。2020 年 5 月，金控集团以股权转让的形式入主新纶科技（002341.SZ），但新纶科技曾因虚增收入、未按规定披露关联交易、未按规定披露对外担保等违法行为遭到证监会处罚。此外，宁夏部分融资平台和山东如意通过股权投资等方式开展合作，但因山东如意经营不善，对融资平台资金回流带来一定的不利影响。总体来看，融资平台的转型发展能力尚待加强。

（五）融资平台信用事件及监管处罚

2017～2020 年，宁夏共发生 1 起融资平台或地方政府因涉及违法违规举债行为而被处罚的事件。2017 年 6 月，在财政部发文明确要求不得将建筑物新建、改建、扩建及其相关建设工程作为政府购买服务项目的情况下，银川市西夏区违规与项目承建企业签署兴泾镇回乡风情特色小镇城镇化工程项目政府购买服务协议，并承诺将 19.65 亿元购买服务价款纳入银川市财政预算，形成政府隐性债务。从融资平台信用事件看，2017～2020 年，宁夏融资平台未发生信用风险事件。

结　语

宁夏回族自治区经济体量总体偏小，近年来，GDP 增速有所放缓；投资是经济发展的重要驱动力，但近年来也有所疲软；能源和旅游资源优势较为丰富，第二、第三产业并重发展，产业结构持续优化。宁夏回族自治区综合财政实力较弱，一般公共预算收入增速持续放缓，财政平衡率较低，对中央转移支付的依赖性较大。政府性基金收入存在一定的波动性，后续或将面临下行压力。各地级市经济发展较不平衡，首府首位度较高，呈现以银川为中心、北强南弱的圈层格局，但各地级市财政平衡率普遍较低。未来，宁夏回族自治区将实施银川都市圈协同发展规划，发挥银川市的龙头作用，带动石嘴山市、吴忠市、宁东基地融合发展；支持固原市建设区域中心城市、中卫市建设区域物流中心和全域旅游城市。

近年来，宁夏回族自治区显性债务持续增长，隐性债务在 2019 年末有所下降，但债务压力仍相对较大。存量地方债及 2020 年发行规模均排名全国后几位，其中，2020 年专项债和新增债发行占比较上年有所下降，但发行期限显著拉长。宁夏回族自治区地方债未来到期分布较为均衡，但融资成本整体处于较高水平。

宁夏回族自治区融资平台债存量规模较小，发债主体集中于区本级和银川市，行政层级以地市级为主，信用等级以 AA＋级为主，业务类型以城市基础设施建设为主。融资平台债发行成本整体处于较低水平，2021 年和 2023 年，兑付压力较大。融资平台近年来总资产规模稳步增长，资产负债率整体有所下降，但盈利能力有所波动，偿债指标呈逐年弱化趋势。区内融资平台积极通过资源整合、股权上划、资产置换方式加快回款，积极利用对外投资等多种方式推动融资平台转型，但受区域转型环境以及融资平台自身经营能力影响，转型效果仍有待观察。在负债投资的经济增长模式下积累较多债务，债务率处于较高水平，需关注区域产业转型升级、债务到期偿还、融资平台再融资及转型等风险。

新疆地方政府与融资平台债务分析报告

周 飞[*]

要 点

● 新疆经济发展与财政实力分析：新疆维吾尔自治区是我国陆地面积最大的省级行政区，是我国西北的战略屏障，近年来，新疆经济稳步增长，但经济总量在全国仍处于靠后水平。从三次产业结构看，新疆是我国重要的能源基地，在煤炭、石油、化工、电力、农副产品加工等领域具有突出优势；近年来，逐渐优化形成第二产业和第三产业并重的产业格局。从需求结构看，投资及消费依然是新疆经济增长的主要动力。新疆财政实力一般，在全国处于中下游水平，同时，平衡能力水平较低，财政收支平衡较为依赖上级补助。自治区下辖各区域经济发展不平衡，财政实力分化现象严重，财政收支矛盾较大。

● 新疆地方政府债务情况：新疆政府对地方债务风险化解较为重视，近年来不断完善政府性债务管理制度，制定有效的债务化解措施，存量债务风险逐步化解。截至 2019 年末，新疆地方政府债务余额为 4627.8 亿元，居全国第 24 位，处于中下游水平，债务率达到 83.62%，负债率达到 34.04%。考虑隐性债务在内的情况，负债率和债务率分别为 70.82% 和 174.00%，其中，负债率超过欧盟确定的 60% 的警戒线，债务率远超国际上 100% 的警戒线，隐性债务风险不容忽视。

● 新疆融资平台债情况：新疆融资平台债存量规模居全国

---

* 周飞，中诚信国际政府公共评级一部高级分析师。

中等偏下水平。品种以一般中期票据为主；债券期限以 3～5 年（含 5 年）为主。2021 年和 2025 年，新疆进入融资平台债偿还高峰期；自治区融资平台总资产规模稳步扩大，资产负债率有所波动，但伴随经济下行压力加大，盈利能力呈逐年下降趋势，偿债能力有所弱化。

● 总体来看，新疆整体经济及财政实力在全国处于中下游水平，投资及消费为经济发展的重要动力；债务主要集中在乌鲁木齐、伊犁州哈萨克自治州州直和新疆生产建设兵团，整体债务水平处于可控范围之内，但仍需关注区域经济发展不平衡、经济实力分化现象及流动性风险，以及再融资压力、市场化转型等风险。

一 新疆经济及综合财政实力处于全国中下游水平，财政平衡率较低

（一）经济实力逐步增强，产业结构不断优化，经济增长靠投资及消费驱动明显

新疆是我国西北的战略屏障，近年来经济保持稳步增长。新疆位于我国西北部，是我国五个少数民族自治区之一，面积为 166 万平方公里，是我国陆地面积最大的省级行政区，占我国国土总面积 1/6。新疆矿产资源丰富、储量大，已发现矿种占全国已发现矿种的 81%，储量居全国首位的有 5 种。新疆地处亚欧大陆腹地，是"亚欧大陆桥"的必经之地，是丝绸之路经济带的核心区，区位优势明显；同时，新疆是我国西北的战略屏障，是西部大开发战略的重点地区，是我国向西开放的重要门户，是全国重要的能源基地和运输通道。依托独特的地理位置、资源优势以及基于新疆特殊的政治、战略地位，新疆持续获得国家在政策上的大力支持，近年来，新疆经济稳步增长，但经济总量在全国仍处于靠后水平。2019 年，新疆地区生产总值（GDP）为 13597.11 亿元，居全国第 25 位，同比增长 6.2%，增速较 2018 年提升 0.10 个百分点；同期，新疆人均 GDP 为 54280 元，同比增长 4.5%（见图 1、图 2）。截至 2019 年末，新疆常住人口为

2523.22 万人，比上年末增长 36.46 万人；其中，城镇常住人口为 1308.79
万人，常住人口城镇化率为 51.87%，比上年末提高 0.96 个百分点。

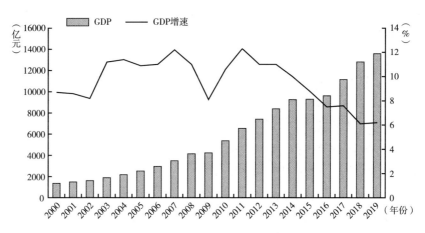

图 1　2000～2019 年新疆 GDP 及增速

资料来源：新疆国民经济和社会发展统计公报，中诚信国际整理计算。

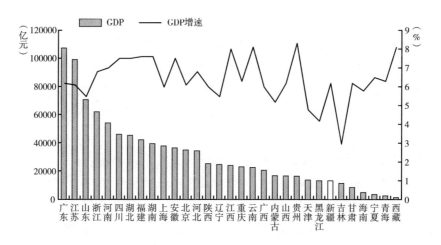

图 2　2019 年全国各省份 GDP 及增速

资料来源：全国各省份国民经济和社会发展统计公报，中诚信国际整理计算。

新疆是我国重要的传统工业基地，拥有众多能源，在煤炭、石油、化
工、电力、农副产品加工等领域具有突出优势。近年来，新疆逐渐优化形
成第二产业和第三产业并重的产业格局。从产业结构来看，2019 年，新疆

实现第一产业增加值1781.75亿元，同比增长5.3%，实现第二产业增加值4795.50亿元，同比增长3.7%，实现第三产业增加值7019.86亿元，同比增长8.1%；第一、第二、第三产业之比为13.1∶35.3∶51.6，第三产业在经济中的占比逐年提升，产业结构不断优化。

从需求结构看，投资及消费依然是新疆经济增长的主要动力。固定资产投资方面，2019年，新疆固定资产投资（不含农户）同比增长2.5%。在固定资产投资中，第一产业投资增长2.2%，第二产业投资增长6.9%，第三产业投资与上年持平；其中，全年房地产开发投资为1074.04亿元，比上年增长3.9%。消费方面，2019年，全省全社会消费品零售总额为3361.6亿元，同比增长5.5%。出口方面，随着"一带一路"倡议的逐步实施，国家出台多项政策促进新疆对外贸易发展，2019年，新疆货物进出口总额237.09亿美元，同比增长18.5%。

（二）新疆财政平衡能力在全国处于较低水平，收支较为依赖上级补助

新疆财政实力一般，在全国处于中下游水平。近年来，新疆财政实力不断增强，2019年，新疆一般公共预算收入为1577.3亿元，在全国居第24位（见图3），同比增长3.00%，受全面落实中央减税降费政策影响，增速较上年回落1.43个百分点，其中，税收收入为1016.09亿元，占比为64.41%；一般公共预算支出为5315.49亿元，同比增长6.18%。财政平衡方面，2019年，新疆财政平衡率为29.64%，处于较低水平，资金缺口较大，收支平衡较为依赖上级补助。

政府性基金收入降幅较大，后续仍面临下行压力。政府性基金收入方面，2019年，新疆政府性基金收入为527.5亿元，同比下降14.1%，主要原因包括国有土地使用权出让收入降幅较大以及福利彩票、体育彩票公益金和销售机构业务费收入减少。随着房地产调控政策持续趋严，未来新疆政府性基金收入仍面临下行压力。

国有资本经营收入对财政实力的贡献有限。新疆国有资本经营收入占财政实力的比重较低，国有资本经营收入对财政实力的贡献有限。2019年，新疆国有资本经营收入为52.8亿元，同比增长551.9%，乌鲁木齐市新增国有股权、股份转让收入42亿元；国有资本经营支出为37.9亿元，同比增

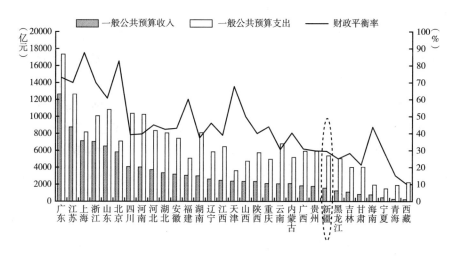

图 3　2019 年全国各省份一般公共预算收支及财政平衡率

资料来源：全国各省份财政决算报告，中诚信国际整理计算。

长 286.7%，这主要由于乌鲁木齐市为推动国有企业战略性重组和产业结构调整，注入国有企业资本金 31 亿元。

（三）自治区各区域经济发展不平衡，财政实力分化现象严重，财政收支矛盾较大

各区域发展不均衡，其中，北疆经济实力整体强于南疆和东疆。新疆下辖乌鲁木齐市、克拉玛依市、吐鲁番市、哈密市 4 个地级市，昌吉回族自治州（以下简称"昌吉州"，图中亦以简称表示）、伊犁哈萨克自治州①（以下简称"伊犁州"，图中亦以简称表示）、博尔塔拉蒙古自治州（以下简称"博州"，图中亦以简称表示）、巴音郭楞蒙古自治州（以下简称"巴州"，图中亦以简称表示）、克孜勒苏柯尔克孜自治州（以下简称"克州"，图中亦以简称表示）5 个自治州，阿克苏地区、喀什地区、和田地区、塔城地区和阿勒泰地区 5 个地区以及 11 个自治区直辖县级市。一般把天山以南称为南疆，天山以北称为北疆，哈密及吐鲁番盆地为东疆，对应到行政单位，南疆地区大致包括阿克苏、巴州、喀什、和田和克州；北疆包括乌鲁木齐、昌

---

① 伊犁哈萨克自治州下辖塔城、阿勒泰两个地区和 11 个直属县市，伊犁州哈萨克自治州州直区域仅包含 11 个直属县市，不含塔城、阿勒泰地区。

吉州、伊犁州、克拉玛依、塔城、博州和阿勒泰；东疆包括哈密和吐鲁番。总体来看，北疆地区由于首府乌鲁木齐经济政策辐射带动，整体经济实力强于南疆和东疆。此外，新疆还有一个重要组成部分——新疆生产建设兵团（以下简称"兵团"，图中亦以简称表示），截至2020年，兵团下辖14个师（市），目前，除九师、十一师、十二师、十三师外，其余师与其驻地市实行"师市合一"的管理体制，俗称"一套人马，两块牌子"。从经济发展情况来看，各地区发展不均衡，其中，首府乌鲁木齐的经济体量居全省首位，2019年，乌鲁木齐的生产总值达3414.26亿元，远超第2名昌吉州的1324.74亿元；阿克苏、伊犁州州直、巴州和喀什的生产总值为1000亿~1300亿元；克拉玛依、塔城和哈密的生产总值为500亿~1000亿元；阿勒泰、吐鲁番、和田、博州和克州经济实力较弱，生产总值不足500亿元（见图4）。

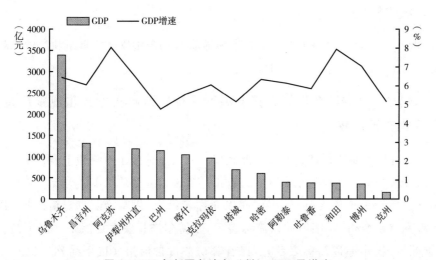

图4　2019年新疆各地市（州）GDP及增速

资料来源：新疆各地市（州）国民经济和社会发展统计公报，中诚信国际整理计算。

各区域财政实力呈现分化态势，财政平衡率普遍较低。从各区域财政情况看，乌鲁木齐一般公共预算收入和财政平衡率最高，2019年分别为472.46亿元和76.17%，财政自给能力较好；昌吉州、阿克苏和克拉玛依一般公共预算收入为100亿~140亿元；伊犁州州直、巴州和喀什为50亿~100亿元；其余地区一般公共预算收入均不足50亿元，其中，克州最少，2019 年仅为 14.74 亿元，财政平衡率为 7.97% ，财政自给能力弱（见图 5）。

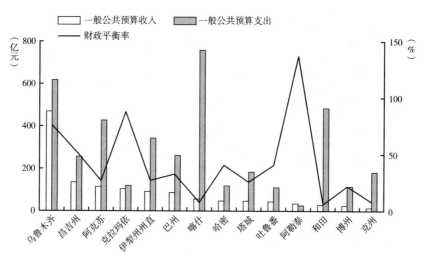

图 5　2019 年新疆地市（州）一般公共预算收支及财政平衡率

资料来源：新疆各地市（州）财政决算报告，中诚信国际整理计算。

二　债务规模持续增长，隐性债务风险不容忽视

（一）显性债务总体可控，2023 年进入偿还高峰

显性债务规模持续扩张，但在全国范围内处于中下游水平，整体显性债务压力一般。从显性债务口径看，近年来，新疆地方政府债务余额及限额规模均持续增长，截至 2019 年末，新疆地方政府债务余额为 4627.8 亿元，同比增长 16.27% ，债务余额规模居全国第 24 位，处于中下游水平（见图 6）；其中，一般债务余额为 3680.88 亿元，专项债务余额为 2851.08 亿元。2019年末，新疆地方政府债务限额为 5385.89 亿元，同比增长 25.20% ，债务余额仍保持在地方债务限额内。从显性债务口径看，2019 年，新疆债务率为 83.62% ，较 2018 年增长 7.07 个百分点；负债率为 34.04% ，较 2018 年增长 2.97 个百分点，均未超过国际上 100% 的警戒线，在全国范围内处于中等水平。

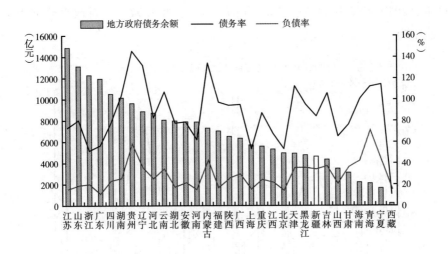

图6　2019年全国各省份地方政府债务余额、债务率及负债率

资料来源：全国各省份财政决算报告，中诚信国际整理计算。

从地方债看，新疆地方债存量及新发行规模均处于全国中等偏下水平。从存量情况看，截至2020年末，新疆存量地方债规模为6068.35亿元，居全国第22名。从发行情况看，2020年，新疆共发行地方债49只，规模合计1642.28亿元，居全国第21名；加权平均发行利率为3.62%，融资成本在全国范围处于较高水平，但2018年以来发行利率及利差整体呈现回落趋势，融资成本有所下降。从到期情况看，2023年，新疆将进入地方债偿债高峰期，到期规模超600亿元（见图7）。

（二）隐性债务规模持续攀升，隐性债务风险不容忽视

新疆未纳入地方政府债务统计范围的隐性债务较为突出，债务率和负债率均处于高水平。根据中诚信国际测算，近年来，新疆隐性债务规模逐年增长，且增速持续上升，2019年，隐性债务规模为5001.56亿元，同比增长2.23%，增速较2018年上升1.62个百分点。考虑隐性债务在内的负债率和债务率分别为70.82%和174.00%；其中，负债率超过欧盟确定的60%的警戒线，债务率远超国际上100%的警戒线，隐性债务风险不容忽视。

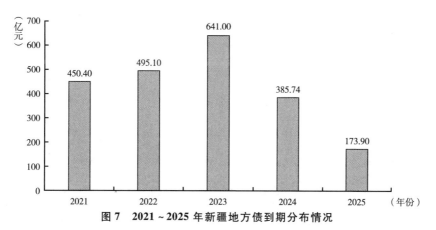

图 7　2021～2025 年新疆地方债到期分布情况

注：2020 年末测算。

资料来源：Choice 数据库，中诚信国际整理计算。

（三）区内各地市（州）债务情况分化明显，部分地区债务率超过国际警戒线，债务风险较高

债务规模方面，在新疆各地市（州），乌鲁木齐显性债务规模最高，2019 年末为 1098.05 亿元，远高于第 2 名伊犁州州直的 271.99 亿元；昌吉州、巴州、阿克苏和喀什债务规模集中于 200 亿～300 亿元；其他地区债务规模不足 200 亿元，其中，克州债务规模最小，为 100.19 亿元。负债水平方面，克州负债率最高，为 62.99%；除克州外，新疆各地区负债率均处于 40% 以下，其中，阿克苏最低，负债率为 18.29%。克州因综合财力较低，债务率最高，2019 年高达 648.71%，远超国际上 100% 的警戒线；博州、塔城和巴州的债务率亦处于较高水平，2019 年分别为 391.07%、297.54% 和 216.11%；哈密、乌鲁木齐和克拉玛依债务率为 100%～150%；其余地市（州）债务率则处于 100% 以下，部分区域债务风险较高（见图 8）。

三　新疆融资平台债呈现区域分化态势，融资平台存量债务集中于乌鲁木齐、伊犁州州直和兵团

（一）融资平台债存量规模和成本居全国中游水平

新疆融资平台债存量规模居全国中等偏下水平，以一般中期票据为主。

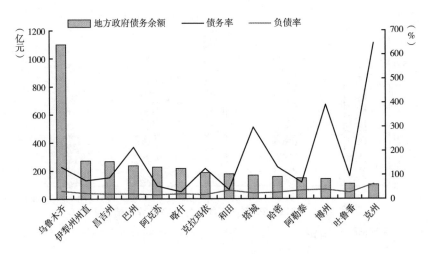

图8 2019年末新疆各地市（州）地方政府债务余额、负债率及债务率

资料来源：新疆各地市（州）财政决算报告，中诚信国际整理计算。

截至2020年末，新疆存量融资平台债共计170只，债券余额共计1137.85亿元，存量规模排全国第22位。从债券种类看，以一般中期票据为主，数量占比达到29%，接下来依次为私募债（19%）、一般企业债（16%）、定向工具（11%）。从债券期限看，以3~5年（含5年）为主，占比达45%，其次为1~3年（含3年），占比达20%。从收益率和交易利差看，新疆融资平台债加权平均到期收益率、交易利差分别为4.85%、220.79BP，在全国范围内处于中等水平。

（二）新疆融资平台债主要集中于乌鲁木齐、伊犁州州直和兵团，2021年和2025年为偿还高峰期

各地区融资平台债规模呈现分化态势，2021年和2025年为偿还高峰期；从到期分布情况看，乌鲁木齐、伊犁州州直和兵团融资平台债存量规模较大，分别为476.01亿元、140.77亿元和122.57亿元（见表1）。结合各地区综合财力情况看，乌鲁木齐融资平台债存量规模较大，但综合财力较高，整体偿债压力处于相对可控范围内；其他区域整体债券市场参与度不高，发债企业较少，有地区尚未发行过融资平台债，未来随着新疆各区域融资平台不断发展壮大，各区域融资平台的空间及需求有望进一步提升。

表1　2021年及以后新疆各地市（州）融资平台债到期分布情况

单位：亿元

地区	2021年	2022年	2023年	2024年	2025年	2025年以后	合计
兵团	41.46	29.51	38.60	5.00	8.00	0.00	122.57
乌鲁木齐	107.74	115.65	55.04	31.32	127.20	39.06	476.01
伊犁州州直	75.20	16.57	27.00	10.50	11.50	0.00	140.77
省级	31.80	8.00	23.00	6.00	15.00	0.00	83.80
阿克苏	0.00	13.20	27.80	38.32	20	0.00	99.32
喀什	0.00	2.80	0.00	0.00	0.00	0.00	2.80
哈密	6.00	0.00	2.40	10.88	0.00	0.00	19.28
昌吉州	15.00	0.00	9.30	25.00	30.00	0.00	79.30
巴州	9.70	4.80	0.00	12.80	0.00	6.00	33.30
吐鲁番	0.00	14.80	0.00	5.00	0.00	0.00	19.80
塔城	0.00	0.00	0.00	0.00	0.00	0.00	0.00
克拉玛依	5.00	0.00	11.00	20.00	10.00	0.00	46.00
和田	0.00	0.00	7.80	0.00	0.00	0.00	7.80
博州	0.00	3.20	0.00	0.00	0.00	0.00	3.20
阿勒泰	0.00	0.00	4.20	0.00	0.00	4.70	8.90
克州	0.00	0.00	0.00	0.00	0.00	0.00	0.00
合计	291.90	208.53	206.14	164.82	221.70	49.76	1142.85

注：2020年末测算。

资料来源：Choice数据库，中诚信国际整理计算。

从各区域融资平台债到期情况看，2021年，乌鲁木齐和伊犁州州直到期债务规模较高，分别为107.74亿元和75.20亿元，偿债压力较大；其余各区域到期债务规模不大，整体偿债压力相对较小。

（三）新疆融资平台偿债能力有所弱化

从样本融资平台①情况看，新疆融资平台总资产规模稳步增长，资产负债率有所波动，但伴随经济下行压力加大，盈利能力呈逐年下滑趋势，偿债能力有所弱化。资本结构方面，2017～2019年，新疆融资平台资产总额分

---

① 本报告选取截至2019末有存续债的融资平台主体，未披露2017～2019年财务数据的主体已剔除。

别为 11915.64 亿元、12370.11 亿元和 12597.77 亿元（见图 9）；融资平台资产负债率中位数由 2017 年的 54.87% 增至 2019 年的 55.24% 见图。盈利能力方面，近年来，营业总收入保持增长，2017～2019 年分别为 1124.06 亿元、1208.76 亿元和 1357.99 亿元；净利润呈逐年下滑态势，2019 年，融资平台净利润总额为 73.76 亿元，较 2018 年下降 11.23%，盈利能力整体有所下滑（见图 11）。偿债能力方面，2019 年，融资平台流动比率中位数、速动比率中位数分别为 1.71、0.95，较 2018 年均有所回落，偿债能力下降（见图 12）。

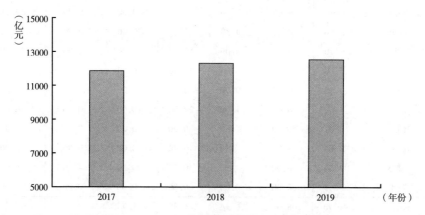

图 9 2017～2019 年新疆融资平台总资产规模

资料来源：Choice 数据库，中诚信国际整理计算。

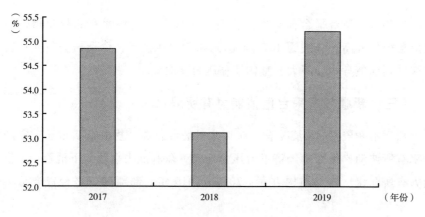

图 10 2017～2019 年新疆融资平台资产负债率（中位数）

资料来源：Choice 数据库，中诚信国际整理计算。

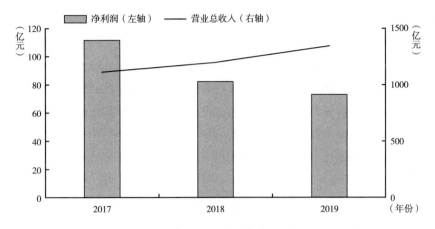

图 11　2017～2019 年新疆融资平台净利润、营业总收入

资料来源：Choice 数据库，中诚信国际整理计算。

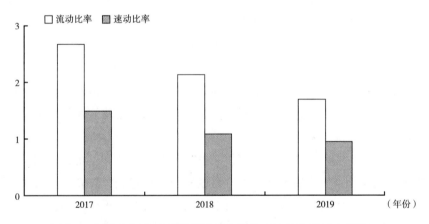

图 12　2017～2019 年新疆融资平台流动、速动比率（中位数）

资料来源：Choice 数据库，中诚信国际整理计算。

（四）新疆融资平台转型发展能力有待增强

新疆转型环境一般，融资平台自身发展能力仍需提高。近年来，融资平台监管政策趋于严格和完善。国家各部门陆续发布多个政策文件确立剥离融资平台政府融资功能的原则，要求从人员、资产、职能、信用等方面划清政府与企业的边界，推动融资平台市场化转型。为防范地方债务风险、推进地方投融资体制改革，新疆近年来加大融资平台转型力度，但融资平台转型对融资平台所在区域经济财政实力、资源禀赋提出较高要求，在新疆整体经济相对薄弱以及经济下行压力持续的背景下，新疆融资平台面临一定的转型问题。同时，新疆金融资源相对缺乏，社会资本活跃程度一般，投融资渠道丰富程度不及经济发达省份，或使当地融资平台在转型过程中的融资能力受到限制，不利于融资平台可持续发展。此外，新疆融资平台自身转型发展能力尚待加强，近年来，新疆融资平台盈利能力呈逐年下滑态势，偿债能力有所弱化，对其转型发展产生了一定阻力。

结　语

新疆整体经济及财政实力在全国处于中下游水平，投资及消费为经济发展的重要动力；债务主要集中在乌鲁木齐、伊犁州州直和兵团，整体债务水平处于可控范围之内，但仍需重点关注以下风险。

第一，自治区内各区域经济发展不平衡，经济实力分化现象严重。各地区经济发展不平衡，除乌鲁木齐外，其他各区域经济方面的整体表现偏弱，北疆经济实力整体强于南疆和东疆。同时，基础设施、经济及交通的失衡导致各区域经济活力不足，市场化程度低，配套基础设施建设及招商引资政策需加强。

第二，流动性风险及再融资压力。融资平台自身盈利不足，对政府支持的依赖性较高，企业信用水平与地方财政实力密切相关，在新疆维吾尔自治区内各区域财政实力呈现分化的背景下，部分区域融资平台较多，且政府资金支持有限，融资平台面临集中偿还压力，需关注由此可能引发的流动性风险。同时，融资平台融资渠道紧缩及债务风险控制持续加码，地方融资平台再融资的成本及难度凸显，且面临偿债高峰的到来，需关注由此给区域内的融资平台再融资能力带来的挑战。

第三，市场化转型风险。新疆近年来加大融资平台转型力度，但融资平台转型对融资平台所在区域经济财政实力、资源禀赋提出较高要求，在新疆整体经济相对薄弱以及经济下行压力持续的背景下，新疆融资平台仍面临一定的转型风险；同时，在脱离政府显性信用支持且市场化盈利能力尚未形成的转型过渡阶段，融资平台存量债务尤其是隐性债务风险或将加速暴露。

西藏地方政府与融资平台债务分析报告

徐 杭[*]

要 点

● 西藏自治区经济发展与财政实力分析：西藏自治区经济实力较弱，但经济增速始终保持较高水平，经济增长靠消费驱动明显。从三次产业结构看，西藏自治区已初步形成六大支柱产业，产业结构以第三产业为主。从需求结构看，投资对西藏自治区经济发展的拉动作用有所下降，消费对经济发展的拉动较为明显。西藏自治区财政实力较弱，财政收入对中央政府补助的依赖程度较高。西藏下辖各地区经济发展不均衡，其中，拉萨市的经济财政实力明显强于其他地区。

● 西藏自治区地方政府债务情况：西藏自治区存量债务规模较小，债务压力较小。西藏自治区 2019 年政府债务余额为 251.39 亿元，居全国末位，债务率为 11.04%，负债率为 14.81%。考虑估算的隐性债务的情况下，西藏债务率和负债率分别为 23.40% 和 31.38%。

● 西藏自治区融资平台债情况：西藏自治区融资平台债存量规模居全国下游水平，以中期票据为主，融资平台主体信用等级全部为 AA + 级。从各地区情况看，西藏融资平台债集中于拉萨市，2021 ~ 2022 年进入融资平台债偿还高峰期；区内融资平台近年来资产规模保持持续增长，负债处于合理水平，盈利能力略有提升，但整体仍较弱。

---

* 徐杭，中诚信国际政府公共评级一部分析师。

● 总体来看，西藏自治区整体经济及财政实力在全国处于下游水平，消费及投资为经济发展的重要动力；下辖各地区经济发展出现明显的分化态势，在负债投资的经济增长模式下积累了一定的债务，目前，西藏自治区债务水平处于可控范围之内，但仍需关注区域经济基础较为薄弱及经济发展面临多方制约因素、融资平台再融资及转型等风险。

一 西藏经济及综合财政实力均处于全国下游，财政平衡依赖中央支持

（一）经济实力较弱，但经济增速始终保持较高水平，经济增长靠消费驱动明显

西藏自治区经济发展水平较低，但近年来经济增速始终保持较高水平。西藏自治区是我国边疆治理的重要区域，区域政治地位重要，能够持续获得国家在经济建设、民生保障等各方面的特殊政策扶持以及对口省份的大力支持。西藏自治区经济总量虽小，但得益于政策支持以及自身资源优势，经济增长较快，近年来，经济增速在全国各省份中均居前列。2019 年，西藏自治区实现地区生产总值（GDP）1697.82 亿元，同比增长 8.1%，GDP 增速居全国第 2（见图 1、图 2）；人均 GDP 为 48902 元，同比增长 6.0%。从西藏自治区在全国的经济发展地位来看，2019 年，西藏自治区地区生产总值在全国各省份仍居末位。

西藏自治区已初步形成六大支柱产业，以第三产业为主。西藏自治区是我国重要的战略资源储备基地，矿产资源、水资源、物产资源、草场耕地及森林资源储量均居全国前列，此外还拥有冬虫夏草、藏红花、贝母等多种药用价值高的植物性藏药材。在全国 165 个旅游资源基本类型中，西藏约占 2/3，在全国旅游资源系统中地位重要。依托丰富的自然资源，西藏自治区已初步形成旅游业、藏医药业、农畜产品深加工和民族手工业、绿色食品（饮品）加工业、矿产业、建筑建材业六大支柱产业。2019 年，西藏自治区第一产业增加值为 138.19 亿元，增长 4.6%；第二产业增加值为 635.62 亿元，增长 7.0%；第三产业增加值为 924.01 亿元，增长 9.2%；第一、第

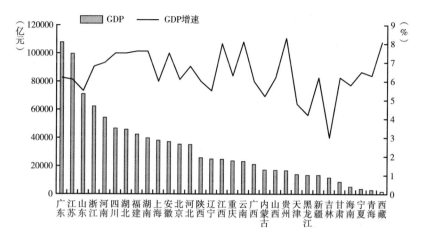

图1　2019年全国各省份GDP及增速

资料来源：全国各省份国民经济和社会发展统计公报，中诚信国际整理计算。

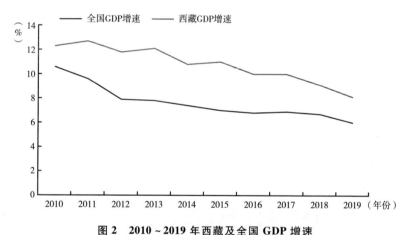

图2　2010～2019年西藏及全国GDP增速

资料来源：全国及西藏国民经济和社会发展统计公报，中诚信国际整理计算。

二、第三产业之比由 2018 年的 8.3 : 37.6 : 54.1 调整为 8.2 : 37.4 : 54.4，第三产业比重有所上升。

从需求结构看，投资对西藏自治区经济发展的拉动作用有所下降，消费对经济发展的拉动较为明显。经济发展驱动力方面，固定资产投资对西藏自治区经济发展的拉动作用有所下降。2019 年，西藏自治区固定资产投资增速由正转负，为 -2.1%。具体来看，2019 年，西藏自治区第一产业投资下降 27.5%，第二产业投资下降 10.8%，第三产业投资增长 1.5%。

西藏自治区经济实力仍较为薄弱，未来，经济发展将受到多种因素的制约。经过多年发展，西藏自治区经济社会发展迈上了一个大台阶，具备一定后继发力的物质基础和社会环境，但经济发展的初级性、依赖性、粗放性特征仍然明显，基础设施、产业规模、人力资源、开放水平、创新能力等瓶颈制约仍然存在，解放思想、深化改革、改善民生的建设任务仍然艰巨。

（二）综合财政实力较弱，财政平衡较为依赖中央政府补助

西藏自治区财政实力较弱，财政收入对中央政府补助的依赖程度较高。西藏经济发展水平低，自身创造财政收入规模小，财政平衡基本依赖中央政府补助支持。2019 年，西藏自治区实现财政收入 2276.17 亿元（见图 3），其中，一般公共预算收入和政府性基金收入占比很小，规模分别为 222.00亿元和 75.46 亿元；财政收入基本依靠转移性收入支撑，2019 年，西藏自治区上级补助收入（含一般公共预算补助和政府性基金补助）为 1974.87亿元，占财政收入的比重达 86.76%。

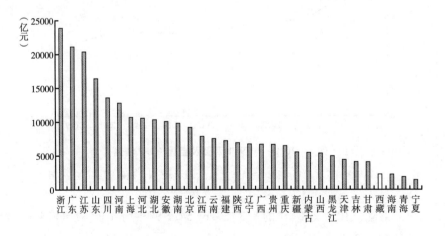

图 3　2019 年全国各省份综合财力情况

资料来源：全国各省份财政决算报告，中诚信国际整理计算。

一般公共预算收入增长持续放缓，财政平衡率较低，对中央转移支付的依赖性较强。2019 年，西藏自治区一般公共预算收入为 222.00 亿元，在全

国 31 个省份中居末位，受 2018 年一般公共预算收入基数较高的影响，当期一般公共预算收入同比下降 3.6%；一般公共预算支出为 2180.88 亿元，同比增长 10.6%。财政平衡方面，近年来，西藏自治区的财政平衡率有所下滑，2019 年，西藏自治区财政平衡率为 10.18%，较 2018 年下滑 5.16 个百分点，财政自给能力较弱。

政府性基金规模较小，但政府性基金自给情况较好。西藏自治区政府性基金收入以国有土地使用权出让收入为主，总体规模较小。2019 年，全区实现政府性基金收入 75.46 亿元，同比下降 15.35%；其中，国有土地使用权出让收入为 67.96 亿元，占政府性基金收入的比重为 90.06%。同期，全区政府性基金支出为 83.25 亿元，同比下降 24.17%，主要用于对国有土地使用权出让收入及对应专项债务收入的安排。当年，政府性基金预算平衡率为 90.64%，自给情况较好，考虑到上级补助、上年结余及债务收入因素，全区政府性基金收支能够实现平衡。

国有经济体量较小，国有资本运营收入较低。鉴于西藏自治区内国有经济体量有限及面临的经营压力，2019 年，国有资本运营收入仅为 3.98 亿元，占财政实力的比重极低，国有资本运营收入对财政实力的贡献有限。

（三）自治区内区域经济发展不平衡，经济实力分化现象严重

各地区经济发展不均衡，其中，拉萨市经济财政实力明显强于其他地区。西藏自治区下辖 6 个地级市、1 个地区，各地区经济发展水平、财政实力差距较大，其中，拉萨市经济财政实力明显强于其他地区。从经济发展水平看，2019 年，拉萨市 GDP 为 617.88 亿元，同比增长 8.1%，在西藏自治区居首位；日喀则市和昌都市 GDP 较为接近，分别为 279.49 亿元和 220.96 亿元；山南市、林芝市、那曲市为区内第三梯队，GDP 为 150 亿~200 亿元；阿里地区的经济实力最弱，2019 年 GDP 为 62.04 亿元，同比增长 7.9%。2019 年西藏各地市（区）GDP 占比见图 4。从财政实力来看，2019 年，拉萨市一般公共预算收入为 117.04 亿元，在西藏自治区居首位，亦为西藏自治区内一般公共预算收入水平唯一超过 100 亿元的地级市，财政平衡率为 31.98%，财政自给能力较弱；其他地区一般公共预算收入均不足 20 亿元，其中，阿里地区的财政实力最弱，2019 年，一般公共预算收入仅为 4.34 亿元，财政平衡率为 3.72%，财政自给能力弱。

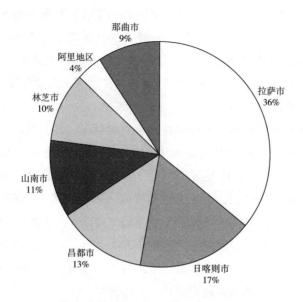

图4 2019年西藏各地市（区）GDP占比

资料来源：西藏各地市（区）国民经济和社会发展
统计公报，中诚信国际整理计算。

各地区一般公共预算收入实力呈现分化态势，财政平衡率普遍较低。西藏自治区一般公共预算收入主要集中于以拉萨为中心的藏中南区域，2019年，拉萨市以117.04亿元的规模继续大幅领先于其他地市（区）；其余地市（区）的一般公共预算收入规模均不足20亿元，其中，山南市、昌都市、日喀则市2019年一般公共预算收入分别为19.28亿元、18.00亿元和15.69亿元，那曲市和阿里地区的一般公共预算收入分别为8.70亿元和4.32亿元（见图5）。从增速来看，2019年，各地区一般公共预算收入增速较上年均有所回落，部分地区出现负增长，2019年，拉萨市的一般公共预算收入的增速最高，为6.30%；昌都市、山南市和阿里地区的增速分别为2.62%、2.12%和0.93%；日喀则市和那曲市出现负增长，增速分别为 −10.75% 和 −2.03%。2019年，拉萨市的一般公共预算平衡率最高，但也仅为31.98%，西藏下属各地市（区）的财政平衡率普遍较低。

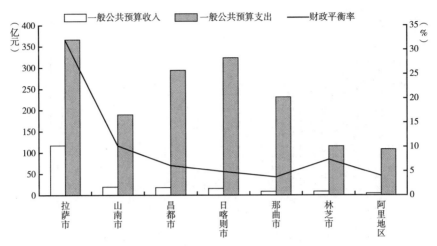

图 5 2019 年西藏各地市（区）一般公共预算收支及财政平衡率

资料来源：西藏各地市（区）财政决算报告，中诚信国际整理计算。

二 显性债务有所控制，隐性债务规模较小，风险总体可控

（一）政府性债务总量及增长情况

显性债务规模保持小幅扩张，债务规模处于合理范围，风险总体可控。从显性债务规模来看，近年来，西藏自治区地方政府债务余额及限额规模均持续增长。截至 2019 年末，西藏自治区地方政府债务余额为 251.39 亿元（见图6），同比增长 86.50%，其中，一般债务余额为 213.45 亿元，专项债务余额为 37.91 亿元，债务余额规模在全国居末位。2019 年末，西藏自治区地方政府债务限额为 326.30 亿元，同比增长 64.55%，地方政府债务余额仍保持在债务限额内。从债务水平来看，2019 年末，西藏自治区债务率为 11.04%，负债率为 14.81%，在全国范围内处于较低水平，西藏自治区整体显性债务压力较小。

从地方债看，西藏自治区地方债存量及新发行规模均处于全国最低水平，2021～2025 年，到期债务压力较小。从存量情况看，截至 2020 年末，西藏自治区地方债存量规模为 369.31 亿元，居全国末位。从发行情况看，2020 年，西藏自治区共发行地方债 21 只，规模合计 140.00 亿元，亦居全国末位；加权

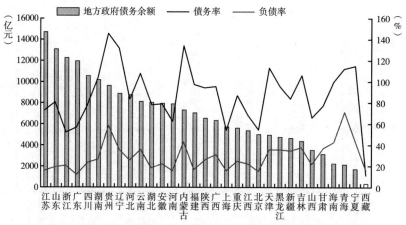

图6　2019年全国各省份地方政府债务余额、债务率及负债率

资料来源：全国各省份财政决算报告，中诚信国际整理计算。

平均发行利率为3.43%，融资成本处于较低水平，自2018年以来，发行利率及利差整体呈现小幅下降趋势，融资成本有所下降。从到期情况看，2021～2025年，西藏自治区到期债务规模均不大，偿债压力较小（见图7）。2020年，在西藏自治区发行的140.00亿元地方债中，新增债务为121.00亿元，再融资债务为19.00亿元；从不同类别来看，一般债的发行规模为81.00亿元，专项债的发行规模为59.00亿元，专项债的占比较2019年有所上升。从专项债发行情况来看，2020年，西藏自治区发行的专项债全部为新增债。

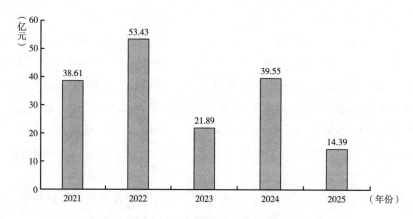

图7　2021～2025年西藏地方债到期分布情况

注：2020年末测算。

资料来源：Choice数据库，中诚信国际整理计算。

（二）西藏自治区隐性债务规模较小，考虑隐性债务的情况下，西藏债务率和负债率均较低

西藏自治区未被纳入地方政府显性债务统计的隐性债务规模相对较小，债务率和负债率亦相对较低。截至 2019 年末，西藏自治区隐性债务规模为 229.32 亿元，含隐性债务的债务率和负债率分别为 23.40% 和 31.38%，隐性债务风险整体较为可控。

（三）西藏自治区债务压力主要集中于拉萨市

西藏自治区各地区债务规模均处于较低水平，以拉萨为中心的藏中及藏南地区债务规模相对较大，但债务率均不超过 20.00%，债务风险较为可控。债务规模方面，在西藏自治区 6 个地市（区）中，位于藏中及藏南地区的拉萨市、日喀则市和昌都市的债务规模相对较大，2019 年末分别为 37.68 亿元、39.06 亿元和 46.78 亿元；位于藏北和藏西地区的山南市、林芝市和阿里地区的债务规模相对较小，均不超过 15 亿元。债务水平方面，西藏自治区 6 个地区的债务率和负债率均处于较低水平，其中，昌都市最高，2019 年的负债率为 21.17%，债务率为 17.97%，但整体来看西藏自治区各地区债务风险较为可控。

三　西藏自治区融资平台债集中于拉萨市，融资平台数量较少

（一）融资平台债存量规模居全国下游

西藏自治区融资平台债存量规模居全国下游水平，以中期票据为主。截至 2020 年底，西藏自治区存量融资平台债共计 9 只，债券余额共计 120.00 亿元，存量规模在全国 31 个省份中居第 30 位。从债券种类看，以一般中期票据为主，占比为 45%，此外，超短期融资债券、定向工具、一般公司债等种类的占比均为 11%，分布较为均匀。从债券期限看，以 3 年期为主，占比为 45%。从信用等级看，全部为 AA + 级。从收益率和交易利差看，西藏自治区融资平台债加权平均到期收益率、交易利差分别为 4.02%、135.92BP，在全国范围内处于较低水平。

（二）融资平台债集中于拉萨市，2021～2022年为偿还高峰期

西藏自治区融资平台债全部集中于拉萨市，2021～2022年为偿还高峰期。从到期情况看，2021年，西藏自治区融资平台债到期45.00亿元，无回售债。从年度走势看，债务到期集中在2021～2022年，此外，2022年和2023年回售规模较大，2021年和2022年到期及回售总规模最高，达到45.00亿元，融资平台债到期分布相对平均。

（三）西藏自治区融资平台盈利能力逐步提升

资产规模逐年增加，盈利能力逐步提升，资产负债率逐年提升。从样本情况看，西藏自治区融资平台①总资产规模逐年增加，盈利能力整体上有所提升，资产负债率逐年提升，且偿债能力持续弱化。资本结构方面，2017～2019年，西藏自治区融资平台资产总额分别为397.06亿元、460.75亿元和645.34亿元；资产负债率由2017年末的61.51%上升至2019年末的67.89%。盈利能力方面，营业收入增加较快，从2017年的45.74亿元增至2019年的96.56亿元；净利润同样有所增加，2019年，西藏融资平台净利润为20.23亿元，较2018年略有提升。偿债能力方面，2019年，融资平台平均流动比率、速动比率分别为3.17和1.20，近年来略有提升，偿债能力变化不大。

（四）融资平台转型情况分析

近年来，西藏自治区经济保持高速发展，作为首府，拉萨市的经济财政实力亦稳步提高。作为拉萨市唯一的市级融资平台，拉萨融资平台近年来获得拉萨市政府的大力支持。2019年，拉萨市国有资产监督管理委员会将拉萨净土水务有限公司100%股权无偿划拨给拉萨融资平台，住房与城乡建设局将会展中心无偿划拨至拉萨融资平台，公司朝着多元化方向发展，业务领域不断扩张，财务实力稳步增强。

---

① 自2019年起，西藏开发投资集团有限公司未公开发行债券，亦未披露财务报告，故无法获取公司最新财务数据。

结　语

　　西藏自治区整体经济及财政实力在全国处于下游水平，消费为经济发展的重要动力；下辖各地区经济发展出现明显分化，在负债投资的经济增长模式下积累了一定的债务，西藏自治区债务水平处于可控范围之内，但仍需重点关注以下风险。

　　第一，经济基础薄弱，未来发展将受到多种因素的制约。西藏自治区经济发展的初级性、依赖性、粗放性特征仍然明显，基础设施、产业规模、人力资源、开放水平、创新能力等瓶颈制约仍然存在，应解放思想、深化改革、改善民生，建设任务仍然艰巨。

　　第二，融资平台再融资及转型风险。西藏自治区地方融资平台的负债情况处于合理水平，且融资平台债存量规模处于全国下游水平，发债主体少，面临融资渠道拓展、滚动发行及借新还旧等多重压力。同时，货币市场流动性紧平衡、融资成本持续上行、融资渠道紧缩及债务风险控制持续加码，地方融资平台再融资的成本及难度凸显，且面临偿债高峰期，需关注由此给区域内的融资平台再融资能力带来的挑战。与此同时，融资平台业务的市场化程度将成为未来进行转型路径选择及发展的关键，融资平台转型过程中的信用风险发生变化，并且在不同转型阶段、选择不同路径的融资平台在转型过程中面临的风险不同，但存量债务化解、造血功能提升与后续再融资是否顺利等问题比较常见。另外，在脱离政府显性信用支持且市场化盈利能力尚未形成的转型过渡阶段，融资平台存量债务尤其是隐性债务风险或将加速暴露。

数据，捕捉政府债务风险的结构性、区域性变化，全方位展现中国地方政府与融资平台债务全貌及新特征，并提出了有针对性的政策建议。本书凝聚了中诚信国际的集体智慧结晶，中诚信集团创始人、中诚信国际首席经济学家、中国人民大学经济研究所所长毛振华教授和中诚信国际董事长闫衍先生确定了本书的框架和思路，中诚信国际执行副总裁任伟红、中诚信国际副总裁李玉平、中诚信国际副总裁王钧、中诚信国际研究院副院长袁海霞博士等人承担了大量的组织协调工作。中诚信国际研究院袁海霞博士，研究员汪苑晖、鲁璐、闫彦明、梁蕴兮、卞欢、刘子博，以及财政部政府债务研究和评估中心中央债务处处长翟国森参与了《新时期中国地方政府债务研究》《基于 KMV 模型的中国地方政府债务预警研究》《基于 AHP 模型的中国地方政府债务指数研究》《中国地方政府融资平台综合发展指数研究》的撰写工作；政府公共评级部的陈小中、方华东、桂兰杰、郭鑫、贺文俊、洪少育、侯一甲、胡娟、胡玲雅、黄菲、黄伟、江林燕、李昊、李家其、李龙泉、李攀、李颖、刘洁、刘艳美、毛菲菲、孟一波、米玉元、庞一帆、屈露、邵新惠、陶雨、王靖允、王少强、王昭、郗玥、徐杭、鄢红、闫璐璐、杨龙翔、杨羽明、张逸菲、张悦、赵敏、钟婷、周飞、周蒙、周依、朱洁、翟贾筠等分析师参与了 31 个省份的信用风险报告的撰写工作。

由于数据可得性、时间、分析师水平有限等原因，全书难免存在疏漏之处，恳请广大读者批评指正。未来，中诚信国际将持续关注地方政府债务风险演变及融资平台发展转型，为读者和投资者提供更多相关报告和专业意见。

笔者

2021 年 12 月

于北京朝阳门 SOHO

图书在版编目（CIP）数据

中国地方政府与融资平台债务分析报告.2021/毛振华，闫衍主编.--北京：社会科学文献出版社，2022.3

ISBN 978-7-5201-9831-8

Ⅰ.①中… Ⅱ.①毛… ②闫… Ⅲ.①地方财政-融资-债务管理-风险管理-研究报告-中国-2021 Ⅳ.①F812.7

中国版本图书馆 CIP 数据核字（2022）第 039193 号

中国地方政府与融资平台债务分析报告（2021）

主　　编／毛振华　闫　衍

出　版　人／王利民
责任编辑／王晓卿
责任印制／王京美

出　　版／社会科学文献出版社·当代世界出版分社　（010）59367004
　　　　　　地址：北京市北三环中路甲29号院华龙大厦　邮编：100029
　　　　　　网址：www.ssap.com.cn
发　　行／社会科学文献出版社　（010）59367028
印　　装／天津千鹤文化传播有限公司

规　　格／开　本：787mm×1092mm　1/16
　　　　　　印　张：44　字　数：740千字
版　　次／2022年3月第1版　2022年3月第1次印刷
书　　号／ISBN 978-7-5201-9831-8
定　　价／108.00元

读者服务电话：4008918866